ダイチン・グルンとその時代
―― 帝国の形成と八旗社会 ――

Kicengge 承 志 著

名古屋大学出版会

口絵1 「韃靼人狩猟打毬図屏風」右隻（国立歴史民俗博物館蔵）

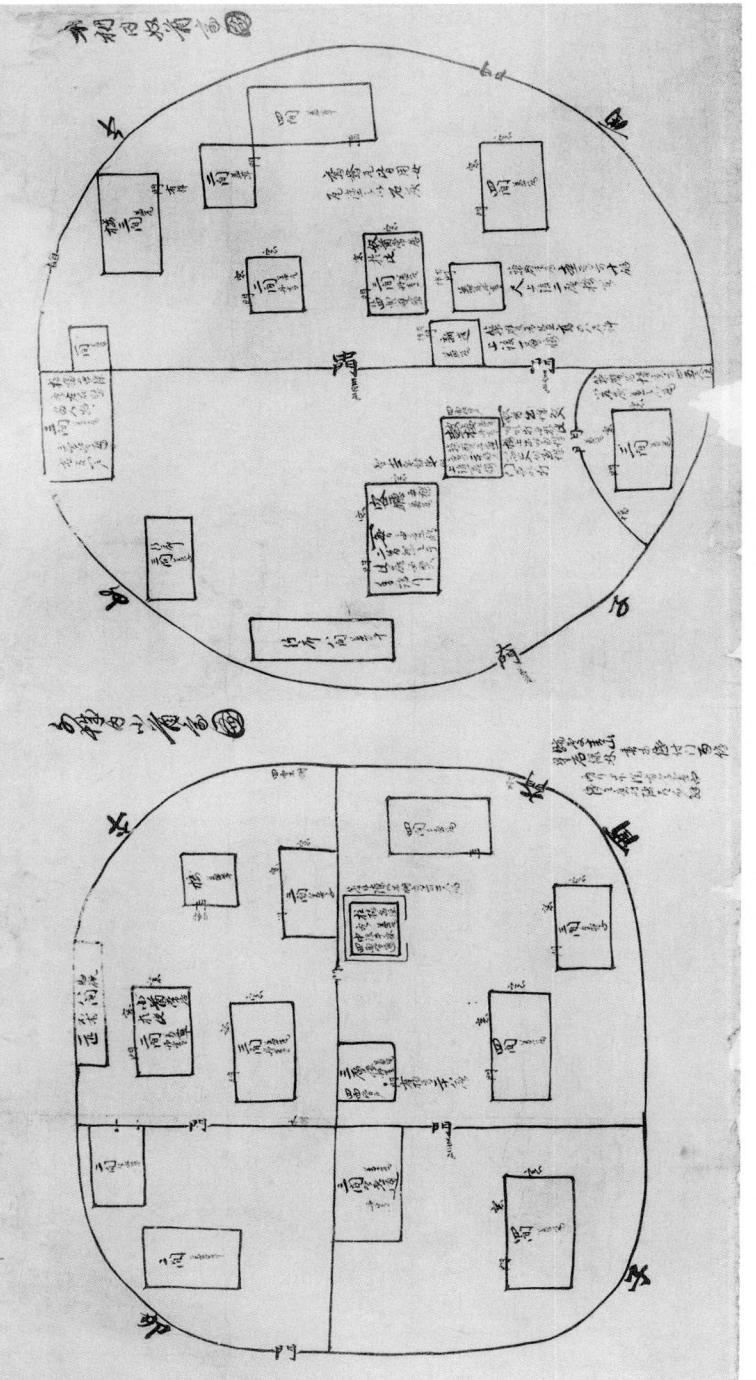

口絵 2 ヌルハチ兄弟の家（申忠一『建州紀程図記』）

口絵3　太祖ヌルハチ朝服像（北京故宮博物院蔵）

口絵 4　太宗ホンタイジ朝服像（北京故宮博物院蔵）

口絵5 『十五省輿図』(中国第一歴史檔案館蔵)

口絵6 安北将軍ランタン勅命(台北中央研究院歴史語言研究所旧内閣大庫蔵)

口絵7 昭武将軍ランタン勅命(台北中央研究院歴史語言研究所旧内閣大庫蔵)

口絵 8 『皇朝輿地全図』（中国第一歴史檔案館蔵）

口絵 9　『両儀玄覧図』東アジア部分（中国遼寧省博物館蔵）

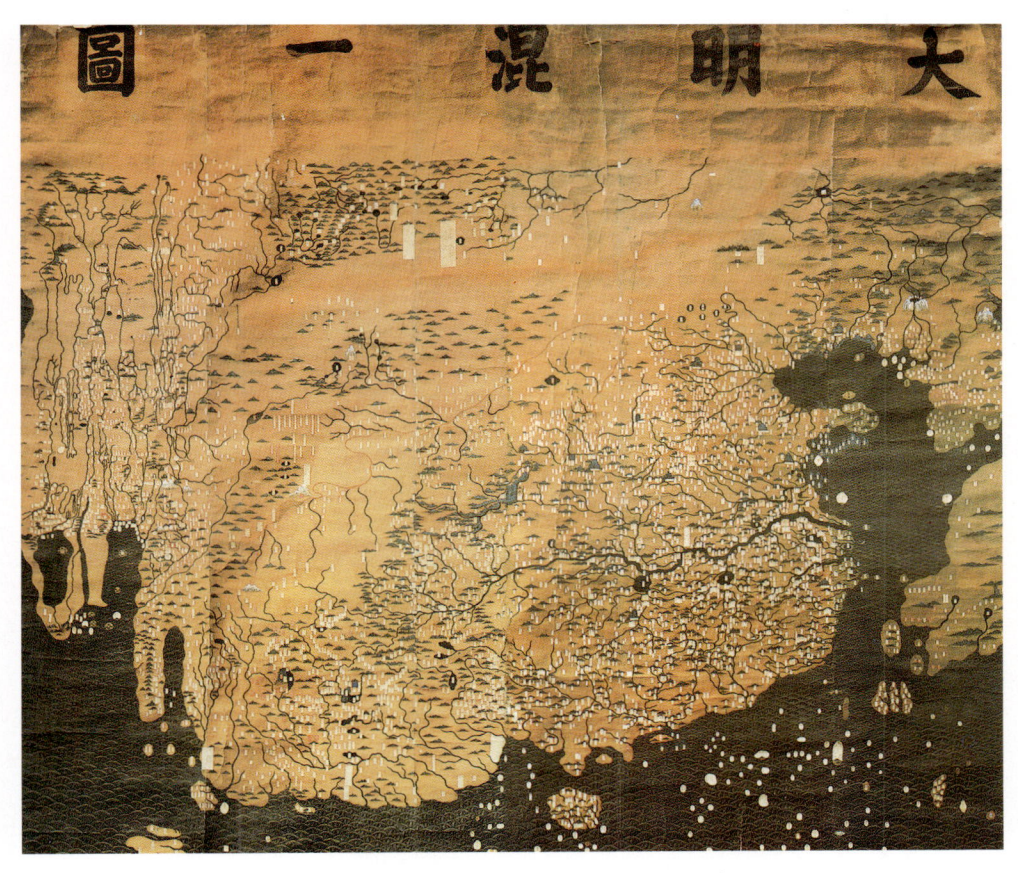

口絵 10　『大明混一図』（中国第一歴史檔案館蔵）

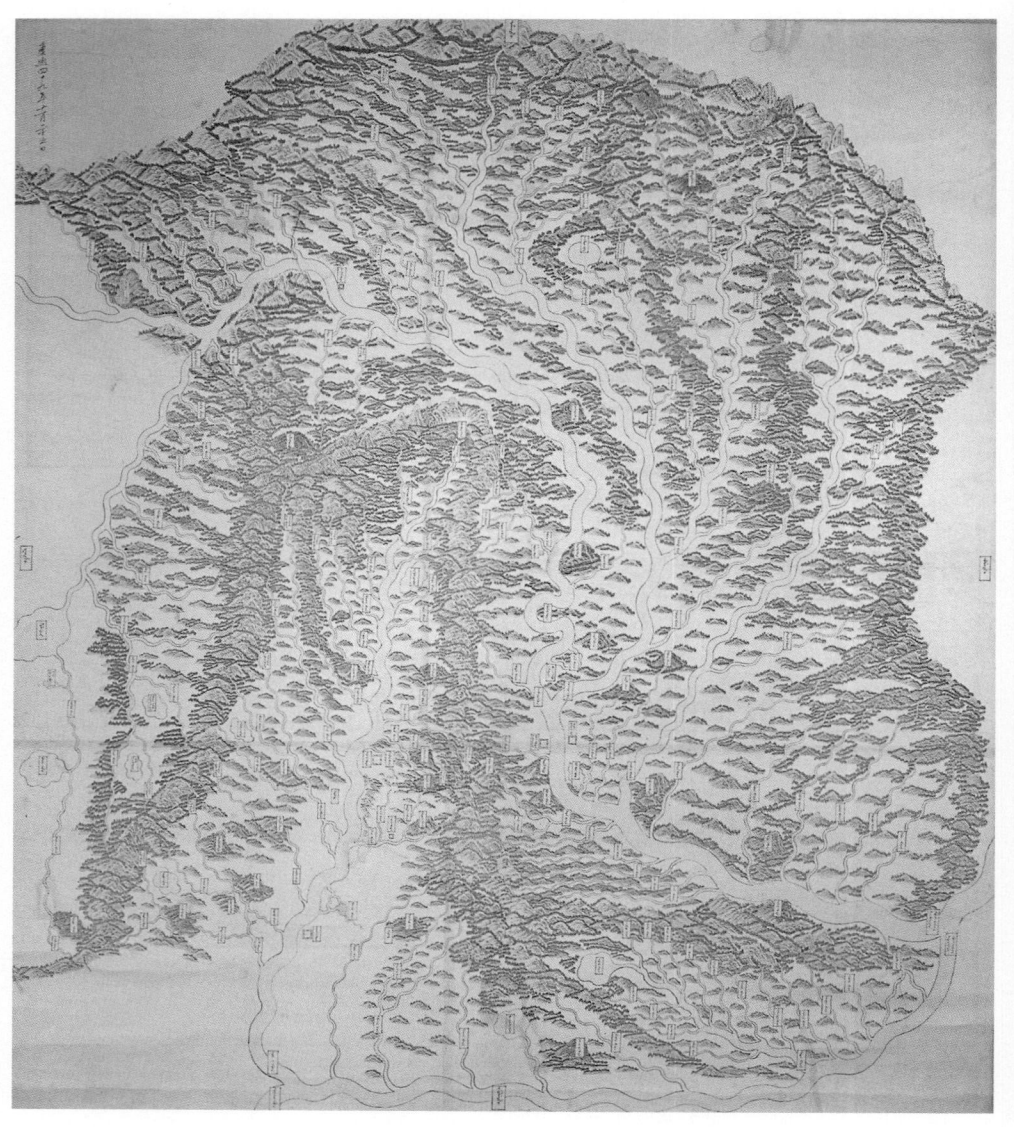

口絵 11　『黒龍江流域図』（台北国立故宮博物院蔵）

口絵 12 「艾渾之地図」(米国国会図書館蔵)

口絵 13 『吉林九河図』(台北国立故宮博物院蔵)

口絵 14 『烏喇等処地方図』(台北国立故宮博物院蔵)

口絵15 「老満文誥命」天命十一年(台北中央研究院歴史語言研究所旧内閣大庫蔵)

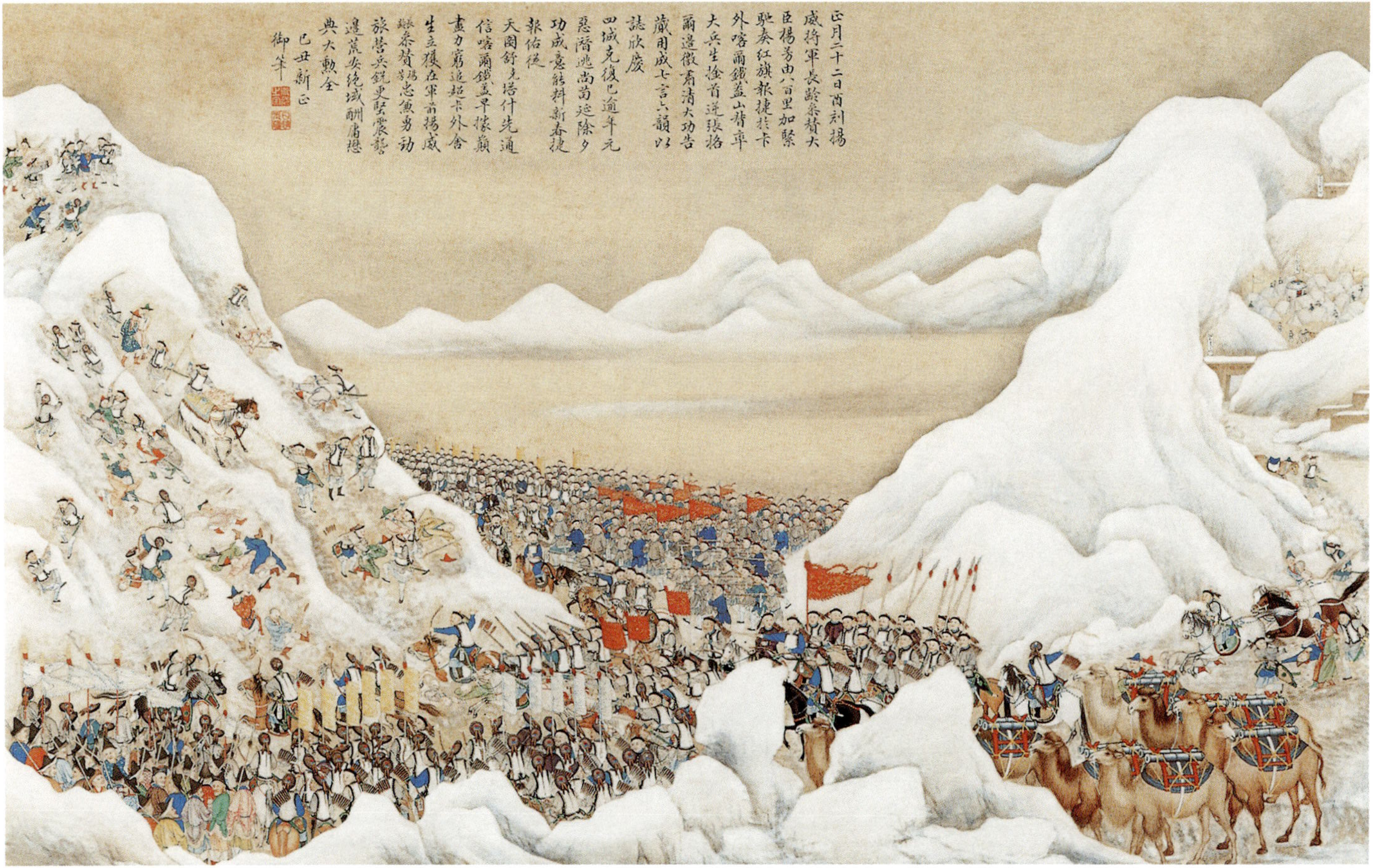

口絵16 「平定回疆戰図冊・生擒張格爾」（北京故宮博物院蔵）

口絵 17 「平定回疆戦図冊・午門受俘儀」（北京故宮博物院蔵）

ダイチン・グルンとその時代

目　　次

凡　例　ix

序　章 ……………………………………………………………………… 1
　　なぜ，今「ダイチン・グルン」か　1
　　生きた遺産　5
　　本書のねらいと構成　6

第Ⅰ部　世界帝国をめざして

第1章　帝国の胎動
　　　　　――起ちあがったジュシェン―― ……………………………… 10

　はじめに　10
　1　ヌルハチ建国以前の建州三衛　13
　　1）三つのジュシェン集団　13
　　2）建州衛の人々と多様な生活基盤　14
　　3）1520年代のジュシェンと朝鮮辺界　16
　　4）建州衛の全体構造　17
　　5）建州左衛とその他の展開　24
　　6）建州三衛の姻戚関係　27
　2　ジュシェンの戦い方――二つの事例から　28
　　1）高山里合戦（1491年）　28
　　2）潼関合戦（1583年）　31
　3　加藤清正軍とロトン　35
　　1）清正軍の出現とその渦　35
　　2）ロトンとその一族・末裔たち　37
　　3）ランブルカンの誥命　42
　4　ヌルハチと八旗領地　44
　　1）ロシアの東進とヌルハチの権力掌握　44
　　2）八旗の編制とそれぞれの領地　47
　5　ダイチン・グルンの成立――伝国の璽とマハーカーラの奉戴　58

第 2 章　拡大する帝国
　　　──ユーラシア国家への道──………………………… 76

　はじめに　76

　1　中華の併合と西方へのまなざし　77
　　　1）マンジュ人の北京入城──世祖皇帝フリンと「成宗皇帝」ドルゴン　77
　　　2）ダイチン・グルンの西域　81
　2　康熙帝とその側近たち　83
　　　1）モンゴル諸集団への使者派遣　83
　　　2）旗人ランタン──ガルダン対策　85
　　　3）ラマのシャンナン・ドルジ──フフ・ノールとチベット対策　88
　3　対ジューンガル遠征計画　93
　　　1）トルファン進攻作戦計画とジューンガル鉄騎の壮挙　93
　　　2）チンギス・カンの末裔　94
　　　3）奇妙な道士のエピソード──勝利への執念か，あるいは……　96
　　　4）出撃と不満　98
　4　ジューンガル征服への道程　100
　　　1）雍正時代のジューンガリア　100
　　　2）雍正帝みずから語る姿勢・思惑　102
　5　巨大版図とさらなる西方　107
　　　1）ジューンガル解体　107
　　　2）カザフの「来到」　108
　　　3）タラス河畔のヨルゴ山の石碑　110

　おわりに　113

第 3 章　歴史にまなぶ帝国の「かたち」
　　　──マンジュ語に訳された正史──………………………… 119

　はじめに　119

　1　ダイチン・グルン初期の文化と歴史編纂　121
　2　満文三史の編訳　128
　3　満文の『遼史』　139

おわりに　145

第4章　ネルチンスク条約の幻影
　　　　　——マンジュ語で記された『黒龍江流域図』——　……………154

はじめに　154

1　台北国立故宮博物院蔵『黒龍江流域図』について　156

2　『黒龍江流域図』作製の時代背景　163

3　地図が語る歴史　166

　1）幻の国境碑　166

　2）アイフン城　172

4　康熙時代からの黒龍江流域の水系視察　174

おわりに　184

第5章　描かれる版図
　　　　　——黒龍江流域の「国境」探検——　……………………197

はじめに　197

1　視察隊派遣の前史　198

　1）ロシアの影のなかで　198

　2）移りいく黒龍江将軍衙門　199

　3）ネルチンスク条約の後　200

2　九路の視察隊と調査の方法　201

　1）「国境地帯」探検の提案　201

　2）調査ルート検討の前提　202

　3）九つの調査ルート　205

　4）編成された視察隊の詳細　206

　5）聞き取り調査　207

3　ランタン図とバハイ図　208

　1）『吉林九河図』をめぐって　208

　2）バハイ図の詳細　213

4　『大清一統志』と黒龍江地域の現実　217

　　　　　1）編纂のための調査報告　217
　　　　　2）メルゲン城をめぐる本格的報告　219
　　　5　再開された調査　225
　　　　　1）状況の変化のなかで　225
　　　　　2）一統志館から兵部への文書　226
　　　　　3）黒龍江将軍からの伝送　231
　　　6　曲折する経緯，重ねられる報告　233
　　　　　1）さらなる返信　233
　　　　　2）確認材料としてのランタン図　235
　　　　　3）ようやくの報告書　236
　　　おわりに　240

第6章　積み上がる地図の山
　　　　――輿図房と目録編纂――　　　　　　　　　　　245

　　　はじめに　245
　　　1　内務府造辦処輿図房における輿図作製　246
　　　2　勅編の輿図目録『蘿図薈萃』とその続編　252
　　　3　民国以降の目録整理と編纂事業　256
　　　おわりに　263

第Ⅱ部　帝国を支えた人々

第7章　八旗社会の根幹
　　　　――ニルの分類と佐領の承襲――　　　　　　　　282

　　　はじめに　282
　　　1　ニルの根源冊・執照について　285
　　　2　八旗ニルの世襲例とニルの分類　291
　　　　　1）入関前の世襲例　291
　　　　　2）ニルの分類　294
　　　3　雍正時代のニル分類　298

おわりに　307

第8章　掌握される戸口
——戸籍台帳の作成と管理——……………314

はじめに　314

1　八旗における戸口編審制度の成立　316
2　八旗戸口編審の実態　324
3　戸口冊に見る八旗ニル　331
　　1）『宜珍佐領下戸口冊』　333
　　2）『隆鋭佐領下戸口冊』　337
　　3）『仲倫佐領下戸口冊』　338
　　4）『隆順佐領下戸口冊』　338
　　5）『那丹珠佐領下戸口冊』　338
　　6）『駐防青州正紅旗晋祥栄芳佐領下点験得別戸男丁数目冊』　339

おわりに　341

第9章　編成されるニル
——ブトハ八圍オロンチョンの場合——……………389

はじめに　389

1　黒龍江遠征とブトハ八圍の設立　391
　　1）黒龍江遠征とソロン部のニルへの編制　391
　　2）オロンチョン・ニルの編制　394
2　「ブトハ八圍」から「ブトハ八旗」へ　399
3　ブトハ・ニル社会の諸側面　407
　　1）貢貂の語義と実例　407
　　2）アンダ関係　410

おわりに　413

第10章　受け継がれる記憶と絆
──「アンダ」がつないだユーラシア── ……………421

はじめに──記憶のなかのアンダ　421
1　アンダの起源とその広がり　422
2　ヌルハチのアンダ　425
3　ブトハ集団とモンゴルとのアンダ関係　429
　1）ブトハ集団のアンダたち　430
　2）ソロンとモンゴル各集団のアンダ関係　440

おわりに　445

第11章　尚武のモンゴル
──狩猟に生きるブトハ・ニル── ……………450

はじめに　450
1　モンゴルの一員たるソロン──ソロン・サハルチャ集団　452
2　ブトハ・ニルの集団構成とその拡大　460
　1）ブトハ・ニルの集団構成　460
　2）オンコトとホンゴル集団　462
　3）オイラト，テレングトとウリャンハイ　466

おわりに　469

第12章　文雅のモンゴル
──『閑窓録夢』に見る北京の旗人生活── ……………473

はじめに　473
1　松筠と『閑窓録夢』について　474
2　松筠の生活　480
　1）年始　482
　2）元宵節　485
　3）交友関係　487
3　ジハン・ギールの叛乱に関する記事　500

4　書家・篆刻家としての松筠　505
　　おわりに　510

附　録　ブトハ・ニルの根源冊 …………………522

　参考文献一覧　571
　あとがき　595
　初出一覧　600
　人名索引　601
　地図・書名索引　614
　地名・事項索引　618

凡　例

一　引用文について
　　1）［＋］：原文書で加筆されている部分を示す。
　　2）［＃］：原文書で削除されている部分を示す。
　　3）［＄］：原文書で円圏によって囲まれている部分を示す。
　　4）○：原文書の文頭を示す。
　　5）■：原文書の判読不能部分を示す。
　　6）□：原文書の欠落部分を示す。
　　7）／：原文書の改行を示す。
　　8）／／：原文書の改頁を示し，前後の数字は本の頁数を示す。
　　9）＊：原文書の半字擡頭を示す。
　　10）＊＊：原文書の一字擡頭を示す。
　　11）下線および傍点は引用者による強調を示す。
　　12）（　）内は引用者による補足や原語を示す。
　　13）［　］によって引用者による補足を示す場合もある。
　　14）引用に際して，適宜改行をほどこすことがある。
　　15）マンジュ語文書の日本語訳に際して，マンジュ語の文法的・表現的特徴や文書の様式を示すのがよいと判断される場合には，逐語的に翻訳する。
二　文字表記について
　　1）漢字は，本文中では原則として日本の新字体を用いるが，表および注の中の引用文については原文書の用字を尊重する。
　　2）マンジュ語については，一部の表を除いてローマ字転写によって示す。転写には，P. G. von Möllendorff, *A Manchu Grammar*, Shanghai, 1892 の方式を用いる。
三　文献について
　　1）研究文献は，本文および注のなかでは著者名（刊行年）の形式によって示し，巻末の参考文献一覧で書誌の詳細を掲げる。
　　2）資料類は，本文および注のなかでは原則としてタイトルを示し，巻末の参考文献一覧で書誌の詳細を掲げる。

序　章

　本書では，17世紀から20世紀にかけて，ユーラシアの広大な地域を治めた帝国の名称として，ダイチン・グルン（Daicing gurun 大清国）を使用する。
　ダイチン・グルンは，初代ハンのヌルハチ時代においては，国号をアイシン・グルン（Aisin gurun 金国）と称し（1616年），二代目のハンたるホンタイジ時代の1636年に，連合集団の呼称であったジュシェン（Jušen 女真）の名を，新たにマンジュ（Manju 満洲）と変え，国号をダイチン・グルンと改称した。のちに，この正式な国号は，国内文書や領国・外国との国際条約において終始一貫して用いられ，帝国が崩壊するまで使用された。この時代を考え，語る場合には，歴史の根幹たる一次資料にもとづき，この用語を用いるのがもっとも妥当であり，16世紀から20世紀までの歴史を一つの連続的な時代史として捉える歴史的概念としても重要な意味をもつ。したがって本書では，ホンタイジのダイチン・グルン改称から入関を経て，崩壊するまでに存在した一つの帝国を「ダイチン・グルン」と呼び，その時代を「ダイチン・グルン時代」と称することにしたのである。

なぜ，今「ダイチン・グルン」か
　16世紀に勃興し，次の17世紀から20世紀初頭までユーラシア東方に君臨したダイチン・グルンは，まぎれもなく人類史に多大な貢献と影響をもたらした帝国である。そして，こんにちもなお，その残影はときに色濃く，ときに淡く，さまざまなことがらの上に照り射し，ゆらめいて，わたくしたちを刺激する。この光と翳の世界を，時の経過とともに余すところなく眺め，脳裏に刻むことは，これからの「中国」のあり方を考えていくうえで，きわめて有効な手段となるだろう。
　この時代は，じつは単純に中国史（清代・清朝），満洲史（満族）・民族史（少数民族），あるいは「辺境と中原」といったこれまでの図式・枠組みでは処

理することができない。ましてや，先進的／後進的，文明化／野蛮化というようなじゅうらいの偏見に満ちた二律背反の概念を用いた方法ではとても刃がたたない。それは，政治・経済・宗教・文化などが融合した大きな世界で，はるかに我々の認識・思考を超えたものだった。こんにちの中国の版図は，ダイチン・グルンのそれを下敷きにしてなったものであり，現代史のなかに生じているさまざまな矛盾・問題には，この時代の正確な把握，理解への努力を続けていかない限り，解決の方向に導かれないものも多い。

とはいうものの，この時代に誠実に向き合おうとしたとき，だれしもみな一度は，その遺された多種多様な，多言語からなる幾重もの，文献・檔案類の山岳を前にして，呆然と立ちつくすことになる。さらにこれらの文書，書物のほかに，絵地図や芸術・工芸品・出土品などさまざまなモノ・遺跡も覆いかぶさってくる。複雑にいりくみ，立つ位置・勾配によってさまざまな景色が展開するじつに起伏の激しい道程である。しかし逆にいえば，それだけ登り甲斐もある。なんといっても，ほかの時代にくらべれば恵まれたコンディションで，万全の準備をもって臨みさえすれば，着実に進めるのだ。

ところが，「ダイチン・グルン」という語は，現在の中国においては，学術用語として通用しない。一部の研究者を除いて，「ダイチン・グルン」，あるいは「マンジュ・グルン」という用語を意図して避けてきたのである。中国での「清朝史」研究は，マンジュ人を「侵略者」として捉える視点からはじまったが，最近では転じて「民族史・少数民族史」になった感がある。「マンジュイ・スドゥリ（Manjui suduri）」あるいは「満族史」という用語の意味合いも必ずしも日本や欧米で用いられている「満洲史（Manchu and Qing studies）」と一致していない。

漢語の「皇朝」「皇清」「清朝」に対応するマンジュ語を，合璧文の資料によって調べてみると，すべて例外なく「Daicing gurun」で表されている。漢語でいうところの国語は，「清語 Manju gisun」あるいは「清文 Manju hergen」と表記され，どちらも「マンジュ」を冠する。当然のことながら，当時の第一公用語はマンジュ語であったのである。したがって「清史」は「Manju suduri」すなわち「マンジュの歴史」ということになる。ところが，実際の「清史」研

究は,「マンジュの歴史」研究になっていない。

　その背景として,まず中華民国以降の「中国」における「清朝史」研究が,国家建設・国家政策と密接なかかわりのもとに進められてきたという歴史的な経緯があげられるだろう。

　ダイチン・グルンの歴史的研究は,ダイチン・グルン時代の18世紀以降「西北輿地学」の研究から着手され,おもに漢語文献による地理史・地図史・辺境史・民族史・外国史が中心となった。祁韻士（1751-1815）・徐松（1781-1848）・魏源（1794-1857）・張穆（1805-1849）・何秋濤（1824-1862）といった面々がその代表である。当時の統治階級たるダイチン・グルンのマンジュ人にとっては,こうした研究もあくまで「国史」なのだった。すなわち「ダイチン・グルン」＝「ドゥリムバイ・グルン（Dulimbai gurun 中国）」であった。ダイチン・グルンが「中国」と同義語として使用された例もいくつか確認される。そして,実際にダイチン・グルンが「中国」になった時期は,少なくとも康熙年間まで遡ることができる。というのも,康熙十五年（1676）,オロス（Oros ロシア）からの使者ニコライが持ってきた国書のなかに,ロシア語で「великим царем Срединного государства（中国の偉大なるツァーリ）」という呼称が用いられ,これはマンジュ語で翻訳されたときも「Dulimbai guruni amba han（中国の偉大なるハン）」とされていた。ロシアから見て,ダイチン・グルンは「Dulimbai（中の）gurun（国）＝中国」だったのである。ダイチン・グルンの帝王は,国内のニカン（漢人）からは「皇帝」と見なされたが,モンゴル諸部や中央アジア諸国からは「エジェン・ハン（Ejen han 主たるハン）」と呼ばれた。また,康熙帝に対してモンゴル諸部は「アムフラン・ハン（Amγulang qan＞Amhūlanghan 安らぎのハン）」と呼んでいた。ところが,漢語文献では,これらのさまざまな呼称はすべて「中国皇帝」・「中華皇帝」と訳されてしまうので,『周礼』に代表される伝統的な「中国」・「中華」の概念に引きずられ,ダイチン・グルンの真の姿とは異なった,古典の世界の「中国」として理解されてしまうのである。このような「中国」を基盤にして論を重ねていっても,ダイチン・グルンの真の姿は現れてこない。

　ヌルハチとホンタイジ時代において,ジュシェンの人々にとっては,中国

(Dulimbai gurun) は明らかに大明国＝ニカン・グルンを指す言葉であった。それはアイシン・グルンやダイチン・グルンとは異なる文化・伝統をもつグルンとして認識されていた。そのころ，ジュシェンの使者が大明の辺境にいる将校から持ち帰ってきた文書に「中国の法例はそのようである。ハンはこれを怪しむな (Dulimbai gurun i kooli šajin tuttu, han ume ferguwere;)」(天聡三年 (1629)) とか，「中国もまた礼儀をもって遇するだろう (Dulimbai gurun bicibe, inu doro jurgan i dorolombi dere,)」(天聡三年) とあることから，大明はみずから「中国」と称していたことも明らかである。この時点では，アイシン・グルンは「中国」ではなかった。

　1644年4月に北京へ遷都した後，順治帝は，みずから「中国」を平定し領有したと宣言する。このときから，かつて「中国」の支配者たる大明国が領有した領域を，「中国」と呼ぶ場合が多い。その際この呼称には，ジュシェン人の本拠地とマンジュ人の属領となったモンゴリア（オルドス方面もふくめて）がふくまれていないことを意味していた。

　入関後のマンジュ語の「Dulimbai gurun」に関しては，「中国」あるいは「中原」と漢訳されることが多く，「中国」と「中原」は同じ意味で使われたこともあった。もちろん，順治から康熙時代においてダイチン・グルンの勢力が及んでいないチベットやジューンガリア，中央アジアなどは「中国」として認識されていない。このときは，「中国」はたんに「ニカンの地＝大明が支配していた地域」の意味であった。

　外国との交渉が頻繁におこなわれる康熙時代になると，みずから統治する異なる文化，広大な領土，領民などを意味する「中国」が登場する。康熙時代においては，ダイチン・グルンが領有していた「中国」の西境は，せいぜい甘粛から西寧あたりであった。チベットやジューンガリアなどの地域はふくまれていなかった。

　チベットが「中国」にふくまれるようになったのは，雍正時代になってからであり，そのころ，版図として輿図に書き入れられるよう聖旨が盛んにくだされる。また，ジューンガリアから中央アジアまでの多元的な「中国」へ変わっていくのは，乾隆時代のジューンガル征服以降のことである。このように時代

によって「中国」の内実が変化していった事実を念頭においておく必要があるだろう。

しかし，なんといっても，「中国」の意味が大きく変容する時期は，やはりダイチン・グルンが崩壊した後，すなわち民国期に求められるだろう。この時期に開始された「清朝史」研究は，いわば「中国」を定義するために着手された歴史研究である，ともいえるだろう。このことは，よく知られているようでいて，その研究の内実はほとんど顧みられていない。そこでは，旧支配者たるマンジュが腐敗・殺戮・強権・野蛮という負のイメージでまことしやかに語られていた。近代中国における自国史研究は，「ナショナリズム（国家主義・民族主義）」によって形成されたからである。

少なくとも，このような政治背景が初期の「清朝史」・「満洲史」を規制していたことに留意しておくべきだろう。

生きた遺産

現在の中華人民共和国における行政区画・国土・国境などの線引きは，ダイチン・グルンを引きついだものである。かつて八旗が各地に築き駐屯した軍事拠点——城壁に囲まれたいわゆる「満城」・「漢城」（緑営）は，今もなおとうじを偲ばせる状態で，特に中国西部に数多く残っている。

近年，杉山正明（1997a）は，モンゴル帝国の正嫡家チャハル王系のダイチン・グルンへの臣従と「伝国の璽」の奉呈という歴史的な演出劇を取り上げ，ここに大元ウルスの王権と政治の伝統がダイチン・グルンに譲られたのだという，示唆に富んだ指摘をした。さらに「（ダイチン・グルンの）現在の中華人民共和国の領域にも，直接つながる巨大な版図は，中華本土の枠をはるかに超えたひろがりであった」とも述べている。

そして，まだ記憶に新しい1997年，1999年の香港・マカオの返還は，イエズス会士関係をふくむヨーロッパ諸国とダイチン・グルンの外交文書をはじめ，国内外に眠る膨大な資料の調査・公開を促進した。それはこの時代の研究に対して大きな意味をもっている。というのは，これまで公刊された資料はさまざまな目的で選別されたもので，それだけで歴史を語ることは危険だからである。

また最近，中央アジアのカザフスタン共和国が国史編纂のために，中国の第一歴史檔案館と共同で，同館所蔵のカザフ関係資料の出版を進めている。漢文檔案およびマンジュ語，チャガタイ・トルコ語で書かれたカザフスタン関係の檔案の集成を主要な目的としているが，ダイチン・グルン時代の檔案資料が，現在のカザフスタンの国づくりとしての「国史」編纂のために利用されるということ自体が，ダイチン・グルンが与えた影響の大きさを感じさせる。さらにダイチン・グルンの中央アジア関係資料のなかには，ダイチン・グルンが偉大な主たるハン（Amba ejen han）となって現地の平和を取り戻し，大ハンとしての役割を果たしていたことを語る資料も少なくない。これらは，中国のみならず中国周辺の外国と思われている国々にとっても，現代にも少なからぬ影響をもつ，まさしく「生きた遺産」なのである。「清朝史」・「満族史」ではとても語りえない歴史であり，世界史の文脈において，重要な役割をもっている。

本書のねらいと構成

　乾隆年間，そのカザフスタンと現在の新疆ウイグル自治区の国境沿い，イリ河流域に，はるかかなたムクデン（盛京）各地から国防最前線の部隊として派遣された集団がいた。シベ族と呼ばれる人々である。あまり知られていないが，そこでは今もなおマンジュ語が現実の生活に使用されている。私は，そのシベ族の家に生まれた。母語はマンジュ語と中国語である。

　ダイチン・グルンがみずから遺した膨大なマンジュ語の檔案資料は，ほとんど手付かずのまま残されており，私は，シベ族の一人として，これらのマンジュ語資料を整理し，必要なものは翻訳し，学界の利用が可能な形にすることが，みずからの義務であると感じている。

　私はさらに，世界各地に所蔵される檔案・絵図などの一次資料の調査を進めており，ロシアに流出したマンジュ語資料やロシア人の残した同時代資料にも注意している。本書では，こうした調査をふまえ，ダイチン・グルンの本質，ポスト・モンゴルのユーラシア史，ひいては世界史との関係などを多角的に論じたい。それによって，勃興期のジュシェンは野蛮であり，末期にはマンジュ語や騎射を忘却し，漢化していたといった誤解をはじめ，多くの通念を訂正す

ることができる。それは中国の国内はもとより現在中国の周辺地域に生じている民族・国境などの問題を理解することにも役立つだろう。というのは民族・外交問題にはダイチン・グルン時代にその淵源が求められるものが少なくないからである。この時代の研究は，遠まわりのようでいて，現代史・政治史などの分野で議論が戦わされている諸問題を解決する糸口にもなるのである。

　さて，本書は，ダイチン・グルンが勃興する前のジュシェン社会を起点とし，16世紀から20世紀初めまでの全時代をカヴァーする構想のもとにおこなっている研究の序説にあたるもので，従来の誤ったダイチン・グルンのイメージを打破すべく，できる限りマンジュ語の檔案・文書などの一次資料を利用し，ダイチン・グルンの実像をさまざまな角度から捉えようとしている。

　全体は大きく二部に分けられる。第Ⅰ部では，ダイチン・グルンの成立・拡大を考えるうえで根本的かつ重要なテーマを選んで取り上げる。まず第1章では，ジュシェン集団がそれ以前のユーラシア国家と同様，勃興当初より左・中・右という確固とした軍隊・社会組織をもち，そのシステムを継承した建州左衛のヌルハチが，モンゴルから称号を与えられ，さらに同じユーラシア国家の伝統をもつ朝鮮，遼東ニカンなどの支持を得て帝国建設を進めていくあり様を描く。第2章では，帝国拡大の歴史における最大のトピックといっていい康熙・乾隆帝のジューンガル征服の顛末，その背景を詳細に叙述・考察する。第3章では，ダイチン・グルンが勃興期よりみずからの統治の方針を定めアイデンティティを構築していくために，契丹の遼，女真の金，モンゴルの大元の歴史を研究し，漢文で書かれた歴史書や兵法書・百科事典をモンゴル語・マンジュ語に翻訳して学んでいた事実を示し，その編訳事業について具体的に検討する。ひるがえって，帝国拡大のうえで必須の事業は，軍事遠征の前や途中におこなわれた測量・地図作製であった。そこで第4章では，台北国立故宮博物院所蔵の『黒龍江流域図』とそれに関連する絵図・地図・檔案を用いて，ネルチンスク条約によって確定したロシアとダイチン・グルンの国境に立てられたとされ，以後こんにちにいたるまで政治的なメッセージを発揮してきた有名な「国境碑」が現実には一度も立碑されなかったことを証明し，にもかかわらずさまざまな絵図や書物に記載されてきた実態を指摘する。ついで第5章では，

前章の説を補強するために，黒龍江流域の現地調査の顛末を『大清一統志』の編纂と関連づけながら詳細に描く。第6章では，「知」の集積という観点から，朝廷の地図・目録作製の状況を丁寧にたどる。宮中の所蔵品がいかにして現在の所蔵機関にいたったかについても紹介し，さらに，今後，研究者に広く利用されることを願い，康熙から乾隆期に作成された地図のリストを付す。

　第II部は，ダイチン・グルンの構成上，基層たる八旗ニルの編制・構造を取り上げ，第7・8・9章においてその仕組み・変遷・実態を分析・考証する。ここで扱う資料の多くは，初めて公開されるものであり，第II部末尾には，特に貴重で具体的な戸籍台帳の一つを翻字・逐語訳しておく。そこに当時の確かな「匂い」を感じ取っていただければ幸いである。第10章では，今もなお遊牧民族の間で受け継がれる「アンダ」の習慣を取り上げる。アンダとは，贈り物を交わし兄弟の契りを結ぶことで，有名なところでは『元朝秘史』や『集史』のチンギス・カンとオン・カンのそれが知られている。このアンダの記録を博捜し，さまざまな資料から詳細にたどることで，ダイチン・グルンの構成と拡大の謎を解き明かす。これは，第7・8・9章はもとより第I部の第1・2章のテーマとも重なり，それらを補足する役割をももつ。さらに，「武」と「文」の両側面から，より詳細に八旗社会の様相を眺めるべく，そしてダイチン・グルンという帝国の大きな支えの一つが「モンゴル」であったことの実証作業の一環として，第11章では，黒龍江一帯に拠点をおくソロン，オロンチョン，ダグル（彼らは本文で述べるようにモンゴルの一部であった）といった漁猟の人々，すなわち，その卓越した騎射技術のゆえに，皇帝の侍衛軍団，国防最前線の部隊に人材を供給しつづけた集団ブトハの詳細を描く。第12章では，政府高官の松筠がマンジュ語で書き残した貴重な日記『閑窓録夢』を取り上げ，北京に暮らす満洲旗人の年中行事・衣食住・趣味・交友関係などについて紹介し，通念とはまったく異なった貧困旗人の実情を明らかにする。さらに，新疆で長期にわたって反乱を起こしたジハン・ギールの大掛かりな処刑儀式とその後の物語化――芝居や「子弟書」という語り物に仕立てられていく過程についても述べる。これらは，中国歴代の歳時記との比較や中国口承文学への貴重な資料の提供ともなろう。

第Ⅰ部　世界帝国をめざして

第 1 章　帝国の胎動
——起ちあがったジュシェン——

はじめに

　1388 年，モンゴル世界帝国の宗主国であった大元ウルスが解体した。それが，歴史把握における一つの画期をなすことは否定しにくい。ユーラシア大陸の東北部に目を向けると，その巨大な陸地におけるモンゴル，ジュシェン，遼東のニカン（漢人），そしてソルホ（高麗・朝鮮）という四つの大小規模のかたまりと，海を挟んで相対する日本，さらに琉球の間には，もとより程度の差はあれ，互いにそれなりの関係をもちつづけながら長い交流の歴史が重ねられていた。

　このような地理的・歴史的なつながりをへたうえで，洋々たる海を渡り朝鮮王朝の京城までやってくる日本や琉球の使者たちは，異国の王宮のなかで幾度となくジュシェン人の使者やヒヤ（侍衛）たちと同じ時を過ごし，また宴会場でもたびたび同席し酒盛りをして，さまざまな接待や催しをともに楽しんだ。その際に参加した人数を見ると，ジュシェン人が四十九人，日本人は八十人に達することさえあった[1]。周知のように，朝鮮半島には交流の拠点として，南の海岸部に日本を対象とする貿易地が設けられ，かたや北の辺界域にはジュシェン人を相手とする市場がきちんと設置されていた。これにとどまらず，交流のネットワークは，海と陸の両方で幾重もの渦をなして周辺にひろがっていた。

　いっぽう，日本の室町末期から江戸初期にかけて，「韃靼人狩猟」に関する屏風図や絵図が数多く描かれた（口絵 1）。現在，所在が確認できるものに限っても，二十八点にのぼっている。そうしたものの主たる内容は，騎馬の韃靼人が颯爽と巻狩りや鷹狩りをする場面だが，海の彼方にいる異境の人々，特

にキタイやモンゴル，さらにはジュシェンの人々を思わせる服装や佇まい，もしくは遙か「西域」のものかと思われる馬の色・装飾・馬具，そして虎の皮を巻いた鞍など，数々の「異物」に注目した芸術家たちとその表現方法は，日本の絵画史上において，際立って異色な存在として注目を浴びている。そのさい，このような絵画創作やそこにかける想いは，時空を超越した交流の現れ，とも考えられてきた[2]。だが，それはたしかな現実を背景としていた。そのうえでの，いわば当然の「異なるもの」についての絵画表現であった。

　15・16世紀から，さらには17世紀前半のユーラシアの東方においては，これまでの想像をはるかに超える交流が実際に展開していたことが，さまざまな資料を博捜する最近の研究によって，次第に明らかになりつつある[3]。とりわけ，アジア東方における歴史の大旋回がそこにあった。すなわち，ジュシェン国家の出現と急速な浮上，そして中華の併呑もふくめた拡大こそ，驚くべき新しい事態であった。ここに，次なる時代が幕をあけたのである。

　ひるがえって，これまでのジュシェン研究においては，なぜか既述のような場面や多様なかかわりのあり方について，ほとんど言及されることがなく，ことがらをいわゆる中国なるものとの交渉・関係（特にジュシェン 対 大明国）のみに限って歴史を眺めがちであったことは否めない。そうしたこと自体に，研究上，すでに大きな限界があったといわざるをえない。じつはそこには，じゅうらい取り上げられることのほとんどなかった壮大で多様・多彩な人間の交流の歴史が潜んでいるのである。

　概していえば，これまでの研究では，ジュシェンと大明国の関係，あるいはジュシェンと朝鮮の関係といった一元的な捉え方が多く見られた。二者それぞれの関係がある程度は明らかにされたとはいえ，そのいっぽうできわめて単純化された平板なイメージを作ってしまったことも事実である。時代や地域・王朝の枠にとらわれず，より大きく一歩ふみこんだかたちで視野を広げる必要があるだろう。具体的には，14世紀後半以降に時間軸をすえ，あわせて対象とする地理範囲を，可能であればユーラシア西方から東方に至るまで，現実には，少なくとも東方においては朝鮮・日本・琉球などの諸国との関係，西方については中央アジア・ロシアとのそれを視野におさめねばならない。そうする

ことによって，ジュシェン社会に対するこれまでの理解を，根底から見直したいと考える。

　もともと，ジュシェン社会を閉鎖されたものとしてとらえ，わずかに大明国による衛所設置や朝貢貿易を通して管理されつつ，富を獲得したといった前提に立つこと自体に無理があった。ジュシェン集団の興起という歴史現象は，隣接する大明・モンゴル・朝鮮・日本などをつつみこむ一つの大きな歴史空間のなかで考えるべきであり，当時のジュシェン人とその社会は，片方で固有の文化や社会組織をもちつつ，もういっぽうできわめて周囲に開かれた世界だったのである。

　さて，本章では，まずヌルハチの興起をめぐり，その歴史的な背景として，隣接する朝鮮のみならず，遠く海の彼方に位置する日本，より具体的にいえば1592年の加藤清正の遠征軍とも密接な関係があったことを実証する。またヌルハチの興起は，すべて史上「建州衛」と称されるジュシェンの一大集団の移動と分裂・併合の過程のなかにあった。すなわち，「建州衛」の実態を解明することが，のちの帝国形成への道程，あるいはその基礎を明らかにすることにつながる。そのためには，ジュシェン内部社会における組織のあり方，たとえば伝統的なユーラシア国家に見える左翼・中衛・右翼といったもっとも基本的な組織と，そのもとでダイナミックに展開した事態を呈示することが有効な方法となる。

　以下の叙述では，ダイチン・グルンが誕生するまでのジュシェン遊猟集団の狩猟地の所在，および合戦の実態などを取り上げながら，それぞれの歴史伝統をになう大集団の領主たちの相互関係を論証・呈示する。かくて，ユーラシア東方に誕生してくる帝国の前史ともいえる胎動期を，これまで注目されなかった角度・視点から眺め，その時代の全体像を考えていくことにしたい。

1　ヌルハチ建国以前の建州三衛

1) 三つのジュシェン集団

　大陸の東北の地，マンチュリアと称されるこの地域は，ジュシェンたちにとっては文字どおり「ジュシェンの地」とされた。あわせて，その南を「ソルホの地」すなわち朝鮮の地，そして西北方面を「モンゴルの地」，西の大明国方面を「ニカンの地」と称してきた。このような周辺に対する認識は，ジュシェン集団を特徴づける生業である狩猟・採集などの際，移動する営地や定住の場所を決定するうえで大きな影響力をもっていた。のちに征服ないし平定することになる土地や領地に関する支配の構想は，この枠組みにもとづいて展開されることになる。

　それらをすべて，のちに「属領（harangga ba）」とし，人々や集団の固まりに対しては「属国（harangga gurun）」・「属人（harangga niyalma）」としたのは，上記の認識によるものである。帝国の形成と展開を理解するうえで，もっとも重要なキーワードである，いわゆる「マンジュの道（Manjui doro）」，もしくは「マンジュの慣習（Manjui tacin）」という考えもそれらにもとづく[4]。

　ジュシェン集団に関しては，これまで多くの先行研究がある。東北の山野にひろがっていたジュシェン集団は，漢籍史料ではおおまかに「海西」・「建州」・「野人」の三つに分類することが多い。ここでも便宜的にそれにしたがって論を進めることにしよう。

　「ジュシェンの地」たるマンチュリアにおいては，ほぼ海西は北方，野人は東方，建州は南方と考えて間違いないだろう。これら三つのジュシェン集団は，それぞれ互いに姻族関係をもって密接につながっていた。そのすべてをここで取り上げることは煩雑にすぎるので，叙述上，最小限必要なものだけを述べる[5]。なお，ダイチン・グルンの草創期を築いたヌルハチは，建州ジュシェン領の出身であるが，建州衛の正系と直接的な関係が薄いことは，すでに先学が指摘された通りである[6]。

2) 建州衛の人々と多様な生活基盤

　いわゆる「建州衛」という名のジュシェン集団は，南は朝鮮半島の北部，すなわち咸鏡道の端川以北から，遼寧平原にいたる広大な地域にひろがり，農耕と遊猟を生活の基本とする人々の連合集団であった。従来の研究では，大明国への「朝貢」によって，生活や秩序を維持してきたと説明されがちだったが，その実態は不明な部分が多い。ここではまず，彼らがおこなった狩猟・漁労・採集の実態を概観し，その生活基盤のありようを明らかにする。

　当時のジュシェンたちの生活基盤としては，一定期間定住する家や柵で出来た「トクソ（村）」という居住空間がまずあった。ついで，いわゆる「農幕・農舎」と表現されるあり方で，農事用の住居をしつらえつつ遊猟生活をも営み，特定の山地や森林を移動していた。また，一部の人は「採参囲猟」という名のもとに畑を耕作しながら，禽獣が多く生息している密林や山地に赴いて，朝鮮人参の採集と狩猟生活をおくった。

　こうしたかたわら，彼らは河川を挟むかたちでその両岸に"平城"を設け，山岳地域では文字どおりの山城を構えた。その移動範囲は，北は鴨緑江以北の低い山地や平野から，南は朝鮮の平安道・咸鏡道の各地にわたっている。そして，しばしば山陵や交通の要衝には砦が設けられていた。

　とりわけ，遊猟期に入ると，家族やその集団ごと，特定の河川や密林・高山まで移動しつつ，「結幕・山幕（幕営）」生活をおくるのが常であった。遠距離移動には，陸路で馬を利用し，河川では船を使った。そのため，家畜や造船に関する技術や知識が豊富で，河船に関しても水軍を形成できるほどの勢力を備えていた。こうしたきわめて二重性の高い生活・環境によって，彼らは古くから独特の慣習と伝統を築いてきたのであった。

　長白山を挟みつつ，西方の鴨緑江周辺地域と東方のトゥメン江沿岸地域をふくめて，多くのジュシェン集団がひろやかに往復し，必要最小限の生活用品の交換や交易をおこなった。それにともなって，いくつかの重要な交易拠点が形成された。たとえば，西北においては馬市で名高い開原，南では平安道の義州と咸鏡道の会寧などがその代表的な場所である。

　ひるがえって，ジュシェンの遊猟・漁労・採集生活にあっては，実際にどの

第1章　帝国の胎動　15

ような場所において，何を目的物としておこなわれていたのか。いわば，もっとも基本的な問題について，きちんと論究したものはほとんど見あたらない。

　じつは，彼らには，それぞれ特定の狩猟・漁労場所があった。それは1446年の朝鮮王朝における国王への報告によれば，泥城歧および所温梁などの地域で，朝鮮平安道の閭延府より「六息（百八十里）」の距離にあった。このほかにも，別浪浦・小雍（甕）村・草田などの地域があり，朝鮮の江界府の満浦口子から「五息（百五十里）」の距離にあった。楡坡・多令などの場所は，渭原郡から「四息」のところ，所土里は，理山郡の央土里より「七息（二百十里）」，明干平は，江界府の高山里口子から「九息（二百七十里）」のところにあった。いずれも鴨緑江の南の地であり，のちには朝鮮北部となる地域を中心に活動していたのである。

　狩猟期間としては，毎年三月から五月，そして七月から十月の間におこなわれ，少なくとも十人以上，多くても三十人までが一つのグループをなして行動した。別の報告では，狩猟の際に二十人あまりが群となって，集団で樹木が茂ったところに幕営し，幕ごとに三，四人が一緒にいる。昼は遊猟し，夜は集めた柴を燃やして暖を取って休むのが彼らの日常だった[7]。

　ここで注意すべきは，朝鮮国においては，毛皮とりわけ大鹿皮・狼尾などの調達は，主に辺境に駐在している兵士や民に割り当てられており，必要な毛皮の数をそろえるためにジュシェン人らに頼らざるをえなかったことである。とうじ，毛皮は高価だったので，一般には買いにくいものだった。たとえば，一枚の小さい狼尾の値段は三，四十匹の布，大きいものは六十匹の布に相当する。辺境の兵・民たちは，冬のすべてが凍てつく氷の時期に，ジュシェン人の手から毛皮を買い取っていた。

　当時の朝鮮では，国王に献上するこれらの狼尾・土豹皮などの毛皮は，咸鏡道の産出品と認識されていた。実際のところは，既述のように，周辺に居住するジュシェン人から，とりわけ大牛との物々交換で入手していたのであった。ところが，牛は農耕に欠かせないので，朝鮮国内でもたびたび問題になり，禁止にいたることさえもあった[8]。そのいっぽう，ジュシェン人たちのほうも，ときに略奪や強制買収によって，朝鮮側の牛・馬から鉄——農器や釜鼎にいた

る物品を入手した[9]。その結果，朝鮮の将兵の間では，ジュシェン人が大量に鉄製品を手に入れて武装しているという危惧さえ芽生え，根付きつつあったのである。

さらに，16世紀の初めになると，牛馬と鉄物の輸出を禁止しなければ，平安道の満浦互市により，みなジュシェン人の手にわたってしまう恐れがあるとの議論さえなされるようになる[10]。それに関連して，毛皮貿易によって朝鮮官僚の間では黄色い貂鼠皮のコートが流行したが，その結果，ジュシェンの鏃は，昔の鹿角から鉄製に変わってしまったとの注目すべき報告もなされている[11]。ともかく，今や膨張する精悍なジュシェン人の集団は，商業・軍事集団として認識されはじめていたのであった。

かたや，狩猟以外に，採集も生活に欠かせない手段であった。毎年八月から九月にかけて渓谷や山間に赴いて朝鮮人参を採集し，または蜂蜜を探すことが彼らの日課であった[12]。朝鮮人参を採集する際の人数は，二百人におよぶこともあったという[13]。そして，これらの多くを朝鮮人が買い求め，自国の王への献上品としていた。だが，朝鮮人参についても，大きいものを得ることははなはだ難しく，一本なんと米一斗の値段にものぼる貴重なものだったのである[14]。

以上，ようするに，ジュシェン人が活動する地域は，古くから毛皮や朝鮮人参の産地としても重要な場所であり，毛皮や朝鮮人参は高価な国際商品となって，ジュシェン人や朝鮮人らを介しつつ，ひろく大明・日本・琉球などの国々にもたらされていたのであった。そして，これらの貿易によって，アジアの東方は，かつてない交流の時期を徐々に迎えつつあった。後述するジュシェン新興国家の建設は，このような背景のもとでおこなわれたわけである。

3）1520年代のジュシェンと朝鮮辺界

すでにいくらか触れたように，ジュシェン人の狩猟する場所は，鴨緑江からトゥメン江の流域におよぶ広範な地域にわたっていた。たとえば，1525年ころ，咸鏡道の恵山鎮の水上から西へ五日間のあたりに，虚水羅・水洞という場所があり，ジュシェン人三百戸あまりが住んでいた。また，水洞から西へ三日

間のあたり，倹天という地にジュシェン人が四十戸あまり，さらに倹天から西へ二日間のあたり，朴加遷という地に，二百戸あまりのジュシェン人が住んでいた。この三つのジュシェンたちの住地は，いずれも交通の要衝にあたっていた。

　上述の恵山鎮周辺の山地一帯は，多く麋鹿・貂鼠が生息しており，岐州衛のジュシェン人の王山赤下は，常にここで狩りをしていた。それで，しだいに多くのジュシェン人が移住してきた[15]。1525年，王山赤下は，咸鏡南道に三百戸あまりの人々を率いて，恵山鎮の雲井坪などの界隈にきて家屋を造り，田を耕したいと朝鮮政府に申告している[16]。

　いわゆる辺界に住んでいる朝鮮人とジュシェン人は，しばしば互いに鴨緑江を越えて漁猟に勤しんだ。特に，満浦鎮と高山里鎮のあたりでは，夏になるとジュシェン人らが幕営し，妻子を連れて川辺に往来した。みな熟知の間柄で，親しく互いの名を呼びかわすこともあった[17]。ただし，双方の当事者による政策は時期によって異なり，朝鮮の北辺官僚たちによって大規模な粛清が推し進められた時期もある。

　あえて繰り返すが，建州ジュシェンの集団のおもな生活の地は，鴨緑江流域の南北にわたる広範な大地とトゥメン江の南北全域であり，後者の下流域では，いわゆる野人ジュシェンと境を接していた。したがって，朝鮮側にとっての北方問題とは，この二つのジュシェン集団との折衝にほかならず，建州衛と朝鮮北方領域との関係は，ヌルハチの勃興を考えるうえで，もっとも有効かつ問題解決につながる重要な手がかりとなる。

4）建州衛の全体構造

　建州衛の全体は，正系とするアガチュ（阿哈出）集団の末裔をはじめ（系図1-1），右衛のファンチャ（凡察・班車）と左衛のモンケ・テムル（童猛哥帖木児）に分かれており（系図1-2），三つの大きな集団として考えることができる。

　建州衛は，さらに毛憐衛に枝分かれし，後者は領主モンケ・ブカ（猛哥不花）によって統轄された（系図1-1）。このなかで，前者のアガチュ集団は中

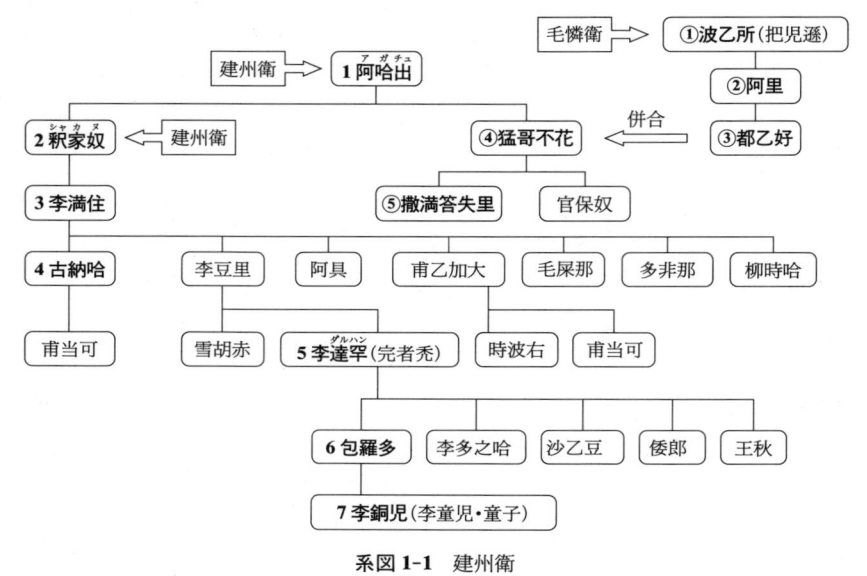

系図 1-1　建州衛
典拠：園田一亀 (1948)・三田村泰助 (1965)・増井寛也 (1997)

衛，すなわち中翼にあたる。そして建州左衛と右衛がそれぞれ左翼と右翼にあたる。

　15世紀の建州衛は，鴨緑江の周辺をその大本営として，広く沿海州まで分布して活動していた。建州衛の勢力範囲は，遼東を西境として，東は蔓遮部落の地域に至る。さらに詳しくいえば，西は昌城から東は高山里まで。左衛は平安道の老江のほとりで，右衛は海西衛の地界である[18]。三衛はそれぞれ山城と平城を持っていた。

　1424年，建州衛指揮の玉古只，千戸の童観音老らが平安道監司に報告したところによれば，モンゴルとウェジ（Weji＝森林）らが侵攻してきたため，建州衛は回波江の方州（鳳州）などの場所から，大明皇帝に上奏して婆猪江（佟家江）一帯に移住しはじめた。李満住らは，軍人四百戸あまりを率いて，鴨緑江から一日行程の雍村あたりに到達した。それが，建州衛の平城である。この年のうちに，後述する皇城平一帯に，ウリャンカイ（兀良哈）の童所乙好（童所吾）・王都乙好・張三甫など五戸が妻子をともなって到来した。家屋を鴨緑

第1章　帝国の胎動　19

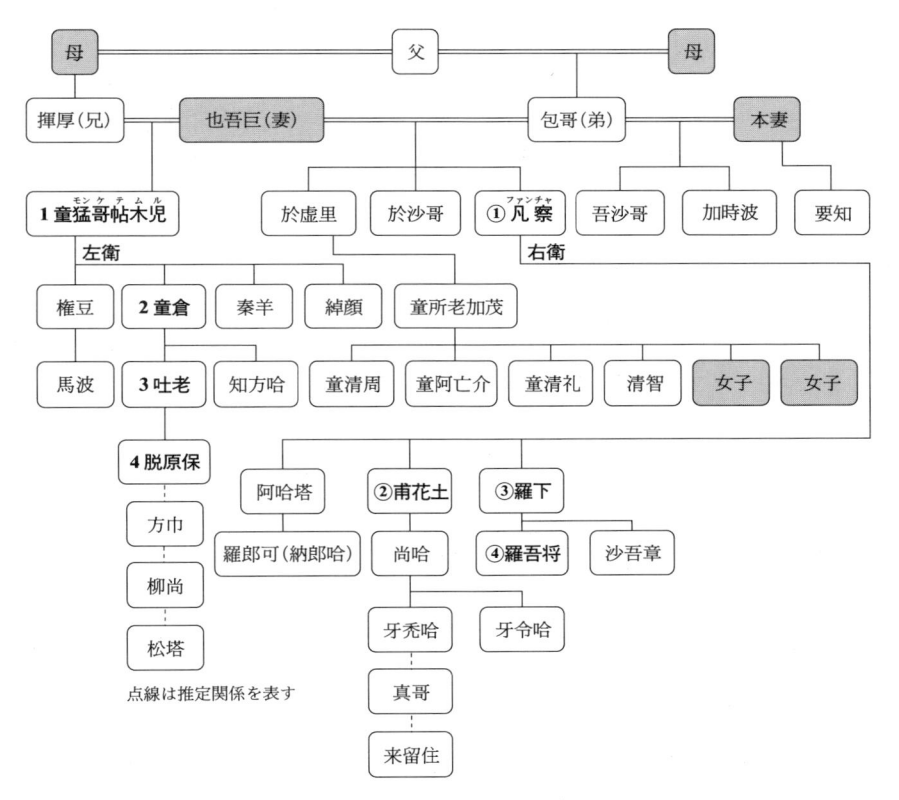

系図 1-2　建州左衛・右衛
典拠：園田一亀（1948）・三田村泰助（1965）・河内良弘（1992）

江のあたりに造って冬を過ごすために，続々と集まってきた者たちは，食料や塩・醬などを朝鮮将兵に請い求めた。

　朝鮮側では，平安道監司が江界道節制使の報告を受けて中央に報告したところ，その要求を拒否した[19]。翌年（1425）にも，李満住らは満浦鎮あたりに来て節制使に面会したいと申し入れ，もともと住んでいた婆猪江に帰りたいので，別れを告げに来たのだと述べた。仕方がないので，城外において食料品を与えた際に調べたところ，軍人八十九名，子供十名で，困窮しているのは事実であった。その際，童所乙好らは，「我らは婆猪江と皇城（皇城平と同じ）と

いう二つのところに、農作して分居している。これからは撹乱しにはこない」と言って、贈られた熊皮一枚と鹿皮二枚をことわって受け取らず、童所乙好らはふたたび皇城平に戻った[20]。

さらに、二十七年後の1452年には、李満住の部下である金納魯が三十四人を連れて満浦鎮にやってきて食料を求め、「我らは家族を連れて出かけてきた。永久に貴国の境土に住みたい」と言上した。その際の理由として、「我らが住んでいる地面(ちほう)は、飛蝗の害に見舞われて穀物が取れなかったので、戻ったとしても生活できない」と訴えたという[21]。このように朝鮮領にしばしば救済を求めたことは、ジュシェン人の生活が自然災害により苦しかったことを物語っている。

1463年には、なんと建州衛本系の李満住の次男である李豆里(李豆伊)が皇城平に移住したがっているということが朝鮮に伝わり[22]、翌年(1464)に李豆里と趙三波の子である車多らが牛五頭をもって満浦鎮に来て、都節制使の楊汀と会見し自分たちの要求を主張した[23]。問題となる皇城平は、皇帝城・皇城・皇城坪とも書き、牧地・狩猟地として名高いところであった。じつは、この皇城平こそは、古く高句麗の都があった集安(吉林省南部・満浦対岸、のちに通溝・輯安とも称す)にほかならず、現在も平城と山城の二つをはじめ、一万基以上の遺址・古墳などがさまざまに残る。ちなみに、最近では中国国内において「西北の敦煌、東方の集安」といわれるほど注目を浴びており、世界遺産にも登録されている。以上からすると、おそらく15世紀においては、同方面は建州衛の所領の一つとして遊猟の対象となる場所であり、建州本営の面々は皇城平と婆猪江という二つの拠点を中心に移動生活をおこなっていたと考えられる。

かたや、1465年の時点においては、建州衛の領主たる李満住は、新旧二ヶ所の居城をもっていた。旧居は、新居の兀彌府より北へ三日間の道のりの雍村なる地で、麾下の百戸あまりとともに住んでいた。なお、後述するように、ここはのちに、建州衛の正系と直接関係があるドンゴ部の本拠地として、ヌルハチ時代の五大臣に数えられるホホリと深くかかわる地域である。

いっぽう、フルンの地面(ちほう)は、李満住の住居より北のかた三、四日かかるとこ

ろにあった。李満住の居宅から左衛の長たる童倉（童山・董山）の住居まではおおむね平地で，途中の三，四ヶ所に小川が流れるほか，密林もなく道も平坦であった。さらに，要地である兀刺山城は，李満住の居宅から南へ二日の道のりで，これもまた平坦である。そこには，都督の羅郎哈（ファンチャの孫）が住んでいる。叔父の建州右衛の甫花土（甫下土・卜花禿・不花吐・童甫花土）とともに，みな吾乙面川のあたりに住んでいるという[24]。これらの証言からも分かるように，建州衛と左衛，右衛は河川を挟んだ平野を本拠地として居住していたのである（表1-1）。

ところが，十八年後の1483年の時点で，建州三衛の分布状況は表1-2のようであった。

左衛のモンケ・テムルの住地である愁曹会は，蘇子河を指すことは，すでに今西春秋・三田村泰助の考証によってほぼ明らかであり[25]，建州左衛の本拠地である。のち，ヌルハチは，この地域を中心に，国家建設とジュシェン統一をはかることになる。きわめて重要な地である。

吾乙面江は，また吾乙面河・吾乙面川・吾彌府・五未河などともいう[26]。建

表1-1 建州衛・李満住から見た左・右衛住地（1424-1465）

名前	住地	距離	方向	備考
建州衛・李満住	雍村（旧居），兀彌府（新居）	雍村（旧居）は鴨緑江より一日行程，満浦より百餘里		百餘家。軍五百餘名を出す。今の居所は旧居より一日行程，彼の地より二日行程
建州左衛・童倉	愁愁塢（今居）	趙三波の家の西北三日行程	西北	百餘家。軍六百餘名を出す。東のかた彼の〈地〉より三日行程
建州右衛・甫下土	吾乙面川	李満住の家の南五十里	南	百餘家。軍六百餘名を出す

典拠：『李朝世宗実録』巻二十五，六年（1424）七月乙亥，『李朝世祖実録』巻三十六，十一年（1465）五月丁未

表1-2 建州三衛の分布状況（1483）

衛名	領主	職名	住地名	距離
左衛	童猛哥帖木児・のち末裔の吐老（都論・土老）	指揮	愁曹会	中衛より左衛に至るまで二日行程。羅吾将家まで六十餘里
中衛	達罕（建州中衛酋長・李達罕）	都督	吾乙面江の間	中衛より右衛に至るまで三日行程
右衛	童甫花土（のち羅下）	酋長	吾乙面江下流	中衛より右衛に至るまで三日行程

州中衛の本拠地であり，趙三波ひきいる大集団もここに住んでいた。同地の比定については，古くから一致した見解がなく，園田一亀の「黒溝河」旧称説，三田村泰助の「ウルギャン・ビラ」説，河内良弘の「富爾江流域の北古城子・磨子・富爾江ぞい一帯の盆地」説などがあるが[27]，ともかく，右衛も中衛からそう遠くない下流域を中心に活動していた。

また建州左衛のモンケ・テムルの異父兄弟である於虚里（阿哈里・童於虚里）の子供は童所老加茂（所奴帖木児・速魯帖木児）であり，1438年に朝鮮から宣略将軍を授けられ，1463年に亡くなった。それから三十年あまりの時を経た1496年，息子の童阿亡介（阿伊忘可）は，朝鮮に「帰化」した三衛敬差官の童清礼が訪ねてきたとき，以下のように語った。

> わたくしの父の童所老加茂は，世宗の御世に「会寧兼牧」の官印を賜り，民衆を領有し，防衛に全身全霊を傾けてあたりました。それゆえとうじは辺境の患が絶えてなかったのです。父が身罷りました後，わたくしがその官印を持し，夫乙乎里という場所に移住しました。その後，貴国が会寧に戻って住まうよう，わたくしを招聘されましたが，たまたま時節の折悪しく，結果，いまだそちらに赴かないままとなっております。わたくしはもともと貴国の出，亡父が拝受したところの印を奉じて，麾下の民衆を率い，満浦を越えたあたりの皇城坪に藩邸を構え，我が死後も子孫代々あとを継がせていきたいと願っております[28]。

童阿亡介の移住先の「夫乙乎里」は，「夫乙厚里」とも書き，遼東の東寧衛に属する地である[29]。つまり，朝鮮の咸鏡道の会寧に住んでいた集団が，次世代になって遼東に移動してきていたということになる。

そもそも，建州右衛のファンチャが鴨緑江の北方に移住したとき，童所老加茂はついて行かず，咸鏡道の会寧に住み着いたのだった[30]。15世紀の初め，この地にはまだ朝鮮の支配が完全には及んでいなかった。世宗朝にいたって，ようやく会寧に鎮を設けようと動きはじめたのである。これらの情勢を見て，童所老加茂はみずからその居宅を撤し領地を献じた。その功績を讃えるべく，世宗は礼賓寺判事の娘を嫁がせたのであった。のちに童所老加茂は「帰化」

ジュシェンと認識され，息子の童清礼を朝鮮の京城で国王の侍衛に推薦する動きさえあった。というのも，童清礼の母親こそ，かの礼賓寺判事の娘だったからである[31]。さらに，童清礼は，その後，二度にわたり，ジュシェンの各領主らと外交交渉をおこなう際に特に選んで派遣され，実際，当地で熱烈な出迎えを受けた。この建州ジュシェンへの派遣については，すでに河内良弘が詳しく論じている[32]。

さらに注目されるのは，1483年，朝鮮側が建州衛の李達罕の子の李多之哈らに，三衛の事情について次のように質問していることである。

> 問：建州には三衛があるが，どれが中衛で，どれが左衛と右衛なのか。そして，主将は誰なのか。
> 答：わたくしの父が中衛，吐老は左衛，甫花土と羅下は右衛であります。

ついで，三衛の間の距離，それぞれの人物の関係について訪ねたところ，忠実に答えたという。それによれば，右衛の甫花土と羅下は李満住の妻の弟であるファンチャの子で，いっぽう左衛の吐老（都論・土老）は李満住の婿たる童倉の子であった。ようするに，李満住を中心に，右衛・左衛とも姻戚関係でつながっていたのである。表1-1・表1-2で明らかなように，三衛の位置は，距離にしてわずか二日か三日という範囲内であり，ごく近い地域に隣接して生活していたのであった。

とうじ，建州衛には甲冑で装備された正規軍が二千人いた。朝鮮側が，中・左の両衛はそれぞれ主将一人だけなのに対して，どうして右衛のみ二人いるのかと質問したところ，その答えは，「甫花吐が年長で，印を掌り公務を執行している。羅下は有能なので，皇帝（大明皇帝）が別に任命したのである」というものであった[33]。

つまり，右衛は，童甫花土と羅下が分割統治していたのである。二人の父はファンチャ。ファンチャには，三人の息子がおり，長男は阿哈塔といい，次男・三男がここに見える甫花土，羅下であった。なお，羅下は「建州衛の都督羅下」とも表記され，彼の子は羅吾将（羅吾章）といった。のちにそれぞれ右衛の領主を継承する（系図1-2）。

5) 建州左衛とその他の展開

　建州左衛は，1423年にトゥメン江流域に位置する慶源に移住してきた。この地は，古くからジュシェン人が住んでいたところであり，その環境は，狩猟と漁労に最適の場所である。いくつかの小さい河川がトゥメン江に流入し，水が豊かな渓谷地帯でもある。周辺は，400～700mくらいの比較的低い山岳に囲まれており，なかでも河岸周辺の低地は農耕に最良の土地であった。かえりみて同地は，朝鮮王朝の太祖・李成桂が興起した地としても名高い場所であった[34]。1398年には，朝鮮王朝はこの地に初めて孔州を設け，そののち慶源と呼ぶようになった。ところが，1410年二月，ジュシェンの兀狄哈の金文乃や葛多介らがオドリ・ウリャンカイ（吾都里兀良哈・斡朶里兀良哈）の武装騎兵三百余と結んで，咸吉道慶源府を襲撃する事件を起こし，慶源府兵馬使の韓興宝が戦死した[35]。やむなく朝鮮側は，翌年（1411）に府を所多老営という場所に移し，新たに木柵を設け，街をつくった。そこへ1412年，建州左衛のオドリ（斡朶里）領主であるモンケ・テムルが遠方のジュシェン人を率いて到来し，民戸を移して，この地に住むようになった。

　なお，この顚末のきっかけとなった韓興宝殺害事件について，のち1432年，朝鮮王朝から明の永楽帝に報告したところ，次のようなきわめて注目すべきユニークな聖旨がくだされた。

　　恁這坌高麗め，坌高麗め，他の手の裏を喫って道児に著りおっ了。恁が殺す的が正好い。這の野人他的模様は是れ人の一般だが，熊狼虎豹の心腸。好き軍馬を著けて他を綽まえ一綽に務要殺して𠮟え。他野人毎は，朝廷的大いなる賞賜を受け了，大いなる職分・金帯・銀帯を与え了，這の般に按撫し了呵，也我の恩を忘れ了。這裏海青を打ちに去っ的指揮が拿っ了奴婢と做して使喚。這の一遭で也我の根底に来て他が攪したのに恩有る的を知るだろう。尚，或いは是れ這の般な呵，爾の那里はもう説う莫了。這れ已後還だ這の般に無礼な呵，不要饒了。再び後に，来て打擾せ不るな呵，両家は和親し了罷いぞ。此レヲ欽シメ……[36]。

　奇妙な文章だが，すぐそれがモンゴル時代の直訳体漢語を思わせる文体であ

ることに気づくだろう。ようするに，ここでは永楽帝は両者仲良く暮らすように，と呼びかけているのであった。ところが，それとは反対に，ジュシェン人らが朝鮮に討たれたとき，大明に訴えた例もある[37]。一面では，明はジュシェンと朝鮮の間の調停役であった。しかし，場合によっては，明と朝鮮が共同作戦をおこない，ジュシェン人の勢力を牽制しようという動きも見られた。ジュシェン・朝鮮，そして明との関係は，そのときどきの状況次第といわざるをえない部分もまた，否定しがたい。

　さて，1417年，朝鮮王朝は鏡城の豆籠耳峴以北をジュシェンらに割譲し，ふたたび慶源都護府を富家站に設けた。ところが，1433年にモンケ・テムルの息子の権豆（管禿）が兀狄哈に殺された。それを踏まえて，翌年から再びかつての境界への復帰をはかったところ，所多老（蘇多老）の地は広く豊かな場所で，そのうえ交通の要衝でもあった。以前の場所である北寄りの会叱家の地において，壁城を設けて南道の民戸を移住させ，さらに府も移して判官および土官を設けた。その後，あらためて石城を築いた[38]。ほんらい，咸鏡道の多くの地名はジュシェン語だったが，1435年には，それらの地名をあらためて，慶源の好叱家站を馬乳，鐘城の伯顔愁所站を撫安，農所平站を農郊，そして加乙伐站を櫟山と改称したのであった[39]。

　これに対して，毛憐衛（系図1-1）は，もともと古慶源と斡木河の間に住んでいた。1431年頃には，波乙所（把児遜）が領主であった。子の阿里，そして阿里の子の都乙好があいついで指揮を襲職した。その住地は新慶源から三日間の行程であった[40]。

　波乙所はのちに朝鮮によって殺害されたが，咸鏡道の伐引に住んでいた毛憐衛のほかの面々は，安全確保のために平安道の万車遷に移住した[41]。その後，毛憐衛の勢力は建州衛アガチュの子モンケ・ブカの麾下に併合され，事実上モンケ・ブカが継承する。さらに，その子撒満答失里が継承した後，詳細な経緯は不明であるが，毛憐衛のうち他系のランブルカン一族によって継承されることになる。だが，そのランブルカンも，後述するように，朝鮮によって殺害され，ランブルカンが所持していた勅書は，二百年あまりののち，建州ジュシェンの統一を果たしたヌルハチの手中に入るのである。

やや時はくだって1461年のこと，朝鮮では，咸鏡道各地に住むジュシェン集団の人口を調査した。現地の状況を総体として把握できる貴重なデータといっていい。そこに記されるそれぞれの住地と，それなりの官職をもつ人名をまとめたのが表1-3である。

これらジュシェン人たちは，鍾城鎮・会寧鎮・穏城鎮・慶源鎮に散住してなんらかの世職を授けられた人々である。この四つの地域だけに限っても三百五十一人もの人間がいたこと，驚くよりほかない。そのなかでもっとも多いまちは会寧鎮の百六十六人，ついで鍾城鎮が百六十二人，もっとも少ないのは慶源鎮の九人である。

なお，建州右衛についても略述しておくと，ファンチャを中心とした建州右

表1-3　咸鏡道ジュシェン集団と住地

鎮名・住地		官職・人名	人口	鎮名・住地		官職・人名	人口
鍾城鎮	来順阿赤郎貴	大護軍多伊乃等	34		斜地	副万戸也吾乃等	43
	吾治安	大護軍浪時波児赤等	25		甫伊下	指揮項哥等	4
	伐引	大護軍者邑同介等	13		仇羅	頭事伊良哈，毛里安住指揮王家奴等	2
	廬包	指揮忘乃等	6				
	甫伊下	指揮阿時応哥等	25		下児看	指揮迂称哈等	5
	者古	指揮亏奴哈等	3		廬包	副万戸豆尚可等	9
	尚家下	指揮也吾巨等	32		無乙界	指揮時応仇等	18
	毛里安	万戸阿下等	14		上甫乙下	司直愁加応哥等	4
	汝土別羅	司直高古等	2		阿赤郎貴	指揮班車等	7
	朴加別羅	指揮回以歹	1		者邑歹家舍	学生茂郎哈等	3
	下伊乱	阿仁歹哈等	4		諸羅耳	指揮羅相哈等	3
	斜地	指揮也吾乃等	2		源東良	指揮可陽其等	3
	者添別羅	阿所応哥	1		檢天	副万戸斜奴等	3
会寧鎮	来順良	忘乃等	7	穏城鎮	来順伐引	大護軍班車等	10
	河州	大護軍充尚等	3		阿赤良貴	河児乃等	3
	吾治安	指揮阿奴等	6		無児界	上護軍汝応哥	1
	蒙古家舍	指揮阿厚等	8	慶源鎮	来順阿赤郎貴	護軍大舍等	9
	朴加別羅	指揮伊郎哥等	11	合計			351
	伐引	指揮阿弄哈等	27				

典拠：『李朝世祖実録』巻二十六，七年（1461）十月壬午

衛は，左衛より遅れて1438年に南下し，咸鏡道の鏡城あたりに移り住んだ。日本海に面したこの地方では，ジュシェン集団と朝鮮人が雑居して毛皮や物品を交換しながら暮らしていた。大明国の英宗皇帝からも正統五年（1440）に，ファンチャに対して，鏡城へと戻るよう詔がくだされている[42]。

こうしたなかで，もっとも南に位置する建州本衛を中心に，建州系のジュシェン人たちは鴨緑江の周辺をその大本営として，広く沿海州まで分布して活動していたのであった。

6）建州三衛の姻戚関係

さて，建州三衛の領主たちの間は，互いに婚姻関係によって結ばれていた。親族らによって，ゆるやかに統合されていた集団であり，戦時となれば瞬時に一つの大きな「かたまり」として連合体を構成して行動をともにした。

この三衛には，古くユーラシア大陸に存在していた柔然・突厥以来の三翼制がずっと伝統として生き続けていたのであった。三翼とは，すなわち左翼・中央・右翼である。それにともなう社会制度・軍事組織としても，一貫性をもっていた。大明国によって，それぞれが衛所として遇せられたこと自体，古来のこれらジュシェンの慣習にのっとった結果である[43]。

初期における建州衛の実態については，不明な部分が多いが，そのなかでもっとも注目されるのは，初代領主アガチュの娘が，藩王時代の永楽帝の妻妾となっていることである[44]。燕王であった永楽帝にとって，建州衛を統括するアガチュとの提携は，きわめて重大であったことを物語る。

かたや，建州右衛のモンケ・テムルは，建州衛領主・李満住の母の兄弟である[45]。したがって，右衛と建州衛は当初から婚姻関係で結ばれていた。また，李満住は東良北（白頭山の東南）に住む吾郎哈指揮蒋家の婿でもあった[46]。建州左衛の童倉もまた建州衛の李満住の婿で，右衛のファンチャの姉が李満住の妻という関係にあった[47]。ようするに，建州衛と建州左・右衛の領主らは，婚姻関係によって結合された連合集団であった。

建州三衛は，このほかのウェジの金波乙多尚（都万金波乙多尚）集団とも姻戚関係をもっていた。ウェジの波乙多尚は「金」という姓を名乗っていた。彼

は，のちに朝鮮に「帰化」した建州衛の於虛里の子，童所老加茂の婿である。金波乙多尚は幼少のころから二十年あまり，建州右衛のファンチャの次男たる甫花土の居宅で暮らしていた。甫花土は，金波乙多尚の舅に当たる。彼の母は，甫花土と姉妹の関係にあり，そのため建州右衛のことは熟知していた。

　かたや，建州衛の李満住の次男たる都万戸の李豆里は，童所老加茂の娘と結婚していた。李豆里から生まれたのは，のちの領主ダルハン（達罕・完者禿＝オルジェイトゥ）であり，その子は沙乙豆で，童所老加茂の子である童清礼が殺された後，二十三歳のときに朝鮮国王と会って「童清礼は吾の族属であり，謹んでその官爵を賜らんことを願う」と述べた[48]。咸鏡道に住み着いた建州左衛・右衛の領主らと兄弟関係にあったからこそ，正当な権益として言上したのである。

2　ジュシェンの戦い方──二つの事例から

　さて，やや歴史を先行することになるが，1589年，後述するように，ヌルハチはみずから王(ハン)と称し，建州衛の領主たる李以難(ハランガ)を部下とし，弟のシュルハチを船将として地位を確立した[49]。そこにいたるまでの道のりにおいて，なおさまざまな未解明の部分が大きく口をあけている。そのいっぽう，歴史展開として重要な鍵を握る咸鏡道方面のジュシェン勢力のなかで，朝鮮に対して反乱を起こした鍾城の栗甫里，会寧の尼湯介(ニタンガ)の存在が目につく[50]。

　じつは，ジュシェン人の戦闘・戦術が，はたしてどのようであったかについては，これまでほとんど知るところがない。しかしそれは，当時のジュシェン社会の内部構造と具体的な状況を理解するうえで，見逃せないポイントとなる。そこで次に，その手がかりとなる二つの合戦を取り上げて，ジュシェン兵たちの実態を一瞥してみたい。

1）高山里合戦（1491年）

　高山里（高沙里）は，平安道の満浦城の西南に位置する町で，高山里城とも

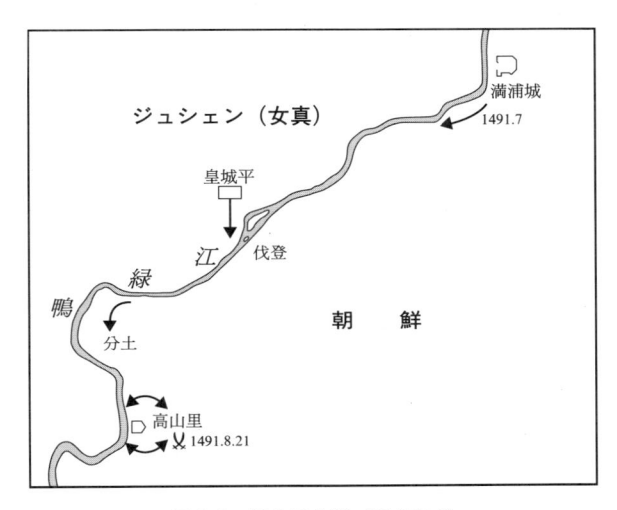

図 1-1 高山里合戦（筆者作成）

いう。鴨緑江の南に位置し，ジュシェン人と朝鮮人の間の交通上の要地でもあった。というよりも，平安道の鎮堡のなかでは，最大の要害というべき大鎮であった[51]。その北は鴨緑江で，対岸はジュシェン人が春から秋まで狩りをする場所であったが，しばしば騎馬集団が現れたので，平安道の節度使はジュシェン人が襲ってくるのではないかといつも危惧していた[52]。

いっぽう，ジュシェン人たちは，鴨緑江の北岸の皇城平に集まった。そこからは，満浦・高山里・渭源などに至るまで，江を隔てて，すべてを見渡すことができた。すでに述べたように，皇城平は，いにしえの高句麗の旧都・輯安（集安）にあたり，広大な牧地，ないしは狩猟地としても知られていた。ようするに，抜群の要地だったのである。ちなみに，ジュシェン人たちは，群れをなして同地に現れ，数ヶ所に屯を分けて住み，日ごと狩猟して，恐れるところはないと平安道観察使の李崇元，節度使の李克均らが報告している[53]。

1482年になって，高山里鎮城の強化のため，高さ八尺，周囲二千一百四十五尺の城壁を築いた[54]。その後1491年七月に，百八十人あまりのジュシェン人が，六十三艘もの皮船に乗り，夜中に河を渡って，昌州雲頭里の煙台を包囲した[55]。ついで，八月二十一日，二百人あまりのジュシェン兵が高沙里城（高

山里城)を囲んだ。しかし，攻めていたジュシェン側に，結果としては三十九人の戦死者がでた。とりわけ，船のところまで逃げて，そこで転覆して死んだ者が多くいたという。

同方面の軍事責任者であった西北面都元帥・李克均は，甲士の徐自明をつかわして，この合戦で殺害したジュシェン人の首を献じ，承政院に激戦の状況を次のように詳しく報告している。

> 去る八月二十一日，分土煙台の甲士の河水永が馳せ参じ，「数え切れないほどの賊が黄川平から入ってまいりました」と報告。また甲士・朴元山も馳せ参じ，「賊が乗っているのは皮船で，満浦から江を埋め尽くして下ってまいります」と告げました……臣らが将帥を随え制勝楼に登って西のかた江のはるか先を眺めやりますと，賊（ジュシェン）一百余騎，江外から馬を走らせてまいります。その後に随ってくる兵卒の多いことといったらとても数え切れませんでした。先鋒の三十余人が江の沿岸，我が鎮から二百歩のあたりまでくると，弓をしぼり剣を抜き，あるいは杖を揮って叫びながら縦横無尽に駆けめぐり突進し，あたかも戦を挑む様を見せておりました。一人の賊が我らが通事を再三呼びましたが，臣は「いない，いない（悪呼悪呼：マンジュ語の akū akū）」と答えました。すると賊は「お前らをひっ捕らえて連れていこうとて来たのだ」と呼ばわります。賊のうち百数十人が乗ったのは皮船，達田淵を渡り分土を通過して長蛇川を下り，城隍堂岾に集合し陣を構えました。くわえて二百人あまりが皮船に乗って流れを下り，高都巌の上流から徒歩で渡り，やはり城隍堂岾に集合，その陣の規模は一周七十余歩。当初は大きな角笛を吹きならし，それから小さな角笛を吹きました。うち三名は水銀甲を着て，象の毛をかけた水銀兜鍪をかぶり，雄叫びをあげながら手で指揮をとっております。手を仰向けに振りかざせば，一斉に数歩後退し，手のひらを下向きにすれば数歩進み，剣を抜き杖を振り回して，攻撃・突き刺すしぐさをし，あるいは矢をつがえ弓を引きしぼり発射準備の構えを見せました。そこから六十余人を先鋒とし，三百余人を後援として，鶴翼の陣をなし，盾を片手に長駆して一気に

銅納浦まで突き進んで態勢を整えます。これらはみな歩兵であり、騎馬するものは、一人もおりません。先鋒の六十余人は、一人が盾をもち、一緒に二人を隠して進み、塹壕までくると矢を城内へ放ってまいりました。矢は雨のごとく降り注ぎ、城内の家屋にとどくこともあり、女牆（ひめがき）にもあたります。甲冑をつけた一人が死に物狂いで城壁の真下まで到達すると、二人が梯子を掲げ、さらに二人がついてきます。臣が城壁の下の賊めがけて矢を射ますと、耳の下を貫いて、ドウと倒れて死にました……56)

戦時においても通訳の間では、きちんとジュシェン語の応答がなされていた事例として貴重な資料である。また、歩兵と騎馬兵からなるジュシェン軍団側は、攻城の手段としては、弓矢をもって主力としたのであった。ジュシェン軍の動きからもわかるように、彼らはそれなりに号令と装備を備えていた57)。このような攻撃の方式は、のちの万暦四十三年（1615）のヌルハチ時代にも確認される58)。

この合戦で、建州衛の領主ダルハン（達罕）の妻の一族が戦死している。そこで、ダルハンが出兵して碧潼を攻略したが、結局は不利だったので撤兵したという59)。ほかにも趙多郎哈の兄である趙伊里哈の戦死が確認される60)。これからわかるように、攻撃してきた集団は、建州衛をふくむ連合集団だったのである。しかも、それに先立ち、温下衛の主成可とその子の所虚乃など五人が満浦にやってきて、建州三衛が大挙して攻撃にくると、朝鮮側の西北面都元帥・李克均に密告していたのであった。建州ジュシェンの内部において、必ずしも統一がとれていなかった様子も推知される。

2）潼関合戦（1583 年）

次に、潼関なる地は、咸鏡道において北方の巨鎮ともいわれていた。ちょうど鍾城の東に位置する。そこでは、朝鮮官僚らとジュシェン人らの間で、一種の密貿易がかわされていた。朝鮮将兵らが非常に安い値段で毛皮を手に入れることに、ジュシェン人たちは不満をもっていたが61)、そうでありながら、ここに駐屯していた朝鮮人の兵士らは、使える馬さえ持たなかった。軍馬が必要な

場合は，近くに居住するジュシェン人から借りて，いちおうの軍容を見せかけた。つまりは，ジュシェン人と朝鮮人がともども住んでいる地域であったのであり，ジュシェン人は，このあたりの人物や地理環境について熟知していた[62]。

合戦がはじまった1583年頃，咸鏡道においてジュシェン勢力は大きく見て二つあった。一つは鍾城の栗甫里，もう一つは会寧の尼湯介すなわちニタンガである。二人とも朝鮮では「巨魁」[63]と称せられたが，特にニタンガの勢力は強大で，「最も桀鷔と号す」[64]といわれる。

この年の二月，咸鏡道の会寧にいた巨酋のニタンガが朝鮮に対して反乱を起こし，慶源と阿山堡を攻囲し[65]，夜になって堡城を襲ってきた。慶源府の阿山堡・藩胡の酋長たる迂乙知も，かつて万戸の崔夢麟が自分らに酷いあつかいをしたとして，周辺の仲間に反乱を起こす意を伝えた。そもそもの原因は，おもに慶源府の辺将のジュシェン人らに対する搾取にあった。ジュシェン側が阿山堡を攻略した後，慶源府使の金瑽，判官の梁士毅らが，捕虜となった兵士の救出のために軽兵を率い，川を渡ってやってきた。ところが，逆にジュシェン人らに包囲され，輜重や器械を捨ててやっと脱出した。万騎をこえるジュシェン軍は，慶源府城に進んで，これを包囲した。西門の守備隊がまっ先に逃走し，ジュシェン軍は乱入しようとしたが，金瑽が兵を率いて軍器庫および倉庫を守り，矢を射まくったため，ジュシェンの入城を防ぐことができた。かたや，判官の梁士毅は逃げ隠れ，ジュシェンたちはその妾をかすめ，大いに略奪して去っていった。

かくて，鍾城の栗甫里と会寧のニタンガらは，たちまち呼応して一斉に反乱を起こした。このなかでもっとも強暴だったのが，ニタンガであった。朝鮮側では，まず八千人の勇士を送りだし，ひきつづき援軍を送らんとしたが，慶源での敗報がとどき，金瑽と梁士毅を，城を守れなかったとして，宣伝官を派遣して，軍前にてさらし首にし，軍をひきしめようとした[66]。さらに，同年五月には，もう一人の中心人物・栗甫里が数万騎をひきいて潼関鎮を包囲したが，僉使の鄭鯤や援将の朴宣らが奮戦して撃退した[67]。ちなみに，ジュシェン側が撤兵する際には，三軍（三屯）に分かれて次々に河を渡った。この戦役からも

分かるように，ニタンガの軍団も三翼に分かれて行動し，また騎馬軍団を擁していたのである[68]。この合戦の場合も，ジュシェン側の撤退でおさまりがついた。ニタンガと栗甫里のその後の行方は不明だが，1594年における朝鮮側の咸鏡北道兵馬節度使鄭見龍の報告では，二人とも誅殺されたという[69]。のちに朝鮮では，この戦いを「尼湯介の変」と呼んだ[70]。

ちなみに，この合戦より十二年後の1595年，朝鮮の柳成龍の報告によれば，ジュシェン人たちは攻城する際，馬に乗ってやってきて，人ごとにみな土をもって揃って攻撃を仕掛け，城壁のもとに土を積み上げ，一気に人馬ごと踏み込んできたという。くわえて，兵士はみな鉄鎧をまとい，馬さえも鎧を被っていたため，火器でなければ通用せず，弓矢は機能しないと述べている[71]。すでにこの時点で，ジュシェン軍団は見事な重装集団となっていたことがわかる。

さて，ニタンガの子らは，こののちみなヌルハチの傘下に吸収された。すなわちニタンガの子である厚時里をはじめ，将沙伊の子の其他羅，愛孫の子の許処らはこぞって，1600年十二月に妻子を率いヌルハチの城内に身を投じた。かつて，茂山を拠点とするロトン集団と戦ってとりこになった咸鏡北道の人々のなかには，鉄の職人らが数多くいたが，1601年頃にはみなヌルハチの陣営にあった。その結果，鉄製品が豊かになって，ヌルハチは大いに牛馬を与えて農事を奨励した[72]。

かえりみて，1583年は，偶然にもヌルハチが挙兵してマンジュ五部の統一事業を開始した年である。その背後には，ジュシェン人の狩猟・採集の歴史，そして長きにわたる朝鮮との貿易や交流の歴史があったのである。ときに，激しい戦争によってジュシェン集団は領主を失い，建州ジュシェンは何度も壊滅の危機や内部抗争に直面しながらも立ち直ってきた。そして，ふたたび建州ジュシェンに統合へ向かう時期が訪れる。ちょうどこの年に二十五歳になったヌルハチの時代である。

この1583年をさかいに，鴨緑江とトゥメン江の南北において，ジュシェンと朝鮮，そして大明国は，よりいっそう激しい競争の時代に入った。まさに，激動の大戦期ともいえる時期である。その後の十年，朝鮮の平安道と咸鏡道において，ジュシェンによる反乱が各地に起こり，相次ぐ地震や自然災害によっ

て，この地域は大きな混乱状態に陥った。その鴨緑江の北で，ヌルハチによる建州ジュシェンの統一が進められていったのである。

だが，もっとも大きな契機は，1592年，文禄の役における加藤清正軍の咸鏡道侵攻であった。この加藤清正の遠征軍と戦った集団に「おらんかい」があるが，それはいったいどのような集団であったのか。より具体的には，ジュシェン集団に属するものなのかどうか。日本史とのかかわりもふくめて，じつは戦前からさまざまな研究者がこれに注目してきたのだが[73]，最近になってようやくその実体が明らかになりつつある[74]。

「おらんかい」は，朝鮮の記録に「吾良哈・兀良哈・五郎哈・五良哈」などさまざまな漢字表記によって現れる。それらはともに Uriangqai の漢字音写であり，この音写もまた朝鮮から日本に伝わって，さらに日本の地図や資料のなかで「おらんかい」と表記されることになった。

この「おらんかい」という集団は，早期のマンジュ語資料では，ワルカ（Warka）と称され，おもに毛憐衛を中心とした朝鮮北部から吉林周辺地域にまで広く分布していたジュシェン集団であった。そのもとを探っていくと，初期における建州衛の正系とつながりがある。増井寛也（1999b）が「ワルカ部女直は，遼東を拠点として衛所制による女直諸集団の統御を目論む明王朝と，豆満江以南の領土化を一貫した国策とする李氏朝鮮王朝との中間に介在したことから，双方への両属状態を避けられず，前者から衛名によって毛憐衛，後者から種族名によって兀良哈（オランカ Orangkai＜Warka）と呼称された……」と述べている通りである。

加藤清正軍と激しく交戦した集団の一つは，まさにこの建州衛の一派である毛憐衛のジュシェンたちだった。そして激戦に加わった主要集団は，タタラ氏のロトンであった。そのロトンが「明末毛憐衛の巨頭」であったことも増井寛也（1999b）が指摘した通りである。

さて，この加藤清正の「おらんかい」侵攻は，まさにヌルハチのジュシェン統一に大きな契機を与えることになった。そこで以下，その点について検討をこころみる。

3　加藤清正軍とロトン

1) 清正軍の出現とその渦

　1592年，文禄の役において加藤清正の遠征軍が咸鏡道に入ってきた。その前年，ヌルハチは白山部（Šanggiyan alin i aiman）が居住する鴨緑江地方に大軍を送り，ことごとくこれを治めていた。この年，海西ジュシェンのイェへの領主ナリムブル・ベイレ（王族のなかで長たる者の称号）は二人の大臣を使者としてヌルハチのもとに送り，次のような交渉をしている。すなわち，

　　同じ言葉のグルンに，ウラ，ハダ，イェへ，ホイファ，マンジュと五人もハンがいる道理があるか。グルンは汝に多い。私には少ない。汝はエルミンとジャクム，この二つの土地のうち一つをよこせ。

と言った。これに対してヌルハチは，

　　吾はマンジュ・グルンで，汝はフルン・グルンである。「汝のフルン・グルンが多い」といって私が「くれ」と言っていいのか。我らがマンジュ・グルンが多いといって，汝に与える馬牛はないぞ。グルンを分けて与える道理があるか。政を掌る大臣らは，おのおののベイセら（ベイレの下に位する称号）に諫言せず，無礼な輩のように，汝らは何しに来たのか[75]。

と応じた。これは明らかにイェへ領主とヌルハチの間に起こった領地と分民の分配をめぐる争いである。その後，ヌルハチは白山部のジュシェリとネイェン地方を攻略して服従させた。この時期，ヌルハチは大軍を率いて鴨緑江の北岸あたりにまでやってきていた。

　そのいっぽう，ジュシェン人の馬三非らは，明の兵部に貢物を送りにいった際に，もし日本が朝鮮を攻略したならば，その次は必ず自分たち建州ジュシェンが攻撃の対象になると言上した。その大体の内容をまとめると，ヌルハチは騎馬軍団を三，四万，歩兵を四，五万保有しており，それぞれみな勇敢に戦う。そこで自分は，朝貢から帰還した後，朝鮮に援軍を送るべきことについて

ヌルハチに報告する，ということであった。ちなみに，兵部から遼東都司に送った咨文がたまたま朝鮮の資料に残されていたため，こうした動きについて推知することができるのである[76]。

　朝鮮側では，この情報を受け，かつて建州衛の領主李満住を殺害したことを思い出し，これはただ馬三非が，日本が侵攻してきた場合を口実にして，表では朝鮮を助けると称し，裏では併呑をはかるものだと考えた。そこですばやく援軍を拒否したのであった。ようするに，この時点では朝鮮側は，すでにヌルハチの勢力が強大化していることを十分に知りつつも，やはり朝鮮にとって宗主たる大明国の援軍だけに頼ることにしたのである[77]。

　ところで最近，藤井讓治（2007）は，加藤清正が咸鏡道の咸興から長束正家・増田長盛に宛てた天正二十年（1592）六月二十四日付の書状（楓軒文書纂，韓陣文書）に言及し，ここに「おらんかいの堺迄，十四五日に参候由，爰元の者申候」とあるのが「おらんかい」が日本側の資料に登場した最初である，と指摘した[78]。

　また，さらに北へ進んだ清正軍がジュシェン人と朝鮮の義兵の猛烈な応戦によって包囲された事情を証明する日本側の資料が残っている。たとえば『清正高麗陣覚書』の「吉州より到来有之ニ付て，あんへん〔安辺〕より北青と申所迄七日路，清正被戻侯事」のなかに「……近頃狼藉なる儀と候て，地下人〔義兵〕起り，乱妨ニ罷出候者を中入仕，跡を取切大分討申候，其時山口與三右衛門も討れ申候，左候てきっちゅう〔吉州〕の城を取まき猛勢ニて責申候，されども清正内々掟を手堅被仕候ニ付，右之分ニてハ注進不申候，おらんかい人〔兀良哈－女真族〕猛勢ニて取巻，城を責め申侯より注進申ニ付，清正急ニ後詰のためとて，あんへんより三日路被戻……」とある[79]。

　だが，清正は咸鏡道をさらに北上し，会寧では反乱が起こった。その後のこととして，朝鮮側の記録にこう記される。

　　［加藤清正は］ついに兵を率いてトゥメン江（豆満江）を渡り，深くロトン（老土）部落に入り，城塢(とりで)を攻め陥し，ジュシェン人（胡人）は四起して邀撃し，士卒は多く死傷した[80]。

第1章　帝国の胎動　37

　これは，清正軍がジュシェンのロトン集団と激しく戦い，清正軍の側にも数多くの死傷者が出たことを物語っている。
　いっぽう，『乱中雑録』によれば，同じく1592年七月，清正は北方二十あまりの城邑を陥落させて赤地千里となしたうえ，そこから戻ってトゥメン江を越え，ジュシェン人（野人）の六，七部を焼き払って帰還したという[81]。
　さらに，1593年正月，清正は平壌の日本軍が敗れたと聞き，即座に三十余陣の兵を率いて，昼夜兼行で帰途につき，嶺東・嶺西を経由して嶺南に下った。その結果，至る所が赤地になり，山川までがことごとく変わってしまったという[82]。凄まじい戦闘が繰り広げられたことがうかがわれる。この年，平安道と咸鏡道は災害に見舞われ，各地の人民は落ち着く場所がなかった。乞食をする人が道中に溢れ，山林の草葉から松楡の皮や根まで，ことごとく食べ尽くされたという[83]。さらに翌年には，朝鮮各地は地震と大雨に見舞われた[84]。
　そうしたいっぽう，六年が過ぎた1600年十二月のこと，前述のように，かつて咸鏡道で反乱を起こし慶源府を陥落させたニタンガの子である厚時里をはじめ，将沙伊の子の其他羅，愛孫の子の許処らが，妻子らを率いてヌルハチに服従した。これは，咸鏡道の在地ジュシェン有力者の勢力が，ヌルハチの勢力と合流したことを意味している。
　それまで朝鮮側は鴨緑江の南北やトゥメン江周辺地域のジュシェン人の有力者に対して，都合が合わなくなると，ことごとく粛清を加えていたため，その勢力は不安定であった。しかし，加藤清正との軍事衝突は，咸鏡道にいるジュシェン人にとって，北にいるヌルハチの勢力と一体化する契機をもたらしたのであった。この時期は，ちょうどヌルハチが挙兵して間もないころであり，ヌルハチの興起には，日本の出兵による朝鮮情勢の激変が一つの要因として作用したのである[85]。このことを上述のロトンに即して確かめてみよう。

2）ロトンとその一族・末裔たち

　ロトンという人物は，1592年に清正軍と激戦した五年後，ヌルハチのハランガとして『満洲実録』巻二に現れる。すなわち，「（1597年）スレ・ベイレ（ヌルハチ）の属下たるワルカ部アンチュラク，ドルギ・ビラ（内河）地方の

ロトン，ガシトゥン，ワンギヌの三人の首領を（同盟者のイェへに）与えた。(三人は) イェへの使者を連れてアンチュラク，ドルギ・ビラの地を従わせた」と見えるそれである。ちなみに，ロトンが『李朝実録』に頻出する「老土」，申忠一『建州紀程図記』の「毛憐衛酋胡老佟」であることについては，すでに今西春秋（1967）および増井寛也（1999）が指摘している。さらに，『満文原檔』天命十一年（1626）の正紅旗記録には，次のような一文が残っている。

> ロォトン・マファ（Looton mafa）はドルギ・ビラ路の大人であったが，地を捨てて求めてきた功により，孫のファタンを備官とした。［#一度死罪を免ずる。］[86]

このロォトンはロトンであり，もともと咸鏡道の茂山を中心に一大勢力をもっていたジュシェンで，上述のように清正の遠征軍と激闘した主要集団でもあった。そしてまた，ヌルハチに吸収された後，有名な国初における五大臣の一人に数えられる「羅屯」なる人物でもある[87]。

1600年，ロトンは咸鏡道の富寧に侵入したが，朝鮮側の府使の李侃やその部下が大いに力戦した結果，撤兵した[88]。『李朝実録』は，このときのロトンの状況について，次のように報告している。彼が駐屯しているところは険阻で，部落から八〜九里離れている。高くて険しい場所を選び，大石・大木を用いて高く築いてある。道にわけ入ったとき，もし石を木に載せて転がしたら，人馬が前進することができない。弓矢の攻撃も鈍くなる。環刀を使い，甲冑・戦馬はきわめて良くできている，と[89]。ロトン勢力が次第に強くなるにつれて，朝鮮側では，ロトン部落への征討が議論されるようになり，咸鏡道の存亡に関わるこの軍事行動の大任は，北方経験の豊かな将軍李鎰に任された[90]。

李鎰は，ロトンを攻撃する作戦として，二つのルートを考案していた。一つは，次のようであった。豊山なる地から車踰嶺まで，道里にして約七，八十里がある。車踰嶺の上にいったん駐営して翌日の早朝に行軍すれば，その日の正午にはロトンの部落に到着することができる。なお，ロトンの部落に到着する手前，二十里のところに兵を分けて駐屯させる。そこでは，明家奴などの諸酋が協議することが多い。であれば，このルートには兵を多く派遣すべきであ

る，とする。このルートが，もっとも簡単であった。

　もう一つは，茂山から車踰嶺への道である。途中，明家奴の部落をへて，道のりはまた六，七十里ある。このルートには，多くの木城が設けられ，進軍の道を塞(ふさ)いでいる。ジュシェン人が朝鮮へ略奪しにいくときには，みなこのルートを利用する。そのため木城のかたわらには，おのずと人馬が通行する道ができているという[91]。なお，こうした記述から，ロトンが山城に拠って戦ったことがうかがわれる。

　このように咸鏡道の茂山を拠点として，朝鮮北部の一大勢力をなしていたロトンが，ヌルハチ時代の初期における有力な五大臣の一人となったことについては，上に述べた。彼は，もともとアンチュラク地方に代々住んでいた有力者で，姓はタタラといった。マンジュ諸姓のなかで筆頭のグワルギャ（瓜爾佳）に続く著名な一族である。タタラ氏はジャクムとアンチュラクという二つの系統に分かれるが，ロトンは後者の系統である。

　彼がヌルハチの傘下にくわわった時期は，文禄の役後しばらくたった1597年（万暦二十五）であった[92]。加藤清正率いる遠征軍との激戦により，朝鮮北部に住んでいた数多くのジュシェン人と一部の朝鮮人の間に再編の動きが起こり，最終的にはヌルハチに吸収されていったと考えられるのである。

　ロトンが来到時に率いていた八百戸は，満洲正紅旗に編入され，二つのニル（第7章参照）を形成した。その一つは次男のアイタンガが統轄し，もう一つのニルは安充阿（アンチュンガ）が握った。アンチュンガなる人物は，叔祖にあたる盧庫布の曾孫であった。のち，八旗の歴史を編纂した『欽定八旗通志』において，正紅旗満洲佐領の「第五参領第十三佐領」にそのニルの管理を継承していく過程が記述されている[93]。

　ちなみに，ロトンの第五番目の子は，ハニンガ（哈寧阿）といい，のち遼西地方の錦州・松山を征し，さらに大軍を率いて山海関にて李自成と戦った。その際，功績をたてて騎都尉の世職が授与され，その地位は息子のハンチュカン（漢初罕）が継承した。さらにのちには，兄の希佛（満洲正紅旗）が管理していたことがわかる[94]。

　また，朝鮮の資料によれば，ロトンには九人の子がいた。そのうち，ヌルハ

チの娘婿となった阿老は，1605年，父に叛き咸鏡道の会寧に移住した。しかし，これが逆に朝鮮側の不信を招き，斬殺されてしまった。この訃報を聞いたロトンは，その復讐のためヌルハチに四百人の精鋭部隊を要求したが，あえなく拒否された[95]。

さらに，このロトンがヌルハチに帰附した際に率いてきた集団を再編制した記録がマンジュ語で伝わっている。『正紅満洲旗光緒十九年光緒二十九年分世管佐領家譜』（東洋文庫蔵）というニルの歴史を記録した写本がそれである。そのなかで，ロトンの末裔であるスンシェオ（Sungšeo）の家譜について，以下のように説明されている。

> 正紅旗満洲スンシェオのニル。族中世管ニルたるジャンギン・スンシェオ・ニルの元来の根源について調べたところ，もともとスンシェオの一族の祖先であるロトンは，子弟や村人を率いて太祖皇帝の時期に従ってきたので，最初にニルを編成するときに，編成した二つのニルについては，ロトンのニタンガに一つのニルを，もう一つについては，肉親を慈んでロトンの子であるアンチュンガに管理させた。欠員が出た後，ニルをアンチュンガの子であるガブラに管理させた。欠員が出た後，ガブラに子供がいないので，一族の兄であるチミンガに管理させた。欠員が出た後，ニルを子であるシランタイに管理させた。欠員が出た後，ニルを子であるズンフに管理させた。欠員が出た後，ニルを実の叔父イミンガの孫であるチンボオに管理させた。欠員が出た後，ニルを実の叔父チミンガの孫であるライダイに管理させた。欠員が出た後，ニルを子であるジャンボオに管理させた。欠員が出た後，ニルをチシギオに管理させた。辞めさせた後，ニルを子であるチナハイに管理させた。欠員が出た後，ニルを子であるギンリンに管理させた。欠員が出た後，ニルを子であるチュンシャンに管理させた。欠員が出た後，ニルを子であるグイヒンに管理させた。欠員が出た後，ニルを子であるスンシェオに管理させた。現在は，スンシェオが族中世管ニルを管理している。［欠員が出た後，ニルを子であるシェンヒに管理させた。シェンヒが現在管理している。］

これについて，ニルイ・ジャンギン・スンシェオ，［押印］驍騎校デシュイ，領催エイフらが保証した。光緒［押印］十九年（1893）

　チミンガはミンガヌ（Mingganu 明看乃・明加乃）の長男で，その弟はイミンガであった。さらに遡っていくと，ミンガヌの父はフシドゥン（Hūšidun 加叱同）という人物で，『李朝実録』に登場する。このように，ロトンの一族は，19世紀の後半まで，その後裔をたどることができる。彼の家系がのちに族中世管ニルに認定されたのは，やはりヌルハチ時代に来到したという功績が重視されたからだろう。

　さらに，もう一つ，ロトンにつながる手掛かりがある。それは1986年の冬，中国の吉林省永吉県旺起鎮漂爾村の唐学成という老人の家から発見された満漢合璧の『吉林他塔拉氏家譜』（九篇八冊，縦32.5cm×横21.5cm）という書物である。中国東北師範大学の張暁光が見つけ，貴重な資料だったため，1989年に出版された。じつは，この家譜こそ，いまのところロトンの末裔について伝えるもっとも詳しい家譜資料なのである。

　この家譜を編纂した魁升なる人物は，吉林省省長にいたるまで数々の要職を歴任しており，ロトン姓のタタラ氏の一族が民国以降までたしかに活躍していたことがわかる[96]。そしてそこに記された内容から，タタラ氏とその末裔たちがマンチュリア全域にわたって分散して住んでいたことが明らかとなった。くわえて数多くの子孫たちは，広く河南・江蘇・甘粛・陝西・新疆の伊犂など，帝国全域にわたって転戦した経歴をもつ。しかも，康熙五十九年（1720），ジューンガルのツェワン・ラプタンに対する遠征に参戦した人物までもが存在する[97]。巻頭の序文は誇らかに謳う。

　　……我らのムクン（族）はもともとワルカに属するアンチュラク，ドルギ・ビラの人である。太祖皇帝のときに，族長ロトンに従ってやってきた。後人は，彼の出自を知るべきである[98]。

　この家譜の編纂者たる魁升まで，じつに十五世代も経っていたことになる（これに関連して，タタラ氏は，漢字一文字の姓として「唐」姓を名乗ることになっ

たこともわかる）。ほぼダイチン・グルン全時代を通じて，その一族の歴史を追うことができるわけである。その歴史的な背景として，これまで定かに見えてこなかった日本との遭遇という事実があったことは十分に注目されていいだろう。

3) ランブルカンの誥命

これとは別に，きわめて注目すべき人物が存在する。すなわち，天命八年（1623）七月のこと，アイシン・グルンのハンたるヌルハチは，かつて1460年に朝鮮側に拘束され，子孫らをことごとく粛清されたランブルカン[99]の誥命を目にした。じつは，このときすでにランブルカンが朝鮮側に殺害されてから百六十三年もの歳月が流れていた。その誥命なるものは，さらに四十四年もさかのぼる永楽十四年（1416）に記されたものであり，次のように綴られていた。

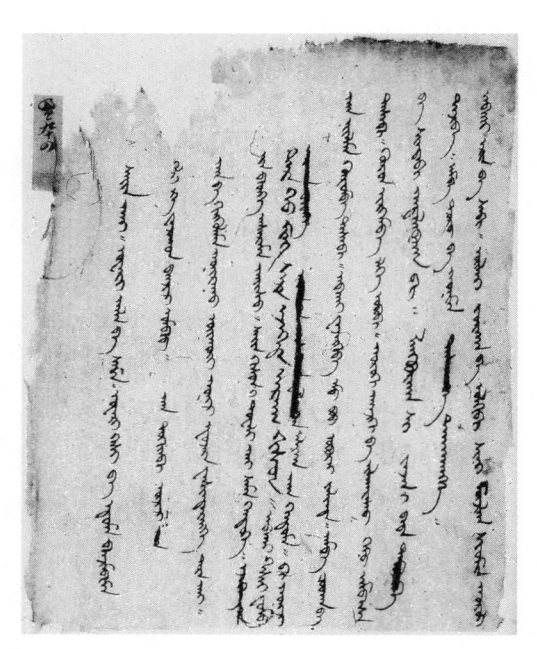

[＋これを書け]二十三日に，[#むかし]いにしえ永楽ハンの誥命(ガオミン)という勅書をハンが見て，「この勅書の言葉はみな良いぞ。他人の手に頼り，他人の恩恵を被って暮らしておりながら，また悪逆に暮らして良いのか。ハンが登用して養っても[#ハン]ハンを謹んで思わず軽く思えば，滅亡するのはそいつであるぞ。この書を保存せよ。善言

図 **1-2** ランブルカン誥命の写し（部分，永楽十四年）（『満文原檔』第四冊，盈字檔，天命八年七月二十三日）

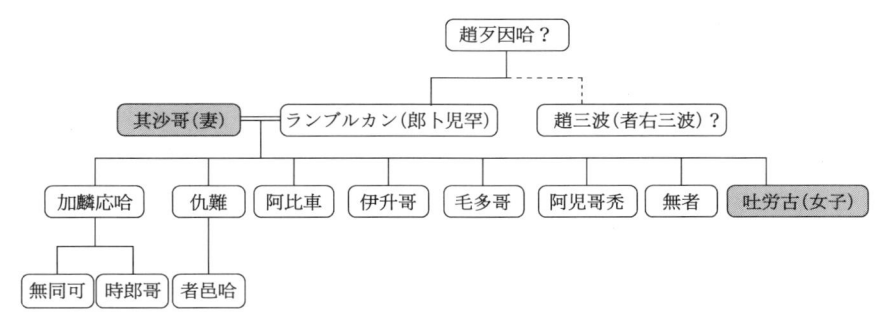

```
                    趙歹因哈？
                        |
        ┌───────────────┼─────────────┐
   其沙哥(妻)─ランブルカン(郎卜児罕)   趙三波(者右三波)？
        |
 ┌────┬────┬────┬────┬────┬────┬────┬────┐
加麟応哈 仇難 阿比車 伊升哥 毛多哥 阿児哥禿 無者 吐労古(女子)
 |
┌──┬──┐
無同可 時郎哥 者邑哈
```

系図 1-3 ランブルカン家系

典拠:『李朝世祖実録』巻十七，五年（1459）八月壬申および園田一亀（1948）・三田村泰助（1965）・河内良弘（1992）

の類であるぞ」と言った。[#勅書に］その詰命という勅書に書いた言葉は「天の詔の時を［#書いた書］［#天の□福を］承けたるハンは言う『われ思うに，ハンたる人は国を治めて，天下を一家にするために，大軍を整え，国民を安らかにし，遠近を区別せず，みな大臣らを設けて管理させたのである。ランブルカン，汝は境の地に［#駐したけれども］駐したけれども，大道を思い，[#治めたこと] 知ったことである。天の時を知り，事の道理を悟って，汝の心の深遠なるゆえに，衆人より顕彰しているのである。私は汝の忠義を知って喜び，なぜ賞しないのかと，先に毛憐衛指揮使衙門の指揮僉事の職にさせていた。今は［#汝を］汝にもっぱら名を先に懐遠将軍に進め，該当する衛に入れて代々指揮［#同知］同知とした。汝が大きな道をもっと固く良く［＋謹んで］勤め，汝が管轄する軍民を統制し，境の地を守り平和にして，狩猟・漁労をおこない，自由にあらゆるものを増やして，終始悪いことなく暮らせば，天は慈しんで照覧し，汝の子孫の世にいたるまで福が至って将来も貴く暮らそう。私のこの道理をなおざりにするな』」。［#永］［#永楽］十四年（1416）正月二十］[100]

ランブルカンは，建州衛の本系たるアガチュの二人の子供シャカヌとモンケ・ブカのうち，毛憐衛指揮使モンケ・ブカ（猛哥不花・猛歌不花）の部下だった[101]。ようするに，建州衛に属する人で，毛憐衛都指揮，都督僉事まで

務めた。しかも，のちにヌルハチの五大臣の一人でもあるエイドゥ（鑲黄旗）と深いかかわりをもつ趙三波（建州衛都指揮僉事・趙歹因哈の子（?）。また者右三波とも書く）の弟（叔父）である[102]。なお，1608年の明側の記録に「建州ジュシェンのヌルハチが毛憐などの諸衛を併合して，その"勅印"を手に入れた」と記されている。また，彼には，このときやはり大明国から「懐遠将軍」という武階も与えられていた。

ちなみに，このランブルカンとその部下四十九人は，1444年の正月，朝鮮国の京城の闕庭で，日本国の使者たる光厳（僧侶）以下八十人とともに，朝鮮国王に拝謁し，賜与されたうえ，夜には勤政殿で火棚を鑑賞したのであった[103]。そして，ランブルカンの息子の浪伊升巨（ランイスング）は，朝鮮で護軍兼司僕という近侍貴官を授けられた[104]。

また，ややくだって，1460年には，ランブルカンの孫にあたる木哈尚が，大明によって指揮僉事を授けられており，曾孫の塔納哈は，正千戸となっている。この年，ランブルカン一族が粛清されたとき，この二人だけが生き残った。そして，ランブルカンの世職をめぐって激しく争った結果，両者ともに職が与えられた。しかし，塔納哈が早逝したため，木哈尚が都督僉事となり，以後もランブルカンの末裔が継続してその職を世襲することとなった[105]。

そうしたことの大本たる誥命を，ヌルハチが所有していたことの意味は，きわめて重いものがある。ようするに，ヌルハチにとって，正系たる建州衛に直結する誥命をもっていること自体，彼が建州衛の現実の継承者であることを証するものにほかならなかったのである。

4　ヌルハチと八旗領地

1）ロシアの東進とヌルハチの権力掌握

16世紀の後半，アジアの東方は激動の時代に入った。日本による朝鮮侵攻は，朝鮮と日本の問題にとどまらなかった。朝鮮は明からの援軍を仰ぎ，その援軍には実際にはジュシェン集団がふくまれていたのである。そのうえ，咸鏡

道や平安道などの地域では，ジュシェンおよび朝鮮義兵と，加藤清正の遠征軍との激戦の思いがけない結果として，ヌルハチによるジュシェン連合集団の統合がいっそう推進されることになった。

鴨緑江周辺を中心とした建州衛は，かくてトゥメン江周辺勢力を抑えようとするウラのブジャンタイら，すなわち海西ジュシェン集団に手を伸ばした。これをうけてヌルハチも，トゥメン江周辺の会寧に目を向けた。ジュシェン内部における秩序・権力関係の矛盾・乱れと朝鮮による満浦交易の中止により，これまでのあり方を，早急に見直さなければならなくなったのである。

そうしたいっぽうで，遙かユーラシア大陸の西方に眼を転じると，ロシアの東進により，1567年にペトロフとカリシェフという二人のコサックが北京にやって来ていたという事実がある。だが，明の皇帝に会えずじまいで，二人は帰国せねばならなかった。

少しく時をへて，1608年，ロシアはトボルスクとトムスクから軍人を派遣した。かくてモンゴル，中国と接触する第一歩が本格的に動き出す。あわせて，キルギスの王侯であったノムチャ（Номча）とコチェバイ（Кочебай）を通じて，アルタン・ハン（Алтынч-царю）とキタイ（Китай）の情報を収集しはじめた。これによって，ロシアは初めて，キルギスからアルタン・ハンの領民のところまで二日間かかることが分かった。ハンは馬とラクダに乗り，各地で遊牧生活をしていて，定住する場所はなく，人口は二十万くらいであること，武器としては，みな弓矢で武装しており，アルタン・ハンのところからキタイまでは，およそ三ヶ月が必要であることなども判明した。

その後，ペテリンが使節団として1618年九月一日に北京に到着する。最初の情報収集から，正式な使節団の北京訪問まで，十年の歳月がかかったのであった[106]。しかし，そのいっぽう，マンチュリアのことはほとんど分からず，ましてや，ヌルハチがすでにアイシン・グルンのハンになっていたことなど知るよしもなかった。

それから十一年後，1629年になって，ロシアははじめて，チャハルのリグダン・カンがみずから「私はすべての異教ツァーリたちに対してツァーリ（私は至上のツァーリ я де неверным царем всем царь）」と称しており，人々にドゥチュ

図 1-3　アイシン・グルンのハンの印（ヌルハチ）（郭守信・王綿厚主編（2000））

ン・カン（Дучюнкан）と呼ばれていることを知った[107]。さらに，ロシア語の古文書にヌルハチが建てた「グルン」が初めて登場するのも，リグダン・カンの死去に付随してのことだった。モンゴルを仲介にして，ロシアは東方の事情を探知したにちがいない。その記事に，ノロガンチンスコイ（Нороганчинское）という国名が現れる[108]。すなわち，ダイチン・グルン創始者ヌルハチとその国家のことであった。

　このように，16世紀半ばから，ロシアはウラル山脈を越えて，東方へ眼を向け，確実な足取りで拠点建設と情報収集を開始していた。ようするに，ユーラシア東西において，二つの新興国家があい前後して勢力を拡大しはじめ，やがて，この二大帝国によってユーラシア大陸が大きく変貌を遂げていくことになる。

　すでに述べたように，ヌルハチが建州衛をおさえるのは，1589年のことであった。このときヌルハチは，齢ちょうど三十歳。

　朝鮮側の記録によれば，彼の軍隊は，「環刀軍」・「鉄鎚軍」・「串赤軍」・「能射軍」の四つに分かれていた。たえず軍事訓練や演習をおこない，周辺のジュシェンの諸勢力を威圧していた。ちなみに，ここで興味深いのは，このとき建州左衛と右衛の領主はすでに，それぞれヌルハチ，その弟シュルハチに替わ

り，二人が並び立っていたことである。これについては，三田村泰助によって，「二巨頭制」の実態が論証されている[109]。ここでもまさに，ユーラシア古来の左翼・右翼の両翼制の伝統が生きていたのである。

そのかたわら，ヌルハチの興起は，ニル，グサ（旗）というジュシェン社会のもっとも根幹をなす組織の形成と展開を抜きに論じることはできない。それらこそ，国家そのものの誕生からはじまって，帝国としての成長・強大化の歴史を辿るための鍵だからだ。もともと「矢」を意味し，狩猟の際に共同参加することを背景とするニルという組織からやがて国家が誕生していく道程こそは，建州ジュシェンにおける狩猟生活のもつ意味を忠実かつ雄弁に物語っている[110]。

帝国形成のもっとも根幹をなす八旗に関して，初期の四旗から八旗にいたるまでの陣営・顔ぶれ・系統については，すでに中国においては孟森・杜家驥，日本にあっては鴛淵一・安部健夫・三田村泰助から最近の細谷良夫・増井寛也・杉山清彦らによって，その実態がしだいに明らかになりつつある。一世紀近くになんなんとする原典探査の結果，八旗に対する研究が深化してきたことはまぎれもない事実である。しかし，こうした既存の研究に逐一言及することは，ひとまず措いて，以下では，ほとんど注目されてこなかった領地分封を取り上げ，その実態を解明することにしよう[111]。

2）八旗の編制とそれぞれの領地

八旗の領旗体制については，つとに三田村泰助（1965）が朝鮮の『光海君日記』に記載された鄭忠信の報告を用いて，『満文老檔』の記事と対照しつつ重要な指摘をした。やや長文になるが，ほぼそのまま引用しておこう。

> ……チュエンの子ドド Dodo は鑲白旗，シュルハチの子アミン Amin が青旗を領したと記していることから，そのことより推し，シュルハチが青（藍）旗，チュエンが白旗を領していたこと疑いない……[112]。

> いま萬暦三十五年当時のころの推定四旗の首脳部を推測すると，ほぼつぎのような顔ぶれになるのであろう。黄旗がヌルハチ・ハン，旗のエヂェ

ンがエイヅ，同じくアンバ・ジャルグチにフュンドン，白旗のベイレが長子チュエン，旗のエヂェンがダルハン・ヒヤ，紅旗のベイレが次子ダイシャン，エヂェンがホホリ，青旗のベイレが弟シュルハチ，エヂェンはションコロ・バツルであったと考えられる。

この四旗が天命元年を期して，八旗に増設されたのであったが，その直後甲冑兵の数は，前引老檔の記事によって知られる如く，一ニル五十人，総計一万名であったことになる。この八旗増設に伴って注目すべき新事実に，次の二つがあげられる。その一つは領旗のベイレの変更であって，かつて説いた如く，太祖が正鑲黄の二旗，ダイシャンが正鑲紅旗二旗，ホンタイジが正白旗，マングルタイが正藍旗，チュエンの長子ドドが鑲白旗，シュルハチの二子アミンが鑲藍旗を領した。いずれもシュルハチ，チュエンの死去に伴う異動であった。その二は八旗を左右両翼に分け，それぞれ左翼四旗，右翼四旗となし，その翼長ともいうべきを，ゲレン＝イ＝エヂェン geren i ejen（衆の主）と称したことである。これが旗の長であるグサイ・エヂェンの上に立つことは言うまでもない。このゲレン＝イ＝エヂェンには最長老であったエイヅおよびフュンドンが任ぜられた。老檔にフュンドンが「右の手の総大将 ici ergi galai uhereme da ejen」或いは「左翼総兵官 hashû ergi dzung bin guwan」であったことを記し，エンヅ・バツルも同じく「左翼総兵官」であったとされていて疑いない。もっともこの制度は彼らの死去とともに消滅したものと推定され，ついに天命八年に八ホショのベイレ，八グサのエヂェン制が定められ，以後それが定制となったのであった[113]。

この領旗の陣営・家系のより具体的な顔ぶれが指摘されたことによって，以後，八旗研究は大きく前進する。アイシン・グルン期の旗地については，鴦淵一（1964）の専論があり，また旗地に関する専著としては，安部健夫（1971）・周藤吉之（1972）の業績がある。ただし，これらはいずれも「圏地」という視点に限って述べられており，八旗旗王に対する分封という視点が欠けていた。

第1章　帝国の胎動　49

　最近，杜家驥（1998）は，八旗の領主の分封について，新資料を用いて詳しく論じた。入関前のマンジュ政権の根本的な特徴として，「中央控制下の領主分封制」と名づけるものを挙げ，領旗分封はしたけれども，領地を賜わず，地方においても「藩国」を建てず，中央によって統一的に八旗が管理されたと述べたのである[114]。とはいうものの，『満文原檔』には，ヌルハチの天命六年（1621），八旗に対する領地分与もまた，確実におこなわれていた事例が実際に残っている。すなわち，同年二月二十六日に，以下の八例が見える（番号は筆者による）。

①ダルハン・ヒヤ（Darhan hiya）の旗には，ニヤムジュイ（Niyamjui）に七つのニルと一つのホントホ。フェイデリ（Feideri）に七つのニル。アシカ（Asika），シベリ（Siberi）に五つのニル。

②アドゥン・アゲ（Adun age）の旗には，デリ・ヴェへ（Deli wehe）に甲士三百七十人。フレ（Hule）路に二十八ニル。トラン（Toran），ジャンギ（Janggi）に十七ニル。

③ムハリヤン（Muhaliyan）の［#旗］旗には，ジャクム（Jakūmu）に十ニル。デトへ（Dethe）に六ニル。オホ（Oho）に五ニル。

④ジルガラン・アゲ（Jirgalang age）の旗には，ウンデヘン（Undehen）に甲士百二十五人。ボオ・ヴェへ（Boo wehe）に七ニル。フェアラ（Fe ala）に五十四ニル。

⑤タングダイ（Tanggudai）の旗には，ジャクダン（Jakdan）に甲士二百五十人。ジャカ（Jaka）に九ニル。フワンタ（Hūwanta），ロオリ（Looli），ジャン・ビガン（Jan bigan），フラン（Hūlan）に十六ニル。

⑥ボルジン（Borjin）の旗には，範河に十ニル。ビイェン（Bi yen）に六ニルと一つのホントホ。へチェム（Hecemu），ハンギヤ（Hanggiya）に十ニル。

⑦ドンゴ・エフ（Donggo efu）の旗には，渾河，イェンゲ（Yengge）に五ニル。ボイホン（Boihon）山寨に五ニル。ヤルフ（Yarhū），スワン（Suwan）に八ニル。シャンギヤン・ハダ（Šanggiyan hada）に甲士二百五

⑧アバタイ・アゲ（Abatai age）の旗には，柴河に五ニル。ムフ・ギオロ（Muhu gioro）に五ニル。オルド・ハダ（Ordo hada）に五ニル[115]。

以上は，旗ごとに領地を与え，ニルと甲士を配置していたことを語る重要な資料である。さらに，その一年後の天命七年（1622）三月七日の『満文原檔』にも，次のような記事が見える。

[＋書くな][#ダルハン・ヒヤの旗]は，車五百五十七輌，穀物八百三十倉石。アバタイ・ナクチュの旗は，車六百十輌，穀物八百二十倉石。タングダイ・アゲの旗は，車三百七十二輌，穀物四百九十倉石。ボルジン・ヒヤの旗は，車三百八十輌，穀物五百五倉石。ムハリヤシの旗は，車三百二輌，穀物四百倉石。スバハイの旗は，車二百六十五輌，穀物三百八十倉石。ドンゴ・エフの旗は，車二百六十輌，穀物三百十一倉石。アバタイ・アゲの旗は，車六百十五輌，穀物八百十五倉石。合計車三千三百六十輌，穀物四千五百五十一倉石が牛荘に到着した[116]。

こうした車とそれによって運ばれた穀物は，すべて領地を与えて移住させた旗により献納されたものである。これらの領地が穀物生産の基地だったことは，間違いない。しかも，それぞれの領地における穀物を量る専任の大臣までいた。やはり『満文原檔』によれば，天命九年（1624）正月五日，ヌルハチが穀物を量りにいく諸大臣に対し，以下のような文書を送っていた。

五日に，穀物を量りにいく諸大臣に送った書の言。ハンが言うには，イェンゲ，ヘチェム，ムキ，マルドゥン，ジャクム，撫西，鉄嶺の路に赴く五つのニルにエジェン（主）としていく者よ，五つのニルの物を汝の身から離すな。五つのニルのニカンを悉く調べよ。一口につきジュシェンの枡で六枡，七枡あるものはそのまま住んでよい。一口につき五枡あるものは，行った者は家畜があるか，暮らすことができるかを量って，足りるならそのままでよい。量っても足りなければ，穀物のない者の数に入れよ。穀物が無い者の男の数，人口数を書に記してハンに上奏せよ。ハンの言葉を聞

け[117]）。

　この穀物調査の対象地域は，まさに上述の旗に与えた領地である。これらの領地が，ここの八旗のみならず，さらにハンの政権基盤をも支える経済基地だったことは疑いない。

　上記の①ダルハン・ヒヤは，白旗の主であって，白旗のベイレのチュエンとは従兄弟の間柄であった。この時期，チュエンはすでに亡くなっており，白旗はホンタイジに与えられていた。すなわち①はホンタイジの領民と領地であった。ここでは，ほかの旗については，逐一詳述するのを避け，典型的な例として，⑤タングダイだけを取り上げたい。

　太祖ヌルハチの子供たちのなかで，妾のニウフル氏から生まれたのが，四男タングダイと六男のタバイで，いずれも正白旗に属する宗室である。『世管ニルのニルイ・ジャンギンであるイオシャン（Iosiyang）がニルを承襲した根源冊』[118]（タイトルは筆者による）の道光十年（1830）十一月十七日の条には，次のような記事が見える。

　　正白旗満洲のニルイ・ジャンギンである宗室イオシャンが承管したフジュリ・ニル（勲旧ニル）の根源に書かれたところでは，「正白満洲旗を管理する臣たる宗室フンシェンらが謹んで上奏したのには，フジュリ・ニル宗室フンジ，プセイらが呈したところでは，『我らの曾祖が太祖皇帝の四番目の子であるタンゴタイ・アゲ（タングダイ），六番目の子であるタバイ・アゲらを家から別居するときに与えて引き受けさせ，優異（encule-he）として人参を採集する当該のジュシェンのなかのマンジュを，のちにニルに編制するとき，一つの整えたニル，一つの半ニルに編制した。整えたニルをタバイ・アゲに引き受けさせて，ニルの人マンドゥホに承管させた。半ニルをタンゴタイ・アゲに引き受けさせて，ニルの人フミセの子ムルタイが黒龍江の軍でよく奮闘したとて，半ニルを承管させた。ムルタイらが年老いて辞めた後，実の弟ブクに承管させた。ブクに至っては，タンゴタイ・アゲの子供ニイェゲセが絶嗣した。ニルのジュシェンを同じところに併せて引き受けさせたとき，たった今ブクが承管したタンゴタイ・ア

ゲの半ニルをタバイ・アゲの子エクチンに引き受けさせて，整えたニルより増えたマンジュを加え併せて，整えたニルに編制して，依然としてブクに承管させた。ブクより代々ブクの実の兄ムルタイの孫アンタイが今ニルを承管している。タバイ・アゲに引き受けさせて整えたニルを承管したマンドゥホが，江南駐防協領に任命されたので，ニルの人を他の姓のドゥダハイに承管させた。欠員が生じてニルの人ホミダに承管させた。ホミダがムクデンの侍郎に任命されたので，もともとニルを承管したマンドゥホの子ヴェヘに承管させた。ヴェヘが罪により辞めさせられたので，聖祖皇帝の旨に〔宗室らに見せよ〕とあったのに謹んでしたがい，ヴェヘの欠員にタバイ・アゲの孫である宗室バルダイに承管させた。欠員が生じたので，バルダイの弟セトゥの子チュズンに承管させた。チュズンは罪により辞めさせたので，チュズンの叔祖バトマ・フィヤングの孫センシェンに承管させた。欠員が生じたので，センシェンの伯祖バマブルシャンの曾孫フンジが現在承管している……』」。

タバイの子孫が道光年間に承管しているニルは，祖先が家から別居するときに，人参の採集をもっぱらの務めとするニルだったのである。また，佐領フンジは，次のようにも言う。

我らが承管した勲旧ニルに任命されるとき，我らの始祖が太祖皇帝の子タングダイ，タバイ・アゲらにニルを分けて任命された。タングダイが絶嗣した。現在，佐領に任命されるとき，タバイの子孫に資格があり，まったく資格がない一族の人々がいないと併せて家譜を呈させた[119)]。

タングダイに子孫がいなかったことは明らかである。

こうした記事とは別に，実際に領地分与がおこなわれた資料として，天命七年（1622）四月八日にくだされた詔に，こう見える。

……おのおののグサに割り当てた地においては，そのグサの者をハファン（官）に任ぜよ。そこの城がもともと管轄していた地の者は，どのような情報があったとしても，任じたハファンより情報を受け取れ。兵士に限っ

ては，割り当てたそのエジェン（主）に従え[120]。

　明らかに，旗ごとに領地を分与したのである。さらなる手がかりとして注意されるのは，同年の「八旗の境を納める檔子」[121]に，八旗ごとにそれぞれの領地が記されていることである。つまり，旗ごとにはっきりとした境界があったことを意味する。『満文原檔』が語るその内容は，以下の通りである。

　　正黄旗の収める地は，フェアラ，シャンギヤン・ハダ，ボオ・ヴェヘ，ジャクダン，ホンコ，撫西，ワンルギ・ジャンギヤ，デリ・ヴェヘ，奉集堡，この八つの城である[122]。
　　鑲黄旗の収める地は，柴河，[#撫]撫安，範河，イル，三岔児堡，チリン（鉄嶺），ヤンシブ，□，宋家泊，丁字泊，ビイェン，ギヤフチャン，この十一の城である。
　　正紅旗の収める地は，ウンデヘン，ジャクム，ニオワンギヤハ，イドチャン，ギヤムチャン，グシャン，シャンヤンイオイ，ヴェイニンイン，ドゥンジェオ，マハダン，この十の城である。
　　鑲紅旗の収める地は，瀋陽，蒲河，平虜堡，十方寺，上楡林，静遠堡，武靖営，長寧堡，会安堡，虎皮驛，長永堡，長勝堡，この十二の城である。
　　鑲藍旗の収める地は，旅順口，木城驛，金州，石河驛，黄骨島，歸服堡，望海堝，紅嘴，この八つの城である。
　　正藍旗の収める地は，岫巖，青苔峪，マクワル・サイ，シュイチャンイオイ，イラン・ボリク，鎮東，鎮夷，鳳凰，湯站，[#湯站]険山，甜水站，この十一の城である。
　　正白旗の収める地は，復州，欒古堡，楊官堡，永寧監，五十寨，蓋州，鹽場堡，天城堡，青雲堡，この九つの城である。
　　鑲白旗の収める地は，海州，東京堡，耀州，穆家堡，析木城，古城堡，長安堡，青城堡，[+鞍山][#鞍山]，この九つの城である。この書を十八日に書いた[123]。

　これぞ，まさにハンたる父ヌルハチの領地（アジゲ正黄旗・ドド鑲黄旗），次

子ダイシャンの領地（正紅旗），ダイシャンの長子ヨトの領地（鑲紅旗），ヌルハチの弟の次子アミンの領地（鑲藍旗），ヌルハチの五子マングルタイの領地（正藍旗），八子ホンタイジの領地（正白旗），ヌルハチ長男チュエンの長子ドゥドゥの領地（鑲白旗）である。

　領地に関して，もう一つ傍証資料が明側に残る。それは『開原図説』のうち万暦四十六年（1618）の紀年をもつ『三岔児堡図』である[124]。「三岔児堡」は，鑲黄旗の領地にふくまれるサンチャラ堡のことであり，図の周辺に建物二基が描かれ，「建夷大真住處」という漢字の注記がそえられている。「大真」は，おそらくマンジュ語の「da ejen（元の主）」を意味する。ここが，ヌルハチの所領であったことは，間違いないだろう。

　ちなみに，ヌルハチからホンタイジ時代にわたって，城（hoton）の建設と穀物の栽培が盛んにおこなわれた。その際，これまでのジュシェンの栽培法では間隔が空きすぎているので，「ニカンの栽培法を取り入れるように」と指示が出され，城の設計図を見ると（図1-5），城の外に堀を作り，その周辺にジュシェンらを居住させ，さらにジュシェン住地の外側を囲んでニカンらを居住させていたのであった。なお，城内では，建物を分散させて居住せしめるべく，一連の居住区画が規定された[125]。

　以上のことにあたかも関連するかのように，ヌルハチ時代，遼東地域を中心に領地を分配したことについて，それは彼が前代の歴史から学んだことだといわんばかりの話が伝わる。すなわち，『満文原檔』によれば，ヌルハチは，息子ホンタイジに次のように語ったという。

　　父たるハンは「昔，大遼・大金・大元は各自の土地にいないで，ニカンの内地（Nikan i dorgi ba）に入って住み，政権（doro）が替わるとともにみなニカンとなっていた。ニカンは山海（Šanaha）（関）の外にいるがよい。我らは遼東の地に住んで，ニカンとジュシェンはおのおののグルンとして暮らしたい」と，山海（関）に入らず戻ってきて，ニカンから講和したいと言ってくるだろうと，四年も待っていた……[126]。

　天聡元年（1627），ホンタイジが，今は亡き父ヌルハチのことばを回想して

第1章　帝国の胎動　55

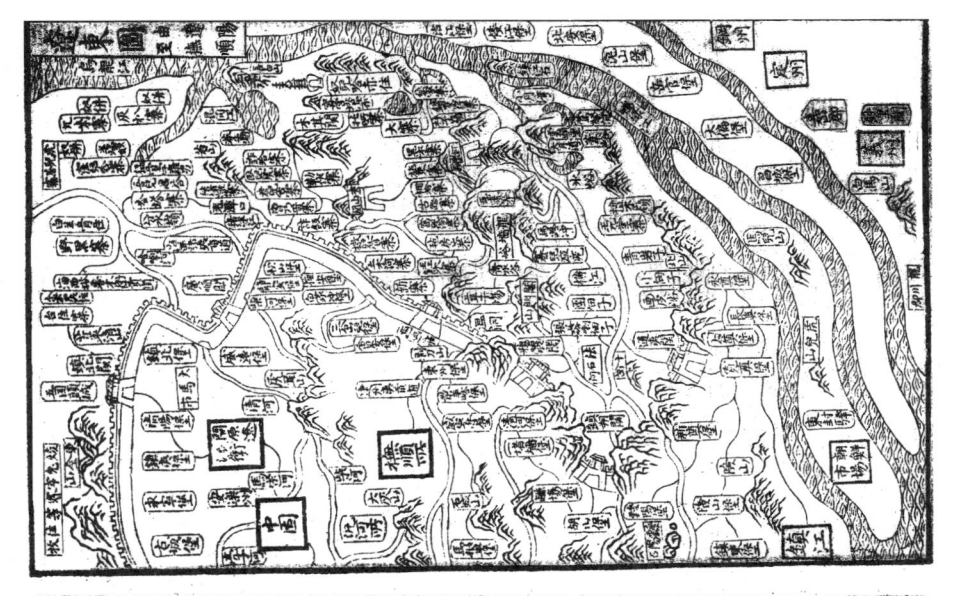

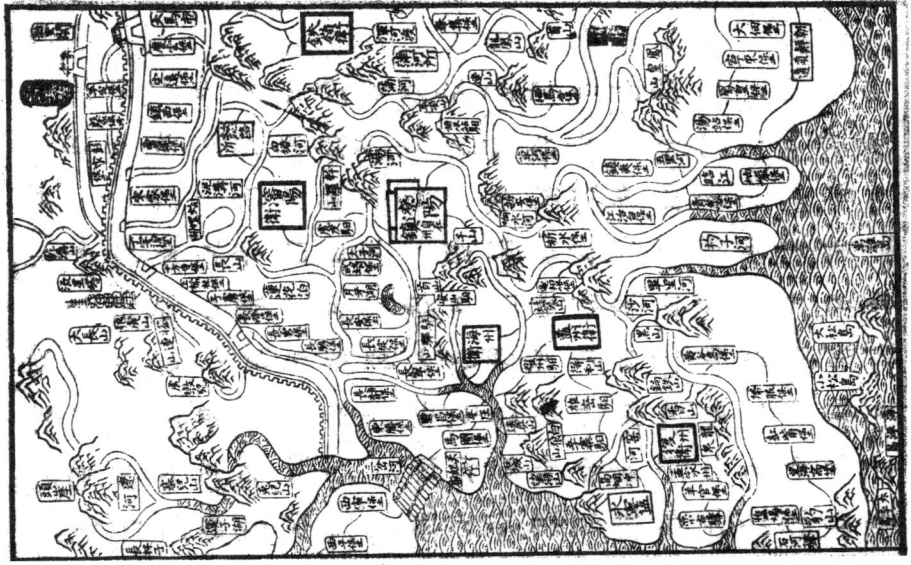

図 1-4　遼東図（『籌遼碩画』万暦庚申年（1620））

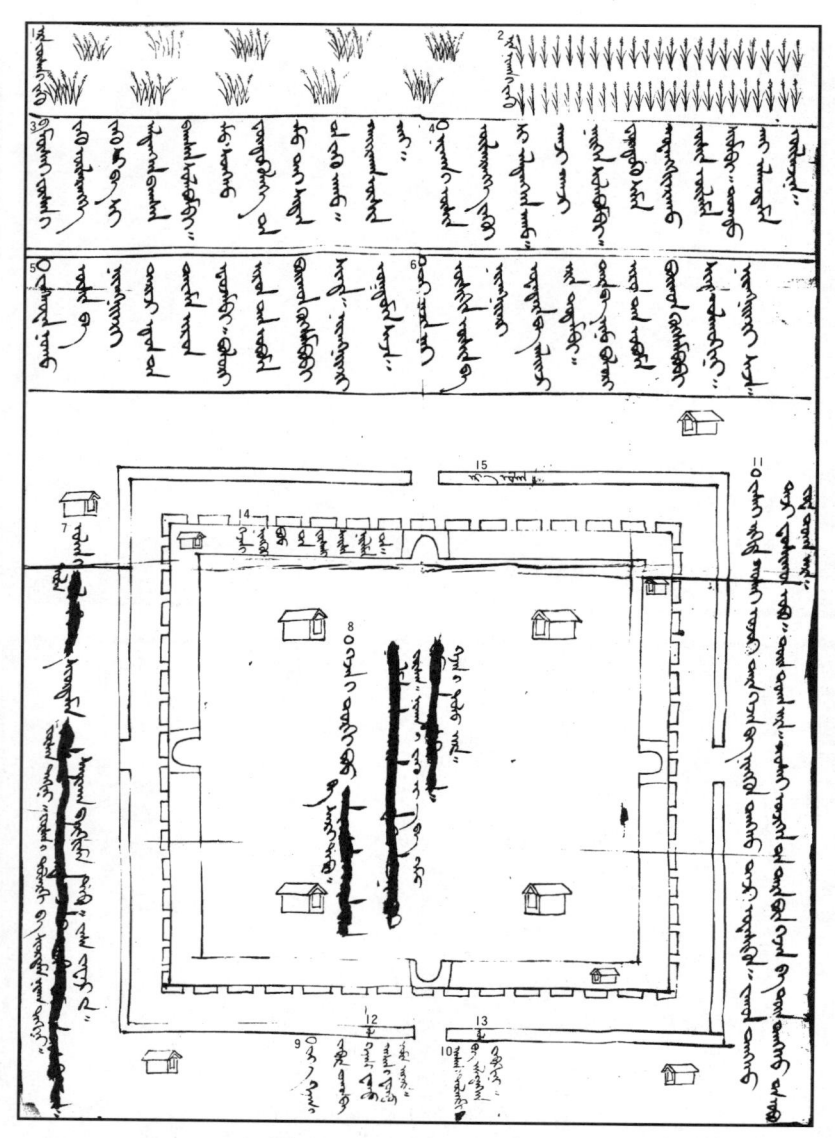

図 1-5 老満文城図稿（『盛京満文老檔』，横 51.5cm×縦 73cm，中国第一歴史檔案館蔵）
無圏点満文で書かれた城の設計図で，後金時代のジュシェン社会の居住空間と栽培技術を知るうえできわめて貴重な資料。おそらく天聡九年（1635）以前のもの。

【解読案】
1 ere jūšen i jeku/
  これはジュシェンの穀物である。
2 ere nikan i jeku/
  これはニカンの穀物である。
3 ○mūsei jūšen i/ jeku oilerengge/ jeku si be si/ aldangga baksan/ baksan sulabumbi; emu songko/ fūntuhulehe de/ emu dai siden/ de jeku akū;/ hairakan ūsin/ kai;/
  我らジュシェンの穀物栽培は、穀物の間隔を広くして、束と束（の間）を空けるのである。同じように間隔を空けたとき、一束の間に穀物がないので、とても惜しい畑であるぞ。
4 nikan i ūsin/ oilerengge jekui/ si aldangga akū;/ hanci hanci/ neigen sulabumbi/ fūntuhu seme hūwakiyarakū/ ūsin oileme šumbi; tuttu/ ai alhūdame oilecina;/
  ニカンの畑は耕すとき、穀物の間は空けずに、近く均等に空けるのである。苗の育たない処として剝ぎ取らず畑を耕すのに通暁する。このように何かを学んで耕すように。
5 janghūwan noho/ ūsin be niyengniyeri/ tarici edun de/ deyeme irun/ efujembi; bolori/ irun den obume/ boihon hukšembumfi/ sinda; niyengniyeri/ okdome saca;/
  すべての畑を春に耕したら風に飛ばされ畦が壊れるのである。秋には畦を高くして土を被せておくように。春のうちに耕せ。
6 jai necin nai/ ūsihin ūsin be niyengniyeri ofatara be aliyaci/ erin tutambi;/ tere be inu bolori/ irun den obume boihon hukšembumfi/ sinda olhokini;/ niyengniyeri saca;/
  また平らの土で湿気の畑が春の過ぎるのを待てば時期が遅れる。それをまた秋の畦を高くして土を被せておいて乾燥できるように。春に耕せ。
7 olan i tūle [#■■■] šurdeme jūšen ■■■ tekini; [+jūšen i tūlergi be šurdeme nikan tekini;]/ saikan bargiyame tebu, jase jafaci ja;/
  堀の外 [#■■■] の周辺にジュシェンが■■■住むように。[+ジュシェンの外を囲んでニカンらが住むように]。戦争になったとき、城のなかの家に入って住むように。きちんと収めて居住せよ。柵（境界）を造れば宜しい。
8 hecen i dorgi boo ■■■ be seri tebu;/ ■■■ jūšen; nikan i jeku yaya be gemu ■■■ hecen i dolo ara;/
  城のなかの家■■■をばらばらに配置せよ。■■■ジュシェン・ニカンの穀などをみな■■■■城のなかに作れ。
9 yaya hecen i yabure jogūn be/ hecen i fondo/ hashan i fondo/ ūme arara;/
  およそ城の歩道が城を突き通ったり、柵を突き通ったりするように作るな。
10 hashan i tūlergi/ be aldangga jabukini;/
  柵の外に空間を設けるように作る。
11 jasei ergide gūsai ūjui tere hecen be ninggun tanggū daci owasihun; jakūn tanggū/ daci fusihūn obu; duin duka ara; gūsai ujihen de tere buya hecen be duin tanggū da obu/ juwe duka ara;/
  柵の方にグサの先頭に配置する城を六百尋以上、八百尋以下にせよ。四つの門を作れ。グサの下に住む小さい城を四百尋とせよ。二つの門を作れ。
12 ulan
  堀
13 ulan
  堀
14 hecen i/ ninggui/ boo/ de jūšen i/ saisa/ niyalma te ;/
  城の上の家にジュシェンの有能な人が住むように。
15 ere ulan/
  これは堀（である）。

書面にしたため，それを大明の使者に書き送ったなかの一節である。いかにも，現実主義の知恵者による穏健・妥当な平和共存路線の言かと思わせる。ただし，歴史上の客観的な事実として，これを眺めるとはたしてどうか。ヌルハチに，長城線以南の地への意欲は本当になかったのか。

答えは，否である。周知のように，連戦連勝のヌルハチ軍は，天命十一年（1626），袁崇煥が指揮する山海関北方の要衝，寧遠城の攻略に失敗する。破竹の快進撃を阻止されたヌルハチは，落胆のうちにその年みまかることになる。上記のヌルハチのことばは，その最末期に近いころ吐かれたという設定である。すなわち，過去の歴史経験を踏まえたうえでの，ある種の「文明論」めいたおもむきさえ漂わせる"南北棲み分け論"は，一見まことにもっともらしいが，じつはヌルハチ最期の無念を内に秘めた脚色，あるいは言いかえなのであった。

一代にして，ジュシェン国家を地上に出現せしめた草創の英主というほかはないヌルハチ——。その掉尾を美しく飾るお話がこしらえられ，それを後継者となったホンタイジは，亡父の遺訓にして，かつみずからが率いるジュシェン国家の基本スタンスであるかのごとくよそおったのであった。ときに，ホンタイジ即位のその年，すなわち父ヌルハチが他界した翌年のことにすぎない。この話の仕掛け人が誰であったかは，今更いうまでもないだろう。

ふりかえって，ジュシェン人の実態と浮上の基礎構造に焦点をあて，おぼつかない分析を重ねてきた。そのいっぽう，ヌルハチ権力の拡大・展開，さまざまな征戦の顚末については，あえて触れなかった。それは各国語で記された多様な「ヌルハチ伝」にゆだねたい。ともかく，ヌルハチによってジュシェン国家の原像は定められた。だが，それは帝国建設のはじまりの一歩に過ぎなかった。

5　ダイチン・グルンの成立——伝国の璽とマハーカーラの奉戴

16世紀以降，大陸の東方から興起した建州ジュシェンが，ジュシェン人を

中核とする多種族地域連合体をつくり，さらには次なる広域連合へと一気に変貌を見せはじめるのは，第二代ホンタイジの時代である。すなわち，モンゴル正系のチャハルのリグダン・カンの失墜と，それにつけ込んだかたちでのその遺衆の吸収，ついでモンゴル諸侯たちの推戴をうけたホンタイジの皇帝即位，および満蒙連合国家としての「ダイチン・グルン」の出現であった。その際，とりわけて象徴的なできごととして耳目をひいたのが，至上名高い伝国の璽とマハーカーラの奉戴という二つの政治的演出であった。

　天聡八年（1634），チャハルのリグダン・カンがシラ・タラで病死した後，二十一人のザイサンと生前の領民二，三万人だけが幼い王子エルケ・コンゴルに随った。ほかの部衆はみな各地に離散していたが，ハルハとホルチン・モンゴルは，エルケ・コンゴルのチャハルと勢力を合わせて，ホンタイジと交戦せんとする動きを見せた[127]。

　リグダン・カンの妻は，かつてのイェヘ・グルンのギンタイシ・ベイレの孫娘スタイで，ホンタイジにとっても叔母にあたった。そこで，ホンタイジは，彼女の一族であるアシダルハンとハルスンガ，ダイグンとともに，彼女の実の弟のナンチュをスタイ太后のところに派遣した。スタイ太后は驚きを隠しえず，側近である旧イェヘの人々をつかわして確認させたところ，本当に実弟であったので，泣きながら出迎え，弟を抱擁した。

　そしてただちに息子のエルケ・コンゴルに，マンジュの諸王を迎えにいかせた[128]。かくて，ホンタイジの長男ホオゲとベイレたちは，玉璽がスタイの手元にあると聞き，取り寄せんとしたところ，要求に応じた，という記録が残っている。これが，いわゆる「伝国の璽」であり，そこには「制誥之宝」という篆字が刻されていたという物語が誕生してくる[129]。

　ついで，同じく天聡八年（1634）の十二月のこととして，こう見える。

> モンゴル・ダイユワン（大元）・グルンの世祖フビライ・スレ・ハンの時代，パクスパ・ラマ（パスパ）がマガガラ（Magag'ala マハーカーラ）仏を金で鋳造し五台山に祭っていたが，（のちに）サスケク（Saskek）の地にもっていって祭った。さらにダイユワン・グルンの末裔モンゴルのチャハ

ル・グルンがシャルバ・フトクト・ラマを招いて祭っていた。[#奉天承運たるマンジュ・グルンのスレ・ハンが福徳を得て,] チャハル征伐のため,纛旗を西へ指したところ,チャハル・グルンは我先に逃走したが,政権(Doro)が崩壊してみな帰附するとき,メルゲン・ラマがマガガラ仏をもってきた。スレ・ハンはビリクトゥ・ナンス・ラマをつかわして招いて連れてきた。ハンが住んでいるムクデン城(盛京城)に,スレ・ハンは(天聡)八年冬十二月十五日丁酉に到着した[130]。

モンゴル時代,クビライ・カンのとき,パスパがマハーカーラを鋳造した。それを,ダイチン・グルンが奉戴することでモンゴル時代以来の宗教・政治伝統を継承したという理屈である。かくて,チャハルからの伝国の璽とあわせ,モンゴル帝国の正統な継承者の証を得たと見なしたのである[131]。

これらの象徴的な出来事により,多くの大臣たちがホンタイジに即位するようにと進言するが,ホンタイジは情勢を眺め,幾度も断っていた。天聡九年(1635)十月に,これまでのマンジュ,ハダ,ウラ,イェヘ,ホイファの五つのグルンをジュシェンと呼ぶことを禁止し,すべてマンジュ(満洲)と改称した[132]。

ついで同年の十二月には,ホンタイジはチャハルのリグダン・カンの妻子らとともに,玉の宝璽をも得た慶事を,父たるヌルハチの神牌(Enduri soorin)に向かって,次のように読み上げた。

> 乙亥の年,十二月二十一日,玉座を嗣いだ子が,あえて父ハンの神位の前に告げていうには,「わたくしは命を受けて以来,各地を征服・帰附させた喜びの事を,先に一度,父ハンの神位の前に告げた。それ以後,征服した喜びの事をまた,父ハンの神位が喜ぶがよいと告げる。我らが先に出征したとき,モンゴルのチャハルのハン自身が威風を恐れて敗走した。それから本地に居が定まらず,恐れてタングトゥ国の方へ敗走していくとき,国人はおのずと乱れて,諸王・諸大臣は国人を挙げて先に帰附し,チャハル・ハンの妻の太后,子のコンゴル,数人の大臣ら,千余人の人民だけが残っていた。また兵を送って,みな捕まえて捕虜とせず尽く降したが,昔

の歴代のハンたちが争った玉の宝印は，ニカン，モンゴル，オズ（Odzi 日本）いずれの国にあるか判らなかった。今，玉の宝印を獲得して持ってきた。モンゴル・グルンをみな統一した。今はただニカン・グルンだけが敵になっている。また父ハンの神位に祈ることは，終始うちから助け，ドロのために尽力してほしい。国を盛んにせよ。明らかにご存知のことであり，これ以上語ることはできない。胸がいっぱいで上告する[133]」。

なお，玉璽の所在として，ニカンとモンゴルのほか，日本があがっていることは，きわめて興味深い。

かくて，天聡十年（1636）三月，ホンタイジはモンゴルの十六グルンにおける四十九ベイレ[134]よりモンゴル語で「ボグド・セチェン・カアン」，漢語で「寛温仁聖皇帝」という尊号を受け，国号を「ダイチン（大清）」と建て，改元して「崇徳」と称したのである[135]。ついで，その崇徳元年に，これまでのシェンヤン（瀋陽）を改めてムクデン（盛京）と改名した[136]。

ホンタイジの皇帝即位は，マンジュ，モンゴル，ニカンの大臣らの共同参加によって内外に宣言された。それはジュシェンの地，内モンゴルの地，そしてソルホの地すなわち朝鮮の地をあわせ，さらにはいくつかの「ハランガ・グルン（領国・属国）」を統合したうえでの「建国宣言」でもあった。

ダイチン・グルンの成立後，その祝文には「朝鮮を征服し，モンゴルを混一し，さらに玉璽を獲て，遠い辺疆を拓いた」と記されている。これは明らかにモンゴルとの合体のみならず，ダイチン・グルン側が朝鮮をもって貢賦を大元に納めた国と見なし，その後継者たるみずからの権限を表明したものである。実際，これに先立つ天聡二年（1628）の時点でホンタイジから朝鮮国王宛てに送った書簡において，朝鮮はかつて大元に貢賦を納めて暮らしてきたことが強調されていた[137]。

そうした結果として，即位式への出席を拒否した朝鮮の使者に対し，ダイチン・グルンは怒りをあらわにした。即位の翌年，崇徳二年（1637）一月に，ホンタイジはみずから大軍を率いて朝鮮征服に突入した。ドルゴンが，先鋒となって三万の兵を率いて攻めこみ，一ヶ月も経たないうちに京城まで陥落させ

た。二月には朝鮮との和平交渉をおこない，その結果，朝鮮の世子と鳳林大君およびその夫人を連れてムクデンへ戻った。なお，送別の際，朝鮮国王は，昌陵の西まで見送りに出かけ，ドルゴンが国王に感謝の意を述べた[138]。その後，朝鮮世子と鳳林大君は，六年間ムクデンで生活する。

崇徳八年（1643）八月十日の夜，ホンタイジはムクデンで亡くなった。李朝では，「清汗は本月初九日の夜に暴かに逝した」と記録する。長子の虎口王，すなわちホゲは廃され，六歳になったばかりの「第三子」（じつは順序からして第九子）を皇帝とした。これについて，多くの人が喜ばないと記されているが[139]，そこに新皇帝の選出をめぐって，さまざまな権力闘争があったことが示唆されている。

そして，1643年八月二十六日，フリンが順治帝として，ムクデンで即位した[140]。怒濤のような政治情勢の展開のなかで，幼帝は一年後，北京へ遷都する。大動乱後のニカンの地をも，長きにわたって統治する時代が，これから始まろうとしていた。

注

1)『李朝世宗実録』巻一百三，二十六年（1444）正月辛亥「上宴于康寧殿，賜宗親宴于思政殿，賜宴堂上官以上。又饋倭使光嚴等八十人，野人浪卜兒罕等四十九人于闕庭，及暮設火棚於勤政殿庭，令倭・野人觀之」。
『李朝世祖実録』巻二，元年（1455）十二月乙卯「上御慶會樓下。世子與宗親，承旨等侍。引見琉球國使者道安，倭護軍井大郎及野人浪孛兒罕等六十餘人賜酒，宗親以次進爵。命野人射侯，以爵秩高下，部落強弱分爲三等，賜一等浪孛兒罕等五人，各鞍馬・刀子・有環細條・藥囊。二等李多弄介等六人，各馬一匹・角弓・有環細條・刀子・藥囊。三等柳乃也等五十人，各青紅綿布各三匹・刀子・有環細條・藥囊。道安・井大郎等二人，各虎豹皮各一張・細紬三匹・藥囊。倭・野人皆拜謝，醉飽還館。野人留館者，見其賜物，恚曰，我等欲拜新君，越險而来，其誠一也，何君恩若是不均乎。互相爭鬪，勢將相害，監護官以啓，命召都承旨朴元亨・兵曹參判洪達孫于思政殿議之，命達孫及禮曹正郎禹繼蕃，往北平館以義開諭且威之，野人皆服止鬪」。
『李朝世祖実録』巻三，二年（1456）正月辛巳「上御慶會樓，設春享祭飲福宴，世子與永膺大君琰・翼峴君璭・密城君琛・判中樞院事趙惠等侍。引倭・野人七十餘人，賜酒賜物有差。火剌温兀狄哈一人，於上前，高聲呼號無禮，命衛士曳出之」。
『李朝世祖実録』巻三，二年（1456）二月壬子「御慶會樓下，設社稷祭飲福宴，世子・

宗宰，承旨入侍。引倭人源教直使者道圓等三人，野人李豆里等三十九人賜酒，命兼司僕，內禁衛射侯，野人能射者，亦令射之。賜道圓虎豹皮各一張，綿紬三匹。豆里，阿具秦羊等，各鞍具馬一匹・絛環具帯子・角弓・刀子，餘各賜物有差。豆里就上前啓曰，父滿住年老，然聞殿下即位，欲來朝，但經由咸吉，則道路阻脩，若開平安舊路，雖農月亦來請許之。上曰，夏月上道，慮阻雨水，且有喝疾，予將許平安舊路，可待秋上來。秦羊啓曰，兄充尚亦欲來謁。上荅曰，汝兄及滿住皆欲來朝，予甚嘉之，可待秋上來」。

『李朝世祖實錄』卷十三，四年（1458）八月戊午「御思政殿，設飲福宴，讓寧大君禔・孝寧大君補・臨瀛大君璆・桂陽君璔・密城君琛・義昌君玒・寧海君瑭・雲城府院君朴從愚・河東府院君鄭麟趾・右議政姜孟卿・左贊成申叔舟・右贊成黄守身・判中樞院事李仁孫・吏曹判書韓明澮・禮曹判書李承孫・左參贊朴仲孫・戶曹判書權蹲・刑曹判書朴元亨，承旨等入侍。獻官行僉知中樞院事金鈞進酒。倭人祐多都老，野人阿具・甫當可・云之多毛等三十六人亦侍宴」。

『李朝世祖實錄』卷十三，四年（1458）八月庚午「御勤政殿月臺上，設飲福宴，宗親及百官諸執事倭，野人等侍。上下床飲福，諸執事以次飲福就坐。敬寧君裶・判中樞院事李季甸・兵曹判書洪達孫・野人古納哈・倭人居首者進爵，別賜倭人正官及古納哈等鞍馬・玉條・環刀子・綵囊席綿布有差……」。

『李朝世祖實錄』卷十九，六年（1460）正月甲申「幸慕華館觀射，放火砲。宗親・議政府・六曹參判以上，承旨等入侍。引見倭・野人，令野人尼麻車兀狄哈郁時應巨・斡朶里馬千里等射侯・射毛毬。賜中的野人各綿布一匹・弓一張，又賜倭人迎洒毛虎皮一張・紬布・寢席等物」。

2）「韃靼人狩獵図」については，鈴木廣之（1984）・中山喜一朗（1987）・山下裕二（1992）・佐藤真規子（2007）参照。
3）日本とジュシェンの歴史的な関係と日本人の地理認識については，紙屋敦之（1987）・藤井讓治（2007）参照。
4）　Mark C. Elliott（2001）
5）孟森（1930）(1981)・園田一亀（1948）(1953)・増井寛也（1986）・河内良弘（1992）参照。特に河内良弘（1992）の第一章「明代女真をめぐる国際環境」3-32頁は，初めて明・ジュシェン・日本を総合的にとらえ，国際的な歴史背景について論究した。
6）河内良弘（1992）
7）『李朝世宗實錄』卷一百十三，二十八年（1446）八月辛酉「平安道都節制朴以寧啓，臣親承内旨，密問野人往來漁獵之處，父老言，泥城歧及所溫梁等處距閭延府六息，別浪浦・小甕村・草田等處，距江界府滿浦口子五息，楡坡・多令等處距渭源郡四息，所土里距理山郡央土里七息，明干平距江界府高山里口子九息。其漁獵之時，則自三月至于五月，又自七月至于十月，人數多不過三十，少不下十餘。須遣體探六人，的知漁獵之處與賊之多少，然後三人因留覘賊去留，三人卽還報告，乃遣福褌三人，各領精步卒三十人，持弓矢及火砲防牌長刀，乘其不意急進，庶可掩捕。馬兵，山險不可用也。或曰，野人漁獵者率以二十餘人爲群，皆於鬱密處結幕，每一幕三四人共處，晝則遊獵，夜則困睡，積柴燃火，賊之多少，昭然可知。若率兵夜潛襲，可能捕獲。臣妄謂步卒九十，似若孤單，不用馬兵，亦不可也。須以精騎五十繼後，由直路而行，同力掩捕，庶乎便益。諭以

寧曰，卿所啓，已具悉。然卿賷去事目一款，野人於我境隔遠處漁獵，而我兵深入追捕，則彼必有辭，曲在於我，甚不可。若密近我境，則必須徵艾，使之斂迹。今所啓野人漁獵之處，或四五息，或六七息，以至九息，非唯與本國遙遠，乃彼人常行之處，不可引兵深入，以起釁端。卿何與事目相反，而料事若此其舛乎。若其漁獵之處，與我境相距二三息，而非彼人常行之處，則非為漁獵也，窺伺本國明矣。體探之人，若見如此之賊而還報，則是門庭之寇，卽如所啓發兵掩捕可也。其漁獵之处，與我境相距過三息，而發兵掩捕，是無名之擧，甚不可也。且山川險惡，引兵深入，其勝負亦未可知。国之大事，在祀與戎，擧兵攻伐，其可輕乎。攻捕之際，若遇採參唐人，戒勿犯，但彼賊知我國人不犯唐人，必詐爲唐人，誘以致害，卿其更加審度」。

8)『李朝中宗實錄』卷十六，七年（1512）八月庚戌
9)『燕山君日記』卷二十九，四年（1498）四月癸未「……且野人等利我國牛馬・鐵物，常備貂鼠皮，以求買賣，而邊民亦不堪侵漁之苦，以農器釜鼎交市於虜」。
10)『李朝中宗實錄』卷十二，五年（1510）九月丁丑「金壽童・柳順汀・成希顔・金應箕・洪景舟・辛允武・洪淑等議，滿浦互市，在所痛禁。若因循不禁，本道牛馬鐵物，終皆爲野人之資，其弊不可勝言」。
『李朝中宗實錄』卷二十一，九年（1514）十月壬寅「禮曹參判李長坤書啓曰，兵倚於農，而農必以牛，牛固農之最重也。野人持貂，吾民不惜農牛而易之，又以鐵物者。此無他，我國之所尙在貂，故也。中外貴賤，爭尙豐侈，貂日益貴，而吾民之牛鐵，尽歸於彼。牛以厚其農，鐵以利其兵，數年之後，則雖有善計者，末如之何矣。伏望，三殿之外，勿用貂服，而下諭中外，則下人觀感，不禁而自止矣。平安道滿浦鎭，館待三衛野人，自甲子年，邊將擅開關市，國人持牛馬・鐵器，絡繹轅集，貽害無窮，尤可痛禁」。
11)『李朝中宗實錄』卷二十五，十一年（1516）六月辛亥「希壽曰，近聞北道以皮物貿易之，故我國鐵物盡入於彼地。古則胡人之箭，皆以鹿角爲鏃，今則皆用鐵鏃，鐵物之多入彼地，從可知矣。此必將以鐵物貿皮物，以塞宰相及朋友之請，或營己私故也，朝官所著貂鼠皮，一切禁斷。且近者朝官好著黃狂皮襖子，此亦可痛禁也。光弼曰，此言正當。果以鐵物貿皮物，則鐵物多入於彼地，又以農牛貿皮物，尤爲不當。上曰，鐵物多入彼地，其不利於我國大矣，專由皮物貿易故也。黃狂皮事，予所未知也。光弼曰，黃狂皮作襖，古所未見，自廢朝初年始焉」。
『李朝中宗實錄』卷二十七，十二年（1517）三月癸未「吏曹佐郎朴世熹以衲衣頒賜敬差官，回自咸鏡道。啓曰，野人以鐵物爲貴，故邊將率以鐵物，貿買貂鼠皮，至於農鋤・箭鏃，無所不用。故彼人箭鏃，今皆以鐵爲之，誠非細故」。このほか増井寛也（1999b）のなかにも詳しく論じられている。
12)『燕山君日記』卷十七，二年（1496）八月癸未「……八，九月之間，野人等或採人蔘，或探蜂蜜，布在山谷之時也……」。
13)『李朝宣祖實錄』卷六十六，二十八年（1595）八月壬子「備邊司啓曰，近日西北之事，亦甚可虞。渭原賊報纔至，三水聲息又如此。雖云採蔘之胡，而其數之多至于二百，其非常時採蔘之類明矣。西道江邊，固爲孤弱，若夫南道三水等處，則尤甚板蕩。若夫建州之種，果懷兇謀，探視虛實，兩頭俱發，則策應無路，可爲寒心。南道虞候權灝，給戰馬，明日內發送。軍官二人，似爲不足，本道禁軍之來仕者，依平安道例，姑爲還送，而軍官

二人加帶率不分晝夜，及於防秋之時，俾無疎虞，何如。上從之」。
14) 『李朝中宗実録』巻五十二，二十年（1525）正月癸酉
15) 『李朝中宗実録』巻五十四，二十年（1525）四月甲午
16) 『李朝中宗実録』巻五十三，二十年（1525）三月癸未
17) 『李朝中宗実録』巻五十六，二十一年（1526）正月己酉
18) 『李朝宣祖実録』巻七十一，二十九年（1596）正月丁酉「建州衛，自西遼東界，東至蔓遮部落，以我國地方準計，則西自昌城，東止高山里，左衛也，老江上，右衛，海西衛地界云」。
19) 『李朝世宗実録』巻二十六，六年（1424）十一月甲申
20) 『李朝世宗実録』巻二十七，七年（1425）三月丁亥
21) 『李朝端宗実録』巻三，即位年（1452）九月癸卯「議政府據兵曹呈啓，平安道左道兵馬節制使牒呈該，李滿住管下金納魯等三十四人，来滿浦，請口糧，因言，我等挈家出来，欲永居貴國境土。即擧累降事目，反復開諭，令還本土。答云，我等所居地面，蟲蝗害穀，雖欲還歸，難以過活。不肯回去，若續給則難繼，不給則生怨。臣等據此同議，當令邊將語之曰，汝等負罪中朝，雖欲接待，於義不可，若中朝聞之，本國與汝屬皆不利，可亟還歸。彼若強留，又語之曰，退居我國隔遠地面，若口糧塩醬，則不以地方遠近有異。以此開諭爲便。從之」。
22) 『李朝世祖実録』巻三十一，九年（1463）十一月辛酉
23) 『李朝世祖実録』巻三十三，十年（1464）六月丙戌
24) 『李朝世祖実録』巻三十六，十一年（1465）六月丁丑
25) 今西春秋（1967）・三田村泰助（1965）参照。
26) これについては，園田一亀（1948）98頁のなかで指摘された。
27) 河内良弘（1992）第四章「建州衛の対外関係」の第七節「朝鮮の建州衛再征」166頁。
28) 『燕山君日記』巻十九，二年（1496）十一月甲辰「……臣兄童阿亡介語臣云云，吾父童所老加茂於世宗朝受會寧兼牧官印，領百姓。凡防禦之事尽心爲之，故其時絶無邊患。父死後吾持此印，移居于夫乙乎里地面。其後大國召我還居會寧，適其時違期，未遂來居。吾系本大國人，請奉父所受之印，並率麾下百姓，來居于滿浦越邊皇城坪，作爲藩籬，雖吾死後，吾子孫當世世繼業云云。各衛酋長・裨將・里將之名，曰建州酋長李達罕，裨將李巨右，里將指揮王三下，指揮趙加乙豆。左衛酋長童都論・裨將僉知童夫堂介・童老同・童處・永巨・里將蒋馬可里・童車音波・趙馬吾阿・高甫乙赤羅・吾川接・里將馬可古多丐，羅城里將浪還四。右衛酋長童甫花土・裨將都督童羅吾章・童舍吾兒・里將童其音波。歧州衛酋長王夫里介・裨將王舍老。傳曰，示前議宰相」。
29) 『李朝世祖実録』巻三十三，十年（1464）七月戊辰
30) 『李朝世宗実録』巻一百六，二十六年（1444）九月丁亥「論咸吉道都觀察使鄭甲孫・故都萬戶童於虛里久居城內，不隨凡察逃竄，納款効力，終始不渝，其子所老加茂能繼父志，順服無貳，予乃嘉之，授於虛里爲都萬戶，擢所老加茂，授以高官，賜以印章，俾爲酋長。唯此父子，非他野人之比。今者聞於虛里訃音，誠可憐悶，特遣禮官致祭，仍賜賻物，卿其知悉」。
31) 『燕山君日記』巻五十，九年（1503）九月辛巳「成俊・李克均啓，咸鏡道國之藩籬，若

無五鎮、則邊事可憂。世宗朝許城底野人授兼司僕、野人性愚直、不如我國人奸詐、如欲侍朝者、許授雜職、如童淸禮者、則當授衛將等職。兀良哈乃野人中平民、幹［幹］朶里乃大金支裔也。淸禮之父童所老加茂、嘗有功於先王朝。世宗欲設會寧鎭、而未得其地、所老加茂自撤其家、而獻其地、其功不細。世宗重其功、許嫁禮賓寺判事之女。淸禮外祖、乃士族也、豈宜待之有內外乎。臣曾以此啓之、而弘文館以人面獸心、不宜侍朝彈之、事遂寢。世祖朝亦許野人立朝、今亦簡拔其尤者、授其職、彼必爭自向慕。傳曰、可」。

32) 河內良弘（1992）第十九章「燕山君時代の朝鮮と女真」657-675頁參照。
33) 『李朝成宗實錄』卷一百五十八、十四年（1483）九月戊戌
34) 『李朝世宗實錄』卷九十三、二十三年（1441）七月壬戌「議政府啓、咸吉道慶源都護府、祖宗興王之地、而今反屬鏡城、實爲不可。宜以鏡城屬吉州道、以慶源爲界首官、屬以會寧・慶興・鍾城・穩城・富居等官。從之」。
35) 『李朝太宗實錄』卷十九、十年（1410）二月庚子「兀狄哈金文乃・葛多介等、結吾都里兀良哈甲兵三百餘騎、寇慶源府、兵馬使韓興寶與戰敗死。毛憐衛指揮甫乙吾、使人謂興寶曰、聞諸建州衛指揮阿古車、云、將有賊兵侵慶源。宜預知備禦。興寶不之信。翌日黎明、賊兵已至城外、興宝蒼黃帥成兵百人出戰、興宝所騎馬、中矢而斃。興寶中三矢、僅得入城、三日而死。官軍死者十五人、馬死者五匹。賊遂圍木柵不克、焚柵外廬舍、蓄積殆盡」。
36) 『李朝世宗實錄』卷五十八、十四年（1432）十二月丙午「……恁這坌高麗、坌高麗、喫他手裏著這兒了、恁殺的正好。這野人他的模樣是人一般、熊狼虎豹心腸、著好軍馬綽他一綽、務要殺了。他這野人每、受了朝廷的大賞賜、與了大職分・金帶・銀帶、這般按撫了呵、也忘了我的恩、這裡打海青去的指揮拿了、做奴婢使喚。這一遭也知我根底來、他攪有恩的、尚或是這般呵、你那里莫說了。這已後還這般無禮呵、不要饒了。再後不來打攪呵、兩家和親了罷。欽此……」。
『李朝世宗實錄』卷八十四、二十一年（1439）三月甲寅「……洪武五年七月二十五日早朝奉天門、陪臣張子温等欽奉太祖高皇帝宣諭聖旨節該、我聽得女直每在恁地面東北。他每自古豪傑、不是守分的人有。恁去國王根底說、着用心隄防者。欽此。又於永樂八年七月十八日、陪臣韓尚敬等欽奉太宗文皇帝宣諭聖旨節該、吾良哈這廝每真箇無禮呵、我這里調遼東軍馬去。儞那里也調軍馬來、把這廝每兩下里、殺得乾淨了、槍去的東西、盡數還。恁知道了、這已後還這般無禮呵、不要饒了。再後不來打攪呵、兩家和親了罷。欽此。宣德八年三月二十三日、陪臣金乙賢賫捧到勅諭節該、自今務要敬順天道、恪遵朕命、各守地方、毋相侵犯、如或不悛、王宜相機處置、勿爲小人所侮。仍遵依洪武、永樂年間勅諭事理隄防、庶幾有備無患。欽此。……正統二年五月、滿住親詣阿木河地面、對阿古妻及吾良哈朶兒溫等言說、我每也要此地來住過活。正統三年五月、凡察赴京回還告說、我到開原、遇見滿住親戚撒滿答失里、本人云、我每欲往朝鮮和解、朝鮮若許可、則我當去。本年十月、滿住使指揮唆剌哈、於本國邊將處通書、該若朝鮮多與我錢物、或親往或遺子拜謝。又與郎不兒罕等言說、朝鮮若給衣服鞍馬、且送招來文字、我當遺子從仕。又阿哈答告稱、我到外祖父李張家住處、滿住及管下人等皆云、俺每往阿木河地面、依朝鮮過活。自後滿住管下人等撞見阿木河住人馬哈當吉等、皆説阿木河移來之意。

第1章　帝国の胎動　67

　　　至正統四年二月，滿住部下人指揮童答察等四名賫土産皮張前來告説，俺毎見居渾河地面，土性磽薄，並近忽剌温窟穴，似難過活，欲移阿木河地面，本人一時出來。指揮李士萬告説，有親父李張家因往冬雪深，未即出來，先着我賫土物出送。仍言移居阿木河之意，縁無明降，且野人狡計難信，不聽其請。前項李滿住，李張家等，一則説諭小邦，一則控訴上國，其詭詐自見」。

37) 『李朝成宗實録』巻二百五十五，二十二年（1491）七月丁亥「沈澮・尹弼商・尹壕等更啓曰，臣等意謂，不先諭酋長未可，故議之如是。伝曰，今果不諭酋長而先討，則賊必訴於中國，我若奏聞待命，而後擧事則似緩，当以問罪之意，製諭書送都元帥，令付可信若金主成可者，傳授酋長可也」。

38) 『李朝世宗實録』巻百五十五地理志，咸吉道，慶源都護府

39) 『李朝世宗實録』巻六十九，十七年（1435）九月甲午「兵曹據咸吉道居山道察訪呈啓，新設各站，並因野人里名稱號，未便。慶源好叱家站稱馬乳，鐘城伯顏愁所站稱撫安，農所平站稱農郊，加乙伐站稱櫟山。從之」。

40) 『李朝世宗實録』巻五十三，十三年（1431）八月己亥「上謂安崇善曰，毛憐衛在何處。對曰，臣未知之。上曰，其問於投化人以啓。即召崔於夫加，崔毛多好等問之，答云，毛憐衛在古慶源，斡木河之間，前此波乙所爲其衛主，波乙所子阿里，阿里子都乙好襲職爲指揮。其地距新慶源三日程也。初面則女眞指揮，於牛老居之，其次千戸蘇多老居之，其左右野人散居者甚多。上曰，然則毛憐與我國不遠矣」。

41) 『李朝世祖實録』巻二十四，七年（1461）五月丁巳「又李滿住子伊澄巨等三人來言，咸吉道伐引住毛憐衛阿兒帖木等以浪孛兒罕之事，不得寧居，移于萬車遷……」。

42) 『大明英宗睿皇帝實録』巻七十三，正統五年十一月乙丑

43) 神田信夫（1968）（のちに岡田英弘ほか（2006））は，「部族をもとにした「衛」」のなかで，「永楽帝は即位早々の一四〇三年，彼らを正式に明の国軍に編入し，内地にならって部族単位に衛所制度をしいていた」と指摘した。また衛所制度に関しては，鞠徳源（1980）・楊暘・袁閭琨・傅朗雲（1982）・蒋秀松・王朝蘭（1990）・叢佩遠（1991）・張士尊（2003）などがあるが，いずれも明代という時代に限定し，しかも国家領土の一部という前提で議論されている。最近の論文としては，杉山清彦（2008a）がある。この論文は，ユーラシア史ないしモンゴル時代史・ジュシェン・満洲史から見ることの重要性を指摘しており，注目に値する。

44) 『李朝太宗實録』巻八，四年（1404）十二月庚午「遼東総旗張孛羅，小旗王羅哈等至，上就見于太平館。孛羅等奉帝勅諭，授參政於虛出於建州衛者也。初帝爲燕王時，納於虛出女，及即位，除建州衛參政，欲使招諭野人，賜書慰之」。
　　『李朝太宗實録』巻二十一，十一年（1411）四月丙辰「東北面吾音会童猛哥帖木兒，徙于開元路。吾音會，兀良哈地名也。猛哥帖木兒，嘗侵慶源，畏其見伐，徙于鳳州。鳳州即開元，金於虛出所居。於虛出，即帝三后之父也」。

45) 『李朝世宗實録』巻六十一，十五年（1433）閏八月辛酉「……又曰，我等賫來勅書五道，猛哥帖木兒一道，毛憐衛一道，因呑野人一道，婆猪江一道，忽剌温，木荅兀一道也。我等親去其處，成事以還。朝廷之議，猛哥帖兒乃是滿住之舅也。疑猛哥帖木兒，挾讎向朝鮮，別下勅書，此宜殿下知之，上曰，已知矣」。

46) 『李朝世宗実録』巻七十七，十九年（1437）六月戊子，巻七十八，十九年（1437）七月丁未．
47) 『李朝成宗実録』巻一百五十八，十四年（1483）九月戊戌．
48) 『李朝成宗実録』巻一百八十六，十六年（1485）十二月丁亥「沙乙豆啓曰，童請禮，吾之族屬也，伏望賜其子官爵．傳曰，知道．酒行七遍，上命柳時哈・沙乙豆等進爵．上問沙乙豆曰，汝年幾何．対曰，年今二十三歳．宴訖，賜物有差」．
49) 『李朝宣祖実録』巻二十三，二十二年（1589）七月丁巳「平安兵使書狀，滿浦呈內，建州衛彼人童坪者等十八名，童海考等十六名，童多之等四十八名，歸順出來言內，左衛酋長老乙可赤兄弟，以建州衛酋長李以難等爲麾下屬，老乙可赤則自中稱王，其弟則稱船將，多造弓失等物，分其軍四運，一曰環刀軍，二曰鐵鎚軍，三曰串赤軍，四曰能射軍，間間鍊習，脅制群胡，從令者饋酒，違令者斬頭，將爲報讎中原之計．云云，名曰衆胡之言，如出一口．毛麟率建州衛已服從，温火衛未服從，自相攻擊，老乙可赤桀鷔之狀，據此可知．此胡等總兵管處，多受金銀，則報復中原之説，似無其理，在我陰雨之備，不可不預．本道昇平已久，凡百防備極爲虛疎，朝廷十分商確，俾壯西鄙事．啓下備邊司」．
50) 『李朝宣祖修正実録』巻十七，十六年（1583）二月甲申．このほか増井寛也（1999b）63-67頁参照．
51) 『李朝宣祖実録』巻六十八，二十八年（1595）十月丙辰「平安道列鎭堡中，高山里最爲要害大鎭」．
52) 『李朝成宗実録』巻七十一，七年（1476）九月癸卯．
53) 『李朝成宗実録』巻一百四十二，十三年（1482）六月丙午．
54) 『李朝成宗実録』巻一百四十六，十三年（1482）九月乙丑．
55) 『李朝成宗実録』巻二百五十五，二十二年（1491）七月戊子．
56) 『李朝成宗実録』巻二百五十七，二十二年（1491）九月丁丑．
57) 三田村泰助（1965）第四章「初期滿洲八旗の成立過程」293-294頁も，この戦闘の資料を用いて，軍隊の名称としては「グサ」だったと指摘した．
58) 『滿文原檔』第一冊，荒字檔，万暦四十三年十一月，52-53頁（『老檔』太祖I，49-50頁）

　　六旗の兵が甲を着て，旗を整えて翼を編し，法螺を吹き鳴らし，一方から並んで三重の壕を飛び越え，柵を引き抜いて壊して城に入り，城内で殺した．
59) 『李朝成宗実録』巻二百六十七，二十三年（1492）七月辛卯．
60) 同上．
61) 『李朝中宗実録』巻四十四，十七年（1522）四月己丑．
62) 『李朝中宗実録』巻六十，二十三年（1528）三月壬辰．
63) 『李朝宣祖実録』巻五十六，二十七年（1594）十月乙卯．
64) 『李朝宣祖修正実録』巻十七，十六年（1583）二月甲申，五月壬午．
65) 『李朝宣祖実録』巻十七，十六年（1583）二月庚寅「北道兵使李濟臣書狀，慶源府藩胡尼湯介等作賊，圍慶源及阿山堡．上引見三公，備司堂上，以罷職武臣吳澐・朴宣叙用爲助防將，領勇士八十名先赴，特拜京畿監司鄭彥信爲右參贊，都巡察使李戩爲防禦使，尋以南兵使金禹瑞爲防禦使，李戩爲南兵使」．

66)『李朝宣祖修正實錄』卷十七, 十六年 (1583) 二月甲申「北界藩胡作亂, 陷慶源府。是時, 邊將多不得人, 稍侵漁藩落, 而邊備久弛。胡人忿驕思亂, 慶源府阿山堡藩胡酋長迻乙知聲言, 前萬戸崔夢麟, 侵虐藩胡, 傳箭旁近, 將作亂。萬戸柳重榮不知其謀, 遣土兵數人偵之, 迻乙知執送深処胡中,【北道胡人, 居江外接近邊堡, 交貨納貢者爲藩胡, 山北諸胡, 未嘗親附者, 謂之深處胡, 亦時時款邊。深處胡欲入邊, 藩人輒告之, 或遮防調捄。故自祖宗朝厚待藩胡者以此。及邊防浸踈, 藩胡浸盛, 撫馭失宜, 反爲亂階。至是, 藩胡首亂, 自是或引深處胡入寇, 反覆自利, 北邊始不安矣。】遂作亂, 夜襲堡城。賊已登城, 時, 利城縣監李之詩, 以繼援將在堡, 先知賊來, 獨戰却之, 重榮怔擾, 不敢出戰。之詩亦不暴已功, 以掩重榮之罪, 賞罰皆不行。慶源府使金璲, 判官梁士毅, 聞阿山土兵被執, 領輕兵渡江, 欲撃胡取土兵來, 反爲胡人所圍, 挺身脱歸, 輜重・器械, 皆沒於賊。賊萬餘騎進圍府城, 西門守兵先遁, 賊闌入城。金璲率兵, 守軍器庫及倉庫, 力射賊, 賊不得入。士毅竄伏不敢出, 賊掠取其妾, 縱兵大掠而去。於是, 鍾城胡栗甫里・會寧胡尼湯介等, 傳箭響應, 一時皆反, 尼湯介尤强桀焉。兵馬使李濟臣, 連狀告急。上初聞邊報, 引見三公及備邊司宰臣, 以罷散武臣吳沄・朴宣爲助防將, 領勇士八千先赴援, 以京畿監司鄭彦信爲右參贊兼都巡察使, 李戩爲南道兵馬使, 刻期繼援, 國內大震。既而慶源敗報至, 上以金璲, 梁士毅失守, 命遣宣傳官, 梟示軍前, 以振軍律」。

67)『李朝宣祖修正實錄』卷十七, 十六年 (1583) 五月壬午「賊胡栗甫里領數萬騎, 圍潼関鎭。僉使鄭鯤, 助戰將朴宣等, 力戰却之」。

68)『李朝宣祖實錄』卷十七, 十六年 (1583) 五月戊戌

69)『李朝宣祖實錄』卷五十六, 二十七年 (1594) 十月乙卯

70)『李朝肅宗實錄』卷四, 一年 (1675) 七月乙未

71)『李朝宣祖實錄』卷六十九, 二十八年 (1595) 十一月庚寅

72)『李朝宣祖實錄』卷一百三十四, 三十四年 (1601) 二月己丑

73) 日本では早くから加藤清正とジュシェン集団の激戦にふれていた。しかし, たとえば中村栄孝 (1935) 28頁が「……かくて八道経略の成績からすれば, 咸鏡道ほど成功したところはない。勿論, 清正の誠意ある努力にもよるであらうが, 一面には藩胡の存在など, 咸鏡道の特殊事情によることであらう」と指摘するにとどまるように, より深い論究はなされていない。そのなかで, 今西春秋 (1967) 83頁は「文禄の役が起って, 朝鮮も明も到底建州方面のことなどに注意を払っている暇がない, 太祖は機敏にこの間の形勢を利用してまず本 yalu giyang 路を討ち, ここに足掛かりを固めて, 更に地続きの jušeri・neyen の方面に進んだものであることが看て取れる」と, ヌルハチ興起の歴史をふまえた指摘をする。中国には, そうした研究が存在しない。

74) 日本では文禄・慶長の役について膨大な研究の蓄積があるが, おもな研究として池内宏 (1914)(1936)・参謀本部編 (1924)・北島万次 (1990) を挙げておく。また古地図の方面からいわゆる「おらんかい」を取り上げた研究として, 岡本良知 (1973) 117-131頁が, 最近では増井寛也 (1999b)・藤井讓治 (2007) 234-241頁がある。

75)『満洲實錄』卷二, 辛卯年 (1591)

76)『李朝宣祖實錄』卷三十, 二十五年 (1592) 九月甲戌

77)『李朝宣祖實錄』卷三十, 二十五年 (1592) 九月辛未「備邊司啓曰, 訓鍊奉事金虎, 以

不満数十之卒，當百餘方張之賊，冒刃突戰，親当賊將，奪搶還刺，至斬參將，殺二倭，賊徒披靡，救死不贍。遂斬五十餘級，終乃觸搶而死。不唯忠勇，更出行間，其所成功，不可尋常襃贈，請堂上加追贈。上從之。上御便殿，引見大臣，備邊司堂上。上曰，昨日【柳夢鼎，以聖節使還還。】聖節使，書狀之辭如何卷。尹斗壽曰，善爲周旋矣。且以咨文見之，則有建州衛老乙可赤來救之言。若然則我國滅亡矣。上曰，然則奈何。斗壽曰，近見沈惟敬事，則欲爲許和退兵，以賭得救朝鮮之名矣。中原力弱，亦欲以老乙可赤除倭賊。戶曹判書李誠中曰，老乙可赤出來之事，不可不速拒。或移咨遼東，或遣朝官，可也。上曰，万一降勅，則奈何。天兵一番挫衄，而不爲更來，則四夷謂之如何卷。大司憲李德馨曰，老乙可赤，氷凍後，率三万兵，到江辺曰，余遵皇勅而来云，則拒之亦難矣。上曰，移咨遼東，則發兵之意，不可不及矣。雖或許和，当大示兵威，可也。礼曹判書尹根壽曰，謝用梓言，宋應昌，初一日辭朝，近當過關。皇上必不許和云矣。臣答曰，若許遼路入貢，則非但我國之害云爾。則用梓答曰，今還退南海，通于福建云。德馨曰，以我国兵力，圖之如何。上曰，天兵若出來，而先爲擧事，不得大捷，則奈何。若勝，則亦必不以爲非矣。根壽曰，沈惟敬亦言，汝國，若全勝，則無妨，云。上曰，此道兵，亦無可措之事乎。斗壽曰，此道，或有閑遊人，設爲科擧，欲得精兵矣。山甫曰，初試後赴戰，得功後及第，則甚便。上曰，大槩待天兵爲之，或不待而爲之，此兩款，議定可也。斗壽曰，不可强令促戰，但以不待天兵，觀勢善處事，言于都元帥，如何卷。上曰，老乙可赤，速爲拒之，須送朝官及解事譯官，力爭可也。諸臣皆曰，朴晉收復嶺左之功，不殊於李舜臣，嶺左頗有生氣。朴晉騎有色馬，始則恐賊知之，塗以泥土，以泯其色，今則名聲已聞於賊中，故以示其色，使駭賊見云矣」。

78) 藤井讓治（2007）234-236頁
79) 『続々群書類従』第四，史伝部，国書刊行会，1907年，307-309頁
80) 『李朝宣修実録』巻二十六，二十五年（1592）七月戊午
81) 『乱中雑録』2，壬辰（1592）秋七月初八日「賊將清正等尽陷朔方二十餘邑，赤地千里，春燕將歸於林下，回過豆滿江，焚蕩野人六，七部而還」。
82) 『乱中雑録』4，癸巳（1593）正月初八日「清正等賊在朔方聞平壤之敗，即巻三十餘陣之兵，晝夜退来，由嶺東，嶺西流下嶺南，所經赤地，山川盡變」。
83) 『乱中雑録』4，癸巳（1593）二月十五日
84) 『乱中雑録』6，甲午（1594）六月
85) 『李朝宣祖実録』巻一百三十四，三十四年（1601）二月己丑「平安道觀察使徐渻馳啓曰，滿蒲僉使金宗得馳報内，水上西海坪移来童其應巨進告内，北胡尼湯介子厚時里，将沙伊子其他羅，愛孫子許處等，去年十二月，率妻子投入老酋城中云。又告曰，北胡等，本道水上移居者數多，而新接胡人，遭水災，飢困丁寧，明春請乞救濟事及農器釜鼎許貿事，老酋使其摩下愁應沙，定爲差官，又與能通朝鮮言語沙巨持文書，一時出来云。同日梨坡居童坪進告内，頃日往建州聞見，則北道藩胡，持朝鮮職牒進納，老酋曰，我等在北方時，受職朝鮮，往来京城。今未可由滿蒲往来京城耶。老酋答說，則未及聞知云。又告曰，往年北道總兵，與老土相戰時，北道人物被擄者，善手鐵匠，今在老酋城中，而昔則胡地，素無鉄丸兵器斧鎌等物，以水鐵反鑄，得用極貴，一自鐵人入去之後，鐵物興産，以此老酋，欣然接待，厚給雜物，牛馬亦給云云。北胡之移居水上，已是本道後日之憂，

而又生如此難處之端，前頭之事，極為可慮。接待處置之宜，詳度指示事。啓下備邊司」。
86)『満文原檔』第四冊，黄字檔，天命十一年五月，374頁（『老檔』太祖Ⅲ，1019頁）
87)『八旗滿洲氏族通譜』巻十一，安褚拉庫地方，他塔喇氏，羅屯「正紅旗人，世居安褚拉庫地方，國初率八百戸来帰。居五大臣之列。編二佐領，一令其次子艾唐阿統之，一令其親叔祖盧庫布之曽孫安充阿統之」。このほか増井寛也（1999a）参照。
88)『李朝宣祖修正実録』巻三十四，三十三年（1600）四月甲戌「胡人老土等寇富寧。府使李侃初與之戰不利，偏裨多死，侃亦被十餘創，進戰不輟，賊遂遁」。
89)『李朝宣祖実録』巻一百十五，三十二年（1599）七月甲戌「以秘密備忘記，問于李鎰曰，一，老土巢穴險阻云。未知築城乎，據山形乎。若築城則築石城乎，築土城乎。以木爲柵乎。胡人兵器，不過弓矢而已。曾觀其弓矢，弓則麤鈍，矢則不猛，我国弓矢，十倍於彼矣。抑無乃弓矢之外，有他技乎。我兵若帶甲齊進，翼以銃砲，賊之弓矢無所施，雖鐵馬飄忽，不過爲我所擒，否則走耳。顧何所畏而有何憚耶。一，進兵之路狹險云。若賊先自知機，或塹隱坑，或伐大木而橫塞，或伏甲而邀之，如之何。一，最可慮者，屯兵經宿之時，恐賊夜襲，我軍自潰耳。兵法曰，夜多鼓火。此在将帥，一時運用其智之如何，或遠斥堠，設伏兵。曾在西道時，卿所進拒馬木甚便。若令軍中人，持一箇所止，即別置爲城，其外即鑿品防，頃刻可成，虜之突騎，亦無如之何矣。一，未審北道軍粮有裕乎。一，蠢兹小醜，攻圍我城堡，擄掠我邊民，非止，一，再我不可雌伏，為其所侮。今日舉事，不得不爾，此所謂應兵，理在必勝。然不義而強，古亦有之。卿意可能成事否。一，如有計策，更加一一陳之無隱。李鎰回啓曰，一，老土巢穴險阻，而自其部落距八九里，擇高峻絶險處，以大石，大木，交雜高築。由入路上，或揉木載石，人馬由入時，賊放之，則人馬勢難前進。賊之弓矢麤鈍，不當我國之弓矢，而他無兵器，能用環刀。但甲冑・戰馬甚好。然銃砲弓矢交雜，隊隊作運，先鋒秩放，焚蕩巢穴後，以先鋒揘食，賊不得來犯，雖犯之，齊力勦滅，則自不得犯矣。一，進兵之路，賊若先自知機，設險可慮，動兵之期，十分秘密，使賊不得知。雖或設險伏兵，古人爲遠斥候，先探賊情，若隱坑則填而進兵，雖伐木横塞，先鋒預備斧軍以進，使斧軍斫伐進兵，所向無前矣。一，經宿之處，以有計慮人，定將留營設柵，賊之夜襲可疑之路，處處伏兵。臣在北道時，令各鎮堡，拒馬鎗，多數分定造作，使經宿軍，各持一箇，距大軍經宿處五六里許，布置伏兵，如有賊犯，伏兵突起勦滅，賊不得犯。亦於留營外百歩許燔柴，使賊不得遁形宜當矣。一，臣在北道時，吉州以北九官倉，留除皮雜穀，見存米豆二萬餘石，而鏡，明，吉米豆，轉運於慶尚道，故慮有軍粮乏絶之患。時留米豆及民間分定之米，自今以後，勿運於慶尚道，留置本道，以備不時之需。縁由已爲狀啓，而軍粮足不足，在監司善爲措置，問於本道何如。一，小醜跳梁，邊民受害，問罪之擧，不得不爾。但賊窟險遠，我國兵力十倍，師出萬全，然後可以成事。兵難遙度，成事與否，下問於本道監兵使何如。一，臣之愚計，問罪之後，惶然報復之患，難保其必無。茂山，梁永以南山堡防備，各別添防待變。若失守茂，梁，則六鎮勢不能保。妄料敢啓」。
90)『李朝宣祖実録』巻一百十五，三十二年（1599）七月甲戌「以秘密備忘記，傳于左議政李德馨曰，今次老土部落征討事，予以爲本道存亡，在此一擧。苟能聲罪致討，一擧示威，雖不能草籬禽獼，焚其穹廬，擒其耄倪，足以発舒我國之氣，震驚虨裘之心，諸胡慴服，邊民自此，可以按堵而耕鑿矣。萬一蹉跌，外損國威，內喪衆心，遠近所及，無不凌

侮。諸種雜胡, 相繼煽動, 雖使老乙可赤聞之, 亦將啓其戎心, 其何以支吾。此必亡之道也。以我國形勢言之, 若本道不幸, 背無所恃, 前與强敵相對, 此失其形勢之大者。今日此擧, 顧不重乎卷。本道方伯, 閫帥, 必量度形勢, 酌其天時・地利・人事, 欲爲擧事, 意必有在。雖然, 不可以征討二字征討。夫未戰而廟算勝者, 得算多也, 未戰而廟算不勝者, 得算少也。我國之人, 不識兵機, 素無智略, 臨事鶻突, 如此而成事難矣。予爲是懼, 召李鎰問之, 則其言如此。卿可見之。言者又以爲不宜擧事, 是則其言似近, 而實有所不然。今若不討, 賊益滋凌侮之心, 謂朝鮮莫余毒也, 分兵迭出, 東搶西掠, 邊將疲於奔命, 民不得耕種。此自然漸尽之道也。今日之勢, 不容但已, 但不可拱手以討之。聞其部落強盛, 形勢亦險, 是則可慮。卿如有所見, 可一一陳之。李鎰老於北道, 必揣摩形勢。欲使李鎰爲防禦使, 率京中及近道之兵, 又令自擇, 帶去慣戰武勇之士, 與兵使掎角並進, 可以得志。卿宜或招李鎰問計, 並十分參酌規畫以啓, 勿以呈辭爲嫌」。

91) 『李朝宣祖實錄』卷一百二十, 三十二年 (1599) 十二月二十四日己亥「政院啓曰, 北方事問于咸鏡都事姜弘立, 則以爲本道邊情, 皆以爲此賊, 若不大擧示威, 則竊発之禍, 終不可止。當初老胡之叛, 甫乙下諸部之胡, 無不搖心, 欲觀成敗, 以爲去就。今若不討, 則亦或有滋蔓難圖之患, 不可不從速問罪。而但本道兵力單弱, 若以京砲手七八百名, 與本道砲手分爲諸陣, 以爲先鋒, 又多設疑, 以示形勢, 則賊皆烏合無統之兵, 有不戰先潰之勢, 而監兵使之意, 亦以爲此賊不可不討云。而第慮明春用兵, 非但有妨農事, 節早則氷雪未解, 節晚則有雨水之患, 當於三月旬前, 聚兵觀時進取云。行兵時, 當由富寧分路, 而本府粮餉, 十分缺少。監司今方運入青巖倉, 穀石及南方運去之穀, 以爲繼餉之計矣。若擧事, 則老土部落, 在諸部最遠, 由甫乙下之路, 則非但道路迂遠, 經過王主等五六部落, 不可行邊上。議者皆曰, 分兵二枝, 一枝自豊山車踰嶺, 直衝老土部落, 道里約計七八十里。車踰嶺上駐兵經宿, 翌日早曉行軍, 則可於午間抵老土部落, 未到老土部落二十里, 有分兵之處, 以防明家奴諸酋議後之患, 此路之兵, 不可不多。此路比他路, 最爲平易云。一枝自茂山, 由茂山車踰嶺, 進攻明家奴部落, 道里亦可六七十里。賊於此路, 多設木城, 以塞進兵之路。但賊之作賊我境者, 皆由此路, 故木城旁邊, 亦有人馬通行之路云。豆滿江, 在老土部落之外, 有大川, 從長白山北流, 老土等諸胡, 夾流而居。其水若非水漲時, 則處處皆可通行云。老土等諸胡, 設一時伐於老土部落之西五六里許, 以木石堅築, 不至甚高, 諸賊同爲入守之計云。時伐邊有高山, 我軍若據山上, 箭丸皆可及, 且其中皆茅屋, 可以火攻云。進兵道路及賊中形勢, 哨探老土之言, 雖或不同, 大概如此云。傳曰, 擧事之計, 似已決矣, 言于備邊司措処」。
92) 『吉林他塔拉氏家譜』の「他塔喇氏淵源考」22-23頁
93) 『八旗通志初集』卷六, 正紅旗滿洲佐領および『欽定八旗通志』卷九, 旗分志九, 正紅旗滿洲佐領
94) 『欽定八旗通志』卷一百六十五, 希佛伝および『清史稿』卷二百五十八, 希福伝
95) 『李朝宣祖實錄』一百六十三卷, 三十六年 (1603) 六月己丑, 一百八十九卷, 三十八年 (1605) 七月丙子, 一百八十七卷, 三十八年 (1605) 五月辛丑, 三十八年 (1605) 五月丁丑
96) 『吉林他塔拉氏家譜』(1989)
97) 『吉林他塔拉氏家譜』(1989) 203頁

第 1 章　帝国の胎動　　73

98)『吉林他塔拉氏家譜』(1989) 17 頁「Tatara hala booi durugan da šutucin 他塔喇氏家譜原序」(満漢合璧，満文の横に漢字音写)。
99)『李朝実録』では「郎卜哈児罕・孛児罕・浪孛児罕・郎卜児哈・郎甫乙看・郎不児罕」と記すことが多く，明の実録では「郎卜児罕」と記す。ともにランブルカンの音写であり，同一人物を指す。
100) 原文は下記の通り。
　　　[＋erebe ara] orin ilan de [＃ fei] julgei yunglo/ han i keoming sere ejehe be han tuwafi hendume; ere [＃ ejehe] ejehei gisun gemu 93//94 sain kai; oweri gala be šame, oweri kesi be etume banjimbime/ geli ehe facuhūn banjici ombio; *han tukiyefi ujici [＃ han]/ han be gingguleme gūnirakū, oihori gūnici efujere wasindarangge tere kai;/ ere bithe asarame gaisu; sain gisun i duwali kai seme henduhe; [＃ ejehe de]/ [＋tere keo ming sere ejehede araha gisun;] abkai hesei fumbe/ [＃ araha bithe] [＃ abka de □ fulingga] aliha han hendume. bi gūnici/ *han niyalma gūrumbe dasafi, abkai fejergibe emu boo oburei jalinde; amba cooha be/ dasafi gurunn irgembe elhe obufi, goroki hanciki be ilgarakū gemu ambasa/ be sindafi kadalabuha bi; langborkan si jecen i bade [＃ tebucibe]/ tecibe; amba doro be gūnime [＃ dasahangge] dahahangge;/ abkai erin be safi; weilei jurgan be ulhifi sini mujilen siomin goroi 94//95 turgunde gerenci ilgabume töcifi banjimbi; bi sini tondo/ jurgan be ulhifi urgunjeme ainu sangnarako seme neneme sinde/ moolin oi cihoi ši yamun i jy hūi ciyamsa hergen obuha bihe,/ te [＃ simbe] sinde, cohome gebu neneme hūwai iowan jiyangjion; ineku ui/ de dosimbufi jalan halame jyhoi [＃ tungsi] tongji obuha; si amba i/ doro be elemangga akdulame; saikan [＋gingguleme] kiceme; sini kadalara coohai irgen/ be fafulame kadalame jecen i babe tuwakiyame elhe obufi aba abalame ulga/ ujime; ciha cihai ai jaka be fusembume; daci dubede isitala ehe/ akū banjici abka gosime tuwafi, sini juse omosi jalan de isitala/ hūturi isifi julesi wesihun banjimbi; mini ere jurgan be ume/ oihori lara; [＃ yo [＃ yonglo] juwan duici aniya, aniyai biyai orin]/ (『満文原檔』第四冊，盈字檔，天命八年七月二十三日，93-96 頁 (『老檔』太祖 II，856-857 頁は「lingbur-han」と誤読する))

この誥命は周遠廉 (1982) も取り上げ，中国語に全訳しているが，やはり誤読して人名を「寧布爾罕」とした。
101)『大明太宗実録』巻一百七十二，永楽十四年 (1416) 正月癸丑「建州衛都指揮僉事李顕忠及毛憐衛指揮使猛哥不花等，率其部屬郎卜児罕・札不哈等來朝，命郎卜児罕・札不花等將指揮千戸等官，賜誥命冠帶，襲衣鈔幣」。
102)『八旗満洲氏族通譜』巻五，鈕祜禄氏，額亦都巴図魯。このほか三田村泰助 (1965) 89-90 頁・増井寛也 (1999c) 参照。『李朝実録』によれば，趙三波をランブルカンの弟とするものと，叔父とするものなど，さまざまな異なる記述が散見するが，確定にいたる証拠がなく，今後に期したい。系図 1-3 では暫定的に弟とした。
103) 前掲注 1『李朝世宗実録』巻一百三，二十六年 (1444) 正月辛亥
104)『李朝世宗実録』巻一百三，二十六年 (1444) 正月庚午「以黄致身爲刑曹参判，尹炯漢

城府尹，成奉祖刑曹參議，李先齊僉知中樞院事，浪伊升巨爲護軍，仍兼司僕。伊升巨，浪卜兒罕子也。禮曹嘗饋卜兒罕，賜伊升巨紗帽銀帶衣服鞍馬。卜兒罕見其子襲冠帶行禮拜，感泣謂判書金宗瑞曰，吾兒愚癡，乞姑試閑官，習知法令，然後使之近侍。宗瑞曰，司僕寺近侍，清要職也，必擇心氣和平，容貌端正者，乃授其職。雖我之子弟，尚未得此任。卜兒罕曰，此實高選，何可遽授，宜竢習知國家法度，然後徐除其職。上命承政院，召伊升巨，傳旨曰，汝父在邊効力，故特以爾兼司僕。司僕，近侍貴官也，爾其謹愼供職」。

105)『大明英宗実録』卷三百二十二，天順四年閏十一月庚申，『明武宗毅皇帝実録』卷一百九十六，正徳十六年二月壬子，『李朝世祖実録』卷二十二，六年（1460）閏十一月戊午参照。
106) PKO（1969）No. 16, c. 39-40, No. 26, c. 79-90
107) PKO（1969）No. 34, c. 101. このロシア語の日本語訳について山口巌氏と木下晴世氏のご教示をいただいた。ここに感謝の意を表する。
108) PKO（1969）No. 45, c. 111-112
109) 三田村泰助（1965）第四章「初期満洲八旗の成立過程」313-316頁
110)『満文原檔』第一冊，荒字檔，万暦四十三年十二月，53-62頁（『老檔』太祖Ⅰ，50-54頁）
111) 筆者のダイチン・グルンの領地分封についての研究のそもそものきっかけは，1998年に，杉山正明（1978）（のち杉山正明（2004）に収録）を読んですこぶる啓発されたことにある。あえて特記しておきたい。
112) 三田村泰助（1965）第四章「初期満洲八旗の成立過程」310-311頁
113) 三田村泰助（1965）第四章「初期満洲八旗の成立過程」316-317頁
114) 杜家驥（1998）89-94頁
115)『満文原檔』第二冊，張字檔，天命六年閏二月二十六日，24-26頁（『老檔』太祖Ⅰ，274-275頁）
116)『満文原檔』第二冊，張字檔，天命七年三月七日，490-491頁（『老檔』太祖Ⅱ，563-564頁）
117)『満文原檔』第四冊，寒字檔，天命九年正月五日，187-188頁（『老檔』太祖Ⅱ，886-887頁）
118) 檔案編号：167503，道光十年十一月十七日（台北中央研究院歴史語言研究所蔵）
119) 同上
120)『満文原檔』第二冊，張字檔，天命七年四月八日，547-548頁（『老檔』太祖Ⅱ，597-598頁）
121) 安部健夫（1971）では「絶疆を收むる檔子の再吟味」を取り上げて論じている。同書171-183頁参照。
122) 実際には九つの城である。原文の「八つの城」は誤りだろう。
123)『満文原檔』第二冊，張字檔，天命七年四月八日，556-559頁（『老檔』太祖Ⅱ，602-604頁）
124) 馮瑗輯『開原図説』上巻，63頁

125)『盛京満文老檔』老満文城図稿（中国第一歴史檔案館蔵）
126)『満文原檔』第六冊，天字檔，天聡元年四月八日，46-47頁（『老檔』太宗Ⅰ，29-30頁）
127)『明檔蒙古満洲資料』崇禎七年十二月初五日，題，為緊急夷情事
128)『満文原檔』第九冊，満附三，天聡九年五月二十七日，198頁（『旧満洲檔・天聡九年檔』1，150-159頁）
129)『満文原檔』第九冊，満附三，天聡九年八月二十六日，333頁（『旧満洲檔・天聡九年檔』2，250-251頁）。このほか岩井茂樹（2003）参照。
130)『満文内国史院檔』天聡八年十二月十五日。ただし，原文書の最初の「orin ilan（二十三）」という文字が削除されている。
131)『八旗通志初集』（満文版）巻一百二十九，宗室王公列伝一，サハリャン伝および巻一百三十一，ホオゲ伝参照。このほか中村淳（1997）参照。
132)『大清太宗実録』（漢文順治版）巻二十，天聡九年十月十三日「上伝諭曰，先是我國原有満洲・哈達・兀喇・夜黒・輝發等名，乃不知者毎呼爲諸申。夫諸申之号，乃石北超黙里根之裔，實與我國無興。自今以後，凡我國人止許以満洲称之，永著爲令」。
133)『満文原檔』第九冊，満附三，天聡九年十二月二十一日，462-463頁（『旧満洲檔・天聡九年』2，359-360頁）
134)満洲語は「juwan ninggun gurun i dehi uyun beile」である。
135)満洲語は「gosin onco hūwaliyasun enduringge han」である。
『大清太宗実録』巻二十八，天聡十年三月壬午「以受尊號，告祭天地，上率諸貝勒大臣，齋戒三日。乙酉，上以受尊號，祭告天地。受寛温仁聖皇帝尊號，建國號曰大清，改元為崇徳元年」。
136)『八旗通志初集』（満文版）巻一百三十，ジルガラン伝
137)ダイチン・グルンが朝鮮国王に送った文書については，『満文内国史院檔』天聡二年正月二日の記事を参照。
138)『李朝仁宗実録』巻三十四，十五年（1637）二月戊寅
139)『李朝仁宗実録』巻四十四，二十一年（1643）九月壬申
140)『瀋陽日録』癸未（1643）八月二十六日

第2章　拡大する帝国
——ユーラシア国家への道——

はじめに

　ユーラシア東方より興起したアイシン・グルンは，ホンタイジ時代にいたってその国号をダイチン・グルンとし，マンチュリアの地域連合体から巨大帝国へ大きく成長する糸口をえた。そして，順治から乾隆の時代に，モンゴル帝国以後，最大の版図——モンゴル帝国の遺産であるソルホの地（朝鮮の地）[1]，ニカンの地（明朝の地），モンゴルの地（内外モンゴルの地），ザンの地（チベットの地），ジューンガルの地（ジューンガルが統治した地）——とそこに息づくまことに多様な言語・宗教・文化の「グルン」（本来は人間集団を指し，のちには国を意味した）の統合を実現したのである。

　しかし，これまでの研究を回顧すると，ともすれば中央と藩部，中央と辺境，朝貢国と非朝貢国といったあらかじめ限定され図式化された枠組みのなかに，無理矢理ダイチン・グルンの諸事象をはめ込もうとする傾向が顕著であった。そうした結果として，既存の諸研究は，現実とは離れた多くの誤解や虚像を生じさせるという大きな陥穽や問題をさまざまに孕んでいた[2]。いっぽう，マンジュとニカン（満・漢），マンジュとモンゴル（満・蒙）の研究を通して想定されてきた相互の協力・姻戚関係や，マンジュとチベットにおける仏教の役割を強調する最近の研究も，誤解を承知であえていうなら，この帝国の重層・多面構造のほんの一部分を照射したに過ぎない。

　ひるがえって，ダイチン・グルンは，なによりもまずは巨大な軍事帝国であった。八旗を中心とした国家連合軍の頂点に立つ皇帝たるハンは，軍事指揮官としてたゆみなく努めた。そのうえで，ときには熱心な仏教徒，はたまた道士，詩人，画家，書道家，狩人，演劇鑑賞者，宝物鑑定人，古籍収蔵家，科学

者，地理学者，解剖学者など，さまざまな側面・分野でみずからを磨く努力も怠らなかった。ダイチン・グルン皇帝という存在には，その多岐多様な政治力と行動力をはじめ，まことに広やかな関心・知識・能力・精神・視線などが複雑に絡み合っていたのだと，こんにち残るマンジュ語，モンゴル語，漢語，チベット語，チャガタイ・トルコ語などの多言語で書かれた帝国文書や絵図・地図は物語る。

では，歴代皇帝の統率のもとに，もともとはささやかだったこのグルンがいかにして巨大帝国へと変貌していったのか。そして，康熙・雍正から乾隆時代まで三代にわたってジューンガルの地を征服ないし統合していく道程をどのように捉えるべきか。あるいはさらに，この統合は世界史上どのような意味をもっているのか。――そうした要因を探る一つの方法として，ユーラシア史上におけるモンゴル帝国の遺産を，ダイチン・グルンはいかに継承していったのかという問題関心をかたわらに置きつつ，これまで必ずしも十分に解明されてこなかったことがらを明らかにしていきたい。

1　中華の併合と西方へのまなざし

1) マンジュ人の北京入城――世祖皇帝フリンと「成宗皇帝」ドルゴン

順治元年（1644），二人の皇帝があいついで北京に現れた。一人は，西南方の西安からやってきた大順国の李自成。もう一人は，東北方のムクデン（盛京）からやってきたダイチン・グルンの順治帝フリン。

フリンは，ムクデンで即位したとき，ちょうど六歳になったばかりであった。そのため，二人の叔父である睿親王ドルゴンと鄭親王ジルガランによる輔政のもと，政務を掌るかたちとなったが，現実に国政そのものを動かしたのは，ドルゴンであった。

ちょうどそのころ，李自成が西安で建国し，国号を大順と称した。ついで，北京を占領し，大明国を崩壊させた。しかし，李自成ひきいる大順国による北京占拠は，四十二日間で終わり，その後，入れかわるように北京に入城したの

は，ダイチン・グルンの連合軍団であり，その総指揮官は言うまでもなく摂政王ドルゴンであった。

もともと，ドルゴンが北京城の攻略を持ちかけたのは，それより以前の天聡七年（1633）のことである。太宗ホンタイジが，諸ベイレと大臣らに意見を求め，時務を上奏させたとき，ドルゴンは「この春に，軍馬を整理整頓して，彼ら（大明国）の穀物が熟成した時期をみて境（jase）に進入し，北京を包囲して，援軍と遭遇すれば殺しましょう。その周囲の屯，堡などのすべてのものを破壊し窮迫させて，長く駐屯する計画をたてるべきであります」と上奏したのであった[3]。これこそまさしくマンジュ人による初期の北京攻略計画だった[4]。

それから十年後，順治元年ということになる年（1644）の五月二日に，遼東から進撃した八旗の大軍が北京に入城した。そして，翌六月にはドルゴンと諸大臣たちは会議を開き，北京へ遷都することを決めた。かくて，十月一日に，フリンが北京で皇帝として即位し，改元して順治とした。マンジュ人を中心とした連合政権たるダイチン・グルンは，こうしていわゆるニカンの地の統治を開始した。

順治帝フリンは，順治七年（1650）十二月に摂政王ドルゴンが他界するまで，ほとんど親政することができなかった。翌年一月十二日より，初めて太和殿にて親政に臨んだが，そのとき彼はまだ十四歳に過ぎなかった。しかもその後，わずか十一年の治世をもって，崩御してしまうのである。

かたや，摂政王ドルゴンも，カラ・ホトンで亡くなったとき，なお三十九歳の若さだった。遺骸が京城に到着したとき，フリンは諸王・ベイレらをはじめ，文武の諸大臣を率い，東直門を出て五里の先まで出迎え，諸官はみな道沿いに跪いて一斉に泣哭した。その後，諸王とベイレたち，そしてグサイ・エジェン（旗主），議政大臣たちが合議し，ドルゴンに皇帝（hūwangdi）の号を奉り，フリンからも「すべてのことについてみな天子の礼の通りにせよ」という聖旨がくだされた[5]。追ってまた「懋徳修道広業定功安民立政誠敬義皇帝（erdemu be mutebufi, doro be dasaha, gurun be badarambufi, gung be mutebuhe, irgen be elhe obuha, dasan be ilibuha, akdun ginggun, jurgangga hūwangdi)」の名を贈り，廟名を成宗とした。ドルゴンは，まさに亡くなってから皇帝になったのである

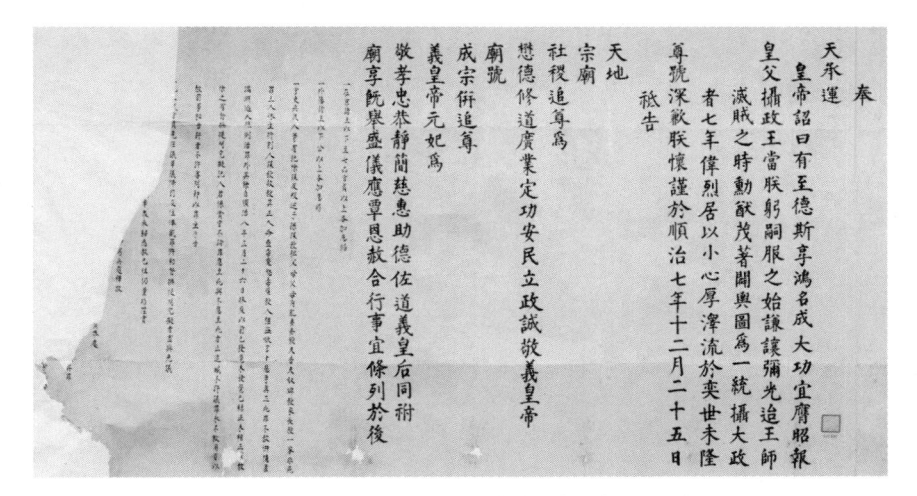

図 2-1 「追尊皇父摂政王為成宗義皇帝詔書」（残本）
（台北中央研究院歴史語言研究所旧内閣大庫蔵）

（図 2-1）。

　さらに，翌年正月には，ドルゴン夫人を義皇后（jurgangga hūwangheo）と奉り，ドルゴンとともに太廟に入れさせた。ところが，順治八年（1651）年二月に，皇帝が用いるべき「八補子黄袍・大東珠・黒狐皮端罩」を柩内に置いたこととあわせ，永平のギオワンファン（圏房）にみずから二つのグサを移駐させようとの計画があったという腹心のスクサハたちの密告により，大政（amba doro）を奪わんとする謀議として，ただちに皇帝の号を奪ったのであった[6]。

　いっぽう，ドルゴンの同母兄，正藍旗の旗王アジゲは，弟の死後，ただちにかわって摂政となっていたが，順治九年（1652），フリンは諸臣と合議して彼を監禁し，統轄していたニルをみな没収した。さらに，同年十月中には，監禁場所に放火したとの理由で，「みずから命を絶て」との聖旨をくだした[7]。結局，ドルゴンの死去をきっかけに，より複雑な権力闘争が繰り広げられ，ドルゴン兄弟をふくむ多くの一派や親しい仲間は，みな実権を失った。

　このように，順治時代には政治の中枢部において大きな権力闘争があった[8]。ドルゴンの功績を認め，その名誉が回復されるのは，乾隆四十三年

図 2-2 「康親王於延平府招降偽左将軍耿継美偽彰威将軍郭忠孝安撫百姓図」
（台北国立故宮博物院蔵）

(1778) を待たなければならない[9]。

　ちなみに，ダイチン・グルンにおいて，初代の太祖から，二代目の太宗，三代目の世祖，そしてドルゴンの成宗にいたるまで，その諡は，ことごとくモンゴル時代の大カアンの諡と一致する。これは，明らかにモンゴル時代の歴代の大カアンを意識した結果である。

　ニカンの地の征服は，順治時代のいわゆる三藩設置で一応完了したかに見えたが[10]，康熙十三年（1674）三月から耿精忠が福建で乱を起こしたうえ，みずからハンと称し[11]，浙江，江西へ攻勢をかけてきた。この乱をきっかけに，同年の六月には，礼親王ダイシャンの孫である康親王ギェシュが「奉命大将軍（hese be aliha amba jiyanggiyūn）」に任命され，康熙十九年（1680）まで，南北各地を転戦して反乱諸軍の鎮圧活動を展開した（図2-2）。かくて，同年十月，ダイチン・グルンの遠征軍は北京に凱旋し，じつに六年にもわたる長期戦のすえ，反乱は平定されたのである[12]。

　なお，ダイチン・グルンによるニカンの地の征服に関しては，膨大な先行研究があるが，あえて逐一取り上げるのをひかえたい[13]。

第2章　拡大する帝国　　81

2）ダイチン・グルンの西域

　こうしたいっぽう，ダイチン・グルンが満・蒙・漢の枠組みさえもこえて，まさしくユーラシア東方の陸地の多くを覆う文字どおりの大帝国，すなわち多元複合の広域統合体へと変貌していく過程で，もっとも顕著な歴史構図といえるものは，百年を上回る長さでつづけられた四周に対する支配領域の絶えざる拡大展開という事実である。そのなかでも，大きく見て西方地域への征戦と経営こそは，その巨大化の道程を探るうえでもっとも重要な鍵となる。ようするに，順治から康熙，そしてそれ以後と，ダイチン・グルンの西境はどこに設定され，また何をもって境としていたのか。その実態のあらましをたどってみたい。

　順治年間，ダイチン・グルンの西方前線としては，まず甘粛が注目される。すなわち，順治十年（1653）の満漢合璧による『兵科史書』のなかに，甘粛のモンゴルに関する記事が多く残っている。当時の戸部尚書にしてグサイ・エジェンであったガダフンらの上奏を見ると，陝西総督・孟喬芳がモンゴル集団の動向について報告している。

　それによれば，甘粛の周辺のモンゴル集団を，黄・黒という二種類に分類して認識していた[14]。それまでダイチン・グルンは，これらの集団といわゆる茶馬貿易をおこなっていた。ときに遊牧集団が自分たちの習慣に従って牧地を求めてダイチン・グルン側の境内に入ってくることがあったが，略奪などの行為はまったくなかったという。にもかかわらず，多くの場合，ダイチン・グルン辺境の守備軍によって追い出されたのであった。

　史料上，いわば最初期にあたるこの記事からは，ダイチン・グルンの当時の西方境域について重要なことが示唆されている。それは，西方のいくつかのモンゴル集団と頻繁に接触しながらも，ダイチン・グルン側にははっきりと「境界」の意識があったことである。

　またそのいっぽう，遊牧にやってくるモンゴル集団のなかには，活仏から何百頭もの馬を預けられて，永昌や南山などの地に遊牧・駐営していたものもあった[15]。このことは，当時の西方におけるモンゴル遊牧集団においては，活仏の役割が重要な意味をもっていたことを物語っている。

さて，このような境界やモンゴル集団に対する認識は，現地のさまざまな情報について詳しい調査をおこなった結果であった。その一つが，当地の有力者に対する戸口調査である。

　たとえば甘粛では，順治十年（1653）に，荘浪の土司の魯氏一族をふくむ十二人の世襲官，西寧では，土司の李氏一族の世職をふくめ二十六名を調査した。彼らは，ともにモンゴル時代に設置された土司の末裔であることが確認でき，その世職の権限を承認したのである[16]。在来の伝統や現地調査に依拠して，それぞれの地域の安定を図るという手法は，南方のニカン地域についても，文化が異なる西方・北方地域でも頻見される。

　これとは別に，順治十五年（1658），西方のオイラトのチェチェン・タイジは，辺境に入ってきて番子らから税賦をとりたてていた。順治帝フリンもこれを認め，貿易地を定めたうえ，定期的に西寧一帯の鎮海堡などの地から入境することが許され，かくて盛んに貿易がおこなわれていた。すなわち，当時の西方領域は，多くの貿易都市を通じて東西を結ぶ役割を果たしていたため，順治時代においては，オイラト集団に納税するモンゴル集団に対してその権益を認めていたのである。

　ところが，康熙二十年代以降になると，ジューンガルとの間で，貿易の権益をめぐって争いが多発するようになった。その際，とりわけ大きな問題は，遠方のロシア，ジューンガル，ブハラなどの商人たちが，かなり奥深くフフ・ノール地方（青海）の要地たる西寧へ集まってくることであった（ちなみに，当時は，トルファンからハミ，粛州，そして西寧，ラサ，カシュガルなど多くの地に貿易拠点が存在していた）。さらに，康熙二十年代の後半に入ると，ボショクトゥ・ハンたるジューンガルのガルダンが甘粛，フフ・ノールにかけてのモンゴル領民から貢賦を徴収する問題が浮上してきた。

　このガルダンの行動に対して大いに反応したのは康熙帝である。西方領域に関して領民への支配権を獲得すること，および貿易そのものを支配することが，ダイチン・グルンとジューンガルの双方にとって大きな鍵となってきた。ここで重要なことは，康熙帝のねらいはあくまで双方の状況を偵察して関連する情報を収集することであり，甘粛周辺に国境を作るつもりはなかったという

ことである。

　ダイチン・グルンの西境は，康熙五十六年（1717）の時点で，「古の陽関，哈密以東」だった（口絵5）。それはとりもなおさず，ツェワン・ラブタンの住地を「古の陽関，哈密以西，即ち古の瓜州・沙州に通ずる所の地にして，甚だ広し」と認識していたことでもあった。しかも辺界を守ろうとすれば，結局は辺墻外の地を捨て去ることになるので，これは断じて不可とされた[17]。

　これが，康熙時代の西方領域に関する基本的なスタンスであった。康熙帝は明確な境界を設定して固守することを嫌い，モンゴル集団の領民をもって「藩屏（fiyanji dalikū）」とせんとしたのである。

　ようするに，順治初年から康熙二十年代については，西方は嘉峪関にいたるまでの直省領十六省，すなわちムクデンと京師（直隷）をふくむほぼ内地全域（フフ・ノールとチベットをふくまず）がダイチン・グルンの国域といったん定められた[18]。ところが，康熙二十年代の後半になると，ジューンガルおよびハルハ，そしてフフ・ノールおよびチベットと，大きく見て二つの方面において複雑な情勢に直面することとなり，それぞれ懸命に情報を収集する時期に入る。すなわち，この時期は，ユーラシアの情勢に大変動が見られたのである。それはいうまでもなく，巨大化してきたジューンガルの脅威に対し，ダイチン・グルンが積極的な偵察活動をさまざまに展開し，情況に応じて外交上の多くの事件や難局を解決しつつ，しだいに領土と権威を広げて，かつてのモンゴル帝国時代の諸子に分封された領域にまで伸ばしていくことであった。そうした拡大過程において，どのような構想・考えが働いていたのか，その要因を探ってみよう。

2　康熙帝とその側近たち

1）モンゴル諸集団への使者派遣

　さて，ダイチン・グルンは，三藩の乱を平定した後，すぐに康熙二十一年（1682）から十二ヶ所のモンゴル集団の領主に使者を送った。その範囲は，東

方から西方へ数えて，ケルレン河を本拠地としたチェチェン・ハン部，セレンゲ流域を中心としたトシェトゥ・ハン部，ハンガイ山の西方からアルタイ以東のジャサクトゥ・ハン部，さらに西方フフ・ノールの地に拠るメルゲン・タイジからジューンガリアのガルダン・ボショクトゥ・ハンにまでいき及んでいた。その目的は，「おもにダイチン・グルンのもとにある内地のモンゴルと，ゴビの北に展開するハルハの間に，家畜盗賊が多く出没してきたため，各地にカルンを設置して，盗賊を公平に裁き，民に安穏な生活をもたらすため」だった，とされる[19]。

特に，ガルダンのところに派遣された側近キタトらには，エルデニ・ホショチ，バトル・エルケ・ジノンらの所属を確認させた。彼らが，はたして誰の領民なのかが問題だった[20]。いっぽう，西方領域のフフ・ノールとチベット，ジューンガルについては，すべて対モンゴル問題が中心だった。

すでに触れたように，康熙二十年代後半にもっとも注意が払われたのは，次第に巨大化してきたジューンガリアのガルダン勢力に対してであった。初期には文書を交わして，通交しながらその真意を探っていた。たとえば，康熙二十一年（1682）の勅書においては，

> ……ガルダン・ボショクトゥ・ハンよ，汝の父，兄から，汝自身にいたるまで，代々よき道（doro）について心を込めて努めてきた。使者をつかわして謹んで貢賦を納め年が久しくなった。敬直の意をあらわしつづけてきたことは，大いに称賛すべきことである……[21]。

と記される。常套の言い回しによる賛美文を送り，その返事を待ったのである。そして使者たちが，ガルダンのもとへいく前に，エルデニ・ホショチ，バトル・エルケ・ジノンらの件について皇帝の訓旨を求めたところ，次のような硃批がくだされた。

> 大いに議するところがない。ガルダンが自分のハランガ（harangga 領民）[22]であるというなら，日を決めてすみやかに連れていくように。もし彼の属下ではなく，自分たちでは連れていけないというなら，我らにはほ

第 2 章　拡大する帝国　　85

かの考えがあると言え」[23]。

　このように巧妙な外交辞令を用いながら相手の対応を探るかたわら，側近を甘粛やフフ・ノールの周辺に派遣してガルダンの消息と動向を収集・偵察させたのであった。

　ちなみに，当然のことながら，康熙帝には多様な側近集団が存在した。彼らが諸方から収集してきた情報は，直接に康熙帝に極秘文書として送られ，皇帝の政策決定を左右したのである。とりわけ，側近としての大臣を，みずからの「股肱耳目」とし，一対一の密奏を求めた[24]。それについて，康熙帝自身が，「汝らにはみな，密奏という任務がある。明言できないことこそ，まさにこの密奏が至当であろう。天下は大いなり。朕一人の見聞では，どうしてあまねく知りえよう。密奏してくれなければ，どのような手段でもってすべてを洞察しろというのか」[25]と明言する。

　康煕年間の側近政治においては，しばしば側近そのものが皇帝の代理人となった。その際，出征の直前に，皇帝権威の象徴たる八本の龍纛（muduri tu）を持たせて遠方に赴かせたのである。

2）旗人ランタン──ガルダン対策

　ダイチン・グルンの西方領域を考えるうえで，特に甘粛，フフ・ノール，チベット調査に関与した人物として，ランタンとシャンナン・ドルジが注目される[26]。

　ランタンは，満洲正白旗に属する人で，姓はグワルギャ，代々内大臣を務めてきた家柄であった。十四歳で三等侍衛として宮仕し，十六歳にして二等侍衛に昇進した。ときに順治六年（1649）。のち，大同で反乱軍を鎮圧した功績で，一等侍衛に昇進したが，父の罪により，いったんは官を辞めさせられた。しかし，同九年（1652）には，順治帝の特別な恩恵により三等侍衛に復し，十年（1653）に二等侍衛，十八年（1661）には再び一等侍衛まで昇進した。以上から分かるように，ランタンは順治帝治下で，すでに側近として枢要の地位にいた。

ランタンがもっとも脚光を浴びたのは，康熙時代である。彼は，康熙二十一年（1682）八月，聖旨により一等公ポンチュンらとともに軍を率いてダグル，ソロンの地に赴いた。カンダハン（鹿）[27]狩りという口実のもと，ホルチンとロシアの動向を偵察したのである。ポンチュンとランタンの派遣は，ロシアの軍事情報を収集することが主目的で，くわえて黒龍江の陸路と水路の地理的情報を詳しく調査することがもう一つの目的だった。

　同年の十二月，ランタンらから，ロシアに対して大砲をもって攻撃すべきであるとの上奏が送られてきた。康熙帝はランタンらの情報を分析，しばらく軍事訓練をおこない，軍備（軍艦・重火器）を完全に整えてからのち軍事行動を起こす旨の命令を発した。当初から，対ロシア戦争は極力避けたかったのであった。しかし翌年，事態が激変し，ついに六年間にわたる長期戦となった。最終的にはネルチンスク条約が締結されることになるわけだが，しかし結果として，ダイチン・グルンから見れば，東北の黒龍江以北，レナ河を境界にしたいという計画が受け入れられず，広大な領土や領民を失うことになった[28]。

　こうした展開のいっぽう，ダイチン・グルンとガルダンは，康熙二十九年（1690）にウラン・ブトンで会戦した。そして，その三年後，康熙帝はフィヤングを安北将軍としてフフ・ホトン（帰化城）に駐屯させる。この配置は，最初からガルダン征討計画の一環であった。フフ・ホトンは北方の重鎮として，辺外各地のジャサクのかなめと見なされ，かつは対西北モンゴルの基地でもあった。同地を策源として行動するようにと康熙帝からフィヤングに密令があったのである[29]。

　かたやランタンは，康熙三十年（1691）二月に呼び戻され，フィヤングに代わって安北将軍となり（口絵6），大軍を率いて大同に駐防した。ガルダンの侵攻を防ぐためであり，その際，ガルダンの情報を収集することがあわせ命じられた[30]。ランタンは，同月三日に出発し，十三日に大同に到着した。そして，同地より輿地図と照合しつつ黄河から蘭州，寧夏，ガルバイ・ゴビの地，アラシャン山，金塔周辺の状況を偵察して防衛策を康熙帝に上申した[31]。

　ランタンの派遣を契機に，対ガルダン侵攻策が変わり，フフ・ホトンの将軍ワダイらが統率する兵隊をことごとくランタンが統轄することとなった。だ

が，結局のところ，ガルダンの消息をまったくつかめなかったため，兵を連れて京城に戻った。以上が，ランタンの西北における第一次偵察であった。

ランタンが北京に戻った二年後，康熙三十二年（1693）三月，康熙帝は，ガルダン側に食料がなくなったためハミに攻めてくるという情報を探知し，即座にランタンに昭武将軍を授け（口絵7），再び大軍を率いて甘州・粛州に赴かせた。同年六月九日に甘州に到着した後，広範囲にわたる調査の結果，ガルダンの消息を一時的につかむことができた。すぐに各営の官員らを派遣し，南はトライ河，北はクンドゥレン，ヤストゥ，ウストゥ，ブレンギリなどの地まで，密かにガルダンの情報を収集させたのであった。

翌康熙三十三年（1694）の春，ランタンはハミを攻略して各地のアイマン（部落）をことごとく征服したいと上奏した。六月二十九日，部にくだして会議させた結果，「大いに畏るべきことなので，実行することができない」と擬され，再び上奏したところ，聖旨は，

> このことは関係するところが非常に重要であるが，将軍ランタンらが辺境にいるので，それによって行動を起こすことが簡単であることを知った。好機を逃してはいけないが，急いで行動することではないので，ただちに護軍統領スダン，侍郎シルダ，総督フォロンとともに将軍ランタン，ボジ，孫思克らの処にいって詳しく議して上奏せよ[32]。

と命じたが，上層部の反対によって攻略に踏み込むことができなかった。

ちょうど同じ康熙三十三年，ガルダンのハランガ・アイマン（領部）たるダシリ・ロブザンなどの首領らが二百人あまりのオイラト兵を引き連れて，嘉峪関外のバラン・セレンの河岸に来屯してきた。彼らは，「境内の李源堡に住んでいる黄番・黒番の二千あまりの戸は，自分たちのアイマンで，しかも貢賦を納める者である」と主張した。これらの地域の住民は，フフ・ノールの地やダライ・ラマの地へ赴く際，馬畜や途中の費用を負担するという決まりがあった。順治年間ではこのような徴税権限が認められていたが，康熙時代に入ると事態が一変して認められなくなっていた。

そこでランタンは，まずガルダンのハランガ・アイマンのダシリたちを詳し

く偵察した。その後，兵力をもって対処し，李源堡のもろもろの番人たちを民籍に入れ，畑を耕し銭糧を納めさせたいと上奏した。こうすれば，「盗賊」が内地の情報を探知するすべを遮断でき，憂いもなくなるというわけだった。つまり，ガルダンの情報源を絶ち切るというのであった。

その後，ガルダンの消息は同年九月まで待っても詳しいことが分からなかった。ランタンは，皇帝の命令により軍を率いて再び北京に戻った[33]。かえりみて，二度にわたる西北領域への出鎮は，まさに文字どおり軍事目的そのものであった。それは二年後の康熙帝親征の序幕に過ぎなかったのではあるが[34]。

3) ラマのシャンナン・ドルジ――フフ・ノールとチベット対策

ランタンが北京に戻った後，フフ・ノールの西寧にやってきたのは，ラマ・シャンナン・ドルジだった。楠木賢道（2006）の研究によれば，シャンナン・ドルジは，崇徳六年（1641）に生まれ[35]，もとはフフ・ホトンの名刹シレト・フトクト廟のモンゴル人チベット仏教僧で，幼い頃から宮中で養育された人物である[36]。すでに楠木がマンジュ語の奏摺を取り上げて詳しく紹介しており，詳細についてはそれを参照されたい。ここでは，楠木が取り上げなかったシャンナン・ドルジの一面を紹介して，フフ・ノールとチベット対策を考えることにしよう。

フフ・ノールとチベットに対しては，シャンナン・ドルジは絶大な権力を誇示していた。ラマでありながら康熙帝の厚い信頼を受け，収集された情報は，フフ・ノールやチベットだけにとどまるものではなかった。西モンゴルたるジューンガルのツェワン・ラプタンに関する情報をも密かに収集していた。

シャンナン・ドルジの西寧駐在には，二つの主たる任務があった。一つは，フフ・ノール地方のモンゴル集団のタイジ（太子）たちを北京に連れてくること。もう一つは，チベットのパンチェン・ラマも北京に連れてくることであった。康熙帝は最初からフフ・ノール地方とチベット全土を押えているモンゴル勢力の帰附を望んでいた。その過程でいかにダライ・ラマとパンチェン・ラマを引き寄せるかが重要な問題になった。

シャンナン・ドルジによる康熙三十七年（1698）十一月一日付の請安の上奏

第 2 章　拡大する帝国

文に対し，康熙帝は硃批で次のように返答した。

> 汝らがいって何ヶ月になった。西方の情報はどうなっているのか。ジャシ・バトル王が人を使わして，請安のために派遣したという。（派遣した）人はどうして来ないのか。また，ジャシ・バトルらとともによく密議したことが多かった。これについてドルジ・ラマはみな知っているのか。現在，消息はどうなっているのか。これらのことについて，はっきり収集して奏聞せよ。

また，同年十一月二十二日付の皇帝の安否を伺う奏摺に対しても次のように言う。

> ……ツェワン・ラプタンのところに派遣したイドオ，ラシらがきて報告した情況を見たところ，ツェワン・ラプタンの心はすこし変わった。勢いもまた以前より高ぶっていたという。また下の者から聞いたところでは，パンチェンをとどめて派遣したようで，これを見れば天性の疑い深い陰険な詐偽者で，信用できない。汝らはこれを分かったうえで情報を取りにいけばよい。

ガルダンが没した後，ジューンガルのツェワン・ラプタンに対しても，最初から康熙帝は信用できないと考えていた。フフ・ノールのジャシ・バトルは，すでに康熙帝から密令を受けていた。それは，フフ・ノールのタイジたちを北京に連れてくることだった。シャンナン・ドルジは次のように言っている。

> 私が五台山に赴いたとき，王ジャシ・バトルと私たち二人に秘密の聖旨がくだされた。のちに京城に赴いたとき，帝からまた来たいと思うタイジたちがいたら連れてこい，どうして連れてこないのかと聖旨がくだされた[37]。

以上は皇帝とシャンナン・ドルジ，それからジャシ・バトル三人の秘密であった。フフ・ノールのタイジたちを京城に連れてくることは，彼らを帰附させる前提条件だったのである。

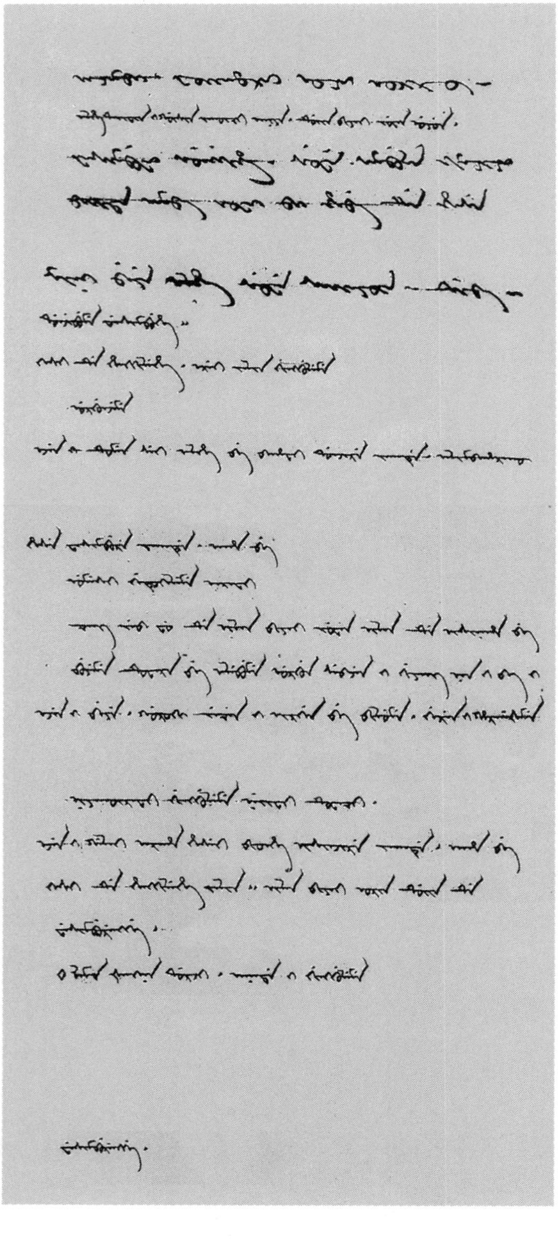

90　第Ⅰ部　世界帝国をめざして

図2-3　シャンナン・ドルジの奏摺と康熙帝の硃批（中国第一歴史檔案館蔵）

同じ頃，西寧より西の鎮海堡に，側近の一人であるボオジュが派遣された。その任務は，チベットのディバから返事を受け取ることだった。しかし，ボオジュは西寧におけるシャンナン・ドルジの一連の行動に強い不満を抱いていた。ボオジュが康熙帝の奏摺を西寧に持っていったとき，シャンナン・ドルジは八人轎に乗って陣立てし，灰色の飾りを付けた大きな凉帽を被ったうえで，聖旨を迎え受け取った。しかも，聖旨を受け取った後，城内に入るときには，砲を打ち上げたのである。いったい何のための示威だというのか。

また，チベットを制圧していたラザン・ハンと麾下のタイジたちが，ジューンガルへむけ逃走する計画があったことを知りながら，あえて康熙帝に報告しなかった件もあった。さらには強制的にラザン・ハンとタイジたちを北京に連れていく計画が，フフ・ノールの人々に伝えられると，各地のモンゴル集団が一斉に陣立てし臨戦状態に入ったが，シャンナン・ドルジはこれらの緊迫した情勢についてもほとんど康熙帝に報告しなかった。こうしたことも，側近たるボオジュが不満を抱く要因となった。

かたや，シャンナン・ドルジの側からすれば，フフ・ノールのタイジたちを利用してディバを攻略する計画を何度も上奏したにもかかわらず，ことごとく康熙帝に反対されるという経緯があった。

康熙三十九年（1700）十二月二十九日付の文書によれば，ボオジュは，シャンナン・ドルジが西寧でとった行動について，康熙帝に報告した。これに対し，帝は「議政大臣たちに委ねよ。それから上奏せよ」とした。そこで，議政大臣らが審議して上奏したところ，「汝らはみな見ただろう。どう議したのか」と聖旨がくだされた。議政大臣たちは結論として「このことは，シャンナン・ドルジとボオジュ二人が仲良くないので，互いに上奏したのである。まったく新しいことではないので，議論の余地もない」と再び上奏したところ，帝は次のような聖旨をくだした。

> この二人が睦まじくないことは小事である。かたやフフ・ノールのことは大事である。もし彼の地の輩が動いたら，シャンナン・ドルジが帰還した後，ほかの大臣を派遣して安撫させたい。これから彼らが上奏してくるこ

とについて，汝ら（議政大臣）は心に止めて詳しく議せよ。

　康熙帝は，万が一ことあれば，ほかの人員を派遣することも考えていたのである。さらに，年を越えて康熙四十年（1701）に議政大臣たちが正月十八日付の文書にて，シャンナン・ドルジらから直接事情を聞きたいと上奏したところ，康熙帝は「議した通りにせよ」と同意したのであった。

　こうしたボオジュとシャンナン・ドルジの件が雄弁に語るように，同じく皇帝側近でありながら，互いの言動を監視し合っていたのである。つまり，康熙帝はみずからの側近の報告に対しても，けっして神経を緩めることなく，油断なくあらゆる情報の真偽を徹底的に分析した。それがまた，ダイチン・グルン政府の現実であったともいえる。

　ようするに，康熙帝以下のダイチン・グルン政権には，この時点ではまだムスリムたちやモンゴル集団を征服する気はあまりなかった。西域のムスリムやモンゴルはきわめて衰弱しているので，攻取することは容易だが，その土地を得たとしても耕種するに足らず，その人を得ても駆使するに足らないと判断したのである。

　以上，こうした一連の康熙政府の対応・態度からは，まったく仏教思想や中華思想の影は見られない。この時期，康熙帝からダライ・ラマに与えた勅旨が数多く残されている。一見すると，そこにはあたかも仏教的な世界があるかのように見えなくもないが，側近の報告や言動からも分かるように，康熙帝は最初からきわめて現実的かつ冷徹に，これらの地域をいかに支配し，在地勢力をどのように傘下に組み込むか，それのみをはかっていたというほかはない。

　結局のところ，この時期から対ジューンガル遠征計画が立案され，さまざまな衝突・障害を回避しつつ最終的には大規模な軍事衝突に突入することになる。以下，そこにいたるまでの具体的な過程を見てみたい。

3　対ジューンガル遠征計画

1）トルファン進攻作戦計画とジューンガル鉄騎の壮挙

　康熙政権は五十四年（1715）頃より，軍事展開の一環として，フフ・ノールの周辺から四川，雲南の西部，北西のホブドからアルタイまで，次第に陣営を整え周到に諸軍を配置した。さらに，皇子や旗王に精鋭部隊を引き具せしめたうえ，カギとなる要地の西寧周辺に送り込み，かくて本格的な戦争体制に入った。同年，鑲黄旗最年長の旗王スヌは，ジューンガルおよびカシュガル，さらにそれ以西の中央アジアへの各遠征計画の立案，それら全体の統合を主張した。では，この計画立案から実行にいたるまで，どのような契機や段階・手順があったのか。当時のフフ・ノールおよびチベットの情勢を交えながら具体的な政策を取り上げ，ジューンガル攻略への道程をたどってみよう。

　康熙五十四年六月，グサイ・ベイセ・都統スヌらは，トルファンはハミと接し，ツェワン・ラプタン側にとって要害の地なので，まずはトルファンを攻略したいと上奏した。具体的には，七月二十日に出発して，嘉峪関からハミまで三路から進軍し，うち二軍はハミの東部タル・ナチンをへて，八月十五日頃に，バル・クルなどの牧地や水がよいところで合流する。のこるもう一隊は，ハミ北方の大山の山陰であるウラン・ウスの路から西行し，九月五日にピチャンあたりに到着して，そこから山を南に越え，トルファン城の近くまで進んだうえで，人を派遣してこれを従わせたい。もし，従わなかった場合は，城を攻め落とす。トルファンを撃破した後，それぞれイェルケム，カシュガル，アクス，クチャなどのホイセを従わせて天山の南側を平定する，とした。

　さらに，これらの情況をカザフとブルト（キルギスのこと）に伝える。また，遠征軍の編成については，満洲・緑営の軍八千を，大砲と銃火器で武装させる。トルファンを攻め落とすだけではなく，ツェワン・ラプタンを全滅させることが目的だからである。トルファンを平定した後，軍をトルファンのボクダ山（Bokda alin）の山陰に引き，同地の牧地や水の様子を見て，しばらくそこに駐屯させたうえ，ハルハの方から進んでくるダイチン・グルンの別働軍の情

報を待ち，互いに連絡を取り合いたいとした。まことに壮大かつ綿密な計画ではあった[38]。

この作戦計画がはかられた翌年には，遠征用の食糧調達と補給について議論がなされ，進軍に備えて砲手と弓矢の職人一人ごとに馬一頭を与えることが決定された。なお，ダイチン・グルン軍がツェワン・ラプタンを攻撃する際に，彼がボロ・タラから東北のウリャンハイの地をへて，ハルハ方面に逃走する可能性についても想定していた。全体としては，それぞれ二ヶ月分の食糧を用意し，短時日での占領を旨とした。ちなみに，すでにこのときハミには，ダイチン・グルンからの連合部隊千人が駐屯していた。康煕帝は，こうした一連の計画を最終的に「議した通りにせよ」と認可したのである。

さてじつは，以上のような康煕五十四年（1715）のツェワン・ラプタンへの遠征計画は，ダイチン・グルン側の一方的な思惑・企てだけによるものではなかった。それ以前，ジューンガルとの貿易が中断した時期をふくめて，この年，イリ周辺はことのほか大雪に見舞われていた。ツェワン・ラプタンに属する十四の集団は，西方に活路を求めてブルト方面へ攻勢をかけたが，逆に大敗を喫して五百人が殺され，さらに帰途にまた伝染病によって多くの死傷者を出した。ツェワン・ラプタンのハミ進攻の背景には，こうした災害と戦敗・疫病による疲弊・食糧不足が考えられる[39]。しかしながら，ツェワン・ラプタンの攻勢は，予想をはるかに越えるものであった。

ダイチン・グルン側では，ツェワン・ラプタンがハミあるいはタリム経由でガスまで攻めてくる可能性はあるものの，まさかカシュガルからガリ経由で高山地帯を越えて南下するとはまったくの想定外であった。ツェワン・ラプタン率いるジューンガル鉄騎の奇襲部隊は，平均高度四千メートルを上回る広大なチャンタン高原をまっしぐらに縦断し，一気にラサにいたって当地を制圧し，ラザン・ハンを殺害したのである。歴史上，ほとんど唯一といっていい恐るべき壮挙であった。

2）チンギス・カンの末裔

こうして，まったく予想外の事態が展開するなか，一方ではツェワン・ラプ

タン征討にむけて周到な準備が着々と進められていた。ダイチン・グルン側の要請のもと，モンゴル諸王，タイジたちが連名でツェワン・ラプタンに書を送って投降を呼びかけた。それは，四十九ジャサク（モンゴル地域の旗）と七旗ハルハのハン・王，ベイレ・ベイセ，公，ジャサクのノヤン（モンゴル貴族の称号）たちの共同でなされたものであった。

その内容は，ほぼ次のようであった。——これまでモンゴルたちは百年近くダイチン・グルンに帰附して仲良く暮らしてきたが，ツェワン・ラプタンたちがチェリンドンドブらを派遣して，チンギス・カンの時代からこれまで奉ってきた紅・黄教を壊し，これまで固く信じてきたパンチェンの父のフビルガン，先生のフビルガン，二人の信頼しうる弟子を殺した。そのうえ，ラザンをも殺害し，寺廟をも壊して，二十，三十万ラマの政教を遅らせた。もし，チベットで悪事を起こしたチェリンドンドブたちを引き渡さないなら，きっと滅びるだろう，というものである。そして，さらに次のように述べる[40]。

> 我らチンギス・カンの末裔たる［#四十］［+数十］万[41]のモンゴルは，もともとエジェン（主人）であり，汝はジュシェン・ハランガに過ぎぬ。どう考えても，汝より（地位が）高いばかりか，断じて低くない。汝が男であれば，我らも男である。我ら［#四十万］[42]モンゴルは，［#エジェンと姻戚になって］百年あまり安穏に暮らし，人員や家畜が増え，牧地が狭くなった。ちょうど今，汝のアルタイ，エルチス，ブラガン，ウルング，エレン・ハビルガン，ボロ・タラの地は動物が豊かで穀物に適してよいという。我らの［+ハランガ・アハシ］［#カラ・キタト］を連れていって，ウルング，ブラガン，エレン・ハビルガンの二ヶ処に城を造り，マンジュの軍を併せて駐屯させ，我らの［#四十万］モンゴルのうちから二十万人を出して同じところに十何万ずつ駐屯させて，畑を耕し，狩りをして暮らそう。汝が十万のオイラトを率いてきて戦えば応戦しよう。駐屯すれば一緒に駐屯しよう。かくあって，汝と敵対して駐屯させなければ，汝はいずれの日にかまた侵攻してくるだろう。汝と図らずにできようか。我らのこれらの言葉は，みな内心の実話で，汝が実際に話を聴くかどうかは，汝次第

である。

　チンギス・カンの末裔で，地位が高いモンゴル集団さえダイチン・グルンに帰附して安穏に生活しているのに，ジュシェン・ハランガすなわち属民であるオイラトたる汝は，どうなのだという論理である。なお，ツェワン・ラプタンを攻撃することについて，ダイチン・グルンは事前にロシアにも通告した。すなわち，康熙五十四年（1715），ツェワン・ラプタンのハミ侵攻が予測されること，そしてロシア国境方面のチュクバイシン城の頭目らに防備するようにと，文書で知らせたのであった[43]。

3）奇妙な道士のエピソード——勝利への執念か，あるいは……

　ジューンガルとの開戦を前に，康熙五十七年（1718），西方前線のハミでは，遊牧民が集まってきて商売が活発となった。市場を拡張して商人たちが家屋を増築しはじめ，粛州からバル・クルにいたるまで行商が途絶えず，道中には内地のような商売・交易の光景が現れた。商人たちは絹布・茶・衣服・靴・靴下から針・糸などの日常用品を，みなバル・クルまで運んできて売買した。これらはみな，モンゴルの人々が使う日用品だったので，ハルハの地のモンゴルたちも牛や羊を追いつつ到来した。当然ながら，物価が安くなったため，軍にも大いに利益があった。バル・クルの地は，水草ともに良く，マンジュ，モンゴル，緑営の将兵たち，そして商人たちは何事もなく安穏に生活していると報告されている[44]。

　豊かな草原が広がるバル・クルでは，リチンアン（Li cing an）という道士が布陣の訓練をしようと，将軍フニンガとともに軍営を視察した。年若いこの道士は，とにかく口が達者で，皇帝に訴えてツェワン・ラプタンのところにいきたいと何年も言い続けてきた。そのため，康熙五十七年，将軍フニンガのもとへ道士を送ったのであった。彼が実際に使えるかどうかは，フニンガがよく試してみるようにと，康熙帝から内々の指示がじつはあった。

　同年十月十八日，ケシトゥが小道士を連れてバル・クルに到着した。フニンガが道士に尋ねたところ，何百人もの戦士を特別に訓練したいと言い，さらに

二十八日，軍営を見てみたいと道士から連絡があった。二日間かけて視察した後，道士は布陣の方位から軍営の立地ともみな良くできていると称賛し，きっと来年進軍すればツェワン・ラプタンを壊滅することができると述べた。フニンガは半信半疑だったが，情況をすべて康熙帝に報告した。康熙帝自身もまた，のちにはその言動に疑念をいだくようになり，フニンガに「お前は非常に賢い人なのだから，決して騙されるな。再三相談して上奏せよ」という硃批がくだされた。

それより前，康熙帝より道士に宝剣が賜与されたことがあり，また押印した勅書も手渡されていたが，勅書を返上して受け取らなかった。そのうえ八百人の兵士を出して訓練していることについて，康熙五十七年（1718）十一月四日にフニンガが密奏した。これに対して，康熙帝が「彼は現在自分の先生を訪ねにいきたいと言ってきた。このことは関係するところが重大で，議したことが決定された後にまた批したい」との硃批を残している[45]。

その後，フニンガはトルファンを攻略して守りたいという計画を道士に話して様子をうかがってみた。道士は，来年の総力攻略の際に，将軍とともに前線に赴き，ツェワン・ラプタンを壊滅させたいと明言した。だが，道士は軍事は得意ではなく，これまでは法力に頼ってきただけで，進軍するときには紅い緞子が必要であると述べたため，フニンガはこうしたやりとりを同年十一月十五日に上奏した[46]。

道士が何事もすべてフニンガに相談してくれることから，フニンガは次第に信用できると考えるようになり，皇帝に信頼できる有識の人であると上奏したところ，康熙帝は「ただ注意せよ。すべてが成功した後で言えることで，成功する前に言うことは正しくない。関係することは重大である」と硃批がくだされた[47]。道士の言動は随時報告された。ちょうどこのころ，ツェワン・ラプタンが使者を派遣してきた。かの道士は，使者とともにツェワン・ラプタンのもとに赴き，もし降伏しないなら自分が刺殺する，そうすれば，大軍を送らずに問題が解決される，と述べた。この求めについてもフニンガは密奏をおこない，これに対して次の硃批がくだされた。

(道士)リチンアンがそちらに出向いてからこれまで上奏してきたことのなかで，これ以上に重要なことはない。それは彼がもともと言ったことと一致する。ただちにこの通りにすればよい。ツェワン・ラプタンの使人が京城に到着した。私は人を派遣する。ただし，ケシトゥとリチンアンは仲が非常によいので，同じ心であればこれを派遣してもよい。もし，いささかでも疑うところがあれば，ただちに中止せよ[48]。

　康煕帝は，道士の申し出をすぐに喜んで認めたのである。かくて，康煕五十八年（1719），道士リチンアンとインジャナたちは，ツェワン・ラプタンのところに派遣された[49]。しかし，道士たちのその後は，謎につつまれている。少なくとも，ツェワン・ラプタンを刺殺できなかったことだけは事実である。はたして，この奇妙な道士は，康煕帝があわよくばと送った「刺客」であったのか。

4）出撃と不満

　こうした不可思議な顛末のいっぽうで，ツェワン・ラプタンとの決戦計画は，実行にむけてあらゆる方策が講じられていた。康煕五十九年（1720），胤禎がフフ・ノールの西寧の情報を送ってきた上奏文の余白に，康煕帝は次のような硃批を書き残している。

> 神薬は十二斤八両，霊符は一万張，尋声救苦丹は一千丸，保心石は一匣六個，保心石丸は二万一千五百丸，治方細単は倶に匣内にある。前年，保心石を進軍する輩に何万丸も送った。おそらく，全部なくなっただろう。帰ってきた輩に聞いたところ，大いに助かったという。このゆえに，また作って賜った。さらに，ここにいる李姓の道士の符は，病気に大いに効くので，一万枚作らせて，適当な信子をはっきり作って送った。また李道士の話では，およそ法力がある輩は，霧雲を起こすことがある……これはみな些細なことであるが，進軍する人は知らなければならない。また言うには，軍のところに伝染病があれば死んだ人の頭を燻したらよいという[50]。

とにかく勝利のため，ありとあらゆる手立てが講じられたわけである。

ややふりかえって，康熙五十六年（1717）三月，二年前の遠征計画にのっとり，フニンガはバル・クル路の軍団から八千人を選出し，二路に編制して，ツェワン・ラプタンの境（jecen）たるウルムチとトルファンなどの地を攻撃したいと上奏した。康熙帝は「軍務に関係するところが非常に大きいので，フニンガを靖逆将軍として印を与えよ」と聖旨をくだした。さらに，これを受けて，フニンガは五十九年三月，みずから三千の兵を率いて北路からウルムチへと進撃し，南路はアラナが率いる四千人の軍団がトルファンを目指し，後援部隊三千人と策応させたい，と上奏したところ，聖旨に「みな求めた通りにせよ」と認可された。

かくて，同年七月一日，ダイチン・グルンの部隊は二路に分かれて出撃した。そして，二ヶ月もたたないうちにウルムチとトルファンをいとも簡単に攻略したが，大きな抵抗はなかった。そこで，フニンガが，ウルムチで聞き取り調査をしたところ，現地のムスリムの言から，今年は旱魃だったので家畜が多く死んだことが判明した。この夏もまた，異常気象だったのである。両路の軍は八月三日に旋回し，十日にバル・クルに戻ってきた[51]。

少しくだって三年後，すなわち雍正帝が即位した元年（1723）のこと，ツェワン・ノルブが，この前年に他界した康熙帝に宛てて，フフ・ノールにおけるモンゴル各ノヤンたちの動向を報告した上奏文が残されている。すなわち，ツェワン・ノルブの族兄が，フフ・ノールにいるタイジ，ノヤン，ハシハらが密かに送ってきたモンゴル語の文書を翻訳してみたところ，次のようであったという。

　　三人のタイジの書を汝らに送った。汝らは元気か。我らはみな，元気である。汝らに知らせる一件のことがある。フフ・ノールの大小ノヤンたちは，今年の十月にチュルガン（会盟，第10章注26参照）した。彼らはいくらか盗賊をなくしたり，逃亡者を隠したりするのをやめて，ともに平和に暮らすことを誓うと伝えてきただけで，チュルガンの後，密かに協議したのは，「我らの祖父の時代から今にいたるまで，我ら自身にいたるまで，

みなアムフラン・ハンの聖旨にしたがって暮らしてきた。今みたところ，我らにはほんの少しも利益がなかった。ラザン・ハン自身が悪事を起こしたので，ツェワン・ラプタンが征伐して殺し，トベト・グルン（チベット国）を占領した後，そのために我らの兵士，ニカンの兵士らがともに協力して侵攻し，チェリンドンドブを放逐したうえでダライ・ラマを招いて座床させたのである。以前は，アムフラン・ハンがトベト・グルンを取った後，汝らの内よりハンを任命すると言ったので，のちに我らのなかの者を任命するだろうと思っていた。現在，三，四年が経っても，まったくなんの動きもないのを見て，我らには希望がなくなったぞ。我らはジューンガルとともに，もともと祖父より今に至るまで，そして我ら自身にいたるまで，きわめて仲良く暮らしてきた。ただラザン・ハンが悪事をおこない敵になっただけで，我らにはなんの関係もない。今や，まさにこの冬の十二月を限りとして，ツェワン・ラプタンのもとに急ぎ使者を派遣したい。かつて，祖父の時代からこれまで仲良く暮らしてきたのだ。今や，我ら自身にいたるまで，普通に，仲良く暮らすことについて急いで議するために送るのだ……」ということだった[52]。

　ダイチン・グルン政府は，チベットを占領した後，フフ・ノールのモンゴル領主たちのなかからハンを任命すると約束していたのであった。ところが結局，ハンの任命がないままに時がすぎた。これに不満を抱いたグシ・ハンの末裔たちのなかから，ツェワン・ノルブの兄弟らを中心に，密かなる動きがきざしていた。しかし，このとき康熙帝はすでに他界していたのであった。

4　ジューンガル征服への道程

1）雍正時代のジューンガリア

　雍正四年（1726），ダイチン・グルンは，使者をジューンガルのツェワン・ラプタンのところに送った。その目的は，境界を定めることであった。当初か

ら輿図をたずさえ，同年の七月五日，ツェワン・ラプタンの使者とともに，バル・クルから出発して西行した。提示する具体的な内容は，アルタン・ノール一帯で遊牧するウリャンハイ集団をツェワン・ラプタンに与えること，そしてハルハ・ルートを利用した貿易と甘粛周辺での貿易をジューンガルに対して許し，交流を再開することであった。そのほか，チベットへ赴く際には西寧にて許可書を受け取らなくてもかまわないこともふくまれていた。

　ダイチン・グルンの使者は，八月九日にタルキ・ダバガン（タルキ峠）に到着し，そこへ二十騎のオイラト人が迎えにやって来た。かつて，北京で会ったことがある知人であった。その人はここから二十日間いけば，ツェワン・ラプタンに会えると述べた。ちょうどこのとき，ツェワン・ラプタンはチュー河で遊牧して冬営地へ向かっているとの報告が入ってきた。そこで，十三日にイリ河を越えて，二十四日ツェワン・ラプタンの野営するチュー河とチャガン・ウスの合流地点に着いて彼に会った。翌日，勅書を手渡したが，賜与リストのなかには経典がふくまれていた。そこには仏教に熱心なジューンガルの人々に対する雍正帝のそれなりの配慮があった。

　ここでツェワン・ラプタンは，使者にフフ・ノールでダイチン・グルンの軍隊が本格的な軍事演習を実施し，フフ・ノール地方のモンゴル人たちが大変なことになったと直接に問いただした。これに対して使者は，この乱について，チョイラク・ノムチなど数人が逮捕されて法により殺されただけで，ほかはみな自分のジュシェンを管理し，もとの遊牧地に駐在することを許されている。左翼・右翼は，ダイチン・ホショチとエルデニ・エルケ・トクトナイをそれぞれ親王に封じて管理させている。すでに人々は落ち着いて生活している，と答えた。だが，ツェワン・ラプタンはけわしい顔をして，「数万のフフ・ノールの人々を殺した……」と聞いた，とさらに詳しく尋ねた。このように，フフ・ノールのモンゴル集団に対しては，依然ジューンガルは強い関心をもっていることがうかがえる。

　かたや，一連のなりゆきとやりとりから，オイラトの冬営地の一つはウルング・ブラクで，夏営地はウリャンハイの地であったことが判明する。使者は四ヶ月間，ジューンガルに滞在したが，ジューンガルはボロ・タラなど既知の

遊牧地のほか，西方のチュー河流域にまで遊牧地を展開していたことが確認できる。ちなみに，康熙時代の後期に作製された木板の『皇輿全覧図』（漢文）のなかには，『ツェワン・ラプタン図（雑旺阿爾布灘図）』という題名の地図があり，まさにこのチュー河で遊牧するツェワン・ラプタンが描かれている[53]。

雍正十三年（1735）には，ジューンガルのほうから和議を求めてやってきた。そこで，北路の大軍を撤退させ，エルコンに駐屯させた。雍正政府では，ジューンガルに対して，長期的に辺地に軍を駐屯させることは，かえって国家にとっては良策でなく，むしろ近辺の要害の地を鎮守すべきであるとして，カルン（Karun 見張台）をどのように設置すべきかに多くの議論が集中したのであった[54]。

2) 雍正帝みずから語る姿勢・思惑

ふりかえって，西方のトルグートとロシアについて，康熙五十四年（1715）に『厄魯斯禿魯郭忒阿岳啓憨地方図』（一張）が作図され，トルグートのアユキが統治していた地方に関する地図が北京に届けられた。また，五十五年に侍衛ラシ（拉史）から『噶斯哈密図』（一張）という地図が送られてきた。さらに，康熙六十一年三月十一日には，『烏魯木斉摺畳図』（一分，三排）[55]が作製された。これらはいずれもジューンガル遠征の軍事計画の一環として作られたものであった。

雍正七年（1729），黒龍江将軍衙門から一つの文書が黒龍江副都統に送られてきた。それは，兵部から送ってきた文書の写しであった。そこには，ジューンガルに対する雍正帝の見解がまことに延々たる長編をなして述べられている。以下，その一部を少し長めに引用・紹介し，対ジューンガル政策に見える雍正帝の思惑をうかがってみたい。

> （黒龍江）将軍衙門の書，黒龍江副都統に送った。兵部から送ってきた書，上諭に謹んで従うためである。諸王・議政・九京・八旗大臣たちが議して上奏し，雍正七年二月十八日に聖旨がくだされた内容は，（次の通り。）
> 「ジューンガルの一アイマンというのは，もともとユワン・グルン

(Yuwan 元国)の時代にアハ・ジュシェン(領民)であった。彼らの始祖エセン(Esen)は,自分の子供トゴンから次第に高官になった後,ユワン・グルンのハンの親戚タイジたち,モンゴルたちをかきまぜて,不和にさせたことから,大罪を問われるのではないかと恐れて,国の恩恵にそむいて叛乱を起こし,逃走して西北の遠い境域に潜み住んでいた。

のちに,ユワン・グルンの中期にもっぱら悪い輩をそそのかして騙して同類と結び,そしてジューンガルとして(名乗って)略奪をおこなっていた。このなかから,ガルダン(Galdan),ツェワン・ラプタン(Tsewang rabtan)の二人が出て,シャジン(šajin 法・政)をこわし,衆生を苦しめ,種々の悪事を起こしたことは数え切れない。もともと我が国が初めてドロを制したのちは,すべてのモンゴルたちがみな一心に従い,まことの心を表し,平安を求め,貢賦を納め,みずからハランガ・グルン(領国・属国)になりたいと従ってきた。おのおの安泰にして八十年あまりになった。和平を結び慈しんで生きる道をえた。

しかし,ジューンガルのアイマンは,西北の五千里の外に避けて住んで,モンゴルたちをかきまぜて離叛させ,略奪をおこなうのを好むだけでなく,そのうえ,ガルダンがラマになったのに,まったくラマの教えを守らず仏法(fucihi i šajin)を考えず,ラマの教えを捨て,フフ・ノールのオチルトゥ・チェチェン・ハン(Ocirtu cecen han)の娘を妻として娶り,密かにフフ・ノールに赴いて,彼の岳父オチルトゥ・チェチェン・ハンを征伐し滅亡させた。属民を捕虜とした後,七旗ハルハたちと彼ら(ジューンガル)の間が不仲であったので,聖祖仁皇帝(康熙帝)に求め,我らと和平を結ばせてほしいと上奏したところ,我らの大臣たちがダライ・ラマの使者とともに派遣された。

講和の折,ガルダンが密かに人を派遣して情報を集め,のちにハルハたちがダライ・ラマの使者を見下したとの口実をつくり,みずから一族のある卑しい小さいタイジ,ドルジジャブを派遣して,ハルハのハンやタイジたちに恥をかかせ,見下す言動をとったことから,ハルハのハンたちは非常に怒って,『このような卑しい輩に身勝手にこのように無礼を働かせる

ことができようか』と話し合ってこれを殺した。このため，ガルダンは自分の弟ドルジジャブを殺したとして，（ハルハたちの）あらを探して密かに兵を送り，ハルハたちが無防備なときに奇襲した。そこでハルハたちは分散しておのおの（ダイチン・グルンに）参入してきた。聖祖仁皇帝の特大な慈愛の心により，諸々のハルハたちを慈しんで収めとって養育した。

ついで，ガルダンはただちに使者を派遣し，「戦争というものはまったく良いことではない。ハルハたちと和解すべきである」と欺き伝えてきた。聖旨がくだされたけれども，ガルダンはますますハルハたちを追跡しておいかけ，我らの内地に深く侵入して略奪した。このために，ただちに議して殺さなくてもよいわけがあろうか。聖祖仁皇帝は，生来，慈愛を好むため，使者を送って聞きにいかせたところ，ガルダンは非常に恐れ誓って，兵を率いてカルンから退いたが，自分の牧地にいくべきであるのにもかかわらず，いかずにケルルンの外の周辺にとどまり，なおにらみをきかせたので，聖祖仁皇帝がまた聖旨をくだして，もともとの牧地に住むべきである，と使者を派遣したとき，ガルダンは口頭で，聖旨に従っていく，と偽って報告してきた。

しばらくたって，ガルダンはまた攻撃を再開して，辺境のモンゴルたちを略奪し，そのためすべてのモンゴルたちが暮らすのに不穏になったので，ハンたる父（康熙帝）が天地に告げて，聖なる自身が大軍を率いてガルダンの罪を問いにいった。ガルダンが天に叛いて，西路軍を迎撃したとき，惨敗して子供と妻がともに捕虜となった。自身も非常に追い込まれてみずから命を絶った。そのときに，大軍が深くガルダンのもともと遊牧したところに赴いて，ただちに彼のジュシェン（隷民）をみな収めるべきであったが，聖祖仁皇帝は，天下後世の輩が，自分が戦争を好んだため兵を疲労させ，戦争を勃発させたのではないか，と議論するのを思い，途中でやめた。

第二に，ツェワン・ラプタンというのはガルダンの兄の子供で，彼の叔父ガルダンと不仲になり七人だけを率いてトルファンまで逃げ密かに住んでいたのを，聖祖仁皇帝は，かの叔父に自分が殺されるのではないかと恐

れ逃げ出したツェワン・ラプタンに，もし恩恵をほどこしたら，彼は必ず感謝して真心をもって従うだろう，と特使を派遣し，恩恵をほどこして，ガルダンのもともとの牧地に兵を派遣して征服するのをやめ，もっぱら残してツェワン・ラプタンに賜って治めさせた。そのとき，ツェワン・ラプタンは力が弱かったので，非常に恭順だった。

　そののち，彼の岳父トルグートのアユキ・ハンと子供サンジジャブの，父子の間を離して，サンジジャブを騙して彼の牧地に連れてきて，サンジジャブが率いていた一万あまりの戸を自分のものにした。それから不穏な心が大きくなり，もっぱらフフ・ノールに道を通したい，フフ・ノールの輩を混乱させたい，と軍隊を送ったが，ハミの少人数の軍に抑えられて撤退して逃走した。ツェワン・ラプタンは口で偽って，黄教のためであると言って密かにザン（チベット）に兵を派遣し，理由なく彼の軍隊はラザン・ハンを殺した。各寺廟を壊し，ラマたちで殺せる者を殺した。仏に供えられたもので奪い取ることができるものを盗った。

　このために我らの大臣たちが少ない兵を率いて事情を聞きにいったとき，まったく話も聞かず，ただちに迎撃し，我らは兵力が弱かったので，被害を受けた。このため，彼はますます傲慢になってきた。聖祖仁皇帝はなお寛大で，辺境に備えられた二路の軍が進入するのをやめさせて，何回も使者を派遣した。ツェワン・ラプタンが非を知り，改めて上奏すれば，他に考えることがある。もし改めることをしないならば，この一つのアイマンの輩をけっして残してはいけない，必ず滅亡させる，というのが聖祖仁皇帝の考えであった。

　のちに，私が即位（大座に座る）した後，ツェワン・ラプタンが講和したいと使者を派遣してきたけれども，まったく彼のまことの心ではないのを知っている。私は使者に，『汝は帰って汝のタイジに告げよ。私は私のハンたる父の大座を継いだ。汝のタイジは私のハンたる父の慈しみを受けたいというなら，すべての悪いところをみな改めて，私がくだした聖旨の通りに，辺境（jecen hešen）を定めて安穏に暮らせ。もし私のハンたる父の威を求めたいというのであれば，汝がすべてのことを備えてこい。我ら

は互いに情勢をくらべてみたい』と利害を打ち明けて聖旨をくだした。

　このほかにも何回も使者を派遣した。ついで，ツェワン・ラプタンが疑うのではないか，と二路の大軍をみな撤収した。ところが何たることか，彼はますます傲慢になり，辺境（hešen）をたて，我々の内地へほしいままに侵入してきた。そこでのちに彼が派遣した使者を通じて，ツェワン・ラプタンに告げたことには，『この辺境（hešen）を建てたことは，もっぱら汝が生きるのに有益となるためである。私の聖旨に従うのであれば，使者を派遣して奏せよ。もし私の聖旨に従わないのであれば，使者をも派遣するな』と告げて派遣した。まったく返事の上奏がなかった。

　そうこうしているうちに，ツェワン・ラプタンが亡くなった。彼の長男ガルダン・チェリンが，自分の父が亡くなったと報告するため，使者を派遣して上奏してきた。上奏してきた書に，『自分の父が成仏した。衆生を慈しみ政治を広めたい』などのことばを入れてきた。ガルダン・チェリンというのは，遠方の境の或る小さいアイマンのタイジで，衆生を慈しみ政治を広めたいという言葉が，彼の口から出るとはいったい何ということだ。そのうえ，彼がまことに和平を結びたいと求めるのであれば，彼の父ツェワン・ラプタンの罪を受け，フフ・ノールで叛乱を起こして逃走したロブザン・ダンジンを送り返すべきである。彼はどうしてまったく誠の心を出さないのか……」[56]。

　ようするに，雍正帝のジューンガルへの姿勢・意図・方策を，かなり率直にひとまとめにして吐露したものであった。その口振りから，ジューンガルの世系について，ある程度詳しい情報をダイチン・グルン側がもっていたことが分かる。トルグートのアユキ・ハンは，ツェワン・ラプタンの岳父であり，チベットを統治しているラザン・ハンともまた，ツェワン・ラプタンが姻族関係を結んでいたことに言及している。じつは，これらモンゴル系の各集団はもとをたどっていくと，ほとんどが兄弟関係や姻族関係を結んでいる巨大な連合集団なのであった。

　つまり，対フフ・ノールのホショト問題やチベット問題といっても，すべて

は所詮，西方における巨大連合体との対峙であり，脅威でもあったのである。

なお，フフ・ノールのホショトをはじめ，ジューンガルと西方トルグート，さらには北方のハルハ・モンゴルとのかかわりあいについては，すでに数多くの先行研究があり，ここでは言及をひかえたい。

5 巨大版図とさらなる西方

1) ジューンガル解体

そして，時すぎて乾隆十六年（1751）になると，ジューンガルとの間で貿易に関する大きな問題が発生し，ダイチン・グルンは交易関係を打ち切った[57]。その後，ジューンガル征服計画が幾度も議論された。そして，四年後の乾隆二十年，情勢は一気に急転回した。すなわち，ジューンガル側のゆらぎが伝わると，ダイチン・グルン側は兵を発し，五月三日には，定辺右副将軍らの軍がイリ河を渡った。同時に，副都統たるエルデンゲも，ソロン兵一千名を率いてイリに到着した。ユルドゥス・コンギス・カシなど河川周辺に住んでいるオイラト・ケレイトの一万あまりの戸も次第に帰附してきた[58]。イリ河の源流まで進軍することが，かつて康熙時代に議論されたが，ここにいたってついに実現されたのである。

よく知られているように，ジューンガル側の内紛によって，ダイチン・グルン側はほとんどみずからの血を流すことなく，百年の宿敵を倒し，その地をやすやすと手中にした。ジューンガルの怒濤のような崩壊は，文字どおり自滅と呼んでいいものであった。この前後の具体的な経緯については，天山以南の地の動向や，さらにはアフガニスタン方面への踏み込みなどもふくめて，興味深いところが多々あるが，これまでにもひと通りの叙述・研究が多国籍でなされており，ここでは省略することとする。

ジューンガルを征服した後，乾隆政府はジューンガルの旧遊牧地のすべてがダイチン・グルンのものになったと宣言した[59]。以後，ロシアと衝突する際には，多くの文書に「すべてジューンガルの土地は，みな我らに属するもので，

オロス（ロシア）と関係ない」という文言が頻繁に現れることとなる。

じつのところ、ダイチン・グルンによる大掛りな軍事展開にひきくらべ、最前線においては、ジューンガルをはじめ、中央アジアの諸集団との大規模な戦闘行為は意外なほどになされていない。ジューンガリアよりさらなる西方領域に進軍したときにも、目をひくほどの大きな衝突は起きなかった。ともかく、なんらかの形でかつてのジューンガルとかかわりのあった領民や各集団は、次々と帰附の意を示す降伏宣誓書を自発的に送ってきたのである。

ここにおいて、ダイチン・グルンは、天山の南北をも手中にし、チベットへの影響力もゆるぎなくした。かねてより、トゥシェト・ハン以下のモンゴル高原も従えて、今やジュシェン国家時代では考えられなかった巨大版図を形成することになった。モンゴリアとフフ・ノール、そしてそれより西の空間は、まさに満蒙合体権力だからこそ実現しえたものであったというほかはない（口絵8）。

2) カザフの「来到」

ダイチン・グルンは、中央アジアに勢力圏をもってしまった結果、さらなる西方とも否応なくかかわらざるをえなくなった。すなわち、ジューンガルがおおむねは従属せしめていたとされるカザフをはじめ、コーカンド、ブハラ、ヒヴァなどのウズベク勢力、そしてかのロシアなどであった。そのうち、もっとも"近隣"のカザフに関しては、最初はやはりジューンガルとの交渉のなかで次第にダイチン・グルン側にも知られるところとなった。ただし多くの場合、ジューンガルとカザフは交戦状態という情報に傾いていたのは興味深い。

たとえば、康熙三十七年（1698）、ツェワン・ラプタンが送ってきた書に、カザフと戦争状態にあるとの報告が見える。また、遡っては、かつてのガルダン時代、カザフのトク・ハンの子を拘束してダライ・ラマに渡したことがあった。それに対し、カザフのトク・ハンは、ガルダンのもとに使者を派遣して、おのが子を返すようにと求めた。そのためガルダンは、ダライ・ラマのもとよりその子を返してもらい、五百人の護衛をつけてにカザフに帰らせたのであったが、思いもよらず五百人全員をカザフ側が殺してしまった。そのうえ、また

第 2 章　拡大する帝国　109

ハランガたちにも殺害が及んだため，連年交戦する事態となったとされる[60]。とりわけ，ヘシェオをチベットへ派遣した康熙四十九年のこと，カザフがツェワン・ラプタン属下のホイトの民を攻撃し，ツェワン・ラプタンもみずから抗戦に赴いたと，ヘシェオはラサで側聞した[61]。

だが，なんといっても密接な関係をもつようになるのは，やはり乾隆時代からである。乾隆十九年（1754），カザフのアブルバインムビトらにくだす勅諭をトド（tot）文字に翻訳して見せるために，龍が描かれた黄紙にマンジュ語・トド文字を書いて宝印を押し，カザフの使者らに交付して持っていかせたいとの上奏が見える[62]。そして翌二十年，まさにジューンガル制圧のその年，カザフに派遣した使者が戻ってきたのだが，その報告によれば，「大国が軍隊を率いてやって来た。ジューンガルの地にハンになって住むということを聞いて，大エジェンの恩恵により，これからは戦争がなくなって生を慈しめると大いに喜んだ」[63]とのことであった。

ジューンガル平定後，ダイチン・グルンは積極的にカザフ問題に取り組んだ。ダイチン・グルンとカザフの間の文書を集録する近刊の『清代中哈関係檔案彙編』によれば，それ以前，カザフはジューンガルと戦争になると，つねに境に侵入して妄りに略奪し，ジューンガルの人々は安穏な生活を送ることができなかった。ジューンガル征服後，ダイチン・グルンはかつてのジューンガルの土地・領民はみな自らのものになったと考えるようになったらしい[64]。もとより，どういう立場からの発言かは，明白である。また，カザフの生活習慣から地理情況についてまで，アムルサナとサラルたちから詳しく聞き取り調査をおこなった。ちょうどこのときは，アムルサナの兄バトマチェリンがカザフの地にいた。

同年八月，ダイチン・グルンの使者がタシガン（タシケント）城に到着した。そこでカザフの首領たちと会見して，初めてタシガン城は，ツェワン・ラプタン時代から一人のホイセのアキムと，一人のオイラトのハルハンによって共同管理されてきたことが分かった。その場で，カザフの首領たちはオイラト人の起用をやめるよう求めたが，ダイチン・グルン側は，これはタシガンを占領したいというカザフ側の陰謀であり，ツェワン・ラプタン時代以来のオイラ

トの旧例を維持したいとし、この要求を拒否した[65]。このように、ダイチン・グルン側は、タシガン城の管理についてツェワン・ラプタンから権利を継承したかたちで話を進めたのであった。

ひるがえって、近世から現代の研究者によって作られたダイチン・グルン時代の西方の「国境」と思われる部分について、じつは、いまだその輪郭や現実がじゅうぶんに理解されていない。いやそれどころか、反対に、「国境」という近代的な概念のもとで、後世の人々が「国境」の内と外を、現実にはあったことのないほど鮮明なかたちで明確に区別して考えるようになったこと自体大いに問題があるといわざるをえない。

ダイチン・グルンの西方における明確な領域としての境に関しては、タラス河畔のヨルゴ山に巨大なオボ（第4章注34参照）を築き、マンジュ文字とトド文字の石碑を建設したという史実が存在する。ここでは、この事例を取り上げ、西方における「境界」について考えておきたい。

3）タラス河畔のヨルゴ山の石碑

タラスというと、史上有名な「タラスの戦い」を想起させる。このタラスの地は、古来遊牧集団にとってもっとも重要な地の一つであった。康熙五十五年（1716）に作成された『皇輿全覧図』の一部である前述の『ツェワン・ラプタン図』に、タラス河の名が見える。この図の作製については不明な部分が多いが、ともかく康熙年間に作製されたマンジュ語と漢語の輿図のなかに、タラス河が登場することに重要な意味がある。

乾隆二十三年（1758）、参賛大臣フデ（富徳）らが率いる遠征軍がタラス河畔に到達し、川の向かい側にヨルゴ山があることが確認された後、現地のオイラトやブルト人らに聞き取り調査をして分かったことは、かつてガルダン・チェリンの時に、オイラト、カザフ、ブルトが宴を設けてチュルガンをおこなった地点だ、ということであった。その報告は次のようである。

　　奴才たる私が兵を率いていくと、カザフ、ブルト、タシハンはみな帰附してきたので、ブルトらがこちらにしだいに進んできて土地を占めるのを防

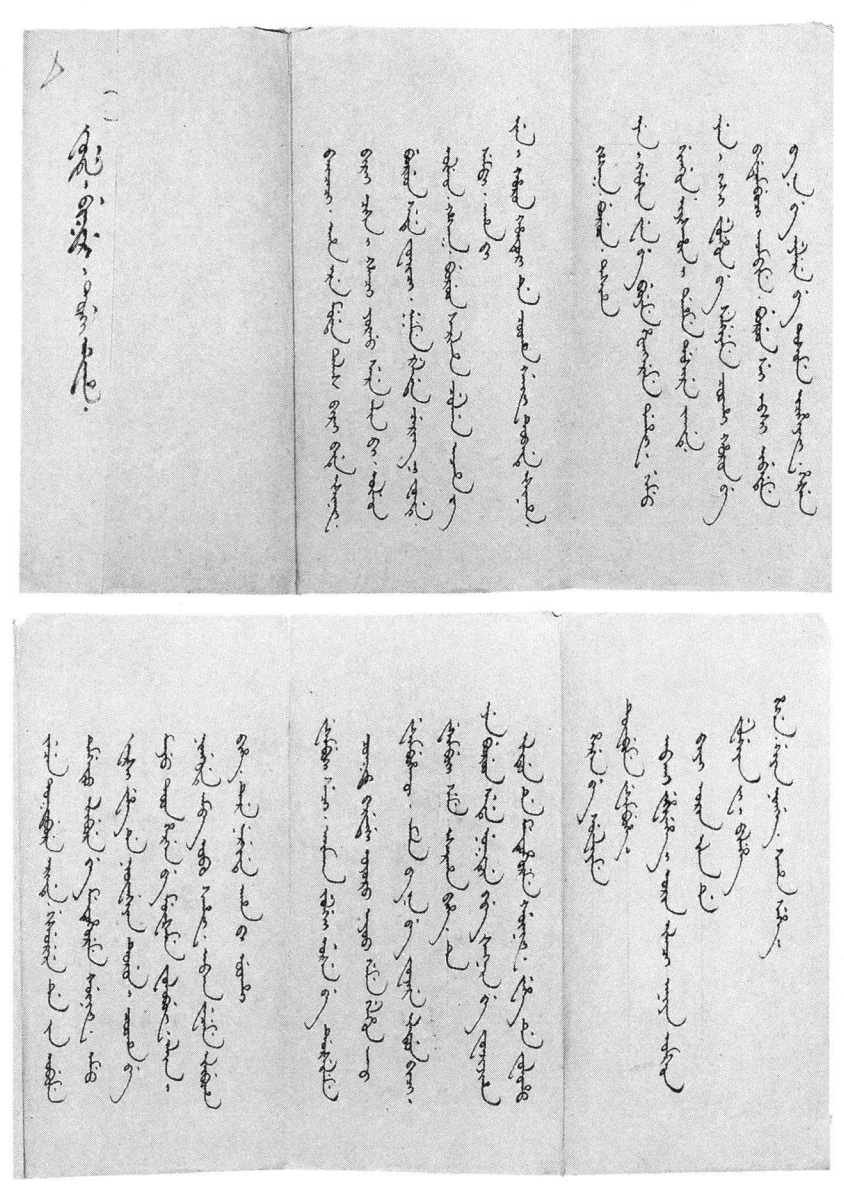

図 2-4 タラス河畔ヨルゴ山の石碑に関する満文の奏摺（録副，『乾隆西域戦図秘檔薈萃』）

ぐために，境界（hešen jecen）を定めるときに議するに容易なる標識（temgetu）を建てることにつき，愚考し，一枚の石に緑営の兵にマンジュ・トド文字をざっと彫り上げさせ，山の上に大きなオボを築き，天を祭るために建てた。そのときに，アハたる私は，ただちに上奏したいと思ったが，おそらく前鋒の輩が真似をして傲慢になるのではないかと，あえて上奏しなかった。のちに，その土地を訪れることがあれば上奏したいと保存しておいた。現在，ブルトラに牧地を賜うことが完了したので，愚考し，石に刻んだ文字を併せて奏聞した。乾隆二十三年十一月二十三日。硃批。聖旨に「もっともである。分かった」とあった[66]。

このようにダイチン・グルンの将兵が，とりわけ境界を明確に意識して考えていたことは事実である。乾隆帝もその行動を認めていた。ダイチン・グルンには明確な境界を作っておきたいという意図がたしかにあったのである[67]。しかしながら，それがただちに近代的な「国境」と同じものだというわけではない。

同じ乾隆二十三年（1758），タシガンあたりのカザフやホイセたちは，「聖なるエジェン（ダイチン・グルン皇帝）」のアルバトゥ（貢民）たらんとして，西部カザフ・アビリス，トゥリバイ，タシガンのホイセ・ホジョたるモルドスマシらとともに帰附することを言明した。これに対し，ダイチン・グルン側には，次のような文言が残っている。いわく，西部カザフは，タシガンのホイセとはいえ，遠方のアイマンなので，これまで中国に貢賦を納め使者を送ってきたことがない。現在，聖なるエジェンがジューンガルを滅ぼした後，東方カザフを安撫して定め，ブルトラを収めて，西部カザフ，ホイセらをことごとく服従させた。すべてのアイマンのアハシは，万年に至るまで永遠に安泰して安穏に過ごし，福を享受し，諸アハシは感激に堪えず，大臣らが将兵を率いて，聖なるエジェンの大なる喜びの礼儀で叩頭した，と上奏したところ，乾隆帝も「分かった」と聖旨をくだした――と[68]。乾隆政府は，これによって，西方領域のジューンガルおよびそれと密接な関係があった諸集団を安撫したと考えたのである。すなわち，ダイチン・グルンにとっては，少なくとも西方の地はこ

のようなかたちでようやく平定されたことになった。

おわりに

　ユーラシア国家の後継者となったダイチン・グルンは，すでに早い時点で明確に大型帝国を目指す意図と意欲をもっていた。それは，ダイチン・グルンとジューンガルの関係を考えるうえでも，ポイントとなる。すなわち，両者の「間」に存在するフフ・ノールとチベットをどのように考えるかという問題である。これまでは，それぞれは別々の地域のように捉えられがちであったが，これらの地域は，政治的・宗教的に深い連帯性をもっていた。

　そのため，一つの地域の秩序が崩壊することで波紋が広がることになり，ジューンガルによるチベット，フフ・ノールに対する攻撃が，まさにダイチン・グルンに大きな契機を与えたのであった。しかし，最終結着まで一世紀近くもの長い年月を要し，三代にわたる皇帝たちの夢が実現されたときでさえ，はっきりとした「国境」を作ることはできなかった。

　ダイチン・グルンの歴史を通じて，康煕時代はもとより一つの画期というべき時である。この時代に，その政治的領域を広げ，視野をフフ・ノールからチベット内外，そしてジューンガリアをふくむ中央アジアの西方まで遠征する計画が立てられた。かつて，モンゴル帝国時代のチンギス・カンの諸子に与えられた所領や諸集団が，しだいにダイチン・グルンと頻繁に接触するようになり，多くの集団がその後は，ハランガやアルバトゥという領民体制に包括され，次々と帰附の意を示してきた。かくて天山南北から西方のオアシスの定住民や草原地帯の遊牧民の伝統に則りつつ，ダイチン・グルンによる緩やかな西方経営が開始される。

　乾隆二十年代に，天山南北を平定した後，農作物から農具・農業技術などが大量にイリの周辺地域に運ばれ，移民の流入や屯田など，新しい開発の波が起こる。この時期は，東西諸集団の大移動があり，遊牧民に対する牧地の再分配がおこなわれた時期でもある。さらには，はるかなる時をこえて，まさに現代

が抱えているさまざまな問題も，少なくない部分がこの時代に発しているのである。

すでに述べたように，ダイチン・グルンの西境では，タラス河を越え，ヨルゴ山上に巨大なオボを作り上げ，マンジュ文字とトド文字の碑文も作り，将来のために備えていた。こうした歴史事実は，最近にいたるもなお，謎のままで不明な部分が多い。近年の世界情勢や新しい中央アジアの秩序形成のなかで，あらたに独立国家が現われ，アジアの中央から西方地域は，再びいくつかの国として割拠された。そしてそれぞれが国家建設という課題に直面している。そのいっぽう，とりわけカザフスタンを筆頭に，豊かな自然と資源の所有者として，今や一気に世界が注目するようになった。こうした新しい政治情勢を理解するために，世界で多くの研究機関がこれらの新興国家に関するプロジェクトをたちあげ，もしくはダイチン・グルンが残した文書が再び注目されつつある[69]。

今後の世界情勢において，アジア中央域を理解することは必須である。それとは別に，ダイチン・グルン時代に残されたさまざまな文書・資料が重要な意味をもってくることもまた，おそらくは間違いない。とりわけ，旧ソ連圏の複数の新興国家においては，そうであろう。もとよりダイチン・グルンという領域・宗教・文化を超越した帝国が残した遺産の解明は，すべて今日の我々に委ねられた大きな課題なのである。

注

1) たとえば，ホンタイジ時代の二度にわたる朝鮮制圧は，単なる軍事征服という意味だけでは解釈しきれない部分がある。朝鮮をダイチン・グルンのハランガ・グルン（領国・属国）として認めるものであった点，念頭においておくべきである。だからこそ，国王の世子をホンタイジが起居するムクデン（盛京）へ連れて帰り，みずからが生活する場として設けられた「瀋陽館」に，何百人もの侍従とともに六年間にわたって住まわせ，果ては入関後にいたっても戦闘に参加させた。朝鮮世子のダイチン・グルンにおけるあり方は，はるか建州衛時代，建州衛の領主の子たちが，朝鮮王城で侍衛として滞在したおりの状態を彷彿させる。モンゴル時代のトルカク制が，朝鮮国およびダイチン・グルンによってなお受け継がれていたのである。トルカクとは，ユーラシア諸国の歴史にな

べて見られる制度である。モンゴル時代の高麗のそれは森平雅彦（2001），ジュシェン時代の侍衛は河内良弘（1959），ヌルハチ時代のヒヤ制については杉山清彦（2003）を参照。
2）これについては，石濱裕美子（2001）序論「チベット仏教世界の王権像の原型」1-5頁がすでに詳しく論じている。
3）『八旗通志初集』巻一百四十，ドルゴン伝（満文：33a, b頁，漢文：3684頁）
　　［満文］nadaci aniya/ ninggun biyade,/ *taidzung geren beile ambasa be, meni meni saha babe/ tucibufi erin i baita be hacilame wesimbure de, dorgon i wesimbuhengge, ere niyengniyeri, giyan i/ cooha morin be teksileme dasatame terei jeku/ urere erin be amcame jase dosifi, beging be/ kafi. cooha be ucaraci, waki, terei/ šurdeme bisire gašan pu i eiten hacin i jaka be, efuleme gacilabume goidatala tebunere/ bodogon obuci acambi sehe;
　　［漢文］（天聡）七年六月，太宗命諸貝勒大臣各抒所見，陳奏時務。多爾袞奏言，今春宜整頓兵馬。乗彼穀熟，入辺圍困北京。遇有援兵則殺之，残毀其周圍屯堡諸物為久駐之計。
4）北京攻略は，前年の天聡六年に漢人たる范文程による献策がある。
5）『八旗通志初集』巻一百四十，ドルゴン伝（満文：33a, b頁，漢文：3684頁）
6）同上
7）『八旗通志初集』巻一百四十，アジゲ伝（満文：1-29b頁，漢文：3677-3683頁）
8）摂政王ドルゴンの事跡について，談遷（1960）「紀聞下，摂政王」363-368頁に，断片だがほかの史料には見られない内部抗争の記事がある。
9）康熙年間にドルゴンと関係のあった宗室の異親王マンダハイ，敬謹親王ニカンらはみな親王から除名，既得権をすべて剝奪され，ベイレに格下げとなった（『大清聖祖実録』巻二十一，康熙六年二月癸亥）。しかし，のちに乾隆帝が実録中のドルゴンの事跡を読んで涙を流したことから，彼の名誉回復がなされた（『大清高宗実録』巻一〇四八，乾隆四十三年正月辛未）。
10）三藩に関しては，これまで多くの研究がなされてきた。中国では専著として劉鳳雲（1994）があり，日本では楢木野宣（1952）・神田信夫（1955）・細谷良夫（2001）（2003）（2005）などがある。
11）『康熙起居注稿本』（満文，登録号167298，中央研究院歴史語言研究所蔵）「geng jing jung gurun i kesi be/ umesi cashūlafi beye be han sehe; (耿精忠は国恩に大いに背いて，みずからハンと称した)」。『康熙起居注』第二冊，812頁［康熙二十一年正月十九日］に「耿精忠深負国恩，擅自称帝」とある。
12）ギェシュの事跡については，『八旗通志初集』巻一百二十九，和碩康親王ギェシュ伝（満文：20a-40b頁，漢文：3540-3546頁）参照。
13）日本では，専論として谷井陽子（1996）がある。この論文は，遷都と集住，畿輔の占領から江南攻略など，多くのことがらを丹念に抽出して論じたものである。そこでは「明の統治機構を受け継いで国家を運営していくことになる……」と結論づけ，順治年間の統治機構の整備と征服過程について「清朝は征服の途上において強力な抵抗に遭わな

かったため，極めて順調に中国全土の征服を進めることができた」と述べる。
14) 『兵科史書』（滿漢合璧）順治十年二月
15) 同上
16) 『兵科史書』（滿漢合璧）順治十年一月
17) 『康熙起居注』第三冊，2449頁［康熙五十六年十月二十六日］に「……澤旺阿喇布坦所住之處，即古陽関，哈密以西，即古瓜州，沙州所通之地，甚廣。前有主守邊界之説者，勢必將邊墻之外棄去，斷斷不可」とある。
18) 『大清会典』（康熙版）巻九十五，図本，直省総図
19) 『平定朔漠方略』（満洲文，漢文）巻二，康熙二十一年七月乙卯，『大清聖祖實録』巻一百三，康熙二十一年七月乙卯，『康熙起居注』第二冊，863頁［康熙二十一年七月初三日］参照。
20) 『康熙起居注』第二冊，1031頁［康熙二十二年七月十五日］「十五日甲申，早，上御行幄，學士等捧折本面奏請旨，爲理藩院題，鄂爾多斯部落索諾木，貝勒松喇卜等報稱，厄魯忒部落巴圖魯濟農於黃河崖駐牧，議遣司官二員，諭使歸部事。上曰，此事朕知其故。初厄魯忒部落鄂齊爾図汗爲噶爾當博碩克兔所殺，其國被奪，其子袞布喇卜灘，其姪巴圖魯濟農敗遁，求達賴喇嘛指授所居之處。達賴喇嘛令袞布喇卜灘住居阿彌克山，自此遂居彼地。先是巴圖魯濟農於我所定邊界緣邊駐牧，曾移文噶爾當博碩克兔言，此乃廝厄魯忒部落之人，爾若收取則取之，若不收取我自有處置。噶爾當覆云，且過來年，俟後年收之。令聞袞布喇卜灘取喀爾喀部落土謝圖汗之女爲妻，兩處互相犄角，噶爾當博碩克兔欲以兵向袞布喇卜灘，巴圖魯濟農，則恐喀爾喀土謝圖汗躡其後，欲以兵向喀爾喀，則恐袞布喇卜灘等躡其後。蓋斷不能收取巴圖魯濟農者也。且噶爾當部落最爲貧苦，有一馬者即稱爲富饒，勢必内生變亂。此事暫留，俟朕進京時再奏，別有商酌」。
21) 『清内閣蒙古堂檔』第三冊，康熙二十一年雜檔子，186-189頁「オイラトのガルダン・ボショクトゥ・ハンにくだされた書の集冊」。このほかにも，190-194頁「ハルハ・トシェトゥ・ハンにくだされた書の集冊」，195-199頁「ハルハ・チェチェン・ハンにくだされた書の集冊」など，原稿の写しが残っている。
22) 『大清聖祖實録』巻一百三，康熙二十一年七月乙卯では「属下」と訳す。
23) 『清内閣蒙古堂檔』第三冊，康熙二十一年雜檔子，286-287頁「オイラトのガルダン・ボショクトゥ・ハンのところにいく内大臣たるヒタトらが上奏した書の集冊」
24) 密奏政治に関する皇帝自身の議論の詳細については，『康熙起居注』第三冊，2464-2465頁参照。最近，内田直文（2001）が「（康熙）二十年代後半からジューンガル戦が始まり，外モンゴルが清朝領内に組み込まれるようになると，次第に多民族の皇帝という性格を強めるようになり，満人が政治上に重要な役割を担うようになる」と述べた（81頁）。しかし，実際に康熙帝が遺したマンジュ語の硃批を見ると，マンジュ人が最初から政治上重要な任務を担っており，「ニカン人より信頼できる」と述べられている。
25) 『康熙起居注』第三冊，2464頁［康熙五十六年十一月二十六日］「……爾等皆有密奏之任，若不可明言，應當密奏。天下大矣，朕一人聞見，豈能周知。若不密奏，何由洞悉」。
26) ランタンの事跡について最近，杉山清彦（2007）262頁が「侍衛」として取り上げている。また，シャンナン・ドルジに関しては，楠木賢道（2006）と楠木賢道・池尻陽子・

斉光（Ulaanbars）(2006) 参照。
27) 鹿の一種。体が大きく背に瘤があり，頸の下の皮が垂れている。頸が短く，角は扁平。
28) 『八旗通志初集』巻一百五十三，ランタン伝（満文：38b-39b 頁，漢文：3888 頁）に，「（康熙二十八年（1689）七月八日）その日，大臣らはみな礼服を着て，ほかの官らはみな蟒緞袍を着て，刀を付け，従っていて会見したので，使者の方に，『リヤナ河（Liyana bira）はもともと我らの界（jecen＝疆界）だった。これを疆界とすればいかがでしょうか』と言ったところ，フィヨオドリが同意しなかった。翌日言ったところ，また定めなかった……」とある。ネルチンスク条約の締結前後になされた地理調査や歴史的な背景については，本書第4・5章でも扱うが，さらなる詳細は別の機会にあらためて述べる予定である。
29) 『八旗通志初集』（満文）巻一百五十六，フィヤング伝（満文：12a-52a 頁，漢文：3932-3944 頁）
30) 『八旗通志初集』巻一百五十三，ランタン伝。また，『欽定八旗通志』巻一五十九，郎坦伝にも同様の記事がある。
31) 『八旗通志初集』巻一百五十三，ランタン伝。なお，ランタンが甘粛に派遣されたこと，『平定朔漠方略』巻九にも詳細な記事がある。
32) 『八旗通志初集』巻一百五十三，ランタン伝
33) 同上
34) 康熙帝の遠征については数多くの先行研究があるが，ここではとりあえず，康熙帝と皇太子の往復書簡を中心に書かれた岡田英弘（1979）と宮脇淳子（1995）を挙げておく。
35) 楠木賢道（2008）では最初の論文（2006）の順治八年（1651）という計算ミスを訂正し，崇徳六年（1641）とした。同論，注7参照。
36) 楠木賢道（2006）186頁
37) 『康熙朝満文硃批奏摺』「理藩院満文硃批奏摺 14」年代欠。きわめて長大なこの文書は，諸般の根拠により康熙四十年以降のものと推測される。
38) 『康熙朝満文硃批奏摺』案巻号 110, 康熙五十四年六月十二日上奏文。スヌに関する最近の研究としては鈴木真（2001）がある。
39) 『大清聖祖実録』巻二百六十三，康熙五十四年五月壬子
40) 『康熙朝満文硃批奏摺』「理藩院満文朱諭，咨文等 15」，各モンゴル王，タイジたちがオイラトのツェワン・ラプタンに送った書（geren monggo wang, taijisa i ūlet tsewang rabtan de unggire bithe），無年月
41) 康熙帝の硃批では，ここの「四十何万」を削除し「十何万」と改める。
42) ここの「四十万モンゴル」も硃批で「すべてのモンゴル」に書き換えられている。
43) 『大清聖祖実録』巻二百六十三，康熙五十四年四月戊午
44) 『康熙朝満文硃批奏摺』案巻号 513, 富寧安奏文，康熙五十七年十月十九日
45) 『康熙朝満文硃批奏摺』案巻号 513, 富寧安奏文，康熙五十七年十一月四日
46) 『康熙朝満文硃批奏摺』案巻号 513, 富寧安奏文，康熙五十七年十一月十五日
47) 『康熙朝満文硃批奏摺』案巻号 513, 富寧安奏文，康熙五十七年十一月二十二日
48) 『康熙朝満文硃批奏摺』案巻号 513, 富寧安奏文，康熙五十八年五月十四日

49) 『康熙朝満文硃批奏摺』案巻号 513，富寧安奏文，康熙五十八年正月二十五日
50) 『康熙朝満文硃批奏摺』案巻号 199，康熙五十九年十二月十二日
51) 『八旗通志初集』巻一百六十九，富寧安伝（満文：10a-29 頁，漢文：4146-4152 頁）
52) 『康熙朝満文硃批奏摺』案巻号 344，策旺努爾布，康熙六十二年二月十八日
53) 『雍正全訳』下冊，1280-1290 頁
54) 『大清高宗実録』巻四，雍正十三年十月乙亥
55) 『天下輿図総摺』康熙六十一年三月十一日，拉史伝旨交来，副将軍阿爾那進
56) 『黒龍江檔』9-4『雍正七年正月からの黒龍江・メルゲン城副都統・ソロン総管・駅站官への行文を記した檔子』四月初九日にサハイ（Sahai）に送らせた書
57) 『大清高宗実録』巻三百九十二，乾隆十六年六月癸卯
58) 『大清高宗実録』巻四百八十九，乾隆二十年五月辛丑「定辺右副將軍薩喇勒等奏，臣等帶領官兵。分爲兩路進渡伊犁河。於五月初三日抵河岸，適副都統額勒登額，帶領索倫兵一千亦至，軍威丕振。所有近河居住之宰桑，得木齊等相率来降者甚衆，臣等復遣人前往，招服伊犁河原居住之珠勒都斯，崆吉斯，哈什等處烏嚕特，克呼特一萬餘戸，亦漸次来歸，報聞」。
59) 『大清高宗実録』巻六百十七，乾隆二十五年七月辛酉「又諭曰豊訥亨奏稱，烏爾圖布拉克卡座拏獲瑪哈沁供稱，布嚕特一千餘戸移来阿特巴什居住，詢之厄魯特藍卡侍衛色布騰，據稱阿特巴什原係厄魯特游牧等語。準噶爾蕩平，凡有舊游牧，皆我版圖，布嚕特曾經歸附，豈可妄行踰越，即應体察驅逐，但現在問之霍集斯，又云原係布嚕特之地，爲準噶爾所侵，大兵平定之後，布嚕特等已移居三四年等語。自應查勘明確，若果係準噶爾故地，則在所必取，非可以空言曉示，遂能驅逐者，此時且佯爲不知，待來年添駐兵丁，回人再行相機徳理，其或此地原非準噶爾所有，又在特穆爾圖諾爾及巴勒琿嶺之外，自當聽其游牧，即係準噶爾之地，而遠處邊末，與我界不相聯附者，亦不必張皇，遣兵驅逐，著傳諭舒赫徳，阿桂等知之」。
60) 『大清聖祖実録』巻一百八十八，康熙三十七年四月癸亥
61) 『康熙朝満文硃批奏摺』案巻号 425，赫寿・民族・蔵族，康熙四十九年正月二十八日
62) 『清代中哈関係檔案彙編』1，乾隆十九年，1 頁
63) 『清代中哈関係檔案彙編』1，乾隆二十年八月十四日，6-4 頁
64) 『清代中哈関係檔案彙編』1，乾隆二十年七月十六日，5 頁
65) 『清代中哈関係檔案彙編』1，乾隆二十年八月十二日，17-13 頁
66) 『乾隆西域戦図秘檔薈萃』「参賛大臣富徳為将在越爾郭山擬立碑文呈覧事摺」乾隆二十三年十一月初六日，85 頁
67) ただし，中央アジアの地に，いくつかの新興国家が誕生した現在においても，これらの現物は発見されるに至っていない。今後の実地調査と資料調査の進展に期待したい。
68) 『清代中哈関係檔案彙編』1，乾隆二十三年八月初四日，133-132 頁
69) 現在の中華人民共和国の周辺国家に関する檔案——朝鮮，琉球，東南アジア諸国，チベット，カザフスタン共和国等の資料集の出版は，その最たる例である。今後，イギリス，アメリカ，ロシアなど，当時，やはりダイチン・グルンと折衝があった諸国の資料集についても，順次，編纂・出版がなされていくことだろう。

第3章　歴史にまなぶ帝国の「かたち」
　　　——マンジュ語に訳された正史——

はじめに

　ユーラシア東北の地より勃興した歴代王朝のうち，大遼・大金の文化については，はやくから皇帝・王族・貴族たちの陵墓や寺観の調査が進められ，壁画や出土品・発現物などを通じて，当時の最先端の文化が衝撃をもって紹介され伝えられたこともあり，残された文献は少ないものの，さまざまな側面から論じられてきた。しかも，近年の中華人民共和国における経済開発の波のなかで，偶発的な場合もふくめて，かなりな数の新発見とそれを紹介する考古報告が美麗なカラー写真をともなって次々と提供され，この時代の，特に遼代の研究熱に拍車をかけている。もっとも，はたしてそれがどれほど歴史上の実体に即しているかどうかは別として，やや過剰と映るほど，高い評価をかちえているといってよい。

　いっぽう，あたかもそうしたことと反比例するかのように，明末のジュシェン人の活動地域というと，現在もなお閉ざされたイメージが色濃く漂う。明代以前，これらの地域に触れた漢文資料を見る限り，ほとんどが辺鄙の地として捉えられ，その地に暮らすジュシェン人の集団は一括して「東夷」と記されている。そうした野蛮なイメージで捉えられてきたジュシェン集団が，じつは17世紀初頭の段階ですでに世界地図を眺めており，しかもみずからの言語を用いてその翻訳を試みていたということは，じゅうらい誰も想像できなかったところであった[1]。

　彼らが目にした地図というのは，在華イエズス会士ともいうべき名高いマテオ・リッチによって製作され，万暦三十一年（1603）に出版された有名な『両儀玄覧図』である（口絵9）。もともと，瀋陽故宮内府翔鳳閣の屏風の上に貼

り付けられていたこの地図に，マンジュ語の「すさび」が残っていることは，早くに紹介されてはいた[2]。にもかかわらず，その重要性はじゅうぶんには認識されてこなかった。

　むろん，原図は漢文の版刻だが，その隙間に無圏点満文が書き込まれている。無圏点満文というのは，万暦二十七年（1599）にモンゴル文字を改良して創製された当初のマンジュ文字を指す。のち，天聡六年（1632）に，圏点を付けて改製された。こちらを有圏点満文という。すなわち，この地図のうえのマンジュ文字は，天聡六年以前に書き入れられたものであることは疑いなく，きわめて貴重なものといえる。

　そこには，日本（Ose），朝鮮（Solho）など東アジアだけでなく，地中海（Na i dulimbai mederi），アメリカ（Ya me li giya），北アメリカ（Amargi ya me li giya），ヨーロッパ（Eo lo ba），アフリカ（Li ui ya）などの名も記されている。漢文史料において，「夷」として蔑まれていたジュシェン人は，たとえ借り物の知識であるにせよ，17世紀のはじめ，すでに世界をそれなりには知っていたことになる[3]。

　いっぽう，第1章でも見たように，ダイチン・グルン初期の根本資料である『満文原檔』にも，ヌルハチ時代の段階で，すでに入関することの意味あいを解していたことが述べられている。もう一度引いておこう。

　　父たるハンは「昔，大遼（Dailio）・大金（Daikin）・大元（Dai iowan）は各自の土地にいないで，ニカンの内地（Nikan［＋i］dorgi bade 漢の内地）に入って住み，ドロ（doro 道・政権）が替わる［＋とともにみなニカン（漢人）となっていた］。ニカンは山海（関）の外にいるがよい。我らは遼東の地に住んで，ニカンとジュシェンはおのおののグルン（gurun 国）として暮らしたい」と，山海（関）に入らず戻ってきて，ニカンから講和したいと言ってくるだろうと，四年も待っていた……[4]。

　これは，太宗ホンタイジが，父ヌルハチのことばをそのまま引用した一節だが，漢地を支配することは，結局はニカンになってしまうことであるという。なぜ大遼・大金・大元の歴史を先例として，ヌルハチはこのように語ったの

第3章 歴史にまなぶ帝国の「かたち」 121

か。そもそもまた、こうした知識をいったいどこから、どのようにして得たのだろうか。

ダイチン・グルンの創始者が語ったという前代の歴史が、はたしてどのようにして彼らの間に伝わったものなのか。また、自分たちの歴史と一体どのように結びつけられていったのか。——こうした群れをなして湧きあがる問いかけについて、これまで詳しく論じられたことはなかった。そこで本章では、17世紀初頭のジュシェン集団（のちにマンジュと称す）は、国家勃興のおり、自分たちとその地の歴史をどのように伝え、もしくは伝承をいかに語り、さらには記録していったのか、その過程を明らかにしたい。

1　ダイチン・グルン初期の文化と歴史編纂

ダイチン・グルン初期のマンジュ社会が、重層的な言語・文化状況に置かれていたことは、すでに先学が指摘する通りである。たとえば、岡田英弘(1994)は、ダイチン・グルン初期の満洲文化のモンゴル的要素に注目した。岡田は、太宗ホンタイジの身の周りにいるバクシ（baksi）らが満・漢・モンゴルの言語文字に通じた人々であり、そのことはダイチン・グルンの興起を論ずるにあたって、じゅうぶんに重視されるべき問題であると指摘した。また、李勤璞（2003）は、ダイチン・グルン初期にチベット文化が「蒙古的」要素として受け入れられていたことを指摘している。

ここでは、そうした文化状況のなかで、マンジュ・グルンの国家形成過程においてさまざまな知識をもたらすことに貢献し、歴史編纂に従事した一群の人々について考えてみたい。これについては岡田も指摘しているように、ヌルハチの身辺にいたバクシらが果たした役割が大きいと考えられる。その代表は、エルデニ・バクシ、ガガイ・ジャルグチ（ガガイ・バクシとも称す）、クルチャン・バクシ、そしてダハイ・バクシといった面々である[5]。

このうち、エルデニ・バクシとガガイ・ジャルグチの二人は、ヌルハチ時代にマンジュ文字を創製し、ダハイ・バクシはホンタイジの時代に、マンジュ文

字を改製して新満文（有圏点満文）を創り出した人物である。

　ダイチン・グルン初期には，抜群の記憶力を持っていたこうしたバクシたちが，歴史の記録化に携わったのである。その事例の一つとして，『満文原檔』戽字檔に次のように記されている。

　　スレ・［#アムバ・］ゲンギイェン・ハンが建てた一切の善政をエルデニ・バクシ（Erdeni baksi）が記録した。［$もとの書はこれである。］エルデニ・バクシの勤勉・謹直・強記・聡明には及び難い。この書を［#少し誇張して書いた。］［#残せ。］心を尽くして初めて［#書いた記録をどうして改めようとするのか，また大きく直さなかった。もとのことば[6]は随所にある］書くことはまことに難しい[7]。

　エルデニ・バクシは，「強記・聡明」と評されるように，卓越した記憶力にもとづき，開国者である太祖ヌルハチの事績を文字化した。『満文原檔』太祖の部分がそれにあたる。そのうち，天命四年（1619）までの記事は，エルデニ・バクシの記憶によって録されたことが，「事例を記憶し記録を作ったエルデニ・バクシの言ったこと」[8]という記事から確実である。

　したがって，これこそマンジュ人がみずから編纂した最初の「歴史年代記」といえるだろう。こうした史書の編纂事業に参加したのは，武人でありながら同時に文人でもあった幾人かのバクシなのであった。既引の「戽字檔」に見えるように，『満文原檔』の編纂者が「少し誇張して書いた」と注記しており，記憶による書き方の誇張が見られることについて，あえてことさらに指摘していることになる[9]。

　ところで，ある権力集団が国家形成を進めていく過程で，それまで記憶や口承によって伝えられてきた歴史を文字化して記録しはじめるという現象は，世界史上，古今東西で広範に見られることである。ふりかえって，マンジュ人たちが自分たちの"ルーツ"と見なしたジュシェンたちが，12世紀に金国をうち立てたときにも，同じような現象が確認される。

　これに関連して，古松崇志（2003）は，『金史』巻一の「世紀」などの分析を試み，ジュシェン古老からの聞き取りを通して口承伝承を文字記録のかたち

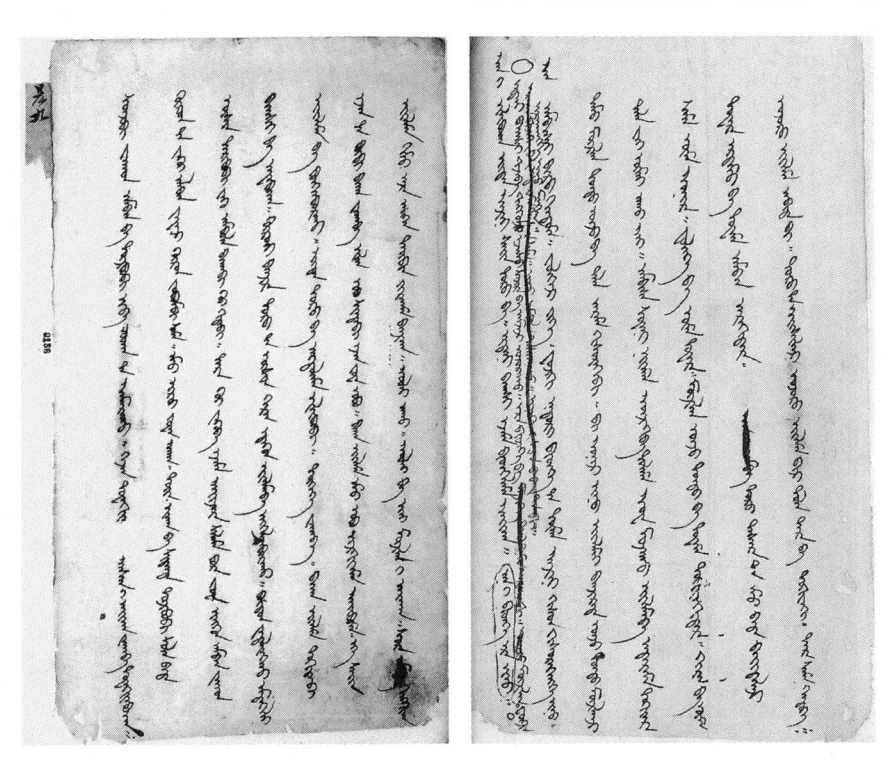

第3章 歴史にまなぶ帝国の「かたち」　123

図 3-1　エルデニ・バクシの記事（『満文原檔』第一冊，昃字檔，万暦四十三年十二月）

にまとめたものが，「世紀」として伝わる記録の原型であったとする。ただし，いま見る「世紀」そのものには，あくまで正史として編述し直されたという枠組みがはまっていることは，ゆるがせにできないのだが。ともあれ，エルデニ・バクシによる歴史の記録化の開始も，大局的に見れば，金代ジュシェンのそれと似かよう部分があるといってもいいのだろう。

　また，マンジュ文字の創製に関連し，やはり同じ12世紀のジュシェンにおいて，政府要人たる完顔希尹によるジュシェン文字の創製という先例があったことも想い起こされる。直接の立証はもとより不可能だが，ヌルハチやその周辺のバクシたちが，こうした自分たちのはるかなる「祖先」のやり方を知り，それを参考にした可能性はじゅうぶんに考えられる。

さて、エルデニ・バクシは、正黄旗の人で、もとはハダ地方の出身。二十一歳のとき、太祖のところに来到してハンの側近となり、書房（bithei jurgan）に従事した。賢く聡明なので、のち昇進して副将となり、マンジュ・モンゴルにかかわる一切の事柄は、彼が管掌した。だが、さらにのち、罪を得て夫婦もろとも処刑されることになる[10]。なお、その息子のサハリヤンは、順治十一年（1654）に、ヘシェリ（赫舎里）という姓を賜り、遼金元三史の翻訳と深くかかわったヒフェ（希福）一族のなかに入った。

次に、ガガイ・ジャルグチは、鑲紅旗の人。代々フネヘ（呼訥赫）地方に居住し、やはり国初に来到して、ジャルグチを授けられた。その後、太祖ヌルハチの命令を受け、エルデニ・バクシとともにマンジュ文字を創製し、国中に広めた。それにちなんで、バクシとも呼ばれた[11]。しかし、結局はメンケブルと組んだ叛乱の企てが発覚し、これまた処刑されて終わることになる。

クルチャン・バクシも、国初ヌルハチからホンタイジの時代にかけて、文字の創製、歴史編纂に携わったバクシのひとりである。ところが、やはりまた、ベイレらへの誹謗や、朝鮮に赴いたさい賄賂を受け取ったという罪科にくわえ、友人のアイタがホンタイジらによって処刑された後、その死体を密かに取り返して安置したことが発覚し、叛乱の罪で天聡七年（1633）に処刑された。

ようするに、彼らはみな、最終的に同じ運命をたどったのである。ここに、明らかに歴史と文字の"創作"にかかわった者たちを包む深い闇がある。ただし、クルチャンに限っては、それまでの功績をいちおう認められ、家産を没収されるには至らなかった[12]（彼の存在感は、前二者にくらべて、いくらか軽かったのかもしれない）。

いっぽう、エルデニの記憶による歴史記録作成と同じころ、あたかもそれと一線を画すかのように漢籍の翻訳事業を開始したのが、ダハイ・バクシであった。根本資料たる『満文原檔』第八冊、地字檔、天聡六年（1632）七月十四日、222–224頁（『老檔』太宗II、824–826頁）は、次のように語る。

　　　[＄その日][＋マンジュの大軍は]バイスガル（baisgal）という[＋名の地に到着して駐営した後、][＋遊撃職のダハイ][#ダハイ]・バクシが病

図 3-2　ダハイ・バクシ病没の記事（『満文原檔』第八冊，地字檔，天聡六年七月十四日）

没した。六月一日に，病気になった。四十四日目の七月十四日，未の刻に亡くなった。未年（生まれの）三十八歳だった。九歳からニカンの書（漢文）を習い，［＋マンジュの書，］ニカンの［＄ジュシェンの］書にはおおいに通暁していた。先の［＋太祖］［#ゲンギイェン・ハン］［#より］スレ・ハン（天聡ハン）六年にいたるまで，ニカンとソルホ（朝鮮）の文の職務に任ぜられた。文にはなはだ通暁し，心は穏やかで頭脳が聡明［#明晰］であった。病気が重くなった後，ハンは近臣を召して涙を落として言うには，「私はダハイが普通の病気と思っていたが，いま危篤であるという。おおいに優遇することはなかったが，後で子たちを優遇したい。汝らが行って言葉を伝えよ」といって，蟒緞一疋，緞二疋を与えて派遣した。使者が，ハンのその［＄言葉］［＋旨］を告げた後，ダハイ・バクシは分

かって悲しんで泣いた。病気が重くて話すことができなかった。ニカンの書を［＄ジュシェン］［＋マンジュの］語で翻訳し，完成したものは『万宝』［#と■■『大明会典』］［#『兵書』］［＄『太公』］［#『素書』・『三略』・■■すべて書いたものはそれである］［#書き終えていない書は『孟子』・『大乗経』・『三国志』］。アイシン・グルン（金国）でニカンの書（漢文）を■■使い始め，伝えたものはダハイであり，ダハイが広め，国中で聞いていない知らない言葉をおおいに聞かせた。その前は，歴史（kooli suduri）について知らなかった。［＋『刑部会典』・『素書』・『三略』，また『通鑑』・■■・『刑部』］［#『会典』］［＋『孟子』・『三国志』・『大乗経』を書き始めた。］［＋もともとマンジュ・グルンは，］典故・道理をまったく知らなかったので，新たに自分の意で行動を起こしていた。ダハイ・バクシが歴代の漢文の典故をマンジュ語［＄書］で翻訳してグルン（国）に頒行したので，それからマンジュ・グルンは，それまで聞知しなかった典故・道理を理解し始めた……[13]。

ダハイ・バクシは，正藍旗に属し，九歳の時にははやくも漢文を学び，マンジュ語とともによく通暁していた。ヌルハチ時代には，内院において文翰・詔言の作成にあたり，太宗ホンタイジの天聡六年（1632）に至るまで，大明国や朝鮮との交渉のための文書起草の職務に任ぜられた。まさに，国初の「知」をになった重要人物といっていい。

既述のように，彼はマンジュ文字を改製し，新たなるマンジュ文字の普及に力を入れるとともに，積極的に漢籍の知識をマンジュ社会に紹介した。マンジュ語に翻訳しおえた漢籍には，『万宝全書』[14]・『素書』[15]・『三略』があり，未完だが翻訳に着手していたものとしては，『通鑑』・『六韜』[16]・『孟子』・『三国志』・『大乗経』などが挙げられる[17]。所詮はタブーのない作業であり，やや短すぎた三十八歳という彼の寿命が仮に一年のびていたとしても，クルチャン・バクシのように「非業の死」を遂げることはなかったのではあるまいか。

なお，ダハイが漢文典籍の翻訳を担当したことについて，漢文でつづられた『大清太宗実録』（順治初纂版）巻四，天聡三年（1629）四月にはこう言う。

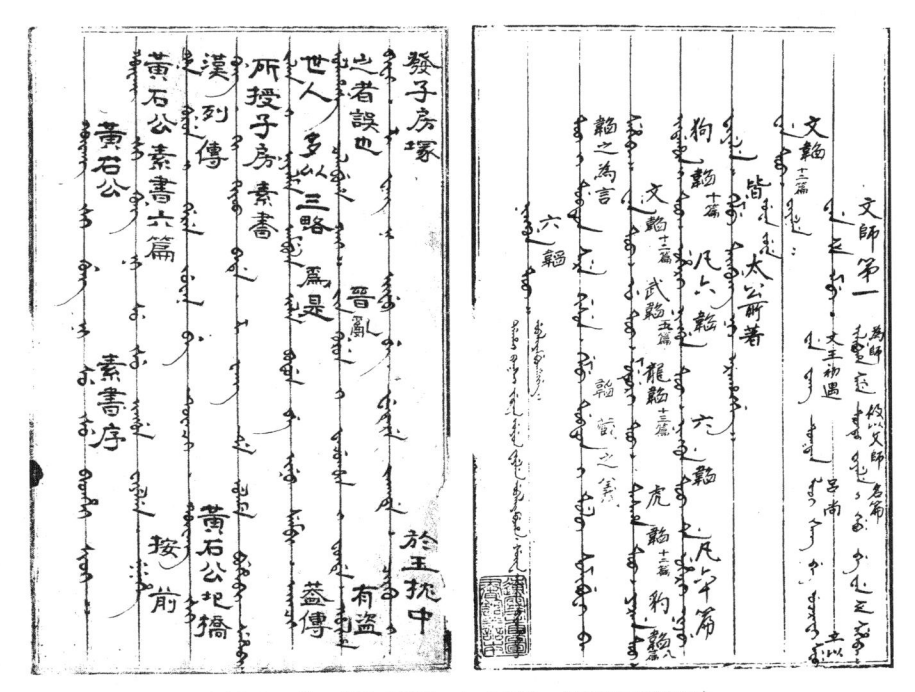

図3-3　ダハイ訳『素書』と『六韜』（遼寧省図書館蔵）

主上（ホンタイジ）は文官を二つのグループに分け，大海榜式(ダハイバクシ)を片方のトップに据えて明朝の古籍を翻訳させ，筆貼式の剛林(ガリン)・蘇開・孤児馬弘・托布戚(トブチン)の四人に補佐するよう，お命じになられた。いっぽう庫里纏(クルチャン)榜式(バクシ)には本朝がやりとりした文書および得失・事蹟を記述させ，筆貼式の呉巴什(ウバシ)・加素哈(ジャスカ)・胡丘(フキオ)・詹巴(ジャムバ)の四人に補佐をお任せになった。マンジュ文字は，太祖が心より願って発明させたもので，とりわけ模範とすべき業である。主上は即位されると，聡明にして盛徳であられ，また古典を聞くことを楽しまれたので，マンジュとニカンの文人を二つのグループに分けて，歴代帝王の得失を鏡とし，自分のおこないの是非を判断せられたのである[18]。

つまり、ホンタイジ時代は、ダハイとクルチャンの二頭だてなのであった。その体制のなかで、ダハイは、今まで知られていなかった漢文典籍に見える知識を、マンジュ・グルンの人々に注入する役割を果たした。なお、もとより上引の『大清太宗実録』の言い回しには、例によって美化の筆がたっぷりと入っている。

2　満文三史の編訳

　こうしたバクシたちの第一歩ともいうべき成果をうけ、太宗ホンタイジの崇徳年間には、きわめて注目すべきこととして、『遼史』・『金史』・『元史』の編訳事業がおこなわれた。そこにいたる経緯と、この事業の意義について詳しく見ていこう。

　後述するように、初代ハンのヌルハチ時代より、マンジュ・グルンの人々の間には、『遼史』・『金史』・『元史』がすでに伝わっていた。それどころか、三史の編訳が開始される前に、ヌルハチたちは、遼・金・元の歴史をひと通り心得ていた。

　これに関連して、河内良弘（1994）は、朝鮮史料や漢文・マンジュ語の史料を駆使して、「ヌルハチは『金史』を読んでおり、金朝史についてのいくばくかの知見のあったことは確かである」と指摘し、さらに「ヌルハチ時代の女真人の間では、みずからいわゆる『金国』の末裔であるとの記憶は勿論保存されていたであろう」とも推定している。これは、ジュシェン集団の歴史記憶に関する重要な指摘といわねばならない。それはまた、ヌルハチからホンタイジ、すなわち天命から天聡、そして崇徳年間に至る『満文原檔』の記事に、そうした故事伝承が事例としてしばしば引用されることからも明らかである[19]。

　しかもそれは、金のみにとどまらず、遼や元、さらにはその他の歴代の政権にも及んだ。たとえば、『満文原檔』張字檔、天命六年（1621）の記事に、次のようにある。

第 3 章　歴史にまなぶ帝国の「かたち」

昔から今に至るまで，他人の罪を受け入れたグルンが，利を得たことなどない（利を得たこともない）。大遼の天祚ハンは，我ら金の皇帝の滅した国の残党たるアスを受け入れ，「連れて来い」と言っても引き渡さなかったので，戦となって損をした例もある。また，宋の徽宗皇帝は，同じく金の皇帝の滅した国の残党たる大遼の張覚という大臣を受け入れ，「連れて来い」と言っても引き渡さなかったので，戦となって損をした例もある[20]。

このほかにも，ヌルハチ時代の天命年間の時点で，すでに中華地域の古代から宋・遼・金の歴史にいたるまで，故事のかたちで語られている事例がしばしば見える。もっとも有名なのは，ヌルハチがハルハ五部の諸王に宛てて，明に背き自分たちに従うことを勧めるため送った書簡に，「天命によって金（女真）とモンゴルが，それぞれ遼と金にとって代わった」という故事を引いていることである。すなわち，『満文原檔』第一冊，昃字檔，天命五年（1620）四月十七日，348-351頁（『老檔』太祖I, 232-235頁）によれば，その書にはこのようにつづられていた。

　……昔ダイリョ・グルン（Dailio gurun 大遼国）のハンがニカン・グルン（Nikan gurun 宋国）の趙徽宗ハンを従わせて，モンゴル，ソルホ（朝鮮）すべてのグルン（gurun 国）をみな従わせて，[#自分の][+ニオイジ（Nioi jy 女直＞漢字音由来）・] グルンのところの川で魚を網で捕って，「蝶鮫の宴」を開催するとき，ニオイジ国の大臣らみな踊らせて，アグダという名の大臣に踊れと言うと，踊らないので，大遼の天祚ハンは彼の蕭奉先という大臣にむかって，「このアグダは[#彼を]私が踊れと言っても踊らなかったので，今後も我が言に従うまい。これに何らかの罪を被らせて殺そう」と言うと，蕭奉先[#という名の大臣]は諫めて，「粗野に暮らしているのです。そのなかにもし悪い心がなく正しい場合には，いい加減に殺すことになっては困るでしょう。またまったく罪もなくただ踊らなかったという理由で，どうして殺せましょう」と言うので，皇帝はアグダを殺すのをやめたという……私が聞いた昔の言はその通りである……また泰和ハンの六年五月に，モンゴ・グルンのエジェン（主人）たるテムジン

(Monggo guruni ejen Temujin) が浄州城（Jingju hoton）に叩頭して貢物を送ってくるのを受け取れと，彼の叔父の永済という王を遣わしたという。永済が赴いて浄州城に到って，モンゴ・グルンの貢を送ってきたテムジンとまみえると，常人とは別種の生まれであるのを認め，テムジンが本国へ帰った後，永済は金のハンに「このテムジンはいつまでも我らに貢を奉ずる者ではない。将来，我らの政事を危うくする者である。境の事情によって，[#テムジンに] 何か罪を被せて殺そう」と言うと，金の泰和ハンは「叩頭して貢物を送り，私に従って来る者を殺せば，また四方の国の者が我らにどうして従ってくるか」と言い，永済の言を取り上げなかったという。その言をテムジンが聞いて，彼は自分でいくのをやめて，大人らをいかせたという。[#それから] 金の泰和ハンが死んだ後，テムジンを殺そうと言った永済がハン位に即いた。[#その話をモンゴ・グルンの] テムジンはハンの死を聞いてアイシン・グルン（Aisin gurun 金国）の使者に「ハンが亡くなったので，それを継いで誰をハン位に即けたか」と [#尋ねると] [＋尋ねると]，使者は「ハンの叔父の大定ハンの第七子永済をハン位に即けた」と告げるので，テムジンは「汝ら中央のアイシン・グルン（dulimbai Aisin gurunmbe 中央金国）は，天と同じように暮らすものと思っていた。しかし，永済をハン位に即けたのならば，汝らもまた人間に過ぎないぞ」と南へ唾を吐き捨てて，その後は通交をやめ，悪く思って金を討ったが，天はテムジンを嘉して，アイシン・ハンの政事（Aisin han i doro）をモンゴのチンギス・ハン（Monggo Cinggis han）に取らせたという。チンギス・ハンの後にクビライ・セチェン・ハン（Kobilai secen han）が築いて住んだ大都城をトコン・テムル・ハン（Tokon temur han）の時に明の洪武ハンが奪って住んだという。私が聞いた昔の言はその通りである[21]。

上述のうち，前半部分にあたる女真のアグダと遼の天祚帝のエピソードについては，『遼史』巻二十七，天祚皇帝に，次のように見えている。

（天慶二年）二月丁酉に，春州に赴いて，混同江へ魚を釣りに御幸せられた。界外の生女直の酋長で，千里の内に居住する者は，慣例にしたがって

第3章　歴史にまなぶ帝国の「かたち」　131

　皆な来朝した。おりしもちょうど"頭魚宴"が開かれているところで、酒を飲んでほろ酔い加減になったころあいに、主上が前に出てこられて、諸酋に順番に舞うようお命じになられたが、ひとり阿骨打だけは、「踊れませぬ」と辞退した。再三促されたが、とうとう従わなかった。後日、主上は枢密使の蕭奉先に内々におっしゃられた。「先日の宴会では、阿骨打は意気雄豪としていて、思い返してみると常人ではない。なにかの事にかこつけて誅殺してしまうがよい。そうでなければ、きっと後々に憂いをのこすぞ」。奉先は申し上げた。「癖人は礼儀を知らないのです。大きな過失がないのに殺したりすれば、恭順の心を損なう恐れがございまする。万一、異志を抱いていたとしましても、やつに何ができましょう」[22]。

　ちなみに、この記事は『契丹国志』巻十にも見える。また、後半で語られるテムジンと金の泰和帝のエピソードについては、『元史』に次のようにある。

　はじめ、帝（太祖チンギス・カン）が金国に歳幣を貢納される際、金主は衛王の允済を遣わして浄州にて受け取らせたが、帝は允済にまみえるも礼をおこなわれなかった。允済は帰還すると、兵を請うて帝を征伐しようとしたが、おりしも金主の璟が崩御した。允済は玉座を継ぐと、詔（みことのり）を（我が）国に送ってきて、拝受するよう伝えた。帝が金の使者に「新しい君（ハン）は誰だ」とお尋ねになると、金の使者は「衛王であるぞ」と答えた。帝は聞くなり南へ向いて唾を吐き、「中原の皇帝というのは、てっきり天上人がなられるものだと思っていたが、かようなボンクラ意気地なしでもなれるのか。なんで拝することなんぞできようか」とおっしゃられ、即座に馬にまたがり北行しておしまいになられた。使者が戻って告げたところ、允済はますます怒り、帝が再び入貢に参内してきたところを問答無用その場で殺してやるぞ、というつもりになった。帝はこれを知って、遂に金との通交を断絶し、いっそう厳戒な軍備をしかれたのである[23]。

　ひるがえって、ヌルハチがハルハに送った先引の書に見える遼・金・元の故事は、明らかに漢文で書かれた正史をふまえていることがわかる。すなわち、

三史の編訳事業がおこなわれる以前から，ヌルハチとその周辺の人々はこれらの歴史をひと通り知っており，そうした故事を外交交渉にも利用していたのである。おそらく，こうした故事の利用は，先述のエルデニ・バクシらヌルハチ周辺のブレインの献策によるものであったろう。ちなみに，くだんのハルハに送った書に見える故事と類似の事例は，ホンタイジ時代に朝鮮国王に送った書にも見える。

> 昔，大遼は東北のジュシェン（dergi amargi jušen）でありながら天子となっている。金は東ジュシェン（dergi jušen）でありながら大遼の天下を取り，宋国を降している。大元は北方のモンゴル人でありながら金の天下を取っている。大明の洪武皇帝は皇覚寺の僧でありながら大元の天下を取っている[24]。

まずはなによりも，遼と金が，ともにジュシェンであるという主張は，きわめて興味深い。くわうるに，モンゴルでありながら天下を取ったという言い回しは，客観的な領域の大小や国家システムについての洞察を欠いていたことを逆証する。あるいは，当のホンタイジ政権も文書の送付先である朝鮮国も，こうしたステレオタイプの論理を，それはそれとして受容したことを意味するのだろうか。

すなわち，天下を統治する資格は，徳によって生ずるものであり，もともと帝王として生まれたことにあるのではないという，みずからを正統化する紋切り型の主張は，今やダイチン・グルンと名乗ったばかりのホンタイジ政権なるものも，所詮はなおささやかな歴史知識を上すべりに使う程度にとどまっていたことを示すのか。あるいはまた，こうした"うわべ"の虚辞は，いつの時代にあっても，文飾上のことに過ぎないのか。そのあたりの判断・評価には微妙なものがあるといわざるをえない。

さて，もっとも早い時期にダイチン・グルンの国史の編纂を提案したのは，天聡六年（1632），ニカン人の楊方興であり，その詳細は『天聡朝臣工奏議』巻二，天聡六年十一月二十八日，45-46頁の「時政を條陳する奏」[25]に見える。楊方興は漢軍鑲白旗の人で，ニルイ・ジャンギン（ニルの長官）でもあった。

第 3 章　歴史にまなぶ帝国の「かたち」　133

天命七年（1622）にヌルハチに帰附し，ホンタイジの時に内院に入って太祖実録の編纂に携わった[26]。そして，提言の翌天聡七年十月に上諭がなされ，ヌルハチ時代の歴史をまとめる『太祖太后実録』の編纂がはじまった[27]。

また，同じ年の七月一日，「寧完我が四書・武経・通鑑を訳するを請う奏」では，歴史書の『金史』は緊要有益の書ではないゆえ，兵法書の『三略』・『六韜』・『素書』と歴代の治乱興亡の事跡が記された『通鑑』などを先に翻訳するよう寧完我が提言した。当時，遼東出身のニカン人を中心とする「降臣」によって，歴史編纂や中華伝統の古典・歴史書の翻訳事業を開始しようという献策が次々に具申され，実行に移されている。注目すべきなのは，このときに「『金史』の翻訳はやめずに進めればよろしい」との意見も述べられていることである。つまり，崇徳元年（1636）の三史編訳の開始に先立ち，この時点ですでに『金史』の翻訳が始まっていたのであった[28]。

ひるがえって，天聡七年（1633）に開始された実録編纂事業を推進するべく，天聡十年三月，太宗ホンタイジは文館を内国史・内秘書・内弘文の三院に改称した。ここに本格的な国史編纂が展開し，改元して崇徳元年（1636）となったその年の十一月には，満文・漢文・蒙文三体で記された『太祖太后実録』が完成する。もとよりいうまでもなく，この年に内モンゴル王侯たちの支持をうけてダイチン・グルンと称し，次なる時代へのステップをしるしたことを記念するものであった。

いっぽう，『遼史』・『金史』・『元史』の三つの正史の編訳も，同じく国号をあらためたその年の五月より開始されている。これは，ダイチン・グルン初期のハンや官僚などの為政者たちが，大遼・大金・大元からさまざまな「事例」を学ぶ手本とすべく，おこなわれたものであった。とはいえ，明らかに，国史（実録）編纂やみずからの言語改革・文字改良といった一連の文化事業と連動する形で，"新国家"記念プロジェクトがおし進められていたことが見てとれる。

こうした満文三史に関して，李徳啓（1933）が初めてその内容を紹介した。

　上述の三書（満文の『遼史』・『金史』・『元史』）はといえば，それは三史の

うちの本紀なのであった。以前，漢文の三史とあらあらつきあわせたところ，その内容はほぼ同じであった。この書の冒頭には，順治元年に希福らが書を献上した際の奏摺が掲げられている。おおよそ「崇徳元年より編訳が開始され，崇徳四年に完成した」と述べ，ついで順治三年に祁充格らが同書を版刻した際の奏摺が並ぶ……満洲語で翻訳した漢籍のうち，完成のもっとも早かった刻本である[29]。

　これは，満文三史に関する唯一の言及であり，それぞれの内容は漢文三史と「大体相同」だというわけだが，実のところは満文訳三史の本紀の内容は全訳ではなく，意をもって翻訳箇所を選んだ"選訳"なのであった。また，漢文三史以外にも，他の資料を参照していると思われるところが随所に見られるなど，いくつかの点につき，留意しておく必要があろう。

　満文『遼史』の冒頭に掲載されている二件の上奏文によると，崇徳元年（1636）五月より『遼史』・『金史』・『元史』の翻訳が始まり，編修にあたっては，まず学士チャブハイ（Cabuhai 査布海），他赤筆貼式ネントゥ（Nengtu 能図），他赤筆貼式イェチェンゲ（Yecengge 葉成格）の三人がマンジュ語で解釈して文字化し，ついで学士フキオ（Hūkio）が無益なところを削除し，順序だてて編修した。いっぽう，学士の王文奎，員外郎の劉弘遇らが漢文を解釈して，それを講述し，筆貼式のブルカイ（Burkai），ケンテ（Kengte），グワルチャ（Gūwalca），コロコダイ（Korkodai），ショルゲ（Šolge）らが書写にあたった。さらに，大学士ヒフェ（Hife 希福）が全文を通読して，崇徳四年（1639）六月に翻訳を完了したとある。のち，順治元年（1644）になって，書物として仕立てあげたうえで皇帝に上進され，翻訳にたずさわった官たちは，立場に応じて馬や銀の賜与を受けている[30]。

　これらの面々の筆頭に位置するヒフェは，第1節でも少し触れたように，満洲正黄旗の所属，姓はヘシェリ。代々，都英額という地に住み，のちにハダの地に移った。ヌルハチがハダを滅したとき，兄のショセ（碩色）と一緒に来到した。モンゴル語と漢文に長じていたので文館で従事し，「バクシ」の称号を与えられた[31]。ちなみに，遼・金・元三史の翻訳が上進された後の賞賜でも，

第3章　歴史にまなぶ帝国の「かたち」　135

彼がトップにランクされている。なお，『八旗通志初集』巻二百三十六，儒林伝（満文：2a頁，漢文：5323頁）にも，

> そのうえ，ヒフェ・バクシたちがまた，遼国（Liyoo gurun）・金国（Aisin gurun）・元国（Yuwan gurun）の歴史書を直して翻訳し，以前の王たちに倣い，近代に照らして編纂したものを大いに整えられた。

と記され，ヒフェを筆頭人として翻訳がおこなわれていたことが重ねて確認される。

もう一人のキーパーソンであるネントゥ（能図）は，満洲正紅旗の人で，姓はナラ（納喇）。順治元年（1644）に内院の筆貼式をつとめ，三史の翻訳完成後にやはり賞賜され，さらに順治九年，太宗文皇帝（ホンタイジ）実録の編纂の際には，副総裁官となった重要人物である[32]。また，漢文の解釈を担当した遼東の劉弘遇は，漢軍正藍旗に属する人で，このときの三史翻訳に携わったメンバーでは，唯一の漢人であった[33]。

さて，三史の翻訳は，既述のように全訳ではなく，煩雑な部分は削り，手本とするべき善政，戒めとするべき悪事，もしくは戦争や狩猟に関する記事などを取り出して載録するという方針であった。この事業は，編訳の方針からも明らかなように，少なくとも表面上は皇帝（ハン）や官僚たちが鑑として歴史を学び，為政者として善政を施していくことに資するためにおこなわれたものだった。

ややさかのぼって，歴史を勧戒として学ぶことについては，明代に編纂され，よく読まれた絵入りの『帝鑑図』のマンジュ語版が，すでにヌルハチ時代に作成されていた事実が注意される[34]。くわえて，ヌルハチの末年も近い天命八年（1623）二月七日（『満文原檔』第三冊，列字檔，214-215頁，『老檔』太祖II，653頁）のこととして，

> [#一つのグサ（旗）の四人ずつの書を頸に掛けた人がいた］［＋#各ベイセに四ずつ］［＋各旗の旗王（gūsai beise）に大臣各四人を充て，教訓の書を頸に掛けるように任じた］。書の言に「昔の帝王（han beise）が，悪心を

抱いて衰亡した例（kooli）と，善心を抱いて興隆した例の書を頸に掛けて，諸王（beise）の身辺から離れず，絶えずその書を開いて見せ，心に悟らせ忘れないように言え……」。

と見えるように，過去の帝王たちの事例をまさに文字どおり"見本"として各旗王を教育することもおこなわれていたのであった。

さらに，これと明白に連動するように，満文三史の編訳が開始されて半年をへた崇徳元年（1636）十一月，ホンタイジは親王以下の要人・官僚たちに次のような注目すべき訓示を垂れている。

十三日に，聖なるハンは各親王・郡王・ベイレら・旗主ら・都察院の官僚らを集めて，鳳凰楼の下に御して弘文院（Kooli selgiyere yamun）のビトヘシ（Bithesi）らに金国第五代の世宗ウル（Ulu）・ハンの「事跡の書の言」（yabuha koolibithei gisun）を読みあげさせたとき，聖なるハンは衆に向かって，（次のように言った。）「この書を汝ら集まった衆人はよく聞け。この世宗ハンなる者は，ニカン（Nikan），モンゴ（Monggo）いずれのグルン（国）でも名声のある傑れたハンである。さようなわけで，後世の賢者らは小堯舜ハンと称賛し語っている。私はこの書を翻訳させ，マンジュ語で書いたものを読んで以来，馬が獣を見たとき，馳せようとして耳がぴくぴくするように，我が耳目は明快となり，このうえなく感嘆した。この書の記事を見ると，太祖アグダ（Aguda），太宗ウキマイ（Ukimai）のおこなった旧来のドロを，熙宗ホラ（Hola）ハン，完顔亮（Wanyan liyang）ハンに至ると，確かに棄てて酒食逸楽に耽って，ニカンのドロに従っている。世宗ウル・ハンの時になって，初めより恐れて，あらかじめ子孫がニカンのドロに染まらないように，重ねがさね，『祖先の古いドロを忘れるな。女直（Nioi ji）の衣服を着よ。女直の言葉を学べ。歩射騎射を時あるごとに習え』と常に言ったのである。いつもそのように言っても，後世のハンらはニカンのドロに染まり，歩射騎射を忘れて，哀宗ハンの世にドロが壊れ，国が滅びたのである……」[35]。

ようするに、三史の編訳が開始されると、ホンタイジは早速、満文に訳された『金史』を読み、その「世宗本紀」に見える世宗の施政を、自分たちがおこなうまつりごとの鑑とするべきであると考えた。そこで、大臣たちを集めて、世宗の善政について記したくだりをマンジュ語で読み聞かせたというわけである。

ここにおけるホンタイジのねらいは、はなはだ単純明快である。すなわち、金の世宗がジュシェンの人々にジュシェン語と弓射を学ばせることによって、ジュシェン族のアイデンティティを護ろうとした故事を、そっくりそのまま手本として、自分たちのマンジュ人としてのアイデン

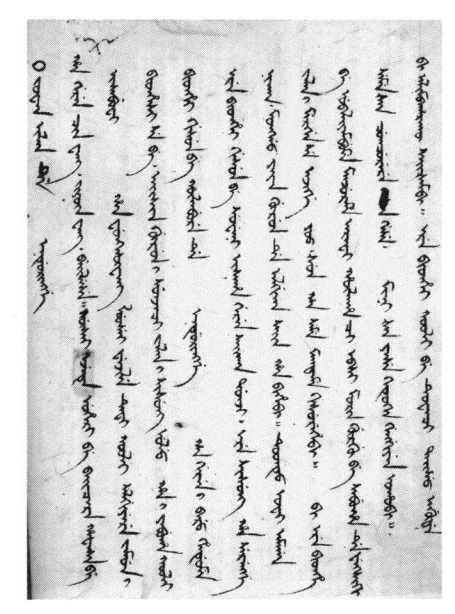

図3-4 国語騎射の訓旨（『満文原檔』第十冊、宇字檔、崇徳元年十一月十三日）

ティティ、マンジュ人としてのドロ（道）を保持することの重大さを強く主張・奨励したのであった。

ちなみに、これにはさらなる後日談がつけくわわる。ダイチン・グルンの英主たるホンタイジの故事は、百十七年ののち、四世の孫である乾隆帝によって踏襲され、「国語騎射」政策の起源となった。

すなわち、乾隆十七年（1752）の立石にかかる有名な満漢合璧の「諭習騎射熟国語碑」（騎射を習い国語に熟するを諭する碑、図3-5）は、乾隆帝が前述のホンタイジの故事を記した『満文原檔』崇徳元年（1636）十一月十三日の記事を引用して、国語と騎射を学ぶよう諭したものであった。もとより、そのねらいも、旗人の勇気を奮い起こし、自分たちのルーツを強く意識させようとしたものに相違なかった[36]。

第二代の太宗ホンタイジ、そして彼に倣った第六代の乾隆帝――その両人と

図 3-5　紫光閣八旗諭旨碑（『清史図典』第一冊，太祖・太宗朝）

もに，満文『金史』世宗本紀の記述をいわば本歌どりして，国家の柱石たる大臣・軍人たちに自分たちのはるかなるルーツを再認識させるとともに，あらためていっそうの感奮を求めたのである。仕掛けは，二重に繰り返された。そこにおける精神をはたしてどう見るか——。想いは人ごとにさまざまだろうが，歴史というものはシニカルにできている。

　ここでいくらか脇道にそれる。ホンタイジたちにもてはやされた，そのおおもとの金代世宗のジュシェン語にかかわる施策について一瞥しておくと，金国中期のその時代，『易』・『書』・『論語』・『孟子』・『老子』・『揚子』・『文中子』・『劉子』などの漢籍がジュシェン語に翻訳された。また，歴史書としては，『貞観政要』・『白氏策林』・『史記』・『西漢書』・『新唐書』などがやはりジュシェン語に翻訳されている[37]。さらに，まことにささやかなものではあったが，科挙試験の科目として翻訳が設定され，官僚や軍人の養成に積極的な影響を与えるようになる。

　このほか，ジュシェン文字の『孝経』千部を護衛親軍に賜ったり，エリートである猛安・謀克が官職を承襲する際には，ジュシェン文字の経史を読むことが前提条件とされるなどの一連の政策も施された[38]。また，毎年五月五日に拝

天の儀式をおこなう一環として、親王や官僚たちによる射柳がおこなわれ、彼らの射撃の技術を磨かせた[39]。

ひるがえって、ようするに三史編訳が始まったホンタイジ時代、マンジュ人たちはみずからのルーツとするジュシェン・金国でのことがらを明らかに意識し、ことさらなまでに世宗期におこなわれたジュシェン文化復興運動を手本としたことは疑いないのである。なお、崇徳六年（1641）には、『元史』の講読もおこなわれている。

ダイチン・グルンの皇帝は、入関前より、このような前代の歴史を勉強する日課をもっていた。生まじめな伝統が、そこにあった。であれば、『元史』講読もまた、もとより三史編訳と無関係とは考えにくい。

以上のような経緯で翻訳された『遼史』・『金史』・『元史』の満文訳は、すでに見たように、順治三年（1646）に刊刻される。このとき、内弘文院の大学士である祁充格（Kicungge）の上奏により、『大遼国の書』（『遼史』）三百帙、『金国の書』（『金史』）三百帙、『大元国の書』（『元史』）六百帙が刷られたことが分かる[40]。

その印刷部数の違いや書名の微妙な差異にこそ、実のところ注目すべき点があるが、ともかくもそれなりに刷られたこれら三史は、諸王以下、ジャラン・ジャンギン、理事官以上の官僚たちに賜与された[41]。つまり、遼・金・元の歴史を学ぶことを通じて、官僚たちに為政者としての"心得"を身につけさせるべく、編訳三史が配布されたのであった。

3　満文の『遼史』

現在、満文『遼史』は、北京故宮博物院・中国国家図書館（旧北京図書館）に内府刻本と抄本の所蔵が確認される[42]。さらに、最近になって、満文『遼史』の稿本が存在することも判明した[43]。本章で利用する京都大学附属図書館の晒藍本がそれである[44]。

各目録を見ると、満文『遼史』のタイトルを「Dailiyoo gurun i suduri

bithe」と記しているが[45]，帙背表紙にはなにも書かれておらず，マンジュ語の題名も見あたらない。ただ，版心上魚尾の下に「Dailiyoo i bithe」と刻され，下の魚尾の上には頁数，中間の「〇」の下に巻数が記してある。

　馮家昇（1959）の満文『遼史』の写真図版「10・11」は，おそらく中国で最初に紹介されたものだろう。しかし，馮は書誌解説のなかで，それについてはなにも触れなかった。図10は，順治元年（1644）満文写本，希福等訳，図11は満文刊本（ともに北京故宮博物院図書館蔵）である[46]。写真を見ると，写本と刊本の満文つづりには明らかに異同がみとめられる[47]。とりわけ，「Du an san」のつづり方は，写本では「an san」の「n」左に点が書かれており，刊本では点が書かれていないのが特徴である。このほか，行数の配列も同じではない。

　題名や表題，目次はなく，巻数は上述のように版の魚尾の欄に順次記されている。巻数と頁数は表3-1の通りである。

　この内容と漢文『遼史』を対照してみると，満文『遼史』はほとんど「本紀」を適宜編集して翻訳したものと思われるが，実際にテキストの内容をさらに詳しく検討した結果，叙述の配列から人物に関する記事は，大きな改編・修正がおこなわれたことが判明した（詳しくは承志（2007b）参照）。なお，巻八の最後には，「営衛志」・「兵衛志」・「国語解」と関係がある部分の編訳もおさめられている。

　そうした満文『遼史』は，まず漢文『遼史』の巻二，本紀第二，太祖下の最後の「賛曰」の部分を巻一の冒頭に置き，契丹の祖先から叙述をはじめるというスタイルを採る。

表3-1　満文『遼史』の巻数・内容・頁

巻数	内容	総頁数	備考
巻1	大遼国太祖	36	上奏文二件
巻2	大遼国太宗	35	
巻3	大遼国世宗	23	
巻4	大遼国景宗	13	
巻5	大遼国聖宗	44	
巻6	大遼国興宗	24	
巻7	大遼国道宗	45	
巻8	大遼国天祚	35	

　　大遼国の本名はチダン（契丹）で，チダン国の曾祖はチシオ（奇首），チシオより生まれたのはドゥアンサン（都菴山），ドゥアンサンは潢河の岸に遷って住んでいた。幾世代の

後，ヤリ（雅里）という名の祖先に至った後，制度をつくり官僚を設けた。木を刻み記録とし，地を掘って牢獄を作り，人を監獄に入れた。ヤリより生まれたのはピディエイ（毗牒），ピディエイより生まれたのはヘリン（頡領），ヘリンより生まれたのはネオリシ（耨里思），ネオリシは大度寡欲なので，法律は厳しくないけれども，人々の心が和して皆従いにきたため，チダンの部はそれから強盛となった……[48]。

両者を比較してみると，全訳ではなく，また満文訳と漢文が完全には一致しないこともわかる。現段階で，この満文『遼史』の底本を推定することは難しい。マンジュ語の訳から考えると，南監本・北監本いずれの可能性もある。南監本，もしくは北監本に近いと思われる事例は，下記の通りである。

①鞠為己子→馮家昇（1959）（「"已"，南作"己"，是」99頁）
　満文では「ini beyei banjiha jui adali gosime（彼は自分の実子のように慈しむ）」とあり，「beyei＝己」と訳すわけだから，南監本と一致する。
②勒石紀功於青塚南→馮家昇（1959）（「"奇塚"，南・北作"青塚"，是」104頁）
　満文では「bei wehe be folome ini gung be maktame arafi, cing dzung ni bai julergi de ilibuha（碑石に刻んで彼の功を謳歌して書き，青塚の地の南方に建てた）」とあり，「cing dzung＝青塚」と訳している。したがって，南・北監本の漢字音と一致する。

いっぽう，南・北監本と異なる事例もある。たとえば，

①遺其所奪神帳於路→馮家昇（1959）（「"遺"，南・北作"遣"，非」101頁）
　満文では「waliyafi＝遺」と訳している。南・北監本と異なる。
②三月丙辰，以迭烈部夷離菫曷魯為阿盧朵里于越，百僚進秩，頒賚有差，賜酺三日。立子倍為皇太子→馮家昇（1959）（「"于越"，南・北作"干越"，非」104頁）
　満文では「ilan biyade, ilijin hafan holu be wesimbufi ioi yuwan hafan obufi（三月に，イリジン官であるホルを昇進させてイオイユワン（于越）官と

して)」とあるが，「ioi」は「于越」の音訳である。南・北監本と異なる。
③皇后・皇太子・大元帥堯骨皆從→馮家昇 (1959) (「"大"，北作"太"，非」108頁)

満文では「amba yuwansuwai＝大元帥」となっている。北監本では「太元帥」と誤っているので，異なる。

また，満文『遼史』太祖本紀の最後には，皇太后の「断右腕」のエピソードを載せる。この部分は，漢文『遼史』では巻七十一，列伝第一，后妃のなかに類似箇所があるが，異なる資料から翻訳した可能性がある[49]。

いっぽうで，満文『遼史』の最後には，「国語解」が配置されている。漢文『遼史』巻百十六，国語解から直接翻訳されたと思われる（ただし，全訳ではない）。というのも，漢籍の誤刻をそのまま訳しているからである。たとえば，"捏褐耐：犬首也"を「niyei ho nai, amba uju sere gisun,（捏褐耐は大きい頭という言葉）」と訳し，犬を大と間違って「amba（大きい）」と訳す。"阿斯：寬大也"が「asy, yargiyan i amba sere gisun；（阿斯は実に大きいという言葉）」と訳され，「寬」を「yargiyan＝実」に誤る，といったように。

ところで，満文『遼史』では，相当量の割注が書き加えられている。それらを分類すると下記の通りである。

①人物
【割注1】[i dzung han, tang g'aodzu han i juwan ningguci jalan i/ han; siyan tung gemu hafuka sere gisun;/]（懿宗ハンは，唐高祖十六代のハンである。咸通は，ことごとく通じるという言葉）
【割注2】[dung dan gurun i wang žin hūwang wang inu;]（東丹国王は，人皇王を指すのである）
【割注3】[ming dzung li sy yuwan]（明宗は，李嗣源である）
【割注4】[taibe jali i ahūn; wen wang ni amji]（太伯は，jali の兄，文王の伯父である）
【割注5】[li ji ciyan be, amala hiya gurun wang obuha;]（李継遷を，のちに夏国の王とした）

【割注 6】[yelioi šun, doodzung han i jacin deo, holo wa de banjihangge, tiyan si serengge abka buhe sere gisun, jiyan fu serengge hvturi be ilibuha sere gisun;]（耶律淳は，道宗ハンの二番目の弟，holo wa より生まれた者。天錫というのは，天が与えたという言葉。建福というのは，福を建てたという言葉）

②度量衡

【割注 1】[beri ujen ilan tanggū gin akū, tatara hūsun/ ilan tanggū gin i ujen be etembi;]（弓の重さが三百斤ではなく，引く力が三百斤の重さであることを指す）

③地名

【割注 1】[u jeo daitung ni harangga,]（武周は，大東に属するところである）

【割注 2】[ping yuan san si bade bi,]（平原は，山西地方にある）

④遺跡名

【割注 1】[ming wang leose, lin hūwang fu de bi:]（明王楼は，臨潢府に位置する）

【割注 2】[lung mei gung šang jing hecen de bi:]（龍眉宮は，上京府に位置する）

⑤漢語

【割注 1】[tiyan šeo, abkai buhe sere gisun, yung enteheme, ning elhe sere gisun.]（天授というのは，天が授けたという言葉。永は末永く，寧は安泰という言葉）

【割注 2】[šeo cang enteheme jalafun sere gisun]（寿昌は，永遠に長寿という言葉）

【割注 3】[hiowan jiyan, iletu kemungge sere gisun;]（宣簡は，明白・節度という言葉）

【割注 4】[jang de, genggiyen erdemungge sere gisun,]（彰徳は，清らかで徳がある者という言葉）

【割注 5】[hūng fusy, amba hūturingga serengge,]（弘福寺は，大いに福があるということ）

【割注6】［dai tung serengge amba uhe sere gisun］（大同は，大いに合うという言葉）

【割注7】［žang guwe, gurun be anabuha sere gisun;］（譲国は，国を譲ったという言葉）

【割注8】［tiyan sio, abkai buhe sere gisun, tiyan lu abkai funglu sere gisun;］（天授は，天が与えるという言葉。天禄は，天の禄という言葉）

【割注9】［šen u serengge enduri baturi sere gisun;］（神武というのは，神・勇という言葉）

【割注10】［tiyan šun abka de ijishūn sere gisun ; ing li forgon de acabure sere gisun;］（天順は，天に従うという言葉。応暦は，時に合わせるという言葉）

【割注11】［hūwa jeo, lin hūwang fui harangga］（懐州は，臨潢府の属地）

【割注12】［ciyan heng, taifin obuha sere gisun;］（乾亨は，太平にしたという言葉）

【割注13】［sy irgebume arara bithe;］（詩は，詠って書く書である）

【割注14】［k'ai tai, taifin be neihe sere gisun］（開泰は，太平を開いたという言葉）

【割注15】［tai ping, taifin oho sere gisun;］（太平は，太平となったという言葉）

【割注16】［dzung si serengge geli genggiyen sere gisun;］（重熙というのは，再び清らかであるという言葉）

【割注17】［tiyan ceng jiyūn serengge, abkai mutebure cooha sere gisun;］（天成軍というのは，天が成立させた兵という言葉）

【割注18】［ži ben oodzi gurun inu］（ži ben（日本）は，倭子の国である）

⑥契丹語

【割注1】［boo li serengge, dailiyoo i gisun de ehe niyalma be;］（boo li というのは，大遼の言葉で悪い人を指す）

【割注2】［ilibi serengge beidere jurgan be:］（ilibi（夷離畢）は，刑部を指す）

【割注 3】［hūsy serengge hūsun bisire sere gisun, k'ang guwe serengge gurun be toktobuha sehengge;］（hūsy（虎思）というのは，力があるという言葉。k'ang guwe（康国）というのは，国を定めたということ）

これ以外に，⑦年号，⑧官職名，⑨部族名などの割注もみとめられる。

割注は，漢語についての解釈がもっとも多い。年号の漢字音に対して，マンジュ語でその意味を解釈するという方法は，マンジュ語初期にしばしばおこなわれたことだが，この満文『遼史』割注は，漢語をマンジュ語で解釈した最初の事例である。マンジュ人に漢文を正確に理解させるうえで，こうした注解は重要な作業であった。その注釈の方式は，古くは『満文原檔』[50]や『満文内国史院檔』のなかにも頻繁に見かけるものである。異なる文化や言葉について注釈するというこの手法は，のちには『御製清文鑑』の国語辞典として発展していく。ただし，後世の辞書類には，三史編訳の時点での注釈は収録されなかった。その意味で，これらの割注は，ダイチン・グルンの初期における単語の意味の確定や注釈方式を知るのに，きめわて貴重な資料となる。

おわりに

本章で紹介した満文三史，とりわけ満文『遼史』は，ダイチン・グルンの初期の翻訳事業の一端を示すものに過ぎない。とはいえ，三史のすべてにわたって，今後ダイチン・グルン初期のマンジュ人たちが大遼・大金・大元の歴史をどのように理解しようとしたのか，翻訳の結果をどのように見たのか，あるいは彼らが歴代王朝史に対してどのような認識をもっていたのか，さらにはまた割注の情報はどこから得たものなのか，といったさまざまな問題を解明するため，なおいくつかの基礎作業を進めていかねばならないだろう。

まずは，とにもかくにも三史の満文テキストを詳しく検討すること。――満文に編訳された三史は，漢文三史の総量の四分の一に過ぎないが，北京・台北をはじめ，ロンドンやサンクトペテルブルグなどの関連機関に稿本・写本・刊

本などが蔵されていることが判明している。それらの調査を通じて，割注の来源をふくめた満文翻訳を詳細に検討し，当時の編訳作業の全容を明らかにしていかねばならないと考えている。今後の課題としたい。

注

1) 明代の世界図についてのおもな研究として，洪煨蓮（1936）・鮎澤信太郎（1957）・王綿厚（1981）・曹婉如（1983）・黄時鑒等（2004）がある。
2) 遼寧省博物館蔵，万暦三十一年（1603）李応試刻本。1949年に瀋陽故宮内府翔鳳閣の屏風からはずしたもの。無圏点の老満文をもって翻訳されているが，その翻訳内容についてはこれまで検討されていない。本書第4章（承志（2007a））参照。
3) じつはこの地図が発見された瀋陽の故宮翔鳳閣というのは，太宗皇帝が起居する場所であると同時に，ダイチン・グルン初期の史書を翻訳した場所でもあった。『欽定盛京通志』巻五に「譯書史於翔鳳閣」とある。
4) 『満文原檔』第六冊，天字檔，天聰元年四月八日，46-47頁（『老檔』太宗I，29-30頁）。
5) バクシと文館・歴史記録に関しては，多くの研究がある。三田村泰助（1950）・神田信夫（1960）・松村潤（2001）・加藤直人（2008）参照。
6) 「もとのことば」と訳した箇所は，廣禄・李学智（1965）が「icei gisun（新しいことば）」と解読したが，文字の形態から「ineku gisun（原話）」という文字が読み取れる。
7) 『満文原檔』第一冊，昃字檔，万暦四十三年十二月，124-125頁（『老檔』太祖I，56頁）。のちの乾隆年間の重抄本である『老檔』と異なるところがある。

【原文転写】sure [# amba] genggiyen 124//125 *han i ilibuha eiten hacini sain doro be; erdeni baksi ejeme bitheleme gaiha; [$ an i bithe ere inu;] ○/○ erdeni baksi kicebe ginggun ejesu sure be amcaci ojorako; ere bithe be [# majige dababume arahabi]; [# uweri] mujilen [+i] fukjin/ [# araha bithe be adarame dasara seme; inu ambula dasahako; ineku gisun baba de bi;/ arahangge inu mangga;/

この資料に関しては，加藤直人（2008）5-6頁が原文転写と日本語訳を提示し，19頁の注(6)において，関連する内容が『満文原檔』第一冊，荒字檔，62頁に存在し，削除前の状態を残すことも指摘した。ただし，「[# majige dababume arahabi]；[# uweri]（[# 少し誇張して書いた]。[#残せ]）」とすべきところを，「[mejige tabubume arahabi; afari]（情報をつなぎ合わせて書いている。各葉）」と読むほか，124頁の「sure [# amba] genggiyen」の一句を転写していない。

8) 『満文原檔』第一冊，荒字檔，万暦四十三年十二月，62頁に「スレ・アムバ・ゲンギイェン・ハンが立てた一切の善道（sain doro）について，エルデニ・バクシが記録した。もとの書はこれである」という。この部分に相当する『老檔』太祖I，56頁は「エルデニ・バクシはスレ・ゲンギイェン・ハンの立てた一切の善道を記録した。エルデニ・バクシの勤勉・謹直・強記・聡明には及びがたい。この書を心を尽くして最初に書

第 3 章　歴史にまなぶ帝国の「かたち」　147

いたことは，じつに容易なことではない」とやや異なる。また，『満文原檔』第一冊，
昃字檔，天命三年三月，229 頁と『老檔』太祖 I，137 頁の「事例を記憶し記録したエ
ルデニ・バクシが言［#ったことば］［＋うには］」といった違いのほか，『満文原檔』第
一冊，荒字檔，天命三年四月二十六日，87 頁「事例を記憶し記録したエルデニ・バク
シが言ったことばは……」が，『老檔』太祖 I，98 頁では「事例を記憶し記録を作った
大臣エルデニ・バクシの言った……」となっている。

9)　『満文原檔』に関しては，最初に『旧満洲檔』として影印されて以来，これまで幾人も
の解説が提示されてきている。しかし，全体的に不明瞭なところが多く，編纂物として
の考察もじゅうぶんとはとてもいいがたい。

10) 『満文原檔』第三冊，冬字檔，天命八年五月初三日，440-441 頁に「*sume　henduhe
gisun ○ erdeni baksi; da hadai niyalma bihe; orin namu se de 440//441 genggiyen han
be baime jihe; han hanci gocifi bithei jurgan de/ takūrame tuwafi getuken sūre ojoro
JAKA de; amala tūkiyefi/ fujan obufi ūjihe bihe; ajige oilei turgun de/ eigen sargan be
gemu waha;（解釈の言葉，エルデニ・バクシはもともとハダの人で，二十一歳のとき
にゲンギイェン・ハンを求めてきた。ハンの側近として書の部において使わせてみたと
ころ，明晰・聡明なので，のちに昇進して副将として養っていた。軽罪で夫婦ともにみ
な殺された。）」とあり，『老檔』では関係する部分が欠けている。また『満文原檔』冬
字檔のエルデニ伝に関する記述の後に「○ hendume: ○ julgei　niyalmai　henduhengge
abkai fejile yaya sain jaka be bahara ja;/ sain niyalma be bahara mangga sehebi; erdeni
baksi i gowa gung be/（ハンが言うには，昔の人が言ったことには，天下のすべてのよ
きものを手に入れることは容易で，よき人を得ることが困難であるという。エルデニ・
バクシの他の功について……）」(441 頁) なる一節がある。彼については『八旗通志初
集』巻二百三十六，儒林伝，エルデニ・バクシ伝（満文：11b-13b 頁，漢文：5327-5328
頁）にも詳しい資料が残っている。

11) 『八旗満洲氏族通譜』巻十三，噶盖扎爾固齊

12) 『満文内国史院檔』天聡七年十月十日（日本語訳『内国史院檔・天聡七年』18-23 頁）

13) この資料の一部がのちに『八旗通志初集』巻二百三十六，儒林伝，ダハイ伝に使われ
た。

14) もとの漢文テキストの一つ『増補万宝全書』（京都大学人文科学研究所蔵，乾隆十二年
序刊本）巻七には，マンジュ語らしき文字が刻まれているが，文字の形からほとんどマ
ンジュ語の知識がない人，刻工によって施されたものと判明する。

15) ダハイ訳『素書』については，現在遼寧省図書館に写本が残っている。序文の一部は満
漢合璧で書かれており，目次の部分に「dahai baksi ubaliyambuha（ダハイ・バクシが
翻訳した）」と記される。本文の表題は満漢合璧，釈文はマンジュ語のみ記されている。

16) やはり遼寧省図書館が蔵する満漢合璧の『六韜』の写本によれば，ダハイが十九篇を翻
訳し，残りは後世の儒者（bithesi）が翻訳したという。

17) ダハイの伝については，『八旗通志初集』巻二百三十六，儒林伝，ダハイ伝（満文：4a-
10a 頁，漢文：5324-5326 頁）および『欽定盛京通志』巻七十四，国朝人物十，正藍旗
満洲，達海

18)『大清太宗實錄』(順治初纂版)卷五,天聰三年四月「上命分文臣爲兩班,職掌大海榜式翻譯明朝古書,筆帖剛林・蘇開・孤兒馬弘・托布戚四人副之。庫里纏榜式記本朝往來文移,及得失事蹟。筆帖式具把什・加素哈・胡丘・詹巴四人副之。滿洲文字,太祖由心肇造,著爲軌範。上卽位,聰明盛德,復樂聞古典,故分淸漢文人爲兩班,以歷代帝王得失爲鑑,因以考己之得失焉」。

『大淸太宗實錄』卷五,天聰三年四月丙戌「上命儒臣分爲兩直,巴克什達海,同筆貼式剛林・蘇開・顧爾馬渾・托布戚等四人,翻譯漢字書籍。巴克什庫爾纏,同筆貼式呉巴什・查素喀・胡跟・詹覇等四人,記注本朝政事,以昭信史。太祖製國書,因心肇造,備列軌範。上躬秉聖明之姿,復樂觀古来典籍。故分命滿漢儒臣,翻譯記注,欲以歷代帝王得失爲鑑,併以記己躬之得失焉」。

19)『滿文原檔』第一册,荒字檔,天命三年四月十四日,82頁(『老檔』太祖I,89-90頁)に「駐営してその夜ハンはモンゴ・グルン(Monggo gurun)のベイレ(beile)王エンゲデル(Enggeder),サハルチャ・グルン(Sahalca gurun)の大人サハリャン(Sahaliyan)の二人の婿に向かって,昔の金のハンの暮らした例を告げ,さらに『古来の帝王(han beise)らの例を見れば,いずれもみずから苦労し戦い合ったが,永久にハンであった者はない。いま私は,ハンの位を得たい,永久に生きたいと思ってこの戦いを始めたのではない。ニカンの万暦ハンが大いに私を怒らせたので,これに耐えられず戦いを始めた』とあり,また『滿文原檔』第一册,天命四年三月,237-238頁(『老檔』太祖I,143頁)に「ソルホ(朝鮮)兵はみずから来たくて来たのではなく,ニカン(明)に勝たず,オオセ(倭子)との事件の際の恩に報いるためにやって来たのであろう。昔,我が金の大定ハンのとき,高麗の大臣趙位寵が四十余城を率いて叛き,来て投じたが,大定ハンは,我がアイシン・グルン(金国)がニカン(Nikan 宋)の趙徽宗,趙欽宗ハンと戦ったとき,ソルホ・ハンはどちらにも味方しなかった正しい国であると言って,それを受け入れずに帰したということである。それを思えば我ら両国は元来仲が悪くなかった」とある。

20)『滿文原檔』第二册,張字檔,天命六年十二月十四日,311-312頁(『老檔』太祖I,451頁)

21)この記事に関して『遼史』巻二十七,天祚皇帝および『遼史』巻一百二,蕭奉先伝を参照。このことは滿文『遼史』天祚紀のなかにも編訳されている。

22)『遼史』本紀巻二十七「二月丁酉,如春州,幸混同江鈎魚,界外生女直酋長在千里内者,以故事皆來朝。適遇頭魚宴,酒半酣,上臨軒,命諸酋次第起舞,獨阿骨打,辭以不能。諭之再三,終不從。他日,上密謂樞密使蕭奉先曰,前日之燕,阿骨打意気雄豪,顧視不常,可託以邊事誅之。否則,必貽後患。奉先曰,癖人不知禮義,無大過而殺之,恐傷向化之心。假有異志,又何能爲」。

23)『元史』太祖本紀「初帝貢歲幣于金,金主使衛王允濟貢於淨州。帝見允濟不爲禮。允濟歸,欲請兵攻之。會金主璟殂,允濟嗣位,有詔至國,傳言当拜受。帝問金使曰,新君爲誰。金使曰,衛王也。帝遽南面唾曰,我謂中原皇帝是天上人做,此等庸懦亦爲之耶,何以拜爲。卽乗馬北去。金使還言,允濟益怒,欲俟帝再入貢,就進場害之。帝知之,遂與金絶,益嚴兵爲備」。

24) 『満文原檔』第十冊, 日字檔, 崇徳元年四月十五日, 129頁 (『老檔』太宗III, 1005-1006頁).
25) 「編修國史。従古及今, 換了多少朝廷, 身雖亡而名尚在, 以其有錄故也。書之當當代, 謂之錄, 傳之後世, 謂之國史, 此最緊要之事。我金國雖有榜什在書房中, 日記皆系金字, 而無漢字, 皇上即爲金漢主, 豈所行之事, 止可令金人知, 不可令漢人知耶。遼金元三史, 見在書房中, 俱是漢字漢文, 皇上何不佈而行之, 乞選學博覽之儒, 共同榜什, 將金字翻成漢字, 使金漢書共傳, 使金漢人共知, 千萬世後, 知先汗創業之艱難, 皇上續統之勞苦, 凡仁心善政, 一開卷朗然, 誰敢埋沒也。伏乞聖裁」.
 なお, 楊方興の提言については, 三田村泰助 (1950)・謝国禎 (1968)・松村潤 (2001) にすでに言及がある。
26) 『欽定八旗通志』巻二百一, 楊方興伝「楊方興, 廣寧人, 後隸漢軍鑲白旗。天命七年, 太祖高皇帝征明, 克廣寧, 方興以諸生隨衆來到。太宗文皇帝時, 命入直内院, 與修太祖實錄。崇徳元年分内院學士舉人生員爲四等, 方興列二等, 並以實錄告成, 俱得賜賚, 旋試列舉人, 授佐領銜, 擢内秘書院學士。七年上行圍旋蹕, 方興以醉後騎馬, 衝突儀仗, 罪當死, 特命免之, 戒後勿飲酒。八年同戸部啓心郎布丹, 齎勅往朝鮮, 申嚴禁令。順治元年, 隨大兵入關, 是年七月, 奉命總督河道……」.
 このほか『清史稿』列伝巻二百七十九, 列伝六十六にも伝がある。
27) 『大清太宗実錄』(順治初纂版) 天聡七年十月初十日。松村潤 (2001) 参照。
28) 「參將寧完我謹奏, 臣觀金史, 乃我國始末, 汗亦不可不知, 但欲全文譯寫, 是載難成, 且非緊要有益之書。如要知正心, 修身・齊家・治國的道理, 則有孝經, 學・庸・論・孟等書, 如要益聰明智識, 選練戰攻的機權, 則有三略・六韜・孫吳・素書。如要知古來興廢的事蹟, 則有通鑑一書。此等書爲最緊要, 大有益之書。汗與貝勒及國中大人, 所當習聞明知, 身體力行者也。近來本章稀少, 常耐・恩革太二人, 每每空閒無事, 可將臣言上項諸書, 令臣等選擇, 督令東拜, 常耐等譯寫, 不時呈進。汗宜靜覽深思, 或有疑蔽不合之處, 願同臣等講論, 庶書中之美意良法, 不得輕易放過, 而汗之難處, 愁苦之事, 亦不難迎刃而解矣。金史不必停止, 仍令帶寫」.
29) 李徳啓編, 于道泉校 (1933) 40頁「按上列三書, 乃係三史中之本紀。曾與漢文三史略爲對閱, 其内容, 大体相同。是書首列順治元年希福等進書奏摺, 略云『自崇徳元年開始編譯, 至崇徳四年告成』, 列順治三年祁充格等刻書奏摺。……在滿文翻譯漢籍中, 爲成帙最早之刻本」.
30) 満文『遼史』の順治元年三月二十六日の上奏文。この満文上奏文については井黒忍 (2004) が日本語に全訳している。併せて参照されたい。なお, 以下の実録および『八旗通志初集』の記事も参照。
 『大清世祖実錄』巻三, 順治元年正月甲寅「大學士希福等奏言, 竊稽自古史冊所載, 政治之得失, 民生之休戚, 國家之治亂, 無不詳悉具備。其事雖往, 而可以詔今, 其人雖亡, 而足以鏡世。故語云, 善者吾師, 不善者亦吾師。從來嬗継之聖王, 未有不法此而行者也。遼金雖未混一, 而遼已得天下之半, 金亦得天下之大半。至元則混一寰區, 奄有天下, 其法令政教, 皆有可觀者焉。我先帝鑒古之心, 永懷不釋, 特命臣等將遼金元三史, 芟削繁冗, 惟取其善足爲法, 惡足爲戒, 及征伐畋獵之事, 譯以滿語, 繕寫成書。臣等敬

奉綸音。將遼史自高祖至西遼耶律大石末年，凡十四帝，共三百七年。金凡九帝，共一百十九年。元凡十四帝，共一百六十二年。詳錄其有裨益者。始於崇德元年五月，竣於崇德四年六月。今敬繕成書以進，伏乞皇上萬幾之暇，時賜省覽，懋稽古之德，弘無前之烈。臣等不勝幸甚。奏入上展閱再四，深加獎賞。命賜大學士希福鞍馬一匹，銀四十兩。學士胡球・査布海・王文奎，員外郎劉弘遇，他赤哈筆帖式能圖・葉成格，馬各一匹，銀各三十兩。鏗特・卜爾凱・卦爾察，銀各四十兩。卞為鳳・科爾代・尼滿，銀各三十兩。碩爾格・劉朝卿・李允昌，銀各二十兩」。

『八旗通志初集』巻一百四十七，名臣列伝七，希福巴克什伝（満文：5a-6b 頁，漢文：3783 頁）

31) 『八旗通志初集』巻一百四十七，名臣列伝七，希福巴克什伝（満文：1b-9a 頁，漢文：3782-3784 頁）

『欽定盛京通志』巻六十九，国朝人物五，正黄旗満洲「希福，姓赫舎里。世居都英額，再遷哈達。太祖既滅哈達，從其兄碩色来到，以通蒙古，漢文遂專任文館，賜號巴克什。後隷滿洲正黄旗。……順治元年譯遼金元三史成得優賚」。

32) 『欽定八旗通志』巻一百六十五，人物志四十五「能圖，滿洲正紅旗人。姓納喇。世祖章皇帝順治元年，任内院筆帖式，譯遼金元三史，書成，賜銀馬加員外郎衘。二年四月，改授宏文院侍讀。八年三月，遷宏文院學士。九年正月，充太宗文皇帝錄副總裁官」。

33) 『欽定八旗通志』巻二百六，人物志八十六「劉宏遇，遼東人。……天命七年，太祖高皇帝征明，次三岔河，宏遇同耆遇挈家來到，並以明邊境兵馬數目，及戰守事宜陳奏，上遣鄂克兌諭之，曰得廣寧城後，當授爾官。……遂授宏文院副理事官，後分漢軍爲八旗，宏遇隷正藍旗。順治元年三月，以繙譯遼金元三史告成，賚白金・鞍馬」。

『清史稿』列伝巻二百四十，列伝二十七，劉弘遇の伝記に「順治元年，譯遼，金，元三史成，賜白金，鞍馬」とある。

34) 松村潤（2001）86 頁に収める中国第一歴史檔案館『無圏点満文国史院檔』に「除夜に家の梁に貼られる紙を描く時，この梁に貼られる紙に，箭を射た騎射した敵に攻めたことを決して描くな。昔の優れた事例，ハン・大臣が行った得失の処を描け，と（云った）ので，画匠らが書房の大臣らのもとに来て云った言を告げた。文官の大臣ら・ダハイが頭に立って議して帝鑑図という，皇帝の鑑の図の書を探し求め，それぞれ二尋の五枚の紙に有益なよい場面を描いて貼り付けた。ハンは，「見るだけでは判らない，絵の下に書を書け」とジュシェン文字を書かせた」とある。

35) 『満文原檔』第十冊，宇字檔，崇德元年十一月十三日（『老檔』太宗 IV，1439-1440 頁）。ちなみに，内容的に『老檔』と少し異なる。

36) この碑の拓影は北京図書館金石組編（1990）第 70 冊，175 頁に載録される。

37) 『金史』巻八，世宗本紀，大定二十三年九月己巳「譯經所進所譯易・書・論語・孟子・老子・揚子・文中子・劉子及新唐書。上謂宰臣曰，朕所以令譯五經者，正欲女直人知仁義道德所在耳。命頒行之」。

『金史』巻八，世宗本紀，大定二十三年八月乙未「觀稼于東郊。以女直字孝経千部，付点檢司分賜護衛親軍」。

『金史』巻九九，徒単鎰伝「大定四年，詔以女直字譯書籍。五年，翰林侍講學士徒單子

第3章　歴史にまなぶ帝国の「かたち」　151

温進所譯貞觀政要・白氏策林等書。六年，復進史記・西漢書，詔頒行之」。
　満文『金史』のなかでも，これらの記述を選んで翻訳している。このうち前の二つの大定二十三年の記録については，満文『金史』巻五，世宗，大定二十三年に「jakūn biya de. nio ji/ gisun i ubaliyambume araha; siyoo jing ni bithe minggan debteliyen be han i hanci/ gocika cooha de selgiyeme buhe; uyun biya de. i jing šu yamun i hafan ubaliyambume/ araha. i jing. šu jing. lūn ioi; mengsy enteke hacin i jakūn bithe be/ benjihe manggi; sidzung han tsaihiyang ni baru hendume. mini sunja jing be ubaliyambume ara serengge; nio ji niyalma be gosin jurgan doro erdemu/ bisire be sakini serengge kai seme hendufi. gurun de selgiyehe;/（八月に，女直(ニオジ)の言葉で翻訳させて書いた孝経の書を千部，ハンの護衛親軍に賜った。九月に，訳経書の役所の官が翻訳して書いた易経・書経・論語・孟子等の八種類の書を送ってきた後，世宗ハンが宰相の方に言うには，「私が五経を翻訳させたのは，女直(ニオジ)の人が仁義・道徳があることを知るようにということであるぞ」という。国中に伝えた）」とある。

38)　『金史』本紀巻八，大定二十六年三月丁酉「以親軍完顏乞奴言，制猛安謀克皆先讀女直字經史然後承襲。因曰，但令稍通古今，則不肯為非。爾一親軍粗人，乃能言此，審其有益，何憚而不從」。
39)　『金史』巻六，大定三年五月乙未「以重五，幸廣樂園射柳，命皇太子・親王・百官皆射，勝者賜物有差。上復御常武殿，賜宴擊毬。自是歳以為常」。
40)　満文『遼史』の順治三年四月七日の上奏文
41)　『大清世祖實録』巻二十九，順治三年十一月壬辰「頒賜諸王以下，甲喇章京理事官以上，滿文金遼元三史」。
42)　富麗（1983）169頁を参照。
43)　本書第4章（承志（2007b））参照。
44)　京都大学文学部閲覧室のカード目録に，
　　　①満文元史　東洋史　702751　在講師室
　　　②金史（満洲語）第6～9巻　東洋史　702748　研究室　別置
　とあるが，①，②はともに現在京都大学附属図書館の蔵するところとなっている。それが証拠に蔵書番号が一致する。また，同館の『遼史』は，所蔵番号：5-40/マ/26，蔵書印：京都帝国大学図書，編号：702749　昭和15. 7. 13，魚尾の欄に「書名＝Dailiyoo i bithe，巻＝○ emu　頁＝emu」と刻す。東洋文庫蔵のテキストは，カード目録に，
　　　［遼史］用刊本青焼，書名は背。満文，MA2-6-3
　　　［金史］用鈔本青焼，書名は背。満文，MA2-6-4
　　　［元史］用鈔本青焼，書名は背。満文，MA2-6-5
　とある通り，ここから焼き付けたものである。
45)　黄潤華・屈六生（1991）162-163頁に「『遼史（Dailiyoo gurun i suduri bithe）』八巻，希福訳，順治三年（1646）内府刻本，満文，八冊，35.3×21.3cm，故宮博物院図書館，大連市図書館蔵。『遼史』順治元年（1644）抄本，満文，六冊，32×21.5cm，故宮博物院図書館。晒印本（拠順治三年刻本晒印），満文，八冊，北京図書館（現中国国家図書館）」とある。

46) 馮家昇（1959）
47) 馮家昇（1959）の図版のテキストは下記の通りである。
　　①図版 10　清順治元年満文写本
　　　○ dailiyoo gurun i da gebu ci dan; ci dan gurun i unggu mafa ci sio; cisio de/ banjihangge du ann sann; du an san hūwang ho birai dalin de gurifi tehe;　emu udu jalan/ ofi; yali gebungge mafa de isinjiha manggi; an kemun ilibume hafan sindaha; moo be geyeme/ ejeme; na be jujume loo arafi niyalma be horimbihe; yali de banji-hangge pi diyei;/ pi diyei de banjihangge hiling. heling de banjihangge neolisy; neolisy bodohon amban; buyen/ komso ofi. fafun cira akū bicibe niyalmai mujilen hūwaliyafi geren dayanjire jakade; ci dan i/ aiman tereci etenggi wesihun oho; neolisy de banji-hangge salade. salade de banjihangge yūn desi;/ yūn desi irgen de usin/ weilere be tacibume; ulga ujire sain ofi; ci dan i aiman bayan.../
　　②図版 11　満文刊本（次注参照）
48) ［満文］○ dailiyoo gurun i da gebu ci dan; ci dan gurun i unggu mafa ci sio;/ cisio de banjihangge du an san; du an san hūwang ho birai dalin de/ gurifi tehe; emu udu jalan ofi; yali gebungge mafa de isinjiha manggi;/ an kemun ilibume hafan sindaha; moo be geyeme ejeme; na be jujume loo/ arafi niyalma be horimbihe; yali de banjihangge pi diyei; pi diyei de/ banjihangge hiling. heling de banjihangge neolisy; neolisy bodohon amban;/ buyen komso ofi. fafun cira akū bicibe niyalmai mujilen hūwaliyafi geren/ dayanjire jakade; ci dan i aiman tereci etenggi wesihun oho;
　　［漢文］贊曰、遼之先、出自炎帝、世爲審吉國、其可知者、蓋自奇首云。奇首生都菴山、徙潢河之濱。傳至雅里、始立制度、置官屬、刻木爲契、穴地爲牢。讓阻午而不肯自立。雅里生毗牒。毗牒生頦領。頦領生耨里思、大度寡欲、令不嚴而人化、是爲肅祖。肅祖生薩剌德、嘗與黃室韋挑戰、矢貫數札、是爲懿祖。懿祖生匀德實、始教民稼穡、善畜牧、國以殷富、是爲玄祖。玄祖生撒剌的、仁民愛物、始置鐵冶、教民鼓鑄、是爲德祖、即太祖之父也。世爲契丹遙輦氏之夷離菫、執其政柄。德祖之弟述瀾、北征于厥・室韋、南略易・定・奚・霫、始興板築、置城邑、教民種桑麻、習織組、己有廣土衆民之志。而太祖受可汗之禪、遂建國。東征西討、如折枯拉朽。東自海、西至于流沙、北絶大漠、信威萬里、歷年二百、豈一日之故哉。周公誅管・蔡、人未有能非之者。剌葛・安端之亂、太祖既貸其死、而復用之、非人君之度乎。舊史扶餘之變、亦異矣夫。
49) 漢文『遼史』卷七十一、后妃伝「太祖崩、后称制、攝軍國事。及葬、欲以身殉、親戚百官力諫、因斷右腕納于柩。太宗卽位、尊爲皇太后。會同初、上尊號曰、廣德至仁昭烈崇簡應天皇太后」。
　　マンジュ語訳では「tiyan siyan i jai aniya. jakūn biya de. taidzu han i giran be su ling ni bade toktobume sindara de. hūwang heo dahame buceki seci. niyalma hūncihun. tanggū hafasa tafulara jakade. hūwang heo ini ici gala be faitafi hobo de sindafi hecen sahafi. jiyedusy hafan be tuwakiyabuha;（天顕二年八月に、太祖の遺骨を祖陵のところに定めて安置するとき、皇后が殉死したいと言ったが、親戚や百官に諫められたので、皇后は自分の右手を切って柩に置き、築城して節度使に守らせた）」と、やや詳しい文

章となっている。
50）特に『満文原檔』第三冊，冬字檔，381-464頁の記述は，満文三史と同様の体例をとっている。

第4章　ネルチンスク条約の幻影
——マンジュ語で記された『黒龍江流域図』——

はじめに

　マンチュリアにいたジュシェンは，地理に関する知識を，入関前からすでにさまざまなかたちで入手していた。しかし，いま目にすることができる地図は，数枚を除いて，その多くは順治年間（1644-1661）以降に作製され，宮中で保存されてきたものばかりである。

　現在，マンジュ語の初期の地図として確認できるのは，中国第一歴史檔案館所蔵の『盛京満文老檔』という檔案類のなかの墨で書かれた一枚の地図である。「満文地図一件」というタイトルで整理されている。この図は初期の無圏点満文で書かれているので，天聡六年（1632）以前の成立と見られる。大きさは縦76cm×横93.5cm，地図の上にYooju（耀州）・Gaiju（蓋州）・Dungjing（東京）・Simyan（瀋陽）・Niojan（牛荘）・Cuwanceng（船城）・Fusi（撫順）といった瀋陽・遼陽（東京）周辺の町の名前が書かれている。さらに地図の左上には，「julergi jasei tai be sunja ba tubade tebu;/ tai jakade usin i ambula komso be tuwame, tai fejile gašan tebu;/（南境の台を五里の外に配置せよ。台の周辺に畑の多少を見て，台の下に村を設けよ）」と記されている。また図の右下に，「amargi jasai tai fe an i uthai bikini;/ tai jakade usin i ambula komso be tuwame tai fejile gašan tebu;/（北境の台はもとの通りあればよい。台の周辺の畑の数を見て台の下に村を設けよ）」とある。したがって当該地域における見張台の設置と村の位置に関する地図といえる。

　いっぽう，明代に出版された地図の漢文表記に添えるかたちでマンジュ語が記されたものとして，『両儀玄覧図』（口絵9，遼寧省博物館蔵）・『九辺図』（同前）と『大明混一図』[1]（口絵10，中国第一歴史檔案館蔵）がある。なかでも特

第4章　ネルチンスク条約の幻影　155

に注目されるのが，やはり無圏点満文で書かれた『両儀玄覧図』である。これは万暦三十一年（1603）に刊行された『両儀玄覧図』中の漢語の横にマンジュ語で注訳したもので，マンジュ人が天聡六年（1632）以前にすでにみずからの言語で世界図を理解しようとした試みの一例，証拠でもある。たとえば，

東アジア

韃靼 Monggo gūrun，長白山 Šanggiyan alin，五国城 Sunja gurun i hecen，大明 Nikan gūrun，大明海 Nikan i mederi，南京 Nan jing，大明一統 Nikan gurun，呂宋 Lio song，小東洋 Ajige dergi mederi，日本 Ose，日本海 Osei mederi，朝鮮 Solko，女直 Nioiji

アフリカ・ヨーロッパ

冰海 Jūhei mederi，地中海 Na i dulimbai mederi，欧邏巴 Eo lo ba，利未亜 Li ui ya，臥藍的亜大州 O lan di ya，回回 Hūidzi

北米・南米・太平洋

北海 Amargi mederi，北亜墨利加 Amargi ya me li giya，南亜墨利加 Jūlergi ya me li giya，大東洋 Amba dergi mederi，小西洋 Ajige wargi mederi

と対訳され，これらの地名以外に「昼長線 inenggi golmin sirge，昼短線 inenggi foholon sirge，昼夜等線 inenggi dobori gese sirge，赤道北地半球之図 fulgiyan amargi na i hontoho muheliyen i nirugan」などの部分も翻訳されていた[2]。ジュシェン時代には，このように明代の地図の上に，マンジュ人が理解しやすいように，マンジュ語の対訳が書き加えられ，しかもその対訳されたマンジュ語は世界各地の地名にまで及んでいたのである。

ダイチン・グルン時代のマンジュ語で記された地図・絵図は，中国をはじめ，ロシア・イギリス・アメリカ・日本など世界各地に蔵されている。このなかで，圧倒的な所蔵量を誇るのは北京の中国第一歴史檔案館で，少なくともここには約三百件（冊）の満文地図がある。また，これまでの紹介によれば，現在，第一歴史檔案館・国家図書館・故宮博物院・台北国立故宮博物院などの機関に，あわせて一万件を超える輿図が所蔵されており，輿図に書かれた文字は，中国語のほか，マンジュ語・モンゴル語・ロシア語・英語・フランス語・ラテン語など多言語にわたるが，ほとんど研究されていないのが現状であ

る³⁾。

　満文地図に関する研究は、これまでもっぱら地図研究者によってなされてきた。そこでは、そのほとんどが地図の内容と作成年代の推定にとどまり、もっとも基本である地図の作製機関、そしてその実態および当時の歴史的な背景の観点から分析されることはまずなかった。そのうえ、当時の地図の目録作成とその後の編纂経緯についても詳しく触れた研究がない。ところが最近、内務府関係檔案が陸続として出版されており、じつは、これによって、当時の宮廷絵師や職人による輿図作成の実態を明らかにしうるのである⁴⁾。

　ダイチン・グルンの輿図は、大部分は中国に残されたといってよいが、世界各地に分散したものについては、現在もその多くが不明である。最近出版された李孝聡（1996）（2004）などによって、世界各地の中国輿図の全貌が徐々に明らかになりつつはあるが、いっそうの調査が望まれる。

　ようするに、こんにちに至るまで、中国における地図作製とその目録編纂の歴史について、きちんと検討・整理されないまま研究が進められてきた。しかし、その実態が明らかになりつつある今、ようやく真の意味で地図を取り上げ検討しなおす段階に入った。地図作製と目録編纂の歴史については、第6章で紹介するので、以下ではまず具体例として、現在台北国立故宮博物院に所蔵されている『黒龍江流域図』を取り上げて考えてみることにしたい。

1　台北国立故宮博物院蔵『黒龍江流域図』について

　さて、こんにち台北国立故宮博物院に所蔵されているマンジュ語の地図は表4-1の通りである⁵⁾。

　この表の二十九件の満文地図はすべて「国立北平図書館」から移管されたもので、王庸（1932）の目録とほとんど一致する⁶⁾。ただし『黒龍江流域図』（口絵11、図4-1）と『吉林九河図』（口絵13、図5-1）はほかの三点とともに王庸（1932）の目録にふくまれていないが、『国立北平図書館輿図存箱目録』には、『黒龍江流域図』"原四辺破，民国五十九年九月全重裱背，故宮博物院裱"、

『吉林九河図』"原四辺破砕，民国六十年六月全重裱背，故宮博物院裱"と書かれ，もともとは破損していて，のちに表装しなおしたことが明らかである。し

表 4-1　台北国立故宮博物院蔵の満文地図

	図名	原始編号	箱番号	備考	王庸（1932）
1	張家口外各路図二幅	2981	図一箱	満文・絹本彩絵	×
2	張家口外図二幅	2982	図一箱	満文・紙本彩絵	○
3	獨石口外各路図一幅	2983	図一箱	満漢文・絹本彩絵	×
4	獨石口外図一幅	2984	図一箱	満漢文・紙本彩絵	○
5	殺虎口外図一幅	2985	図一箱	満文・紙本彩絵	○
6	内外蒙古図二十幅	3019	図二箱	満漢文・紙本墨書	○
7	盛京城図一幅	3062	図四箱	満漢文・紙本彩絵	○
8	喜峰口外図一幅	3075	図四箱	満文・紙本彩絵	○
9	陝甘全省道里総図二幅	3098	図六箱	満漢文・紙本彩絵	○
10	烏拉等処地方図二幅	3103	図六箱	満文・紙本彩絵	○
11	黒龍江流域図一幅	3105	図六箱	満文・紙本彩絵	×
12	吉林九河図	3106	図六箱	満漢文・紙本彩絵	×
13	甘粛秦州図一幅	3112	図七箱	満文・絹本彩絵	○
14	寧古塔地図二幅	3113	図七箱	満文・紙本墨絵	○
15	哈密図一幅	3114	図七箱	満文・紙本彩絵	○
16	古北口科爾沁二幅	3115	図七箱	満漢文・紙本彩絵	○
17	直隷図一幅	3120	図八箱	満漢文・絹本彩絵	○
18	黄河図一幅	3141	図九箱	満漢文・紙本彩絵	○
19	雲南軍営図一幅	3146	図九箱	満文・紙本彩絵	×
20	甘粛地図二幅	3150	図十箱	満文・紙本彩絵	○
21	喀爾喀図一幅	3169	図十二箱	満文・紙本墨絵	○
22	盛京五路図三幅	3182	図十三箱	満漢文・紙本墨絵	○
23	北洋海岸図一幅	3186	図十四箱	満漢文・紙本墨絵	○
24	寧古塔図一幅	3194	図十五箱	満文・紙本彩絵	○
25	盛京五路図四幅	3196	図十五箱	満漢文・紙本彩絵	○
26	喀爾喀図一幅	3198	図十六箱	満漢文・紙本墨絵	○
27	口外九大人図一幅	3203	図十六箱	満漢文・紙本彩絵	○
28	口外五路総図四幅	3209	図十七箱	満文・紙本彩絵	○
29	口外各路図一幅	3223	図十八箱	満文・絹本彩絵	○

○は王庸の目録と一致するもの，×は一致しないものを示す。

かも『烏喇等処地方図』二幅とともに「図六箱」に入れられた地図であることが目録に記されている。ちなみに、これらは『蘿図薈萃』の分類から見れば「河道図目」に属する河川を中心に描かれた地図である[7]。

『黒龍江流域図』は、縦159.2cm×横139.2cm、左上に漢文で「康熙四十九年十一月二十五日」（1710）と書かれており、そのほか百三十七の河川名や地名がすべてマンジュ語で記されている。この地図は、上述の『国立北平図書館輿図存箱目録』のなかに「黒龍江流域図　北平」と記されていることから、国立北平図書館から台北に運ばれたことが明らかである。ただし、黒龍江に関しては、種々の目録や図書館での調査から、さまざまな地図が存在していることが確認される[8]。『黒龍江流域図』は、『国立中央図書館善本書目増訂本』（一、国立中央図書館編印）では、史部輿図類の「河流之属」に分類されている[9]。

この台北の『黒龍江流域図』を最初に紹介したのは、吉田金一である。吉田は1980年に『吉林九河図』を紹介する際、『康熙四十九年黒龍江流域図』についても言及した[10]。しかし、この地図のゲルビチ河畔に界碑を明記していることのみ指摘し、より深い論究はしなかった。

それから約二十年後、台北国立故宮博物院の盧雪燕（2001）が「院蔵康熙満文本『黒龍江流域図』考介」という題名の論文を発表した。この図の漢文の「康熙四十九年」を製図の年代としてとらえ、図の内容と描かれた範囲を指摘し、おもに乾隆版『皇輿全覧図』と比較をおこない、その製図の意義と価値を論じたのである。すなわち「康熙二十八年（1689）のネルチンスク条約以前に、黒龍江流域に関する詳細な地図は存在しなかった」という見解を提示し、さらに、康熙五十五年（1716）に書かれた『龍沙紀略』を黒龍江流域に関するもっとも早い時期の書物として取り上げ、康熙二十二年（1683）に編纂した（正しくは康熙二十三年）『盛京通志』の黒龍江流域に関する記載が貧弱であることから、この地図は康熙二十八年から康熙五十五年の間に作製されたと推測した。盧はまた、製図技法の面からは、伝統的な中国の山水地図の技法を省略して、抽象的・示意的な線と符号を取り入れた――具体的には「河川の水紋」などは同時期の山水地図と異なる風格を現しているとして、西洋技法の影響が見られると主張、したがって中・洋ともに備えた技法は『皇輿全覧図』（乾隆

第4章　ネルチンスク条約の幻影　159

十三排図）とある程度の関連性があり，『黒龍江流域図』は『皇輿全覧図』の草稿の一つで，『皇輿全覧図』を作製する際に『黒龍江流域図』を参考にしたという結論を導いたのである[11]。しかしながら，後述するように，この結論には大いに問題がある。

　この地図には，黒龍江左岸を中心に，十四の河の水源が記されている。すなわちアルギ河・チョル河・ガン河・フマル河・イミ河・ジンキリ江・ナドゥル河・ニンニ河・ニオマン河・ノン江・ヌミン河・シネケ河・スン河・ヤル河の各河の水源である。水源の記載に関しては『吉林九河図』のほうが明らかに少ない。『吉林九河図』にはジンキリ江・シリムディ河・ニオマン河という三つの河の水源が描かれるのみである。しかも，黒龍江とスンガリ江（松花江）の合流点の周囲の河川名と下流域の河川は，付箋を貼って書き加えられていることから，二次作業によるものであると考えられる（第5章参照）。

　地名や河川名についても，『黒龍江流域図』の百五十四個の地名・河川名と『吉林九河図』のそれを比較したところ，九十九の地名・河川名が『吉林九河図』には記されていない。これはこの二つの地図が性格を大きく異にしていることを物語っている。「河道図」としては，水系や河川の描き方が同じ形態をしていることは認められるが，『吉林九河図』は南は寧古塔城（ニングタ），北はレナ河（Liyana bira），西はオノン河（Onon bira），東は黒龍江が海に流れ込むところまで描く広域の「河道図」であるのに対し，『黒龍江流域図』は黒龍江流域だけに焦点を当てた水源図で，描かれた範囲も狭い。ちなみに『吉林九河図』の北にレナ河が描かれたことの意味については，ほとんどこれまでの研究のなかで論究されていない[12]。

　「黒龍江」はマンジュ語で「Sahaliyan ula」と書かれている。「Sahaliyan」は「黒い」，「ula」は「江」という意味を示す。直訳すると「黒水・黒江」という意味になる。『黒龍江流域図』は山と森林，そして水系を中心に描かれた地図で，中国の伝統的な山水画の技法を用いて描かれながら，規模が小さな城（hoton）は四角「□」で描かれ，ヤクサ城（Yaksa hoton）・将軍や副都統らが駐在する黒龍江城（Sahaliyan ulai hoton）・旧アイフン城（julgei Aihūn hoton）・チチハル城（Cicigar hoton）などは，二重の四角で描かれている。方

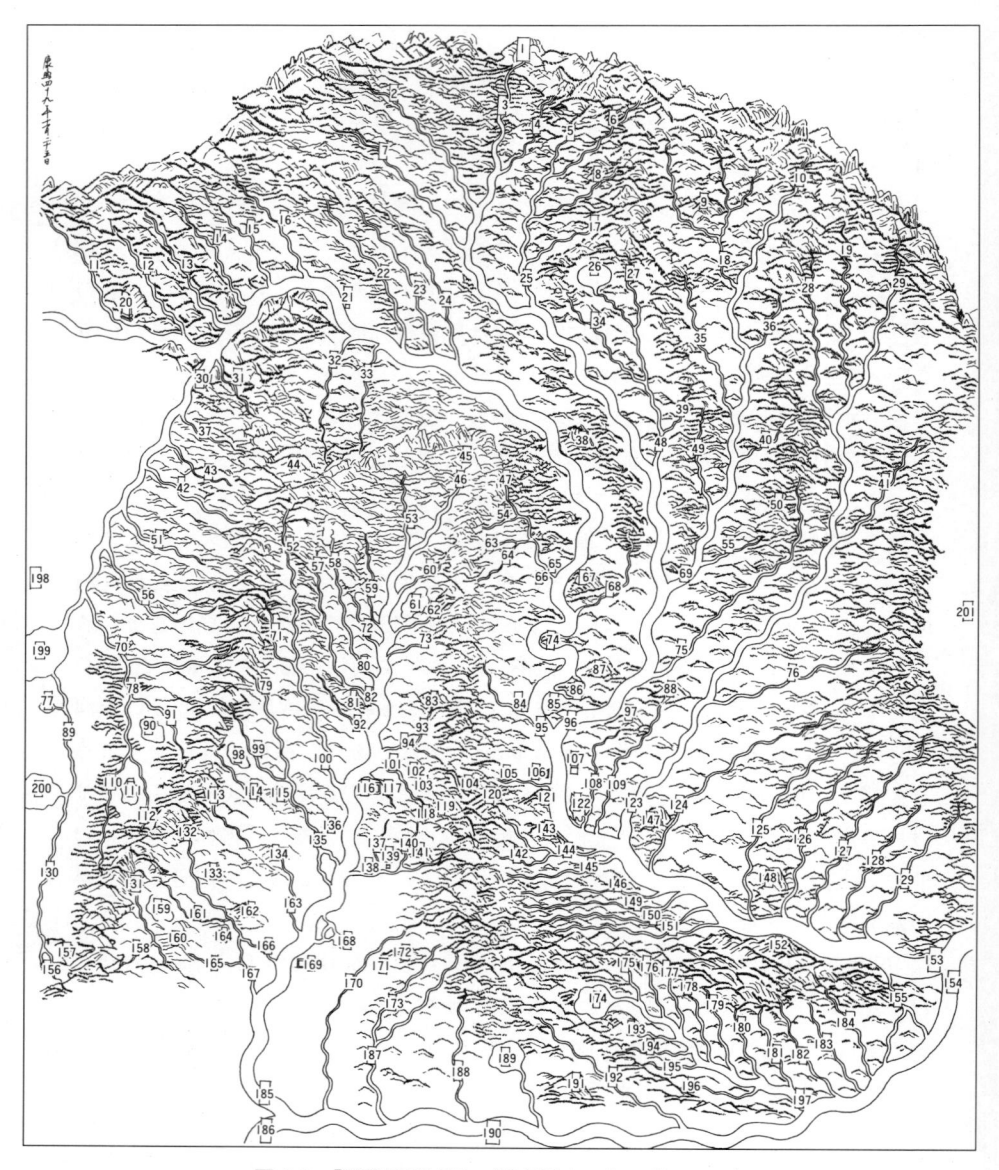

160 第Ⅰ部 世界帝国をめざして

図 4-1 『黒龍江流域図』（筆者摸写，原図口絵 11 参照）

『黒龍江流域図』地名表記対照表（図4-1）

番号	ローマ字転写	番号	ローマ字転写
1	amargi（北）	52	g'an birai/ sekiyen
2	nelhesuhi bira	53	donggoro bira
3	jingkiri ulai/ sekiyen	54	taha bira
4	urge bira	55	ungge bira
5	argi birai/ sekiyen	56	ben bira
6	elge bira	57	dobkūr birai/ sekiyen
7	tok bira	58	nadur birai/ sekiyen
8	unen bira	59	kana bira
9	daltiša alin	60	nayur bira
10	silimdi birai/ sekiyen	61	ikcelekci omo
11	gerbici bira	62	kalur bira
12	jolokci bira	63	weleke bira
13	amba/ gerbici bira	64	kūrka bira
14	or bira	65	hūmar bira
15	oldokon/ bira	66	hūmar hoton
16	ursu bira	67	dosy hada
17	urkan bira	68	morin bira
18	yengken bira	69	silimdi bira
19	ulungki bira	70	kailari bira
20	oros emgi hešen be/ faksalame ilibiha/ wehe bei	71	giwel bira
		72	gulungken bira
21	yaksa hoton	73	odo bira
22	boromda bira	74	ulusu mudan
23	elge bira	75	tomon bira
24	birtan bira	76	sitarman bira
25	argi bira	77	ulan bulak/ šeri
26	engguri omo	78	imi bira
27	ningni bira/ sekiyen	79	numin birai/ sekiyen
28	urgal bira	80	nadur bira
29	nioman birai/ sekiyen	81	jakdaci alin
30	ergune bira	82	dobkor bira
31	mo bira	83	erekel alin
32	emur bira	84	kudin bira
33	panggū bira	85	esuri/ ba i gebu
34	kindu bira	86	herel bira
35	nara bira	87	aral alin
36	biša bira	88	tuler alin
37	imu bira	89	ušun bira
38	cagayan hada	90	sinike kara/ hūjir omo
39	tiyenio bira	91	sinike bira
40	ormolko bira	92	oken bira
41	silimdi bira	93	micil bira
42	merilken bira	94	melur bira
43	nior bira	95	sahaliyan ula
44	ihe gokdo	96	jingkiri ula
45	ilhūr alin	97	judehe alin
46	non i ulai/ sekiyen	98	dalbin omo
47	hūmar birai/ sekiyen	99	bira bira
48	ningni bira	100	g'an bira
49	mumin bira	101	horol bira
50	sukduliki alin	102	munar bira
51	telbur bira	103	wangga alin

番号	マンジュ語	ローマ字転写	番号	マンジュ語	ローマ字転写
104		sun birai/ sekiyen	153		sahaliyan/ ulai angga
105		gon bira	154		sunggari/ ulai angga
106		sahaliyan/ ulai hoton	155		yerbehe bira
107		julgei aihūn/ hoton	156		nemuhe bira
108		mermin bira	157		moktor alin
109		boton bira	158		tosin bira
110		koi bira	159		onoi omo
111		kara hūjir/ omo	160		yak alin
112		imi birai/ sekiyen	161		jicin bira
113		arum birai/ sekiyen	162		koi alin
114		geni bira	163		arum bira
115		tukur alin	164		coogar alin
116		mergen i hoton	165		hadaikan bira
117		mergen bira	166		kurkiru bira
118		utali alin	167		yal bira
119		horol birai/ sekiyen	168		tagar bira
120		kumur alin	169		cicigar hoton
121		toril hada	170		huyur bira
122		bolhori omo	171		susu
123		nioman bira	172		karkaltu alin
124		hara bira	173		tungken bira
125		gelin bira	174		omo ton
126		kumnu bira	175		jakdamtu bira
127		jucun bira	176		umulu bira
128		kūyur bira	177		hamci bira
129		sur bira	178		ho bira
130		kalka bira	179		musun bira
131		col birai/ sekiyen	180		turu bira
132		yal birai/ sekiyen	181		asiktan bira
133		terkule hada	182		delen bira
134		eherul alin	183		utun bira
135		numin bira	184		dulu bira
136		susu	185		non i ula
137		ulkan bira	186		sunggari ula
138		nemer bira	187		holun bira
139		nayan hoton	188		sarin bira
140		udelen bira	189		hūwajaha talha
141		holdonggi alin	190		julergi (南)
142		jan bira	191		cakarakū hada
143		bokori alin	192		baran bira
144		sun bira	193		yaru bira
145		korfin bira	194		jari bira
146		uin bira	195		honggo bira
147		sulasi hada	196		halu bira
148		meo hada	197		ton bira
149		giyari bira	198		wargi (西)
150		fu bira	199		hulun
151		jai bira	200		boir omo
152		kamni hada	201		dergi (東)

角は，地図の上下左右に，マンジュ語の amargi（北）・julergi（南）・dergi（東）・wargi（西）と記されている[13]。

マンジュ語で書かれている具体的な地名や河川の名前については，図4-1のほか，本章の附表も参照されたい。ここには『皇輿全覧図』と異なる表記も見られる。たとえば，Dobkūr bira（多蒲哭里河）は『皇輿全覧図』では「Dobkor bira」となり，Ihe gokdo（衣克古克達）は「Ike gūkda」と表記されている。また，河川の名前は『皇輿全覧図』に記載されていないものも多く見られる。全体としては五十五個の地名が一致しない。『盛京吉林黒龍江等処標注戦蹟輿図』（附表参照，『戦蹟図』と略称）と比較しても五十六の地名が対応しない。したがって，必ずしも『皇輿全覧図』と『戦蹟図』の作成にあたってこの地図が参照されたとはいえない。

なお，ヤクサ城と旧アイフン城は黒龍江の北岸に（図4-1の21，107），黒龍江城は黒龍江南岸に（同106），チチハル城はノン江の東に（同166）描かれている。また，黒龍江城は康熙二十三年（1684）に建設され，チチハル城は康熙三十一年（1692）につくられた城である[14]。ヤクサとアイフン城については，以下の節で述べるが，まずは図4-2，口絵12の絵図を参照されたい。

2　『黒龍江流域図』作製の時代背景

ダイチン・グルンとロシアがはじめて交渉をおこなったのが，順治年間である。このときロシアは，すでにシベリアや黒龍江周辺まで進出していた。順治九年（1652），ついにダイチン・グルンは，寧古塔ジャンギンのハイセ・捕牲翼長のヒフェを遣わして，兵を率いてロシアと戦うことになった。敗れてハイセが処刑され，ヒフェは翼長から免職されることになった[15]。十一年十一月に，ふたたびグサイ・エジェンのミンガンダリを黒龍江へ派遣して，ロシアを征服させた[16]。十五年になると，鎮守寧古塔昂邦章京等処将軍バハイがロシアを撃破したことを報告している[17]。十七年七月には，バハイが兵を率いて黒龍江とスンガリ江の合流地点にいって，ロシア軍を攻撃し，六十余人を殺して，

婦女四十七口と大砲・冑甲などを獲た。フィヤカ部の十五の村あわせて百二十余戸を宣撫したことが報告されている[18]。このように断続的に紛争が起こり，ダイチン・グルンとロシアが毛皮を貢納する民のために衝突し，これまでの緩やかな黒龍江周辺の統治が新たな問題に直面してきた。

　康熙時代に入ると，ダイチン・グルンは，国内において相継いで起きた叛乱や地方の独立を押さえ込んで，全力を挙げて各地の平定に専念した。ちょうど西北ジューンガリアの大帝国のガルダン・ボショクトゥ・ハンとハルハ・モンゴルとの戦争がはじまった時期でもある。

　いっぽうで，ロシアによる黒龍江流域への進出がいっそう激しくなり，さまざまな事件に悩まされたダイチン・グルンにとっては，まさに内憂外患の時期であった。そのため国内の南方情勢が落ち着いて安定した後，しのびよる西北のガルダンの勢力を，チベットの力を借りて抑えようと考えた康熙帝は，まずロシアとの交渉に力を入れることにした。

　まず，康熙二十二年（1683）二月に，寧古塔将軍バハイがロシアがフィヤカ地方に侵入したと上奏したのに対して，兵部がアイフンとフマルの二ヶ所に兵を駐防させて，将軍バハイをアイフンに駐屯させたいと議したところ，康熙帝は「寧古塔地方はフィヤカ地方から三千余里も離れており，如何に人を遣わして偵察させるか，詳しくこの地域のことを調査して，再び議論するように」と聖旨をくだした。これに対して寧古塔副都統ワリフは，みずからアイフン・フマル地方にいって尽力したいと申し出た。康熙帝は「ワリフが軍前に尽力したいということは賞賛すべきであるが，ウラ・寧古塔地方は，はなはだ重要な地であるため，将軍バハイと副都統サブスがすでに兵を率いていったので，ワリフは本所にとどまって駐屯するように」と命令した[19]。次いで同じ康熙二十二年十月に，兵部が鎮守アイフン等処将軍を設置することを提案し，当時，寧古塔副都統であったサブスが将軍に任命される[20]。

　『黒龍江将軍衙門檔案』（以下，黒龍江檔）によれば，すでにこのとき，ダイチン・グルンの軍隊は，ジンキリ江の水源までいってロシア人を従わせた実績をもっていた。したがってジンキリ江の水源については，このときすでに分かっていた[21]。さらに康熙二十三年（1684）八月に，黒龍江将軍らが兵士を派

第 4 章　ネルチンスク条約の幻影　165

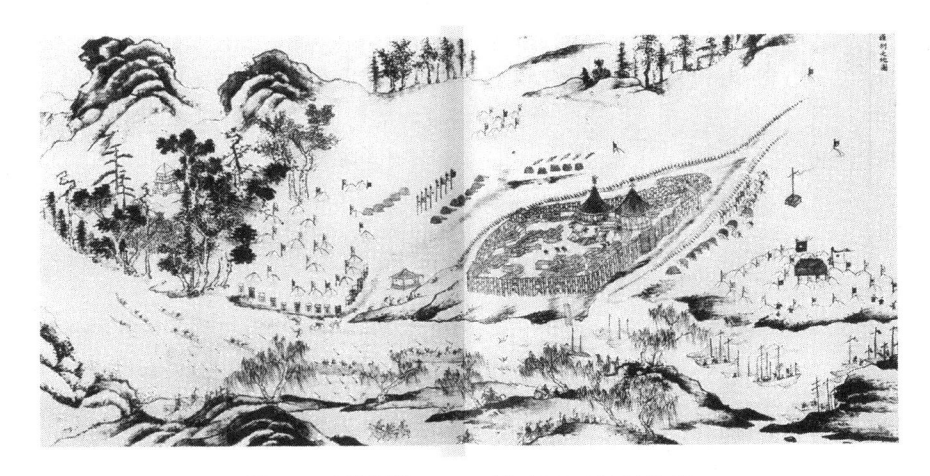

図 4-2　康熙年間のヤクサ城（米国国会図書館蔵）

「羅刹之図」と題するこの絵図は，康熙二十年のダイチン・グルン側の調査によれば，城郭は木造で，総面積は南北十五余丈，東西二十余丈，城郭から外縁四丈ぐるりと空き地になっており，一丈目のところに杙を打ち込んで，二重の柵をめぐらす。城内には三百余名がいる。さらに康熙二十三年四月十三日の上奏によると，ウムプルダイらが同年三月二十四日に来て報告したヤクサ城の情景は，城南に位置する対岸の高山に登って偵察したところ，新たに修築した城の東門，北門に建物が作られて，東の旧木塔（教会）のほか，西にも新しい木塔が建設されていた。城南の古い家はまだ残っているが，城北ではもともとあった三軒の建物以外に，四軒の家が増築されている。城の南側を開けて曠野をとりこみ，木で柵を作り，そのなかでは馬と牛を飼っている，という。画面ではダイチン・グルンの水軍が黒龍江を移動，ヤクサ城の周辺を八旗兵が包囲して完全に攻略態勢をとっている。康熙二十三年以降のロシアとダイチン・グルンの緊迫した情勢がうかがえる（『清代中俄関係檔案史料選編』第一編上冊，48 頁および 97 頁）。
典拠：PKO（1972）

遣して，ヘングン河周辺にいるロシア人とキレリ人を降伏させた。じつは，同年五月十五日にダイチン・グルンの軍隊がヘングン河口に到着し，ロシア人の動向についてキレリ人を通じてだいたいその活動範囲を探知していた[22]。同年十一月からヤクサ攻略が議論され，本格的に軍隊を派遣することについて，黒龍江の兵士千五百人のなかから三百人に城を見張らせて，残りの千七百名が，翌年の四月末に水路，陸路から一斉に進軍してヤクサにいくことを決めた[23]。このような背景のなかで，翌二十四年十二月にダイチン・グルンの軍隊は，水陸両路から一斉にヤクサ城の攻撃に出て，エルグネ河からヤクサ城にいたるま

でのロシア人の家屋を焼いて壊滅させるのである。当時，ダイチン・グルンでは，この作戦のために国内最強の人員を選抜していた。遠く台湾から降伏した者をふくめ，山東・河南・山西に耕地を求めて移屯した福建の藤牌軍を招集し，直隷・山東・山西・河南の巡撫に命令して，省ごとに火器に習熟した兵二百五十名を選出し，健壮で有能な遊撃以上の官を各一名，守備以下の官を各四名出して，馬に乗せ，用いる火器を準備させて北京に送るようにと命じた。すなわち，最強の火力部隊を黒龍江の周辺に結集したのである[24]。

　これらの周到な作戦を計画した後，康熙二十八年（1689），ダイチン・グルンとロシアは，ついにネルチンスクで国境画定について講和会議を開き，その結果として，ネルチンスク条約が結ばれる。『黒龍江流域図』は，まさにこの国境を画定したと思われる国境碑が描かれている点で，国境を意識して描かれた重要な地図といえる。しかし，じつはこの国境碑には，根本的な問題があった。

3　地図が語る歴史

1) 幻の国境碑

　『黒龍江流域図』の西北に位置するゲルビチ河と黒龍江の合流した河口の東に，石碑が描かれている（図4-3）。石碑の上に「Oros emgi hešen be/ faksalame ilibuha/ wehe bei（オロスとともに境界を分けて立てた石碑）」とマンジュ語が書かれている。じつはこの石碑がほんとうに存在していたかどうかについては，多くの研究者が議論してきた。その議論の起源は最初から謎に満ちており，ダイチン・グルンから現在にいたるまで，さまざまな説が提出されてきたのだが，最近の研究では吉田金一と松浦茂によるものがある。

　吉田金一（1984）は，『黒龍江流域図』とデュ＝アルドの『支那帝国誌』ならびに『清内府一統輿地秘図』において，ゲルビチ河畔に界碑が明記されていることから，康熙四十九年（1710）に界碑が確実にあったと断定している。

　いっぽう，松浦茂も「国境の碑については，ランタンの地図には何も述べ

ないが，康熙四十九年（1710）当時，石碑は確かにゲルビチ川の河口の東岸に存在した」と指摘している[25]。松浦が根拠としているのは，おそらく康熙四十九年十一月十二日に黒龍江将軍ヤンフラが兵部に送った文書である。たしかにこの文書には「ゲルビチ河は，（チチハル）城の北方二千五百里の先にある。源流は西北ヒンガン（興安）から出て東南へ流れて黒龍江に流入している。オロスとともに境を分けて立てた石碑は，城の西北五百里の先にあり，ゲルビチ河の河口の東岸にある」と記されているのだが，これには大いに疑問がある。

図 4-3　幻の国境碑（『黒龍江流域図』の碑形部分拡大，原図口絵 11 参照）

また，吉田の「ランタンが立てた国境碑は仮のもので，清は後年それを立て直した」という見解に対して，松浦は「その説に根拠があるわけではない。わたしは，三カ所の国境碑はもともと遠方にあり，清はそれを立て直すことはしなかったと考える」という見解を述べている[26]。しかし，この点については，両者いずれも具体的な根拠を提示していない。

じつは，この石碑について，きわめて詳細な資料がある。碑の石材調達について，康熙二十九年（1690）三月三日の上奏文が存在し，それは，この石碑の行方を考えるうえでもっとも重要なことを示唆しているのである。以下，あえて直訳に近いかたちで紹介する。

工部の書。黒龍江将軍に送った。旨を請うためである。我らの部より，このことについて上奏することは，理藩院から送ってきた書に，「議政王ら (hebe wang se) が議して上奏し，『現在定めた境界 (hešen) の，エルフネ (Eruhune エルグネ) 河口・ゲルビチ (Gerbici) 河口に立てる碑石 (bei wehe) に，マンジュ語・オロス語・ラテン国の書 (Ladino gurun i bithe) を作る以外に，またモンゴル語・漢語も作るべきである。これを工部に交付して，碑を作らせたい』と言ったのを，翰林院に五種類の文書を作らせたうえで，（五種類の書が）入りきる規格を定めるよう，書を送っていた。現在，翰林院より碑文を書いて規格を送ってきた。臣たる我らが査するに，翰林院より送ってきたエルフネ河の河口，ゲルビチ河の河口に建てる碑に書くマンジュ語，モンゴル語，漢語を碑文の碑陽に刻み，オロス語・ラテン国の書を碑陰に刻む。文字の規格から碑額の寸法を決めて作るのであれば，高さ八尺，幅三尺一寸，厚さ八寸の石が二基，寸法をつくる際に，高さ二尺二寸，幅三尺六寸，厚さ一尺三寸の石が二基必要である。ここから作ってもっていくと道が遠くて到達するのが難しいので，ムクデン・寧古塔・黒龍江将軍らに書を送って，どこにこれらの規格に合う石があるのかを調査させたい。またエルフネ，ゲルビチの二つの道に境界を建てたのを見にいく大臣たちも，エルフネ，ゲルビチ周辺にこのような規格に合うような石があるかないか，またこの両地域の周辺近くの山を切って文字を刻むことができるかどうかについて調査して帰ってきたとき，また議して上奏するように」と言って康熙二十九年三月三日に上奏文を書いて上奏した。当日，旨が「議した通りにせよ」と言った。このために知るようにと送った。旨のなかのことを調べてみて謹んで遵っておこなうように，とあった。三月五日[27]

高さ256cmもの石碑を立てるための石材を探し求めることを命ずる文書が，黒龍江将軍サブスのもとに届いた後，同年四月二十四日にメルゲンの駅站の人マ・エルゲ (Ma elge) を遣わして副都統らに送った文書のなかで，

　　［上記の文書を引用］このゆえに，この文書の中味を見て，黒龍江の地域の

第 4 章　ネルチンスク条約の幻影　169

　　周辺に碑を作る寸法に合うような石があるかどうか，（これを）見て文書
　　を送るように[28]。

と命じている。すなわち，黒龍江周辺地域で石材を探す仕事を副都統らに依頼
したのである。これに対して副都統オンダイ・ナチンは翌月二十日に黒龍江将
軍にその調査結果を報告している。

　　将軍の書が届いた後，碑の寸法に合うような石を探しに漢軍の五等ジャン
　　ギン・ジュス（Jusy）にウルス・ムダン（Ulusu mudan），ニオマン（Nioman）
　　に至るまで見にいかせた。ジュスが来て報告したのには，「ウルス・ムダ
　　ン，ニオマンに至るまでいって見たが，碑の寸法に合うような石はない」
　　という。このために知るようにと送った。五月二十日[29]

　この報告をうけて七月に黒龍江将軍サブスは工部に以下のような返事を送っ
ている。

　　（送ってきた書が）届いた後，碑を建てるために，寸法に合うような石を見
　　にいかせた。ノン江の近辺に領催マイル（Mailu），ヌミン河の方面に雲騎
　　尉級ジャンギン・カンジュ（Kanju），ガン河の方面に雲騎尉級ジャンギ
　　ン・ベルヘ（Berhe），ワンガ山の方面には雲騎尉級ジャンギン・ジェンテ
　　イ（Jentei）らを派遣して，石があるところを見にいかせた。マイル，カ
　　ンジュ，ベルヘ，ジェンテイらが帰ってきて報告したのには，「我らが見
　　にいったところでは崖の上はみな良くない石ばかりで，碑を建てる寸法に
　　合うような良い石はない」という。また，副都統オンダイらが送ってきた
　　書に言う。「碑を建てる寸法に合うような石を探しに漢軍の五等ジャンギ
　　ン・ジュスにウルス・ムダン，ニオマンまで見にいかせた。ジュスが来て
　　報告したのには，『ウルス・ムダン，ニオマンまでいって見たが，碑を建
　　てる寸法に合うような石はない』という」。ノン江・黒龍江周辺地域に役
　　人を派遣して見たところ，碑を立てる石はない。このために知るようにと
　　送った[30]。

このように，康煕二十九年（1690）七月になって，最終的に，黒龍江将軍より中央の工部に，碑を作るための石材がないことが報告された。さらに康煕三十年十二月の記事に，ゲルビチ河とエルグネ河の国境と接した地に碑を立てることについて，ハルハ・モンゴルのことがまだ定まらないのでしばらく中止すると，ロシアのネルチンスク長官に文書を送って告げている。以上の事実から，国境の碑は当時立てられなかったと見て間違いない[31]。したがって，編纂物である『八旗通志初集』巻一五三，郎談伝に記載されている，康煕二十九年五月二十一日にエルグネ河にいって石碑を河口の石壁の上に立てたという記事は，まったくの誤解であることが明らかとなる[32]。しかも吉田金一（1980）と松浦茂（1997）は，この編纂物の漢文版に依拠していた[33]。さらに，『黒龍江檔』から確実に言えることだが，石碑の実物は，少なくとも乾隆時代に入っても見つからなかった。乾隆三十年（1765）八月二十二日の上奏文に，次のようにある。

　　奴才たるフセンガ（Fusengga），オムブ（Ombu），フルキ（Hūrki）が謹んで上奏したことは，オロスと国境が接するゲルビチ河などの四つの河の水源のヒンガン尾根まで，見たところを明確に描いて紙と併せて謹んで奏覧するためである。今年は青い草が出て，フルン・ブイル地域の副都統級ニシハイ（Nisihai），総管イェオトゥン（Yeotun）は，ジュルテイ（Jurtei）・カルン（karun 見張台）から北へカルンを設置すべき地を見にいって，先のエルグネ河の河口を見にいったとき，「低い湿地で，密林を切って道をつくり三百余里歩いて，先へ進むことができないので戻ってきた。冬の氷結した後，河道の氷から見にいきたい」と報告した後，我ら奴才フセンガらが詳しく議したところでは，ジュルテイ・カルンより北へハラル河（Halar bira）の河口，メリルケ河の河口にそれぞれ一つのカルンを増設したい。ソボルガン・ホショ（Soborgan hošo）の地にオボ（obo）[34]をつくって，カルンの将兵を毎日きまりの通り視察にいかせたい。イェオトゥンが見た，カルンを加えて出すべきところについて，絵を描いて紙と併せて謹んで奏覧する。今年の冬氷結した後，イェオトゥンがエルグネ河

の河口に至るまでいって，地形を詳しくはっきり見て報告しに来たときにまた別に奏聞させたい。また，ゲルビチなど四つの河の水源と外大ヒンガン尾根（Tulergi amba hinggan mulu 大興安嶺の尾根）まで，水路から地域を見にいった四路の役人らがみな帰ってきたとき，聖旨に謹んで遵い，いって見た地をみなはっきり絵に描いて紙と一緒に奏覧させたい，と謹んで奏摺を書いて，今年の六月二十八日に，役人を派遣して上奏させたところ，朱批がくだされた。聖旨に「軍機処の大臣等が議して上奏せよ」とあったのに謹んで従い，軍機処の大臣らは議して上奏して，書を送るときに（聖旨に）従って処理する。このほか，今年の八月五日に，ゲルビチなど四つの河の水源の地を見にいかせた副都統フルキ，副都統級協領アディムボオ（Adimboo），協領ナリブ（Naribu），オイボオ（Oiboo）らが次々帰ってきた。

　ゲルビチ河の水源の地を見た副都統フルキが報告したことには，「今年の四月十日に，私はオロス国境を視察する将兵を率いて，黒龍江城から出発し，刀船，丸木船に乗って黒龍江を遡り，西北の方へ四十三日間いって，黒龍江に入ったゲルビチ河の河口に到達した。ゲルビチ河は狭くて浅い。刀船，丸木船でいくことができないので，将兵を解除して食料を背負い，森林の木を切って道をつくり二日間徒歩で進んでゲルビチ河の水源に到達した。それから四日間歩いて大ヒンガン尾根に到達した。周辺を探し歩いて見たところ，まったく標識として立てた碑（eldengge wehe）や築いたオボがないので，尾根の形（arbungga）の地に石のオボを築いて，視察した年月日を文書に書いて，白樺に堅く包んでオボのなかに埋めておいた。ヒンガンの山陰の地を見たところ，すべて山河の森林である。まったくオロスの人が歩いた痕跡がない。火も煙も見えない。ヒンガンの山陽の我らの管轄する地を見たところ，山峰連なって，森林が生い茂っている。戻ってきてゲルビチ河の水源にもまた石のオボを築いて文書を書いて埋めておいた。ここにも最初に境（hešen）を定めたとき，標識として立てた石碑について詳しく見ても見つからない。私が測量したのは，黒龍江城からゲルビチ河の河口まで，水路で千六百九十七里あまり，ゲルビチ河の河

口からヒンガン尾根まで陸路二百四十七里である。我らの境域（jecen）のなかにまったくオロス人が密かに越えて狩猟した痕跡がない。黒龍江城からゲルビチ河までと絶え間なく続く山峰・山溝・森林，貫いた密林・河川・湿地・泥地が多いので，陸路からゲルビチまで馬でいくことができない。ゆえに，見た地形や河の名前を明確に絵に描いて持ってきた」という[35]。

乾隆年間に詳細な視察報告がおこなわれたことが一目瞭然である。そしてこのときも，地形や河川の名前が書かれて絵地図が作成されたことが分かる。上の資料のなかの「最初に境を定めたとき，標識として立てた石碑」というのは，まさに康熙年間のことを指している。このように先行研究で実在すると考えられてきた国境碑は，実際には乾隆年間の視察でも見つからなかった。この石碑は，ダイチン・グルン時代を通じて，さまざまな地図や書物に記載され，その結果，世界史上の確たる事実——ロシアとダイチン・グルンの国境画定の最大の根拠として利用されてきたのだが，どのようなかたちで地図や編纂資料に組み込まれていったのか。しかも実物があると疑いなく信じてきたことが人々にとって何を意味していたか。さらには絵図・地図が背負う政治性，すなわち絵図・地図の語る世界ははたして真実か。我々は無条件に画像を信じすぎてはいないか。存在しないものを描く象徴の世界があることを常に念頭に置いておくべきではないのか。——こうした興味深い根本的な問題をこの一枚の地図はつきつけてくる。今後もさらに追究する必要があるだろう。

2）アイフン城

ところで，この地図に記されたアイフン城についても，ヤクサ城についてと同様，絵図が残されている（口絵12）。康熙二十三年（1684）一月，北方のシリムディ河に黒龍江将軍サブスらが三人に馬を与えて派遣しているが[36]，同じ年の三月にこのアイフン城はその建設が議論されている。黒龍江将軍が兵部に「ロシアを征伐するために，今アイフンの地に移って，木城を造りたい」と願い出たのである。以前はムル・スス（Mulu susu）の地に造った土城をそのま

第4章　ネルチンスク条約の幻影　173

ま残すか，あるいは壊すかについて部から文書が送られてくるのを待ちたいと報告していたが[37]，同年四月十三日に委営長ナンダイ（Nandai）が持っていった文書では，

> 鎮守黒龍江等処将軍である臣サブスらが謹んで上奏する。城造りを奏聞するためである。聖旨に謹んで従い，臣たる我ら自身がアイフン（Aihūn）の地にいって，アイフンの古い城（julgei fe hoton）を見たところ，城を造った場所は洪水で破壊されていた。城の西方から河岸まで五，六丈あって，船□ところがない。ここに城を造ることができないので，□□南十三里の東□□□□□ここから南十□□□することができる。このゆえに，ここに四丈の木を立てて，真ん中に土を搗き固め，木で城を造る。このために謹んで奏聞した[38]。

とあるように，城の建設のために，黒龍江将軍がみずから現地に赴いて調査をおこない，木造の城を建設することを提案している。さらに，アイフンの地は非常に寒いので，黒龍江将軍らは最初その耕作時期についてまったく分からなかった。そのため，黒龍江の氷の厚さと地域の寒さについて報告している。康熙二十三年（1684）一月に，次のようにある。

> 鎮守黒龍江等処将軍サブスの書。欽差軽車都尉マラに送った。「汝らが送ってきた書に，『ダグルの将兵と大軍に送る牛・種をアイフン（Aigūn＞Aihun）の地に，何月何日に送り届けるか，何日かを約束して，汝がそちらから，受け取る役人を出して派遣するように。約束に合わせて出発したい』と言った。黒龍江の氷を送って見たところ，厚さは七尺まで凍っている。この氷の形を見れば，三月以後必ずしも流れるとは限らない。（融けるのは）四月十日から十五日になる。それから地方の気候ははなはだ寒くて，融けるのは内地と大いに異なる。何月何日に耕すべきかについて知らず，予測することが難しい。アイフン，ネディ・スス（Nedi susu）などの地は，昔から住んだダグルらに聞いて，何月何日から耕すべきか，耕す時期を予測して，牛や種を送ることについて，我らにあらかじめ書を送れ

ば，ここから担当の将兵を送りたい……」[39]

ここでは，アイフンの農地に植える種と牛を送る準備をしている。さらに同年二月二十五日に参領スナカ（Sunaka）が持っていった文書によれば，穀物の保存のために穀物の倉庫がグサごとに造られたという[40]。アイフン城の実態はこれまでほとんど不明であった。しかし，絵図にくわえて以上の檔案から，アイフン城に穀物を儲蔵する倉があったこと，明らかである。また新しいアイフン城の建設によって，ほかの古い城はもう使わないという理由で破壊が進められた。

> 鎮守黒龍江等処将軍サブス，副都統オンダイ，ヤチナらの書。兵部に送った。このことのためである。汝らの部から送ってきた書に，「査するに，『アイフンの地に城をつくって将兵が住んだので，ムル・ススの地につくられた土城をみな壊したい』と言って上奏したとき，聖旨が『将軍サブスらに書を送って，このムル・ススの地にある城屋を必要であれば残すように。必要でなければただちに壊すように』と言った。ムル・ススの地にある城屋は必要がないので，ことごとく壊した。このために知るように」と送った[41]。

康熙二十三年（1684）四月から建設が始まったアイフン城は，六月になるとすでに完成をみた。

4 康熙時代からの黒龍江流域の水系視察

康熙二十九年（1690）になると，ガルダンが迫ってきたのに対応し，国内においてあらゆる手段を使って，ガルダンの動向を偵察させるようになった。同年の五月には，ガルダンがロシアからも軍隊を借り，ハルハ・モンゴルを攻略しようとしていることを，ガルダンから逃げてきた部下から聞いた[42]。康熙帝はただちに，北京に来たロシアの使者ゲリグリ，イヴァノヴィチらに聖旨をく

第4章　ネルチンスク条約の幻影　175

だして、「ガルダンは内乱に迫られて、ロシアから兵を借り、ハルハ・モンゴルを攻略しようとしている。ハルハ・モンゴルはすでにダイチン・グルンに帰附したので、［ガルダンの］そのような話を信じるなと言って、速足二人を派遣して、ネルチンスク城の頭目イワンに告げ、遍くロシアの民に伝えるように」と、北京にいるロシア人のワシーリイらを駅站経由で赴かせた[43]。

このような緊迫した政治情勢のもと、危機に直面していたダイチン・グルンは、モンゴルのガルダンの東進とロシアの南下を防ぐために、ネルチンスク条約の後、黒龍江の周辺地域の水系視察に力を入れていくのだが、じつはこのような黒龍江流域に関する調査は、すでにネルチンスク条約締結以前にもおこなわれていた。康熙二十三年（1684）六月にはオロンチョン人から大興安嶺とウディル河（Udir bira）の水源について聞き取り調査がおこなわれている。康熙二十三年六月九日に委散騎郎参領ニカタ（Nikata）が持っていった文書に、次のようにある。

> 鎮守黒龍江等処将軍である臣サブスらが謹んで密奏するのは、奏聞するためである。オロンチョンのリクディンゲ（Likdingge）が報告しに来たことには、「以前、ロチャ（第5章注1参照）が来て我らの仲間（hoki）ギルムンガ（Girumungga）たちを捕まえて、ロチャが住んでいる地に連れていった。ギルムンガを途中で殺したという情報を、イェルメレ（Yermele）を派遣して、大軍に報告させた。ギルムンガとともに連れていかれたディヤワンガ（Diyawangga）が戻ってきて報告したことには、『ロチャは私を送って報告させた。ロチャの言葉によれば、〔我らの仲間オロンチョンをみな妻子と併せて、彼らの城の地に大勢連れて来い。来たら人質として捕まえたギルムンガらを汝らに渡す。来なければ渡さない〕といって派遣した。ギルムンガを殺していない。いま生きている』という。このゆえに、私自身が報告しに来た」という。リクディンゲに、「汝らはもともとどこに暮らしていたか、ロチャが汝らを送れば、汝らは我らの軍の近くに来て住めばどうか」と聞いたところ、答えたことには、「我らはもともと居留して住むところはない。我らは毎年一度ダグルらと穀物の交易を

するとき，シリムディの地で約束して穀物の交易をする。穀物を得た後，トナカイに載せて（自分たちも）乗って，我らの思うがままに適宜，ロチャが住むウディル河の城を越えて，海に至るまで牧畜・漁労をおこなう。兵士が住むところに来たら，我らのトナカイが食べる青苔がない。我らはただトナカイに頼って生活するので，こちらに来ることができない」という。ロチャが城をつくって住んでいる場所の距離を聞いたところ，答えたことには，「アイフンの地から我らが現在遊牧するシリムディの地まで，ダグル人らは穀物の交易をおこない，馬で二十日間かかって到達していた。シリムディの地から北方の海の間にあるヒンガン・ダバガン（興安嶺 Hinggan dabagan）まで，我らはトナカイでいけば，八日間で到達する。この間は三日間の路程は馬が食べる草がない。ダバガンのあちらへ海にいくとき，セオリ河（Seoli bira）まで七日間で到達できる。いくところはみな湿地でぬかるんでいる。セオリ河からあちらへは岩山が多い。山峰の険しい山肌を縫う道を探して，悪いところを避けていくとき，ロチャが住んでいるウディル河の城に六日間で到達する」という。以前，降伏したロチャ人フィリプ（Filib）に聞いたところ，答えたことには，「私はシリムディ河からあちらへセオリ河までいった。すべて密林で，夏になれば泥地になって馬でいくことができない。冬になれば雪が深い。どこにも馬が食べる草がない」という。これについて我々が議したことは，ロチャが住んだウディル河の城のところに水路を通っていき，紅衣砲を載せていく馬でいくことができる道があれば，我らはしたがって大軍を派遣すべきである。オロンチョンらは昔から定住する地はない。ダグル人とともに穀物の商売をするときに，シリムディの地を約束として，一年に一度会って貿易し終えたら北方の海に至るまで，ロチャを越えて遊牧・漁労をおこなう輩である。ロチャが住むウディル河の城まで水路を通っていき，紅衣砲を運ぶ道がないので，兵を派遣することができない。このゆえに，リクディンゲが報告しに来た言葉を併せて謹んで詳しく奏聞した[44]。

　ロシア人とオロンチョン人との関係を生々しく伝えている。シリムディ河の

周辺は、ダグル人とオロンチョン人が定期的に貿易する場所であって、国境が引かれていない時代に、オロンチョンはトナカイに乗って北の海まで遊牧する生活を送っていた。彼らが自由に行き来してきた生活領域は、この後ネルチンスク条約の国境画定によって、二つの国に分断されることになる。しかし、このときにはリクディンゲの答えに不明な点があったため、再度聞き取り調査がおこなわれた。

> 査するに、先にオロンチョンの頭(かしら)リクディンゲが、ロチャが北海のほうを越えてきたと言ったとき、リクディンゲが言ったとおりに上奏した。いまリクディンゲに、ロチャがどこの北海を越えてきたのか、撤退するときにまたどの海を越えていったのかと聞いたところ、答えたことには、「ロチャが海を越えて来たのではなく、我らが現在遊牧しているシリムディ河の水源の北に、大ヒンガン・ダバガン（Amba hinggan dabagan 大興安嶺）があり、ヒンガンより先には海がある。海のこちら岸のウディル河に、もともと城をつくって住んでいたロチャは、ヒンガン・ダバガンを越えて来て、我らの遊牧する地に来て、撤退するときもまた彼らが来た通りに戻っていき、ウディル河の城にいる」という。リクディンゲにおおよそ指示させて、ロチャが住んでいるウディル河の城や、海がある方向を聞いたところ、東の方角を指さす。このために謹んで詳しく奏聞した[45]。

このときに初めてヒンガンの地について、その具体的な場所はシリムディ河の水源の北に位置するのだと分かった。康熙二十三年（1684）の時点でダイチン・グルンが大興安嶺の位置を把握したことはきわめて重要な意味をもつ。そして、黒龍江以北の高山地帯は、ヒンガンと呼ばれるようになった。ヒンガンという地名は、本来さまざまな地域に存在する山を指す言葉だが、康熙年間にあらわれるヒンガンが黒龍江以北の大興安嶺地帯を指すこと、間違いないだろう。

黒龍江左岸地域における「調査」については、松浦茂（1997）がこれまでのところ唯一の専論である[46]。松浦は、ランタンの『吉林九河図』との関連で康熙二十九年（1690）の「調査」に言及し、「同時にアムール地方の地理に関す

る清人の知識は，康熙二十九年の調査で頂点に達した。……したがって左岸地域に関する地理知識はこのときからほとんど進歩せず，ランタンの地図を越えるものは，清代を通じてついに現れなかった」と結論付けている。左岸視察および国境をパトロールするときに書き残された文書資料と絵地図を通時的に分析していないために，このような結論が出てくるのだろう。じつは，康熙以降の時代にもさらなる視察がおこなわれているのである。乾隆時代の資料がその一端を物語っている。先に少し紹介した乾隆三十年（1765）八月二十二日のフセンガ，オムブ，フルキの上奏文に，次のようにある。

　　ジンキリ江の水源を見にいった協領ナリブが報告したことには，「私は将兵を率いて今年の四月四日に黒龍江城から出発し，刀船，丸木船に乗って黒龍江を遡ってジンキリ江の河口に入り，北方へ遡って四十九日間歩き，トク河（Tok bira）の河口に到達した。ジンキリ江は河川が湾曲して狭く，水の勢いがとても険しく浅い。刀船，丸木船でいくことができないので，食料を背負って山峰，森林，貫いた山溝，湿地，泥地などの地を徒歩で進み，あるところは木を切って道をつくって八日間歩き，ジンキリ江の水源に到達した。周囲を捜して歩いて見たところ，まったく標識として立てた碑碣（eldengge wehe）や築いたオボがない。ここから一日歩いて大ヒンガン尾根に到達した。周囲を捜してもまだ標識として立てた碑や築いたオボがないので，尾根（mulu）の形の地に石のオボを築いて，パトロールした年月日について文書を書いて白樺に堅く包んで，オボのなかに埋めておいた。ヒンガン尾根の山陰の地を見たところ，目の前に山が見えない。広大な森林が生えていた。ところどころには湖水が見える。我らが登ったヒンガン尾根の山陰の方には，まったくオロス人が歩いた痕跡がない。火や煙も見えない。トク河の河口からヒンガンまで地が寒くて牧場もないので，禽獣も見たことがない。夏・秋は馬でいくことができない。トク河の河口から遡ってジンキリ江の河口まで，夏の時にも馬でいくことができない。冬は雪が少なければところどころは馬でいくことができるが，あるところはいくことができない。我らが測量したのは，黒龍江城から水

第4章　ネルチンスク条約の幻影　179

路でジンキリ江に入ったトク河の河口まで千五百八十七里，トク河口からヒンガン尾根まで陸路で二百四十里である。ゆえに，我らが見た地形や河川の名前を絵に描いて報告した」と呈した。

シリムディ河の水源を見にいった協領オイボオらが報告したことには，「私は将兵を率いて今年の四月一日に黒龍江城から出発し，刀船，丸木船に乗って黒龍江を遡って黒龍江に入り，ジンキリ江上流のシリムディ河の河口に入って東北の方へ遡って四十四日間歩き，シリムディ河に入ったイェンケン河（Yengken bira）の河口を二十二里越えたところ，河の水が険しくなった。岩が多くて刀船，丸木船でいくことができないので，食料を背負って三日間徒歩で進み，シリムディ河の水源に到達した。水源の周辺を捜して歩いて見たところ，まったく標識として立てた碑や築いたオボがない。シリムディ河の水源から三日間徒歩で進んで大ヒンガン尾根に到達した。周囲を捜してもまったく標識として立てた碑や築いたオボがない。ゆえに，尾根の形の地に石のオボを築いて，パトロールした年月日を書いて白樺に堅く包んでオボのなかに埋めておいた。高所に登って見たところ，ヒンガン尾根の西から二つの尾根が出ている。我らが登ったヒンガン尾根というのは南の脈のことであり，北から南へと連なる。北の一つの脈はヒンガン尾根の東北へとのびている。二つ脈のヒンガン尾根の間には，西方から一つの河が東方へ流れている。オロンチョンのガジャルチ（案内人）らに聞いたところ，ウディ河（Udi bira）という。我らが登ったヒンガン尾根の山陰の地を見たところ，まったくオロス人が歩いた痕跡がない。火や煙もまた見えない。イェンケン河の河口から遡ってヒンガン尾根まで山峰が険しく，山溝（kerci yohoron）が多く，樹木・森林が茂って地が寒い。牧場はない。トナカイが歩いた痕跡は稀に見えた。禽獣などほかのものがまったく見えない。夏・秋はみな馬でいくことができない。イェンケン河の河口から遡ってシリムディ河の河口まで，いくら山峰・河原・森林・泥地であるといっても，冬の雪が少なければ馬でいくことができる。夏の時は馬でいくことができない。我らが測量したのは黒龍江城から水路でイェンケン河の河口から二十里先まで千三百五十里，ヒンガン尾

根まで陸路で百八十里である。ゆえに，我らが見た地形や河川の名前を絵に描いて呈した」という。

　ニオマン河の水源を見にいった副都統級協領アディムボオらが報告したことには，「私は将兵を率いて四月一日に黒龍江城から出発し，刀船，丸木船に乗って黒龍江を遡り，ニオマン河の河口に入って遡っていった。二十六日間でニオマン河を下って隘口に到達した。隘口のなかは狭くて河が湾曲して流れが激しく，ところどころには岩があって，木の刀船，丸木船でいくことができないので，十三日間泊まって樺皮の船をつくり，食料を載せて十三日間いったところ，ニオマン河の上流の隘口に出た。七日間いってオルヒ (Olhi)，シリムディの二つの河の合流したニヤムシャン (Niyamšan) に到達した。オロンチョンの案内人らが報告するには，『この二つの河の合流したニヤムシャンはすなわちニオマン河の水源で，我らのブトハのソロン，ダグル，オロンチョンらがここまで来て貂を捕っていた。先の地は非常に悪い』という。二つの河の河口に入って詳しく調べても，まったく標識として立てた碑や築いたオボがない。シリムディ河の河口に入って見ても，河が狭くて湾曲し，岩が大きく岸に草木が多い。樺皮船でいくことができないので，我らの将兵が食料を荷台で背負って徒歩で進み，深い山峰・岩石・山溝を遡り，密林を切り倒して道をつくって，泥地のところでは泥水に落ち込み，あるところではまたオロンチョンの言葉でブルギクタ (bulgikta) というある種の木が太くて，一寸から四寸まで同じではない。葉は松の木のかたちをしていて，地面に敷かれて途絶えることなく続いて生えている。杖を持って支えて十八日間歩き，ヒンガン尾根の上に到達した。周辺を歩いて探しても，まったく標識として立てた碑や築いたオボがない。ヒンガン尾根の山陰の地を見たところ，先へは陸続として荒涼たる山峰があり，森林が続いて生えている。河が見えない。人が歩いた痕跡や火も煙もみな見えない。ゆえに，山梁の高地に石のオボを築いて，パトロールした年月日を文書に書いて白樺で包んでオボのなかに埋めておいた。東の海を探しにいく方向を，オロンチョンの案内人らに聞いたところ，彼らも知らないだけでなく，祖先 (mafa ama) が語ったのも

聞いたことがないという。ゆえに，ヒンガン尾根から遡って兵士を解かして選び，食料を背負って海を探しにヒンガンの麓をもとにして，東の方に二日間杖を持って，岩石，荒涼たる山や山溝を徒歩ですすみ，ついに水がなくなって窪地や空穴を捜し，ところどころを掘って少し氷が見つかって食事を作った。ふたたびヒンガン尾根の高地に登って見たところ，目の前はすべて同じく山で，河川や渓流がない。海はまだ見えない。水が見つからないので，撤収して将兵を率いてもとの道から戻ってきた。ニオマン河から遡って山の隘口からヒンガン山まで，夏と冬はみな馬でいくことができない。ウメラデェ河（Umelade bira）の河口から先へヒンガン山まで禽獣もいない。我らが測量したのは黒龍江城からウメラデェ河まで水路で千六百十五里，ウメラデェ河口から大ヒンガン尾根まで陸路で四百五十六里である。ゆえに，我らが見た地や河川の名を絵に描いて併せて呈した」という[47]。

乾隆年間にも詳しい地図が作製されていたことは明らかである。

さて，ネルチンスク条約締結を受けて康熙二十八年（1689）十二月に，黒龍江左岸視察に関する視察ルートが提案された。このときから左岸視察が開始されたのである。まず提案されたのは二つのルートであった。

①ソロン総管マブダイが率いる視察隊は，エルグネ河口から遡ってメリルケンまで，北方のヒンガンから流れて黒龍江と合流したジンキリ，シリムディ，ニオマンなどの水源を視察する。案内人はオロンチョンとソロンの地理に詳しい人である。

②寧古塔将軍トゥンボオらが，黒龍江とスンガリ江が合流したところからメルゲンまで，北方のヒンガンから流れてスンガリ江と合流したキムニン（Kimnin），クル（Kuru），ギリン（Girin），ヘングン（Henggun）などの水源を視察する。案内人はキレリ人である。

上の二つのルートの案内人は，いずれもこれらの地域に生活する集団であり，視察ルートが決まった後，再び視察隊の編成について上奏して議論するこ

とになっていた[48]。ただし，最初から黒龍江流域の水源を中心に視察することは決まっていた[49]。そしてさまざまな議論を経た結果，康煕二十九年（1690）二月十四日の上奏文により，九つの視察隊を組んで，どのようなルートでいくかについて決めたのである。同年二月二十二日の，

> 旨に，「寧古塔等三路をバハイ（Bahai），バルダ（Balda），スヘ（Suhe）らがいくように。メルゲンの三路をランタン（Langtan），シャナハイ（Šanahai），ジョオサン（Joosan），アンジュフ（Anjuhū）らがいくように。黒龍江三路をムトゥ（Mutu），ノミン（Nomin），フワシャン（Hūwašan），ナチン（Nacin）らがいくように」とあった[50]。

この九つのなかで，寧古塔三路からいく都統バハイは親兵，披甲六人，筆貼式一人，三等侍衛一人，ロシア人領催一人，副都統スヘが親兵，披甲二人，ロシア人領催一人，副都統バルダはロシア人領催一人を連れていく。方法は水路と陸路で，人数について，それぞれの視察隊はジャンギン三人，兵士五十人とした[51]。

三月十四日に，兵部により，メルゲン三路からいく都統ランタン，副都統シャナハイ，副都統ジョオサン，ソロン総管アンジュフらは船や職人を連れていくことが決定される[52]。五月一日に，ランタンらは，ソロン人とダグル人が住んでいるメルゲンの地に到着した。メルゲン三路からいく都統ランタンには親兵，披甲八人，筆貼式一人，ロシア人領催一人，副都統シャナハイは親兵，披甲二人，ロシア人領催一人，副都統ジョオサンは親兵，披甲三人，ロシア人披甲一人，ソロン総管アンジュフを連れていくことが決定される。さらに五月，より具体的なルートと人員が決定される。それは，都統ランタンにメリルケン（Merilken），エルグネなどの境界の地を視察させ，人員はクトゥレン（旗人に随従する者）九名，筆貼式シオチャン（Siocang），ロシア人驍騎校ウゲファン（Ugefan），親丁四名，画匠一名，石匠二名。副都統ジョオサンは，クトゥレン八名，親丁三名，ロシア人一名，画匠一名，一ヶ月の食糧を黒龍江の倉から支給される[53]。メルゲン三路のうち，副都統シャナハイは，ジンキリ方面の境界を見にいくことが決められた。引き連れていく人は，クトゥレン八

第 4 章　ネルチンスク条約の幻影　183

名，親丁二名，ロシア人領催一名，画匠一名。四ヶ月の食糧を黒龍江の倉から支給する[54]。

　黒龍江三路については，鑲黄旗前鋒統領ムトゥがシリムディ方面の境界を見にいくことが決定され，親丁四名，ロシア人一名，画匠一名，クトゥレン五名と，四ヶ月の食糧を黒龍江の倉から支給する。ただ黒龍江三路のうち，都統公ノミン，副都統フワシャンの二つのルートと人数・食糧を支給することについては，まだ決まっていなかった[55]。

　康熙二十九年（1690）からはじまった国境を視察する制度と黒龍江流域の視察に関しては，次の第5章で通史的に論究することとし，詳細はそちらに譲る。ただ，これらの地理的な調査がダイチン・グルンを取り巻く政治・軍事状況と密接な関係があることは，間違いない事実である。地形調査や地図作製に関しては，康熙三十二年に黒龍江将軍サブスがヒンガンを越えて，カイラル河（Kailar bira）を下り，エルグネに到達して，ダラン・ドゴン（Dalan dogon）の地から西へ，フルン・ブイル，ウルスン（Ursun），ケリルン（Kerilun），カルカ河（Kalka bira）などの地を調査した。翌年にソヨルジ山（Soyolji alin）の地を越えて，カラ（Kar），ブル（Bur），イベン（Iben），ホキ（Hoki）などの河の地を調査した[56]。さらに，康熙三十四年には，黒龍江上流のケルレン河の水源やケンテイ・ハン山，ブルハトゥ・ハン山，ハンガイ・ハン山の調査にまで乗り出す[57]。このときは，すべての調査地域について詳しく測量することを目的として，軍事的に重要な拠点には，駐屯軍の設置などの措置が執られていた。そして三十五年，西方から攻めてきたジューンガル勢力を阻止するために，康熙帝はみずからガルダン遠征に出る。こうした測量事業や地理調査をふまえての行動であった。

　なお，黒龍江流域に関しては，康熙三十年（1691），三十四年ののちも四十六年，四十九，五十年と継続的に，水源視察をふくめたさまざまな事業が国家政策の一環としておこなわれていたことが報告されている。

おわりに

『黒龍江流域図』は，ネルチンスク条約が締結された後，康熙二十九年 (1690) から開始された国境碑の立碑計画と一連の水源視察の結果にもとづいて作製された数枚の地図のなかの一つであり，それは黒龍江将軍らの指揮のもと，八旗に所属していたソロン人・ダグル人・オロンチョン人と八旗に編入されたロシア人など，現地の地形や水系に非常に詳しい人々の助力によって作製されたものである。地図上に書かれた「康熙四十九年十一月二十五日」という日付とともに，『康熙四十九年正月からの吏・兵部・理藩院・盛京兵部への行文を記した檔子』の十一月十二日に筆貼式サンジュに送らせた文書を見ると，この地図は兵部の命令にしたがって「黒龍江将軍が所轄する地のみ描いて送るように」という指示どおり作製された地図であることが判明する[58]。さらに『黒龍江檔』の康熙四十九年九月初二日に筆貼式ワンスダ（Wang sy da）に送らせた文書に，「エスリ（Esuri）は河の名前なのか，それとも地名なのか」という記事があり[59]，それに対して『黒龍江檔』の康熙四十九年九月十二日に筆貼式ワンスダが送ってきた文書に，「エスリというのは地名である」という返事がなされた[60]。これがそのまま『黒龍江流域図』に明記されていることからも（本章附表を参照），作製年代は明らかである。そして，じつは，この地図の製作は，かの『大清一統志』の編纂の一環としておこなわれたのであった。また製図技法としては，伝統的な中国山水画風の技法を用いて描かれた地図の一つであり，その大きさと彩色が施されている点から，上奏文とともに皇帝に献上した地図にもとづき，宮中で作成された可能性が高いと考えられる。したがって『皇輿全覧図』とは別の意味で重要な地図である。現在，台北国立故宮博物院にはこの康熙時代に関連する地図，黒龍江と関係がある地図が十数枚残っている。これらの地図とほかの国に所蔵されている関連地図を総合的に研究することがもっとも望ましいが，これらはすべて今後に期したい。

康熙時代の地図作製を考えるだけでも，本章で示したように『黒龍江檔』をふくめた檔案類の全容を明らかにすることが必要となる。そしてそれは，ダイ

チン・グルンの歴史を考えるうえでも，重要な問題を解決する鍵となるのである。

注
1) 『大明混一図』は漢文表記の上に付箋を貼っている。
2) 遼寧省博物館所蔵の『両儀玄覧図』については，曹婉如等編（1995）図57・58・59。『両儀玄覧図』については，同書の王綿厚の解説（図版説明59）および「論利瑪竇坤輿万国全図和両儀玄覧図上的序跋題識」107-111頁，鮎澤信太郎（1936）（1957）・鈴木信昭（2006）（2008）参照。
3) 鄒愛蓮（2001）によれば，中国第一歴史檔案館所蔵の輿図は七千件（冊）に達するとのことである。このほか斉秀梅・楊玉良（2005）によれば，北京の故宮博物院図書館におよそ「2700餘種2900餘件，6000餘張又49巻122冊」の輿図が所蔵されているらしい。
4) 青山定雄（1935）第二章地図を参照。このなかで大連図書館と北平図書館の所蔵地図に言及している。大連図書館所蔵の地図としては「満文支那地図，満漢文戦跡輿図」に言及している。このほか，Walter Fuchs（1933）（1962）・和田清（1942）・Mark C. Elliott（2000）がある。
5) 台北国立故宮博物院『国立北平図書館輿図存箱目録』
6) 王庸（1932）56-72頁。たとえば（十九）満洲に，
　　（一六三）「盛京五路総圖」一大幀，青緑畫，滿文，紙本，綾邊。七年舊目不記編号，滿文地名以白簽貼注。
　　（一六四）「盛京五路総圖」一大幀，墨描，滿漢文，紙本。地名或單注漢文，或單注滿文，不必一地兼注滿漢二文字。
　　（一六五）「烏喇等處地方圖」二幀，青緑畫，滿文，紙本。
　　二幀畫不同，似非出一人手。舊目「稱康熙三十二年畫本」地名以紅簽，註滿文。一幀之背，貼有一白紙字條，云「郎坦送來『九大人圖』一幅，庫内取来『烏喇等處圖』一幅，纂修滿丕畫來圖一幅，三幅共包一処。」『九大人圖』爲本目中『口外各路滿文圖』六幀之一。滿丕所畫不知何圖。惟庫内之『烏喇圖』只稱一幅，不知是否以両幀為一幅，抑両幀之一，來自庫内，而其一即滿丕所畫。因在該字條之上方，又記有「纂修滿丕出差畫來輿圖」字様也。至於此字條之來源，殆亦一統志館所寫貼。
　　（一六六）「寧古塔地圖」一幀，墨描，滿漢文，紙本。漢文地名以紅簽貼注。
　　（一六七）「寧古塔圖」一幀，青緑畫，滿文，紙本。
　　（一六八）「口外九大人圖」全右。
　　此二圖為下一七四号『口外各路圖』六幀之二。上列『烏喇等処地方圖』兩幀之一背面字有「郎坦送来『九大人圖』」字様，当即此『口外九大人圖』也。
　　（一七四）「口外各路圖」四幀，青緑畫，滿文，紙本。
　　舊目稱「口外各路滿文圖」並謂康熙三十二年畫本。旧本共有六幀，拠各圖背面所寫各

圖地域一爲「寧古塔」，一称「口外九大人圖」，一為「鄂爾多蘇」，一為「独石口」，餘兩圖爲「張家口」。茲「口外九大人圖」及「寧古塔圖」提帰「滿洲」類，故只有四幀。除「独石口」一圖，注有漢文外，其他皆單記滿文，「独石口圖」之漢文，疑非原有，而爲後人所添注。據此諸圖之形式及裝裱式樣，疑皆一統志館送貯四十九圖之一部分。

とあり，王庸（1932）より一年後に出版された李徳啓編，于道泉校（1933）のなかに，

1)「盛京五路總圖 Mukden i sunja jugvn i uheri nirugan」滿文（補譯），一幀，青緑画紙本，長 450cm，寬 960cm
2)「盛京五路總圖 mukden i sunja jugūn i uheri nirugan」滿漢（補譯），一幀，墨描紙本，長 300cm，寬 510cm
3)「烏拉等處地圖 Ula i jergi ba i nirugan」滿文（補譯），二幀，青緑画紙本，長 132cm，寬 110cm，長 115cm，寬 87cm
4)「寧古塔地圖 Ningguta i ba i nirugan」滿漢（補譯），一幀，墨描紙本，長 300cm，寬 300cm
5)「寧古塔圖 Ningguta i nirugan」滿文（補譯），一幀，青緑画紙本，長 229，寬 248cm

とあり，やはり同じ漢文タイトルの地図に，マンジュ語のタイトルと地図の寸法が付け加えられている。実際に，台北国立故宮博物院に所蔵されている地図を調査したところ，これらの満文地図に漢文・満文タイトルが書かれておらず，王庸（1932）の漢文のタイトルの満文補訳は李徳啓によってなされたものである。李徳啓編，于道泉校（1933）凡例を参照。

7)『蘿図薈萃』を再録した『国朝宮史続編』巻一百，河道図目に「黒龍江源図，一幅」とあり，寸法からすれば『黒龍江流域図』と同じものではないようである。『蘿図薈萃』については，本書第6章において詳しく論じる。

8) 北京大学図書館古籍特蔵庫所蔵の目録にも，
1) 黒龍江口圖（典蔵号：SB/981.345/6036，彩絵本，摺葉，2摺冊（1函），漢文）
2) 黒龍江源圖（典蔵号：SB/981.345/6033，彩絵本，摺葉，1摺冊（1函），漢文）
3) 黒龍江中圖（典蔵号：SB/981.345/6035，彩絵本，摺葉，2摺冊（1函），漢文）

とあり，このほかに鄧衍林（1958）『中国辺疆図籍録』には，
1) 吉黒兩省地圖（満文）（清）不著製者名氏，清絵本，一幅（墨絵），不注比例，板框 152.6×200.5
2) 黒龍江圖（満文）（清）不著製者名氏，清絵本，一幅（色絵），不注比例，板框 135.0×112.0
3) 黒龍江全圖（満文）（清）不著製者名氏，清絵本，一幅（色絵），不注比例，板框 212.6×241.0

とあり，黒龍江に関するマンジュ語の地図がほかにも多数存在することがわかる。しかし，現在のところ，鄧衍林（1958）の黒龍江に関する地図の所在は不明であり，比較検討のすべをもたない。このほか，現在の中国国家図書館にもマンジュ語で描かれた「黒龍江図」という題名の地図が二枚存在する。

9) 国立中央図書館編『国立中央図書館善本書目』増訂本（一），342頁を参照。この目録

では「吉林九河図一幅」が「吉林入河図一幅」と書かれているが，誤植であることを吉田金一が指摘した。
10) 吉田金一（1984）第九章の注に「満文，紙本彩絵，160cm×140cm，黒龍江将軍管下の地図で，乾隆元年版『盛京通志』の黒龍江将軍所属形勢図の原図ではないかと思われる」と推測されている。地図のサイズは現在の台北国立故宮博物院所蔵の地図の寸法とはやや異なる。『吉林九河図』に関しては，吉田金一（1980）および松浦茂（1997）を参照。
11) 盧雪燕（2001）にはマンジュ語の誤読が見られる。たとえば100頁の「山（ilan）」は，正しくは「alin」で，108頁注13の「oros emgi hesen be waksilame ilibuha wehe bei」は，正しくは「oros emgi hešen be/faksalame ilibuha/wehe bei」である。吉田金一（1984）も「hešen」（界・境界）を「hese」（聖旨）と誤記している。同書300頁，図Dを参照。
12)「レナ河の出現」とその意味するところについては，別稿で詳しく述べる。
13) マンジュ語で方向をあらわす地図はほかにも見られる。たとえば，『□畫澳門図』（中国第一歴史檔案館・澳門一国両制研究中心選編（2000））のように上東下西，左北右南というかわった例も見られる。
14)『八旗通志初集』巻二十四，営建志二，八旗駐防衙署営房に「黒龍江駐防，康熙二十三年，黒龍江建造木城，週囲一千三十尺，高一丈八尺，内外立木，中間填土，四面四樓門成造。本年駐防將軍薩布蘇建造衙署，大堂五間，司房十二間，二門一間，大門三間。二十九年，將軍移駐墨爾根，其衙署遂爲副都統衙署。雍正十三年，於城南二里舊倉地内，新修倉厫十二座，毎座三間，共三十六間」とあり，また，『欽定大清一統志』巻四十八に「齊齊哈爾城，曰奇察哈哩。城周五百丈，内外植木爲壇，中實以土。門四周一千歩有奇，環城有重濠，廣一丈五尺。本嫩江南伯克伊爾荘地。本朝康熙三十一年建城，取嫩江北達呼哩等所居之荘爲名。三十八年將軍駐此。愛渾城，在黒龍江城東北十二里，周九百四十歩，門五。不知何國所築，本朝康熙二十二年初修築此城，設將軍鎮守。三十八年移鎮齊齊哈爾城。通志黒龍江城東南有札哈蘇城・齊赫特城・額爾徳尼城，西北有哈瑪爾城・雅克薩城，倶未詳里數」とある。
城の廣さと立地については，『欽定八旗通志』巻一百十六，営建志五，八旗駐防規制一，各省駐防に「黒龍江駐防，康熙二十三年建外城，週圍三面長九百六十丈，高一丈七尺，城門五，堆房八，所建内城週圍五百九十丈五尺，高一丈六尺，内外立木，中間填土。四面四樓門，堆房四所。建造將軍衙署，大堂五間，司房十二間，二門一間，大門三間」とあり，また『永憲録』巻一「……後又増設黒龍江，歸化城二將軍。以分奉天，寧古之任。黒龍江一名愛渾城，在烏喇東北。自黒龍江東北至牙爾薩城，有二千餘里。自牙爾薩城至老鎗地方名泥木七城，有一千五百餘里。折中爲額勒姑納地，係於蒙古分界，立碑於此」とある。
15)『大清世祖実録』巻六十八，順治九年九月丙戌条
16)『大清世祖実録』巻八十七，順治十一年十一月丁丑条
17)『大清世祖実録』巻一一九，順治十五年七月庚戌条
18)『大清世祖実録』巻一三八，順治十七年七月丁丑条

19) 『康熙起居注』第二冊，961頁［康熙二十二年二月二十三日］
20) 『康熙起居注』第二冊，1090頁［康熙二十二年十月二十五日］「大學士，學士随捧折本面奏請旨，為兵部題設鎮守愛渾等處將軍，開列副都統席忒庫等職名。上顧大學士等曰，寧古塔副都統薩布素為人甚優，以補此缺何如。明珠奏曰，薩布素甚優，與將軍職任相宜。上命以薩布素補授將軍。又題設愛渾等處左翼副都統，開列侍郎額星格等職名」。
21) 『黒龍江檔』1-4『康熙二十四年七月からの行文を記した檔子』十月十三日にニルイ・ジャンギン・ニオモション（Niomošon）に送らせた書
　　鎮守黒龍江等処將軍の書。兵部に送った。正藍旗の佐領オロンション（Ološon）が年老いたので，退職願いを出した，（オロンションは）康熙二十二年に，將軍サブスが兵を率いて，黒龍江にいるロチャを降伏させにいったとき，ジンキリ（Jingkiri）河の水源のロチャを從わせるようにとオロンションみずから兵を率いていって，一人のロチャを連れてきた。役人になって三十四年になり，從軍して四十余年となった。
22) 『黒龍江檔』1-1『康熙二十三年七月初一日からの行文を記した檔子』八月十八日に鑲紅旗閑散ジャンギン・ニオモション（Niomošon）が持っていった書の言。この檔案のローマ字転写と日本語訳は，楠木賢道（1996）［史料6］33-35頁，54-56頁参照。
23) 『黒龍江檔』1-1『康熙二十三年七月初一日からの行文を記した檔子』十二月二十九日にニルイ・ジャンギン・オセ（Ose）に送らせた書の言。この檔案のローマ字転写と日本語訳は，楠木賢道（1996）［史料27］47-52頁，69-74頁参照。
24) 同上
25) 松浦茂（1997）101頁（のち松浦茂（2006）に収録，30頁）参照。
26) この注記は松浦茂（1997）には書かれていなかったが，のち松浦茂（2006）の第一章，注30のなかで書き加えられている。
27) 『黒龍江檔』2-3『康熙二十九年正月からの戸・礼・工・理藩院・盛京の戸・工部よりの来文を記した檔子』四月十五日にイルカ（Ilka）駅站の人ヘスン（Hesun）が送ってきた書。原文書の日付は康熙二十九年三月五日である。『黒龍江檔』から翻訳された碑文に関する資料は，中国語訳は中国第一歴史檔案館編（1981）125頁にいち早く紹介された。吉田金一（1984）もこれに注目している。
28) 『黒龍江檔』1-14『康熙二十九年正月から四月までの奉天・寧古塔将軍・索倫総管・駅站官らへの行文を記した檔子』四月二十四日にメルゲンの駅站の人マエルゲ（Ma elge）に送らせた書
29) 『黒龍江檔』1-13『康熙二十九年五月の奉天・寧古塔将軍・黒龍江副都統・ソロン総管・駅站官よりの来文を記した檔子』五月二十一日にコロル（Korol）駅站の人ジォォエル（Joo el）が送ってきた書
30) 『黒龍江檔』2-4『康熙二十九年正月からの戸・礼・工部・理藩院・盛京戸・工部などの衙門への行文を記した檔子』七月十九日に正黄旗漢軍エルゲ（Elge）ニルの披甲ウシバ（Usiba）に送らせた書
31) 中国第一歴史檔案館編（1981）141頁「索額圖等為厳禁俄人至喀爾喀行猟並暫停立界碑事致尼布楚長官咨文，康熙三十年十二月初一日」参照。
32) もっとも早く石碑について論究したのは，何秋濤『朔方備乗』巻八，考二「北徼界碑

第4章　ネルチンスク条約の幻影

考」および曹廷傑の「分界碑文考」「界碑地考」(『曹廷傑集』50-51頁，55-58頁)である。しかし，いずれも康熙二十九年七月に石材が見つからなかったという資料が引用されていない。日本では，今西春秋 (1964) 164-165頁の注214が「この碑も，上記ガルビチ河の碑も現在ともに所伝が分からない」と記していた。

33)『八旗通志初集』巻一五三，郎談 (langtan) 伝（満洲版）は，

orin uyuci aniya ilan biyade,/ *hese be dahame meiren i janggin joosan i emgi erguna birai angga de/ hešen i pai ilibume genehe; sunja biyai tofohon de, mergen/ hoton deri hinggan dabagan be dabafi tuwaci, juwan/ udu giyan loca i boo bi usin de jalu jeku/ tarihabi, ceni da basili be hūlame tucibufi turgun be/ fonjici, jaburengge, duleke aniya nibcu hoton i da,/ membe amasi bedere seme doron gidaha bithe benjihe/ mende boo gurire hūsun akū ofi, tuttu bucere be/ funtume, ubade majige usin be tarifi, use bargiyara be/ kicembi, ambasa gosime oncodoreo seme baire de, langtan, ceni boo be efulefi, hūda bufi, jeku be hadufi gama/ sehe manggi, loca se urgunjeme hengkilefi, dabagan be/ dabafi genehe; orin emu de, erguna de isinafi, birai/ anggai girin i wehe de foloho manju, nikan, oros,/ monggo, lidino sunja hacin i hergen i pai be ilibufi/ amasi jihe;

【日本語訳】（康熙）二十九年三月に，聖旨に従って，副都統ジョオサンとともにエルグナ河の河口に境界の牌 (pai) を立てにいった。五月十五日に，メルゲン城からヒンガン・ダバガン（興安嶺）を越えて見たところ，十何間のロチャの家がある。畑に穀物を植えている。彼らの頭のバシリを呼び出して，事情を聞いたところ，答えたのには，「去年ニブチュの頭が我らに戻ってくるようにと印を押した書を送ってきた。我々には家屋を移す力がないので，ゆえに死を冒して，ここで畑を耕し，収穫することに努めた。臣らは慈しんで寛大にしてほしい」と求めたとき，ランタンは彼らの家屋を壊してお金を与え，穀物を刈って持っていけと言った後，ロチャらが喜んで叩頭して，ダガバンを越えていった。二十一日に，エルグナに到達して，河口一帯の石に刻んだマンジュ語・漢語・ロシア語・モンゴル語・ラテン語の五つの種類の文字の牌を立てて戻ってきた。

とあるように「碑」ではなく「牌 (pai)」としている。漢文版『八旗通志初集』巻一五三，名臣列傳十三，正白旗満洲世職大臣二，郎談伝には，

（康熙）二十九年三月，奉旨同副都統詔三往厄里谷納河口，立交界牌。五月十五日，經墨爾根城，越興安嶺，見羅刹猶有屋十餘間，田禾滿地。因呼其酋長巴什里問其故，對曰：去歳尼布抽城長有印信來，令我等回去。因我等移家力量不足，故冒死於此地少種田禾，意爲收穫之計，並乞大人憐宥。郎談使毀其屋，給其資，允其刈禾載歸。羅刹等悦拜，度嶺而去。二十一日，至厄里谷納，立牌於河口石壁上，鑴清・漢・鄂羅斯・蒙古・里的諾五樣字畢而還

とある。マンジュ語版では「foloho（刻んだ）」を用いていることから，先に刻んだ牌をこの地に立てたという意味になる。吉田・松浦の二氏と同様，船越昭生 (1976) 第二章，105頁・復旦大学歴史系『沙俄侵華史』編写組 (1986)・劉遠図 (1993)・張維華・孫西 (1997)・孫喆 (2003) など，すべて康熙年間に国境碑が立てられたと主張してい

34) オボは，もともとモンゴル語からの借用語で，「石積み」の意である。
35) 『黒龍江档抄本』乾隆三十年八月二十二日を参照。この満文を省略して載せるのが『大清高宗実録』巻七百四十三，乾隆三十年乙酉八月癸亥の記事である。
36) 『露蔵黒龍江档』康熙二十三年一月十一日にナハブ（Nahabu）が持っていった書の言
37) 『露蔵黒龍江档』康熙二十三年三月二十一日に委参領ウセ（Use）が持っていった書の言
38) 『露蔵黒龍江档』康熙二十三年四月十三日に委営長ナンダイ（Nandai）が持っていった書の言。
39) 『露蔵黒龍江档』康熙二十三年一月二十九日にソロンの副都統ブケイ（Būkei）が持っていった書の言
40) 『露蔵黒龍江档』康熙二十三年二月二十五日に参領スナカ（Sunaka）が持っていった書の言
41) 『露蔵黒龍江档』康熙二十三年六月初九日に委散騎郎参領ニカタが持っていった書の言，『露蔵黒龍江档』康熙二十三年七月初四日に正紅旗領催を委驍騎校フシタが引き連れて持っていった書の言
42) 『大清聖祖実録』巻百四十六，康熙二十九年五月癸丑条
43) 同上
44) 『露蔵黒龍江档』康熙二十三年六月初九日に委散騎郎参領ニカタが持っていった書の言
45) 同上
46) 松浦茂は「調査」という言葉を使っているが，調査というマンジュ語は「baicambi（調べる・調査する）」を使う。原文書では「tuwanabure（見にいかせる）」を使っているので，本書では「視察」と訳す。
47) 『黒龍江档抄本』乾隆三十年八月二十二日
48) 『黒龍江档』1-10『康熙二十九年の吏・兵・刑部・督捕衙門・盛京刑部よりの来文を記した档子』正月初四日に筆貼式ディンジュ（Dingju）が持ってきた書
49) 『黒龍江档』1-10『康熙二十九年の吏・兵・刑部・督捕衙門・盛京刑部よりの来文を記した档子』三月初五日に正黄旗領催スントゥ（Sungtu）が持ってきた書
50) 『黒龍江档』1-10『康熙二十九年の吏・兵・刑部・督捕衙門・盛京刑部よりの来文を記した档子』三月十四日に鑲黄旗のキレデ（Kilede）・ニルの領催ウダイ（Udai）が送ってきた書
51) 『黒龍江档』1-10『康熙二十九年の吏・兵・刑部・督捕衙門・盛京刑部よりの来文を記した档子』三月十四日に鑲黄旗のキレデ・ニルの領催ウダイが送ってきた書，および三月二十六日に鑲白旗領催カンギナ（Kanggina）が送ってきた書
52) 『黒龍江档』1-10『康熙二十九年の吏・兵・刑部・督捕衙門・盛京刑部よりの来文を記した档子』三月二十六日に鑲白旗領催カンギナが送ってきた書
53) 『黒龍江档』1-15『康熙二十九年五月からの奉天・寧古塔将軍・黒龍江副都統・ソロン総管・駅站官らへの行文を記した档子』五月十五日に正紅旗のエルグレ（Ergule）ニルの披甲ドンジゥ（Donju）に送った書

54) 同上
55) 同上
56) 『黒龍江檔』5-4『康熙三十四年正月の吏・兵・刑部・理藩院・盛京兵・刑部への行文を記した檔子』正月初四日に領催ダリブ（Daribu）に送らせた書
57) 『黒龍江檔』5-7『康熙三十四年正月の奉天将軍・寧古塔将軍・ベドゥネ副都統・チチハル城副都統級総管らよりの来文を記した檔子』十二月十四日に領催ウルイが送ってきた書
58) 『黒龍江檔』16-22『康熙四十九年正月からの吏・兵部・理藩院・盛京兵部への行文を記した檔子』十一月十二日に筆貼式サンジュ（Sanju）に送らせた書
59) 『黒龍江檔』16-24『康熙四十九年正月からの黒龍江副都統・メルゲン城の協領・ソロン総管・駅伝官への行文を記した檔子』九月初二日に筆貼式ワンスダ（Wang sy da）に送らせた書
60) 『黒龍江檔』16-23『康熙四十九年正月からの黒龍江副都統衙門・メルゲン城の協領・ソロン総管・駅伝官よりの来文を記した檔子』九月十二日に筆貼式ワンスダが送ってきた書に「esuri sahaliyan ulai hoton i amargi juwe tanggū ba i/ dubede sahaliyan ulai dergi dalin de bi, esuri serengge bai gebu,/ esuri teisu emu bira bi sehebi;（エスリは黒龍江城の北二百里先の黒龍江左岸に位置する。エスリというのは地名である。エスリの向かいに一つの河がある）」とある。また、『黒龍江檔』16-22『康熙四十九年正月の吏・兵部・理藩院・盛京兵部への行文を記した檔子』十一月十二日に筆貼式サンジュに送らせた書に「esuri serengge ba i gebu, esuri teisu bisire bira be/ herel bira sembi;（エスリというのは地名で，エスリの向かいにある河をヘレル河という）」とある。

192　第Ⅰ部　世界帝国をめざして

附表　地図に記載された地名や河川名の比較

黒龍江流域図	吉林九河図	皇輿図銅版満文	皇輿図木板漢文	戦蹟図
amba gerbici bira	amba gerbici bira	amba gerbici bira	昂巴哥里比其河	amba gerbici bira 大格爾弼齊河
aral alin	なし	なし	なし	なし
argi birai sekiyen	argi bira	argi bira	阿兒即河	argi bira 阿爾吉河
asiktan bira	asiktan bira	asiktan bira	阿西克潭河	asiktan bira 阿什克坦河
ben bira	ない	なし	なし	なし
biran bira	なし	bira bira	必拉河	bira bira 畢喇河
birtan bira	なし	birtan bira	畢勒譚河	なし
boir omo	boir	buir omo	布育里鄂模	buir omo 貝爾池
bolhori omo	なし	bolhori bira	博兒豁里鄂模	bolhori omo 博勒和哩鄂謨
boromda bira	boromda bira	boromda bira	博魯目打河	boromda bira 博羅木達河
boton bira	なし	boton bira	博呑河	boton bira 博屯河
cagayan hada	なし	cahayan hada	察哈言哈達	cahayan hada 察哈顏峰
cakarakū hada	cakarakū	なし	なし	cakarku alin 察喀拉庫山
cicigar hoton	なし	cicagar hoton?	乞察哈里城	cicihar hoton 齊齊哈爾城
col birai sekiyen	col bira	col bira	戳兒色禽	col bira 綽勒河
dalbi omo	なし	なし	なし	なし
delen bira	なし	なし	なし	delen bira 德勒恩河
dobkūr bira	なし	dobkor bira	多蒲哭里	dobkor bira 多布科爾河
donggor bira	donggoro bira	donggo bira?	董鄂？	donggo bira 楝鄂河
dosy bira	なし	なし	なし	なし
dulu bira	なし	dul bira	杜兒河	dul bira 都勒河
elge bira	elge bira	elge bira	二哥河	elge bira 額勒格河
emur bira	emur bira	emur bira	厄母里河	emur bira 額穆爾河
engguri omo	engguri	なし	なし	なし
erekel alin	なし	なし	なし	erekel alin 額呼克勒山
ergi bira	なし	なし	なし	なし
ergune bira	ergune bira	ergune bira	厄勒枯挪河	erugune bira 額爾固訥河
esuri ba i gebu（エスリは地名）	なし	なし	なし	なし
fu bira	なし	fu bira	富河	fu bira 福河
g'an birai sekiyen	g'an bira	g'an sekiyen	甘色禽	g'an sekiyen 甘河源
gerbici bira	gerbici bira	gerbici bira	哥里比其河	gerbici bira 格爾弼齊河
gilin bira	なし	なし	なし	なし
giwel bira	なし	なし	なし	なし

第4章 ネルチンスク条約の幻影

黒龍江流域図	吉林九河図	皇輿図銅版満文	皇輿図木板漢文	戦蹟図
giyari bira	なし	giyari bira	甲里河	giyari bira 嘉哩河
gulurken bira	なし	なし	なし	なし
halu bira	halu bira	haho bira	哈羅河	halu bira 哈魯河
hara bira	hara bira	hara bira	哈拉河	hara bira 哈喇河
herel bira	なし	なし	なし	なし
ho bira	ho bira	ho bira	活河	ho bira 霍河
holun bira	なし	holon bira	呼輪河	hulun bira 呼倫池
hūjir omo	なし	hūjir bira?	呼即里河	hūjir bira 呼濟爾河
hulun	hulun	なし	なし	なし
hūmar birai sekiyen	hūmar bira	なし	なし	なし
hūmar hoton	なし	なし	なし	hūmar hoton 呼瑪爾城
huyur bira	なし	huyur bira	枯育里河	huyur bira 呼裕爾河
ihe gokdo	ihe gokdo	ike gūkda	衣克古克達	ike gokda alin 伊克郭克達山
ilhūr alin	なし	ilhūri alin	衣兒呼里山	ilhūri ali 伊勒護哩山
imi bira	なし	なし	なし	なし
imi birai sekiyen	なし	なし	なし	なし
imu bira	imu bira	imu bira	衣母河	imu bira 伊穆河
jai bira	jai bira	jai bira	査衣河	jai bira 霍河
jakdaci alin	なし	jakdaci alin	査克達里山	jakdaci alin 扎克達齊山
jan bira	なし	jan bira	占河	jan bira 瞻河
jan i bira	なし	jan bira	占河	jan bira 瞻河
jikecelekci omo	なし	なし	なし	なし
jingkiri ula	jingkiri	jingkiri ula	錦衣里江, 錦衣里烏喇	jingkiri ula 精奇哩江
jingkiri ulai sekiyen	jingkiri sekiyen	なし	なし	jingkiri ulai sekiyen 精奇哩江源
jolunaci bira	なし	なし	なし	jolonki bira 卓灤奇河
jucun bira	なし	jucun bira	朮春河	なし
judehe alin	なし	judehe alin	朮得赫山	judehe bira 珠德赫山
julgei aihūn hoton (古アイフン城)	なし	なし	なし	なし
kailari bira	kailari bira	kailar bira	開拉里河	なし
kalka bira	なし	kalka bira	喀兒喀河	kalka bira 喀爾喀河
kalur bira	なし	kalūr bira	喀羅里河	なし
kamni hada	kamni hada	kamni hada	喀母泥哈達	kamni hada 喀木尼峰

第 I 部　世界帝国をめざして

	黒龍江流域図	吉林九河図	皇輿図銅版満文	皇輿図木板漢文	戦蹟図
kana bira	なし	なし	なし	なし	
kara birai omo	なし	なし	なし	なし	
kara hūjir omo	なし	なし	なし	なし	
karkaltu alin	なし	なし	karkaltu alin	喀勒喀爾圖	karkaltu alin 喀爾喀勒圖山
kindu bira	kindu bira	kindu bira	琴都河	kindu bira 勤都河	
koi bira	なし	なし	なし	なし	
koika bira	なし	なし	なし	なし	
korfin bira	なし	korfin bira	科爾芬河	korfin bira 科爾費音河	
kudin bira	なし	kuding bira	苦丁河	kuding bira 庫鼎河	
kumnu bira	なし	kumnu bira	枯母奴河	kumnu bira 庫木努河	
kumur alin	なし	kumur alin	枯母勒山	kumur alin 庫穆爾山	
kūwancaha talha	なし	なし	なし	なし	
kūyur bira	なし	kuyuru bira	枯育魯河	なし	
melur bira	なし	melur bira	莫魯里河	melur bira 墨魯爾河	
meo hada	なし	meo hada	謀哈達	なし	
merilken bira	merilke bira	merilken bira	謀里兒肯河	merilken bira 墨哩勒懇河	
mermin bira	なし	なし	なし	なし	
micil bira	なし	micir bira	米乞里河	micir bira 密齊爾河	
mo bira	mo bira	mo bira	謀河	mo bira 摩河	
moktor alin	なし	なし	なし	なし	
morin bira	なし	なし	なし	なし	
mumin bira	なし	なし	なし	mumin bira 穆敏河	
musun bira	musun bira	musun bira	穆孫河	musun bira 穆遜河	
nacur bira	なし	なし	なし	なし	
nadur bira	なし	なし	なし	なし	
nadur birai sekiyen	なし	なし	なし	なし	
nayur bira	なし	nayor bira	那藥里河	nayur bira 納裕爾河	
nelhesuhi bira	なし	nelhesuhe bira	挪兒和蘇希河	なし	
nemu r he bira	nemurhe bira	なし	なし	nemerhen bira 訥墨爾亨河	
ningni bira	ningni bira	ningni bira	泥濘河	ningni bira 寧尼河	
ningni birai sekiyen	なし	なし	なし	なし	
nioman bira	nioman bira	nioman bira	牛滿河	nioman bira 鈕滿河	
nioman birai sekiyen	nioman i sekiyen	nioman sekiyen	牛滿色禽	nioman sekiyen 鈕滿河源	

第4章　ネルチンスク条約の幻影

黒龍江流域図	吉林九河図	皇輿図銅版満文	皇輿図木板漢文	戦蹟図
nior bira	nior bira	nior bira	牛勒河	nior bira 鈕爾河
non i ulai sekiyen	non i sekiyen	non sekiyen	嫩色禽	non sekiyen 嫩江源
non ula	non i ula	non i ula	嫩泥烏喇	non ula 嫩江
numin birai sekiyen	numin i bira	nomin sekiyen	諾民色禽	なし
odo bira	なし	odo bira	敖多河	odo bira 鄂多河
oken bira	なし	oken bira	敖肯河	oken bira 鄂懇河
oldokon bira	oldokon bira	oldokon bira	敖兒多翬河	oldokon bira 鄂勒多寬河
omo ton	omo ton	omo ton	鄂模吞	omo tun 鄂謨屯
omulko bira	なし	なし	なし	なし
on bira	なし	なし	なし	なし
onoi omo	なし	なし	なし	ono bira 鄂諾河
oros emgi hešen be/faksalame ilibuha/wehe bei （オロス＝ロシアと境界を分けて建てた石碑である）	なし	なし	なし	なし
panggū bira	panggū bira	panggū bira	傍庫河	なし
sahaliyan ula	sahaliyan ula	sahaliyan ula	薩哈連烏喇，黒龍江	sahaliyan ula 黒龍江
sahaliyan ulai angga	なし	なし	なし	なし
sahaliyan ulai hoton	なし	sahaliyan ulai hoton	薩哈連烏喇城	sahaliyan ulai hoton 黒龍江城
sarin bira	なし	sarin bira	西林河	sarin bira 薩璘河
silimdir bira	silimdir bira	silimdi bira	西里母的河	silimdi bira 西里木第河
sinike bira	なし	なし	なし	なし
sinike birai sekiyen	なし	なし	なし	なし
sinikemoktor alin	なし	なし	なし	なし
siyarman bira	なし	なし	なし	なし
sukduaki alin	なし	なし	なし	なし
sulakei hada	なし	なし	なし	なし
sun bira	なし	sun bira	孫河	sun bira 遜河
sun birai sekiyen	なし	sun sekiyen	孫色沁	sun birai sekiyen 遜河源
sunggari ula	sunggari ula	sunggari ula	松花江，松嘎里烏喇	sunggari ula 松花江

黒龍江流域図	吉林九河図	皇輿図銅版満文	皇輿図木板漢文	戦蹟図
sunggari ulai angga	なし	なし	なし	なし
sur bira	なし	なし	なし	suru bira 蘇嚕河
susu	susu	suru bira	酥魯河	なし
tagar bira	なし	なし	なし	なし
taha bira	taha bira	taha bira	他哈河	taha bira 塔哈河
telbur bira	telbur bura	telbur bira	忒兒布勒河	telbur bura 特勒佈爾河
tok bira	tok bira	tok bira	拖呵河	tok bira 托克河
tomon bira	なし	tomo bira	托莫河	tomo bira 托摩河
ton bira	なし	ton bira	呑河	なし
toril hada	なし	toril hada	拖里兒哈達	toril hada 托哩勒峰
tosin bira	なし	なし	なし	tosin bira 托新河
tuler bira	なし	なし	なし	なし
tungken bira	なし	tungken bira	通肯河	tungken bira 通懇河
turu bira	なし	なし	なし	なし
uin bira	なし	なし	なし	なし
ulan bulak šeri	ulan bulak	ulan bulak	烏藍祮拉克	ulan bulak šeri 烏蘭布拉克泉
ulusu mudan	なし	ulusu mudan	屋魯蘇木丹	ulusu mudan 烏魯蘇河湾
unen bira	unen bira	unen bira	烏挪河	なし
ungge bira	ungge bira	ungge bira	翁厄河	ungge bira 翁格河
urge bira	なし	なし	なし	なし
urkan bira	urkan bira	urkan bira	烏拉喀河	urkan bira 烏爾堪河
ursu bira	なし	ursu bira	烏里蘇河	ursu bira 烏爾蘇河
ušun bira	なし	なし	なし	なし
utun bira	utun bira	utun bira	烏呑河	utun bira 武屯河
weleke bira	weleke bira	weleke bira	窩勒可河	weleke bira 沃埒克河
yak alin	なし	yak alin	呀克山	yak alin 雅克山
yal bira	なし	yal bira	雅兒河	yal bira 雅勒河
yal birai sekiyen	なし	yal sekiyen	雅兒色禽	yal sekiyen 雅勒河源
yerbehe bira	yerbehe bira	なし	なし	なし

第5章　描かれる版図
―― 黒龍江流域の「国境」探検 ――

はじめに

　ダイチン・グルンの輿図に関して，これまでの研究の足跡をたどってみると，じつにさまざまな角度・立場から研究がなされてきている。しかし，率直にいって，個別の地図や断片的なデータにもとづくものが多く，ときには深刻な誤解さえもあった。そのうえ，当時どのように輿図を作製したのか，作製を担当した機関はどの部門か，というもっとも基本的な問題についてすら，ほとんど本格的な研究がなされないまま今日にいたっている。

　ダイチン・グルン時代につくられた輿図は，数量・種類ともに他の時代や地域にはほとんど類がないほど膨大に残っている。また，しばしば多言語にわたることも，見逃せない。かえりみて，ダイチン・グルンの消滅からほとんど一世紀ちかくの時を経た現在もなお，その全体像の把握は，はるかに遠いといわざるをえない。

　従来の研究はもとよりのこと，既知・未知の輿図・絵図資料を網羅しつつ，そのいっぽうで，やはりダイチン・グルン時代に多言語で書き残されたほとんど手付かずの膨大な檔案資料を総動員して，つねに全体を見据えつつ基礎作業をつみかさねていかねばならないだろう。とはいえ，21世紀の現在においても，古地図は，依然として閲覧制限がある分野の一つで，海外の研究者はいうまでもなく，中国国内の専門家でさえ，閲覧することが困難であるといわれる。

　時代の古今を問わず，およそ地図というものにはやはり，国家や地域の機密や根本にかかわる"神器"として，どこか薄暗く，かつ翳めいた側面が潜んでいる。ダイチン・グルンの時代に作製された輿図類もまた，当初より，ほとん

どは宮中に保存され，ながらく皇帝やその親族，限られた官僚・役人たちの間においてのみ閲覧が許可された貴重な存在であったことは忘れてはならないだろう。

さて，本章では，そうした輿図類研究の一環の意もこめて，ダイチン・グルンの欽定地理誌にあたる『大清一統志（Daicing gurun i uherileme ejehe bithe）』が編纂されていく過程の一齣として，ネルチンスク条約の直後におこなわれた黒龍江左岸への九路の視察隊の派遣と探検・調査・測量の実態，およびそれにもとづく輿図作製にあえて焦点を絞り込んで取り上げることにしたい。その際，きわめて資料性の高い『黒龍江将軍衙門檔案』（以下，黒龍江檔）を典拠として，なるべくそれが語るまま，いわば原文に密着するかたちで紹介したいと考える。なお，『大清一統志』とその編纂全体については，いずれまた別に述べることにする。

1　視察隊派遣の前史

1）ロシアの影のなかで

さて，ダイチン・グルンにおいて黒龍江に関する情報が徐々に明らかになっていたことは，ロシア[1]の出現と密接な関係がある。これに先立ち，ダイチン・グルン成立以前の時期にも，すでに幾度も黒龍江方面への遠征がなされていた。その過程で現地の抵抗勢力を降伏させた後，捕虜を連れて帰って各ニルに均等に分けて編制した。いっぽう，抵抗しなかった集団は，そのまま現地で温存された。その後，彼らは時に毛皮をたずさえ，ムクデン（盛京）までやってきて貢納をおこない，見返りにさまざまな賜物をうけとる互酬関係を維持しつづけた。

こうした状況に大きな変化が現れたのは，順治年間である。このとき，すでにロシア人は黒龍江を南下してフマル周辺まで進出し，そこに要塞まで築いていた。これに対し，順治十年（1653），ロシアの南下を防ぐ前線の基地として，寧古塔アムバン・ジャンギンと副都統が設置され，康熙元年（1662）には寧古

塔将軍と改められた。

　康熙年間になると、黒龍江右岸までロシア人が出没するようになり、康熙二十二年（1683）には、「鎮守黒龍江等処将軍」というその名の通り、黒龍江周辺地域を防衛するための軍事単位と軍事基地が設けられた。その結果、ダイチン・グルンとロシアの間は、断続的ながら臨戦態勢におかれるようになった[2]。ロシアにかかわる諸事は、それまで寧古塔将軍の管下にあったが、以後はすべて黒龍江将軍衙門を通じて処理されるようになり、北京の兵部と理藩院が将軍衙門からの案件を受理して皇帝に報告した。

2）移りいく黒龍江将軍衙門

　こうした将軍衙門設置の背景には、北方ロシアの南下を防ぐ目的にくわえて、ダイチン・グルンが西北のジューンガルを中核とするオイラトとハルハ・モンゴルとの争いに介入しようとする意図があったことも見逃せない。そのことは、黒龍江将軍衙門の移転をあとづけることで明白となる。

　すなわち、当初、黒龍江将軍はアイフン城に駐していたが、ネルチンスク条約締結の翌年、すなわち康熙二十九年（1690）には、南のダグルの村メルゲンに移され、新たに城が建設された。そのおもな理由としては、同年四月二十六日、戸部から黒龍江将軍に送られてきた文書に、「オロス・グルンはエジェンの徳化に従い、地（ba na）を指示して永遠の境[3]を立てて定めたので、今、将兵をメルゲンの地に撤退させ、家を築いて田地を耕作させる[4]」と明確に述べられている。つまり、いったんはネルチンスク条約によって、ロシアとの緊張関係が緩和したのである。

　ついで、西北の強敵ジューンガルのガルダンとの戦いが幕を閉じた康熙三十八年（1699）になると、将軍衙門はメルゲン城よりさらに南方に位置するチチハルへ移された。チチハルの地は、モンゴル、シベ、ソロン、ダグルたちが居住する戦略上枢要な地であった。ヒンガン（興安）の北方フルン（Hulun）などの地を通過してニブチュ（ネルチンスク）に至る重要なルートと遠く離れてはおらず、万が一、ヒンガン以北の地で事件があれば、迅速に対応することができた。そのうえ、チチハルの周辺には、豊かな牧場や農地が広がっていた。

軍馬の養成，兵士の屯田地として，もっとも適したところであり，軍事基地として必要な条件を備えた場所でもあった[5]。

こうした将軍衙門の移駐は，当時のダイチン・グルンをとりまく政治情勢や遊牧民勢力の状況を考慮したうえで，おこなわれたものだった。ロシアとの緊張緩和の状況にくわえ，西方から来攻することもありうるジューンガルをふくむオイラト勢力に備えるべく，黒龍江各地の軍事集団をより機能的に集合させ，危機に有効かつ迅速に対応するための方策でもあった。つまり，黒龍江将軍の設置は，対ロシアのみならず，西北のオイラトの膨張とモンゴリア情勢の変転にも備えたものであり，まさにダイチン・グルンの国防戦略の一環としておこなわれたものであった。

3）ネルチンスク条約の後

このような大状況のもと，それに先行するロシアとの断続的な戦争が六年あまりつづいたのち，康熙二十八年（1689）にいたってネルチンスク条約が締結された結果，既述の通り，将軍衙門と駐屯部隊の多くをアイフンより南のメルゲンへ移すことになった。その計画が進められるのと時を同じくして，北の「国境地帯」に相当する黒龍江流域の視察・探検が提起され，実行されることとなった。やがて大掛かりな国境方面の探検・調査が展開され，それにともなって，数多くの報告書が地方将軍や各担当者によって作成され，中央に報告された。

当然のことながら，一定のルートにそって「国境地帯」を検分した過程や状況を詳細に記録し，あわせて輿図や絵図をも作製して報告書に添付して提出した。こうした黒龍江流域における「国境地帯」視察の経緯や調査の実態，そしてそれにともなう報告書の提出，および地図・輿図作製までのプロセスは，『黒龍江檔』により詳細にあとづけることができる。それはまた，この時代の地図作製をめぐる事情・背景・意義を考えるうえでも，興味深い事例を提供する。

ここで，あえて一言を附すと，マンジュ語檔案資料を用いた視察・調査の経緯に関する本格的な研究は，松浦茂によって初めてこころみられた[6]。ここで

は，その先業を参照しながら，あらためて『黒龍江檔』にもとづいて，この黒龍江流域視察の実態をあとづけたい。

2　九路の視察隊と調査の方法

1）「国境地帯」探検の提案

　ネルチンスク条約によって北辺が安定期を迎えつつあった康熙二十八年（1689）十二月，理藩院員外郎ダライ（Dalai）が康熙帝に上奏した。その文書中に，黒龍江将軍サブスが上奏してきた文書が，議政大臣によって引用されたかたちで見える。

　それによれば，黒龍江左岸の広大な北の原野を複数のルートによって視察しにいくことが提起され，本格的な議論が開始されていたことがわかる[7]。これは，ダイチン・グルン政府において，条約によってすでに定められたはずの「国境地帯」をあらためて視察し，同方面の状況全般を正確に把握しておくことが肝要であると認識されていたことを示す。

　さて，九路の視察隊が派遣されることになった理由について，前述の松浦は，

　　……左岸地域は空白になっていた可能性がつよい。国境を確認するための調査は，清朝にとってすべてに優先する緊急の課題であった[8]。

と述べ，康熙二十八年の年末に調査に乗り出したことを明言する。松浦が依拠した檔案資料は，『黒龍江檔』康熙二十九年（1690）正月四日の条で，黒龍江将軍サブスの上奏を引用している。事実，それは同年正月四日に筆貼式ディジュが持ってきた文書のなかにふくまれている一通であり，しかも兵部から黒龍江将軍に送られた「年月日のない文書」であった。そこには，黒龍江将軍の文書が次のように引用されている。

　　兵部の書。黒龍江将軍サブスらに送った。汝ら（黒龍江将軍たち）が送っ

てきた書に,「黒龍江とメルゲンに移駐させる将兵の戸について,みな翌年に移したいと上奏した。このゆえに,もし翌年にエルグネ,ゲルビチの地に碑（bei）を建てる（ことになっている）北ヒンガンの,草が生えない尾根のあたりの地まで,見にいかせることがあれば,我らの戸を移す将兵を派遣する時間がないことについて,部（兵部）が知るようにと送った」とあった。

（兵部が）査するに,「黒龍江やメルゲンに駐在させる将兵に戸を,翌年の秋から,中へみな移させたい。したがって,現在,議政王たちが議したのは,エルグネの河口から遡ってメリルケンに至るまで,黒龍江の左岸のゲルビチ河から遡って,草が生えないヒンガンの尾根に沿って,海に寄りそうところについて,知っている者を調べて,幾つのルートから見にいかせるべきかについて,ソロン総管マブダイ,寧古塔将軍トゥンボオらが上奏するように」。

幾つのルートより見にいかせるか,どのように従っていくのかについて,まだ決定しておらず,当該の将軍たちが自分の将兵を出す時間がないと送ってきたのを,しばらく議論することはない。これについて返信して知るようにと書を送りたい。このために送った。この書には年月日がない[9]。

黒龍江将軍が,エルグネやゲルビチに碑を建てる地を検分にいかせることにつき,時間上の余裕がないと返答したことに対して,兵部の意見が述べられている。これは,黒龍江左岸に位置するアイフンの将軍駐屯地から,右岸の黒龍江城へ,さらにはその南のメルゲン城へと,一部の将兵を残して将軍が移駐することについての議論のなかで出てきた話である。ちなみに,この文書は,もともと康熙帝の裁可を経て,康熙二十八年（1689）に兵部において作成されたものであった。

2) 調査ルート検討の前提

実のところ,すでに康熙二十八年（1689）の時点で,視察ルートと地理状況

について詳しい者がいるかどうか調べられた。現地に派遣された理藩院員外郎ダライが，黒龍江将軍サブスらとともに康熙二十八年十二月八日に上奏した文書に次のようにある。かなりの長文だが，ここではあえて全文を紹介したい。

　理藩院員外郎臣ダライらが謹んで上奏したのは，旨に従って調べて上奏するためである。

　議政王と会議して上奏したことには，「将軍サブスらが上奏した書に，『臣たる我らが兵より調べたところ，エルグネ河のメリルケンの地を陸路について知る人がいる。これを一つのルートから派遣して見にいかせることができる。エルグネ河口から遡ってメリルケンに至るまで，黒龍江の左岸のゲルビチ河から遡って，草が生えないヒンガンの尾根に沿って，海に寄りそったところについて，知っている者はいない。』

　このゆえに，エルグネ河口から遡ってメリルケンに至るまで，北ヒンガンから発して黒龍江に流れてきたジンキリ，シリムディ，ニオマンなどの地において，源流付近については，ソロン総管マブダイらが統轄するオロンチョン，ソロンらが狩猟・漁労しているので，知っている者を調べて，幾つのルートで見にいかせるべきかについてマブダイらが上奏するように。黒龍江・スンガリ江（松花江）が合流したところから海に至るまで，北ヒンガンから発してスンガリ江に流れてきたキムニン，フル，ゲリン，ヘングンなどの河の源流周辺は，みな寧古塔将軍トゥンボオらが統轄するキレリらがいるので，知っている者を調べて，幾つのルートで見にいかせるべきかについてトゥンボオらが上奏するように。

　査するに，境界（hešen）を立てた地を見ることは重要である。いま，総管マブダイ，将軍トゥンボオらに，知っている者を調べさせて上奏させたところ，もし知っている者がいない場合，また往復して日数がたってしまうので，現在ただちにここから二人の役人を出して将軍サブス，総管マブダイらのところに一人，将軍トゥンボオのところに一人を送り，会合して，地勢を知っている者について詳しく調べさせ，幾つのルートで見にいくか，あるいは編隊して見にいかせるべきかについて詳しく定めて議論し

て上奏した後，当該する部から派遣すべき者について，旨を求めて上奏するように。現在，派遣すべき役人を引見させ，当該の部から上奏して派遣するように」と議して康熙二十八年十二月八日に上奏した。

当月十三日に，旨が「議した通りにせよ」と言った。

聖旨に謹んで従い，大臣と会って黒龍江・北ヒンガンなどの地を知っている者について調べたところ，メルゲン城からエルグネのメリルケンに至るまで，陸路について，正藍旗ダグルのエルペチェン・ニルの驍騎校シナダイ，正紅旗ダグルのビルチュンゲ・ニルの披甲イシウルが知っている。この間は，二十日間あまりでいくという。これについて，秋の八月に一つのルートで見にいかせることができる。

エルグネ河の河口からメリルケンに至るまで，知っているソロンのテプテイ・ニルのエルフテが言うには，エルグネの河口からメリルケンに至るまで，水路で上の方へ丸木船でいけば，二十日近くでいく，という。これについて一つのルート，水路で見にいかせることができる。ジンキリ江の源流の方を知っているオロンチョンのエレブキンやチョポニらが言うには，メルゲンからジンキリの源流に至るまで，秋八月あたりに馬でいけば一ヶ月あまりでいく。ここからあちらへ，ヒンガンの尾根まで一日で到達する。馬が食べる牧草がある，という。これについて，馬で一つのルートで見にいかせることができる。

ジンキリ江の源流の方を知っているオロンチョンのスムンク，レルゲル，ジェギンらが言うには，黒龍江城からシリムディ源流のイェンケン河の河口に至るまで，秋八月あたりに馬でいけば一ヶ月あまりでいく。イェンケンの河口からあちらは，みな石が多くて，牧場がないので，馬でいくことができない。徒歩でヒンガンの尾根まで，四，五日で到達する，という。これを，一つのルートで見にいかせることができる。

ゲルビチ河の河口から源流に至るまでのこの地について，去年兵に従っていたソロンのキオラ，トゥングニらが言うには，□□あたり馬でいけば，ゲルビチ河の河口から源流まで十日あまりかかる。あるところには，馬が食べる牧草がない。ここからあちらは，みな峰・石がたくさんあるの

で，徒歩でも馬でもみないくことができない，という。

　ニオマン河の源流の方を知っているソロンのエキデイ・ニルのマランチュが言うには，黒龍江城から丸木船でいけば，ニオマン河の源流のオロンキ河の河口に至るまで，一ヶ月あまりでいく。ここからあちらは，みな峰・石がたくさんあるので，徒歩も馬もみないくことができない，という。このために謹んで上奏した。理藩院員外郎臣ダライ，鎮守黒龍江等処将軍臣サブス，ソロン総管臣マブダイ，総管臣ベイレル[10]

　以上が，文書末尾にその名をつらねる理藩院員外郎ダライ，黒龍江将軍サブス，ソロン総管マブダイ，そして総管ベイレルが会議して上奏した文書であった。

　そのやりとりを確認すると，まずは最初に黒龍江将軍が中央に送った内容について，議政大臣たちが議論した。そのうえで，皇帝に上奏し，皇帝の裁可を得て，兵部に伝達され，さらに兵部において黒龍江将軍に調査を命令する文書が作成された。そして，そののち，黒龍江将軍に送られたのである。かくて，理藩院から派遣されてきた員外郎ダライをはじめ，黒龍江将軍・ソロン総管らが，ともどもに上奏したという手順であった。

3）九つの調査ルート

　この結果，視察をおこなうにあたって，どのようにルートを設定するかについては，ソロン総管マブダイと寧古塔将軍トゥンボオに委任された[11]。時間を節約すべく，寧古塔将軍のもとへ理藩院から主事サルトゥを，また黒龍江将軍のもとへは員外郎ダライを，直接にそれぞれ派遣して，視察人員の選抜と聞き取り調査に協力させることとした。こうして，以下の九つのルートが報告された[12]。

　まず，寧古塔将軍らと主事サルトゥが上奏したルートは，以下のようなものであった。ヒンガンへのルートについては，陸路を知る者がいないため，水路をとることとした。ゲリン・ヘングンなどの河は，みなヒンガンから流れ出ており，氷が溶けてから船や丸木船で，①ゲリン，②ヘングン，③海岸沿いの三

路から調べにいかせることとした。すなわち，水路による三つのルートであった[13]。

　ついで，六つのルートが設定された。まずは陸路の四つのルートである。④メルゲン城からエルグネ河のメリルケンに至るルート。秋の八月に，見にいかせる。⑤メルゲンからジンキリ江の源流に至るルート。秋八月ごろ，馬で見にいかせる。⑥黒龍江城からシリムディ水源のイェンケン河の河口に及ぶまでのルート。やはり，秋の八月ごろ，馬で一ヶ月かかる。イェンケンの河口から先は，徒歩でいけばヒンガンの尾根まで四，五日で到達する。⑦ゲルビチ河の河口から源流に至るまで。同じく秋八月ごろ，馬でいけば十日あまりかかる。それから先は，みな崖や岩ばかりなので，徒歩でも馬でもいずれでもいくことはできない。このほかは水路となり，⑧エルグネの河口からメリルケンに至るまで。水路から見にいかせる。⑨黒龍江城から丸木船でいけば，ニオマン河の源流のオロンキ河口に到達する。一ヶ月あまりかかる。それから先は，みな崖と岩ばかりなので，徒歩でも馬でもいずれでもいくことはできない。

　以上，水陸あわせて九つのルートであった。

　これら九つの可能なルート案が提出された後，当該の黒龍江将軍と寧古塔将軍らは地理を知る者を精査・選抜し，水陸両路から検分に赴かせることができると報告した。これをうけ，各ルートの人員については，皇帝より任命・派遣してほしい旨，康熙二十九年（1690）二月十四日に議政王が上奏した。そして，三日後の十七日の聖旨に，「議した通りにせよ。派遣すべき役人らの名を列して書いて上奏せよ」と裁可されたのであった[14]。

4）編成された視察隊の詳細

　兵部から黒龍江将軍サブスらに送った文書によれば，同じ二月十七日に，合計九路から「国境地帯」の視察に赴くメンバーの名を列挙して上奏した。かくて，最終的に同月二十二日に，具体的な人員が決定された。すなわち，第4章で見たように，寧古塔三路はバハイ，バルダ，スへの三名が，メルゲン三路はランタン，シャナハイ，ジョオサン，アンジュフの四名が，そして黒龍江三路はムトゥ，ノミン，フワシャン，ナチンの四名が，それぞれの視察隊を率いる

こととなった[15]。ちなみに、三月十四日、鑲黄旗キレデ・ニルの領催ウダイがもたらした兵部から黒龍江将軍サブスに宛てた文書によれば、視察人員はすべて皇帝みずからが選抜したのであった[16]。

なお、それぞれの視察隊のなかに画匠一人が配置されていた。いうまでもなく、絵図・輿図を描くためである。また、ロチャ人、すなわちロシア人が一人ずつふくまれていたが、これは八旗ニルに編入されたロシア人のことであり、黒龍江以北の地理に詳しい道案内役の「ガジャルチ」としてメンバーに加えられたのであった。

こうして、「国境地域」への実地調査が始まった。まず、寧古塔将軍バハイの視察隊は、康熙二十九年（1690）三月中旬に出発した。装備は、自弁であった。黒龍江城とメルゲンに到着してから、現地の馬に乗り換えて目的地に向かった。そのかたわら、かつて理藩院からつかわされたことがある人を出してほしいと上奏し、聖旨で裁可された[17]。

その後、寧古塔将軍バハイと兵部が会議して、水路と陸路の両方でいくこととなり、それぞれのルートに、ジャンギン三人、兵士五十人、水路であれば水夫五十人という規模が決められた。そして、寧古塔方面の三つのルートは、ウラと寧古塔の将兵・水夫が担当し、メルゲン方面の三つのルートについては、ソロンやダグルの将兵が担当することも定められた。

5）聞き取り調査

ひるがえって、この視察が実行に移される前に、まずは、視察ルートの地理状況について聞き取り調査がおこなわれていた。八旗ニルに所属しているロシア人に尋ねたところ、計画された九つのルートのうち、寧古塔とギリン方面の二つのルート、メルゲン方面の三つのルート、そして黒龍江城からニオマン河の水源オロンキ河口に至るまでの一つのルート、都合六つのルートについては知らないとの返答であった[18]。

ついで、それぞれの水路についても、聞き取り調査がなされた。その一例として、領催シトゥバンらの報告によれば、「ヘングン河の河口を船で二十日遡ったのち、イミレに到達する。イミレから五日間遡ったのち、陸路で四日間

歩くと，トゥヘリ河に到着する。トゥヘリから陸路を二十五日間歩いて，ウディ河に到着する。この二十五日間は草も生えず，すべて木のコケがはびこっている。ヘングン，ウディのところには，キレリ，オロンチョンらが住んでいる。トゥヘリ河・ウディ河の間は，草が生えず，山を越えていくことが多い。どこがヒンガンというのか知らない」と述べられている[19]。

さらに，ヤクサからシリムディまでのルートについては，披甲ラサリから報告があった。それによれば，「ヤクサより船に乗って一ヶ月あまりでシリムディに到着した。ほかのところは知らない」とのことであった[20]。

これとは別に，ネルチンスク条約において「国境」として定められたゲルビチ河口から水源まで赴いた者がいることも分かった。領催オリタシの報告によれば，「ゲルビチ河の河口から水源に至るまで，歩いて十一日間かかって到着した。それより先，冬の雪の季節になったので，険しい峰のところを，スンタハ[21]を履いて七日目にトゥヘリ河に到着した。ヒンガンという場所は知らない」という[22]。

以上のような視察の成果として，多くの輿図が作成された。「九路図」あるいは「九大人図」[23]という名称であらわれる地図は，じつはこのときの視察隊によって作成されたか，あるいはそのデータにもとづくものだったと考えられる。そして，こんにちまで伝わる康熙年間に作成されたとおぼしき黒龍江周辺地域に関する地図が，明らかにこの時期以後になって数多く作製されていることは，まさにこの視察・調査とのかかわりをうかがわせるものである。

3 ランタン図とバハイ図

1)『吉林九河図』をめぐって

康熙三十一年（1692）六月二十五日，実地調査の主要人物ランタンが北京の朝廷に送ってきた「烏拉寧古塔口外大小図，五張」は，まさに当時ランタンたちの調査にもとづき作製された地図の一部分であった[24]。その"ランタン図"について紹介したのは，吉田金一（1980）であった。吉田によって，初めて地

第5章　描かれる版図　209

図が筆写され，マンジュ語のローマ字転写がなされたかたちで公表された。

　吉田は，「内大臣だったランタンなどが描いて持ち帰った九道の図」の作製について，「地図の内容から推すと，『吉林九河図』は康熙二十九年（1690）ころのものと考えられる」と推定している[25]。そして，図の右下に書かれた「五十年十二月十三日」というのは，「内府がこの地図を収蔵した日付とも考えられるのである」との見解を示した。

　吉田は，おもにこの地図をネルチンスク条約や当時の古地図と比しながら，多くの見解を提示した。このほか，吉田金一（1983）において，あらためて所見を述べ，前論と同じく康熙二十九年後半の状況を描いているとするほか，さらに「またアルバジン近傍だけでなくレナ河水系を描いているので，この地図は会議に持参した地図を1690年に補訂したものと推定する」と，より立ち入った見解を述べた。くわうるに，図の右下の「五十年十二月十三日」は，「内府収蔵，転写などの日附であろう」と推定し，新たに「転写説」の可能性を提示したのであった。

　吉田の最初の紹介から数えて十七年後，松浦茂（1997）は『黒龍江檔』資料を用いて，従来をはるかに上回る多くのデータを提示したうえで，黒龍江左岸調査に焦点をあてて論じ，その際『吉林九河図』を用いた。その結果，吉田の結論について，「大体正当であると考えるが，作製年代に疑いを残したまま論述を進めることはできないので，この地図の来歴についてもう少し事情を説明しておきたい」[26]と述べ，さらに『黒龍江檔』康熙四十九年（1710）の檔案を引用して，その事情をより詳しく説明した。

　ただし，松浦は，この地図の右下に残っていた「五十年十二月十三日」の日付は，地図の作製年代とは無関係であると断定し，なおかつ，おもに黒龍江左岸「調査」との関係でこの地図を論じている。

　このように同じ地図を用いて，それぞれが異なる視点から研究した結果，いわゆる『吉林九河図』（以下，ランタン図と称す）は，康熙二十九年（1690）作製という見解で合致した。そのいっぽう，図の右下の年代については，吉田の「内府収蔵，転写」説と，松浦の「地図作製とは無関係」説が並立したのである。

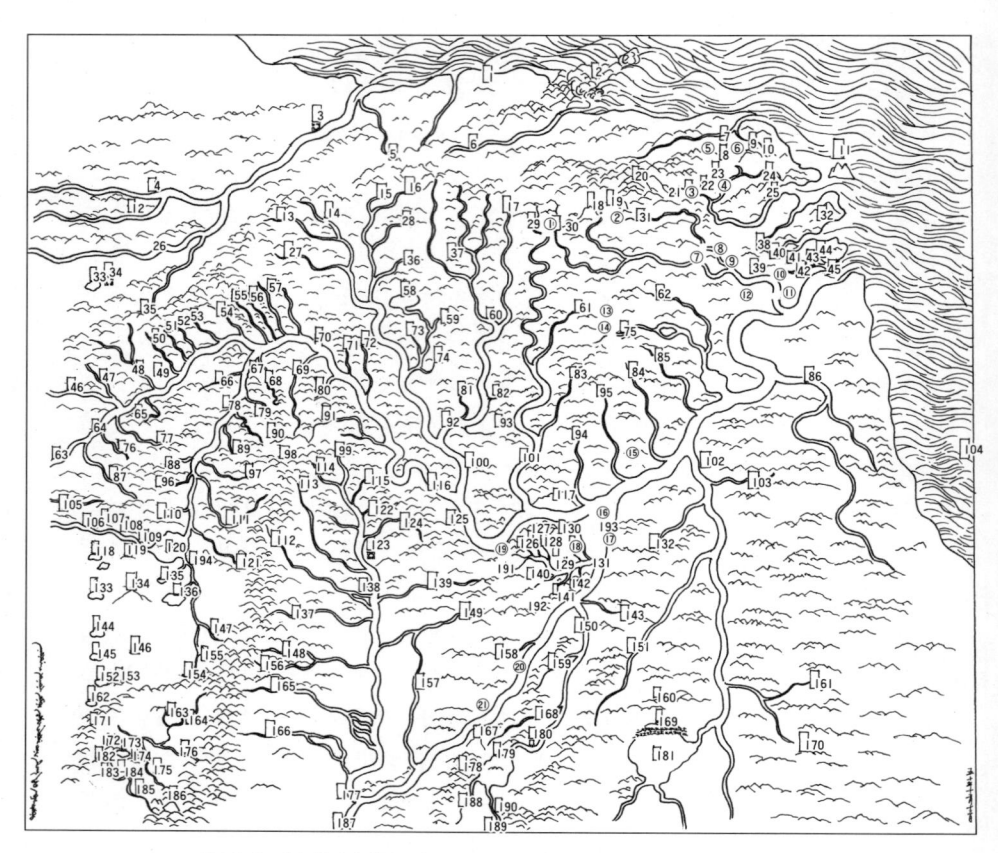

210　第Ⅰ部　世界帝国をめざして

図 5-1　『吉林九河図』（ランタン図）（筆者摸写，原図口絵 13 参照）

『吉林九河図』地名表記対照表（図 5-1）

番号	マンジュ語	ローマ字転写	皇輿図満文	皇輿図漢文	番号	マンジュ語	ローマ字転写	皇輿図満文	皇輿図漢文
1		amargi	×	×	13		nelhesuhi bira		挪児和蘇希河
2		noosa alin	×	×	14		jingkiri sekiyen		×
3		liyana hoton	×	×	15		argi bira		阿児即河
4		liyana ula	×	×	16		elge bira		二哥河
5		umaken bira	×	×	17		silimdi birai sekiyen	×	×
6		udi bira		無底河
7		toron bira	×	×	18		yang alin		羊山
8		cicakin bira		乞啓琴河	19		deose alin		×
9		kilfi bira	×	×	20		elkire alin		×
10		uyeken bira	×	×	21		wergi bira		空而即河
11		kebut alin		可布特哈達	22		asarni bira		阿薩里河
12		girengge bira	×	×	23		munike bira		×

第 5 章 描かれる版図

番号	マンジュ語	ローマ字転写	皇輿図満文	皇輿図漢文	番号	マンジュ語	ローマ字転写	皇輿図満文	皇輿図漢文
24		tuguru bira		兎乎魯河	77		untao bira	×	×
25		cingketa alin	×	×	78		merilke gašan	×	×
26		figim bira	×	×	79		imu bira		衣母河
27		tok bira		拖呵河	80		panggū bira		傍庫河
28		unen bira		烏挪河	81		nara bira		那拉河
29		olongki bira	×	×	82		ormolko bira	×	×
30		hada ul bira		哈打五而河	83		siyarmi bira	×	×
31		imilen bira		厄米勒河	84		kimnin bira		乞母泥河
32		lumakar hada		魯馬喀拉哈達	85		huru bira	×	×
33		telimpe omo	×	×	86		dondon bira	×	墪墪河
34		telimpe hoton	×	×	87		bojir bira	×	×
35		niošan bira	×	×	88		amba burji bira	×	×
36		urkan bira		烏拉喀河	89		merilke bira		摸里克河
37		taltišan alin	×	×	90		noir bira	×	×
38		ula bira	×	×	91		hūmar bira		呼馬拉河
39		henggun bira		亨滾河	92		silimdi bira		西里母的河
40		ucargi bira	×	×	93		ungge bira		翁厄河
41		elge bira		二哥河	94		hara bira		哈拉河
42		iowelen bira	×	×	95		bijan bira		必占河
43		iowen alin	×	×	96		dulimba burji bira	×	×
44		joki bira	×	×					
45		taktin bira	×	×	97		telbur bira		忒兒布勒河
46		enggida bira	×	×	98		ihe gokdo	×	×
47		cida bira	×	×	99		non i sekiyen	×	嫩色禽
48		nibcu bira		泥撲處河	100		jingkiri		錦衣里烏喇
49		nibcu hoton		泥撲處城	101		nioman bira		牛滿河
50		kuyunggu bira	×	×	102		usuri		烏蘇里烏喇
51		kurengge bira	×	×	103		hūru bira	×	×
52		jorna bira	×	×	104		dergi (東)	×	×
53		gerbici bira		哥里比其河	105		uljai bira	×	×
54		jolokci bira		卓羅克其河	106		herelun	×	×
55		amba gerbici bira		昂巴哥里比其河	107		hoyor botoho	×	×
					108		arda kuren	×	×
56		or bira		俄勒河	109		baliyootai alin		巴留拉泰山
57		oldokon bira		敖兒多堇河	110		ajige burji bira	×	×
58		engguri	×	×					
59		ningni bira		濘泥河	111		gen bira		根河
60		yengke i bira	×	×	112		numin bira	×	×
61		nioman i sekiyen		牛滿河	113		g'an bira		甘河
62		dosomi bira		多索米河	114		donggoro bira	×	×
63		wargi (西)	×	×	115		merul bira	×	×
64		onon bira		敖嫩江	116		sahaliyan ula		黒龍江
65		ayarhū bira	×	×	117		sulasi hada	×	×
66		gejimur bira	×	×	118		amba hure	×	×
67		ergune bira		厄勒枯挪河	119		altan emel[1]		阿兒坦厄莫児山
68		mo bira		謨河	120		hulun	×	開拉里河
69		emur bira		厄庫尓河	121		kailari bira		開拉里河
70		yaksa hoton		雅克薩城	122		horol bira		活魯児河
71		boromda bira		博魯母打河	123		mergen i hoton		莫勒根城
72		elge bira		二哥河	124		mergen i hoton		莫勒根城
73		kindu bira		琴都河	125		aihon i hoton		璦渾城
74		tiyenio bira		殿牛河	126		jakdamtu bira	×	×
75		gerin bira		格林河	127		umolu bira		烏摸魯河
76		turge bira	×	×	128		hamci bira		哈母乞河

212　第Ⅰ部　世界帝国をめざして

番号	マンジュ語	ローマ字転写	皇輿図満文	皇輿図漢文	番号	マンジュ語	ローマ字転写	皇輿図満文	皇輿図漢文
129		ho bira		活河	174		onggina alin	×	×
130		kamni hada		喀母泥哈達	175		hūlhūr bira		×
131		turu bira	×	×	176		ijagan bira		×
132		noro bira		諾羅河	177		non i ula		嫩泥烏喇
133		ajige hure	×	×	178		birgan bira		必拉漢河
134		dulan kara		都藍哈拉山	179		biltan i omo		
135		ulan bulak		烏藍捕拉克	180		ninggutai hoton		寧古塔城
136		boir		布育里鄂模	181		hingka		新開湖
137		hūrkire bira	×	×	182		tusi alin	×	×
138		susu	×	×	183		oyotu hošoo	×	×
139		nemer bira		納莫里河	184		unehet alin	×	×
140		yaro bira	×	×	185		jar bira	×	×
141		honggo bira		洪烏河	186		jajir alin	×	×
142		halu bira	×	×	187		sunggari ula		松嘎里烏喇
143		weken bira		窩肯河	188		omoho soro bira		俄莫賀索落驛
144		surbukta	×	×					
145		buhūtu bira	×	×	189		juleri（南）		
146		menen tala	×	×	190		lefucen bira		勒夫城河
147		kalkasi bira	×	×	191		omo ton		鄂模呑
148		yal bira		雅児河	192		jari bira		査児河
149		taha bira		他哈河	193		asiktan bira		阿西克潭河
150		hūrha bira		呼拉河	194		ušun bira		
151		muren i bira		木林河	①		duki bira		
152		daha hūlusutai	×	×	②		hemen bira		
153		tabun tolohoi		他本托羅灰	③		niowakta bira		
154		galdatai bira	×	×	④		miyoo wan alin		
155		nemurhe bira	×	×	⑤		talin bira		
156		jicin i bira		鷄秦河	⑥		elgeken bira		
157		huyur bira		枯育里河			miyemile bira		
158		bijan bira		必占河	⑦		gerbi bira		
159		amuran bira		阿母拉山	⑧		amal bira		
160		simna alin bira			⑨		si mur bira		
161		niman bira		泥満河	⑩		luku bira		
162		corji kubur	×	×	⑪		samnin bira		
163		seyenji bira		色也児即河	⑫		imu bira		衣母河
164		ulhoi bira		呉庫灰河	⑬		silimdir bira		西里母的河
165		col bira		戯児河	⑭		g'oin omo		郭因鄂模
166		tor bira		拖羅河	⑮		molai bira		
167		ajige šanggiyan alin		小白河	⑯		dulu bira		
							yerbehe bira		
168		hairan bira	×	×	⑰		delen bira		
169		dabkū		達巴庫	⑱		utun bira		烏呑河
170		akūli bira		阿庫河	⑲		musun bira		穆系河
171		keremtu kara obo	×	×	⑳		jai bira		査衣河
					㉑		cakarakū bira		×
172		dulan kara		都藍哈拉山			hūwajaha talha		化査哈阿[2]児哈
173		conggor omo	×	×					

①〜㉑は貼付された部分を示す。
1) 吉田金一 (1984) は「altan emen」と記すが、正しくは「altan emel」である。
2) 原文では「他」が脱落。正しくは「化査哈阿他児哈」である。Walter Fuchs (1943) p. 111, 注45においても指摘がある。併せて参照。

第5章　描かれる版図　213

　率直にいって，上記の二説にはいささか疑問が残る。なによりもランタン図の地名や河川表記は，二次作業によって作成されたことに注意したい。すなわち，直接に図上に記された文字と，付箋に書き記したうえで貼られたものと，二つに分かれるのである。ようするに，付箋に書かれた文字については，康熙四十九年（1710）の調査のおりに，再検討がなされ，それに従って付箋の文字が書き加えられたのではないだろうか（口絵13）。というのも，ランタンの原図は『吉林九河図』ではなく，現在台北国立故宮博物院に所蔵されている『口外九大人図』（平圖021577）こそがそれにあたるからである。『黒龍江檔』康熙四十九年の檔冊によると，この年，『大清一統志』編纂のため，「内大臣だったランタンらが描いて持ってきた九路の図」や「都統だったバハイらが描いて持ってきた図」の作成に関する文書が黒龍江将軍のもとに送られ，それらをもとに，新たに河川などの地理調査が行われた。その結果，新たに摸写された康熙二十九年の「内大臣だったランタンらが描いて持ってきた九路の図」の上に，康熙四十九年の調査で得られたデータが付箋で貼り付けられたのである。こうして出来あがった図が『吉林九河図』なのである。したがって『吉林九河図』の上に書かれている「五十年十二月十三日」は，作成年次であると考えられる。また，『吉林九河図』に記されたマンジュ語の図名「dorgi amban bihe langtan sei nirufi gajiha uyun jugūn i nirugan（内大臣だったランタンらが描いて持ってきた九路の図）」は，『黒龍江檔』の康熙四十九年の檔冊に初めて現れる地図の名称であり，この名称は摸写した地図の由来を記したものにほかならない。さらに，『口外九大人図』は，後世の整理者によって改めて付けられた地図の題名にあたると思われる。それゆえ，これまでの『吉林九河図』に対する研究は，すべて断片的なデータにもとづき，しかも誤解を重ねて研究してきたものであったといわざるをえないのである。

2）バハイ図の詳細

　かたや，バハイ図について，松浦は「バハイ作製の地図はいまだに所在を確認できない」と述べる[27]。しかし，康熙二十九年（1690），バハイが調査の後に提出したと思われる地図は，現在，台北国立故宮博物院に『烏喇等処地方

図 5-2 『烏喇等処地方図』（バハイ図）（筆者摸写，原図口絵 14 参照）

『烏喇等処地方図』地名表記対照表（図5-2）

番号	マンジュ語	ローマ字転写	皇輿図満文	皇輿図漢文	番号	マンジュ語	ローマ字転写	皇輿図満文	皇輿図漢文
1		wargi（西）	×	×	15		amargi（北）	×	×
2		toron bira	×	×	16		tuhuru bira		兎平魯河
3		kilfi bira	×	×	17		imile bira		厄米勒河
4		uyeken alin	×	×	18		gerbi bira	×	×
5		miyemilen bira	×	×	19		amal bira	×	×
6		cicakin bira		乞啓琴河	20		si mur bira	×	×
7		elgeken bira	×	×	21		henggun bira		亨滾河
8		munike bira	×	×	22		luku bira	×	×
9		miyoo wan alin	×	×	23		hada ul bira		哈打五而河
10		talin bira	×	×	24		imu bira		衣母河
11		asarni bira		阿薩里河	25		samnin bira	×	×
12		niowakta bira	×	×	26		sahaliyan ula		薩哈連烏喇
13		weigi bira	wergi bira	芝而即河	27	缺（ ）	缺（dergi）（東）	×	×
14		julergi（南）	×	×					

表5-1 『烏喇等処地方図』（バハイ図）と檔案史料の河川名の比較

烏喇等処地方図	『黒龍江檔』	烏喇等処地方図	『黒龍江檔』
amal bira	amal bira	miyoo wan alin	miyoo wan alin
asarni bira	asarni bira	munike bira	munike bira
cicakin bira	cicakin bira	niowakta bira	niowakta bira
elgeken bira	elgeken bira	sahaliyan ula	sahaliyan ula
gerbi bira	gerbi bira	samnin bira	samnin bira
hadaul bira	hadaul bira	simur bira	simur bira
henggun bira	henggun bira	talin bira	talin bira
imile bira	imile bira	toron bira	toron bira
imu bira	imu bira	tuhuru bira	tuhuru bira
kilfi bira	kilfi bira	uyeken alin	uyeken bira
luku bira	luku bira	weigi bira*	wergi bira
miyemilen bira	miyemilen bira		

＊weigi biraは『黒龍江檔』においては，ほとんどwergi biraと記されている。

典拠：『黒龍江檔』16-21『康熙四十九年一月からの吏・兵部・理藩院・盛京兵部よりの来文を記した檔子』八月二十三日にチラムボオが送ってきた書，および『黒龍江檔』16-25『康熙四十九年正月からの奉天・寧古塔将軍・ベドゥネ副都統・トゥシェトゥ親王・ジャサクトゥ郡王・ジャライト・ドゥルベトらへの行文を記した檔子』十月二十一日に驍騎校ジョルクに送らせた書

図』(所蔵番号 021453, 縦 134cm×横 111cm) という名で登録されている(口絵14)。

　この地図は,これまでの他の満文地図と較べてみると,描き方が大きく異なる。なによりも特徴的なのは,四至の wargi(西), dergi[28](東), julergi(南), amargi(北)をはじめ,すべての地名や河川の名が,付箋の上にマンジュ語で記されていることである。ちなみに,この地図には表 5-1 のような河川名が書かれている。

　このバハイの図については,康熙四十九年(1710)に黒龍江将軍衙門から寧古塔将軍衙門に送った文書に次のような記事が見える。

……また都統だったバハイが描いて送ってきた図を見ると,ヘングン河(Henggun bira)の北方に,ゲルビ河(Gerbi bira)がある。この河は,西南から東北へ流れてイミレ河(Imile bira)に流入している。イミレ河の東北に,アマル河(Amal bira)がある。この河は,東北から西南へ流れてイミレ河に流入している。イミレ河の東北に,シムル河(Simur bira)がある。この河は,東北から西南へ流れてイミレ河に流入している。ヘングン河の南方に,イム河(Imu bira)がある。この河は,西南から東北へ流れてヘングン河に流入している。ヘングン河の北に,ルク河(Luku bira)がある。この河は,北から南へ流れてヘングン河に流入している。ヘングン河の北に,サムニン河(Samnin bira)がある。この河は,北から南へ流れてヘングン河に流入している。ヴェルギ河(Wergi bira)とアサルニ河(Asarni bira)の間に,ニオワクタ河(Niowakta bira)がある。この河は,西北から東南へ流れてトゥフル河(Tuhuru bira)に流入している。アサルニ河とムニケ河(Munike bira)の間に,タリン河(Talin bira)がある。この河は,西北から東南へ流れてトゥフル河に流入している。タリン河とムニケ河の間に,ミヨオワン山(Miyoo wan alin)がある。ムニケ河の北に,ミイェミレン河(Miyemilen bira)がある。この河は,北から南へ流れてムニケ河に流入している。ムニケ河の東方に,エルゲケン河(Elgeken bira)がある。この河は,北から南へ流れてトゥフル河に流入し

第5章　描かれる版図　217

ている。これらの山・河などの類は，寧古塔城のどの方位，何里の先にあるのか。河であれば，源流はどこから出て流れ，どの河に合流したのかをはっきり調査して送るように。これより以上の山・峰・河・湖・島・狩場・渡場・尾根などの類についても，みな図に描き加えて檔子を作って送るように。

　また，以前に送ってきた檔子に，「東北フィヤカ（Fiyaka）に至るまで三千里あまりある。海と境が接している」と言った。現在，トゥフル河から内に山・河などの類は，みな寧古塔が所轄する地となったので，東北の境はトゥフル河を境とすることが正しいかどうかを定めて送るように。山・河などの類を調査するとき，便宜とするためにもともと送ってきた「寧古塔地方の図」，「内大臣だったランタンらが描いて持ってきた九路の図」，「都統だったバハイらが描いて持ってきた図」を，みなあわせて送りたいと我らの大臣らに告げたとき，「そのようにせよ」と言った。これを汝らの大臣らに告げて伝え，寧古塔将軍にすみやかに送らせて，はっきり調査させて檔子を作り，図を描いて送ってほしい[29]。

　つまるところ，「バハイ図」なるものは，康熙四十九年（1710）において『大清一統志』編纂のために使われていたのであった。この「バハイ図」を用いて，寧古塔が所轄する地域の輿図を作成させるために，「寧古塔地方の図」・「内大臣だったランタンらが描いて持ってきた九路の図」・「都統だったバハイらが描いて持ってきた図」，以上の三つの輿図を寧古塔将軍に送って，輿図を作成させたのである。

4　『大清一統志』と黒龍江地域の現実

1）編纂のための調査報告

　ひるがえって，康熙二十五年（1686）から『大清一統志』編纂が本格化し，ダイチン・グルン全土において，編纂にむけた調査，地志の編纂，各種の調査

データの中央への報告が進められていった。そのなかで，黒龍江の場合は，例外とならざるをえなかった。すなわち，三年後，ネルチンスク条約締結によって「国境」が定まったのちに，ようやく一統志編纂のための準備が始められたのであった。

さて，康熙二十九年（1690）十二月十七日に正黄旗披甲タムブ（Tambu）に送らせた文書に，同年三月五日に内閣典籍庁から兵部に文書を送り，さらに兵部から黒龍江将軍に『大清一統志』編纂のための調査報告を命じた件が，初めてあらわれる。

> （黒龍江）副都統ナチン（Nacin）の書。副都統に送った。兵部から送ってきた書に，「内閣典籍庁から送ってきた書に，『以前『一統志』を編纂するために，黒龍江将軍が所轄する地の形勢などの項目について，逐一はっきり書かせて迅速に送るように。またソロン総管にも，この通りに書かせて送るように』とあり，今年の三月五日に汝らの部に書を送らせていた。今に至ってもなお，送ってきていない。これについて，『汝らの部から迅速に書を送り，すみやかに書かせて送れ。『一統志書』に記入するので，怠慢するな』とあった。
>
> 査するに，今年の三月に，内閣の典籍庁から，『『一統志書』を編纂するために，ムクデン・直隷・各省に書を送り，おのおの所轄する地の山河などの項目について，みな書いて送ってきた。ただ黒龍江の地については，界（hešen）が定まらなかったので，調査させなかった。現在，境を建てたので，すばやく補い書いて送らせるべきである。これについて，汝らの部から黒龍江将軍に書を送り，彼らの所轄する地の形勢・戸口・田賦・風俗・山河・古城・関隘・津梁・土産・貢賦・名人・所轄の四至・道路の遠近・境界などについて，逐一，作らせて送るように。『一統志書』に記入するので，怠慢するな』と送ってきたのを，我らの部から黒龍江将軍サブス，ソロン総管マブダイらに送っていたのを檔子に記したのである。これについて，今に至っても送ってこなかった。再び黒龍江将軍サブス・ソロン総管マブダイに書を送り，迅速にはっきり調査して送らせるように。届

第5章　描かれる版図　219

いたのち，内閣典籍庁に送りたい。このために送った」とあった。

　このことについては，先に将軍にだけ送ったこと（だったが），同じくまた，将軍のもとに届いたのち，はっきり調査して送ることを知るように，と部に送るか，あるいは，将軍らに送ったものを我らがただちに議して送らせる場合には，黒龍江の件について，副都統が部から送ってきた書の通り迅速にはっきり調査して送るように。メルゲンの地については，私ははっきり調査したい。このことを至急相談するために送った[30]。

　以上，やや錯綜したやりとりから見えてくるのは，黒龍江の地とメルゲンの地について，当該の黒龍江将軍らに調査の実施をもとめたものの，九ヶ月以上が過ぎても報告が送られてこないのに内閣典籍庁がしびれをきらし，兵部から再度の文書でせきたてて，それに黒龍江副都統のナチンが反応したという図式である。そして，『黒龍江檔』康熙三十年（1691）一月十九日の条によれば，黒龍江将軍たちは，せきたてられてから一ヶ月ほどで報告をしたのであった。

　それは，メルゲン城を基点として，黒龍江の地理概況をひとまず粗々に述べるものであった。ようするに，ロシアとの「国境」を画定したネルチンスク条約以前において，黒龍江では境域が定まっておらず，そのため既述のように，全国各地ですでに展開されていた『大清一統志』編纂のための詳しい調査への対応が，否応なく遅れざるをえなかったのである。

2)　メルゲン城をめぐる本格的報告

　ともかく，こうした現地調査と編纂作業は，康熙三十四年（1695）から四十六年になっても，依然として継続的におこなわれていた[31]。そのやり方は，既述の檔案資料からも分かるように，まず兵部から黒龍江将軍に調査すべき事項が送られ，ついで黒龍江将軍が所轄各地の協領たちやソロン総管に，それを伝達・指令し，そのうえで末端の各地においてそれぞれ調査が進められた。その後は，順番を逆にたどって，各地方における調査結果の報告が黒龍江将軍のもとに送られ，さらにそれらをとりまとめて，黒龍江将軍が中央に報告する，という手順だった。

調査活動の内容は，はじめからマンジュ語と漢語の両方で記された[32]。その結果，黒龍江将軍が統轄する地域の基礎データとして，マンジュ語と漢語の二種類の檔冊が作成されたのであった。

こうしたことの初年にあたる康熙三十四年（1695）に，黒龍江将軍から兵部に再度メルゲン城をめぐる地理情況が報告された。かなりな長文ながら，きわめて詳細かつ興味深い内容にあふれており，あえて全文を紹介する。

鎮守黒龍江等処副都統カトフ（Kathū）の書。兵部に送った。部から送ってきた書に，「内閣典籍庁から送ってきた書に，『黒龍江将軍に伝えて書を送り，自分の所轄する地の建置の沿革・四至の地名・路程の遠近・境界・都城・地勢・戸口・貢賦・慣習・山河・古城・関津・橋渡・関門・駅站・役所・任官・地方特産・納賦・有名人・寺廟について一つ一つ詳しく調べて，明確に書いて送るように』」とあった。

査するに，メルゲン城はもともとソロン，ダグルらが住んだメルゲンという村であった。康熙二十五年より初めて城を造り，メルゲン城と名付けて，城のなかに将軍衙門を作った。現在，将軍自身，副都統一人が，将兵を率いて住んでいる。将軍が管轄する地は東西五千七百里，南北四千里，メルゲン城から東方の海に至るまで五千里，この間はみな山林で，山の背後に密林がある。海と接している。西方はカルカ河まで千八百里，モンゴルのチェチェン・ハンと接している。南方はスンガリ江まで千里，寧古塔将軍が統轄する地と接している。北方はヒンガンの尾根と接して三千里，オロス・グルンと接している。

メルゲン城から東南の方角は，黒龍江とスンガリ江が合流した地まで二千里，東北の角は海に流入したトゥフル河まで五千里，西北の角はエルグネ河まで千五百里，西南の角はコロチンのジャイレト・グサの境のハダイカン河（Hadaikan bira）まで七百里，ヒンガンの脈（siren），黒龍江，スンガリ江が合流した中洲から西北の方へ貫いて曲がりくねって，黒龍江城の西南の角の方へ三千里あまり流れ，ジャイレト・グサのハダイカン河の境を越える。ハダイカン境から黒龍江，スンガリ江の合流した中洲までヒ

ンガンの脈が曲がりくねっていったのを考えれば，三千里はある。このヒンガンから北へはでこぼこ，山林が幾重にも連なっている。黒龍江を越えて，黒龍江北岸の大ヒンガンの尾根（Amba hinggan i mulu）に到達する。メルゲン城から西方は喜峰口門まで三千里，ノン江の水源は東北ヒンガンから出て南へ流れ，メルゲン城の西北の角を廻り回って三千里あまり流れ，ドルベトゥ，ゴルロスの二つのグサを越えて，スンガリ江と合流した。この長いノン江を藩屏（fiyanji dalikū）とすることができる。ガン河の水源は，北ヒンガンから南へ八百里あまり流れて，メルゲン城の西方二十里先でノン江と接している。メルゲン城から西方百里の先で，ガン河に一つのカルン，東北百里先のノン江に一つのカルンが設置されている。

メルゲン城から東北の方に，トナカイをつかうムル（Mulu），スジャンガ（Sujangga＞Sudingga）の仲間，カサキ（Kasaki），ビラル（Birar）の仲間，全部で丁は百十九名，彼らは丁ごとに一枚の貂皮を貢賦として納める。西北の方に，トナカイをつかうオロンチョンのミンガトゥ（Minggatu）などの二つのニル，ジュセンゲ（Jusengge）などの三つのニル，あわせて丁は三百四十二名，彼らも丁ごとに一枚の貂皮を貢賦として納める。畑を耕さない。漁猟に頼って暮らしている。

メルゲン城の北方，二十里の先は，ハディヤン（Hadiyan）という地に官荘を十ヶ所設置している。西南の方，四十里の先は，ハリトゥ（Halitu）という地に官荘を十ヶ所設置している。この二十の村の男丁から，穀物をとって兵事に備えている。

メルゲン城から東北へ，黒龍江城まで駐屯させたメルゲン（Mergen），ホロル（Horol），カルティルヒ（Kaltirhi），クムル（Kumur），エユル（Eyur），黒龍江の，六つの駅站（giyamun）の間は三百五十里，メルゲン城から西南へ，チチハル城まで駐屯させたイラン（Ilan），カムニカン（Kamnikan），ボルデ（Būrde），ラハ（Laha），ニンニャン（Ningniyan），タハル（Tahar），ブケイ（Bukei）の，七つの駅站の間は五百里，ボルデとラハの間に，ネメル河の渡場がある。ここには船が置いてある。タハル駅站の地にタハル河の渡場がある。ここにも船が置いてある。

チチハル城から南方へ，スンガリ江とノン江が合流した地に至るまで駐屯させたテムデヘイ（Temdehei），オントホ（Ontoho），トナイ（Tonai），タルハ（Talha），グル（Guru），モヒン（Mohin）の，六つの駅站の間は四百五十里ある。寧古塔将軍が統轄するべドゥネ（Bedune）駅と接している。

メルゲン城から東南へ，二百里の先に，ネメル河（Nemer bira）のボルデ村（Borde gašan）の地に米・穀物を納める倉庫を築いて八ニルのダグル，バルフの将兵五百人を駐屯させて防衛させた。

メルゲン城には将軍一人，副都統一人，総管二人，協領五人，参領一人，ニルイ・ジャンギン三十四人，四品ジャンギン二人，防禦十九人，主事一人，驍騎校三十八人，駅站の六品官二人，倉庫の七品官一人，助教二人，合計官員百九人，以上は八旗，水手，バイタンガである。

官荘はメルゲン，モヒンなどの地には十九の駅伝があり，合計戸口二千二十二，一万七千百二十一人である。

ボルデに駐屯しているニルイ・ジャンギンは八人，驍騎校八人，戸口四百三十三，三千四百四人である。

メルゲン城の東方，三百五十里の先に，黒龍江城がある。もともと黒龍江の東岸に，アイフンという古い城があった。どのようなグルン（gurun）が住んでいたかについては知らない。康熙二十三年，黒龍江西岸に城を築いて，将軍サブスが二人の副都統とともに将兵を率いて，城内に衙門を造って住んだ。（康熙）二十九年，将軍サブスをメルゲン城に移住させた。現在，一人の副都統が将兵を率いて住んでいる。

黒龍江城から東南へ四十里の内に，官荘を三十一ヶ所設置した。男丁を数えて穀物を納める。城内に瓦を葺いた倉が造られ，官の穀物を容れ，兵事に備えている。黒龍江城に副都統一人，協領三人，ニルイ・ジャンギン二十四人，四品ジャンギン二人，防禦十人，驍騎校二十七人，倉の役人一人，合計官六十八人，戸口千六百四十一，人口は一万二千五百八十一人である。

メルゲン城の西南，五百里の先には，チチハル城がある。もともとノン

江の北岸に，ダグル人らが住んだチチハルという村があった。康熙三十一年に，ノン江の南岸に位置するブケイという村に城を造って，チチハル城と名付けてソロン，ダグルを管理する総管マブダイを副都統級とし，城内に衙門を造って将兵を連れて住ませた。

チチハル城には副都統級ジャンギン一人，総管一人，協領三人，ニルイ・ジャンギン三十六人，防禦八人，驍騎校三十六人，合計官員八十五人，戸は千九百四十八，人口は二万二千七百六十六人である。

メルゲン城・黒龍江城・チチハル城，この三城はみな木造である。周囲はみな千丈，高さは一丈八尺，周辺に二重の壕を掘り，真ん中に木の杙を打ち込んでいる。壕の深さ二丈，寛さ三丈，城にはみな四つの楼閣を設けた門がある。

ネメル河で貂皮の貢賦を納めるブトハのダグルらが住んだウンチル村（Uncir gašan），ウンチルからトモチン村（Tomocin gašan）まで五十里，トモチンからミルテゲル村（Milteger gašan）まで十里，ミルテゲルからコンゴルジン村（Konggoljin gašan）に至るまで二十里，コンゴルジンからナヤン村（Nayan gašan）に至るまで四十里，ナヤンからベルケ村（Berke gašan）に至るまで三十里，ベルケからボルデ村に至るまで四十里，メルゲン城からノン江に沿って住んでいるブトハのダグルのカイク村（Kaikū gašan）は，メルゲン城から三十里，カイクからボリチ村（Boric gašan）に至るまで十五里，ボリチからボホト村（Bohoto gašan）まで四十里，ボホトからイセリ村（Iseri gašan）に至るまで二十里，イセリからジェルデ村（Jerde gašan）に至るまで三十里，ジェルデからチチハル村まで三十里，チチハルからニルギ村（Nirgi gašan）に至るまで五十里，ニルギはチチハル城の兵士の人々が住んでいるチュルハル（Curhal）という屯（tokso）と接している。

フユル河（Huyur bira）は，チチハル城の東方七十里の先に位置する。水源は城の東北五百里の先，ヒンガンの山から出て，西南の方へ六百里流れ，ドゥルベトのシャジン・ベイセのグサに流入する。この河にバルフの四つのニルが遊牧している。ハイラン河（Hailan bira）は，チチハル城の

西方百三十里の先に位置する。源流は西北から三百里の先に位置するヤクalin（Yak alin）から出て，南へ二百里あまり流れ，ヤル河（Yal bira）に流入する。クルキル河（Kurkiru bira）は，チチハル城の西方九十里の先に位置する。源流は，ヤル河から出て南へ百二十里まで流れ，ノン江に流入する。ネメル河は，チチハル城の東北三百里の先に位置する。源流は，城の東方四百六十里の先でヒンガンの山から出て，西北へ三百里あまり流れ，ノン江に流入する。ロラカン河（Lolakan bira）は，チチハル城の東北三百十里の先に位置する。源流は，東北三百三十里の先で密林から出て，南へ二十里まで流れ，ネメル河に流入する。タハル河（Tahar bira）は，チチハル城の東北六十里の先に位置する。源流は，フユル河から出て三十里まで流れ，ノン江と合流する。ヌミン河（Numin bira）は，チチハル城の東北二百里の先に位置する。源流は，城の東北五百里の先でヒンガン山から出て，南へ三百里あまり流れ，ノン江に流入する。アルム河（Arum bira）は，チチハル城の東北五十里の先に位置する。源流は，東北四百八十里の先でヒンガン山から出て，南へ四百里あまり流れ，ノン江に流入する。ヤル河とジチン河は，チチハル城の西北百七十里の先に位置する。源流は，西北二百三十里の先でヒンガン山から出て，南へ三百里あまり流れ，二つの河が合流して，ノン江に流入する。これらの河では，ブトハのソロンがおり，ジチン・アバ，ヤル・アバ，アラル・アバ，トゥクドゥン・アバ，トシン・アバの，五つのアバのブトハのソロンが遊牧している。男丁ごとに一枚の貂皮の貢賦，トナカイの角を納める。夏は河に沿って，冬はヒンガンを越えて遊猟をおこなう。野獣の肉に頼って暮らしている。貂皮を納めるソロン，ダグルの戸千八百八十一，人口は一万三千百二十六名，バルフの戸三百九十四，人口は千七百四十四名，以上の合計官二百七十八，戸八千三百九十，人口は七万七百四十二名である。

　ここの習慣は，人の性格は誠実で純朴・果敢，誠実を尊ぶ。騎射・労働・漁労を好む。地方の特産は貂皮，オオヤマネコ，トナカイ，鹿，蘆花海青，白鵰。黒龍江，ノン江から鰉魚，鱏魚などの魚が出る。このために送った[33]。

黒龍江一帯の大小のことがらについて，遊牧集団・狩猟集団が居住する地域にいたるまで，ことこまかに調査され，当地の実情が手にとるように分かる。また，いわゆる地理情報以外にも，地域変遷の歴史，八旗駐屯軍の位置，その編制体制，各都市間の距離・人口・特産物など，広汎にわたって記述され，それらが一括して中央へ報告されたのであった。

以上，康熙三十年（1691）と三十四年の二度にわたる『大清一統志』に関する調査報告は，いずれも当時，将軍衙門が置かれていたメルゲンを基準にしたものであった。その後，康熙三十八年に黒龍江将軍がメルゲンからチチハルへと移される。そして，康熙四十八年，『大清一統志』編纂事業が再度推進されるにいたって，チチハルを基準とした報告が求められることとなる[34]。

5 再開された調査

1）状況の変化のなかで

康熙四十八年（1709）末より翌年に移りいくころから黒龍江において再開された調査についても，やはり『黒龍江檔』のマンジュ語檔案中に詳細な記録が残っている。ここでも檔案に依拠しつつ，『大清一統志』編纂への道程をあとづけたい。

まず，おおまかな状況を述べると，康熙四十八年十一月，内閣の一統志編纂館は，黒龍江での調査を再度要求するべく，兵部の司武庁に文書を送り，それは兵部からの文書に引用されるかたちで，黒龍江将軍への指令としてくだされた。それによれば，かつて黒龍江将軍がメルゲン城に駐在していたときに『大清一統志』編纂のために送った管下の地理情報は，いずれもメルゲン城を基準点として方角や距離が記されたものであった。

一統志編纂館が言う黒龍江将軍から送った報告とは，前述の康熙三十年（1691）と三十四年のものを指す。この度の再調査の時点では，黒龍江将軍がすでにチチハル城に移駐されて久しくなっていたので，将軍が管轄する境域の地理情報について，みなチチハル城を基準に方角・距離を調査しなおして送

さて，具体的に個々の文書のやりとりの実際をたどってみると，康熙四十八年（1709）十一月二十日，兵部から黒龍江将軍に送られた文書においては，内閣一統志編纂館が調査してほしい逐一の項目はもとより，原文書や参照資料としての地図も附せられていた。文面は次のようである。

> 兵部の書。黒龍江将軍に送った。内閣の一統志編纂館から送ってきた書に，「黒龍江地域の境内の山・峰・江・河・湖・泉・森・城をはっきり調査して興図を描き档子を作って送るように。このほか，また遺漏の山・河・城などの類があれば書き加えて送るように。これを汝らの部（兵部）から伝えて，黒龍江将軍らに書を送って迅速に档子を書き図を描かせて送ってほしい。また「ランタンらが描いて持ってきた九路の図」もあわせて送れ」とあった。このゆえに，送ってきたもともとの文書と図もあわせて送った。十一月二十日[36]

文中に言う「ランタンらが描いて持ってきた九路の図」すなわち「ランタン図」は，次にあげる内閣一統志館の原文書にも見え，そこでの文脈からして，当時おそらくは，同館が蔵していたのだろう。では，もともとの内閣一統志館から兵部に送った文書には，詳しくは何が記され，どれほどのことが求められていたのか。このあたり，時間関係が前後するが，いくらか日を遡って，文書の内容はもとより，興図との関係も確認してみたい。

2) 一統志館から兵部への文書

すなわち，その十二日前，同年十一月八日に内閣一統志館から兵部の司武庁に送られた文書の詳細は，次の通りであった。やはり，相当な長文であるが，きわめて具体性にとむ内容なので，あえて全文を掲出することとしたい。なお適宜，改行して示す。

> 内閣の一統志編纂館の書。兵部の司武庁に送った。調査させるためである。以前，黒龍江将軍はメルゲン城に駐在するとき，黒龍江将軍が管轄す

る四面八方の境（jecen）については，みなメルゲン城の某方向，某名の地に至り，どのような地と境が接しているかを書いて送ってきた。現在，黒龍江将軍が移ってチチハル城に駐屯したので，将軍が管轄する四面八方の界は，みなチチハル城の某方向，某名の地，某地と境が接していると，はっきり調べて送るように。

またノン江（Non ula），ナドゥル河（Nadur bira），ドブコル河（Dobkor bira），ムルン河（Murun bira），ホロン河（Horon bira），ガン河（Gan bira），コン河（Kon bira），スン河（Sun bira），クディン河（Kudin bira），黒龍江（Sahaliyan ula），ニオマン河（Nioman bira），ジンキリ江（Jingkiri ula），フマル河（Hūmar bira），ネメル河（Nemer bira），ロラン河（Lolan bira），ヌミン河（Numin bira），アロム河（Arom bira），タガル河（Tagar bira），ヤン河（Yan bira），ジャチン河（Jacin bira），クルキル河（Kurkiru bira），ハイダイカ河（Haidaika bira），フユル河（Huyur bira），カルカ河（Kalka bira）については，源流はその地から発して，流れてその河と合流すると書いてあっただけで，まったくチチハル城のどの方向にあるか，何里の先にあるかなどについて書いていなかった。ジャクダチ山（Jakdaci alin），ワセン山（Wasen alin），トリン峰（Torin hada），クムル山（Kumur alin），ドス峰（Dosy hada），チャガヤン峰（Cagayan hada），ホルドンキ山（Holdongki alin），トゥクル山（Tukur alin），エヘルル山（Eherul alin），コイ山（Koi alin），ヤク山（Yak alin），モクトリ山（Moktori alin）についても，その河口より遡って，その地の先にあると書いてあっただけで，チチハル城のどの方向にあるか，何里の先にあるかについて書いていなかった。これらについて，当該する将軍に書を送り，境内の山・峰・河・湖などの項目について，みなチチハル城からの方向，その地の何里の先にあるかを書いて送るように。

トゥフル河（Tuhuru bira）は，エルグネ河（Ergune bira）の源流のどこから発し，流れてどの河と合流するか。チチハル城のどの方向に，どのような地の先にあるかについて，あわせて詳しく調査して送るように。

また「内大臣だったランタンらが調査して持ってきた図」を見たとこ

ろ，黒龍江将軍が管轄する境内に，メルゲン城の東方に，カムニ峰 (Kamni hada)，スラシ峰 (Sulasi hada) がある。東北の方に，ヤン山 (Yang alin)，イオワン山 (Iowan alin)，テオセ山 (Teose alin)，エルキレ山 (Elkire alin)，ウイェケン山 (Uyeken alin)，チンギテ山 (Cinggite alin)，ルマカル峰 (Lumakar hada)，ヘングン河 (Henggun bira) がある。北方には，ダルディシャ山 (Daldiša alin) がある。西南の方には，チョオガル山 (Coogar alin) がある。西北の方には，イヘ・ゴクド山 (Ihe gokdo alin) がある。

東方には，ヤロ河 (Yaro bira)，ジャクダムトゥ河 (Jakdamtu bira)，ウモル河 (Umolu bira)，ハンチ河 (Hanci bira)，ジャリ河 (Jari bira)，ホンゴ河 (Honggo bira)，ハル河 (Halu bira)，ホ河 (Ho bira)，トゥル河 (Turu bira)，アシクタン河 (Asiktan bira)，オモ・トン湖 (Omo ton omo) がある。東北の方には，ニンニ河 (Ningni bira)，タイェニオ河 (Tayenio bira)，ナル河 (Nar bira)，シリムディ河 (Silimdi bira)，ヤンケン河 (Yangken bira)，オルモラク河 (Ormolakū bira)，ウンケ河 (Unggke bira)，ビジャン河 (Bijan bira)，ハラ河 (Hara bira)，サヤラマ河 (Sayarama bira)，オロンキ河 (Olongki bira)，ハダウル河 (Hadaul bira)，イミレ河 (Imile bira)，ドソミ河 (Dosomi bira)，ヴェルギ河 (Wergi bira)，アセルニ河 (Aserni bira)，ムニケ河 (Munike bira)，チチャキン河 (Cicakin bira)，ウレ河 (Ule bira)，ウチャルギ河 (Ucargi bira)，エルゲ河 (Elge bira)，イオワレ河 (Iowale bira)，ジョキ河 (Joki bira)，タクチク河 (Taktik bira) がある。西方には，カイラル河 (Kailar bira)，フルン湖 (Hulun omo)，ブイル湖 (Buir omo) がある。西北の方には，ゲン河 (Gen bira)，テルブル河 (Telbur bira)，メリラ河 (Merila bira)，ニオル河 (Nior bira)，イム河 (Imu bira)，モ河 (Mo bira)，ドンゴロ河 (Donggoro bira) がある。西南の方には，トル河 (Tor bira)，チョル河 (Col bira)，バチクトゥ森 (Baciktu bujan) がある。北方には，ヒンガンの尾根，メルゲン河 (Mergen bira)，パンゴ河 (Panggo bira)，エムル河 (Emur bira)，ボロムダ河 (Boromda bira)，エルゲ河 (Elge bira)，トク河 (Tok bira)，

ネルヘスヒ河（Nelhesuhi bira），アルギ河（Argi bira），エルケ河（Elke bira），ウネン河（Unen bira），ウルカン河（Urkan bira），キンドゥ河（Kindu bira），イングリ湖（Ingguri omo）がある。

　将軍の檔子が書きもらして送ってこなかった，これよりほかの山があれば，チチハル城のどの方向に位置するか，何里の先にあるかについて，はっきり調査して送るように。河川であれば，チチハル城のどの方向にあるか，何里の先にあるか，源流はどこから発して，流れてどこまで至り，どの河と合流するかについてはっきり調査して送るように。湖や森も，チチハル城のどの方向に位置するか，何里の先にあるかをはっきり調査して送るように。

　また，「内大臣だったランタンらが描いて持ってきた図」を見たところ，黒龍江の境の近くの地で，東北の方には，キルフィ河（Kilfi bira），トロン河（Toron bira）がある。東南の方には，ビジャン河（Bijan bira）がある。西北の方には，オルドコン河（Oldokon bira），オル河（Or bira），アムバ・ゲルビチ河（Amba gerbici bira），ジュロキチ河（Julokci bira），ゲルビチ河（Gerbici bira），ゲジムル河（Gejimur bira），ウンドオ河（Undoo bira），アムバ・ブルジ河（Amba burji bira），ドゥリムバイ・ブルジ河（Dulimbai burji bira），アジゲ・ブルジ河（Ajige burji bira）がある。西方には，ウシュン河（Ušun bira），ウラン泉（Ulan bulak）がある。西南の方には，まずネムルヘ河（Nemurhe bira），ハルダタイ河（Haldatai bira），オルフジョ河（Olhujo bira），セイェルジ河（Seyelji bira），イジャガン河（Ijagan bira），フルフル河（Hūlhūr bira），ジャル河（Jar bira），ジャジル山（Jajir alin）がある。北方には，ウディ河（Udi bira）がある。

　これよりほかの山，河については，黒龍江の管轄する地であれば，チチハル城のどの方向にあるか，何里の先にあるか，河川の源流はどこから発して，流れてどこまで至り，どの川と合流するかについて，はっきり調査して送るように。黒龍江の所轄する地ではなければ，違うと書いて送るように。

　またオルドコン河（Oldokon bira）の東方に，もう一つの河がある。こ

の河は，黒龍江の所轄する地であれば，河の名前は何というか，源流はどこから出て，流れてどこまで至り，どの河と合流するかについても，はっきり調査して送るように。

　また，黒龍江将軍が送ってきた档子ではタガル河（Tagar bira）といった河が，「ランタンらの図」ではタハ河（Taha bira）という。将軍の档子ではクルキル河（Kurkiru bira）といった河が，「ランタンらの図」ではフルキレ河（Hūrkire bira）という。この二つの名は，どちらが正しいのか，正しくないのか。あるいは一つの河であるのか，あるいは二つの河なのかについて，はっきり調査して定めて送るように。もし二つの河であれば，チチハル城のどの方向にあるか，何里の先にあるか，源流はどこから発して，流れてどこまで至り，どの河と合流したかについて，はっきり調査して送るように。

　オロス（ロシア）とともに境を分けて立てた石碑（wehe bei）は，何という名の地にあるか，チチハル城のどの方向にあるか，何里の先にあるかについても，またはっきり調査して送るように。メルゲン城・黒龍江城・アイフン城・ヤクサ城は，みなチチハル城のどの方向にあるか，何里の先にあるか，周囲はどれくらいの広さがあるか，門はいくつあるかについて，はっきり調査して送るように。

　また，閑散大臣ジャサン（Jasan）らが調査して上奏したところでは，ノン江の源流は，イルフル山（Ilhūr alin）から発したという。イルフル山はチチハル城のどの方向にあるか，何里の先にあるかについて，はっきり調査して送るように。黒龍江の源流について，ブルガ・カルドゥナ（Burga karduna）などの山から発したという。ブルガ・カルドゥナ山は，チチハル城のどの方向にあるか，何里の先にあるかについても，またはっきり調査して送るように。

　さらに，輿図（ba na i nirugan）を描くために山河を調査しに赴いたジャンギンは，チチハルの地の山河のみ描いて持ってきただけで，黒龍江将軍が統轄する境内の山・峰・江・河・湖・泉・森・城をまったく描いていなかった。これについて，黒龍江将軍に書を送って，境内の山・峰・

江・河・湖・泉・森・城についてはっきり調査し，図を描いて，檔子を作成して送らせるように。このほか，また遺漏した山・河・城などの項目があれば，また増補して入れて送らせるように。黒龍江将軍衙門は，チチハル城のどの方向に位置するのかについても書いて送るように。

漏れた山・河などの項目について調べやすくするために，「ランタンらが描いて持ってきた九路の図」をあわせて送りたいと我らの大臣たちに告げたとき，「すみやかにおこなうように」とあった。このために送った。汝らの大臣たちに告げて調査させて伝え，黒龍江将軍に送って，すみやかに檔子を作成して図を描いて送らせてほしい。黒龍江将軍に送る図一枚，提調官フンタイ（Fungtai），収掌官リオボオジュ（Liobooju），ドンジュ（Donju），ナチン（Nacin）十一月八日[37]

まことに，溜息が出るほど，同一の構文が延々とくりかえされる。満文文書の常套とはいえ，その息の長さにはあらためて嘆息するほかはない。文書システムの整備の立ち遅れ，原始的処理法と評されても，いたしかたあるまい。ともかく，あらためて確認すると，まず最初に内閣一統志館から兵部に文書を送ってきたのは康熙四十八年（1709）十一月八日のことであり，それを兵部が受けて別の文書に仕立てなおし，原文書と「ランタン図」を添えて同月二十日に黒龍江将軍に送った。そして，実際に黒龍江将軍のところに届いたのは，駅站の男丁チラムボオが持参した翌年の一月四日のことであった。

なお，この文書には，「ランタン図」のほかに，もう一枚の地図が登場する。それは，「チチハルの山河のみ描いて持ってきた図」である。これが，のちにいう『黒龍江流域図』である。なお，その詳細については，第4章を参照されたい。

3）黒龍江将軍からの伝送

さて，兵部の文書を受けた黒龍江将軍は，所轄の各地に伝達した。まず，正月七日，黒龍江副都統に兵部の文書が伝えられた。そこでは，上記の内閣一統志館から兵部に送ってきた文書の内容が，そっくり丸ごと引用された。

将軍衙門の書。黒龍江副都統に送った。兵部から送ってきた書に，「内閣一統志書編纂館の書。調査させるためである。『……漏れた山・河などの項目について調べやすくするために，「ランタンらが描いて持ってきた九路の図」をあわせて送った。黒龍江将軍に伝えて作らせて，すみやかに檔子を書いて，図を描いて送ってほしい』とあった。［この間，再度一統志館の文書を引用］査するに，先年，部に送った檔子にある山河よりほか，漏れて送らなかった山・峰・森林・江・湖・泉の名前をみな，人を派遣して書いた。メルゲン城の東北にカムニ峰，スラシ峰……ビチクトゥ森がある……。北方にウディ河がある。この書において，黒龍江の周辺にある山・峰・森林・江・河・湖・泉は，黒龍江城のどの方向にあるのか。どこから発するのか。流れてどこに至り，どの河と合流するのか。何里の先にあるのか。統轄するどの境と先が接するのか。城まで何里あるのか。トゥフル河，エルグネ河の源流はどこから発するのか。黒龍江の源流はブルガ，カルドゥナなどの山から発するのか。黒龍江城から何里あるのか。これらの山・河・湖・泉をはっきり調査して送れ」とあった。この書が届いたら，そちらの，知っている者にはっきり詳しく尋ねて，すみやかに書を送れ。図に入れて部に送るのである。備えの，印が押された篇子（piyandzi＝紙）が足りないので，印が押されていない紙に書いて，驍騎校に交付して送らせた。このために送った[38]。

文書は同じ正月七日に，黒龍江将軍衙門からメルゲン城の協領にも送致された。やはり，内閣一統志館から兵部に送られたものとほぼ同一の文言が写され，次のような指示がくりかえされた。

将軍衙門の書。メルゲン城の協領リオゲ（Lioge）らに送った。兵部から送ってきた内閣一統志館の書。調査させるためである。［以下，ほとんど同文のため省略］汝らが，そちらで知っている者にはっきり詳しく尋ねて，すみやかに書を呈せよ。図に増補して部に送るのである。備えの，印を押した篇子が足りないので，印を押していない紙に書いて，領催アルドゥハ（Alduha）に交付して送らせた。このために送った[39]。

第5章　描かれる版図　233

　さらに同日，黒龍江将軍衙門からソロン総管にも伝達され，これまた一統志館から兵部へ送ったほぼ同一の文書が引用されながら，ソロン総管が所轄する河川などについて調査項目が指示された。

> 将軍衙門の書。ソロン総管サインチク（Saincik）らに送った。［以下，ほとんど同文のため省略］この書が届いたら，ソロン，ダグル，オロンチョンらのなかで，地理に詳しい者に詳しく尋ねて，汝らがすみやかに自分でとってこい。図に入れて部に送る。備えの，印を押した篇子が足りないので，印を押していない紙に書いて送った。このために送った。これより以上の九件のことについて，将軍宗室のヤンフ（Yanfu），副都統宗室レセリ（Leseri）に，委事協領ウルドゥ（Uldu），そしてニルイ・ジャンギンであるホロニ（Horoni），雲騎尉級ジャンギンであるアチ（Aci）らが告げに行った。筆貼式サンジュ（Sanju）が写した[40]。

　なお，これらの調査の際，ブトハ総管にも送致され，現地の地理に詳しい人々の助力をもとめている。その末尾には，黒龍江将軍のところで輿図を描いて兵部に送ることが同じく明記されている。

6　曲折する経緯，重ねられる報告

1）さらなる返信

　ところが，同じ康熙四十九年（1710）二月三日，かねて黒龍江城の副都統から黒龍江将軍に送られてきた調査報告に不備があったため，将軍と副都統から黒龍江城の副都統宛に文書を送って，再調査をもとめた。

> 将軍，副都統の書。黒龍江の副都統に送った。副都統が送ってきた書では，カムニ峰（Kamni hada），スラシ峰（Sulasi hada），ヤン山（Yang alin）……［この間，地名の羅列］……について調査して送ってきただけで，源流はどこから発しているのかについて，すべて知らないとあった。

234　第Ⅰ部　世界帝国をめざして

　これはみな，内閣から送ってきた図や書を見て，調査する地に従ってはっきり描かなければならない。このゆえに，ここから，部が送ってきた図をあわせて送った。副都統トゥバイ（Tubai）が，知っている者にはっきり尋ねて，これらの河はどの山，どんな名前の地から発し，どの河に流入するのか，河の源流から流入する河口まで何里あるのかについてはっきり書いて，別の図を描いて，すみやかに送れ。部に送るために待つ。このために送った[41]。

　また，二月九日，黒龍江将軍衙門からメルゲン協領宛に送られた文書においても，次のような不備が指摘された。

　将軍衙門の書。メルゲン城の協領リオゲらに送った。（兵）部から送ってきた書では，［この間，一統志館の文書を引用］カムニ峰，スラシ峰，ヤン山……ウディ河，トゥフル河，またメルゲンの西北の方に位置するイヘ・ゴクド山（Ihe gokdo alin），ノン江の源流の西方ヒンガンから発するドンゴロ河（Donggoro bira）について調査して送ってこなかった。また，汝らが調査して送ってきたのは，十八の河・城に至るまちまでの里数だけで，源流から合流地に至るまで何里あるかについては提出しなかった。この書が届いたら，はっきり調査してすみやかに書を提出せよ。このために送った[42]。

　おそらくは，こうした度重なる要請にこたえるものとして，その一週間後の二月十六日，メルゲン城の協領リオゲたちから詳細な調査報告が送呈されてきた。

　将軍，副都統らに，メルゲン城の関防印をつかさどる協領リオゲ，協領マカリ（Makari），ラタ（Lata）が呈したこと。将軍衙門から送ってきた書に，「部から送ってきた書では，［この間，一統志館の文書を引用］カムニ峰，スラシ峰，ヤン山……ウディ河，トゥフル河，またメルゲンの西北の方に位置するイヘ・ゴクド山，ノン江の源流の西方ヒンガンから発するドンゴリ（ドンゴロ）河について調査して送ってこなかった。また，汝らが

調査して送ってきたのは，十八の河・城に至るまでの里数だけで，源流から合流地に至るまで何里あるかについては提出しなかった。この書が届いたら，はっきり調査してすみやかに書を提出せよ」とあった。書が届いて，知っているあらゆるソロンらに尋ねたところ，告げたのは，「ネメル河（Nemer bira）の源流は，メルゲン城の東南のヒンガンから発して六百里を流れ，河口は城の南二百里の先で，ノン江と合流する。ホロル河（Horol bira）の源流は，東南ヒンガンのセルギネ峰（Sergine hada）から出て四百里を流れ，河口は城の北方四十里の先で，ノン江と合流する。ムナル河（Munar bira）の源流は，東方ヒンガンのカラルトゥ山（Karaltu alin）から出て二百里を流れ，河口は城の東北七十里の先で，ホロル河と合流する。[以下，同様の記述が延々とつづくため省略]」このゆえに，源流から合流したところまで，知っている者に尋ねて，路程をはかって，そのあらましを書いた。このほか，いま将軍衙門から送ってきた書のなかにある，山・峰・江・河・湖，またメルゲン城の西北の方に位置するイヘ・ゴクド山，ノン江の源流の西ヒンガンから発するドンゴリ（ドンゴロ）河などの地について詳しく尋ねたところ，みな知らないという。このために報告した。二月十六日[43]

このような再調査と再確認のやりとりは，少なくとも康熙四十九年（1710）のうち，再三にわたってくりかえされたのであった。それらの報告は膨大な数量にのぼるが，ここまで見てきたところですでに十分であろう。

2）確認材料としてのランタン図

さて，のちの乾隆九年（1744）に刊行された『大清一統志』を参照すると，山・峰・河川・湖など，いずれもチチハルを基準に方角と距離が記されている。すなわち，このときの指令にもとづいて，黒龍江将軍から新たな調査資料が提出され，それをもとに『一統志』の編纂がおこなわれたのであった[44]。

ひるがえって，この間しきりに「ランタンらが描いて持ってきた九路の図」が言及されている。また，既出のように，「内大臣だったランタンらが調査し

て持ってきた図」とも表現されている。いずれにせよ，これは，康熙二十九年（1690）からの黒龍江左岸視察の際，視察隊を率いたランタンらが作成した地図にほかならない。

「ランタン図」については，すでに前節で触れた。また，長文を延々とそのままに示した康熙四十八年（1709）十一月八日の作成，同月二十日の発出，翌年一月四日に黒龍江将軍に届けられた「内閣一統志編纂館から兵部に送った書」のなかでも，具体的な記載内容があれこれと縷述されており，ここではくりかえさない。

ともかく，ランタンらがかつて作製した地図を，兵部司武庁が内閣一統志編纂館から受け取って，参考資料として黒龍江将軍へ送りつけたのであった。それによって，黒龍江将軍からの報告が不十分であることが判明したのである。また，黒龍江将軍が送ってきた檔子と「ランタン図」に書かれている河川名が食い違っていることも指摘された。

ようするに，「ランタン図」が，確認・判断の際の有力な基準の一つとなった。同図を入念に参照しつつ，現地である黒龍江将軍からの報告内容と逐一ひきくらべて，まさに精査・検討・点検したのであった。

3）ようやくの報告書

かくて，一統志館やそれを受けた兵部の命令により，黒龍江将軍衙門では管下の地理状況に関する再調査がくりかえしなされた挙句，康熙四十九年（1710）九月になって，ようやく報告文書が提出された。すなわち，黒龍江副都統チェンタイ（Centai）が黒龍江将軍と副都統に送ってきた文書には，こうつづられていた。

> （黒龍江副都統チェンタイが）査するに，ジャイ河（Jai bira）の源流は，黒龍江の西南ヒンガンの尾根から発して，東南へ流れて，黒龍江に流入する。河床は，城より七百里の先にある。ゲリン河（Gelin bira）の源流は，黒龍江城の東南ヒンガンの尾根から発して，西南の方に流れて，黒龍江に流入する。河床は，城から千百八十里の先にある。モオ峰（Moo hada）

は黒龍江の東南千百九十里の先に，黒龍江の東岸に位置する。スル河（Sur bira）は，黒龍江城の東南ヒンガンから発して，西南の方へ流れて，黒龍江に流入する。河床は，城から千二百三十里の先にあり，ニオマン河（Nioman bira）の源流の西方に位置する。……また，ゲルビチ河（Gerbici bira）の源流に，オロスとともに境を分けて建てた石碑が，ゲルビチ河のどの方位の岸にあるのかについては，ここに知っている者がいない。この石碑を建てに赴いたとき，京城からやってきたニシハ（Nisiha），アマン（Aman），グンニ（Gung ni）とともにブトハのアラル（Aral）・アバの苑副ニルジュダイ（Niljudai）の属下たるトゥングネイ（Tunggunei）が赴いたことがある。これについて，トゥングネイが知っているという。このために送った。九月九日[45]

この時点でも，依然として石碑はどこにあるかについて，まだ確認できていなかった。のち，石碑の位置が確認されたという情報が送られてくるが[46]，これらの問題も所詮は康熙四十九年（1710）の黒龍江地域におけるデータ収集・調査の際に出てきたことであった。なお，その報告の真否をめぐる疑問については第4章で扱ったので，ここではくりかえさない。

このほかまた，九月二日に筆貼式ワンスダ（Wang sy da）に送らせた文書に，将軍衙門からメルゲン城に送った文書がおさめられており，こうある。

将軍衙門の書。メルゲン城の協領ラタに送った。今年，『一統志』に編入する図を描いて送らせるために，河・山・峰・湖のほか，いま兵部から伝えられて送ってきた内閣の書に（添えられた）大図を調べたところ，ロラカン河（Lolakan bira）の東方にナヤン城（Nayan hoton）がある。ナヤン城の東方にウデレン河（Udelen bira）がある。この河は北方から南方へ流れ，ネメル河（Nemer bira）に流入する。城であれば，城のどの方位，何里の先にあるのか，周囲は何里，いくつの門があるのか，煉瓦の城なのか，あるいは木の城なのか，どの国が築いたものかをはっきり調査して送るようにとあった。届いたら，ナヤン城はメルゲン城から何里の先に位置するのか，ウデレン河の源流はどの山から発するのか，河床は城の何里の

先に位置するのかをはっきり調査して，すみやかに書を提出せよ。図に書き加えて描いて送らせる。このために送った[47]。

　黒龍江将軍衙門よりメルゲン城に，管下のナヤン城とその周辺について調査・報告することが命じられたのである。それに応じて，メルゲンから将軍衙門へ，ナヤン城とその一帯の調査報告がなされた。その文書は，九月十二日，筆貼式ワンスダが送ってきた文書にふくまれ，次のように語られる。

> （黒龍江副都統チェンタイが黒龍江将軍に送った書に）……ダリ（Dari）がやってきて報告したことには，ナヤン城は，メルゲン城の東南の方，百十七里の先にある。四面周囲は，一里八縄（一縄＝十八丈）で，土城である。南面に門が一つ，ほかの三面には門がない。南門からネメル河（Nemer bira）のチャキン（Cakin）に至るまで，一縄三十庹（一庹＝五尺）ある。……ナヤン城の東方七十里の先で，ネメル河と合流する。ウデレン河床は，メルゲン城の東南の方，百七十里の先にあるという。ナヤン城をどういう国が築いたのかについて尋ねたが，知る者がいない。このために報告した。九月八日[48]

　このように，管下の下部機関への調査依頼をへて，その調査報告が将軍衙門で集約されたうえで，中央の内閣一統志館に報告がなされた。なお，このときの調査報告については，康熙四十九年（1710）十一月十二日，黒龍江将軍が筆貼式サンジュをして寧古塔将軍へ送らせた文書のなかに，次のように収められている。

> 鎮守黒龍江等処将軍衙門の書。鎮守寧古塔等処将軍衙門に送った。このことのためである。寧古塔将軍衙門から送ってきた書に，「康熙二十二年から二十六年まで，ホロン河（Holon bira）などの山河を調査したが，檔子にない。その結果，ノン（Non）の河口からビラン河（Biran bira）まで，我らの管轄下の輿図（ba i nirugan）に入れて刻すべきではないようである（folohonjame acanarakū gese）。そのために，ホロン河からくだって黒龍江の河口まで，スンガリ江の北岸の地を，みな将軍の管轄下の地として調査

第5章　描かれる版図　239

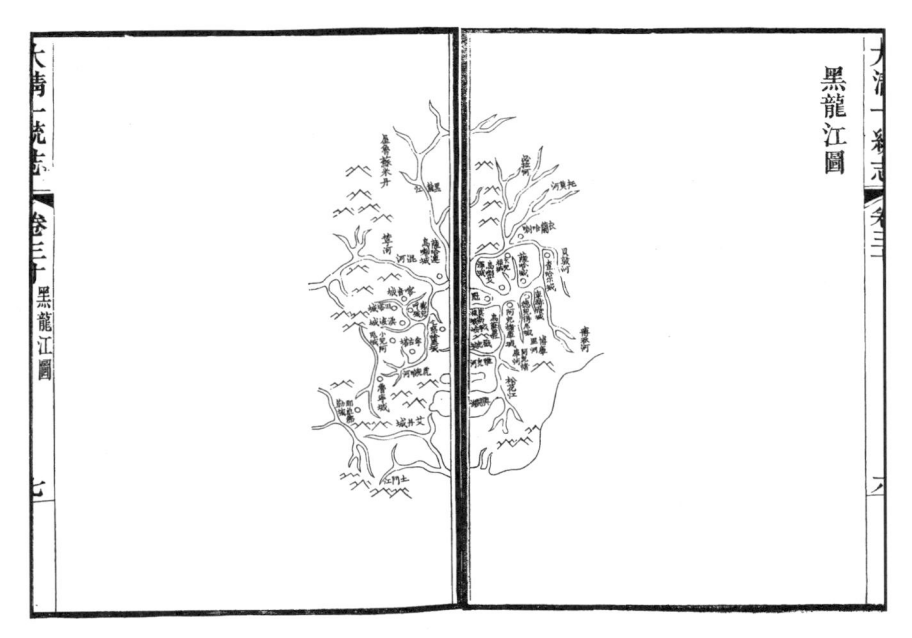

図 5-3　「黒龍江図」(『大清一統志』巻三十，乾隆九年)

し，またビジャン河からくだって東海のトゥフル河までを，管轄下の地として調査すべきようである。どのようにするかについて，返事の書を送ってほしい」とあった。

　ビジャン河からくだって東海のトゥフル河まで，みな将軍の管轄下としたので，ホロン河からくだって黒龍江の河口まで，スンガリ江の北岸の地を我らの図に描きたい。これらホロンなどの地は，もともと将軍が統轄するベドゥネ（Bedune）の将兵をカルンに駐させて，守ってきたので，現在もなお，ベドゥネの将兵をカルンに駐させて，守らせるか，あるいはどのようにさせるかについて書を送ってほしい。このために，将軍宗室ヤンフ，副都統宗室レセリが送った[49]。

　こうしたこまごまとした調査報告が重ねられ，河川の方位・源流，チチハル城との距離，城跡の位置や形などが詳細に判明し，それをもとにいくつかの輿

図が作製され，また新しい地名を書き加えていくことになったのである[50]。

さて，これらの再三にわたる詳しい調査を経たうえで，ついに編纂されたのが，こんにち我々の見ることのできる乾隆九年（1744）出版の『大清一統志』であった。だが，『大清一統志』の黒龍江の部分とこれらの檔案を比較すると，既述のチチハルを基準とした方向と距離など，いくつかの重要な項目以外は，上記で報告された内容がほとんど反映されておらず，依然として『明統志』（すなわち『大明一統志』）を主たる根拠として編纂された痕跡が認められる。

つまり，当時は必ずしも同時代に調査されたデータが十分編纂に生かされていなかったのである。これはどういうことだろうか。考えられるのは，実地調査にもとづく詳細なデータは，国家機密にかかわるものとして，いわば"封禁"されたということである。少なくとも，既述の「ランタン図」のように詳細な輿図も数多く集められたにもかかわらず，その多くが利用されていないという事実は，これらの編纂資料をもとにして時代や歴史を語ることの危うさを雄弁に示している。また，そうであればこそ，『黒龍江檔』など，他の資料に見られない詳細な根本データは，きわめて貴重なものといわざるをえないのである。

おわりに

歴史や地理について，大規模な全国調査がおこなわれた康熙時代はもとより，雍正・乾隆時代になってからも，さらなる詳細な調査がつづけられた[51]。黒龍江以北に関しても，定期的に視察隊がロシアとの境界地帯の決まった場所を訪れ，多くの調査記録が報告された。そうした活動が，ダイチン・グルンの崩壊直前まで継続されていたことについては，格別の注意を払う必要があるだろう。

本章では，「国境地帯」もふくめた黒龍江地域に限定して，探検・調査の一齣を探ってみた。康熙二十三年（1684）の実例から考えても，いわゆる"科学的"な測地と輿図作製が開始される二十六年も前の時点で，すでに駅伝設置の

ために測量活動がおこなわれていた。

　『大清一統志』編纂を目的として、康熙四十九年（1710）から五十九年にかけておこなわれた各地での調査は、こうしたもろもろの基礎調査をふまえたうえでの再調査であり、その後いく度も、さまざまな調査が積み重ねられた。最終的にじゅうぶん『大清一統志』に生かされたわけではなかったものの、これらの調査は、軍事遠征にかかわることがらはもとより、地誌・歴史編纂にともなって推進された国家をあげての"総合プロジェクト"であり、ダイチン・グルンが統轄している多様な人間集団、山脈・河川などの大地、さらには天文観測など、天・地・人の三者を包括するこころみであった。まさしく帝国支配の一環としての、時をこえた「知と汗の事業」であったといえるだろう。

注

1）ロチャについては、最初はロチャ（loca）はロシアのハランガ（harangga）であると考え、ロシア人という表現と同時に区別して使う時期がある。原文引用にあたっては「ロチャ」という用語を用いる。本文ではすべてロシア人と称す。
2）『黒龍江檔』1-10『康熙二十九年の吏・兵・刑部・督捕衙門・盛京刑部よりの来文を記した檔子』正月初四日に筆貼式ディジュが持ってきた書
3）原文は「enteheme hešen」である。
4）『黒龍江檔』2-3『康熙二十九年正月からの戸・礼・工部・理藩院・盛京戸・工部よりの来文を記した檔子』五月十四日に筆貼式イリブが持ってきた書
5）『黒龍江檔』2-6『康熙三十年正月の吏・刑部・督捕衙門・盛京兵・刑部への行文を記した檔子』一月十七日に上奏した書、および『寧古塔副都統衙門檔案』2-9、第二十九冊『雍正十二年行文檔』雍正十二年八月九日に駅站の男丁チェンズグイが駅伝経由で送った書
6）松浦茂（1997）（のち松浦茂（2007）に収録、4-40頁）参照。
7）『黒龍江檔』2-4『康熙二十九年正月からの戸・礼・工部・理藩院・盛京戸・工部などの衙門への行文を記した檔子』一月二十八日に理藩院員外郎ダライに送った書
8）松浦茂（1997）（のち松浦茂（2007）に収録、6頁）参照。
9）『黒龍江檔』1-10『康熙二十九年の吏・兵・刑部・督捕衙門・盛京刑部よりの来文を記した檔子』正月初四日に筆貼式ディジュが持ってきた書。この文書の最後に「ere bithe de, aniya, biya, inenggi akū（この文書には年月日がない）」と書かれている。
10）『黒龍江檔』2-4『康熙二十九年正月からの戸・礼・工部・理藩院・盛京戸・工部などの衙門への行文を記した檔子』一月二十八日に理藩院員外郎ダライに送った書
11）同上

12) 最初に『黒龍江檔』を用いて九路の構成と内容を明らかにしたのは松浦茂（1997）88頁（のち松浦（2006）に収録，15頁）である。
13) 『黒龍江檔』1-10『康熙二十九年の吏・兵・刑部・督捕衙門・盛京刑部よりの来文を記した檔子』三月初五日に正黄旗領催スントゥ（Sungtu）が持ってきた書
14) 同上，『黒龍江檔』1-10『康熙二十九年の吏・兵・刑部・督捕衙門・盛京刑部よりの来文を記した檔子』三月十四日に鑲黄旗キレデ・ニルの領催ウダイが持ってきた書。原文書の日付は三月初一日である。
15) 『黒龍江檔』1-10『康熙二十九年の吏・兵・刑部・督捕衙門・盛京刑部よりの来文を記した檔子』三月二十六日に鑲白旗領催カンギナが送ってきた書。メンバーの考証については，松浦茂（1997）（のち松浦茂（2006）に収録，10-11頁）参照。
16) 『黒龍江檔』1-10『康熙二十九年正月からの吏・兵・刑部・督捕衙門・盛京刑部よりの来文を記した檔子』三月十四日に鑲黄旗キレデ・ニルの領催ウダイが持ってきた書。原文書の日付は三月初一日である。
17) 同上
18) 同上
19) 同上
20) 同上
21) 「suntaha」は，細い木に皮を張り，前上がりに作って足に着け，雪などの上を歩くのに用いる道具。一種のスキー。
22) 『黒龍江檔』1-10『康熙二十九年正月からの吏・兵・刑部・督捕衙門・盛京刑部よりの来文を記した檔子』三月十四日に鑲黄旗キレデイ・ニルの領催ウダイが持ってきた書
23) 王庸（1932）56-72頁参照。
24) 『天下輿図総摺』（中国第一歴史檔案館蔵）に「康熙参拾壹年陸月弐拾伍日，郎潭交来烏拉寧古塔口外大小圖伍張」とある。
25) 吉田金一（1980）33頁
26) 松浦茂（1997），のち松浦茂（2007）に収録，26頁
27) 同上
28) 原図では脱落。
29) 『黒龍江檔』16-25『康熙四十九年正月からの奉天・寧古塔将軍・ベドゥネ副都統・トゥシェトゥ親王・ジャサクトゥ郡王・ジャライト・ドゥルベトらへの行文を記した檔子』十月二十一日に驍騎校ジョルクに送らせた書
30) 『黒龍江檔』2-2『康熙二十九年九月からの奉天将軍・黒龍江副都統・ソロン総管・駅站官への行文を記した檔子』十二月十七日に正黄旗披甲タムブ（Tambu）に送らせた書
31) 『黒龍江檔』14-17『康熙四十六年正月からの黒龍江・メルゲン協領・ソロン総管らへの行文を記した檔子』三月初四日にボケイ駅站の男丁スチルンに送らせた書，『黒龍江檔』14-15『康熙四十六年正月からの吏・兵部・理藩院・盛京兵部への行文を記した檔子』四月初八日に驍騎校ジョタンに送らせた書
32) 『黒龍江檔』14-15『康熙四十六年正月からの吏・兵部・理藩院・盛京兵部への行文を記した檔子』十月十一日にニルイ・ジャンギン・デキに送らせた書

第 5 章　描かれる版図　　243

33) 『黒龍江檔』5-4『康熙三十四年正月からの吏・兵・刑部・理藩院・盛京兵・刑部への行文を記した檔子』五月十四日に領催ファライ（Falai）に送らせた書
34) 松浦茂（1997）（のち松浦茂（2006）に収録，26頁）にすでに言及がある。
35) 『黒龍江檔』16-21『康熙四十九年正月からの吏・兵部・理藩院・盛京兵部よりの来文を記した檔子』一月初四日にブケイ駅站の男丁チラムボオが送ってきた書，『黒龍江檔』16-24『康熙四十九年正月からの黒龍江副都統・メルゲン城協領・ソロン総管・駅伝官への行文を記した檔子』一月初七日に領催アルドゥハに送らせた書
36) 『黒龍江檔』16-21『康熙四十九年正月からの吏・兵部・理藩院・盛京兵部よりの来文を写した檔子』一月初四日にブケイ駅站の男丁チラムボオが送ってきた書
37) 同上
38) 『黒龍江檔』16-24『康熙四十九年正月からの黒龍江副都統・メルゲン城の協領・ソロン総管・駅站官への行文を記した檔子』一月初七日に領催アルドゥハに送らせた書
39) 同上
40) 同上
41) 『黒龍江檔』16-24『康熙四十九年正月からの黒龍江副都統・メルゲン城の協領・ソロン総管・駅站官への行文を記した檔子』二月初三日に鑲藍旗アハイ（Ahai）・ニルのタルダイ（Taldai）に送らせた書
42) 『黒龍江檔』16-24『康熙四十九年正月からの黒龍江副都統・メルゲン城の協領・ソロン総管・駅站官への行文を記した檔子』二月初九日にブケイ駅站の男丁チラムボオに送った書
43) 『黒龍江檔』16-23『康熙四十九年正月からの黒龍江副都統衙門・メルゲン城の協領・ソロン総管・駅站官らよりの来文を記した檔子』二月二十日にブケイ駅伝の男丁チラムボオが送ってきた書
44) 『大清一統志』巻三十六，黒龍江には「分野・建置沿革・形勢・風俗・城池・山川・古跡・関隘・津梁・土産」という基準・項目に沿って関連事項が書かれているが，いずれも黒龍江将軍が駐在するチチハル城を基点に方角・距離が記されている。
45) 『黒龍江檔』16-23『康熙四十九年正月からの黒龍江副都統衙門・メルゲン城協領・ソロン総管・駅伝官らよりの来文を記した檔子』九月十二日に筆貼式ワンスダ（wang syda）が送ってきた書
46) 『黒龍江檔』16-22『康熙四十九年正月からの吏・兵部・理藩院・盛京兵部に送った書を写した檔子』十一月十二日に筆貼式サンジュに送らせた書
47) 『黒龍江檔』16-24『康熙四十九年正月からの黒龍江副都統・メルゲン城協領・ソロン総管・駅伝官への行文を記した檔子』九月初二日に筆貼式ワンスダに送らせた書
48) 『黒龍江檔』16-23『康熙四十九年正月からの黒龍江副都統衙門・メルゲン城協領・ソロン総管・駅伝官らよりの来文を記した檔子』九月十二日に筆貼式ワンスダが送ってきた書
49) 『黒龍江檔』16-25『康熙四十九年正月からの奉天・寧古塔将軍・ペドゥネ副都統・トゥシェトゥ親王・ジャサクトゥ郡王・ジャライト・ドゥルベトらへの行文を記した檔子』十一月十二日に筆貼式サンジュに送らせた書

50)『黒龍江檔』16-22『康熙四十九年正月からの吏・兵部・理藩院・盛京兵部への行文を記した檔子』十一月十二日に筆貼式サンジュに送らせた書
51)『黒龍江檔』26-22『雍正元年二月からの兵部・盛京兵部よりの来文を記した檔子』九月二十八日にチラムボオが送ってきた書

第6章　積み上がる地図の山
——輿図房と目録編纂——

はじめに

　ダイチン・グルンの盛期というべき康熙・雍正・乾隆年間には，まことに大量の輿図・絵図の類が作製された。そのことが一つの注目すべき文明現象を呈するとともに，厖大な数量にのぼるもろもろの地図そのものもまた，屈指の文化遺産をなしている。そうしたいわば欝然として積み上がる「地図の山」にむかい，そのほんの一端なりとも眺めようとするとき，歳月のへだたりをこえて，大いなる帝国へと伸びいかんとする当時の意欲・勢いが身近に伝わってくる。

　さて，そうした輿図・絵図類にかかわって，ダイチン・グルン宮中の諸事をつかさどった内務府関連の檔案のなかには，数多くの記述が残されている。すなわちこの時代，宮中におけるさまざまな物づくりを職任とした内務府造辦処の管下に，輿図を専門に作製する工房たる「輿図房（ba na i nirugan nirure boo）」が設けられていた。その輿図房で作製された当時の輿図については，たびたび編纂された複数の目録により，そのあらましをたどることができる[1]。

　まず，輿図房そのものについては，七十年以上も前，劉官諤（1936）がはじめて内務府輿図房の輿図の由来とその実態を明らかにした。劉は，民国期に故宮博物院文献館につとめ，輿図房旧蔵の輿図・絵図を整理した経歴をもつ。劉の所論によれば，当時の輿図は，少数の銅版と木板を除き，多くは彩絵と墨絵であり（絹本と紙本がある），時代からいえば，明からダイチン・グルン末期にまでわたり，記述された言語は満文・漢文・満漢合璧・西洋文字に漢文簽訳（付箋に訳語が書かれた）など，その種類はまことに多様だという。そのうえ

で、劉は数々の輿図や絵図の内容を紹介している。

その後、文献館の後身にあたる中国第一歴史檔案館に勤務する秦国経・劉若芳（1997）・劉若芳（2000）が、『造辦処活計檔』を用いて輿図作製の実態を紹介し、輿図房の設立とその職務、およびそこでの顔触れなどについて論じた。この二つの論文は、初めて『天下輿図総摺』（康熙・雍正期の輿図目録）を取り上げて、十七枚の輿図を紹介し、大いに関連研究者の注目をあつめた。とはいうものの、二つの研究は、いずれも輿図房とそこにおける輿図目録の編纂事業を総合的に論じたものではなく、おのずから、それぞれの目録編纂の経緯についても、なお大部分が空白のままにとどまっている。また、民国以来の輿図目録については、まったく言及していないのも、いささか残念といわざるをえない。

以上の点をかんがみて、本章ではダイチン・グルンにおける輿図作製の趨勢を把握するための基礎作業として、宮中の輿図房の沿革と、そこでの具体的な輿図およびその目録編纂の経緯をたどってみたい。そして、今後の研究への糸口として、それらの輿図・目録の民国以降の生々流転のさまもひと通りながめ、あわせて現在の所蔵機関との関係についても紹介しておきたい。さらに附表として、ひろく読者の参考に供するべく、康熙年間から乾隆年間末期にいたるまでの、輿図房で作製された地図のリストを掲げることとする。

1　内務府造辦処輿図房における輿図作製

さて、ダイチン・グルンの輿図はどこで、どのような機関において作製されていたのか。まず、初期の兵部職方清吏司と内務府造辦処輿図房について少し触れておきたい。

初期の輿図作成については不明な点が多いものの、早くもホンタイジの天聡年間より、戦時においては、地理や道筋に詳しく、案内人というよりも、ほとんど事実上のスパイといっていいガジャルチを先導役に使って新しい地域への進出をはかったことが、入関前の記録から確認される。とはいえ、ガジャルチ

らが²⁾地図作製に直接かかわったという記述は見あたらない。ただし，輿図を皇帝に献上したことをうかがわせる事例はいくつか見られる。

　たとえば，少なくとも天聡五年（1631）の段階で，祝世廕（のちに鑲黄旗漢軍に属す）が大同・朝鮮などの地へと出軍した際に，『天下形勢輿図（abkai fejergi ba na i arbun muru i nirugan）』という地図を入手し献上していた³⁾。また，地図に詳しい人物の存在も確認される。天聡八年にホンタイジに帰附してきた張文衡なる人物（のちに鑲黄旗漢軍に属す）は，若いときから天文学（abkai šu）や輿図（na i nirugan）などの学問に精通していたと記録されている。あるいは，こうした人物が輿図の製作にもたずさわった可能性⁴⁾は排除できない。とはいうものの，入関前において地図がどのように作製されたかについては，所詮はほとんど分かっておらず，現時点ではさらなる資料の公開や解読を待つほかはないのが実状である。

　ところが，やや時がたって康熙年間にいたると，天下の輿図は，兵部の職方清吏司なるセクションが担当していたことが知られる。明らかに，唐代から明代にいたるまでの制度を受け継いだものである⁵⁾。すなわち，『大清会典』（康熙二十九年（1690））巻八十六，兵部六，職方清吏司の項には，

　　郎中・員外郎・主事は，それぞれ天下の輿図と京営の駐屯を掌る⁶⁾。

とある。であればこそ，同巻九十五，兵部十五，図本のなかに，全国の輿図がふくまれているわけである。さて，その職方清吏司は，

　　郎中は満洲人四人，漢人二人。員外郎は満洲人三人，蒙古人・漢人はそれぞれ一人。主事は満洲人・蒙古人はそれぞれ一人，漢人二人。天下の輿籍を掌り，すべての地の境界について，それぞれ地図を有し，三年に一度報告する⁷⁾。

とあるように，三年に一度は各地の最新の輿図を報告することが義務づけられていた。兵部が輿図を掌ることは，おそらくダイチン・グルン中央政府に六部の制度が導入されて以来のことと推測される。入関後の順治年間，兵部において明代の辺防地図を模写している事例が確認されることからも，それは裏付け

られる[8]。

　ひるがえって，内務府なるものは「天子の家事」を奉じ，宮廷の事務一般を管理するところである。国家機構のなかにおいて，人員がもっとも多く，かつ組織自体も最大規模で，まことに雑然とした役所でもあった[9]。そのなかに，養心殿造辦処という部局があり，四十以上の工房がその管理下に設けられていた。輿図房はその一つで，もっぱら輿図の作製や保存に携わった。

　造辦処は養心殿に設けられたが，当初，それを管理する大臣や官員には定員がなかった。のちに監造四人，筆貼式一人が置かれ，康熙二十九年（1690）には筆貼式一人を増やした。ついで，康熙三十二年に作房，三十五年には勅命によって玻璃廠を設立，その後しだいに増員して硯作・法瑯作などが設けられた。雍正元年（1723）になって，造辦処のための庫を設け，炮槍処・法瑯処・輿図処・自鳴鐘処などの工房はすべて造辦処が管理するようになり，それぞれ専門の管理人が配置された[10]。さらに，乾隆二十四年（1759）になると定員が決められ，計百二十六人が勤務するようになった[11]。

　嘉慶四年（1799）十月の『各処各作各房蘇拉匠役花名数目総冊』によれば，造辦処全体で四百から八百の人員を有していた。そのうち半数は，内務府の各役所から定員を借用したもので，九十パーセントは旗人の職人，とりわけおもに上三旗（正黄旗，鑲黄旗，正白旗）ボオイの職人であり，南方出身の職人である南匠や，広く外から募集された職人は八十名から百名に過ぎなかった。このとき，輿図房の人員としては，画匠・裱匠・磨匠をふくめて，計三十一名が配置されている[12]。

　ちなみに，養心殿造辦処そのものについての説明として，乾隆期のマンジュ語の辞書である『増訂清文鑑』には，「内府使用の各種器物類の製作を総管するところを養心殿造辦処という」と記され[13]，また輿図房については「天下各処の輿図を書くところを輿図房という」と述べられている[14]。まさに，この輿図房こそ，輿図の作製場所であることがストレートに説明されているわけである。具体的には，その場所は造辦処の西南に位置し，黄色い瑠璃瓦の部屋三間があった。

　いっぽう，宮中に蔵せられた輿図の来源について，前述の劉官諤（1936）は

内廷で描き作製されたものと，外から献上されたものの二種類に帰納している。そのうち，内廷で作製されたものに関しては，雍正年間に内務府の郎中の海望をはじめ，執事人の巴哈・八十・黙字参蛾・永泰・花善・五十八・富拉他・陳文濤・赫慎，そして主事の諾赫図といった面々が輿図の作成者として登場する[15]。とりわけ，目につくのは，海望である。

雍正五年（1727），彼が二枚の輿図を描いて奉呈したところ，帝は「輿図のうえの漢字はもっと小さく書くよう，もう一度べつに書かせよ。輿図は，折り畳みの碁盤式につくりなおすように」と，字の大きさや様式までこまかく指示している。海望は満洲正黄旗の人で，雍正元年に護軍校から内務府の主事，ついでその年のうちに員外郎となり，同四年には郎中に昇任，同八年六月には総管内務府大臣に抜擢され，翌九年には七月に戸部左侍郎，ついでわずか一ヶ月にして八月には内大臣に任ぜられた独特の人物である。海望は，さまざまなものの設計をはじめ，輿図・絵図の作成に従事，その才能は多面にわたって優秀・抜群で，内務府の職務を通して頭角をあらわした典型である[16]。

海望の事例に顕著に見えるように，地図の作製の際には，必要に応じてまず見本を描いて皇帝に提出し，皇帝の判断をふまえたうえで，地図に書き込む具体的な内容が決められた。それを示す典型的なケースとして，雍正六年（1728）十二月のやりとりを紹介する。

> 雍正六年十二月十五日に，大学士の張廷玉・蒋廷錫らが聖旨を伝えるには，「造辦処にアルタイからイリまでの地方の地図を一枚描かせて，朕に見せよ」という。コレヲ欽ム。二十二日に描き終えて，郎中の海望が御覧に呈した。聖旨には，「兵隊が駐屯している場所を加えさせよ」とあった。その日，執事人の巴哈に処理させることとなった[17]。

なお，ここに登場する巴哈は，この翌年の正月十二日にも，海望が伝えてきた「十五省の小総図を二部作製するように」という聖旨にしたがって，その処理にあたっている。ちなみに，この十五省の図のうちの大図は，現在もなお北京の中国第一歴史檔案館に所蔵されている[18]（口絵5）。

いっぽう，銅版の輿図類も，必要に応じて再三印刷された。『造辦処活計檔』

（中国第一歴史檔案館蔵）雍正四年（1726）十一月の記事によれば，まず宦官の王太平が輿図処に伝えてきた聖旨に，「海望にもとめて銅版『全省輿図』一枚を印刷させ，賞賜用とせよ」とあった[19]。これに対して，海望はその翌日，輿図処に備え付けるために銅版『全省輿図』からさらに二部を刷ると伝えた[20]。かくなってのち，その七日後のこと，執事人の訥黒図がやってきて，「怡親王が折り本の『全省輿図』一部をつくらせるので，匠人が必要な材料については，造辦処に提供させて用いよ」と言った，と記される[21]。こうした顛末が語るように，海望は全省銅版図の印刷に直接に携わっており，印刷された『全省輿図』は，臣僚への賜り物にされることもあった[22]。

　これとは別に，銅版図のみならず，輿図が勅命によって大臣や要人たちに賜与される場合もあった。とりわけ，これから出兵する将領にさずける事例が多く確認される。たとえば，雍正七年（1729），対ジューンガル遠征の北路の靖辺大将軍であるフルダン，同じく西路の寧遠大将軍の岳鍾琪らに，イリ方面の「小輿図」をあたえている。明らかに，遠征軍のために用意したもので，軍用地図として利用することを目的としている。つまり，内務府造辦処が，戦時用の地図作製を担当することもあったのである[23]。

　また，内務府の人員などを用いて，親王が皇帝の代理として輿図の作成をとり仕切る場合もあった。すなわち，雍正帝がもっとも信頼していた弟の怡親王胤祥は，雍正三年（1725）から造辦処庫にある各省の輿図を用い，数人の内務府の執事人を使って地図編纂にいそしんだ。その後，雍正八年七月二日，当時，内務府総管の任にあった海望がおこなった上奏では，雍正三年からの怡親王胤祥の王府における各省輿図作製にともない，造辦処の庫内から借り出した輿図と王府のなかで作業に就かせた執事人数名が，いまだに返ってきていないと報告している。

　そのなかの一人，諾赫図，すなわち前述の訥黒図なる人物は，もともとは主事であった。ところが，輿図・儀器に詳しいので，そのまま養心殿の管理処に置き，仕事をつづけさせることとなった。さらには，一人の執事人を選んで司庫に置いて諾赫図とともに事をさばかせ，また王府のあらゆる輿図は完成・未完成を問わず，すべて造辦処において保存すること，以上を願い出てゆるさ

れたのである[24]。

　乾隆年間になると，盛んに銅版図が印刷される。乾隆二十一年（1756）四月，輿図房に地図の銅版・木板が何枚あるか，印刷された地図が何枚あるかを，詳しく調べて上奏するように，宦官の胡世傑が聖旨を輿図房まで伝えにきた。これをうけて，同月二十四日に，員外郎の白世秀・金輝らが調査した結果，輿図房の庫には，地図の銅版が四十七枚，地図の木板が百五枚，そして蔣廷錫の木板が三十二枚あることを確認した。そこで，各版をそれぞれ一枚，印刷された見本二枚を胡世傑に委ね，御覧を願った。それに対して，乾隆帝の聖旨に，「銅版が壊れている。きちんと保存せよ。見本の二枚を円明園に送って，円明園の図と一緒に送るように」とあった[25]。ここに言う「地理図木板百五枚」とは，乾隆『内府輿図』，すなわちいわゆる『乾隆十三排図』のことである[26]。また，「蔣廷錫木板三十二枚」は，おそらく康熙六十年（1721）に作製された木板の記念出版物たる『皇輿全覧図』三十二枚だろう。

　ちなみに，輿図作製の手順としては，まず輿図房で見本が作製され，ついで造辦処において銅版に刻された[27]。輿図房に保存される輿図は，厳選されたものが多いが，一部は円明園に飾られていた。乾隆二十八年（1763）六月二十五日に，円明園の飛雲軒に陳設されていた輿図を方略館（マンジュ語で bodogon i bithe weilere kuren，すなわち各種の方略・紀略などの歴史書を編纂する機構[28]）にわたして，新図と対校するなどのことがあった[29]。

　なお，乾隆三十六年（1771）の時点で，円明園には八セットの輿図が陳列されていた[30]。また，軍機処から送ってきた輿図について，勅命により抄本が作製される事例が見られる。そのため，同一の地図について，原本と抄本の二種，あるいはそれ以上が保存されるケースもしばしばあったことになる[31]。

　以上，述べてきたように，ダイチン・グルンの輿図作製はおもに宮中でおこなわれた。輿図房での作製以外では，地方官僚や軍機処からの上納によるものが多い。このほか，宣教師の蔣友仁（Michael Benoit）・傅作霖（Felix da Rocha）・高慎思（Josephus Espinha）ら[32]の指導によって，銅版図と木板図に新しい情報が刻まれたことは，たしかに特筆すべきことである。しかし，依然として中華地域に伝統的な方格図や絵地図が多いことからすれば，宣教師らの

実測による製図方法は，宮廷・政府などを除き，さほど広く普及していなかったと考えられる。

2　勅編の輿図目録『蘿図薈萃』とその続編

では，このようにダイチン・グルンの宮中を中心に作製され，保管された数々の輿図について，それらを一括して見渡す目録のたぐいはどのようであったか。いくらか目を転じて，輿図目録の編纂について，以下しばらく検討してみたい。

現在，中国第一歴史檔案館には，『天下輿図総摺』（折本，写本）という輿図・絵図の総合目録が存在する[33]。これは，康熙二十四年（1685）から雍正十二年（1734）にいたるまでの輿図につき，年代順に編纂したもので，作製年と図名およびその枚数，また輿図を送ってきた機関などが記されている。それとは別に，『天下輿図総摺』の康熙朝の部分だけに関して，「朝代・年月日・来源・名称・件数・備注」という順番でデータを整理・編集した『天下輿図総摺康熙朝輿図来源時間冊』（写本）という名の輿図目録がある。

これら二種の目録は，検索するのに不便であったため，乾隆二十五年（1760）に勅命で大臣の阿里袞（アリグン）・福隆安（フルンガ）・裘曰修・王際華らを内務府造辦処に赴かせて，徹底的に輿図房の地図を整理・分類させた。その結果として，翌乾隆二十六年に造辦処輿図房の輿図目録『蘿図薈萃』が完成したのである。

この段階で，目録には四百五十六枚の輿図・絵図がふくまれていた。目録の跋文によれば，乾隆時代においてダイチン・グルンの西境やその彼方であるイリ，ヤルカンド，カシュガル，ブルト，アンディジャンなどをみな絵図に収め，大臣らを派遣してみずから測量してみたところ，古い地図とまったく違っていたのだが，あえてそのことを知りつつも，のちの参照に供するために保存しておいたという。ようするに，漢・唐の時代をはるかに凌ぐ「大一統」を完成させた偉業を記念して，まさにそのために編纂されたものでもあった。

のちの編纂資料である『国朝宮史続編』（嘉慶十一年（1806））によれば，こ

の時は輿図を「天文・輿地・江海・河道・武功・巡幸・名勝・瑞応・効貢・塩務・寺廟・山陵・風水」という十三項目に分類しており，輿図がその内容や形式からある原則に沿って分類されたことが分かる。また，装幀と製本の様式によって，幅・幀・巻・軸・冊・排という量詞を使っているということは，あたりまえのことだが，当時，地図にはすでにさまざまな形態が存在していたことを物語っている[34]。

より直接的な資料である『内務府造辦処活計檔』乾隆二十七年（1762）三月八日の記事によれば，『蘿図薈萃』は造辦処輿図房所蔵の上等の輿図四百十八件を前述のように十三分類して収録したものであり，巨冊に仕立て上げられた一冊目は，跋文を附し，目録の前後に「御覧之寶」の印を捺して，乾清宮に陳列された。それとは別に，一尺（約32cm）四方のもの二冊をつくり，それぞれ皇帝の図書室である懋勤殿（乾清宮の西側の配殿）と造辦処に保存させた[35]。

これ以後は，新しい地図がある程度まで集まると，上記の三部の『蘿図薈萃』それぞれに，地図の新リストが追加されていった。たとえば，翌年の乾隆二十八年（1763），輿図房が新たに届いた三十七件について分類・増補をほどこし，かつはそれらを装幀して上納しているが，この三十七件のうち，『蘿図薈萃』に付け加えられた絵地図は次の十件であった（図6-1）。

> 鎮筸紅苗図一冊，雲南各彝種図一冊，冊封琉球全図二冊，海運島嶼図一冊，長崎貿易図一冊[36]，曲阜聖廟図一軸，関帝廟図一幅，南海普陀山寺図一巻，南嶽廟図一幅，平陽府堯帝宮図一張[37]

これらのなかで，「南嶽廟図一幅」は単絹だったので，紙で表装して保存することになった。また，虫食いによる破損があれば，造辦処に委ねて補修させた。ようするに，目録の再編纂の際には，重複する輿図や刻本・篆文・図章は新たに加えない方針となっていたのである。こうして，『蘿図薈萃』に収載する地図は徐々にだが増えていき，編纂から三十四年をへた乾隆六十年（1795）の時点では，計五百十数枚の輿図がふくまれるにいたった[38]。

朝野をあげて記念する年となったこの乾隆六十年には，新たに五十七枚の地図を付け加え，それらを九項目に分類して，続編たる『蘿図薈萃続編』がつく

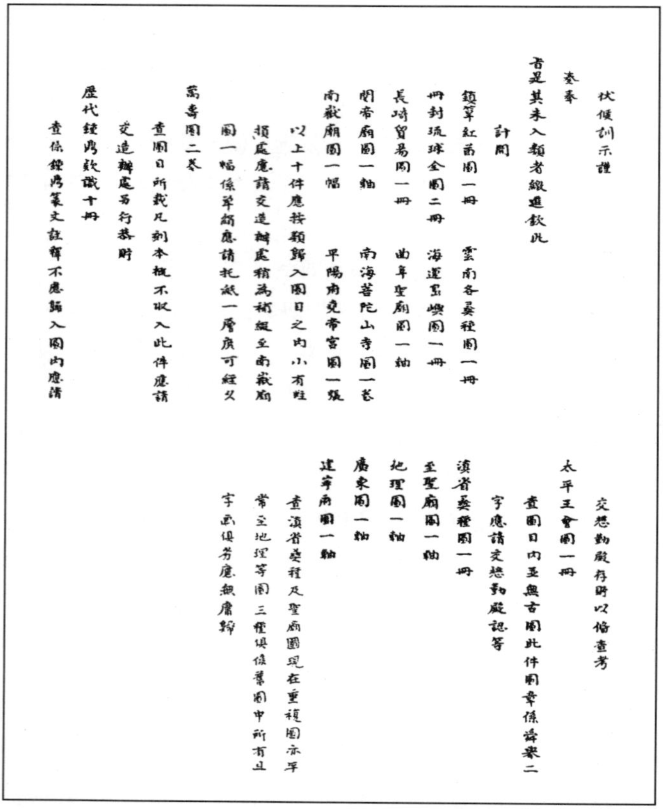

>   状倶訓示謹
>
>   奉奉
>
>   吾是其未入類者繳還欽此
>
>   計開
>
>   題蒅紅羊圖一冊　　雲南各臺程圖一冊
>   冊封琉球全圖二冊　　海運島嶼圖一冊
>   長崎貿易圖一冊　　由年聖廟圖一冊
>   関帝廟圖一軸　　南海菩陀山寺圖一卷
>   南嶽廟圖一幅　　平陽府交帝宮圖一版
>   建寧府圖一軸
>   以上十件應将題解入圖日之内小有跎
>   廣東圖一軸
>   頗應請交造辦處稍為補綴至南載廟
>   地理圖一軸
>   圖一幅係萃錦應請託紙一層廣可経久
>   至聖廟圖一軸
>   萬壽圖二卷
>   須者臺程圖一冊
>   査圖日所裁凡刻本概不收入此件應請
>   宇應請交悉勤懃認等
>   交造辦處另行恭附
>   査圖日内亞興古圖此件與費係將来二
>   歷代經筵箋文紅簷不應歸入圖内應請
>   太平王會圖一冊
>
>   査係經筳箋文紅簷不應歸入圖内應清
>   交悉勤殿存時以倍查考
>
>   常至地理等圖三種俱俟圖中所有由
>   宇武俱芳廬無膚訥
>
>   査須者臺程足聖廟圖見在重複圖示年

図 6-1 輿図房檔案（『清宮内務府造辦処檔案総匯』第二十八冊，乾隆二十八年十一月十九日）

られた。すなわち、『蘿図薈萃』所載のものに附加するかたちで、この新目録には合計七百十枚の輿図が採録されたのである[39]。ちなみに、続編の編者は大臣の王傑をはじめ、福長安（フチャンガ）・董誥・彭元瑞らであった[40]。なお、これ以後も、ダイチン・グルン末期まで増補がおこなわれつづけた。その結果、光緒二十二年（1896）の統計によれば、これらの目録に採録された輿図は、二千五百四十八件にまでふくれあがっていたのであった[41]。

ひるがえって、以上に述べた『蘿図薈萃』と『蘿図薈萃続編』は、あくまで

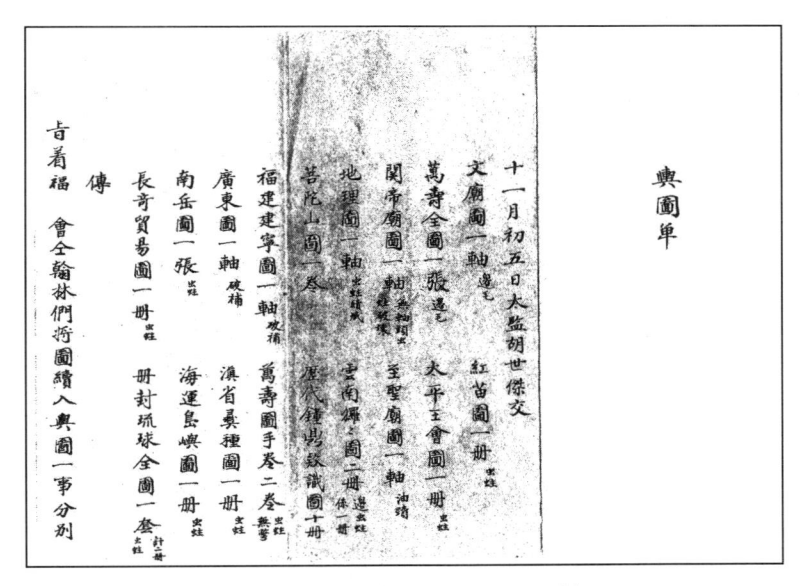

図6-2　輿図単（台北国立故宮博物院蔵）

内務府造辦処輿図房に蔵される輿図のみを収めた目録であって，宮中すべての輿図を網羅し尽くしたものではなかった。とはいうものの，ダイチン・グルンの宮中において厳選されたエッセンスというべき輿図のかずかずが，ほぼ両目録のなかにしっかりとふくまれてはいたのであった。そしていずれも，ようするに勅命によって編纂された欽定版輿図目録であった。ちなみに，二つの目録の実物は，現在どちらも中国第一歴史檔案館に所蔵されているが，遺憾ながら今のところ未見である。

なお，これはほとんど余談に近いが，有名なかの『大明混一図』（口絵10）も，『蘿図薈萃』のなかに「『清字簽一統図』一幅，絹本，縦一丈二尺七寸，横一丈五尺」として記載されている。さらに，時をへて民国二十五年（1936）編印の『清内務府造辦処輿図房図目初編』においては，「大明混一図一幅，彩絵絹本，縦12.7尺×横15尺，破。案：此図『蘿図薈萃』題『清字簽一統図』，今従原図題名改之」と記されている。つとに，乾隆時代の『蘿図薈萃』に『清字簽一統図』として載録されていたのではあったが，民国の目録整理のときに

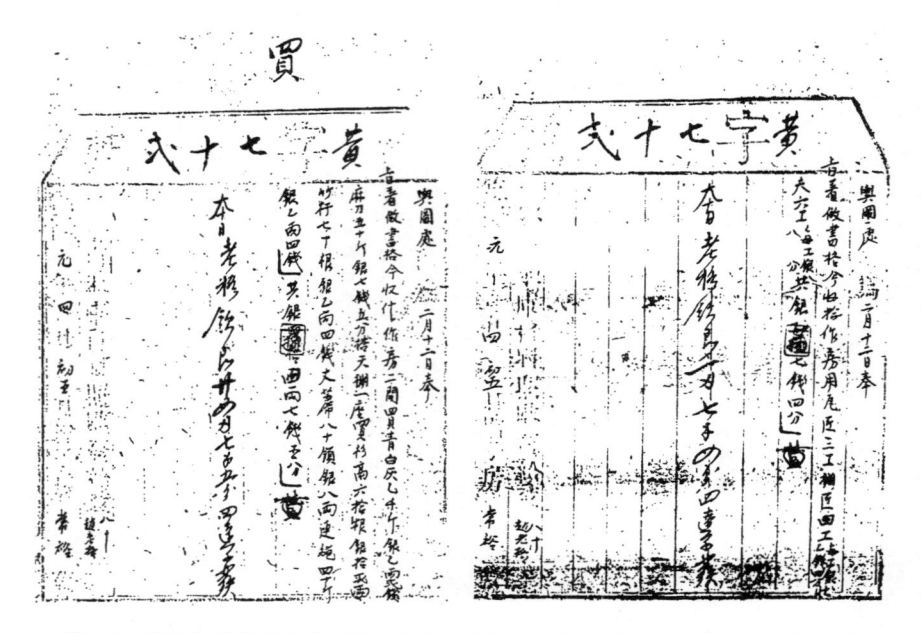

図 6-3　輿図作成材料購入単（『清宮内務府造辦処檔案総匯』第七冊，乾隆元年四月初五日）

なって初めて，現在にまで伝えられる明代原図の呼称に戻されたのである[42]。

3　民国以降の目録整理と編纂事業

　時はめぐり，三百年になんなんとする帝国は，ついに消亡の日をむかえる。混沌たる事局のなか，事の当然として宮廷内の檔案類は，宣統三年（1911）のダイチン・グルン崩壊とともに，管理・保存の状態がきわめて劣悪な環境に置かれ，さまざまなかたちで世に流出するようになる。

　民国期に入って，こうした檔案群が整理されはじめるなか，内閣大庫の書籍類をもとに設立された京師図書館（1909-1928）では，二種類の輿図目録が，民国七年（1918）四月と民国十五年十一月，それぞれ二回にわたって編纂され

た。これらにもとづいて発表されたのが，民国二十一年の『国立北平図書館館刊』第六巻第四号に掲載された，王庸編『国立北平図書館蔵清内閣大庫輿図目録・附国立北平図書館蔵新購輿図目録』である[43]。あらためて，王庸の目録と現在の台北国立故宮博物院の『国立北平図書館輿図存箱目録』を比較してみたところ，同名の輿図がほとんどであった。名前の一致する輿図は，ひとまず同じと考えてさしつかえないだろう[44]。

いっぽう，宮中に残された檔案類については，周知のように，1920年代になってようやく整理がおこなわれるようになったが，輿図の把握，とりわけその目録編纂はいったいどのようであったろうか。何につけ微妙なこの時期，整理の具体的な状況が明らかにならない限り，輿図の現存状況をきちんと把握することは不可能に近い。輿図にかかわる従来の誤った理解や混乱を解決すべく，いまいちど民国時代の輿図の目録作成過程を見なおしておきたい。

民国初期からダイチン・グルン宮中の檔案類の整理を進めるにあたり，輿図についてもその一環として作業がおこなわれ，目録が作成されていった。目録編纂の作業は，おもに国立北平故宮博物院文献館が担当していた。民国二十三年（1934）八月分の作業報告のなかで，

> 地図について，このグループは今月も，ひきつづいて各種の地図目録を編纂し，またカードに清書した。すでに編纂し終えたものは，かぞえて巡幸図五〇件，蹕路図五九件，驛站図一二〇件である。担当者は，鄧琳と朱大鯤である[45]。

というように，鄧琳・朱大鯤という二人が整理に携わっている。ついで，同年九月分の作業報告にも，

> 地図について，今月は現存してはいるが，まだ目録に採られていないものに関して，第一段階の整理をおこない，とりあえず暫定的な目録の草稿を作り，分類してラベルをつけた。その整理がはじまったものは，直隷・貴州・熱河などの図あわせて三百二十である。作業者は，南一雄・姜文潤・朱大鯤・陳端である[46]。

とある。また，同年十月の作業報告においては，こうある。

> 地図について，今月も継続して現存の地図を整理し，目録を編んでラベルを貼り，目録の草稿を清書する。すでに作業は終了した。なべて，目録の草稿を『蘿図薈萃』と詳しく照合し，その一致するものについてはそれぞれはっきり注記する。目録に採ってラベルを貼ったものは，およそ三百余件，『蘿図薈萃』と照合したものは，約六百余件である。作業者は，南一雄・朱大鯤である[47]。

このときは分類して目録を作成した以外に，それぞれ版本と保管状況や数量も逐一明記していた。たとえば翌十一月のこととして，

> 今月は継続して現存の目録をどんどん整理し，分類して目録に編入したほか，同時に逐一検査して，それぞれ版本や保存状況と件数について注記する。すでに作業が終わったものは，目録類二件，輿地類一八四件，江海類五二件，河道類二八件，武功類四四件，巡幸類二三〇件，名勝類四三件，瑞応類一二件，効貢類八件，寺廟類三〇件，山陵類一九件，風水類四件である。作業者は，南一雄・朱大鯤である[48]。

とあるように，目録類二件を除けば，輿図は合計六百五十四枚にのぼることがわかる。その分類の方式は，ほとんど『蘿図薈萃』に従っておこなわれたことも明らかである。さらに，整理した地図のなかには，満文地図もふくまれていたことが記されている。

> 今月は継続して現存の地図を整理し，満洲語の三十七件を登録したほか，なべて先月すでに整理し終えたものについては，順番に箱に入れて棚に並べ，合計六六五号となった。その細目の編成やカードの清書をし，各図の省分を考訂するなどもろもろのことについては，今まさに進行中である[49]。

つまりは，ここに至るまでの整理は，すべて図籍という項目のもとでおこなわれてきたのであった。

かえりみて，民国時期の檔案整理はおもに次の三種類の檔案類を中心におこなわれたことが知られる。すなわち，(1) 内務府造辦処輿図房，(2) 軍機処檔案，(3) 内閣大庫檔案である。以下，三項に分けて述べることとする。

(1) 内務府造辦処輿図房の地図については，民国二十四年（1935）一月の整理報告の「内務府檔案」のなかに初めて「造辦処地図」という項目が現れる。このとき，現存する地図の分類と目録編纂の事業が，すでに完了していたことが明記されている。しかも輿地・江・海・河道・名勝・寺廟，各図の省について，詳しく考訂して，目録編成のために備えていた。整理された地図は，三百五十四件に及んでいる。

同二月に，さらに内務府檔案の造辦処地図について整理が進められ，詳しい目録を編纂するために，輿地類・武功類・効貢類などの地図について詳細に内容が検討され，登記された名称が妥当かどうかを調べた。調べ終えたものは直隷図など四十六頁，廓爾喀戦図など三十八セット，都合あわせて五百三十二頁，西洋水法五セット，総計百頁である。そのほかは，調査中であった[50]。

次いで，同じく民国二十四年（1935）七月には，内務府造辦処の輿図について，もともと大きさを明記しているものについてはそのまま記載し，計測していなかったものは，ただちに採寸して補い，合計百二十枚の輿図を登録した。翌八月，内務府檔案造辦処輿図のうちサイズを量り終えたものは，輿図類二百二十四件，江海類四十二件，河道類五十八件，武功類二十四件にのぼった[51]。このときは，おもに内務府檔案の造辦処輿図・軍機処檔案の輿図・内閣大庫檔案の輿図を中心に整理していたことが，作業記録から判明する[52]。さらに翌九月・十月の整理編目作業では，内務府檔案の造辦処輿図について，そのサイズを測定し終えたものは，巡幸類百五十三件，名勝類二十八件，瑞応類十八件，効貢類四件，山陵類十八件，風水類五件，寺廟類三十六件であった[53]。

かくて，民国二十六年（1937）六月の時点で，造辦処の輿図の半数は北京にあって，目録に入れられた地図は合計千九百三件にのぼった。さらには，「内務府造辦処の輿図房図は，なお一部分は滬に在り，其の目はまさに続出を俟つべし」と記載されていることから，1936年の時点で輿図房の一部の輿図が上海に移管されていた事実が新たに判明した[54]。上海に移された輿図について

は，目録を編纂する予定であったが，戦乱中のため，けっきょくは実現しなかった。これらの造辦処の輿図は，のちになって北京に運ばれたと思われる。

(2) 軍機処檔案に附される輿図や絵図については，当然のことながら軍事と直接にかかわりがあり，したがって地方の長官の上奏文とともに，セットで皇帝に上奏した文書のなかにふくまれている。所詮は，一種の軍用地図と考えてさしつかえない。軍機処檔案の輿図は，民国二十四年（1935）二月から調査・整理が開始され，造辦処の地図を整理した方法と同じやり方でおこなわれた。

まず，逐一登録がなされ，この時点で百四十件が登録済みとなった[55]。同年の六月の報告では，軍機処檔案にふくまれる地図について，その原図と登記簿を照合させたうえで，各図について詳細なラベルを貼り，厳選して漸次保存したものが合計百三十六になり，分類と目録編纂，およびカード清書は進行中である，と述べている[56]。さらに，二年後の民国二十六年（1937）六月には，北京にある軍機処檔案の輿図は目録編纂を終えていたが，それは都合百三十四件であった。

しかし，南京に持っていった軍機処檔案のなかにも，一部の地図がふくまれていたことが指摘されている[57]。民国二十四年（1935）に，いったん目録が整理されたが，結果として出版されるにはいたらなかった。おそらく，この時期に編纂された目録は，現在は中国第一歴史檔案館に所蔵されていると思われる。いずれにしても，今後の調査にゆだねるほかはない。

(3) 内閣大庫檔案の輿図は，もともと紫禁城内のある二つの倉庫に収められていた。「内閣大庫」というのは，内閣の後門の外に位置する「紅本庫」（西庫）と，その東に位置する「尊蔵実録及書籍表章庫」（東庫）のことである。民国初期の檔案整理によって，ダイチン・グルン時代には，内閣大庫のなかに『内閣大庫書籍表章目録』という目録が存在していたことが明らかになった。

この目録によって，当時の輿図が保管されていた場所が分かる。たとえば，以下のようである。

　　　御字庫，露字櫃
　　　　一号　直隷総図一張

二号　盛京五路図一張
　　三号　浙江省全図一張
　　四号　甘粛地図一張
　　五号　山西辺関図一冊
　　十一号　江西総図一張
　　十七号　陝西地図一張
　　二十四号　盛京口外地図一張
　　四十九号　口外地図二十一張
　　六十一号　甘粛河図一張
　　六十五号　陝西四鎮図一張
　　七十号　甘粛鎮戦守図一張
　　八十四号　居庸関図十七頁
　　一百二号　盛京城図一張
　　一百三号　盛京図一張
　　一百十九号　西域図一張
　御字庫，口字箱
　　喀爾喀地図一軸[58]

　当時，一部の地図については，地図そのものに番号を付し，それぞれ決まった場所に保管していた。たとえば，上掲の「御字庫，口字箱，喀爾喀地図一軸」についていえば，「御字庫」という蔵のなかの「口字箱」という箱に保存されていたことを示す。この地図は，王庸（1932）の目録にも，同名の地図二軸が確認される[59]。

　同目録のなかには，そのほかにもこの『内閣大庫書籍表章目録』所載の地図と一致するものが数多くある。そして現在，台北国立故宮博物院に所蔵されている内閣大庫旧蔵の地図はほとんど，もともとは内閣大庫の「尊蔵実録及書籍表章庫」，すなわち東庫に所蔵されていたものである[60]。

　ただ『内閣大庫書籍表章目録』については，国立中央研究院歴史語言研究所編（1933）の解説を見る限り，内閣大庫の図書や輿図・絵図などがふくまれた

総合目録で、おもに乾隆十年（1745）から乾隆末期までに作られたものらしい。輿図や絵図は、おそらく「元字号下層第二箱、元字号下層第三箱、元字号下層第七箱、書字号図画、歳字号東庫楼上西首第二間」などの場所に保存されていたようである。この目録のなかには、『大清会典』を編纂する際に使用した会典館の輿図もふくまれていると考えられる。

内閣大庫の輿図については、民国二十四年（1935）に『大清会典』の分類にもとづいて目録を編纂し、省ごとに件数を記し、整理された地図は二十五の地域にわたり、総計七百九十五件にもなった[61]。三月に入ると、内閣大庫の地図が整理されはじめたのだが、じつはこのとき内閣大庫の檔案を整理する際に、「実録庫」のなかに地図が多数保存されており、そしてその多くは光緒朝の会典を続編するための図稿であったことが確認される。結局、これらについても、逐一登記し終えたのである。また、破れた地図については、紙で包装する処置がとられた。それらについては、全部で三百六十七件にのぼっている[62]。二年後のことになるが、民国二十六年七月の時点で、内閣大庫の輿図はすべて北京にあって、目録に編纂された輿図は、合計千九十六件であった[63]。

かくて、民国二十四年（1935）十月に、内務府造辦処輿図房・軍機処・内閣大庫の三ヶ所の地図類の分類・編目が終了し、そこで輿図の陳列室として寧壽宮において下記の類目の図を展示した。当時の展示分類は、下記の通りである。

> 目録類・輿地類・河道類・江海類・武功類・巡幸類・名勝類・瑞応類・効貢類・寺廟類・山陵類・風水類[64]

目録類以外は、乾隆年間の『蘿図薈萃』の分類に従って展示している。翌十一月には、内務府檔案造辦処輿図の目録と採寸作業が引き続きおこなわれ、その後、造辦処からさらに四百枚の輿図が提出され、うち百九十四件の目録の草案が作成された[65]。翌民国二十五年（1936）五月には、国立北平故宮博物院文献館が『清内務府造辦処輿図房図目初編』なる目録を出版した。そこでの凡例と末尾の参考文献からすると、おもに乾隆二十六年（1761）勅編『蘿図薈萃』（写本）、乾隆六十年（1795）勅編の『蘿図薈萃続編』（写本）および『各項図

式総目』（写本）にもとづいて編纂したものである[66]。

　なお，民国二十四年（1935）十一月に，北京から上海に移管された「滬に存する文物の点収事項」のなかには，「本館存滬文物十一月十二月計点収内閣檔案一二三箱，軍機処檔案五八箱，内務府檔案九箱，実録及聖訓一一七箱，起居注六二箱，玉牒二五箱，劇本二箱，楽器一五八箱，劇衣二〇〇箱，地図銅版二六箱，輿図一六箱，図像二八箱，儀仗一二箱，印璽空匣二匣，計十七類，共九三四箱」がふくまれている[67]。これらがのちの『国立北平図書館輿図存箱目録』の「輿図十八箱」と，はたしてどういう関係にあるのかについては不明である[68]。そのほか，「銅版二六箱，図像二八箱」についても不明である[69]。

　以上を総括していえば，『蘿図薈萃』，『蘿図薈萃続編』の二つの目録は，勅命によって作製された後，宮中のみに伝えられてきた。その後，民国時代の混乱期にもかかわらず，宮中の檔案類が整理された際に，内閣大庫の百余枚の輿図が国立北平図書館に分管された。その目録が，『国立北平図書館館刊』に掲載された王庸編『国立北平図書館蔵清内閣大庫輿図目録』であった。さらに，国立北平故宮博物院文献館の整理にもとづき公刊されたのが，『清内務府造辦処輿図房図目初編』である。これらによって，しだいにダイチン・グルン宮中の輿図の目録が世に広く知られるようになった。1960年代には，文献館の後身である中国第一歴史檔案館が，造辦処輿図房とほかの檔案類にふくまれた輿図を整理し，十四種に分類して『内務府輿図目録』を編纂したが，現在にいたるまで公開されていない。

　なお，明清檔案通覧編委会編（2000）の紹介するところによれば，「軍機処全宗」・「内務府」・「工部都水司」・「輿図彙集」・「新徴集檔案」といった檔案群のなかにも輿図がふくまれているとのことである。今後，これら全体の詳しい調査が進展し，広く公表されることを期待したい。

おわりに

　近年，世界各地に分蔵されるさまざまな中華地域に関する書物や地図の公開

264　第Ⅰ部　世界帝国をめざして

が進んでいる。こうした流れのなかで，各地に残されたダイチン・グルンにかかわる輿図の目録もまた，出版されるようになった。さらに，これからも，各種の地図をはじめとする具体性・ヴィジュアル性にとんだ「知の遺産」が数多く公表・出版されることが予想される。そうして全貌がしだいに明らかになりいくことで，いずれはダイチン・グルンの「帝国」たる統合原理や，当時における"世界観"といっていいものについても，重要な糸口やヒントが与えられることになるのではないか。

あるいは，より近い状況について，あえて一言すると，台北国立故宮博物院をはじめ，ひろく輿図類一般はもとより，多言語にわたる国境に関する条約の「本文」と，それに附された地図などが公開されつつある。そうした現在において，これまで知られていなかった「外交機密」にかかわる文書群が，あまり遠くない時期に公開されることになっていると聞く[70]。

さまざまな国や国境を越えた共同研究，もしくは整理チームなどが結成され，研究の次なる展開がはかられつつあるなか，もろもろの結果として，これまで知りえなかった数多くの歴史やその断片，そしてそれらにかかわる今は知られぬ人物たちにも，新たに遭遇することになるのである。こうした未知なるものの解読や研究についても，今後さらなる努力と考察を重ねていきたい。

注

1) 『清内務府造辦処輿図房図目初編』（国立北平故宮博物院文献館編，1936 年）は参考図書として『蘿図薈萃』（一冊，写本，乾隆二十六年勅編，係造辦処輿図房図目），『蘿図薈萃続編』（一冊，写本，乾隆六十年勅編，係造辦処輿図房図目続編），『各項図式総目』（二份，毎份十一葉，内一份箋注増補改図目情形。知此為『蘿図薈萃』底稿之残本）の三冊の輿図目録を取り上げている。

2) 『満文原檔』第八冊，地字檔，天聡六年四月二十三日，156-158 頁（『老檔』太宗Ⅱ，754-755 頁）。ダイチン・グルンのハンの身辺と八旗のそれぞれにとってガジャルチの存在はきわめて重要な意味がある。明代の漢籍資料は次のように説明している。『三雲籌俎考』（万暦刻本）封貢考，夷語解説，24 頁「哈甲児気，是熟知地名道路之人，與郷導・夜不収同」。

3) 『八旗通志初集』巻一百八十一，祝世廕伝（満文：9b-15a 頁，漢文：4323-4325 頁）。ちなみに，祝世廕は天命六年に鎮江城から家属三百人を率いて来到したため，備官（備

禦官）に任命された。天聰四年に大凌河を攻撃しにいって，紅衣砲を製造する方法を上奏したとき，聖旨によりただちに見て造った。翌年の春に完成した。ホンタイジ時代に武器の製造に大いに力を注いだ人物である。
　　また，『欽定八旗通志』巻一百八十九，張文衡伝にも伝記がある。
4）『八旗通志初集』巻一九十三，張文衡伝（満文：1b-13b 頁，漢文：4533-4536 頁）および『清史稿』巻二百三十七，張文衡伝参照。
5）礪波護（2007）428-436 頁参照。
6）『大清会典』巻八十六，兵部六，職方清吏司「郎中，員外郎，主事，分掌天下輿圖及京營鎮戍」。
7）『皇朝文献通考』巻八十一，職官考五，兵部「郎中：滿洲四人，漢人二人。員外郎：滿洲三人，蒙古・漢人各一人。主事：滿洲・蒙古各一人，漢人二人。掌天下輿籍。凡遠近邊腹疆界俱有圖，三載一報」。
8）『大清世祖実録』巻九十二，順治十二年七月辛亥「兵部奏言，臣等謹按，會典所載，凡天下險隘要衝地方，職方司皆有圖籍。而邊事特重，故鎮戍總圖・九邊圖，以及沿海腹裏，并彝蠻猺獞所宜備禦者，著於圖説。疆宇之或險或易，兵馬之宜增宜減，一覽瞭然。今職方司，雖有舊本，而時勢既殊，圖籍宜易。請敕下直省各督撫，將所轄境内水陸衝区，及險隘形勢。繪為二圖，仍節錄明季設置兵將幾何，今改設幾何，詳註圖旁。其正本恭進御覽，副本咨送臣部，以便參酌因革損益之宜。從之」。
　　この記事について，かつて Walter Fuchs（1943）が取り上げて翻訳したことがある。ただし，上記の「故鎮戍總図」の「戍」を「戌」とし，「以便參酌因革損益之宜」のなかの「損」を「揖」と誤写している。このとき描かれた地図のうち現存するものとして，中国第一歴史檔案館に所蔵されるマンジュ語で描かれた『陝西通省辺鎮図』がある。これは，明代天啓年間に作製された『陝西輿図』を写したものである。
9）祁美琴（1998）参照。
10）『清会典事例』巻一千一百七十三，内務府四，養心殿造辦処
11）『欽定八旗通志』巻四十五，職官志四，職官，内務府（『清会典事例』巻一千二百十四，内務府四五，工作，造辦処職掌を併せて参照）「養心殿造辦處，總管事務大臣三人，郎中二人，員外郎三人，主事一人，委署主事一人，庫掌六人，催長十三人，庫守八人，筆帖式十五人，拜唐阿五十二人，領催二十二人。［初設造辦活計處管理事務，無定員。乾隆二十四年定設員額］」。
12）呉兆清（1991b）参照。
13）『増訂清文鑑』（乾隆三十六年）巻二十，居処部，部院類，養心殿造辦処に「yang sin diyan i weilere arara ba <dolo baitalara hacingga tetun jaka hacin be weilere arara jergi baita be uheri kadalara ba be yang sin diyan i weilere arara ba sembi;>」とある。造辦処については，呉兆清（1991b）参照。
14）『増訂清文鑑』巻二十，居処部，部院類，輿図房に「ba na i nirugan nirure ba <weilere arara ba i abkai fejergi geren goloi ba na i arbun dursun be nirure ba be ba na i nirugan nirure boo sembi;>」とあり，また『五体清文鑑』巻二十，居処部，部院類に「輿図房 ba na i nirugan nirure boo（輿図を書く房）」とある。

15) 朱家溍（2003）「前言」参照。
16) 『欽定八旗通志』巻一百五十三，海望伝
    海望，滿洲正黄旗人，姓烏雅。雍正元年，由護軍校，授内務府主事，尋遷員外郎。二年賜戴孔雀翎，四年遷郎中，八年六月，擢總管内務府大臣，九月管理戶部三庫，賜二品頂戴，尋偕兩江總督高其倬相・度太平峪萬年吉地，得旨嘉奨，議叙加二級。九年七月，遷戶部左侍郎，仍兼管内務府事。八月授内大臣……。
    『養心殿造辦処史料輯覧』第一輯，雍正朝，96-97頁
    輿図処，雍正五年四月十五日，拠圓明園來帖内稱，郎中海望，畫得輿圖二張呈進，奉旨，輿圖上的漢字再寫小，着另寫。輿圖改做折疊棋盤式。欽此。
    九月二十日，據圓明園來帖内稱，郎中海望，欽奉上諭，單十五省的輿圖畫一份，府内単畫江河水路，不用畫山，邊外地方，亦不用畫。其字比前進的圖上的字，再寫粗壯些。用薄夾紙，疊做四摺。再画十五省的輿圖一張，府分内亦不用畫山，單畫江河水路，其邊外山河，俱要畫出，照以前寫滿漢字。查散克住處，不用添上。欽此。於十月初一日畫得。
    十一月初三日，郎中海望傳，着將銅版全省輿圖，再刷印二份備用。記此。
    初十日，柏唐阿沙里圖來説，怡親王着做折疊式全省輿圖一份。其匠役所用材料等項，俱向造辦處取用。遵此。
17) 『養心殿造辦処史料輯覧』第一輯，雍正朝，174-175頁
    雍正六年十二月十五日，大學士張廷玉・蔣廷錫等傳旨，着造辦處自阿爾泰至伊犁等處図樣畫一張朕覽。欽此。於二十二日畫訖，郎中海望呈覽。奉旨，着住添兵處。於本日交柏唐阿巴哈辦訖。雍正七年正月十二日，柏唐阿巴哈來説，正月初十日，郎中海望傳旨，将十五省小總圖角畫二分備用。欽此。於本日交柏唐阿巴哈承辦訖。
    雍正七年正月十二日，柏唐阿巴哈來説，正月初十日，郎中海望傳，着將十五省小總圖再畫兩份備用。交柏唐阿巴哈承辦。五月二十一日，郎中海望奉旨，爾先呈進的輿圖上所有大府，並未寫全，着將大圖查明，俱各添寫。欽此。十二月十五日，大學士張廷玉・蔣廷錫・理藩院尚書忒古特傳旨，著造辦處，自阿爾泰至依里等處圖樣，畫一張呈覽。欽此。二十二日畫得，郎中海望呈覽。奉旨，著添住兵處。欽此。本日交柏唐阿巴哈承辦訖。
18) 『十五省総図』については，中国第一歴史檔案館・澳門一国両制研究中心選編（2000）『十五省総図』（局部）参照。
19) 『造辦処活計檔』雍正四年十一月初二日「太監王太平傳入輿圖處旨，着向海望要刷印銅板全省地輿圖一張，賞人用。欽此」。
20) 『造辦処活計檔』雍正四年十一月初三日「中海望傳入輿圖處，着將銅板全省輿圖再刷印二分備用。記此」。
21) 『造辦処活計檔』雍正四年十一月初十日「柏唐阿訥黑圖來説，怡親王着做折疊全省輿圖一分，其匠人所用材料等項，供向造辦處取用。遵此」。
22) 内務府輿図の刊行については，翁連渓編著（2004）に言及がある。
23) 『養心殿造辦処史料輯覧』第一輯，雍正朝，154頁「（雍正七年五月）初五日，據圓明園來帖内稱，四月三十日，怡親王帶領郎中海望持出駝骨筒千里眼三件，各有多目鏡・顯微

鏡・黒子兒皮筒千里眼三件。奉旨，將此千里眼等件持出去，再將類如此樣物件做些，賞出兵之官員用。再將軍富爾丹・岳鍾琪・副將軍巴塞等三人，毎人賞給紫扯手喀爾喀鞍子一副・腰刀・裙子・小興圖等件」。
『養心殿造辦処史料輯覽』第一輯，雍正朝，156頁「（雍正七年六月十七日）本日將賞富爾丹等三人，紫扯手紅鞍心喀爾喀鞍子三付，大凹面腰刀三把，皮裙三件，夾裙三監，伊里等処興圖三份，郎中海望，持去賞訖」。

24) 『養心殿造辦処史料輯覽』第一輯，雍正朝，187頁「雍正八年七月初二日，内務府總管海望奏稱，怡親王前因在府，攢畫各省興圖，將造辦處庫内興圖，並柏唐阿数人，隨在府内攢畫興圖，現今未回。内有原任主事諾赫圖，在藏畫過興圖。於雍正三年怡親王奏准，要在府内攢畫興圖，此人興圖儀器之事，甚屬明白，竟欲養伊在養心殿管理處行走。再柏唐阿内揀選一人，放司庫，協同諾赫圖料理。再將王府内所有已完・未完之興圖，俱欲要造辦處存放。奴才往天平峪時，欲將柏唐阿内帶幾人去，諾赫圖亦帶去畫興圖等語，奏聞。奉旨，准奏。欽此。又奏請欽天監五官正劉裕錫，向來畫興圖測量過，今往天平峪去，欲將劉裕錫帶去等語，奏聞。奉旨，准奏。欽此」。
25) 『造辦処活計檔』乾隆二十一年四月興図房
26) 郭美蘭（2005）
27) 『造辦処活計檔』乾隆二十六年正月初十日
28) 方略館についての研究は，姚継栄（2006）参照。
29) 『清宮内務府造辦処檔案総匯』第二十八冊（『乾隆二十八年各作成活計清檔』造辦処活計庫）518頁「乾隆二十八年興圖房，六月二十五日，副催長海柱持來軍機處奏片一件，内開大学士公臣傅等謹奏，蒙發下飛雲軒陳設興圖交方館館，照依新圖較對增改。臣等詳細比較，其不符之處甚多，難以增改，除照式另行繪畫外，仍遵旨交興圖處再份一分。至其不符之處，即就直隸一省，約略開單，一併進呈，謹奏。於五月十七日，奉旨飛雲軒陳設興圖，不必改畫，著交興圖按陳設興圖式樣，照方略館新圖另辦一分。欽此。［於二十九年十月初七日，筆帖式五德，將皇興全圖四套持進，安在奉三無私。呈進訖］」。
30) 『造辦処活計檔』乾隆三十六年六月
31) 『造辦処活計檔』乾隆三十六年六月初四日に「副催長海柱來説，軍機處交伊犁回部全圖一巻，傳旨，著照樣另畫一巻。欽此」とある。
32) 中国第一歴史檔案館編（2003）第四冊，五五八号，479頁に「西安門内蠶池口内天主堂西洋人，係北堂：蒋友仁，熟諳天文興圖，在圓明園興花園水法上行走三十九年九月二十日病故」とあり，また同書478頁に「宣武門内天主堂西洋人，係南堂：劉松齡，欽天監監生病故，傅作霖，欽天監副，高慎思，素習天文興圖」とある。
33) 秦国経・劉若芳（1997）71-78頁参照。
34) 『蘿図薈萃』（一冊，写本，乾隆二十六年勅編）「江揚興圖一冊，湖南全省府州県圖一巻，坤興全圖一張，長白山等處圖五軸」，『国朝宮史続編』巻一百，書籍二十六，図絵二参照。
35) 『造辦処活計檔』乾隆二十七年三月初八日興図房「付催長安慶持来奏片一件，内開，阿里袞・王際華謹奏，臣等辦理造辦處上等興圖四百一十八件，分爲一十三類，繕寫圖目，装成巨冊，恭識跋語於後，進呈御覧。並請嗣後如有續發之圖，隨時交該處，另行登記，

俟件数稍多，再分類辦理，是否有當，伏候訓示。謹奏。奏於乾隆二十六年十二月二十七日。交奏事太監高陞轉奏。本日奉旨，知道了。圖目前後用御覽寶，交乾清宮陳設，着照樣再辦見方一尺圖目二冊，一交懋勤殿，一交造辦處存貯。欽此」。
　呉兆清（1991a）がこの資料を部分的に引用して，目録が三部作製されたことを指摘している。

36)「長崎貿易圖一冊」については，『国朝宮史続編』巻一百，書籍二十六，図絵二に「長崎貿易圖一冊，絹本，縦一尺，横九寸五分，凡十六葉」とある。

37)『造辦処活計檔』乾隆二十八年十一月十一月初三日輿図房
　　郎中白世秀來説，太監胡世傑，交大嶽太和全圖一卷，傳旨，着歸入輿圖一事收貯。欽此。〔欠画鷟帯破孔毛邊〕初四日，郎中白世秀來説，太監胡世傑，交五台山圖掛軸一軸，太白圖掛軸一軸，傳旨，將圖心上金箋紙並簽子，俱起下鎔化，其空處，另補白紙呈覽。欽此。於十一月十三日，郎中白世秀，將五台圖一軸，俱補得素白紙持進，交太監胡世傑呈覽。奉旨，着歸輿圖一事收貯。欽此。十九日，副催長安慶持來奏摺底一件内開，謹奏，發下舊圖十八件，臣等遵旨應加查看，内十件應分別門類，歸入從前所辦各種圖内，其餘重複無用之圖八件，似無需存貯。謹詳列清單，恭呈御覽。再興圖房陸續收存發下圖三十七件，應請一並歸類，謹另繕單呈覽。如蒙俞允，臣等請將懋勤殿・輿圖房圖目二冊，概行添入。再乾清宮陳設蘿圖薈萃大冊，應請發出，一並增繕，裝潢妥協再行恭繳。是否有當，伏候訓示，謹奏。奉旨，入類者繳進。欽此。計開，鎮筸紅苗圖一冊，雲南各彝種圖一冊，冊封琉球全圖二冊，海運島嶼圖一冊，長崎貿易圖一冊，曲阜聖廟圖一軸，関帝廟圖一幅，南海普陀山寺圖一卷，南嶽廟圖一幅，平陽府堯帝宮圖一張。以上十件，應按歸類入圖目之内，小有蛀損處，應請交造辦處，稍爲補綴。至南嶽廟一幅，係單絹，應請托紙一層□經久。
　　萬壽圖二卷〔査圖目所載，凡刻本概不收入此件，應請交造辦處，另行恭貯〕
　　歷代鍾鼎款識十冊〔査係鍾鼎篆文註釋，不應歸入圖内，應請交懋勤殿存貯，以備査考〕
　　太平王會圖一冊〔査圖目内，並無古圖，此件圖章，係舜擧二字，應請交懋勤殿認等〕
　　滇省彝種圖一冊，至聖廟圖一軸，地理圖一軸，廣東圖一軸，建寧府圖一幅〔査滇省彝種，及聖廟圖，現在重複，亦平常。至地理等圖三種，俱係舊圖中所有，且字畫俱劣，應無庸歸〕
　なお，『蘿図薈萃』と『蘿図薈萃続』図目は，のちに『国朝宮史続編』巻九十七，九十八，九十九，一百に収録されており，ここに挙げた十種の地図の題名はすべて『国朝宮史続編』に転載され確認できることから，当時『蘿図薈萃』のリストに書き加えられたのは間違いない。

38)『国朝宮史続編』巻一百，書籍二十六，図絵二に「臣等謹案，蘿圖薈萃前後編所列圖目，凡五百十數條，具見我朝圖牒之輝煌，函蓋天地，囊括今古，匯爲鉅觀」とある。

39)『国朝宮史続編』（嘉慶十一年）巻九十七，書籍二十三，図刻一，956 頁に「臣等謹案，輿圖房掌圖版之屬，凡中外臣工繪進，呈覽後，藏貯其中。其関繫經制，垂諸悠久者，特命鐫版以行。自乾隆二十六年勅編蘿圖薈萃，分類十三。曰天文，曰輿地，曰江海，曰河道，曰武功，曰巡幸，曰名勝，曰瑞應，曰効貢，曰塩務，曰寺廟，曰山陵，曰風水。迨

六十年、奉勅續編、增多於舊繪。蓋由高宗純皇帝、德業彌彰、勳猷愈大、疆宇滋擴、政教加詳、故典章亦富有而日新焉。臣等纂入國史、首列實錄戰圖、次紀盛京事蹟圖、次紀高宗純皇帝平定伊犁・回部・兩金川・臺湾・安南・廓爾喀・苗疆諸圖、並恭錄聖製題幀詩什、餘合羅圖薈萃、兩編排纂云」とあり、法式善 撰『陶廬雑錄』（嘉慶二十二年刊）巻一に「輿圖房、隸今養心殿造辦處、中外臣工、所進圖式、存貯於此。乾隆二十六年、勘定分十二類、曰天文、曰輿地、曰江海、曰河道、曰武功、曰巡幸、曰名勝、曰瑞應、曰効貢、曰塩務、曰寺廟、曰風水、為蘿図薈萃。乾隆六十年、勘定分九類、曰輿地、曰江海、曰河道、曰武功、曰巡幸、曰名勝、曰効貢、曰寺廟、曰山陵、爲蘿圖薈萃前後二編。爲幅三百一十二、爲幀十一、爲巻四十九、爲軸十三、爲冊二百九十、爲排三十五」と、ほぼ同じ内容の記述があるが、乾隆二十六年の十三分類を十二分類としている。

40) 『文献叢編』第二輯、蘿図薈萃続編跋、民国二十六年
41) 秦国経・劉若芳（1997）71-78 頁参照。
42) 輿図房の輿図整理に携わった劉官諤（1936）136 頁には「輿圖房藏有彩絵大明混一圖、徐必達乾坤一統海防圖等、皆明萬暦時舊物」とあり、のちに Walter Fuchs（織田武雄訳）（1962）のなかに、二枚の白黒写真が掲載されている。第一図の上には、まだ満洲語図名の付箋が残っている。ちなみに、フックス自身は、1944 年に北京の故宮博物院で同図を閲覧している。この地図の題名について「この地図は 1806-1813 年刊『清宮史続編』第一〇〇巻丁裏、及び 1936 年北京刊行の『清内務府造辦処輿図房図目』1 頁所載の満洲字の付箋がある世界図、すなわち「清字簽一統図」と同一のものであると推定される」と述べているが、じつはその「清内務府造辦処輿図房図目」のなかですでに「大明混一圖、案此圖蘿圖薈萃題清字簽一統圖、今從原圖題名改名之」とはっきり指摘されている。これはおそらく劉官諤によるものだろう。秦国経・劉若芳（1997）に引用されている『天下輿図総折』に「康熙三十一年五月十三日保和殿交来大明一統混一圖一張」とあるが、『大明混一図』と同じものかどうかについては、今後の調査を俟つ。『大明混一図』についての研究は、汪前進・胡啓松・劉若芳（1995）参照。
43) 『国立北平図書館刊』第六巻第四号、民国二十一年七・八月
44) 台北国立故宮博物院所蔵図の整理と考察については、李孝聡（藤本猛訳）（2007）参照。
45) 『文献叢編』第二十輯、国立北平故宮博物院文献館二十三年八月分工作報告「地圖、本組本月分、仍繼續編纂各種地圖之目録及繕写卡片、已編竣者、計巡幸図五〇件、蹕路圖五九件、驛站圖一二〇件。工作人鄧琳・朱大鯤」。
46) 『文献叢編』第二十輯、国立北平故宮博物院文献館二十三年九月分工作報告「地圖、本月將現存未経編目之地圖、作初歩之整理、暫編草目、分写標簽、其整理就緒者、計直隸・貴州・熱河等圖、共三百二十号。工作人南一雄・姜文潤・朱大鯤・陳端」。
47) 『文献叢編』第二十一輯、国立北平故宮博物院文献館二十三年十月分工作報告「地圖、本月継續整理現存地圖、編目標簽繕写草目、業已竣事、並將草目與蘿圖薈萃詳加校対、其相符者、分別註明、計目標簽者、約三百餘件、與蘿圖薈萃校對者、約六百餘件。工作人南一雄・朱大鯤」。
48) 『文献叢編』第二十一輯、国立北平故宮博物院文献館二十三年十一月分工作報告「地圖、本月陸續整理現存地圖、除分類編目外、並逐件検査、分別註明版本残整及數量、已竣事

者，計目錄類二件，輿地類一八四件，江海類五二件，河道類二八件，武功類四四件，巡幸類二三〇件，名勝類四三件，瑞應類一二件，效貢類八件，寺廟類三〇件，山陵類一九件，風水類四件。工作人南一雄・朱大鯤。

49)『文獻叢編』第二十二輯，国立北平故宮博物院文献館二十三年十二月分工作報告「地圖，本月陸續整理現存地圖，除將滿文者三十七件登記外，並將上月已整理者，依次裝匣排架，共計六六五號。其編製細目，繕寫卡片，考訂各省分諸事，正在工作中」。

50)『文獻叢編』第二十四輯，国立北平故宮博物院文献館二十四年二月分工作報告，整理編目，一，內務府檔案「造辦處地圖，本月工作係將輿地類，武功類，效貢類各圖，詳查內容，與登記之名稱，是否適當，以便編製細目。計查完直隸圖等四六頁，廓爾喀戰圖等三八份，計五三二頁。西洋水法五份，計一〇〇頁。餘正在工作中」。

51)『文獻叢編』第三十輯，国立北平故宮博物院文献館二十四年八月分工作報告，整理編目條，一，內務府檔案「造辦處輿圖，繼續度量輿圖尺寸，已竣事者，輿圖類二二四件，江海類四二件，河道類五八件，武功類二四件」。

52)『文獻叢編』第二十九輯，国立北平故宮博物院文献館二十四年七月分工作報告の整理編目に，

　　一，內務府檔案「造辦處輿圖 本月開始度量尺寸，凡載在舊目者，均照原量填註，其不載者，則以米達尺量補之，計已度量者一二〇件」

　　二，軍機處檔案「輿圖 本月開始分類編目，繕寫卡片，現已竣事，計輿地類四六件，江海類三件，河道類三六件，巡幸類四件，武功類三六件，寺廟類七件，山陵類二件」

　　三，內閣大庫檔案「輿圖 本月開始審核內閣輿圖，參照会典，詳分類別，計禮類六件，樂類一六件，冠服類四件，輿衛類四件，武備類九件，天文類九件」

とある。

53)『文獻叢編』第三十一輯，国立北平故宮博物院文献館二十四年九，十月分工作報告
54)『清內務府造辦處輿圖房圖目初編』(1936) 凡例
55)『文獻叢編』第二十四輯，国立北平故宮博物院文献館二十四年二月分工作報告，整理編目，二，軍機處檔案「地圖，軍機檔案舊藏地圖，本月開始着手整理，按照造辦處地圖辦法，先行逐件登記。計已登記者一四〇件」。
56)『文獻叢編』第二十八輯，国立北平故宮博物院文献館二十四年六月分工作報告
57)『文獻叢編』二十六年第七輯，文獻館專門委員会茶話会会議録

　　一，內閣大庫檔案，輿圖〔全在平〕一千零九十六件，編目已完。
　　二，軍機處檔案，輿圖在平者，編目已完，計一百三十四件〔存京摺包中尚有此類地圖〕。
　　三，內務府檔案，造辦處輿圖〔半數在京〕，存平者，編目已完，計一千九百零三件。
　　六，存京文物，存平輿図目已出版，下年度擬完成存京輿図編目工作。

58)『清內閣庫貯舊檔輯刊』三，第二編上，略例のなかに「於內閣大庫書籍表章目録，簡稱庫本。玉簡齋叢書本內閣大庫檔冊，簡稱玉本。光緒本東大庫存貯各項書籍清檔，簡稱緒本」とある。

59) 王庸 (1932a) に「(一八一) 喀爾喀圖一軸，墨描，着青緑色，經緯線，滿漢文，紙本，

破，横幅。(一八二)喀爾喀圖一軸，全右豎幅，右二圖中，漢文地名均用黃箋貼記」とある。

60) 李孝聡（藤本猛訳）(2007)は，台北故宮博物院所蔵図と東庫との関係について述べていない。
61) 『文献叢編』第三十輯，国立北平故宮博物院文献館二十四年八月分工作報告，整理編目條，三，内閣大庫檔案
　　　輿圖，本月繼續將内閣大庫輿圖參照會典分類編目，計京師五二件，直隸二七四件，察哈爾一件，盛京五件，山東十六件，山西一一二件，河南一九件，江蘇二件，安徽二件，江西一件，福建二件，臺湾一件，浙江一三件，湖北一六件，湖南三二件，陝西一件，甘肅四件，新疆三五件，四川一件，廣東八八件，廣西三一件，雲南一件，貴州一九件，内蒙古四〇件，外蒙古一七件。
62) 『文献叢編』第二十五輯，国立北平故宮博物院文献館二十四年三月分工作報告
63) 『文献叢編』二十六年第七輯，文献館専門委員会茶話会会議録
64) 『文献叢編』第三十一輯，国立北平故宮博物院文献館二十四年九，十月分工作報告の輿圖陳列室に「輿圖包括内閣，軍機處，内務府三處藏件，現已分類編目竣事，因闢寧壽宮爲專門陳列室，所陳各類如左，目録類，輿地類，河道類，江海類，武功類，巡幸類，名勝類，瑞應類，效貢類，寺廟類，山陵類，風水類」とある。
65) 『文献叢編』第三十二輯，国立北平故宮博物院文献館二十四年十一月分工作報告，整理編目，一，内務府檔案「造辦處輿圖檔，繼續將已編目各類輿圖之尺寸度量，竣事後又由造辦處提出輿圖約四百件，整理編目檔案十五抬，整理排架，已經將有関輿圖者一九四件，編就草目」。
66) この目録の圖目に「『蘿圖薈萃』一冊，写本［乾隆二十六年勅編，係造辦處輿圖房圖目］。『蘿圖薈萃續編』一冊，写本［乾隆六十年勅編，係造辦處輿圖房圖目續編］。『各式圖式總目』写本［毎十一葉，内一份簽注増補刪改圖目情形，知爲蘿圖薈萃底稿之残本］」と注記している。『各項図式総目』は『蘿図薈萃』の稿本であると指摘されている。
67) 『文献叢編』第三十二輯，国立北平故宮博物院文献館二十四年十一月分工作報告
68) 台北国立故宮博物院編『国立北平図書館輿図存箱目録』中華民国七十四年二月十三日，李孝聡（藤本猛訳）(2007) 410-424頁に言及されている。
69) 故宮博物院の文物が台湾に移送されたことについては，荘厳(1980)に詳しく紹介されている。これによれば，当時，文献館から各文書・実録・地図などをふくめて三千七百七十三箱が用意されたというが，地図の箱数については不明である。
70) 台北国立故宮博物院所蔵の外交類の文書公開がその第一歩である。

第Ⅰ部　世界帝国をめざして

附表　輿図房作製地図目録（康熙～乾隆）

図　名	年　代	関係者および事項	備　考
直隷総図一張	康熙 24 年 2 月 14 日	外進	QL
直隷宣府地輿図一張	康熙 48 年 11 月 4 日	輿図房傳旨交来	QL
直隷居庸關図二張	康熙 48 年 11 月 4 日	輿図房傳旨交来	QL
直隷南山図二張	康熙 48 年 11 月 4 日	輿図房傳旨交来	QL
直隷宣府鎮図二張	康熙 48 年 11 月 4 日	輿図房傳旨交来	QL
海子図一張	康熙 48 年 11 月 4 日	輿図房傳旨交来	QL
黄河図一軸	康熙 26 年 9 月 26 日	外進	QL
大明混一図一張	康熙 31 年 5 月 13 日	保和殿交来	QL
黄河源図一張	康熙 45 年 11 月 4 日	奉旨交来	QL
西洋地里図五巻	康熙 56 年 4 月 2 日	西洋人徳里格進	QL
西洋坤輿大圓図一張	康熙 58 年 4 月 11 日	殷勤殿太監蘇佩升交来	QL
西洋印図	康熙 60 年 1 月 7 日	太監陳福交来	QL
娑婆界図一分	康熙 61 年 12 月 25 日	養心殿交来	QL
西洋地輿図一本	康熙 61 年 12 月 25 日	養心殿交来	QL
木板刷印図三張	康熙 61 年 12 月 25 日	養心殿交来	QL
高麗図三張	康熙 52 年 9 月 22 日	熱河帯来	QL
直隷図	康熙 31 年 5 月 12 日	内務府輿図処絵	CW 図版説明 2 頁
星宿海河源図	康熙 43 年	侍衛拉錫，内閣侍読学士舒蘭	CW 図版説明 2 頁
江南輿図	康熙 52 年 5 月 9 日	欽差護軍参領陶蕃斉	KH 第 4 冊，856-859 頁
河南輿図	康熙 52 年 5 月 9 日	欽差護軍参領陶蕃斉	KH 第 4 冊，856-859 頁
雲南輿図	康熙 52 年 5 月 10 日	西洋人費隠，雷孝思，武英殿監視常保	KH 第 6 冊，310-313 頁
貴州輿図	康熙 50 年 10 月 30 日	西洋暦法雷孝思，西洋暦法費隠，嚮導護軍参領英珠，吏部郎中郎務礼，欽天監右監副双徳，武英殿監視常保	KH 第 6 冊，605-606 頁
浙江全省輿図一軸	康熙 52 年 12 月 5 日	欽差絵画輿図護軍参領陶蕃斉	KH 第 5 冊，288-290 頁
江西通省輿図	康熙 52 年 12 月 25 日	李秉忠，西洋人麦大成，湯尚賢	KH 第 5 冊，328 頁
広東省輿図	康熙 52 年 12 月	欽差綽爾代	KH 第 5 冊，433 頁
川省輿図	康熙 53 年 6 月 10 日	武英殿監視布爾賽，西洋人費隠，単爻占，嚮導護軍参領英柱，吏部郎中郎古礼，欽天監副双徳	KH 第 5 冊，674-676 頁

図　名	年　代	関係者および事項	備　考
湖広輿図	康熙53年	武英殿監視布爾賽，西洋人費隠，単攵占，嚮導護軍参領英柱，吏部郎中郎古礼，欽天監監副双徳	KH第5冊，674-676頁
輿図二張	雍正5年4月15日	郎中海望呈進	ZB2，467頁
十五省輿図一分	雍正5年9月20日	郎中海望呈進	ZB2，533頁
十五省図一小張	雍正5年10月2日	太監劉希文交来	ZB2，545頁
銅板全省輿図一張	雍正5年11月2日	太監王太平伝旨，着海望要刷印，賞人用	ZB2，560頁
銅板全省輿図	雍正5年11月3日	郎中海望伝，再刷印二分，備用	ZB2，561頁
総図十巻	雍正6年5月17日	栢唐阿諾黒図来説奉怡親王着做	ZB3，81頁
全省小輿図二張	雍正6年2月2日	郎中海望呈	ZB3，400頁
揚州河図一張	雍正6年3月8日	範時繹画，員外郎七達子交来	ZB3，400頁
新建安西鎮総図様一張	雍正6年12月26日	太監張玉柱，王常貴交来，交輿図処収貯	ZB3，401頁
新建安西鎮城図様一張	雍正6年12月26日	太監張玉柱，王常貴交来，交輿図処収貯	ZB3，401頁
恵回堡城図様一張	雍正6年12月26日	太監張玉柱，王常貴交来，交輿図処収貯	ZB3，401頁
斐塔堡城図様一張	雍正6年12月26日	太監張玉柱，王常貴交来，交輿図処収貯	ZB3，401頁
百齊堡城図様一張	雍正6年12月26日	太監張玉柱，王常貴交来，交輿図処収貯	ZB3，401頁
沙州旧城図様一張	雍正6年12月26日	太監張玉柱，王常貴交来，交輿図処収貯	ZB3，401頁
黄墩堡城図様一張	雍正6年12月26日	太監張玉柱，王常貴交来，交輿図処収貯	ZB3，401頁
躞実堡城図様一張	雍正6年12月26日	太監張玉柱，王常貴交来，交輿図処収貯	ZB3，401頁
十五省小総図	雍正7年1月12日	再画二分，備用	ZB3，438頁
阿爾泰至依里等処図	雍正7年12月15日	画様一張	ZB4，286頁
十五省単省輿図	雍正8年7月11日	四寸一格，十五張印成木板輿図	ZB4，356頁
水利営田図	雍正8年7月20日	礬連四紙二十張	ZB4，358頁
木板全図	雍正8年7月16日	着色，二分	ZB4，739頁
四五六三排図	雍正8年7月16日	二分，補画	ZB4，739頁
自楚枯往北至莫斯誇吐勒枯忒図	雍正8年8月6日	一張着色，一張不用着色	ZB4，745頁
口外喀爾喀地名蒙古字	雍正8年9月9日	刻板刷印二百一十分発報	ZB4，757頁

図　名	年　代	関係者および事項	備　考
依里等処図	雍正9年3月19日	另画五六分、将活屯等字音漢字改音城字、必拉阿林亦改音河山、以備出外用	ZB5, 31頁
盛天下図	雍正9年6月16日	輿図処、木格子上欲倣黄布簾四件	ZB5, 31頁
着色木板全図	雍正9年6月16日	預備応用	ZB5, 31頁
吐爾古忒輿図一張	雍正9年3月9日	係都統満泰進、内大臣海望進	ZB5, 238頁
吐爾古忒厄羅思輿図一張	雍正9年4月9日	都統満泰所進、並無底稿、欲照様画一張存庫	ZB5, 251頁
阿爾泰等処輿図	雍正9年7月21日	将軍穆克登画、写漢字里数、用合牌做折畳盤配錦套	ZB5, 284-285頁
阿爾泰依里等処兼写清字輿図	雍正10年11月14日	賞給将軍常徳	ZB5, 339-340頁
貴州省苗子地方樣併湖広四川雲南四省辺界輿図	雍正10年11月22日	画一分備用	ZB5, 341頁
浙江省杭州府輿図一張	雍正11年4月1日	内大臣海望交、照様再画輿図一張備用	ZB5, 641頁
口外等処三排輿図	雍正11年6月28日	画一分、七月二十九日画得口外等処三排図一分、桷唐阿七十九交軍需処、筆貼式宝善持去	ZB5, 800頁
口外等処三排輿図	雍正11年7月25日	画一分、備用	ZB5, 800頁
八旗陣式紙様図十三分	雍正11年10月19日	軍需処交出	QL
万年吉地図様	雍正11年11月17日	画一分	ZB5, 710頁
風水囲牆図	雍正11年11月17日	画一分予備	ZB5, 710頁
哦爾徳呢招図一張	雍正11年5月19日		ZB6, 91頁
枯崙額莫図一張	雍正12年1月23日	筆帖式亮玉持来、内大臣海望著照此様放大些画一張、其原図様帰入。在本処図上添画黒龍江、再画一張	ZB6, 317頁
衣里等処輿図三張	雍正12年7月4日	内大臣海望著照将軍穆克登改画衣里等処輿図画三張	ZB6, 370頁
巴爾坤図爾番満漢字図一張	雍正12年8月1日	内大臣海望交巴爾坤図爾番満漢字図一張、著照様画一張存稿	ZB6, 373頁
阿爾太分交界小図三張	雍正12年8月4日	内大臣海望著画阿爾太分交界小図三張、内大臣海望持去交内閣学士阿克敦	ZB6, 466頁
風水囲牆図一張	雍正12年9月23日	内大臣海望著画風水囲牆図一張	ZB6, 384頁
宝城細鴉様一張	雍正12年9月23日	内大臣海望著画……宝城細鴉様一張、底稿様一張	ZB6, 384頁

第6章　積み上がる地図の山　275

図　名	年　代	関係者および事項	備　考
娑婆界日月彌須彌三界図一軸	雍正12年12月19日	太監鄭愛貴交娑婆界日月須彌三界図一軸，傳旨，照此図様収小些画一張。此図上所画天界内之房屋不必画，其餘流雲層次字様，倶照此様式画，只要容得下。欽此。	ZB6，412頁
全省木板輿図	雍正12年12月28日	二等侍衛諾赫図来説，内大臣海望著将庫貯全省木板輿図托表一份	ZB6，414頁
雲貴広西三省輿図一份	雍正13年1月6日	内大臣海望著画雲貴広西三省輿図一份備用	ZB6，625頁
阿爾台地方図二分	雍正13年3月6日	内大臣海望著照穆将軍改画的阿爾台地方図画二分，再将分交界小図亦画二分	ZB6，631頁
阿爾台分交界小図二分	雍正13年3月6日	内大臣海望著照穆将軍改画的阿爾台地方図画二分，再将分交界小図亦画二分	ZB6，631頁
阿爾台地方図一張	雍正13年4月12日	内大臣海望著将阿爾台地方図改画一張	ZB6，647頁
阿爾台等処大小輿図十三張図稿	雍正13年8月10日	内大臣海望交阿爾台等処大小輿図十三張図稿，著改画路程冊四本，摺子四個	ZB6，676頁
朱大人海塘図一張	雍正13年8月10日	補画海塘図一張	ZB6，676頁
直隸絹図一張，紙図一張	乾隆2年8月17日	内大臣海望諭，著画直隸絹図一張，紙図一張	ZB7，692頁
阿爾泰図一張	乾隆3年3月19日	内大臣海望諭，著画阿爾泰図一張	ZB8，163頁
京城内図様一張	乾隆7年8月10日	内大臣海望交	ZB10，767頁
京城至玉泉山図様一張	乾隆7年8月10日		ZB10，767頁
玉泉山至京城内外河道図様一張	乾隆7年10月7日	海望交	ZB10，767頁
河道溝渠図紙様一張	乾隆8年11月15日	太監胡世傑交	ZB11，733頁
阿爾泰依里図一張	乾隆10年2月27日	軍機処旨意，交海望照様另画一張	ZB13，705-706頁
硃筆阿爾泰等処図一張	乾隆10年3月2日	軍機処交（無衣里地方著添画衣里地方）	ZB13，705-706頁
兼漢字阿爾泰衣里図一張	乾隆10年3月2日	軍機処交（原係旧図，著輿図房収貯）	ZB13，706頁
清字阿爾泰衣里等処図一張	乾隆10年3月2日	軍機処交（原係旧図，著輿図房収貯）	ZB13，706頁
運河図三巻	乾隆10年5月4日	太監胡世傑交（交造辦処輿図房収貯）	ZB13，706頁
西洋油畫十三張	乾隆11年	養心殿造辦処行取清冊（内務府堂清冊）	ZB14，801頁

図　　名	年　　代	関係者および事項	備　　考
油畫奥門図一張	乾隆11年	養心殿造辦処行取清冊（内務府堂清冊）	ZB14, 801頁
鄂爾斯図畫一張	乾隆11年	養心殿造辦処行取清冊（内務府堂清冊）	ZB14, 801頁
太山等図大小二巻	乾隆12年10月26日	太監劉万春交（交輿図房收貯）	ZB15, 336頁
黄絹浙省図一件	乾隆12年12月12日	太監胡世傑交（交輿図房收貯）	ZB15, 336頁
大金川図一張	乾隆13年10月1日	協辦大学士傅交（傳旨照様用絹畫二張）	ZB16, 295頁
大金川図十幅	乾隆13年10月6日	協辦大学士傅恒傳旨交海望	ZB16, 295頁
大金川図一張	乾隆14年4月7日	大学士傅交（此画上添画成都府州県並山勢道路）	ZB17, 152頁
大金川図一張	乾隆14年6月13日	大金川図照様用絹画一張	ZB17, 152頁
南嶽全図一巻	乾隆15年8月6日	奏事処総管王常貴交（随紫檀木匣一件）交輿図房收貯	ZB17, 377頁
輿図十巻	乾隆15年11月17日	太監胡世傑交（交輿図房收貯）	ZB17, 377頁
地理銅板四十七塊	乾隆21年4月23日	輿図房收存	ZB21, 650頁
地理図木板一百零五塊	乾隆21年4月23日	輿図房收存	ZB21, 650頁
蒋廷錫木板三十二板	乾隆21年4月23日	輿図房收存	ZB21, 650頁
地里図三冊	乾隆24年2月13日	太監胡世傑交（交輿図房收貯）	ZB24, 299頁
山東文廟図等十九軸	乾隆26年2月3日	太監胡世傑交（交輿図房收貯）	ZB26, 147頁
山東運河全図等十九冊	乾隆26年2月3日	太監胡世傑交（交輿図房收貯）	ZB26, 147頁
泉林行宮図等五十六張	乾隆26年2月3日	太監胡世傑交（交輿図房收貯）	ZB26, 147頁
図説四套	乾隆26年2月3日	太監胡世傑交（交輿図房收貯）	ZB26, 147頁
江南名勝古跡一本	乾隆26年2月3日	太監胡世傑交（交輿図房收貯）	ZB26, 147頁
旧絹木蘭図一張	乾隆26年6月10日	侍衛石格持来	ZB26, 148頁
新画木蘭紙図一張	乾隆26年6月10日	侍衛石格持来	ZB26, 148頁
木蘭図一張	乾隆26年7月10日	催長安慶画得進交	ZB26, 148頁
北路紙図一張	乾隆26年11月1日	軍機処交（另画一張,持赴軍機処）	ZB26, 148頁
北路図一張	乾隆26年12月3日	軍機処交（照此図様各画二張, 27年1月8日付催長海柱将画得図様六張, 併原図様図交軍機処）	ZB26, 148頁
俄羅斯図一張	乾隆26年12月3日	軍機処交（照此図様各画二張, 27年1月8日付催長海柱将画得図様六張, 併原図様図交軍機処）	ZB26, 148頁
伊里回部等処図一張	乾隆26年12月3日	軍機処交（照此図様各画二張, 27年1月8日付催長海柱将画得図様六張, 併原図様図交軍機処）	ZB26, 148頁

図　名	年　代	関係者および事項	備　考
浙江省城名勝道里図一巻	乾隆27年5月1日	総管桂元交（交輿図房収貯）	ZB27, 242頁
浙江杭州行宮図一巻	乾隆27年5月1日	総管桂元交（交輿図房収貯）	ZB27, 242頁
徳州至郯城県営道図十三冊	乾隆27年5月1日	総管桂元交（交輿図房収貯）	ZB27, 242頁
山東交界至龍泉荘起金山止貼図摺十三件	乾隆27年5月1日	総管桂元交（交輿図房収貯）	ZB27, 242頁
山東徳州至郯城県営道図二十四冊	乾隆27年5月1日	総管桂元交（交輿図房収貯）	ZB27, 242頁
山東泗水至徳州営道図路程十六冊	乾隆27年5月1日	総管桂元交（交輿図房収貯）	ZB27, 242頁
山東徳州至泗水営道路程図十九冊	乾隆27年5月1日	総管桂元交（交輿図房収貯）	ZB27, 242頁
御道図一套	乾隆27年5月1日	総管桂元交（交輿図房収貯）	ZB27, 242頁
順河集至信義荘路程図四套	乾隆27年5月1日	総管桂元交（交輿図房収貯）	ZB27, 242頁
崇家湾至五台山路程図摺一套	乾隆27年5月1日	総管桂元交（交輿図房収貯）	ZB27, 242頁
徐家渡至于家店貼図路程摺一套	乾隆27年5月1日	総管桂元交（交輿図房収貯）	ZB27, 242頁
営道図摺一套	乾隆27年5月1日	総管桂元交（交輿図房収貯）	ZB27, 242頁
御道図摺一套	乾隆27年5月1日	総管桂元交（交輿図房収貯）	ZB27, 242頁
山東留智廟起至江南五里鋪営道図十三冊	乾隆27年5月1日	総管桂元交（交輿図房収貯）	ZB27, 242頁
順河集起至崇家湾貼図摺七套	乾隆27年5月1日	総管桂元交（交輿図房収貯）	ZB27, 243頁
直隷厰至高堰貼図一套	乾隆27年5月1日	総管桂元交（交輿図房収貯）	ZB27, 243頁
江南宿遷県起至呉江界止路程図十八冊	乾隆27年5月1日	総管桂元交（交輿図房収貯）	ZB27, 243頁
蘇州府名跡図一冊	乾隆27年5月1日	総管桂元交（交輿図房収貯）	ZB27, 243頁
江南宿遷至呉江界止路程図十九冊	乾隆27年5月1日	総管桂元交（交輿図房収貯）	ZB27, 243頁
鎮江府至龍潭棲霞程貼図一冊	乾隆27年5月1日	総管桂元交（交輿図房収貯）	ZB27, 243頁
直隷厰順河集貼図路程摺四套	乾隆27年5月1日	総管桂元交（交輿図房収貯）	ZB27, 243頁
棲霞至江寧府貼図一冊	乾隆27年5月1日	総管桂元交（交輿図房収貯）	ZB27, 243頁
高良澗至秦家高崗貼図路程摺一套	乾隆27年5月1日	総管桂元交（交輿図房収貯）	ZB27, 243頁

278　第 I 部　世界帝国をめざして

図　　名	年　　代	関係者および事項	備　　考
焦山座落地盤図一摺	乾隆27年5月1日	総管桂元交（交輿図房収貯）	ZB27, 243頁
泰山盤路図一摺	乾隆27年5月1日	総管桂元交（交輿図房収貯）	ZB27, 243頁
天寧寺行宮地盤図一摺	乾隆27年5月1日	総管桂元交（交輿図房収貯）	ZB27, 243頁
龍井図一摺	乾隆27年5月1日	総管桂元交（交輿図房収貯）	ZB27, 243頁
新葺江南名勝図二冊	乾隆27年5月1日	総管桂元交（交輿図房収貯）	ZB27, 243頁
旧葺江南名勝図一冊	乾隆27年5月1日	総管桂元交（交輿図房収貯）	ZB27, 243頁
皇輿全図一分	乾隆28年2月25日	軍機処交来（軍機大臣会同輿図処照此式様校対増改另辦一分）	ZB28, 518頁
大嶽太和全図一巻	乾隆28年11月3日	太監胡世傑交（傳旨著帰入輿図一事収貯。［欠画弊帯破孔毛邊]）	ZB28, 519頁
五台山掛軸一軸	乾隆28年11月4日	太監胡世傑交	ZB28, 519頁
太山図掛軸一軸	乾隆28年11月4日	太監胡世傑交	ZB28, 519頁
鎮竿紅苗図一冊	乾隆28年11月19日	副催長安慶持来	ZB28, 520頁
雲南各種種図一冊	乾隆28年11月19日	副催長安慶持来	ZB28, 520頁
冊封琉球全図二冊	乾隆28年11月19日	副催長安慶持来	ZB28, 520頁
海運島嶼図一冊	乾隆28年11月19日	副催長安慶持来	ZB28, 520頁
長崎貿易図一冊	乾隆28年11月19日	副催長安慶持来	ZB28, 520頁
曲阜聖廟図一軸	乾隆28年11月19日	副催長安慶持来	ZB28, 520頁
関帝廟図一軸	乾隆28年11月19日	副催長安慶持来	ZB28, 520頁
南海菩陀山寺図一巻	乾隆28年11月19日	副催長安慶持来	ZB28, 520頁
南嶽廟図一幅	乾隆28年11月19日	副催長安慶持来	ZB28, 520頁
平陽府堯帝宮図一張	乾隆28年11月19日	副催長安慶持来	ZB28, 520頁
万寿図二巻,	乾隆28年11月19日	副催長安慶持来	ZB28, 520頁
滇省彝種図一冊	乾隆28年11月19日	副催長安慶持来	ZB28, 520頁
至聖廟図一軸	乾隆28年11月19日	副催長安慶持来	ZB28, 520頁
地理図一軸	乾隆28年11月19日	副催長安慶持来	ZB28, 520頁
広東図一軸	乾隆28年11月19日	副催長安慶持来	ZB28, 520頁
建寧府図一軸	乾隆28年11月19日	副催長安慶持来	ZB28, 520頁
杭州図一分［計十一頁］	乾隆30年5月3日	太監胡世傑交（著交輿図房）	ZB29, 472-473頁
浙江図一軸	乾隆30年5月3日	太監胡世傑交（著交輿図房）	ZB29, 472頁
杭州図一軸	乾隆30年5月3日	太監胡世傑交（著交輿図房）	ZB29, 472頁
海寧図一軸	乾隆30年5月3日	太監胡世傑交（著交輿図房）	ZB29, 472頁
西湖図二軸	乾隆30年5月3日	太監胡世傑交（著交輿図房）	ZB29, 472頁
浙江省城図一軸	乾隆30年5月3日	太監胡世傑交（著交輿図房）	ZB29, 472頁
山東運河図一軸	乾隆30年5月3日	太監胡世傑交（著交輿図房）	ZB29, 472頁

第6章 積み上がる地図の山　279

図　名	年　代	関係者および事項	備　考
黄河図一軸	乾隆30年5月3日	太監胡世傑交（著交興図房）	ZB29, 472頁
御道図一套［二十冊］	乾隆30年5月3日	太監胡世傑交（著交興図房）	ZB29, 472頁
西湖道里図五套	乾隆30年5月3日	太監胡世傑交（著交興図房）	ZB29, 472頁
金山図四冊	乾隆30年5月3日	太監胡世傑交（著交興図房）	ZB29, 472頁
江南図十七冊	乾隆30年5月3日	太監胡世傑交（著交興図房）	ZB29, 472頁
江南各勝図一套	乾隆30年5月3日	太監胡世傑交（著交興図房）	ZB29, 473頁
江南止路図十二套	乾隆30年5月3日	太監胡世傑交（著交興図房）	ZB29, 473頁
新皇輿全図一分［計八套］	乾隆31年6月10日	太監胡世傑交	ZB30, 446頁
旧皇輿全図［計四套］	乾隆31年6月10日	太監胡世傑交	ZB30, 446頁
烏掠蘇台至雅爾図一張	乾隆31年7月7日	軍機処交	ZB30, 446頁
吉安府属図一張	乾隆32年7月16日	太監胡世傑交	ZB31, 59頁
郴州属図一張	乾隆32年7月16日	太監胡世傑交	ZB31, 59頁
岳州府図一張	乾隆32年7月16日	太監胡世傑交	ZB31, 59頁
湖南全省府州県図一巻	乾隆32年7月16日	太監胡世傑交	ZB31, 59頁
大兵囲雲南図一張	乾隆32年7月16日	太監胡世傑交	ZB31, 59頁
都統頼塔進取雲南地里図一幅	乾隆32年7月16日	太監胡世傑交	ZB31, 59頁
大兵進取岳州図一張	乾隆32年7月16日	太監胡世傑交	ZB31, 59頁
大兵平呉応麒図一張	乾隆32年7月16日	太監胡世傑交	ZB31, 59頁
衢州府大兵営盤図一張	乾隆32年7月16日	太監胡世傑交	ZB31, 59頁
処州府官兵駐扎図一張	乾隆32年7月16日	太監胡世傑交	ZB31, 59頁
台州府官兵駐扎図一張	乾隆32年7月16日	太監胡世傑交	ZB31, 59頁
厄爾得尼招大兵戦陣図一張	乾隆32年7月16日	太監胡世傑交	ZB31, 59頁
海外山川総図一軸	乾隆32年9月29日	太監胡世傑交	ZB31, 60頁
香阜寺行宮図一張	乾隆32年12月27日	太監胡世傑交（著交興図房収貯）	ZB31, 60頁
天寧寺行宮図一張	乾隆32年12月27日	太監胡世傑交（著交興図房収貯）	ZB31, 60頁
高旻寺行宮図一張	乾隆32年12月27日	太監胡世傑交（著交興図房収貯）	ZB31, 60頁
金山行宮図一張	乾隆32年12月27日	太監胡世傑交（著交興図房収貯）	ZB31, 60頁
焦山行宮図一張	乾隆32年12月27日	太監胡世傑交（著交興図房収貯）	ZB31, 60頁
万里長江図一巻	乾隆33年10月9日	総管王成，桂元交（著交興図房収貯）	ZB32, 83頁
伊犁回部全図一巻	乾隆36年6月4日	軍機処交（奉旨照様另画一巻）	ZB34, 611頁
俄羅斯図一巻	乾隆36年8月23日	接得菓報寄来信帖一件（暫行停止，不必画）	ZB34, 611頁

図　　名	年　　代	関係者および事項	備　　考
大清中外一統全図一部	乾隆38年4月4日	総管桂元交［計三十一張　随旧錦套破壊図有虫蛀］	ZB36, 742頁
土爾扈特和碩特遊牧地方及西北両路地図	乾隆38年5月7日	保寧，傅作霖等所画（按照度数詳加核対，添入大図絵成底稿呈覧副催長海持来奏片一件内開）	ZB34, 611頁
関海関六口図冊頁一本	乾隆38年12月8日	軍機処交	ZB36, 743頁
盛京吉林等処地方図様	乾隆41年7月26日	付催長海柱持来奏摺底一件内開盛京吉林等処地方図様另行開展絵為大図，並将所有各事跡節挙大要，兼清漢字分註図中，以備観省	ZB39, 387頁
得勝図十巻	乾隆44年3月17日	毎巻計三十四張	ZB42, 463頁
図説十八張	乾隆44年3月17日		ZB42, 463頁
星宿海河源図	乾隆47年11月20日	副催長海柱持来	ZB45, 723-724頁
銅版斜格皇輿全図十分	乾隆49年2月8日	太監鄂魯里交［係懸勤殿交出内七分有雨漬］	ZB46, 819-820頁
至聖林図掛軸一軸	乾隆49年3月19日		ZB46, 820頁
至聖廟図掛軸一軸	乾隆49年3月19日		ZB46, 820頁
星宿海河源図	乾隆49年9月27日	刷印得星宿海河源図五十文，毎文計十張	ZB45, 724頁

略語・典拠：
CW＝曹婉如等編（1997）
KH＝『康熙朝漢文朱批奏摺彙編』第4冊，第5冊，第6冊
QL＝秦国経・劉若芳「清朝輿図的絵制与管理」（曹婉如等編（1997）71-78頁）
ZB＝『清宮内務府造辦処檔案総匯』1-55冊

第Ⅱ部　帝国を支えた人々

第7章　八旗社会の根幹
——ニルの分類と佐領の承襲——

はじめに

　ダイチン・グルンの八旗（jakūn gūsa）は，太祖ヌルハチ以来，征服ないし来降したグルン（gurun 人間集団）からなる武装集団で，勢力の拡大とともにふくれあがっていった。それと同時に，国家の根幹たる重要な社会組織でもあった。この八旗の一番下の基層をなす組織がニルである。すなわち，ニルの歴史を究明することこそ，八旗理解の第一歩である。

　八旗ニル社会の長官＝佐領（nirui janggin，第9章注1も参照）は，秩序の維持につとめる役人だが，ニル社会の構成員である旗人にとっては教育者でもあり，まさに「父母官」というべき存在であった。彼らは，旗人によって自由に選ばれるのではなく，シデン・ニル（公中ニル）を例外として，たいていは代々同じ家系のなかで継承されていく。なお，本章では叙述の便宜上，以下すべて佐領と称することにしたい。

　あらゆる旗人がニルに編成され，佐領が特定の家系によって世襲されるようになるのは，佐領と旗人からなるニル社会が一つのグサ（gūsa 旗）に統轄され，すべてのグサの頂点に皇帝が君臨するという仕組みが成立する雍正時代になってからのことである。

　これにともない，佐領の継承をめぐる告訴事件が多発し，その弊害もしだいに顕著になってくる。そこで，訴訟の場において，ニルの根源を調査・確認し，佐領の継承におけるこれまでの経緯にもとづき，継承の正当性を判断した。かくて，それぞれのニルはおおむねフジュリ・ニル（勲旧ニル），ジャラン・ハラメ・ボショロ・ニル（世管ニル），シデン・ニル（公中ニル）の三つの分類のいずれかに認定されることになった[1]。そのうえで，雍正帝が人数の分

図 7-1　『乾隆期三十年十一月二十日値年処奏准世管佐領世職官員襲職条例』（中国第一歴史檔
　　　　案館蔵）

配をとおして各ニル間の均等化を図る措置をとったのである。

　ニルの根源調査と認定における分類基準は，雍正・乾隆の二代にわたって定められた。雍正時代に認定されたニルに対して，乾隆時代に再調査・再確認がおこなわれたのである。したがって，両者は必ずしも一致しない。『六條例・繕摺房』（乾隆三十年十一月三十日）・『佐領揀放則例』[2]などにその認定基準が掲載されており，佐領の世襲に関する特別な法例が続々と制定されるようになったことが分かる[3]。

　当時，ニルの根源を調査する際には，たいてい実録や無圏点満文で書かれた資料などに見える初期ニルの記録が根拠として利用された。また，「欽派辦理八旗世職定分王大臣」という専門官庁も設けられた。この時期になされた調査報告は，現在，北京の中国第一歴史檔案館の八旗都統衙門檔案・軍機処録副奏摺・内閣譜牒檔案などの資料群にまとめて保管されている。

　また，それとは別に，最近の調査によって，①ニル根源冊（各ニルの由緒および継承過程を記した部分と家系図から構成される公的な記録），②執照（国家が

図7-2 『六項則例』(中国第一歴史檔案館蔵)

発行した証明書,注8も参照),③家譜といった類いの貴重な檔案資料が,中国国家図書館・遼寧省檔案館・大連図書館・台北中央研究院歴史語言研究所旧内閣大庫・ロシア科学アカデミー東方学研究所サンクトペテルブルグ支所・米国国会図書館・日本の東洋文庫などの機関に蔵されていることが分かってきた。

　たとえば,大連図書館では未整理・未登録の三つの世管佐領の執照(temgetu bithe)が新たに発見された[4]。そして,1999年から現在に至るまでの筆者自身の調査によって,中国第一歴史檔案館における『乾隆三十年十一月二十日値年処奏准世管佐領世職官員襲職条例』(図7-1)[5]と『六項則例』(乾隆三十年(1765)十二月,図7-2)[6]という二つの資料の存在が明らかとなった。2003年二月には,新たに台北中央研究院歴史語言研究所旧内閣大庫のマンジュ語檔案資料のなかに,八旗ニルに関する檔案資料がほとんど未整理の状態で保存されていることも確認した。こうしたマンジュ語・漢文の資料が今後の八旗ニル研究に大きな進展をもたらすことは間違いない。

これらを詳細に分析していくと，佐領の承襲者の対象となりうる範囲・順位・年齢，そこで必要とされる手続きなどについて，かなり具体的で生々しいデータがえられ，当時の実態をうかがうことが可能となる。もっといえば，各ニルの「家族史」さえ，書けてしまう。

そこで，本章では，まず佐領承管・承襲の根拠となる根源冊・執照を紹介・分析する。つづいて，ヌルハチ時代から康熙・雍正時代まで，ニル継承の起源と分類の変遷をたどりながら，佐領の継承・認定状況を確認し，「家」としての存続状況を明らかにしていく。同時に，佐領の世襲問題をめぐって，ニルの根源を調査する際には，何を調べて，何を根拠としていたのか，ニルの認定とはいかなるものであったのか，明確なかたちで示したい。

1 ニルの根源冊・執照について

ニルの根源について記した一次資料としては，三つの檔案類が存在する。

①ニルの根源についての奏摺
②ニルの根源家譜冊子（nirui sekiyen booi durugan i cese）[7]
③ニルの執照（nirui temgetu bithe）[8]

各旗の大臣や地方将軍は，各ニル佐領の提出書類のうちニル管理の経緯を記した箇所を引用し，その継承実態にもとづき，所属ニルの根源と正当性がどこにあるかを提示する①を作成する。そして皇帝に裁可を請う。これが常例である。①の末尾には家譜が附されており，ようは皇帝への報告書である。現在確認しえた限りでは，雍正期から乾隆期にかけてのものが大半を占める。

さて，①が無事裁可されると，それに依拠して②③が作成される。②③については，すでに三田村泰助（1945）・細谷良夫（1968）・神田信夫（1978）の紹介があるが，現段階で確認しえた限りでは，じつは，ニル根源冊と執照の内容はほとんど同じものである。以下，それぞれについて簡単に説明する。

②に関しては，乾隆元年（1736）の諭によれば，三部作ることが法定化され

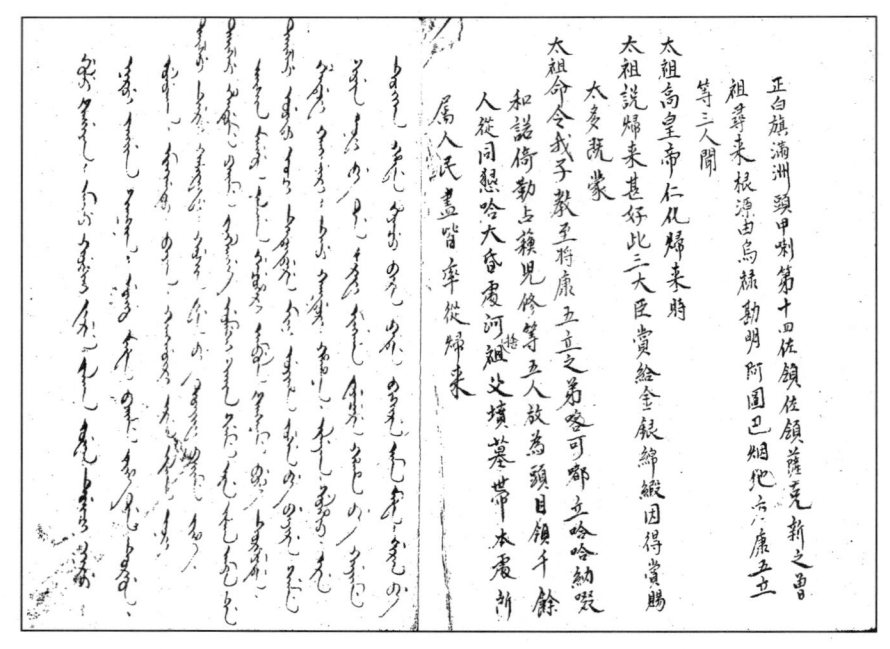

図 7-3 『正白旗査送佐領冊』の満文と漢文訳（中国第一歴史檔案館蔵）

ており，それぞれ八旗都統衙門・兵部・佐領個人が保管することになっていた[9]。このうち佐領個人が保存しているものが③である。

　佐領の根源の調査と認定は，少なくとも雍正七年（1729）五月には，はじまっていた。台北の中央研究院歴史言語研究所に残る『正黄旗漢軍佐領縁由冊（nirui turgun dangse）』がその動かぬ証拠である。満漢合璧の檔冊で，正黄旗漢軍四十二ニルの編制の由来を記述する[10]。それはすでに，のちの乾隆時代に大量に現れる根源冊と同様の性質を有していた。

　では，根源冊の内容がどのようなものだったのか，少し詳しく見てみよう。中国第一歴史檔案館所蔵の『正白旗満洲査送佐領冊五本』（雍正十二年（1734），図 7-3)[11] という資料に，次のようにある。

　正白旗満洲頭参領第十五ニルは，もともとカングリとカクドリの兄弟二人

が庚戌年（万暦三十八年（1610））にナムドロの地方から二百人の丁を率いて太祖皇帝を求め従いに来た後，引き連れてきた丁を二つのニルに編制し，エフ（駙馬）兼統領としてカングリと都統カクドリ兄弟に，それぞれ一つのニルを承管させた。カングリが亡くなった後，長男セフデに承管させた。セフデが亡くなった後，実の五番目の弟ライトゥクに承管させた。ライトゥクが亡くなった後，ライトゥクの二番目の兄マンセの長男ハンギに承管させた。ハンギが亡くなった後，ハンギの実の三男ハイルンに承管させた。ハイルンが亡くなった後，実の叔父ロジャンに承管させた。右衛護軍に昇進させた後，実の兄ハンギの次男ハイルに承管させた。ハイルが亡くなった後，ハイルの長男ハタンガが現在承管している。八代にわたって承管した[12]。

　誰がいつ何人の部下を率いて来降したのか，その後どのようにニルへ編制され，どのような官職が与えられたのかなど，じつに詳しく記されている。そして，ニルの管理は，同じ家系の直系の子孫が終始承管したこと，明白である。

　さて，こうしたニルの根源を調査するにあたって，根拠として参考にされたものは，何だろうか。たとえば，正白旗満洲頭参領第十四ニルについて，同資料は，佐領サクシンの曾祖が来降した最初の事情をこう記す。

　ウルカン，ミンガト・バヤン，カングリ[13]の三人が太祖高皇帝の慈仁を聞いて求めに来た。太祖は，「求めに来たのは甚だ良いことである」と言って，この三大臣に金銀錦緞をたくさん賞与した。黄色い馬の年（戊午年＝天命三年（1618））にニカン（大明・漢人）を征伐し始めた。佐領であるサクシンの曾祖カクドリは，ナムドル地方の大人（アムバン）であって，（カクドリが）故郷を捨てて属下のジュシェンを引き連れて，太祖高皇帝の白い犬の年（庚戌年＝万暦三十八年（1610））に帰した後，引き連れてきた人々を二つのニルに編成して，カングリに一つのニルを承管させた。カクドリに一つのニルを承管させた。カクドリが最初のグサを統轄して大人に任じられた。十六大人とし，三等ジンキニ・ハファン（精奇尼哈番）とした。太祖高皇帝がガスハ[14]という称号を賜った。千人のニカンをアハ（家僕）と

して賞賜した。……順治八年（1651）に至って功臣の奮闘した事績を調べるとき，功を査定してカングリの子ライタとライトゥクにそれぞれ一ニルを承管させた。ライタが亡くなった後，子のライセに承管させた。（ライセが）免職された後，実の孫である三等ヒヤ（侍衛）フボオに承管させた。（フボオが）免職された後，ライタの子ラドゥに承管させた。康熙三十四年（1695）に，ラドゥのニルの丁数が増えたので，分けたニルをマクトゥの孫である護軍参領マイセに承管させた。（マイセが）亡くなった後，カクドリの孫である都統スマンに承管させた。（マイセが）免職された後，スマンの子サクシンが現在ニルを承管している。聖祖皇帝が旨をくだして，無圏点字書[15]を調べ，「私の父スマンは（勅書）二十七件をもっております」と宮中に送った後，聖祖皇帝はただ三件のみ残した。旨に「汝のところに置いてもむだで，私のところに置いてもむだである」と言って，残った二十四件を返してきた。私の父にくだされた旨には，「汝がこの書を持っていけ。これは汝の家の宝物であるぞ」とあった。その後，私の父スマンは私の祖先の勅書を見つけて，また宮中に送り，聖祖皇帝が見たとき，「この書はどこにあったのか，私が探したのはこれであるぞ。私のところに置くように」と宮中に残した。封誥の控えは無圏点字書である。現在私サクシン自身が謹んで保管している。これを佐領サクシン，副佐領ハオボオ，驍騎校リボオジュ，副驍騎校ユンシェオ，催総ヘオデがともに保証した。

　カングリは太祖ヌルハチが最初にニルを編成したとき，すでに配下に入っていた人物で，開国の功臣でもある。康熙時代に入ると，ニルの人口が増えたため，新しいニルが設けられることとなった。このニルは代々直系の子孫が承管したため，のちに世管ニルとして認定される。雍正年間には，佐領サクシン自身が祖先の遺した勅書を皇帝に提出して，自分のニルの根源を証明している。その申し立てた内容について，ニルの佐領や副佐領・驍騎校・副驍騎校・催総らがともに証人として保証したのである。

　ここで注目すべきなのは，ニルの根源を調査する際，「無圏点字書」や勅書

第 7 章　八旗社会の根幹　　289

をおもな根拠とし，佐領が持っている勅書を皇帝に提出させたことである。そして，それはおそらく『満文原檔』や内閣所蔵のヌルハチ時代からホンタイジ時代にかけての「無圏点檔子」の個々の文書を指す。

　康熙年間のニルの認定過程において，実録や無圏点檔案・勅書などの資料の引用によって，ニルに関する根源の歴史記事が作成された。そして，そうした根源の歴史は，雍正年間に入ってから，根源冊のかたちでまとめられていったのである[16]。

　では，このような文書はいったいどこで，また何部作成され，どこに保存されたのだろうか。乾隆時代に編纂された『欽定八旗則例』巻一によると，家譜冊は二冊作成される。そして一冊は旗印を捺して内閣に，一冊は参領・佐領の関防印を捺して当該の旗に保存される。毎年年末に，承襲する人およびその子孫の名前を家譜に付け加えて登録し，十年経ったら印を捺して内閣に保存した。家譜冊にはニルを承襲できる人の名前のみ記入され，それ以外の一族の人々を記入することは禁じられていた[17]。

　ちなみに，乾隆年間に入ると，佐領から兵丁・閑散まで全員の名前を列して，各自の名前の下に花押ものせることが法定化される。現時点で筆者が収集した世管ニルの根源冊を見てみると，確かに佐領・驍騎校から領催・兵丁・閑散・西丹などにいたるまでの名前が書いてある。しかし，名前の下に花押はなく，しかも文書の最初から最後まで同一人物の筆跡である。これらはおそらくみな原本を写した副本だろう。

　いっぽう，③の体裁に関しては，すでに細谷良夫（1968）と神田信夫（1978）に紹介されているように，掛け軸のような巻物で，朱印があちこちに捺されている。印文は陽刻で，右から篆書体の漢字で「兵部之印」と二行に，左から篆体のマンジュ文字で「coohai jurgan i doron（兵部の印）」と二行に刻まれる。執照が兵部で作られたこと，間違いない。

　執照の製作寸法と具体的な規定は，『欽定大清会典』に記載されている。すなわち，佐領に与えられる執照は，黄色い紙を用い，表裏二重の軸装。印を捺したその巻物は，縦五寸五分，横十丈，四周は螭の模様，縁を色綾で飾る。軸は紫の楡木で造る[18]（図7-4）。

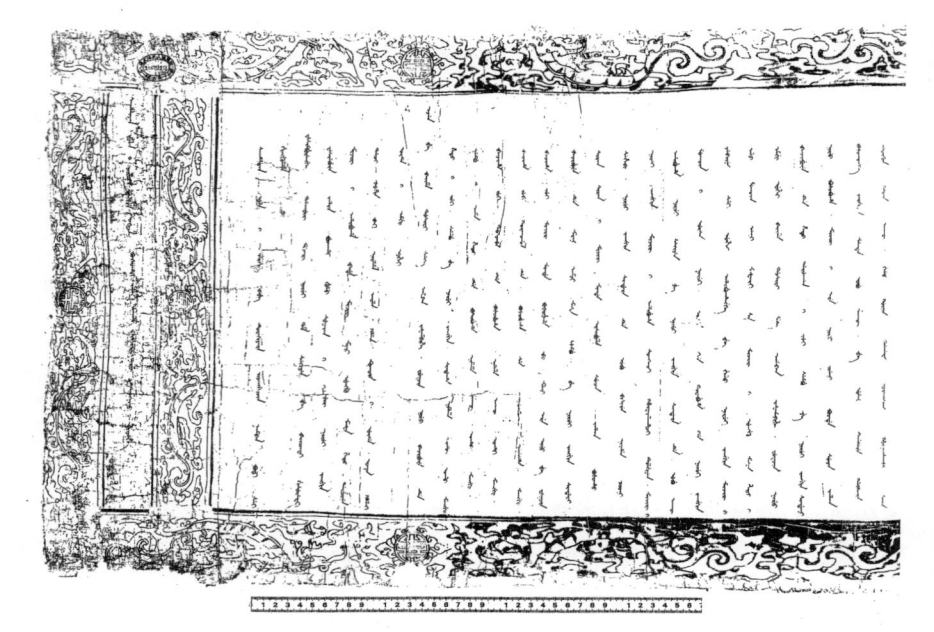

図 7-4 佐領の執照（東洋文庫蔵）

　さらに詳細な規定は『欽定大清会典則例』に見える。それによると，乾隆三年（1738）に「黄紙印軸」を与えることとなり，そこに，もともとニルを立てた事情や承襲された家系を書きつらね，それぞれの佐領と族長（mukūn da）に証明書として発給した。この印軸は，工部で功牌の例に照らして千本作製すること，とされた。

　ところが，はやくも二年後の乾隆五年（1740），佐領の執照を作った際には，八旗のフジュリ・ニル（勲旧ニル），ジャラン・ハラメ・ボショロ・ニル（世管ニル），テオデンジェヘ・ニル（互管ニル）に，佐領が合計八百人あまりいた。その下の族長は合計五千人あまり，両方合わせるとなんと六千人に近い。当時，兵部で執照の作成にあたる者はわずかに二十名，急いで作ったとしても一年で二，三百巻ぐらいしかできず，このような大人数に与えるための千軸の執照を作るには二十年以上かかってしまうと報告している。

　また，乾隆十四年（1749）に，チャハルおよび盛京などの佐領にそれぞれ長

さの異なる印軸七十九個を発給していることが確認できる[19]。規定と現実は，必ずしも一致しない，という好例だろう。

「印軸」（執照）というのは，佐領と族長の根源や来歴が書かれたもので，代々受けつがれる証書である。佐領に与える「印軸」を兵部で書写するほか，族長に与える「印軸」を八旗に委ねて書写させ，それぞれが出来あがりしだい，兵部に保存して，作られた檔冊を詳しく照合したうえで，兵部の印を押して与える[20]。これは，後日争いが起こって訴訟する人が出るのを防ぐための措置である。そして新たな佐領が承襲する際には，引き継いだ佐領の名前を執照に新たに書き加えて，一族の族長にも佐領執照を一つ与えて保管させるのである[21]。ようするに，執照は必ず二部作成された。

以上，ニルの根源に関する奏摺・根源家譜冊・執照を個別に検討してきた。次は，ニル分類の実態をうかがうべく，八旗ニルの世襲の具体的な事例を取り上げ，分類の過程とその意義を追っていくことにしよう。

2　八旗ニルの世襲例とニルの分類

ヌルハチ時代から統轄されていた部下のジュシェンらはニルに編制され，その長官たる佐領は，戦時においては，指揮官として部下を率いて戦いの先頭に立ち，武器の点検から人口の調査までおこない，平時においては，ニルの民の教育者として働き，伝統的なジュシェン社会の文化を担った。経済面においては，ニルの貧富を左右する長官として責任を問われた。貧困に陥ったニルでは，当該の佐領は免職され，代わって新たに有能な人材が登用される。逆にニルが裕福になれば褒賞され，引き続き佐領の任を受け継ぐことができた。

1）入関前の世襲例

世職そのものは，天命元年（1616）から認められていた[22]。さらに同六年には，勅書に記載する内容や語句について指示し，正月五日に奏して，十日に勅書を与えるという命令も出されている。また同年十二月に出された命令文のな

かでは,「私が登用した大臣たちが功(gung)を立てて尽くせば,戦死しても病死しても,父の陞った職(hergen)を子にただちに与える。大臣たちよ,汝らが政(doro)のために身命を捧げ,忠義を尽くせば,汝らの子孫にも汝らの職をただちに与えるぞ」[23]と宣言する。この時代においては,世職たる備官は特別な存在で,親の功績によって,みずから犯した罪をのがれることさえできた[24]。

　現在確認できる勅書の実物のうち,もっとも早い時期のものは,天命十一年(1626)の「老満文誥命」である(口絵15)。

> ハン曰く,リュウフンチェン(?)はもともと千総であった。回し者を捕らえた功により昇進させてベイグワン(備官・備禦)とした。敵と共謀すれば,法により逮捕する。過失が有っても罪を赦す。子孫代々,官を絶やさず,慎め。怠けるな。天命丙寅年閏六月[25]

　その文体は,ヌルハチ時代のもっとも典型的な命令文の特徴を示しており,『満文原檔』などのマンジュ語原文資料に頻繁に出現する「ejehe」あるいは「bithe」に相当するものである。

　この勅書のなかに現れる備禦[26]とは,爵位の一種で,現役の長官以外に,戦死した人にも贈られた。一種の名誉職ともいえるだろう[27]。職のある官人ら(hergengge hafasa)として一備禦につき銀二十八両,椴衣各二十五着を賞与した事例も確認される[28]。この備禦という世職は,天命五年(1620)に定められたニルイ・エジェン(nirui ejen)に対する漢名だが,天命八年にはもとの満洲語に改称される。その後,順治十七年(1660)になって漢文の佐領(nirui janggin)に統一される。

　この佐領の承襲に関する規定は,入関以前からおこなわれていた。まず,天聡五年(1631)六月に「功臣職世襲例」が定められる。この規定を要約すると,次のようになる。

　①ほかのグルンのベイセであれば,戦死しても病死しても世襲することができる。

②身に危険があってやむを得ず投降した者は、国のために戦死すれば五回にわたって世襲することができる。
③病死すれば三回にわたって世襲することができる。
④城を攻めるとき先陣をきって突入した者で、功績があれば戦死しても病死しても、もとの官職に照らして世襲することができる。
⑤反乱者のことを告発した者は、官職を授けて六回にわたって世襲することができる。
⑥何事もなく羨んで従いに来た者については、王のために戦死すれば四回にわたって世襲させ、病気で亡くなったら二回にわたって世襲させる。
⑦外国に従った者、あるいは身に危険がありやむを得ず従いに来た者は、王のために戦死すれば二回にわたって世襲させ、病死すれば一回だけ世襲させる。
⑧もし軍隊が危険に直面したとき、先頭で戦って死んだ者や、あるいは先陣をきって突入し戦死すれば、二回にわたって世襲させる。
⑨回し者を捕らえた官員は、王のために戦死すれば一度世襲させる。病死した者は世襲することができない[29]。

　これらが戦功を立てた者に対する規定であることは明らかである。①の規定から、配下の集団を率いてダイチン・グルンに帰附したベイセについては、その勢力をそのまま温存し、世襲が認められたことが分かる。以前から帰附していたマンジュの中核集団には、適用されなかったと見てよい。これらの規定においては、戦死と病死が一つの判定基準となっているが、頻繁に戦いを繰り広げているダイチン・グルンでは、配下の兵士たちに死力を尽くさせ戦功を競わせる思惑があったのだろう。

　実際、これらに該当する功臣に与えられた勅書には、「戦死すれば承襲させる。病死すれば承襲させない」に類する表現が頻見される。ちょうどこの天聡五年（1631）から八年頃の事例でいえば、功績ある一族の子孫にニルを世襲させること[30]、功績がない臣については、病死した場合、その子孫には承襲する権利のないことが[31]、はっきりと明言されている。

そして，天聡八年（1634）五月にいたって，各官員の功績順に勅書を賜り，そのなかに当該ニルの起源や功績を詳しく記すことが定められた[32]。

なお，佐領が戦没したのち，家中に後継ぎがいない場合は，世襲権を取り上げられるが，ほかの面で優遇されることがあった。たとえば，同年二月三十日に，戦死した遊撃たる祝邦成の妻が丁の差役を免除してほしいと訴えたとき，功臣の妻なので，八丁の差役を免ずることを認められている[33]。

この年の十一月十三日には，六部官員に対して三年に一度の考績（成績評定）がおこなわれ，その優劣を区別した際，「戦死すれば承襲させる。病死すれば承襲させない」というくだんの法例に照らして佐領の承襲認定がおこなわれている。また功臣に勅書を与え，その子孫がそれぞれの功績に応じて一回から九回まで承襲することも認められた[34]。この規定は崇徳年間にも継続されており，同じようにそれぞれの佐領に勅書を与え功績に応じて承襲させている[35]。

以上，佐領の功績と世襲に関する勅書についての考察を通じて，天命年間から佐領に勅書を与えるようになり，天聡五年（1631）と八年の二度にわたって佐領の世襲に関する規定が定められたことが分かった。そして世襲にあたっては，そのルーツと功績がたいへん重要な意味をもったので，ハンから賜わる勅書に，ニルの起源と佐領の功績の両方を記載するようになったのである。

2) ニルの分類

入関前のホンタイジ時代，八旗ニルは内ニル（dorgi niru）と専管ニル（enculehe niru, enculebuhe niru）に分けられていた[36]。内ニルとは，ハンと諸王が率いるニルのこと，専管ニルというのは，一部の宗室をふくむ異姓大臣らが率いるニルを指す。『満文内国史院檔』天聡九年（1635）正月十九日には，「ハンが各大臣らを区別して，功臣らに丁を免じてニルを専管させる」とあり，ハンの命令により，功臣にニルを与えて独立させ，その世襲を認めたものを専管ニルとし，内ニルと区別している[37]。ちなみに，このとき五大臣の一人であるフィオンドンの子らのニルは専管ニルと認定されたが，のちに勲旧ニルとなる[38]。

専管ニルの人員構成を見てみると，以下の二つに分類することができる。第一は，ある集団が来降した際に随従してきたジュシェンらを，再びもともと主従関係を結んでいた佐領に与えて編制したニル[39]。一例を挙げれば，ドンゴ・エフであるホホリが専管したニルがのちに勲旧ニルに認定される事例がそれである[40]。第二は，これまで佐領とは主従関係や地縁・血縁関係がまったくないジュシェンらを佐領に与えて専管させたニル。たとえば鑲紅旗のグサ・エジェンにフルハ部の人々を与えて専管させた事例が確認される。

ニルに専管ニルと内ニルが存在していたことは，天聡九年（1635）三月十日にハンの旨を承けた戸部のホショ・ベイレの言にも見える。当時，旗人の娘や寡婦の結婚・再婚については，それぞれの諸王の承認が必要であり，いっぽう民間人で身分が低い者の娘や寡婦が再婚する場合には，佐領の承認が必要――佐領が家長的な役割を果たしていた証拠の一つにほかならない――だった[41]。そして再婚の手続きは，専管ニルと内ニルを問わず同じであった。

崇徳七年（1642）になると，漢文『実録』に「永管牛彔」と「公中牛彔」という名称が出現する。しかし，『大清太宗実録』の満文版と比較してみると，「永管牛彔」はマンジュ語の「enculehe niru（専管ニル）」の訳語である。『大清太宗実録』順治版では，漢文で「部下」と訳し，満文では同じく「enculehe niru」を表す用語を用いている。したがって，漢文の「専管ニル」と「永管牛彔」「部下」は同じものを指していることが確認できる[42]。満文の「alban i niru」は『大清太宗実録』順治版では「官牛彔」，乾隆版の『大清太宗実録』では「公中牛彔」と訳されている。「alban niru」は公中ニルの早期の呼称だったが，のちに「siden niru」と称するようになる。マンジュ語の「alban」と「siden」はみな同じ「公・官」の意味を内包する。

ところで，順治初期の佐領の承襲も前代と同じく，「戦死すれば承襲させる。病死すれば承襲させない」という規定にしたがっておこなわれていたが[43]，実際には，規定の背後で大きな変化が生じていた。正確な年代は不明だが，すでに順治初年の段階で，八旗満洲・蒙古・漢軍の世襲佐領のポストについては，その子孫が官職を持っているか持っていないかを問わず，年が幼くてもみな正位と陪位を選んで与え，上奏させて皇帝の裁可のもとに補授させた[44]。つま

り，これまで功績を中心に世襲されてきた佐領は，欠員が生じたときにその子孫から世襲する第一候補者と第二候補者が選ばれる方式に変わったのである。

康熙時代には，佐領の補授の際，正位であるか，陪位であるかが大きな問題になる。康熙二十八年（1689）四月二十二日，正黄旗蒙古都統の佐領である蛮子の欠員について，免職の経歴のある蘇第を正位にした。候補者が幼少であったため，結局は兄の蘇第が代理をつとめることになるという事情を考慮してのことだった。そして以後，同様のことがあれば状況を書いて上奏するように，と命じた[45]。

同じく康熙年間には，ウブ（ubu 分）[46]の有無も，佐領の世襲における重要な問題の一つになってくる。この場合のウブとは，佐領と血縁関係があることによって認定されるものであり，その結果，佐領は「親枝」（近い親類や縁故者）によって承襲されるようになり[47]，一族が世襲権を争う裁判も増加した。

承襲にあたっては，父の遺言も有効であった。たとえば，鑲白旗満洲スンダリ（孫達禮）の次男スルタイ（蘇爾泰）は，弟のハンシュ（杭受）が佐領を世襲することに不満をいだいて訴訟を起こした。これに対して康熙帝は，「孝友は倫理と関係し，甚だ重大であり，人としてもし大倫が虧けたら，どうしようもない。スルタイは父の遺言を聞かず，みずから佐領であるのに，弟に佐領を世襲させず，しかもみずから告訴をおこない，不孝不友であること，これより甚だしいものはない」と叱った。この案件については，大学士アランタイ（阿蘭泰）が次のように上奏している。

> スルタイはもともとは世職を襲ぐべき者ではありません。順序を論ずれば，長男のスバイが襲ぐべきですが，父の遺言を考慮して，弟のハンシュが受けて襲ぐべし，となったのです。彼には何の告訴することがありましょうか[48]。

このやりとりからは，家での順序が重んじられ，なかでもとりわけ父親の意志が重視されたことがうかがえる。なお，このような佐領承襲，世職にあっては，期限内に処理しなければならない。一年以上怠慢して処理しないものは，一年分の俸禄を罰し，二年以上のものには二年分，三年以上のものは三年分，

取り上げられた[49]。

　佐領の欠員に関する詳細な規定は,『大清会典』(康熙版) 巻八十一, 兵部一, 八旗官員陞除に掲載されている。要約すると以下のようになる。

①公・侯・伯・都統・大学士・尚書以下・護軍校・驍騎校以上の官員から選び, 正位と陪位を補授する。
②祖父が原管ニルの場合, その子弟に官職がなかろうが, 年が幼なかろうが, 上奏させて正位と陪位を補授する。
③満洲と蒙古で, 新たにニルを編制する時には, 本旗のなかにもともといる佐領の兄弟から有能な人を選んで上奏させ正位と陪位を補授する。
④原管ニルの官員が亡くなった場合, 子孫が幼いときは, ほかの人を補授して, 子孫が成長した後報告すれば, 佐領を取り返すことができる。佐領の職の代理をつとめた佐領の品級に照らして候補とする。

　この規定をふまえ, 康熙十八年 (1679) には,「佐領に欠員が生じたら, もしニルの内に補授すべき人がいない場合には, 都司・僉書・守備などの官員を, 該当の旗に命じて部に報告させ, 引見し補授する」という条項が, そして康熙二十二年には,「新満洲の佐領の欠員は, その子弟を選んで上奏させ, 正位と陪位を補授する。もし子弟が無能であれば, その親族の者を選んで上奏させ, 正位と陪位を補授する」という条項が補足されている。翌二十三年にはさらに, 以下の四つの項目が付け加えられている。

①佐領が軍務により免職されたなら, 世承佐領であっても, 彼らの子孫に管理させない。彼らの兄弟および兄弟の子孫に管理させる。もし人がいなければ, そこで初めて彼の子孫に管理させる。
②世承佐領のうち, 丁数が増えたことから新たなニルに分けて編制された場合は, 佐領の兄弟のうちから, 職官や甲兵にかかわらず補授する。もし兄弟のうちに, 管理することができる者がいない場合は, 当該の旗のなかからほかの者を選んで補授する。
③旧管・世承佐領については, 適任でない者があれば, 当該の都統が弾劾し

④湊編佐領については，本旗のうちから有能な官員を選んで補授する[50]。

　伝統的なニル社会の世襲制が，康熙時代に大きな変化を見せ始めていることがわかる。つまり，従来，一族が管理してきたニル佐領の地位が，血縁関係のないほかの有能な人物に補授される可能性が出てきたのである。
　こうした細かな規定の背景には，先述したように，佐領の世襲権をめぐる告訴事件の続出があろう。また，このときの規定では，ニルがフジュリ・ニル（fujuri niru 旧管ニル・勲旧ニル），ジャランハラメ・ボショロ・ニル（jalan halame bošoro niru 世承ニル・世管ニル），テオデンジェヘ・ニル（teodenjehe niru 湊編ニル・互管ニル）に分類されている。括弧内の漢語が，それぞれのマンジュ語のニル分類に対する訳語である。この分類が後述する雍正時代と乾隆時代のニル分類の基礎になることを考えると，その影響と意義は大きい。
　さらに，康熙時代には，従来の一ニル三百丁の規定を改め，マンジュ・モンゴル都統のもとに各ニルを百三十人以上，百四十人以下に縮小し，残りの丁から新たに別のニルを編制した。そうすることによって管理の簡易化と便宜を図ったのである。

3　雍正時代のニル分類

　雍正帝は即位すると同時に，八旗に対する改革を開始した。たびたび八旗都統・副都統・参領・副参領らと面会し，八旗の生計や法律制定について諭旨によって直々に行動の指針を授けた。そのなかで「八旗は我の根本であり，国中にこれ以上重要なものはない」とくりかえし強調している。また「我が父康熙帝がいかに恩賞を与え，恵みを施しても，八旗の生計は数年の間，まったく変わらなかった。その要因はみな法律が緩んだことにある。康熙帝はこれらを知っていたけれども，依然として寛大に扱って処理した」[51]と述べている。そして法による八旗の整理整頓が必要であることをみずから大臣らに対して宣言

する。こうして雍正帝は，計画的に諸王らが率いる下五旗の勢力の均等化を図り，着実に八旗改革を進めていったのだった。

さて，雍正時代の佐領改革については，すでに数多くの先学が指摘してきた。とりわけ，皇帝と八旗諸王との権力抗争から論じたもの——雍正帝が旗王の権利を牽制して，皇帝自身の権力を強めた——が多い[52]。そのなかで初めて佐領そのものの問題に注目したのが，中国の馮爾康である。馮は次のように主張した。

> 旗内の主従関係を弱めるために，皇帝が旗王（旗主）の旗内における自主権を剥奪し，雍正四年には，八旗の基層に位置する佐領について，幼小もしくは無能な者には，俸禄は与えるけれども，ニルの事務を管理させないようにし，代わりにほかの旗の大臣が兼任して管理するようになった。その結果，事実上勲旧ニルや世管ニルの承襲権が取り消され，各八旗の佐領のニル支配権が剥奪された[53]。

ようするに，皇帝権力により，八旗の佐領の実権までもが奪い取られたというのである。ただし，「勲旧ニルや世管ニルの承襲権が取り消され」たという結論は不適切である。実際のところは，雍正年間から乾隆時代にかけて，それぞれの世襲について，より明確な規定が打ち出されただけのことである。そして，ダイチン・グルン末期までその承襲は実施されていた。

雍正帝は，ニルの承襲について，積極的に取り組んだ。雍正元年（1723）九月，八旗都統に次のような諭旨をくだしている。

> 承襲のことは甚だ不明瞭で，フジュリ・ニル以外の攢湊佐領（互管ニル）と公中佐領のなかには，何代にもわたって管理してきたものがある。初めて一つのニルに編制して人に管理させた後，この佐領が亡くなって，その子供が幼いため，ほかの者に四，五代に至るまで管理させているものがある。原管佐領の子供が幼いのであれば，しばらくほかの者に一代管理させれば宜しい。その後，再び佐領を補授するとき，原管佐領の子供に管理させるべきなのに，なぜほかの者に四，五代にわたって管理させたのか。こ

れらの佐領は，もともとどういう経緯で管理したのか，あるいは賞給したものであるのか，あるいはほかの理由があるのか，これらのことを，逐一調査してそのもともとの事情を明らかにして，八旗のなかで一律に処理せよ[54]。

原管佐領はすなわちフジュリ・ニルのことであり，缺員が生じた場合には，フジュリ・ニルの佐領の子孫に資格を与えるべきであること——嫡室への承襲権の付与を認めている。

おそらくこの雍正帝の諭旨を受けてのことだろう，同年に，勲旧ニル（フジュリ・ニル）について具体的な制度が整備されている。その内容は次のようなものである。

勲旧ニルの缺員が生じた場合，もし成人がおらず幼小の者を補充するなら，名目上は一族の兄弟が協同でニルの事務処理にあたることになるが，実際には未亡人や年長者が勝手に処理する可能性は否定できない。以後は佐領の補授に際し，十八歳未満の者である場合には，旗大臣の一族のなかの者を選んで事務の代理にあたらせる。もし旗大臣の一族のうちに適任者がいなければ，旗人のなかから人を選んで代理をつとめさせる。もし誤りがあれば，この代理人をきまりにしたがって議させる。このようにすれば，佐領の事務は幼い子供の手にわたらない。代理人が佐領の事務を未亡人の家の者に押しつけて管理させ，みずから処理しないならば，旗大臣が弾劾して，代理人の罪を問う[55]。

雍正四年（1726），奉天等処将軍ガルビは，「奉天に所属する八旗のなかで，新満洲とバルフ・モンゴル佐領のなかでは世襲ニルが多い。いっぽう旧満洲・旧モンゴル・漢軍佐領はみな公中ニルである。それは，前任の官員らを世襲ニルと公中ニルに分けなかったことが原因である。康熙二十一年（1682）の諭旨では曖昧に宣撫させており，佐領と防禦の子弟らが承襲したものが半分を占めている。しかも幼小の子弟が多い。佐領という職は甚だ重要である。内においては諸々の人々を仕躾け，外にあっては兵隊を率いて駐屯する。有能で管理の適任者にしてこそ，初めてこの職にふさわしい」[56]と調査結果を報告している。

このことについて，雍正帝は，佐領がニルの人々ときわめて密接な関係にあり，とりわけ教育面では，大臣よりもはるかに身近な存在であると強調する[57]。また，八旗の人員は国家の根本であり，ニルを統轄する佐領は人々の生計にかかわる銭糧，旗人の教育と訴訟などをつかさどる要職であるという認識を，しばしば諭旨をくだして言明した。そのために実施したのが佐領根源の調査である。それぞれのニルの根源冊を作成し，ニルの編制事情や編制時期などを明確に記録することによって，のちのちの世襲権の争いや訴訟を防ごうとしたのであった。かくて，編制事情や世襲過程に応じて，ニルの新たな分類がおこなわれるに至った。それはニル社会全体に及ぶ国家規模でおこなわれたものであった。

　もっとも典型的な事例が，雍正五年（1727）八月二十七日の諭旨である。ここにニルの分類が正式に登場する。非常に重要なので，以下に要約して提示する。

①八旗の人々は，国家の根本であり，かかわりは非常に重要である。佐領というのは，一ニルを管理し，旗人が生計を失わず，悪習に染まらないように，よく導いて養育し，国家のために奮闘し，身を正し修め人々の模範として，各々管理したニルの人々を教育すべきであり，誠実を尊び，各々の分に安んじて暮らし，文武の道に努めて教える者である。佐領より重要な者はない。

②佐領にはフジュリ・ニル，ジャラン・ハラメ・ボショロ・ニル，シデン・ニルがある。

③フジュリ・ニルのなかには，太祖・太宗時代，汝らの祖先が各々の地方の人を引き連れて従いにきたのでニルに編制して承管させたものもあれば，戦争で功績があって人を賜ってニルに編制して承管させたものもある。承管したニルはフジュリ・ニルであっても，ニルにいる人はみな同じマンジュであり，祖先に従って，国家のために奮闘し，官名（hafan halai）を立てた人の子孫もいる。親戚のように慈しんで世話をし養育すべきである。自分をフジュリ・ニルであるからと恃んで，ニルの人を奴隷やジュ

シェンのように卑しく苦しめ搾取してはいけない。ほしいままにニルの人々に対し威張って抑圧し、私心を持って卑しいことをし、不公平をおこなうなら、それは私の各アハらを赤子のように見る心に背いて国の法律を犯すものである。それどころか、祖先らが奮闘して残した事業を壊す行動である。

④ジャラン・ハラメ・ボショロ・ニルは、祖先らが国家のために奮闘した有能な人で、しかも管理することができるため、ニルを承管させて、その後子孫が代々承管して今に至った。ニルの人を慈しんで教え、任を尽くして国のために人を教育して、祖先らが奮闘したことを思い、ジャラン・ハラメ・ボショロ・ニルを永遠に守るべきである。

⑤シデン・ニルは、専らニルのことを処理することができ、ニルの人を養育することができる者を選んで補授して管理させる。

⑥佐領はニルの人を養育して慈しみ、管理し教育して善きに至らせるべきである。佐領は誠の心を尽くして、国家のために努め奮闘し、身を正し修め、ニルの人々を手足のように導いて教えるのである。

⑦佐領がニルの人々を管理することは、州県の官員が民を管理するのと異ならない。銭糧を管理し、訴訟などのことがらを審理し、有利な事業を興し、弊害を除き、悪を処罰して善を勧め、人々に生きる道を与えることに努める。

⑧ニルの内部の不正を防ぐために、ニルごとに副佐領を設けて、佐領を手伝わせ、ともに心を合わせて協力し、ニルの人々を教育し管理させる[58]。

雍正帝が求める理想の佐領はまさにここにある。佐領は家長であり、国のために身を正し修め、同時に教育者であり、お手本であった。この上諭において、ニルは三つに分類されている。すなわち、フジュリ・ニル（勲旧ニル）、ジャラン・ハラメ・ボショロ・ニル（世管ニル）、シデン・ニル（公中ニル）である。

翌年の雍正六年（1728）七月二十九日には、佐領以上の官員らに各自の自薦書を送るよう諭旨がくだされた。それに応じて、佐領がみずからの名やこれま

第7章　八旗社会の根幹　303

での事績などを書きつらねて提出した。たとえば，チチハル城正紅旗佐領ナスリの自薦書は，

> チチハル城正紅旗佐領である奴才(アハ)ナスリが謹んで奏する。旨に従って自薦するためである。康熙三十九年，奴才ナスリは披甲であった。康熙四十八年に領催に補授され，康熙五十年に驍騎校に補授されて，康熙五十一年には佐領に補授された。現在はこの職に任じられている。奴才ナスリは四十八才で，巻狩りに二回参加した。康熙五十四年にアルタイ路にいって二年従軍し，俸禄を二十八年間もらった。奴才ナスリはダグル人で，辺境で生まれ，賤しきこと塵芥のごとくであったが，聖なる恩を仰ぎ，たびたび選んで用いられ，佐領の位に至った。奴才がきわめて無知であるのは真実(ほんとう)である。職責を果たすことができずに昼夜心配し，並びに力を尽くすところがない。奴才ナスリは犬馬の労を尽くしたい。奴才ナスリはほかに上奏することがない。このために畏れ畏れ謹んで上奏した[59]。

と記す。このように皇帝と八旗ニルの長官は直接につながっている。雍正帝の考えと一連の改革によって，佐領は八旗ニル社会における皇帝の理想の代理人と考えられたのである。

　ところで，雍正時代とのちの乾隆時代のニルの分類は，明らかに異なる。以下いくつかの事例を取り上げて見てみよう。

　鑲紅旗副都統兼佐領である甘国標のニルは，雍正七年（1729）に世管ニルに認定された。のち佟養性の一族が世襲権を主張して告訴する事件を起こす。乾隆二十七年（1762）の調査の結果，甘姓のニルはもとは佟姓の一族の管理であったことが判明し，公中ニルと認定された[60]。

　かたや，正黄旗漢軍第三参領第二佐領の場合，「黄霖ニル，シデン・ニル，査するに，このニルは順治五年に左夢庚とともに来降した人員を編制したニルである。初めに編成したとき，トゥワシャラ・ハラン（tuwašara hafan 拖沙喇哈番）張豹に承管させた。張豹が病死した後，奉天地方のジャランのジャンギン（参領）兼吏部理事官黄宮に承管させた。黄宮が病死した後，閑散の黄象坤に承管させた。黄象坤が京口（Ging keo）副都統に昇進した後，黄霖が現在承管

している」[61]。当時，監生であった黄霖は康熙四十八年（1709）に引見され，そのニルは原管佐領と認定された。雍正五年（1727）に家譜を作った際，かつて張豹がこのニルを承管した経緯から，両姓分管（互管佐領）と定めた。のちにまた張豹が陳・孫両姓から接管していることを考慮し，シデン・ニル（公中ニル）として定めた。雍正十二年十二月からは，黄霖の弟黄霈が管理した[62]。そして最終的には，このニルは，乾隆四十三年（1778），再び族中襲替ニルに認定されたのである[63]。

雍正時代には認定基準とマンジュ語の名称が定まったいっぽうで，漢訳名称には，「ゆれ」が見える。雍正七年（1729）に作成された正黄旗漢軍の四十二佐領の根源冊を表にまとめなおし，ニル認定の開始段階の漢文の呼称の変化と認定の結果を見てみよう（表7-1）。

マンジュ語の名称が同じであるにもかかわらず，漢文ではのちのフジュリ・ニル（勲旧ニル）を「福住里佐領」，テオデンジェヘ・ニル（互管ニル）を「頭登者合佐領」とするなど，初期の漢訳訳は音が重視されている。またテオデンジェヘ・ニルを「三姓之佐領」・「頭登者合佐領」，ジャラン・ハラメ・ボショロ・ニル（世管ニル）を「世代承襲佐領」とし，のちのシデン・ニル（公中ニル）を「流水佐領」・「公缺佐領」・「公衆佐領」などとしている。同一ニルを指す名称について異なる漢語訳を用いており，この時点では，漢語訳はまだ統一されていなかったことが分かる。

表の正黄旗漢軍四十二ニルは，雍正七年（1729）フジュリ・ニル合計五個，ジャラン・ハラメ・ボショロ・ニル合計十四個，テオデンジェヘ・ニル合計四個，シデン・ニル合計十九個の四分類だが，実際はフジュリ・ニル，テオデンジェヘ・ニル（互管ニルがふくまれる），シデン・ニルの三つに分類されていたことが分かる。この正黄旗四十二ニルは，のちの乾隆時代になると二つ減って，合計四十個になる[64]。そのなかの耿氏一族は，当初，五つのニルに分かれ，雍正二年（1724）に，二つのニルがフジュリ・ニルに認定される。しかし，耿景のニルは雍正九年にシデン・ニルに認定され，乾隆二年（1737）にジャラン・ハラメ・ボショロ・ニルに認定される。耿溥のニルは，雍正十一年にジャラン・ハラメ・ボショロ・ニル，乾隆三年にフジュリ・ニルに再認定さ

表 7-1 『正黄旗漢軍四十二個佐領縁由冊表』(雍正七年)

佐領名	設置年	編設地域・人	佐領の種類	番号
耿溥	康熙22	康熙20年奉旨賞給多羅額駙品級耿昭忠和碩額駙兼太子太保耿聚忠養贍家之佐領5個	福住里佐領	001
熊季堯	崇徳7	遼東広寧衛壮丁	世代承襲之佐領	002
金瑞衡	崇徳7	奉天鉄嶺衛蓋州馬家湾大凌河花百村等処壮丁	世代承襲之佐領	003
李洞徳	天聡4	曾祖宜哈納戸下壮丁併養堡壮丁編設之佐領	世代承襲之佐領	004
金興祚	崇徳7	初次係高祖金玉和管理	世代承襲之佐領	005
栢彬	順治3	18員官並戸下壮丁	互相管理佐領	006
李裕徳	康熙22	原係広東孔有徳属下辺元管理康熙22年進京	流水之佐領	007
邵祥	崇徳7	原係寧遠州鉄嶺広寧衛蓋州等処之人	流水之佐領	008
閻光国	康熙22	原係耿精忠管下的1千兵調征雲貴等処平定之後儘存383名	流水之佐領	009
耿景	康熙20	係康熙20年蒙恩賜伯父多羅額駙耿昭忠和碩額駙加太子太保耿聚忠養贍家口之佐領5員	福住理佐領	010
張本堪	天聡4	盛京鉄嶺衛巡官屯壮丁編設者	世代承襲佐領	011
馬世燉	崇徳7	係伯族馬汝龍于崇徳七年初次編授佐領	世代承襲佐領	012
趙裏	崇徳2	盛京鉄嶺衛蘇老屯等処壮丁編設之佐領	互相管理佐領	013
伊什泰	康熙18	康熙18年広西孔有徳属下之佐領	流水佐領	014
楊滋芸	崇徳7	統順公瀋志祥帯領盛京東寧衛壮丁編設之佐領	流水佐領	015
祖士鎔	崇徳7	曾祖副都統祖可法原係大凌河壮丁編設此佐領	流水佐領（貼字：公中佐領）	016
左宏鋭	天聡8	盛京煙狼寨之壮丁編設之佐領	流水佐領	017
楊光祖	崇徳7	盛京沙河堡	公衆佐領	018
耿昱	康熙20	康熙20年奉旨賞給多羅額駙和碩額駙品級耿昭忠和碩額駙兼太子太保耿聚忠佐領5員養贍口	福住理佐領	019
趙文煥	崇徳7	瀋陽広寧蓋州等処壮丁	世代承襲佐領	020
祖応奎	崇徳7	総兵官祖大寿帯領8百属下家人投誠	世代承襲佐領	021
于良輔	崇徳7	盛京鉄嶺壮丁	公衆佐領	022
黄霖	順治5	随夢庚帰順之人員	公衆佐領	023
王栄祖	崇徳7	將杏山熊関屯蓋州張廓島等処壮丁	公衆佐領	024
馬謙	崇徳7	係総兵官祖大寿在奉天錦州帯来壮丁編設佐領	公衆佐領	025
馬必栄	康熙22	係福建耿精忠所属之壮丁（康熙22年編入鑲紅旗，康熙37年撥入正黄旗）	公衆佐領	026
耿治	康熙20	康熙20年奉旨賞給多羅額駙和碩額駙品級耿昭忠和碩額駙兼太子太保耿聚忠養贍家口佐領5員	福住理佐領	027
祖応宣	崇徳7	係曾祖祖大寿同族弟祖大晉帯領属下壮丁在錦州通称	世代承襲佐領	028
李佩徳	崇徳7	原係祖代都帯領家人及本堡壮丁	世代承襲佐領	029

佐領名	設置年	編設地域・人	佐領の種類	番号
李景唐	崇徳7	曾祖李思忠帶領本族及戸下家人鉄嶺前堡属下壮丁数名蒙太宗皇帝賞編此佐領	世代承襲佐領（歴次補放具奏倶係福住里佐領）	030
張松齢	崇徳2	初編時放張仲第管理	三姓之佐領	031
金継祖		原係二等阿達哈哈番徐国俊管理	公缺佐領	032
劉瑛	順治8	原係奉天臺軍	公缺佐領	033
蒋炳賢	順治3	隨左良玉在湖広投誠官陳尚智等18員編設	公缺佐領	034
耿化祚	康熙20	康熙20年奉旨賞給多羅額駙和碩額駙品級耿昭忠和碩額駙兼太子太保耿聚養贍家口佐領5個	福住里佐領	035
李林森	崇徳7	初編時李献歳管理	世代承襲之佐領	036
周大庸	崇徳7	係伊伯祖査痘章京周国佐原籍遼陽人。崇徳7年帶領沙河堡壮丁編設	世代承襲之佐領	037
左世英	順治4	伊祖左夢庚於故明時在湖広為帥順治元年在巴圖祿王前投誠授為一等精奇尼哈番於順治4年因家下壮丁甚多請奏將本家壮丁編設者	世代承襲佐領	038
李世鷥	崇徳7	祖李茂係鉄嶺人，帶領蓋州，熊関屯，高家堡三処人編設。	頭登者合佐領	039
劉瑜	崇徳7	奉天，鉄嶺，寧遠州，蓋州三処人編為一個佐領	流水佐領	040
王銓	康熙22	係広西孔有徳属下李連春管理	流水佐領	041
祖奎	順治10	係奉天錦州人祖澤淳，於順治7年由一等侍衛放本旗副都統。於順治10年内奏請將本家壮丁編設	流水佐領	042

れることになる。このほか三つのニルが雍正九年にシデン・ニルに認定され，のちの乾隆三年にまた三つのシデン・ニルがジャラン・ハラメ・ボショロ・ニルに再認定される[65]。

　いっぽう，正藍旗漢軍佐領佟鑛ニルの場合は，もともとフジュリ・ニルだったが，乾隆五十年（1785），旨によってシデン・ニルと認定された[66]。ようするに，直系の子孫の有無が重要な根拠となったのである。

　乾隆十五年（1750）の資料によれば，「ジャラン・ハラメ・ボショロ・ニルの佐領の缺員が出れば，官を承襲する根源のなか（家譜）から任命すべき者を選別して任命する」[67]。ある家が「私的所有」するところの権利が重視されている。いっぽう，シデン・ニルの佐領は「缺員が出れば，おのおのの世職の官員・部の郎中・員外郎・侍衛より任命する」[68]。こちらは「公的・公衆的」な側面をもつ。

以上，ニルの分類が時代によって異なるのは，ニルの根源に関して，次々に出現する事例に対応し，雍正時代から乾隆時代にかけて，ニルの認定基準に，新たな「条例」が付加されたためであった。ただ，雍正時代のそれは，上諭などに散見されるに過ぎず，成文法としてまとめられたものは，管見の限り残っていない。のちの乾隆時代のような「条例」はまだ制定されていなかったのだろう（乾隆帝は即位と同時に八旗ニルの根源をあらためて調査し始め，乾隆三十年（1765）には，ニル佐領の再認定の基準が確定される。すなわち，本章冒頭で触れた『六條例』と『佐領揀放則例』などがそれである。詳細は別の機会に論じたい）。

　雍正帝が追い求めたニル社会の理想とは，佐領がニルの人々を立派に育て，ダイチン・グルンの永遠の太平を保持する状態であった。そのためにニルの現状を掌握し，佐領の根源を徹底的に調べ，八旗社会の統制をはかったのである。

おわりに

　本章で考察してきた佐領承襲の歴史をいまいちど要約するならば，次のごとくである。

①ニルは，ヌルハチ時代から条件付きで継承していくものであり，その起源は，天命年間に勅書を発給することからはじまった。ホンタイジの天聡五年（1631）に「功臣職世襲例」が制定され，能力主義によって世襲権が獲得されるようになる。さらに，天聡八年以降，勅書にニルの起源や功績の記載が命じられ，詳細な規定がなされた。順治年間には正位と陪位の候補者の順序が定められ，大きな転換をむかえる。

②入関前のニルは内ニルと専管ニルに分類された。内ニルはハンと諸王が率いるニルを指し，専管ニルは一部の宗室をふくむ異姓大臣らが率いるニルを指した。専管ニルはのちに漢文で永管ニルとも称され，さらにその一部は勲旧ニルに認定された。

③康熙時代になると、ニルは原管ニル・世承ニル・湊編ニルに分かれ、それぞれ承襲条件が定められた。これが雍正時代のニル分類の原型となり、やがてフジュリ・ニル（原管ニル＝勲旧ニル）、ジャラン・ハラメ・ボショロ・ニル（世承ニル＝世管ニル）、テオデンジェヘ・ニル（湊編ニル＝互管ニル）、シデン・ニル（公中ニル）という分類が現れる。

なお、一族の「家」がニルをいかに維持していくのか、その原理となる「長幼秩序」はどの時期に形成されたのかという点については、今後、さらなる検討を重ねていく必要があるだろう。

注
1) ニルの分類に関しては、つとに鄭天挺（1943）が『清史稿』や『清朝通志』・『清会典』などの記載にもとづき、佐領について指摘していた。陳佳華・傅克東（1981）や傅克東・陳佳華（1988）は『歴朝八旗雑檔』・『世職譜檔』などを利用するが、分類の歴史をきちんと整理せずに論を進めたため誤りが多い。梁希哲・孟昭信（1991）は「旗分牛彔と包衣牛彔」の二大分類をもってする。また、楊海英（2004）は北京大学図書館所蔵の『清代世管佐領接襲宗譜』（一函十件）を中心とする論考だが、資料の来源と『清代譜牒檔案』との関係という根本的な問題を論じていない。
2) ニルに関する法令はいずれも、刊本として出版されることはなかった。『六條例』については、石橋崇雄（1992）・綿貫哲郎（2003b）を参照。表題は漢文で、内容はマンジュ語の写本である。『佐領揀放則例』と『値年処奏准世管佐領世職官員襲職条例』（『六項条例』・『六條例』と内容は一致する）の一部分は、『欽定大清会典則例』巻一百七十五「八旗都統、授官、世襲佐領」、『欽定理藩院則例』巻四「襲職下、承襲佐領世職等官、附載：承襲佐領世職等官条例」、および八旗に関する歴史書である『欽定八旗通志』「旗分志」にも引用されている。なお、『佐領揀放則例』は細谷良夫氏のご提供による。この場を借りて謝意を表する。
3) 八旗ニル佐領の根源冊と執照についての研究は、日本の研究者によって先鞭がつけられた。三田村泰助（1945）・細谷良夫（1968）(1971)(1977)・神田信夫（1978）参照。なお、三田村泰助（1945）の「清太祖実録の纂修」は、羽田亨所蔵の「hulun buir bai jalan halame bošoro nirui janggin batma i temgetu bithe（フルン・ブイル地方の世管佐領バトマの執照）」を用いて世管佐領の執照を紹介したもので、世管佐領に関する最初の研究である。中国では、傅楽煥（1955）のほか、呉元豊・趙志強（1983）によるダグル・シベ佐領の起源についての専論がある。このほか、遼寧省檔案館所蔵の「承襲譜」に関する考察として、沈微（2002）・楊海英（2004）がある。
4) 遼寧省檔案館の何栄偉氏の調査によると、大連図書館には「kubuhe suwayan i manju

gūsai mukden i nirui janggin seltu i bošoho jalan halame bošoho nirui temgetu bithe（鑲黄満洲旗盛京佐領セレトが承管した世管ニル執照）」（乾隆十三年）と題する資料が存在する。

5）『八旗都統衙門・職官』案件号：211。表題は漢文で，内容はマンジュ語の写本である。
6）『八旗都統衙門・宮中』案巻号 66, 全宗号 4。題名は満文で「ninggun hacin kooli（六條例）」, 内容はマンジュ語で書かれている。
7）「佐領根源冊（nirui sekiyen i cese）」と題する冊子類も存在する。「cese（冊）」は中国語の借用語で，漢字の「冊子」のマンジュ語による音訳である。
8）マンジュ語の「temgetu（証明書・執照）」に関しては，『御製清文鑑』巻二, 5a に「すべての印鑑を捺した書・図書・標記をともに temgetu という。また siden temgetu（証拠）と併せて言うのである」と解釈されている。
9）『欽定大清会典則例』巻百七十五, 八旗都統, 授官および『欽定八旗則例』巻一, 忠部職制, 承管佐領
10）綿貫哲郎（2003）では「根源冊は雍正十一年五月に初めて雍正帝によって作成が命じられた」と述べられている。
11）正白旗第一ジャラン・第七ニルから第十七ニルまで，全十一ニルの根源が記され，満漢合璧である。その漢文というのが，いわゆるモンゴル語直訳体白話風漢文に類する直訳体であり，ほかの資料に見られない用語がたくさんふくまれている。「雍正十二年三月二十日到」という文字が書かれており，同年の作成にかかると思われる。檔冊に「正白旗満洲都統之印」という騎縫印が捺されている。
12）カングリとカクドリについては，『八旗満洲氏族通譜』巻二十一, 那木都魯地方, 那木都魯氏を参照。正白旗満洲カクドリ・ニルに関しては，『八旗通志初集』巻五, 旗分志五, 八旗佐領, 正白旗満洲佐領, 第十五佐領および『欽定八旗通志』巻六, 正白旗満洲佐領, 第一参領第十五佐領を参照。
13）この三人については，『八旗満洲氏族通譜』巻二十一, 那木都魯氏, 明安図巴顔, 康武理および『八旗通志初集』巻一百五十二, 名臣列伝, 康果礼額駙を参照。
14）原檔では「gasha（噶哈思）」。マンジュ語で「禽」の意。
15）満文の「tongki fuka akū bithe」を漢文で「無圏点蒙古字」と訳している。
16）三田村泰助（1945）は，『満文老檔』が佐領執照のなかに引用されていることを指摘した。
17）『欽定八旗則例』（乾隆三十九年）巻一, 忠部職制, 承管佐領
18）『欽定大清会典』巻七十五, 工部, 都水清吏司
19）『欽定大清会典則例』巻一百三十六, 工部, 都水清吏司
20）『明清檔案』A95-49, 登録号：023740, 乾隆五年七月二十六日
21）同上
22）天命年間の世職制度については，松浦茂（1984）があり，「……その世職も天命元年当時のものであると考えたい」と推定している。
23）『満文原檔』第二冊, 張字檔, 天命六年十二月十八日, 309 頁（『老檔』太祖 I, 450 頁）
24）『満文原檔』第四冊, 寒字檔, 天命九年正月八日, 197 頁（『老檔』太祖 II, 891 頁）「ハ

ンは，(正黄旗漢人備御(備禦))チェンワンウイ (Cen wan ui) に父の功 (gūng) によって備御を授けた。勅書に代々功績を断たないと書いてあるぞ。穀物を盗んだに違いない。盗まなかったのであれば，リイジヒヨが尻を打ったとき，汝はなぜ訴えなかったのか。穀物を盗んだ罪は父の功績により免じた……」。

25) 登録号：219820，「老満文誥命」天命十一年，絹本，横144cm×縦58cm，台北中央研究院歴史語言研究所蔵。この誥命を初めて紹介したのは李光濤主編 (1959) である。その後，李学智が翻字および中国語訳を試みたが，「sajin＝šajin (法・法規・法度)」を「sacin (砍・殺＝斬る・殺す)」と誤って判読した。「šajin i gamambi」の「i」はここでは具格になるので，日本語の「〜で，〜により」に相当する。「sacin」は名詞としては存在しない。確かに「-n」はマンジュ語の名詞語尾になる場合が多いが，もし「sacin」を名詞とするなら，「sacire」以外はあり得ないので，「砍・殺＝斬る」という訳には同意できない。初期の無圏点満文檔案では「šajin i gamambi」という用例がいくつか確認できる。このほか「lio fung ciyeng」を「劉鳳清」とするが，その根拠を示していない (李光濤・李学智 (1973) 図版壱参照)。ちなみに，左に貼り付けられた紙の上に書かれている漢文は，勅書の内容と関係がない。勅書の原稿は旗ごとに分類され，『満文原檔』第四冊，黄字檔，348-427頁 (『老檔』太祖III，999-1065頁) に採録されている。このほか北京の中国第一歴史檔案館にも同様の勅書原物一通が所蔵されている。

26) 世職・官位である備禦に関する研究として，松浦茂 (1984) および谷井陽子 (2004) があるが，いずれも備禦と佐領の関係について明らかにしていない。杉山清彦 (2004) は「ニル・世職の領有・継承」のなかに「一族世襲するばかりでなく属下・家人に管理を代行させるなど，私属性の強いものであった」と指摘する。第10章注3も参照。

27) 『満文原檔』第六冊，秋字檔，天聡三年十二月九日，372-373頁に「Indahūci には遵化城で戦死したので備禦の職を与えた」とある (『老檔』太宗I，268頁)。

28) 『満文原檔』第六冊，秋字檔，天聡三年十二月十日，373頁 (『老檔』太宗I，268頁)

29) 『大清太宗実録』(順治版) 巻七，天聡五年六月二十一日，『大清太宗実録』(乾隆版) 巻九，天聡五年六月癸亥条，『大清会典』(康煕版) 巻十三，吏部十一，験封清吏司

30) 『満文本清太宗檔冊―実録残本？』天聡 (年月日不詳，台北中央研究院歴史語言研究所蔵) と書かれている。本文の後ろに天聡六年の錦州攻略の記事があるから，天聡五，六年の檔冊であろう。その一節に「汝の父であるサムシカが病死したので，汝らのニルイ・ジャンギンに加えて，汝を三等ジャラン・ジャンギンとした。このほか一級を加えて三度世襲させる。アタンが病死したので，弟のボスヒがまた三等メイレン・ジャンギンを世襲した。また六度世襲させる。アバタイが病死したので，子のグイェンがこのニルの半ジャンギンを世襲した。戦死すれば承襲する。病死すれば承襲しない。これらの勅書を吏部員外郎ニングリ，クワジャが五日に送ってきて書を作り捺印して，当日ニングリ，クワジャに渡した。彼らが併せて持っていた」とある。にもかかわらず，綿貫哲郎 (2003b) が「本稿で指摘しておきたいのは，本来ニルは継承されていくものではなかったという事実である」と断言するのは問題がある。

31) 『満文内国史院檔』天聡八年四月初八日

32) 『大清太宗実録』巻十八，天聡八年五月壬寅条

33) 『満文内国史院檔』天聡八年二月三十日，『欽定八旗通志』巻七七，土田志十六
34) 『満文内国史院檔』天聡八年十月初九日，112-116頁，天聡八年十一月十三日，119-121頁参照．
35) 『満文内国史院檔』天聡九年六月二十九日，崇徳三年六月二十九日，崇徳四年四月二十一日を参照．漢文訳は『内国史院檔訳』上，天聡九年六月二十九日，176-177頁，崇徳三年六月二十九日，321-323頁，崇徳四年四月二十一日，414-415頁
36) ニルの分類について，最初に注目したのは安部健夫で，「八旗満洲ニルの研究」において，ニルは家のニル（あるいは内のニル，booi niru, delhetu）と世ニルであるとした（安部健夫（1971）370-59頁参照）．安部はのちに，雍正帝の三分法の「世佐領」・「襲佐領」・「公佐領」がそれぞれ専管ニル・永管ニル・公中ニルを指すとした．また『大清会典事例』（嘉慶版）巻八百三十七，八旗都統では，佐領を①勲旧佐領，②優異佐領，③世管佐領，④公中佐領，⑤互管佐領，⑥族中承襲佐領に類別していることを取り上げ，専管ニル＝世佐領＝勲旧佐領だとしている．たしかに入関前の専管ニルが後に勲旧ニルに認定される事例が漢文史料では見える．しかし，のちの認定の変更により世管ニルに認定される事例もいくつか見られ，専管ニル＝勲旧ニルとは一概には言えない．勲旧ニルのなかでもさらに優異勲旧ニルに分けられる．「襲佐領」というのは雍正時代の「世管ニル」，すなわち，マンジュ語の「jalan halame bošoro niru」であって，永管ニルではない．永管ニルはマンジュ語では「enculebuhe niru」を用い，専管ニルに等しい．専管ニルに関する研究は，阿南惟敬（1975）・陳文石（1991）・梁希哲・孟昭信（1991）・杜家驥（1998）がある．このなかで特に杜家驥（1998）の第一章「異姓功臣勲戚之分封」が「異姓分封」という観点から独自の見解を述べており，注目に値する．増井寛也（2006）は専管権に関する実証的で示唆に富んだ研究である．ニルの類別については郭成康（1985）があり，ニルを領属関係から「外ニル，内ニル」に分類し，世代管理によって「永管ニルと公中ニル」に分類する．このほか李学智（1974）は，「清初八旗制度初創時期的幾種牛彔」の一節において「内牛彔」と「専管牛彔」に分類する．
37) 『満文内国史院檔』天聡九年正月十九日と『満文原檔』第九冊，満附三，天聡九年正月二十三日，51-53頁（『旧満洲檔訳・天聡九年』1，40-42頁）参照．杜家驥（1998）によれば，当時専管ニルを五十八個独立させたが，そのなかに宗室のニルは十二個，半ニルが一個あった．その大半の四十六ニルは異姓のものが専管していたという．
38) 大連図書館所蔵の檔案（題名なし，おそらくニル根源に関する執照であろう）参照．そこに「実録には，スワン地方の主であるソロホが自分の属民（jušen irgen）を引き連れて来到したので，ソロホの子であるフィオンドンを第一等大臣とした．チャカニーニル，ウイチーニル，ウライーニルを専管させたとして，勲旧ニルであると議したので，これから……（以下缺）」とある．
39) 八旗における主属・主従関係については，杜家驥（1998）「宗室王公與旗人主属関係的残留及其政治影響」および杉山清彦（1998）（2001a）（2001b）がある．
40) 『満洲旗承襲世管勲旧佐領家譜』（道光四年十二月十六日）参照．
41) 『満文原檔』第九冊，満附三，天聡九年三月十日，109頁（『旧満洲檔訳・天聡九年』1，86-87頁）と『大清太宗実録』（乾隆版）巻二十三，天聡九年三月庚申条

42) 梁希哲・孟昭信（1991）は「永管ニルのうちに専管ニルがある」としている。これは誤りである。
43) 『内国史院檔訳』中，順治元年六月二十一日，28頁
44) 『欽定大清会典則例』巻一百七十五，八旗都統
45) 『康熙起居注』第三冊，1866頁［康熙二十八年四月二十二日］
46) 「ubu」については，『御製清文鑑』巻七に「ubu, faksalame neigen goibuha/ ton be, ubu sembi;/（ウブというのは，分けて均しくして与えたことをウブというのである）」とある。『清実録』では漢文で「分」という訳語を用いている。意味は「分け前・資格」であり，本章では「資格」を用いることにする。
47) 『康熙起居注』第二冊，1285頁［康熙二十四年二月初九日］
48) 『康熙起居注』第二冊，1024頁［康熙二十二年六月十七日］。スンダリのニルについては，『欽定八旗通志』巻十旗分志十，八旗佐領十，鑲白旗満洲佐領によれば，もともとは無根源公中佐領で，乾隆四十三年に族中承襲佐領と認定された。彼の伝は『欽定盛京通志』巻七十二，国朝人物八，鑲白旗満洲，遜達礼を参照。
49) 『大清聖祖実録』巻二百八十一，康熙五十七年八月辛酉条
50) 『大清会典』（康熙朝）巻八十一，兵部一，八旗官員陞除
51) 『雍正全訳』下冊，（佚名）奏繳諭旨摺，雍正四年，1436-1437頁
52) 雍正帝と諸王らとの関係については，宮崎市定（1950）・楊啓樵（1981）・馮爾康（2001）などがある。
53) 馮爾康（2001）第九章「改革旗務和処理満漢矛盾」347-376頁
54) 『大清世宗実録』巻十一，雍正元年九月壬寅条
55) 『雍正全訳』上冊，和碩裕親王保泰等奏議補放未成年佐領応入選協理摺，雍正元年九月二十三日，375頁
56) 『雍正全訳』下冊，盛京将軍噶爾弼奏請選賢能者補授公中佐領等缺摺，雍正四年正月二十九日，1263頁
57) 『大清世宗実録』巻四十一，雍正四年二月辛卯条
58) 『上諭八旗』（満文版）雍正五年八月二十七日，『雍正朝起居注冊』（第二冊，1438-1440頁）雍正五年八月二十七日，および『大清世宗実録』巻六十，雍正五年八月の条を参照されたい。それぞれの内容には相違が見られる。たとえば，『雍正朝起居注冊』では「太祖，太宗」，「世佐領，襲佐領，公佐領」と書かれたところが，『大清世宗実録』では「太宗」，「原管佐領，世管佐領，公中佐領」とされる。後者は満文ではそれぞれ「fujuri niru」，「jalan halame bošoro niru」，「siden niru」となる。起居注と実録では異なる漢訳がなされているのである。このほかの関連資料としては中国第一歴史檔案館訳編（1998）下冊，1436-1437頁にも同じ内容の文章が見られるが，年代は雍正四年二月二十三日としており，上掲資料より一年早い。八旗に関するさまざまな問題は，雍正初期から改革が始まったことをうかがわせる。
59) 『雍正全訳』下冊，齊齊哈爾城正紅旗佐領那蘇理奏報自薦書，雍正六年十一月十九日，1678頁
60) 『雍正朝起居注冊』第四冊，3308-3309頁［雍正七年閏十一月二十六日］および『欽定

『八旗通志』巻二十八，旗分志，正藍旗漢軍佐領
61)　『正黄旗漢軍四十二佐領縁由冊』
62)　『明清檔案』A84-84，乾隆三年八月九日
63)　『欽定八旗通志』巻二十三，旗分志，正黄旗漢軍佐領
64)　同上資料に「正黄旗漢軍参領所屬勲旧佐領は二員，世管佐領十五員，族中承襲佐領二員，互管佐領一員，公中佐領二十員」とある。
65)　同上資料に「[謹案：此佐領，原係耿昭忠因随伊祖投誠人等，均各無養贍。具呈兵部，代請口糧，特旨，編立五佐領之一。雍正二年，経耿化祚呈請，作為<u>福朱里佐領</u>。雍正九年，議奏作為<u>公中佐領</u>。雍正十三年，耿景降調以馬文徳管理。乾隆二年，因耿化祚控辨，復奏准，作為世管。乾隆二十五年，奉旨，定為<u>公中佐領</u>。] 第一参領，第五佐領，係康熙二十年編設，初以傅裕國管理，傅裕國故，以一等侍衛兼鑾儀衛冠軍使耿公忠管理，耿公忠故，以耿耀管理，耿耀縁事革退，以耿溥管理，耿溥故，以馬兵富昌管理。[謹案：此佐領，係耿昭忠・耿聚忠因所屬家口人衆，分編為五佐領。<u>雍正十一年，作為世管佐領</u>。乾隆三年，奏定為勲旧佐領。又乾隆三年七月二十九日，正黄旗漢軍都統奏：臣旗耿姓三箇公中佐領，奉旨，改為世管佐領。其佐領下人等，應作為属下，或作為另戸，恭請欽定。奉旨：此佐領照前所降諭旨，仍作為<u>世管</u>，其佐領下人等，倶實係另戸。著暁諭伊等知之]」とある。
66)　『欽定八旗通志』巻二十八，旗分志，正藍旗漢軍佐領に「[謹案：此原係勲旧佐領，明阿善故，後無嗣。乾隆五十年，奉旨，作為公中佐領]」とある。
67)　『正黄旗漢軍設立官兵』
68)　同上

第8章　掌握される戸口
―― 戸籍台帳の作成と管理 ――

はじめに

　ダイチン・グルンの民衆は，いっぱんにその身分および統轄される機関によって，民人と旗人に分けられる。周知の通り，民人はふつう，省・府・県などの行政機構によって管理されており，旗人は八旗の各都統衙門の管轄下にある。八旗は，その軍事機能上，「猶周の六師，漢の羽林，唐の府兵のごとし」[1]と喩えられるが，いっぽうで，「猶天下の省のごとく，郡・県之を階となす。ただし八旗は参・佐領を設け，また隠然として一旗は一省となし，一参領は一府となし，一佐領は一県となす」[2]ともいう。つまり八旗は軍事組織であると同時に，省・府・県といった行政機構に似通うと述べるわけだが，実際には八旗の長官たる参領・佐領のほとんどは世襲であり，彼らが統轄する部下の旗人は，おもにジュシェン（隷民）[3]やハランガ（属民・領民）を中心に構成され，州・県とは大きく異なる点があった[4]。また，前章で見たように，参領・佐領の世襲の正当性を証明するために，ニルの長官たる佐領のルーツを調べるニルの根源冊が作成されていた[5]。すなわち，佐領は，特殊な事例を除いて，一般にはニルを管理した人の子孫もしくは兄弟でない限り，そのニルを管轄する権限をもたなかったのである。
　いうまでもなく，ニルは八旗のもっとも基本的な組織だが，この共同体で生活している人のなかには，戦闘をおもな任務とする戦士集団のほか，彼らと身分を同じくしない――官職に任じられず，使臣として選ばれていない――旗人[6]，すなわち「閑散」のグループや，戦争や罪過によって旗人の所有に帰せられたアハ（家来）のグループもいた。こうした旗人たち以下すべての管理監督を強化するため，中央では戸部によって全八旗の人口総数が掌握されてい

た。まさに「戸部檔案は八旗人丁の総体である」[7]といわれる通り，八旗に所属する人口は戸部が統轄し，その人口調査の帳簿は戸部に所蔵されていたのである。

八旗という共同体では，旗人同士は平等であり，民人と異なり，生活待遇・法律裁判などのさまざまな面で独自の体制をもち，優遇された。その意味で排他的な共同体でもあった。ではこの八旗のなかで，人々はいかなる生活を送り，その人口はいかにして把握されていたのか。ここでは筆者が以前より資料収集・研究を進めてきたダイチン・グルンにおける八旗の戸口編審[8]を主として，旗人の戸口調査に焦点を絞って考察してみたい。

この八旗戸口の問題に対し，これまでもっとも早くに専門的な研究をおこない，多くの有意義な見解を提出したのは，日本の細谷良夫である。細谷は1963年に発表した「八旗審丁戸口冊の成立とその背景」のなかで，雍正五年（1727）に審丁戸口冊が，雍正十二年に養子開戸檔が成立したように，雍正年間に八旗に対する一連の戸口身分改革が推し進められたことを明らかにした。さらに，八旗の編審改革の対象である旗人の経済基盤が旗地制度から月餉制度に移行したことは，重要な改革だと指摘した。

中国では，傅克東（1983）が八旗の戸籍制度の発展・変化を論じ，戸籍問題をとうじの社会問題の一つと捉えた。しかしながら，「八旗戸籍の最初の形式は，旗を戸籍単位とし，歴代受け継がれていたが，入関後，八旗は三つに分かれ，戸籍単位は二十四個になって，八旗都統がこれを司り保管していた」と指摘したにとどまり，八旗都統衙門と戸部の関係については触れていない。

孟昭信（1984）は，開戸について具体的な分析を進め，「開戸とはすなわち分檔開戸であり，八旗戸籍の一種であって，それは奴僕が元の戸主から放たれて別の戸口冊を立てることである」と指摘した。そして，「戸下とはすなわち奴僕の開戸以前の名称であり，奴僕は身分が低く，独立した戸籍がない。ただ本主戸の下に従属するだけなので，戸下あるいは家下と称する。そして別戸とは正戸から分かれた戸口だ」と説く。

このように孟昭信（1984）・傅克東（1983）は，八旗の戸口に対し，それぞれ異なった見解を示した。その後，劉小萌（1984）（1987a）（1987b）が先学の

研究成果を吸収するとともに，その誤りを指摘し，実証的分析によって戸口名称と身分問題の偏見を正した。そして八旗戸口の名称の概念を明瞭にし，独自の見解を提出している。ただ，上述の細谷と同様，劉の関心は開戸問題に集中しており，戸口の身分問題や戸口冊についての構成分析はなされていない。

したがって，本章では，手はじめとして，具体的な戸口冊（比丁冊とも称す）[9]を利用しながら，八旗の戸口編審制度の成立や，戸口の基本概念を整理・分析しなおすことにしたい。

1　八旗における戸口編審制度の成立

ダイチン・グルンの八旗戸口の研究は，こんにちに至るまで，主として皇族の戸口を射程とするのみにとどまっており[10]，八旗のもっとも根本的な基層をなすはずのニル社会の戸口については，皆無といってよく，一般旗人の戸口問題をきちんと正確に理解するには到底いたっていない。また，これまで八旗制度の成立や軍事権力の確立過程といったダイチン・グルン前期の八旗成立史のなかで叙述されることはあっても，旗の設置年代やその後の変遷，完成した段階での規模や人員の配置・職務内容・旗王の権力構造・姻戚関係などを論じるか，もしくは，ヌルハチ・ホンタイジ政権下の，八旗ニルの成立構造・旗王体制を指摘するかに過ぎず，それがもつ歴史的な意味を八旗戸口編審との関係，その戸口領有の具体的なあり方などの面から考察することはなかった。また個別の旗に関しても，政治・制度の研究がいくつかあるものの，じゅうぶんな蓄積がなされているとはとてもいえない。

国初のヌルハチ時代には，すでに大規模な征伐を進めるいっぽうで，戸を中心に随時編成がおこなわれていた。戸の領有は，マンジュ社会では重要な意味を有する。すなわち，力の象徴であり，国家形成の基本でもある。

ヌルハチ時代に初めておこなわれたニル編制の詳細は，今のところよく分かっていない。万暦二十九年（1601）からニルの再編成がおこなわれているが，『満洲実録』は次のように記す。

その年マンジュ・グルンの太祖スレ・ベイレ（ヌルハチ）は自分が集めた
人々を均しくして三百名の男丁を一つのニルとして，ニルごとにエジェン
（主）を設けた[11]。

　男丁を均等に分け[12]，三百名ずつ一ニルに編制した，というのである。その後ニル改革がおこなわれたのは，万暦四十三年（1615）十二月のことであった。『満文原檔』は次のように述べる。

　　スレ・クンドレン・ハン（ヌルハチ）は集めた多くの人々をみな均しく整え数えて，男三百人を一ニルとして，ニルに一人のエジェンを設け，ニルのエジェンの下に四人のジャンギン，四［#三］人のガシャン・ボショク（村の領催）を設けて，四人のジャンギンは三百人の男丁を（七十五人ずつに）分領してタタンを編制し，いかなることをするにも，どこにいくにも，四タタンの者が当番を定めて同じく務めて，同じくいかせた。「兵士の甲冑・弓矢・腰刀・槍・大刀・鞍・轡などのあらゆるものが悪ければ，ニルのエジェンを降格する。修理したすべてのものがよく，兵士の馬が肥えれば，ニルのエジェンをまた昇進させる」と規定し，すべてのことについてあらかじめ法例を定め，心得させて暮らさせた。三重の城を築造して城の門には信頼できる者を選び八大臣（アムバン）を出して，狩り・軍事にも連れていかず，城を守って村の一切のものを見張らせた。グルンから穀の公課を取ればグルンが苦しむとし，各ニルから男十人，牛四頭を公に出させて，空いた土地を耕させて穀物を大量に収穫し，庫を造り，その庫の穀物を記録して取ったり分配して与えたりする十六人の大臣，八人のバクシを設けた[13]。

　すなわち，ここにニルのエジェンなどの長官の権利と責務を規定し，さらに大臣・バクシ（儒者・博士）を設けたのである。

　この時代は，勢力拡大のために，周辺の集団に対し従属を求めて，徹底的に攻撃したが，その際に征服・獲得した戸口を連行，ニルに編制することが，常時おこなわれていた[14]。くわえて各村の人口を遍く調査する。

スレ・クンドレン・ハンの五十三歳の二月に，スレ・ハンは自分のグルンのなかで妻のいない者を各路の各村（golo golo i gašan gašan）でことごとく調べよと調べさせて，数千人に妻を与えたが，女が足りないので，庫の財を出し，妻を買って娶れと一人に二十，三十疋ずつの毛青布を与えた[15]。

万暦三十九年（1611）二月の段階で，村単位で独身男子の戸口を調査して，女を妻として与えているのである。さらに戦争で離散した家族が戻ってきた後，それぞれの家族や家来をすべて与えて，戸に編制することがおこなわれ，来降する者や捕虜のニルへの編入も広くおこなわれた[16]。また戦争で捕虜となった漢人を諸王に与えて，ニルにいる漢人らを統計にふくめるようになった[17]。

天命八年（1623）二月十六日には，ニルに属する男丁から穀物を徴収する命令が出て，戸口の数による税の徴収が法令化される[18]。これらの戸口はすべて八旗の諸王によって統轄されており，穀物を分配する際には，その都度ジュシェン（属民）の数を数えてそれにもとづき付与していたが，天命七年以降は，一緒に住むニカン（漢人）についても，ジュシェンと同じく口数を数えて与えるようになった[19]。

以上のように，ヌルハチ時代には，戸口調査が常におこなわれ，税の徴収や食糧分配の際に，戸口の数に依拠し，配下の戸口を掌握していたことは疑いない。しかし実際に，戸口に関する法例が整備され成文化に至るのは，ホンタイジ時代を待たねばならなかった。

ホンタイジ時代になると，明に対する攻略が激しくなり，特に戸口の略奪はいっそうすさまじいものとなる。天聡四年（1630）四月三十日には，ホンタイジは戸口に関して，次のように述べている。

　　わたくしは［＋金・銀・緞・］財を多く得た［#ところで，わたくしは］［＋とて］嬉しくない。人を多く得たところで［#わたくしは］喜ぶ。［＋金・銀・緞・］財というものは，消耗して［＋しまう］ものだが，人は［＋尽きるものではない］［#というのは］一人二人得れば，みなグルン

[＋の] 仲間となり，それに生まれた子供らは，[＋みな我らの] ジュシェンとなるぞ[20]。

財物より戸口の重要性を示唆するのである。それゆえこのとき，戦争で獲得した多くの戸口を隠すことを防ぐために，戸口の隠匿は盗罪にあたるとして，処罰することが定められている[21]。

さらに，同年十月には，八旗の戸口に関するより具体的な調査命令が出された。そして，それが以後の戸口調査の基準となっていく。

> 旨がくだされたこと。現在より男丁を統計するとき，総兵官・副将・参将・遊撃・備禦等がみな誓って，それからニルのエジェンが各自のニルの男丁を調べ数えよ。疑いがなく入った人を，各自の村でただちに処理せよ。除隊したい老人らおよび新たに編入する疑いのある子供らで，瀋陽に所属する者を，瀋陽に連れてきて引見せよ。東京に所属する者は，鞍山に連れてきて引見せよ。統計する際に，男を隠匿すれば，隠匿された男を没収する。男のエジェン（主）の罪を問う。ニルのエジェン，領催にまた罪を問う。ニルのエジェン，領催が知ったうえで隠匿すれば，先に隠匿した男ごとに五両の銀を取って罪を問う。そのうえでニルのエジェンの官をやめさせるかどうかを議する[22]。

ニルに編制された者は，実際には村に居住しており，それぞれの戸口については，ニルのエジェンと領催が調べたのである。この天聡四年（1630）のうちに，戸口編審について細かい規定がおこなわれた。それをまとめると，以下のようになる。すなわち，

① 壮丁の編審は規定の時期におこない，各ニルのエジェンが宣誓して，みずから統計すること。
② 編審はおもにニルを基本単位とし，その対象は男丁を中心とする。佐領と領催が調査の主たる責任者である。

さらに，天聡五年（1631）には六部が定められ，戸口調査が戸部によって掌

握されるようになった。天聡七年十二月二十二日に，漢人寗応元の上奏中において，この制度について次のように述べる。

> 壮丁の編審業務はすべて戸部でおこなわれており，戸部の審議が適切であれば，老幼とも徴発されても怨みはいたしませぬ。いにしえより現在に至るまで，十五歳未満の者は差役にあてず，年が六十歳になった者も差役にあてておりませぬ。我が皇帝は仁政を普く施されておられるのですから，どうして老幼を労わり憐れむ御心のないことがありましょうか。多くの大人(アムバン)が，老人の力が衰えようが頭が白くなろうがおかまいなしに，そのうえ老人に子供が何人いるかも考えず，一緒くたにして編入しているだけのことなのです。三，四人の息子がいてみな壮丁として奉仕しているのに老人は公務に去かずというのでは，民心は服しましょうか。息子が徴発されたうえに孫もまた徴発され，爺様だけ徴発されないというのでは，民情は苦しまないことがありましょうか。こんなぐあいに審査するのが公平なやり方でしょうか。伏して皇帝の裁可を乞いねがい申し上げます[23]。

このように，戸部による壮丁の編審にあたって，孫から老人まで家族全員が徴用されている実態に不平を訴えているのである。

戸口調査の目的は，戸口の総数を詳しく把握することによって，八旗の内部構成を改め，再編成をおこなうためでもある。たとえば二年後の天聡九年(1635)二月六日，カラチン・モンゴル人の丁数を調査して，内外すべて十一旗に編制，各旗にグサイ・エジェン（gūsai ejen）を任命した[24]。そして，「それ以外の残った壮丁を旧モンゴル旗に合編した」[25]。ここでは，おもにモンゴル八旗の再構成がおこなわれたのである。調査の基準は次のようであった。

> 丁数を調査する際，六十歳以下，十八歳以上とし，本地から連れてきたニカンは一家に幾丁いても全部数え入れよ。歩けない足の不自由な者，目が見えない盲人，物を持てない不器用な者などは数え入れるな。諸王・タブナン（婿）も誰でも，この調査のときに壮丁を隠匿して，後で何者かに告発されたならば，告発した者はその欲する場所に移し，隠匿した人を取り

第 8 章　掌握される戸口　321

上げ，法司が人を隠匿した罪に従って処置する。当該の十家のダルガから馬二頭を取り上げると法令を布告した。内外のカラチン・モンゴルの総計は一万六千九百三十二丁である[26]。

このときは壮丁，すなわち成年で，身体が丈夫な男子を中心に調査がおこなわれ，障害者は統計に入れないと規定されている。つまり，この統計は当時の戸口の全体の数字ではなく，健康な男子のみを対象としたものであった。そのおもな目的が戦力として使える男子を勘定・把握するためだったことは，明瞭である。成年男子はすべて八旗に編入され，戦士として勤務するという義務が課せられている。その意味で，八旗による戸口編審は，八旗社会の軍隊としての一面をよく示している。また，同じ天聡九年六月四日の記事にはこうある。

　バキラン，サムシカが四月二十二日に到着した。彼らが連れてきた男丁の数は二千四百八十三人で，これを新たに編制したニルに分与した。この帰附したフルハの人には，幼い者が甚だ多く，一つのニルに分与したフルハ人のなかで書に記入されていない幼い者は各約二百人いる。総計人口は七千三百二人……[27]。

バキラン，サムシカは黒龍江遠征の際，フルハの戸口を連行してきた人物である[28]。ここで特に注目すべき点は，戸口を統計する「書（bithe）」，すなわち檔冊類が当時すでに存在しており，そこに幼い者は記入しなかったということである。

ほかにも，ニルの人丁が増えれば領催を抜擢して佐領とする事例は，数多い。そして，「戦死すれば継がせ，病死すれば継がせない」というニル佐領の継承規定も，この天聡九年（1635）の記事に頻見される。

ニルの編制は，男丁中心に編制されたが，いっぽうで戸を中心に編制された事例も見られる。それは，外藩モンゴルに関するニルの編制である。崇徳元年（1636）十一月六日に，外藩モンゴルのニルを編制しにいったアシダルハン・ナクチュ，ダヤチ・タブナンが帰ってきた。彼らが持ってきた文書の言によると，このときの統計では，最低五十戸を一ニルに編制し，家の総数は合計一万

九千五百八十で，ニルの総数は合計三百八十四。さらに，それぞれの旗にいる男丁に鎧を被せて披甲を設け，戦士として八旗の一員であることを示したという[29]。

ところで，ダイチン・グルンの初期に作成された，現存する最初期の戸口冊だと思われるものに，「満文檔冊——投降明将戸口清冊（残冊）」と題される資料がある[30]。これは，二十六頁からなる満文で書かれた檔冊で，原冊は破損が激しく，黒く塗って削除したところが数ヶ所みとめられる。この資料を手がかりに初期の戸口冊の成立とその性質を具体的に考察してみよう。そこでは漢軍八旗の都統と佐領らの家族を旗ごとに分けて記しており，一部をマンジュ語から翻訳すると次のようになる。

　……
　鑲黄旗大臣馬光遠[31]の岳父一人，妻の兄の妻，妻の兄の子一人，嫁一人は北京にいる。
　鑲黄旗副都統馬光輝[32]の伯父一人，兄一人，兄嫁一人，妹二人，妹婿二人，妹婿の兄弟四人，彼らの妻ら四人，岳母一人，妹婿一人，妹婿の妻一人，彼らが遺わすアハ十三組，婿一人，姉の子二人，使用人のアハ二十六人，婿一人，姉の子二人，嫁二人，娘一人，□□□婿の兄一人，母一人，妻二人，使用人のアハ□□いる。
　□□副都統ウリャンフの妻リオシ□□ウグウェグイ，嫁ジャンシ，タンシ，孫娘一人，シヨオダジェ□□二人，ウリャンゾ，妻王氏，ウリャンシャンはみな山海関にいる。
　鑲黄旗守備リオヴェンデの父リオダペン，母劉氏，娘サンジェ，□リオヴェンサン，リオズ，ホシャン，弟シヨオシンサン，リジュ，エルハン，母方の叔父リオインヴェン，リオインジョオ，彼らの母劉氏，姉の養子チェンジュはみな山海関にいる。家のアハらを入れなかった。
　鑲黄旗大凌河の革職された守備ジョオズンコの兄ジョオズンジェ，兄嫁トゥン氏，兄の子ジョオユンチェン，パンブドゥン，嫁ビン氏，娘シヨオエルはみな山海関にいる。

鑲黄旗松山の守備ワンルイ，弟ワンデルン，弟嫁タン氏，妹□ロオ，妹婿一人シオイエル，妻の弟パンエル，妻□氏はみな山海関にいる。

鑲黄旗□山の守備リオイオザイの妻の弟ルジンスン，ルイオデ。

鑲黄旗□山の守備フダシェオの母方の叔父一人，叔父の妻張氏，娘シヨオダジエはみな山海関にいる。

鑲黄旗錦州の守備王国棟，妻趙氏，息子三人，嫁二人，娘三人，孫三人，家のアハ九人，息子，娘合計四人。

鑲黄旗佐領であるワンデンジャの母一人，弟一人，妹の夫，妻の叔父二人，一人は宦官であり，一人に妻がいる。家のアハ九人，女九人がいる。小さい子供の数を書いていない。

鑲黄旗大凌河の副都統祖沢洪[33]の家の丁，ズシンイ，ジャンウ，バシ，ズウショら，また五人がおり，名前は知らない。山海関にいる。

鑲黄旗副都統祖沢洪の驍騎校，グシャンズンの妻ジ氏，男ホシャン，家の丁リダの夫妻は山海関にいる。

鑲黄旗副都統祖沢洪ニルの大凌河のマジンシャンの兄，マジンズ□，マジンチェン，兄嫁ジョオ氏，兄の子五人，マイグイ，マイユワン，マニコ，マイジオイ，マイフン，嫁二人，劉氏，シェン氏，娘二人，娘婿二人，ジョオヴェンリ，ヤンビンチはみな北京にいる。

……

正黄旗錦州の総兵官祖大寿の家のアハは山海にいる者は十六人，永平府にいる者は八人，北京にいる者は八十五人で，合計百九人。

……

　ここにあがっている都統・佐領らは，いずれも天聡八年（1635）から崇徳元年（1636）にかけて降伏してきた明朝の武官で，そのうち馬光遠と馬光輝は実の兄弟，それぞれ崇徳四年に鑲黄旗のグサイ・エジェンと副都統に任命された。祖沢洪が鑲黄旗の副都統に任命されたのは，崇徳七年のことである[34]。こうした事実からすれば，崇徳七年から順治四年（1647）の間に作成されたものと見てよい[35]。上に挙げたように，この戸口冊には所属の旗・官職・名前・兄

弟・妹，さらには妹婿・岳父・岳母などの姻戚，彼らが居住している場所などが明記されている。なかでも家族統計において，妻の兄弟らも併せて，各副都統の家のアハらと宦官も戸口として書かれていることが興味深い。また，幼い子供の数を書かないという方針は，依然として守られていたことが分かる。

以上の事例により，ダイチン・グルン初期の戸口冊は，少なくとも軍隊供給のために造られた男丁のみ編審する冊と家族構成などをふくむ戸口冊の二種が作成されたと考えられる。

さらに，崇徳年間の多くの事例によって，その調査は領催が責任をもって進め，最後に佐領が検査・チェックをおこなったことが分かる。たとえば，

（崇徳三年五月十日）正白旗リテェンクイ（Li tiyan kui）・ニルのフンデボショク（領催）であるトゥンジウェン（Tung ji wen）に対して，彼自身のニルのピインセ（Pi ing se）[36]，トゥンヤンチ（Tung yan ci）[37]，ジャンチ（Jang ci）の三人が，トゥンジウェンが一人の男丁を隠匿して，檔冊に記入せず，貢賦にも入れていないと法司に告発した。調べたところ，男丁を隠匿して檔冊に記入していないことは事実であったので，トゥンジウェンを鞭三十，隨丁銀五両に罰する。佐領であるリテェンクイについては，調べていないことに対して，相当する罪を問い，隨丁銀五両に罰し，みな処罰した[38]。

これは，領催が具体的な戸口統計をおこない，誤りがあれば領催と佐領が責任を問われたことを示すものにほかならない。崇徳三年（1639）の段階では，このような事件が頻繁に起こっていたらしく，領催がニルの男丁を隠匿していた場合，佐領と領催の責任を告発すれば，告発者はこのニルから離れると同時に，褒賞を与えられた[39]。

2 八旗戸口編審の実態

八旗の戸口編審は，おもに成年男子を中心に，三年ごとに一度調査がおこな

われていた。康熙二十三（1684）年八月十八日の鎮守黒龍江等処将軍サブス・副都統オンダイ・ヤチナらの文書に，次のようにある。

> 康熙二十年に調査した檔子に記録してから，今ではもう三年たった。調べ数えた年に従って京城・ムクデン・江寧などの省に駐するマンジュ・モンゴル・漢軍都統，将軍・副都統らに伝えて，各自の佐領・驍騎校・小領催らに委ね，家ごとにマンジュ・モンゴル・旧漢人・来投漢人を詳細に例の通りに調査し，男丁の数を明確に記録して，九月十五日まで，ことごとく収め取って檔子に記録したい，と（黒龍江将軍らが）上奏したところ，旨に「議した通りにせよ」と書が届いた。ここに兵隊として来た将兵の家族がなおすべて引っ越していないので，我らがここで□入るべき男丁を疑われるように数えてはいけない。そちらから例の通りに数えて檔子を造って送らせることを知らせよ，といった[40]。

京城八旗から駐防八旗にいたるまで，各ニルの佐領・驍騎校・領催らが，家ごとにマンジュ・モンゴル・旧漢人らを詳しく調査し，男丁の数を明確に戸口冊に登録したのである。

くりかえしになるが，八旗の戸口編審は徴兵をおもな目的としており，もっぱら男丁を中心に調査された。雍正年間には，その内容がさらに具体化される。『諭行旗務奏議』（満文版）巻五，雍正五年（1727）二月二十二日には，次のようにある。

> 八旗都統が議覆したところでは，副都統祖秉衡が上奏したことには，『定例を調べたところ，八旗閑散人丁を三年に一度編審し，体が五尺に至った者を加えて檔子に記入して，亡くなった者を除名する（ことになっている）。ただ年が久しくなって，佐領らの官員たちがみな普通のこととしてほしいままに記入したり除名したりするので，遺漏して誤ったりすることをなくすことができない。請うらくは，これから男丁を編審する年にあたるとき，各ニルより戸口檔子を造る際には，必ずはっきり書かせてほしい。外官の家の戸口もまたほしいままに隠匿してはいけない。該当の旗都

統に委ねて詳しく調べさせ，二冊はっきりした档子を造り，一冊を部に送り，一冊を該当の旗に保存して，調べるために備えてほしい。今年はすなわち男丁を編審する年なので，半年期限を延ばし，各旗・各ニルに委ねて，逐一はっきり調べさせて清冊を造り保証させて戸部に送らせてほしい。このために，閑散人丁の実数を調べればよろしい。何年も遺漏して誤ったりした弊害もまた取り除かれるのである』とあった。このゆえに，求めて下された通り，これから男丁を編審する戸口档子を造るとき，ことごとく一戸，另戸某人と出して書いて，官職をもっている者であれば，官職などをはっきり書き出し，官職がない者であれば，閑散と書き，某人の父，兄の名前など，某人の名前の下に加えて書かせる。子弟らを彼の戸の下に書かせ，みな另戸として分けて造らせたい。マンジュ・モンゴル旗のボオイ・アハ（家人・家来），モンゴル旗のボオイ・アハ，マンジュ・モンゴルおよび漢軍のボオイの人丁を，みな名を一人一人書き出して造って，はっきり調査して部に送らせる。各省にいる駐防八旗の官兵，地方文武官兵の子弟と家族をみな，部より該当の将軍・総督・巡撫らに書を送ってはっきり調査させて，この通り清冊を造って送らせたい。各地の档子がことごとく届いた後，各自の旗よりニルの档子に入れて造って，印を押して部に送って档子に記録させたい。これから三年ごとに一度男丁らを編審したい」。旨がくだされた後，「八旗のボオイ・ニル（包衣ニル），ホントホ（管領）に至るまでことごとくおこない，一律に遵奉するように」と上奏した。雍正五年二月二十二日，旨に「議した通りにせよ」とあった[41]。

　戸口冊は二部作成され，一部は戸部，一部は該当の旗に蔵された。のちのちの調査・確認のために便をはかったのであった。そして戸口冊には，一戸ごとに，另戸某人と書いて，官職を記載し，官職をもっていない人は閑散と書き，父・兄の名前を某人の名前の下に記し，子弟らを彼の戸の下に書かせた。それぞれの旗人をみな另戸として書かせたのである。ボオイ・アハについてもみな編審した。

　ところが，二年後の雍正七年（1729）には，新生児は満月後，佐領に報告し

て登録され，十歳になったら佐領・参領が旗都統に遍く報告することになった[42]。

ニルの壮丁を調査する際の具体的な方法については，金徳純の『旗軍志』に，

> おしなべて卒伍を選ぶ方法は，一ニルに壮丁二百名，五尺（160cm）の表(ものさし)をもって人を測定し，基準に達しており能(よ)く騎射に勝(た)うる者は，壮丁に充(あ)てて籍に入れる。六十歳になれば籍から除外する。甲卒に缺出があれば，即(ただ)ちにもって充選し，残りは余丁として，征伐には任じない。国に大役があれば，即(ただ)ちにこれに就かせる[43]。

とあるように，身の丈五尺を基準にしていた。戸口調査が兵士を選ぶためであることを露骨に物語っている。また『嘯亭雑録』雑録巻十，八旗之制は，次のようにいう。

> 三年ごとに戸口を編審し，其の幼壮を稽(み)て，其の逃亡せるを除き，書版は戸部に蔵す。其の冒充濫入し，および隠匿して報せざる者有れば，その有司を罪す[44]。

やはり三年に一回，調査がおこなわれており，それは壮丁と未成丁を区別するためのものであった。ここで言う「書版」とは，戸口冊を指すだろう。実際の壮丁編審の具体的な方法は『寧古塔紀略』に，次のようにある。

> 三年ごとに，将軍が掲示を出し，満・漢を問わず，未成年の者は，みな役所にきて並んで身体検査をする。名付けて「比梶」という。むかしの五尺の高さの棒を二本立て，短木を横にわたらせるようにして，将軍の前に立たせ，戸口冊に照らして名を点呼し，木梶の下をくぐらせて棒の高さにあたる者がいれば，ただちに戸口冊に注記して，「披甲」として現地に派遣し兵糧を食まさせる。願わない者がいる場合は，かわりに歳ごとに銀六両を出させる。名付けて「当幇」という[45]。

このように，棒を実際に立てて，人丁の身長を測ったのである。もしいきた

くなければ，銀六両を出して，兵役から免除されることも可能であった。これは『大清会典』および『欽定八旗則例』には見られない記事であり，非常に興味深い。

乾隆年間になると，八旗の戸口は，戸部の八旗俸餉処において管理された[46]。八旗俸餉処がいつごろ設けられたかは不明である。乾隆四十二年（1777）の丁冊について，福隆安はその実態を以下のように語っている。

　　奴才が伏して思うに，丁冊の報告・提出は，こときわめて緊要にかかわります。もし詳細に審査・照合しなければ，舛錯はなくなりませぬ。八旗の幼丁（ajige sidan）らを役所にいかせて検査・測定し，丁冊のうちに編入して，ただちにその冊子を右司にまわします。新旧の編入された人々の姓名，三代（の履歴）をもって，提出してから十年経過した丁冊は，綿密に審査・照合させに送った後，ここにうけとった右司の協領フワシャブ（Hūwašabu）たちの呈文に，「わたくしどもはお達しどおりに，保存して十年以上たった丁冊を綿密に審査・照合させにやりました。その結果，ほかの旗（gūsa）のニルで新旧の編入された人々の姓名，三代の履歴はみなそれぞれ一致しました……」とありました[47]。

「幼丁」を衙門に呼び出して調査し，さらに新たに編入された人とむかし編入された人の名前および三代の履歴を報告してから十年間が経過した丁冊を詳しく調べるのである。その詳細については，『欽定八旗則例』（乾隆七年（1742））巻三，編審丁冊に次のようにある。

　　男丁の檔冊を造ること：第一，八旗男丁の檔冊は，三年に一度編審する際，各々が所轄する旗よりニルの男丁を明らかに調査して，凡そ身体が測る尺に至り，あるいは測る尺に至らないけれどもすでに銭糧をもらっている者を，男丁檔冊に入れて造るように。エンチュ・ボイゴン（另戸），檔冊を分けたもの（開戸），ボオイ・ニヤルマ（家人）を区別し分けて，おのおのの名前の下に，三代の出身理由（履歴）を書くように。またボオイ・ニヤルマの祖先，父は押印した書で買ったか，あるいはムクデンから

連れてきたか，あるいは畑を持って入ってきたか，あるいは乾隆元年以前の白文で買ったかというところを，みなその名前の下に詳しく書くように。別戸の子弟らを，みな別戸と分けて書くように。第二，先に男丁の档冊に編入された人のなかで，亡くなった人，逃人，売られた人がいれば，詳しく出して除名するように。档冊二冊を造って，都統大臣の印を押して，一冊を戸部に送り，一冊を当該の旗に保存するように。省城に駐防した者および外任の旗の官員らの子弟たちの戸口を，丁を比ぶ年になったら，事前に戸部より該当する大臣らに書を送って，明らかに調査し，京城にいる旗人のように档冊二冊を造り，押印して戸部に送らせ，一冊を該部に保存させ，一冊を該旗に送って，各自の該旗が逐一明らかに調査し，それぞれの旗のニルの男丁冊に入れて造り，押印して戸部に送るように。もし档冊に記すべき男丁を隠蔽して記入しなかったり，あるいは年が幼い子供を男丁の档冊に入れたら，調査して責めて戸部に委ねて罪を議するように[48]。

これを要約すれば，以下の通りになる。

①男丁を調査する際に，銭糧をもらっている者を丁冊に登記する。
②別戸と档冊を分けた家人とを区別して，おのおのの名前の下に三代の履歴を書く。
③家人，すなわちボオイを買った事情を名前の下に明記する。
④別戸の子弟らをみな別戸と分けて登記する。
⑤逃人の名前を戸口冊から除名する。
⑥档冊を二部造り捺印して，戸部と都統衙門に保存する。
⑦駐防八旗の戸口を丁をえらぶ年に調査し，京城にいる旗人と同じように男丁冊を造り，戸部と都統衙門に保存する。
⑧登録すべき男丁を隠匿したり，幼い子供を男丁として登記したりすれば，罪を問う。

以上，戸口編審および造冊の基準として，状況に応じて，さまざまな細かい

規定が増設されていることが分かる。

　乾隆時代の戸口編審の大きな変化の一つは，編審対象の最低年齢が十八歳から十五歳になったことである。これについては，『欽定中枢政考』巻十六，八旗，戸口，編審丁冊に次のようにある。

> 八旗の人丁は三年に一度編審し，各グサがニルに属する人々を明確に調べあげる。おしなべて年齢十五歳以上で，身体がすに五尺に達しているか，もしくはまだ五尺に足りなくともすでに兵糧を食んでいる者，および幼丁で養育兵に選出されている者は丁冊に書き入れ，另戸・戸下（ボオイ）を区別して，三代の履歴を書き連ねる。戸下人の祖父については，契約書によって買われた者，ムクデンから連れてこられた者，「帯地投充」の者（田産を随帯して旗人に投降したニカン），乾隆元年以前に「白契」（と呼ばれる勝手な執照）で買われた者がいるが，いずれもみな本人の名前の下に明確に注記し，另戸本人の戸下に編入する。另戸の人の子弟については，いずれもみな另戸として項を新たに設ける。以前に丁冊に記載されていた人で，物故者や逃亡者，それに売り払った者については，きちんと公に申し立てて削除する。丁冊は二部造って，都統の印鑑を捺して，一部は戸部に送り，もう一部は当該の旗で保管する[49]。

　また，丁を調査する際に，八旗の丁冊を詳しく調べさせ，もし遺漏があれば，事実にもとづいて報告し，戸口冊を作って戸部に送る。誤りがあれば，参領と佐領は処罰として三ヶ月の俸禄を減給され，その上の長官である都統と副都統は一ヶ月の俸禄を減給される[50]。

　雍正時代と乾隆時代の戸口編審制度は，基本的には同じであり，雍正五年（1727）に定められた戸口冊に関する記載形式は，乾隆年間にいたっても踏襲された。ただ，戸口の内容については，另戸・開戸・戸下の三代の履歴を記載するようになり，幼い子供は記載しないことが規定されたのである。

3　戸口冊に見る八旗ニル

　ここまで，戸口編審の成立過程とその変遷について見てきた。八旗の人丁は，三年ごとに審査がおこなわれると法によって規定されていた。ニルは人丁と租税を審査するもっとも基本的な単位であり，その具体的な審査の任務は，主としてニルの長官である佐領，そして副長官である領催が担った。調査対象はおもに成丁，すなわち成年の壮丁（男丁）であり，年齢，身長などの調査を経て，ニルの戸口冊のなかに増録された。もし隠匿し官庁に報告しない場合には，佐領と領催がともに処罰された。

　このようにニル戸口の編審は男丁を基本単位としているが，戸口の記録である戸口冊には，人丁（男丁）の名・輩分・年齢・性別のみならず，親族関係・婚姻の有無・寡婦・生死・俸禄の有無・三代の履歴および職業などにいたるまで詳細に記載されている。この戸口調査資料は，ニル社会の管理において，徴兵はもちろん，爵位の世襲・冠婚葬祭に対する賞与・俸禄などの等級・寡婦の等級・秀女の選抜などの確定に用いられ，基本的に旗人の生活上の権益と密接に関係していた。

　戸口冊の伝存状況は，種々の原因により，決して良好とはいえず，初期のものは散逸し，現在目にすることができるのは，光緒年間のものが多い。そのうち，筆者自身の調査を通して，東北地区の黒龍江・吉林・ムクデン（盛京）といった地域の戸口冊は良い状態で保存されていることが分かってきた[51]。そこで本節では，これらの戸口冊を用いて，ニル社会の実態に迫りたい。

　中国の人口史に関する研究には，Ho ping-ti（1959）・劉翠溶（1992）などがあるが，八旗のニルの戸口冊については，頼恵敏（1997）以外ほとんど研究がないに等しい[52]。しかし戸口冊は，国家的規模によって記録された八旗社会のもっとも根本的なデータであり，ニル社会の構成を探究する際，そしてその基礎をなす旗人の家族構成の実態を明らかにする場合，唯一無二の基本資料となる。それは，歴史学に限らない。人類学・民族学・社会学などからのアプローチにおいても，まず拠るべき一次資料となるに違いない。

ところが，実際にこの戸口冊を調査・データ化して量的に処理してみた者は，誰しもが以下の二点に気づくだろう。まず，一般的に戸口冊と概括して呼ばれている檔冊には，表題から内容・記載様式・使用言語にわたるまで，じつにさまざまな相違があること。第二に，康熙より前のものはほとんど見られないこと。その原因は，乾隆三年（1738）八月十六日の正白旗内務府参領兼佐領豊盛額（Fengšengge）の上奏によれば，
フェンシェング

八旗の人丁の檔案は，点検・照合しすっきりと整理してのちのちに備えるのがよろしゅうございましょう。どの八旗にも主僕がありますが，当該ニル下の檔案が明白でないために，互いに訴訟を起こし合っております。戸部におもむいて檔案を調査・審議する必要がございますが，戸部の収蔵してきました檔案は，なんとまあ欠落・紛失してしまって完全ではないものもございます。たとえば，雍正十年の檔案のなかに，領催たる呉鎖住の家人が訴え出まして「絶対に呉鎖住の家人ではございません」と申し立てた案件がございます。奴才が戸部にでかけて檔案を調査しましたところ，巻物はばらばらに取り散らかされており，全冊そろっているものもあれば，半分しかないもの，三篇，五篇とわずかに残るもの，ひどいのになると一篇，半篇しか残らぬ端本さえございまして状況はばらばらであります。どれもこれもみな空き部屋の地面に積み上げてあって湿気で台無し，はなはだとんでもないことになっているのを目の当たりにしました。前任者の参領六格と奴才が前後一年あまりかかって，ようやっとのことでぐちゃぐちゃの書類のなかから，たまたま探し当てることができたのです。そこで，当該のグサの司令官にたずねましたらば，彼が申すことには，「以前火災が起こりましたうえに，長雨で土壁が崩れたので，欠落・紛失してしまいました。くわえてグサの司令官は輪番で管理しているだけで，三ヶ月に一度，五ヶ月に一度と交代するので，長期間その任にある者がございません。以上のようなわけで，檔案の管理業務を深く知りつくすわけにはまいらぬのです。ただ領催数人がそれを専門に担当しておるだけです……」とのことでありました[53]。

というごとく，雍正・乾隆年間の時点で，すでに早期の戸口冊の保存状況が相当悪かったからである。その後，八旗では旗ごとに総簿二冊を作り，押印して，木櫃八個に戸口檔案を保存するようになった。

現存するダイチン・グルンの八旗戸口冊から，それらがニルごとに作成され，氏名・職業・年齢・祖父や父の履歴が登録されたことが分かる。たとえば『正藍旗春海佐領下蒙古』（光緒二十九年（1903））[54]のモンゴル人馬甲である徳興一家の戸籍には，

　一戸馬甲徳興
　　　　妻
　　　　母
　　　　子閑散奇斌　　十五歳
　　　　次子閑散奇元　七歳
　　　　三子閑散奇瑞　五歳
　　　　女　　　　　　八歳
　　　　妹　　　　　　十二歳

と，戸の名前・職名・家族および年齢が登記されている。男性は名前・官職の有無・年齢を書いており，女性はみな名前が記入されていない。

以下，具体的に個々の戸口冊を分析することによって，ニルの家族構成などを明らかにしていこう（本章の附表参照）。

1)『宜珍佐領下戸口冊』（附表1）

宜珍ニルは，正紅旗満洲三甲喇十五佐領に属する。『正紅満洲旗光緒十九年光緒二十九年分世管佐領家譜』三には次のようにある。

　　正紅旗満洲スンフワ（松華）・ニルの世管佐領松華，イジェン（宜珍）らのニルの根源を査するに，もともとスンフワ，イジェンらの始祖であるバインダリが太祖皇帝を求め従ってきたので，初めてニルに編制されるとき，編制したニルをバインダリに承管させた。欠員が生じたので，ニルを

子ブヤンに承管させた。欠員が生じたので，ニルを子エブヘンに承管させた。欠員が生じたので，ニルを実の叔父ブルサハイの子リオリブに承管させた。昇進したので，ニルを実の叔父ブヤンの孫エルベンに承管させた。欠員が生じたので，ニルを実の叔父ヒフェネの子ヒルハに承管させた。辞めさせたので，ニルを子ヒチャンガに承管させた。欠員が生じたので，ニルを子ヒテンゲに承管させた。欠員が生じたので，ニルを実の叔父始祖ブルサハイの三代目の孫ヒタイに承管させた。ヒタイが西路の兵に参加して戦死したので，ニルを子グワンヘオに承管させた。辞めたので，ニルを実の叔父ベタイの子グワンシャンに承管させた。欠員が生じたので，ニルを子ヘンギに承管させた。辞めさせた後，ニルを実の叔父祖ヒタイの孫ヘンシオに承管させた。辞めさせたので，ニルを子チェングワンに承管させた。欠員が生じたので，ニルを子トジンムブに承管させた。欠員が生じたので，ニルを子ドハイに承管させた。欠員が生じたので，ニルを子スンフワに承管させた。スンフワが現在承管している。

　康熙二十三年にニル（の人丁）が増えたので，ヒルハ・ニルより一ニルが増えてヒルハの実の叔父ソブダイに承管させた。欠員が生じたので，ニルを自分の実の弟エブヘンの孫バシチに承管させた。欠員が生じたので，ニルを子ミンフに承管させた。欠員が生じたので，ニルを子アユシに承管させた。欠員が生じたので，ニルを実の孫フニヤンガに承管させた。欠員が生じたので，実の叔父祖アルギンガの孫フジュルンガに承管させた。欠員が生じたので，ニルを子ジャクダムブに承管させた。欠員が生じたので，ニルを子ドロに承管させた。欠員が生じたので，ニルを子スンミヤンに承管させた。欠員が生じたので，ニルを子イジェン（宜珍）に承管させた。イジェンが現在増えたニルを承管している[55]。

　このように，もともと一つのニルであったが，人丁が増えたため，康熙二十三年（1684）に新たにもう一つニルを設け，のちに宜珍がこれを承管したのである。ちなみに始祖のバインダリは，『八旗満洲氏族通譜』巻九，赫舎里氏，和多穆哈連地方，赫舎里氏に，

第 8 章　掌握される戸口　335

　拜音達理扎爾固齊(Baindari jargūci)は正紅旗の人で，穆瑚禄(Muhūlu)都督の第五番目の子であり，阿音布禄(Aimbulu)の玄孫である。代々和多穆哈連(Hotmuhaliyan)地方に住み，国初に百戸を引き連れて来到し，佐領を設けて統轄させた。その長男は布顔(Buyan)で，議政大臣・護軍統領兼長史を歴任して，……亡くなった後，その子額布亨(Ebuhen)が職を継ぎ，……亡くなった後，その子額爾本(Elben)が承襲した。亡くなった後，その子八十七(Bašici)が承襲した。亡くなった後，その子明福(Mingfu)が職を継ぎ，現在は佐領を担任している……[56]。

とあるその人にほかならず，松華・宜珍はこのダイチン・グルン初期の有名なバインダリ・ジャルグチの直系の末裔ということになる。

　戸口冊の標題には「宜珍佐領」と書かれているが，実際の内容を見ると，松華ニルの戸口が記録されている。光緒三十年(1904)の作成にかかる。

　記載形式は戸・職名・名前・年齢・家中関係・各戸の家族総数などの順番で書かれている。未亡人については「孀婦」と明記している。

　宜珍ニルの戸数は合計百二十戸で，総人口は四百二十五人である。

　このニルには松華のほかに族長が四人おり，一人目は護軍である徳恩で，四十九歳，五人家族，父の名前は富倫泰，すでに亡くなっており，母は孀婦すなわち未亡人である。二人目の族長は玉山，五十八歳，三人家族である。三人目の族長常山は公中佐領で，五十九歳，七人家族である。四人目は恒安，三十八歳，八人家族である。

　まずこの戸口冊を見て気づくのは，ニル構成員の全員の名前に苗字が付いていないことである。ダイチン・グルンでは，漢人の名前と混同するのを避けて，旗人に苗字を付けず，漢字二文字あるいは三つ以上の文字を付けさせることが法律で定められている[57]。実際には，二文字の名を用いることがほとんどで，三文字や三文字以上の場合は，いっぱんにマンジュ語音訳である。この戸口冊のなかで見られる名前もほとんど漢字二文字の名前を用いている。たとえば，佐領松華一家の場合は，長男の名は啓芳で，その子供の名は宗恩である。次男の名は啓昌で，三男の名前は啓勲であり，父親から子，孫まですべて苗字

を付けていない。さらに，名前の初めの漢字は同じ輩分の間では，漢人の「排行」のように同一漢字を用いて付けている。三文字以上の場合は，やはり全部マンジュ語の音訳を用いている。たとえば，富倫泰（Fuluntai），倭和布（Wehebu），德成額（Decengge），德凌額（Delingge），胡東阿（Hūdungga），和升額（Hešengge）がそれである。ダイチン・グルンの晩期でも，このようにマンジュ語の名前を付けることがおこなわれつづけていたのである。

　旗人が命名するとき，漢人の姓を使ってはいけないという規定については，たとえば乾隆四十三年（1778）六月の上諭に次のようにあった。

　　乾隆四十三年六月にくだされた上諭には，「今日鑲紅旗満洲よりニルを世襲するために作った家譜を見たところ，一族のなかで祖父・父子の名をみな斉という文字を頭にしていた。一族の多くの人の名をみな杜という文字を頭にしていた。斉，杜という文字は漢人の姓のなかにみなある。（これを）踏襲すれば何代にもわたった後，彼らの家の姓のようになる。遂に漢人の風習に染まってしまう。すでに命名した場合はそのままにし，これからマンジュの人々が命名するとき，これらの風習のように何代にもわたって同じ姓を頭にして命名しては絶対にいけない。我らのマンジュにはもともとマンジュの姓があるぞ。どうしてもとを忘れて漢人の姓に換えるのか。これを八旗各省の将軍，副都統らにあまねく伝えて従っておこなうように」とあった[58]。

　このように，満洲旗人の漢化を防ぐため，姓を付けることを禁止するだけでなく，漢人の姓と一致する名を用いることが禁じられていた。光緒年間にいたっても，その戸口冊に記載されている人名がこれらの規定に忠実に従って，苗字を付けていないのは注目に値しよう。

　次に気づくのは，すべての男について職名がついているということである。同じニルのなかで佐領・公中佐領・兵部郎中・内閣侍読・馬甲・護軍・驍騎校・養育兵・筆貼式・前鋒・技勇兵・参領・頭等護侍・弓匠・親軍・監生など，さまざまな職にある旗人たちの存在がはっきり分かる。幼い者と無職の者については閑散と明記されている。このほか，円明園に勤務している者もい

た。表の112の常亮・113の常忠・114の常連・115の常敏・116の常坤らの名前と子供らの名前である桂松・桂林（常忠の子）・桂普・桂凌・桂茂（常連の子）の第一文字が一致しているから，彼らは明らかに一族だろう。

2)『隆鋭佐領下戸口冊』（附表2）

隆鋭ニルは正紅旗満洲三甲喇に属する。記載方式は戸職・名・年齢・家中の関係などの順番で記載されている。

族長は全部で四人で，一人目は表の36の護軍たる准慶，八十五歳，九人家族である。二人目は馬甲たる徳隆で，六十七歳，四人家族。三人目は馬甲たる花連泰で，六十八歳，十人家族。四人目は領催たる吉福で，六十八歳，二人家族である。

隆鋭ニルの戸数は合計八十三戸で，総人口は二百七十二人。同じニルに族長四人が存在することから，四つの異なる一族から構成されたニルであることが分かる。

上記1)の戸口冊と同様，すべての旗人の名前に苗字を付けていない。名前についても，二つの漢字を用いて付けていることに変わりはない。そして三文字あるいは三文字以上の名前は，やはりマンジュ語である。たとえば，吉勤岱 (Jicintai)・西凌阿 (Silingga＝精鋭)・勒爾精阿 (Lerjingga)・徳克京額 (Dekjingge)・那思宏阿 (Nashūngga＝機会)・海凌阿 (Hairangga＝恋しい)・海興阿 (Haisingga)・哈揚阿 (Hayangga)・色普章阿 (Sebjengge＝喜)・穆陞阿 (Musingga)・花連泰 (Hūwaliyantai＝親和)・伊成阿 (Icengge＝新)・伊凌阿 (Iringga)・烏凌阿 (Ulingga＝財)・伊興阿 (Isingga＝足りる)・伊通阿 (Itungga)・阿昌阿 (Acangga＝集合)・達哈納 (Dahana＝従)・博勒霍納 (Bolgona＝清) などがそれである。名詞化を表す「-tai, -ngga, -ngge」などの接尾辞（「〜の者，〜の人」という意味を表す）を用いた名前が多い。

職名は領催・閑散・場校・養育兵・前鋒・参領・護軍・技勇兵・驍騎校・親軍・弓匠長・馬甲・円明園護軍と世職の恩騎尉・雲騎尉などが記載されている。

3)『仲倫佐領下戸口冊』(附表3)

　仲倫ニルは鑲白旗満洲に属する世管ニル，すなわち，代々直系の子孫が受け継いできたニルである。佐領仲倫には子供が二人いて，長男の名前は吉拉敏で，次男は扎克丹，九人家族である。この戸口冊は光緒三十二年（1906）に作成されたものである。

　記載方式は，ほぼ1) 2) と同じで，戸名・職名・年齢・家族関係などが記されている。

　仲倫ニルの戸数は九十四戸で，総人口は二百八十二人である。このニルは孀婦の数が非常に多く，年齢も大半が三十代である。彼女たちの夫の死因は，「已故，陣亡」と記されているから，疾病のほか戦争によって亡くなったと考えられる。

　名前には，同じく漢字二文字が付けられ，すべての人に苗字をつけていない。マンジュ語の人名も幾人か確認できる。たとえば，吉拉敏（Jiramin＝敦）・扎克丹（Jakdan＝松）・尚阿本（Šanggaben＝成就）・烏雲泰（Uyuntai＝九）などがそれである。

4)『隆順佐領下戸口冊』(附表4)

　『正紅旗満洲隆順佐領下官兵等戸口冊』（光緒三十年（1904））がほんらいの題名である。隆順ニルは正紅旗満洲に属する世管ニルである。

　ニルの戸数は七十三戸で，総人口二百六十九人。

　このニルの孀婦については，永遠孀婦と周年孀婦とに分けて書かれている。永遠孀婦というのは若いときから夫を亡くした者を指しており，周年孀婦は夫を亡くして一年になる未亡人を意味する。

　名前の特徴は，上述した1) 2) 3)と同じである。マンジュ語の名前が合計四人しかいないことから，このニルでは光緒年間には漢式の命名が一般化していたことが分かる。

5)『那丹珠佐領下戸口冊』(附表5)

　那丹珠（Nadanju）は，正紅旗満洲のニルに属する佐領であり，四十七歳，

四人家族である。

　ニル全体は百三十戸で，総人口は五百六人である。人口がやや多いニルである。

　孀婦は4）と同様，永遠孀婦と周年孀婦と分けている。十九人の孀婦が確認される。戦争でなくなった夫については「陣亡」と明記している。

　名前の特徴は，上述の各戸口冊に見られる通り，同じ排行の人は，名前の第一文字を統一して付けているケースがほとんどだが，異なる事例も見うけられる。たとえば，佐領那丹珠の子供三人の名前は楽斌・双斌・全斌。名前の後ろの文字を統一して付けている。

6）『駐防青州正紅旗晋祥栄芳佐領下点験得別戸男丁数目冊』（附表6）

　この檔冊は，現在，広島大学図書館の所蔵するところとなっている。満漢合璧で，光緒三十二年（1906）八月に作成されたものである。

　これは典型的な，男丁の編審を中心に記録した男丁冊で，おもに山東省青州に駐防した正紅旗ニルの男丁をニル別に登記した戸口冊である[59]。表題には「別戸」と書いてあるが，じつは「另戸」のことを指している。各頁に「青州正黄正紅旗佐領図記」の押印があり，最後に駐防青州正黄正紅旗協領増林・兼佐領事務協領晋祥・佐領全山・防禦林増・署佐領防禦栄芳・驍騎校栄康・経温布・部委驍騎校嵩華・領催吉和・景賢・崑祺・有容・崇兆・文華・増華ら十五人が保証して，花押を書いている。内容は，所属する佐領ごとに，たとえば，

　　　isabu nirui
　　　encu boigon bošokū jorung　　　　　　　　　　manju emken,
　　　　　mafa jurgangga ergileme tušan ci nakabuha hafan de bihe
　　　　　ama kobto bošokū de bihe
　　　伊薩布佐領下
　　　另戸領催有容，満洲，壹名。伊
　　　　　祖珠爾杭阿，原係勒休，守備
　　　　　父科布托，原係領催

henjo nirui
　　　encu boigon uksin doyonggo manju emken
　　　　　　mafa hailiyang fakside bihe
　　　　　　ama guihi yafahan uksin de bihe
　　恒住佐領下
　　另戸馬甲多雍武，満洲，壹名。伊
　　　　祖海亮，原係匠役
　　　　父貴喜，原係歩甲

といったように，ニルの名前・另戸・職名・三代の履歴が満漢合壁で書かれている。病死した人の名前の下には「開除」という文字が書かれ，死亡した人が戸籍のなかから除名されたことを示している。この戸口冊は典型的な「三代冊」である。

　青州正紅旗晋祥ニルは，さまざまな地域から選ばれて構成されたニルである。祖父・父の名前から，互いに親戚関係にあることが判明する。この駐防八旗の人々もほとんど二文字をもって命名され，姓をつけていない。マンジュ語の名前も見られる。たとえば，積拉春（Jilacun＝慈愛）・孤立雅（Huliya）・扎拉芬（Jalafun＝寿）・金齊先（Gincihiyan＝華）・湍齊先（Tuwancihiyan＝征）・図瓦齊克先（Tuwancihiyan＝征）・郭勒敏（Golmin＝長い）・扎蘭泰（Jalantai＝時代）・倭什布（Wesibu＝昇進）・烏勒斯琿（Ureshūn＝精通）・班積斯琿（Banjishūn＝安逸）・塔爾翰（Targan＝小さい虎）・色布珍（Sebjen＝快楽）・懷塘阿（Hūwaitangga）・穆都哩（Muduri＝龍）・倭什図（Wesitu）・扎拉春（Jalacun）・達哈斯琿（Dahashūn＝遵従）・占楚琿（Jancuhūn＝甘い）・尼音珠（Ninju＝六十）などが典型的なマンジュ語の名前である。

　このニルは単純な構成ではなく，マンジュ人とモンゴル人とがふくまれていることが分かる。各ニルの官員が，隠匿したことがないことを保証し，花押をしたためている。三代の履歴からその親族関係が明らかになる。

　この戸口冊は，ニルすべての人口数ではなく，男丁の数と祖父・父の名前と官職とを明確に記載している。ここに見えるニルの名は，登録された旗人の本

第 8 章　掌握される戸口　341

籍である。山東青州に移動させて新たに駐防青州正紅旗に編制された人々だが，彼らが移住して新たに編制されても，戸口調査では，本籍であったニルの名前の下に登録されるのである。

　駐防八旗に移動させたニルは，異なる旗から構成された混成集団で，旗人が各地に移住しても，彼らの戸籍は終始変わらなかった。これは，最近出版されたシベ駐防八旗『盛京移駐伊犁錫伯営鑲紅旗官兵三代丁冊』（光緒二十一年（1895））の戸籍からも裏付けられる。シベの駐防八旗は，乾隆二十九年（1764）に伊犁辺境防衛のために移住させられたものであるから，戸口冊が作成された時点ですでに約百三十年ほど伊犁に駐屯していたことになる。にもかかわらず，戸口冊には，本籍であるムクデンの旗のニルとして登録されているのである[60]。

おわりに

　ヌルハチ時代より，すでに編戸政策は一貫してその機能を果たしていた。万暦二十九年（1601）のニル再編成では，戸口編審によって，集めた人々を均等に分割し，三百壮丁ごとに一ニルとして統制を図り，それぞれに長官を任命した。そして，天命八年（1623）二月十六日に，ニルの人口数による税の徴収が法制化される。ただし，この時点では具体的な戸口編審法令は制定されなかった。

　ホンタイジの天聡四年（1630）十月になって，初めて戸口編審の法令が制定され，壮丁の編審は規定の時期におこなわれ，各ニルのエジェンがみずから統計することになった。編審の対象は，おもにニルを基本単位とし，男丁を中心におこなわれ，調査の責任者は佐領と領催であった。天聡五年には，六部が設置されたことで，戸口調査は戸部に掌握されるようになった。この時期には戸口冊が作成されはじめた。戸口調査の際には，壮丁は身体が丈夫な男子を中心に調査され，障害者は統計の数字に入れられなかった。つまり，当時の戸口編審は兵士の供出を目的とするものだったから，それは全体の戸口の総数ではな

く，健康な男子のみを対象とするものだったのである。

　八旗の戸口編審は，三年に一度調査がおこなわれたが，雍正七年（1729）には，新生児は満月後，佐領に報告して登録され，十歳になれば佐領・参領が旗都統に報告することが義務づけられた。「成年」の年齢が十八歳から十五歳に引き下げられ，さらに旗人の身分である另戸・戸下および三代の履歴を書写する義務が設けられた。戸口冊は二部作成され，一部は戸部に，一部は八旗都統衙門に保存された。

　八旗戸口は，戸部の八旗俸餉処において管理され，戸口冊に幼い者を壮丁として登録することを禁じ，戸口冊から逃亡者の名前を削除した。駐防八旗も京城八旗と同様，戸口冊を二部作成し，戸部と八旗都統衙門にて保管した。

　なお，実際に具体的な戸口冊をいくつか取り上げ，それぞれの戸数と人口総数，名前の特徴などを明らかにしつつ詳しく分析してみると，なんと光緒三十年（1904）にいたるまで，旗人は漢人と区別するために，名前に苗字を付けることはなかった。二つの漢字を用いた漢語名前が多く見えるが，やはりマンジュ語の名前もきわめて多い。ダイチン・グルン時代の末期なってもマンジュ語の名前が通用していたのである。

　また，駐防八旗の戸口冊の分析により，それは北京にいる八旗とは異なって，いくつかのニルから再編成された混成ニルであることも判明した。しかし，彼らはたとえ移住して新たに編制されても，戸口冊ではあくまで本籍であったもともとのニルの下に登録されていたのである。

―――――――――

注

1）賀長齡・魏源等編『清代経世文編』巻三十五，戸政十，八旗生計，擬時務策
2）賀長齡・魏源等編『清代経世文編』巻三十五，戸政十，八旗生計，復原産籌新墾疏。また，張德澤（2001）90頁は「八旗は軍隊組織のみならず，戸籍制度でもある」と指摘している。
3）「jušen」は，隷属関係がある民を示す言葉として入関以前によく使われる用語である。本書では「隷民」と訳しておく。安部健夫（1971）は「ニル的帰属関係をもつもの」と指摘している。「八旗満洲ニルの研究」89頁参照。
4）『世宗憲皇帝硃批諭旨』巻一百二十五，雍正七年七月二十二日

5) 八旗ニルの根源冊は，中国第一歴史档案館・遼寧省档案館・台北中央研究院など，各地の機関に所蔵されており，軍機処録副奏摺のなかにも佐領根源調査の上奏文の録副が大量に残っているが，ほとんど研究されていないのが実状である。

6) マンジュ語では「gūsai niyalma」と書き，漢文では「旗人」と訳される。旗人とは，それぞれ満洲八旗，蒙古八旗，漢軍八旗に所属し，正式に戸籍に登録されていて，八旗社会におけるさまざまな義務と待遇を受ける人々を指す。

7) 『明清档案』A84-88，乾隆三年八月十六日

8) 「編審」はマンジュ語では「baicame tolorongge」という。直訳すれば「調べ数えること（統計すること）」という意味であり，中国語では「比験」と訳されることもある。

9) 八旗ニルの人口に関しては，さまざまな档冊類があり，たとえば『正紅旗満洲那丹珠佐領下官兵戸口冊』，『正黄旗満洲五甲世恒佐領下』，『郎宗盛佐領下在京眷口冊』，『正黄旗漢軍百旺佐領下戸口冊』，『円明園八旗官兵等戸口数目冊』といったように題名がしばしば異なる。本章では八旗人丁とその家族に関する档冊をもっぱら『戸口冊』と称することにする。

10) 清代皇族の戸口については，李中清・郭松義主編（1994）・頼恵敏（1997）・韓光輝（1994）参照。

11) 『満洲実録』巻三，万暦二十九年正月

12) 「dasame」というこのマンジュ語の訳については，今西春秋（1992）（『満和蒙和対訳満洲実録』巻三，87頁）が「治めて」と訳し，『大清全書』（康熙二十二年序）巻八，17aは「修理，復，更，重」と漢訳していた。だが，『han i araha manju gisun i buleku bithe（御製清文鑑）』（康熙四十七年刊）巻四，狩猟類，9aは，「fere be tuwame teisu teisu kadalame teksin neigen obure be, dasambi sembi（中蘷があるところを見ておのおのの管理して，均しくすることをdasambiという）」と解釈している。これに従うべきだろう。

13) 『満文原档』第一冊，荒文档，万暦四十三年十二月，60-61頁（『老档』太祖Ⅰ，55-56頁）。『老档』の当該部分といくつか異同が見うけられる（たとえば，「三重の城」と「二重の城」，「三ガシャン・ボショク」と「四ガシャン・ボショク」など）。初期満洲八旗の成立過程については，三田村泰助（1962）参照。

14) 『満文原档』第一冊，荒字档，万暦三十九年七月，16頁（『老档』太祖Ⅰ，16頁）

15) 『満文原档』第一冊，荒字档，万暦三十九年二月，15-16頁（『老档』太祖Ⅰ，15頁）

16) 『満洲実録』（満文）巻三，万暦四十一年正月十七日

17) 『満文原档』第二冊，張字档，天命七年正月五日，349-350頁（『老档』太祖Ⅱ，472頁）

18) 『満文原档』第二冊，列字档，天命八年二月十六日，227頁（『老档』太祖Ⅱ，660頁）

19) 『老档』太祖Ⅱ，天命七年正月二日，465-466頁（『満文原档』第二冊，張字档，336-337頁の部分には，原档冊の番号も「908頁から939頁」となっており，該当する部分が欠けている）。

20) 『満文原档』第七冊，呂字档，天聡四年四月三十日，195-196頁（『老档』太宗Ⅰ，373頁）「han hendume bi, [＋aisin menggun suje] ūlin labdu baha [# serede bi] [＋seme]

ūrgunjerako niyalma labdu 195//196 baha serede [# bi] ūrgunjembi; [+aisin menggun suje] ūlin serengge manara [+wajire] jaka; niyalma [+wajimbio]/[# serengge emken juwe bahaci gemu gūrun [+i] duwali dade banjiha jušen/ [+gemu jušen] ombi kai seme henduhe;]」。

21)『満文原檔』天聡四年四月三十日（『老檔』太宗 I，372 頁）
22)『大清太宗実録』（順治版）巻五，天聡四年十月十六日および『大清太宗実録』（乾隆版）巻七，天聡四年十月辛酉条を併せて参照。
 『八旗通志初集』（満文・漢文）巻十七，旗分志十七，八旗編審にも「sure han i duici aniya, tuweri juwan biyai šahūn coko inenggi,」と，同様の記述が見られる。さらに同様の記事が，『大清会典』（康熙版）巻二十二，戸部六にもある。「八旗壮丁，歳有増益，立法編審，最爲詳密，其投充・買賣人口，漸爲限制，具有成規，備列于後。國初，定毎壮丁三百名，編爲一佐領。又諭：編審各旗壮丁時，另各該佐領稽査，已成丁者，增入丁冊。其老弱幼丁，不應入冊，係瀋陽者，赴瀋陽勘驗。係東京者，赴鞍山勘驗。有隱匿者，壮丁入官。伊主及該佐領撥什庫，各罰責有差」。
 『食貨志』戸口・八旗，天聡四年至嘉慶二十五年（台北国故宮博物院蔵）の記述も天聡四年のこの記事からはじめる。八旗戸口を論ずる記事のほとんどは天聡四年からはじめる。
23)『天聡朝臣工奏議』巻中，扈應元条陳七事奏，（天聡七年）十二月二十二日，42 頁（『史料叢刊初編』）「編壮丁全在戸部。戸部比看得法，而老幼應差不怨。況自古及今，未長十五歳者不當差，年至六十歳者亦不當差。我皇上仁政普施，豈無憐老卹幼之恩。但衆大人不問老者力衰頭白，亦不問老者生子多少，一概混編。至於生三四個兒子，都是壮丁當差，而老子差事不去，民心服不服。兒子當差，孫子又當差，至於爺爺差事還不去，民情苦不苦。如此驗看人，公道不公道。伏乞上裁」。
24)『満文原檔』第九冊，満附三，天聡九年二月六日，70-73 頁（『旧満洲檔・天聡九年檔』1，56 頁）
25) 同上（『旧檔訳』1，58 頁）
26)『満文原檔』第九冊，満附三，天聡九年二月六日，74 頁（『旧檔訳』1，56 頁）
27)『満文原檔』第九冊，満附三，天聡九年六月四日，217 頁（『旧檔訳』2，165 頁）
28) バキラン・サムシカの黒龍江遠征については，阿南惟敬（1961）（1962）（1970）参照。
29) モンゴル戸口については，鄭玉英（1983）・傅克東（1988）・趙雲田（1989）・達立扎布（1998）参照。
30) 台北中央研究院歴史語言研究所旧内閣大庫蔵，登録号：167553，マンジュ語。漢語の題名はのちの整理者が付したと思われるが，内容を読む限り，じつは漢軍八旗の戸口を詳細に記録するもので，「投降明将戸口清冊」という題名は誤解を招く。「漢軍八旗戸口清冊」とすべきである。
31)『満文原檔』第九冊，満附三，天聡九年二月三日，69 頁（『旧檔訳』1，55 頁）に「その日，北京（Bejing）から来降したアムバ・ジャンギン（amba janggin）馬光遠・王世選・麻登雲，ジャランのジャンギン（jalan i janggin）孟喬芳・楊文魁，および大凌河の代守備ら全部で六十三人の官人を中殿に招き，牛羊を殺して卓を整え酒宴を張った」

とある。

31) 馬光遠の伝記については，『八旗通志初集』巻一百七十二，名臣列伝三十二，馬光遠伝（満文：30b-33a頁，漢文：4195-4196頁）参照。
32) 馬光輝の伝記については，『八旗通志初集』巻一百七十二，馬光輝伝（満文：33b-34b頁，漢文：4196-4197頁）および『清史稿』巻一百七十三，馬光輝伝参照。
33) 祖沢洪については，『清史稿』巻一百七十一，祖沢洪伝参照。これによると「梅勒章京（副都統）」となったのは崇徳元年以降である。
34) 『八旗通志初集』巻一百七十二，祖沢洪伝（満文：47b-49b頁，漢文：4200頁）参照。
35) 漢軍八旗の成立については，趙奇娜（1973）・劉家駒（1978）・陳佳華・傅克東（1981）・浦廉一（1931）・阿南惟敬（1966）・細谷良夫（1994）・綿貫哲郎（2002）などがある。併せて参照されたい。
36) 満文は「Pi ing se」であるが，漢訳では「裴英哲」と誤った。
37) 漢訳では「佟延年」と誤読した。
38) 『満文内国史院檔』崇徳三年五月十日，中国語訳は『崇徳三年満文檔案訳編』崇徳三年五月初十日，101頁参照。漢訳はもとの満文と異なるところがある。
39) 中国人民大学清史研究所・中国第一歴史檔案館訳（1985）67-68頁
40) 『黒龍江檔』1-1『康熙二十三年七月初一日からの行文を記した檔子』八月初三日駅站に駐在しているソロン・サナルトゥ（Sanaltu）・ニルのバルカル（Barkal）に送らせた書の言および同月十八日に正藍旗驍騎校ジャンギタ（Janggita）が持っていった書の言
41) 『諭行旗務奏議』（満文版と漢文版）巻五，雍正五年二月二十二日を参照。
42) 『八旗通志初集』巻十七，旗分志十七「（雍正）七年十一月初十日，八旗大臣等議覆，據都統圖克善奏稱：請嗣後八旗滿洲人等，產生男女，俱令於滿月之後，即呈報佐領註冊。至十歲時，由佐領參領呈報都統。如有隱匿者，從重治罪。併請傳知蒙古・漢軍以及各省駐防處，一体遵行等語」。
43) 金德純『旗軍志』（『遼海叢書』第五冊，2604頁）「凡選卒伍之法，一佐領壯丁二百名，以五尺之表度人，如表能勝騎射，充壯丁入籍。至六十而免籍。有甲卒缺出，即以充選，其餘爲餘丁，不任征伐。國有大役，即以役之」。
44) 『嘯亭雜録』雜録卷十，八旗之制「每三歲編審戶口，稽其幼壯，除其逃亡，書版藏於戶部，其有冒充濫入，以及隱匿不報者，罪其有司焉」。
45) 呉振臣撰『寧古塔紀略』「每于三年，將軍出示，無論滿漢，其未成丁者，俱到衙門比試，名曰比棍。以木二根，高如古尺五尺，上橫短木，立于將軍前。照冊點名，于木棍下走過，適如棍長者，即注冊，披甲派差食糧。如不願者，每歲出銀六兩，名曰当帮」。このほかに，『清稗類鈔』兵刑類，旗兵比棍に「寧古塔將軍每屆三年出示，無論滿洲漢軍，未成丁者，至衙門比試，曰比棍。棍以木二根高五尺，上橫短木，立於將軍前。照冊點名，於其下行過，能如棍長，即註冊。披甲派差食糧。如不願者，歲出銀六兩，曰「当帮」」とある。
46) 王慶雲『石渠餘紀』巻三，紀丁類
47) 『明清檔案』A232-21，乾隆四十二年九月五日，登録号027075-001，題本，満漢合璧
　　［満文］ahasi kimcime/ gūnici, haha toloro cese be/ boolara baita holbobuhangge

umesi oyonggo/ aika narhūšame acabume baicarakū oci,/ tašarara jurcenjere akū obume muterakū,/ jakūn gūsai ejige sidan sebe/ siden yamun de selgiyeme gajifi tuwame celefi celeku de dosikangge be/ uthai ici ergi fiyenten de/ afabufi, fe ici dosika ursei/ gebu ilan jalan jai juwan/ se de isinafi boolaha cese de/ narhūšame acabume baicabuha de, ici/ ergi fiyenten i gvsai da hūwašabu sei/ alibuhangge, be afabuha be dahame/ asaraha aniya aniyai, celehe cese/ juwan se ci wesihun cese de/ acabume kimcime baicaci, gūwa gūsa/ nirui fe ice dosika ursei/ gebu ilan jalan gemu acanahabi, ［漢文］奴才等伏思：呈報丁冊事関緊要。若不詳細査核，不無舛錯，將八旗幼丁等傳至公所驗看，編入冊內，即交右司。將新舊編入人等姓名三代，所呈年至拾歳丁冊，令其詳細査核去後，茲據右司協領花沙布等呈，稱職等奉派將所存歷年拾歳以上丁冊，詳細査核。査得，別旗佐領下新舊編入人等姓名三代，俱各相符。

48) 『欽定八旗則例』（乾隆七年，満文版と漢文版）巻三，編審丁冊
49) 『欽定中枢政考』巻十六，八旗，戸口，編審丁冊「八旗人丁，三年編審一次，各旗査明佐領下人，凡年十五歳以上，身材已足五尺，或身材未足五尺已食糧及幼丁挑補養育兵者，造入丁冊，分別另戸・戸下，開写三代履歷。其戸下人之祖父，或係契買，或係從盛京帶来，或係帶地投充，或係乾隆元年以前白契所買之處，俱於本名下注明，編入另戸本主人戸下。其另戸人之子弟，倶作另戸分造。其從前造丁冊之人，有身故逃走及賣出者，聲明裁除。造冊二本，蓋都統印信，一送戸部，一存該旗。至外省駐防及旗人，外任文武各官子弟家口，遇比丁之年，戸部先期行文，該管大員査明，照在京旗人例，造冊二本，鈐蓋印信，咨送戸部，一存該部，一送該旗。各該旗按冊査明，附入本旗佐領丁冊內，鈐印送部。如將應入冊之壯丁，隱瞞不行造入者，係官議處。係平人鞭責。失於査出之佐領・驍騎校，各照例核議，或將未食錢糧及年未及歲，不應造入之幼童編入丁冊者，佐領・驍騎校亦照例核議」。また『欽定戸部則例』巻一，戸口一，比丁にも，すこし異なる内容の規定が見られる。併せて参照されたい。
50) 乾隆二十七年十二月　日，移会，登録番号：078069，台北・中央研究院旧内閣大庫所蔵
51) 遼寧省檔案館所蔵の『盛京総管内務府上三旗人丁戸口冊』目録からは，三年ごとにそれぞれの戸口冊が作られていたことが分かる。たとえば，盛京総管内務府内管領処は嘉慶九年，十二年，十五年，十八年，二十一年，二十四年といったように，三年ごとに「人丁冊」を作っていた。
52) 頼恵敏（1997）は，おもに内務府の戸口について，人口学の手法を用いてなされた研究である。
53) 『明清檔案』A84-88，乾隆三年八月十六日「八旗之人丁檔案，宜檢對清晰以備考。八旗毎有主僕，因本佐領下檔案不明，互相訐訟，必須往戸部查考檔案，而戸部所貯檔案，竟有殘缺不全者。即如雍正拾年內，有領催吳鎖住家人告稱：並不係吳鎖住家人之案。奴才往戸部查檔，見卷案散漫，有全冊者有半冊者，亦有三篇五篇者，甚至有一篇半篇者不等，俱堆積空房地上，濕檔不堪，甚爲狼藉。前任參領六格與奴才前後一年有餘，畢於糟爛篇內，適遇尋得。因問該旗司官，彼云：曾經回祿。又因積雨牆倒，所以殘缺。又旗下司官不過輪流管理，或三月一換，或五月一換，未有久於其任者，是以不能深悉其事，惟有領催數人專管……」。

54)『八旗都統衙門』旗務，八旗各佐領下戸口清冊（之一）（中国第一歴史檔案館蔵）
55) 光緒十九年，光緒二十九年，東洋文庫蔵
56)『八旗満洲氏族通譜』（満文版と漢文版）巻九，赫舎里氏，和多穆哈連地方
57)『満漢合璧政考便覧』（満文）第四冊，儀制
　　マンジュの人々が名前を付けるとき漢人の姓を使ってはいけないこと。
　　乾隆三年六月に，上諭がくだされたのは，鑲黄旗満洲ニルを承襲するために作った家譜を見たところ，同じ一族の祖先から生まれた父子の名をみな「斉」という字を使って付けている。同じ一族の兄弟をみな「杜」という字を使って付けている。「斉，杜」はみな漢人の名のなかにある。
58)『満漢合璧政考便覧』第四冊，満洲命名不得用漢姓，110-111頁
59) 青州駐防八旗については，李鳳琪・唐玉民・李葵編著（1999）参照。
60) 新疆少数民族古籍辦・北京市民委古籍辦（2003）参照。

附表1 『宜珍佐領下戸口冊』（正紅旗満洲三甲喇十五佐領，光緒三十年）

戸数	職名	人名	年齢	関係	合計	備考
1	佐領又雲騎尉	松華	52			族長
			47	妻		
	翻訳官馬甲	啓芳	39	子		
			29	児媳		
	閑散	宗恩	7	孫		
	翻訳官馬甲	啓昌	24	子		
			21	児媳		
	閑散	啓勲	21	子		
			3	孫女	9	
2	馬甲	祥斌	26			
	監生	祥普	25	弟		
			26	弟婦		
	閑散	恩沛	9	姪		
	閑散	祥立	13	弟	5	
3	護軍	徳恩	49			族長
			35	妻		
	閑散	柏林	15	子		
			19	女		
	已故護軍参領富倫泰之妻		69		5	孀婦
4	驍騎校	徳安	34			
			34	妻		
	閑散	玉森	11	子		
	閑散	柏匯	7	子		
			15	女		
	護軍	徳春	31	弟	6	
5	養育兵	奎安	57			
			46	妻		
	閑散	徳勝	23	子	3	
6	護軍	徳元	24		1	隻身
7	領催	徳全	32		1	
8			30	妻		
	閑散	柏山	8	子		
			10	女	3	
9	已故馬甲慶福之妻		68		1	孀婦

戸数	職名	人名	年齢	関係	合計	備考
10	護軍兼十五善射	玉山	58			善射, 族長
			55	妻		
	閑散	鉄齢	11	子	3	
11	工部八品筆貼式	連蔭	43			
			43	妻		
	閑散	恩銘	19	子		
	閑散	連斌	39	弟		
	閑散	連森	24	弟		
			28	妹		
			90	祖母	7	孀祖母
12	前鋒	恩齢	44			
			43	妻		
	閑散	長福	13	子		
	閑散	長寿	18	姪	4	
13	護軍	続山	59			
			57	妻		
	馬甲	祥安	27	子		
	閑散	祥慶	24	子		
	閑散	祥禄	21	子		
			29	女	6	
14	驍騎校	桂慶	32			
			32	妻		
	護軍	恩年	7	子	3	
15	吏科八品筆貼式	続連	50			
			49	妻		
		祥照	20	子		
			19	女	4	
16	技勇兵	双亮	59			
			59	妻	2	
17	馬甲	富倫泰	53			
			52	妻		
	閑散	徳福	25	子		
	閑散	来福	23	子	4	
18	委護軍参領	富興	59			
			58	妻		

第8章 掌握される戸口

戸数	職名	人名	年齢	関係	合計	備考
18	護軍	文啓	33	子		
	閑散	文林	12	子		
			38	女	5	
19	養育兵	連貴	24			
			21	妻		
	閑散	連陸	9	弟		
	已故馬甲之妻	成喜	72		4	孀婦
20	養育兵	統徳	16			
	閑散	統多	12	弟		
			10	妹		
			48	母	4	孀母
21	頭等護衛	常喜	54			
			53	妻		
	弓匠	麟佑	17	子	3	
22	養育兵	恩祥	47			
			72	孀母	2	孀母
23	養育兵	恩栄	40			
	親軍	麟善	25	姪		
	閑散	麟厚	12	姪		
			15	姪女	4	
24	親軍	麟霊	27			
	閑散	麟奎	16	弟	2	
25	馬甲	恩慶	53			
			52	妻		
	閑散	麟保	24	子		
	閑散	麟祥	22	子		
			23	女		
			14	女	6	
26	親軍	麟寿	28			
			27	妻		
	閑散	永順	8	子	3	
27	閂甲	富恵	32			
			29	妻		
	閑散	常来	10	子		
	技勇兵	林福	24	弟	4	
28	無米養育兵	恵安	17			
	閑散		8	弟		
			19	姐		
			48	母	4	孀母
29	護軍	倭和布	62			
			59	妻		
	前鋒	常山	23	子		
	閑散	常海	19	子		
	閑散	常寿	12	子		
			25	女	6	
30	通州馬甲	恒泰	35			
			32	妻	2	
31	馬甲	祥恩	47			
			34	妻		
	閑散	連瑞	14	子		
	閑散	文瑞	12	子		
	閑散	文陸	8	子		
			5	女		
			3	女	7	
32	護軍	景瑞	35			
			33	妻		
	閑散	栄喜	12	子	3	
33	護軍	常慶	57			
			55	妻		
	閑散	景林	28	子		
			26	児媳		
	閑散	栄福	10	孫		
	閑散	景順	16	子		
	養育兵	常安	52	弟	7	
34	養育兵	景全	37			
	閑散	景喜	23	弟		
	閑散	景玉	17	弟		
			22	弟妻	4	
35	護軍	恩禄	37			
			30	妻		
	閑散	恩寛	26	子		
			25	妹		
			24	妹		
			58	母	6	孀母

戸数	職名	人名	年齢	関係	合計	備考
36	護軍	常恵	43			
			44	妻		
	閑散	恩成	9	子		
	閑散	恩啓	7	子		
			12	女	5	
37	已故養育兵恩福之妻		47		1	孀婦
38	已故親軍德興之妻		58		1	孀婦
39	已故御史和福之妻		57		1	孀婦
40	已故護軍常祥之妻		17		1	孤女
41	已故護軍常俊之妻		59		1	孀婦
42	公中佐領	常山	59			族長
			57	妻		
	候補筆貼式	増緒	20	子		
			21	児媳		
	閑散	増裕	18	子		
			28	女		
			86	母	7	孀婦
43	領催	増倫	22			
			21	妻		
	閑散	増厚	21	弟		
			25	姐		
			14	妹	5	
44	副護軍参領	恒山	55			
			36	妻		
	技勇兵	連山	52	弟	3	
45	馬甲	盛海	29			
			27	妻	2	
46	兵部郎中	世昌	74			
			70	妻	2	
47	領催	保林	47			
			45	妻		
	親軍	瑞通	27	子		
	閑散	瑞成	23	子		
	閑散	瑞山	17	子		
	閑散	瑞増	8	子	6	
48	馬甲	瑞福	26			

戸数	職名	人名	年齢	関係	合計	備考
48	閑散	瑞昌	25	弟		
	護軍	瑞寿	23	弟		
			20	妹		
			53	母	5	孀母
49	已故護軍桂祥之妻		72		1	永遠孀婦
50	技勇兵	瑞祥	45			
			43	妻	2	
51	閑散	連瑞	57			
			59	妻		
	閑散	德泰	14	子	3	
52	養育兵	志瑞	54			
			54	妻	2	
53	護軍	德陸	52			
			49	妻		
	閑散	秀亮	20	子		
	閑散	明亮	18	子		
			17	子		
			14	女	6	
54	馬甲	常升	44			
			34	妻	2	
55	親軍校	瑞英	34			
	馬甲	瑞安	22	弟		
	閑散	瑞芬	19	弟		
			29	妹		
			13	妹		
			54	母	6	孀母
56	馬甲	連山	44			
	閑散	奎喜	15	子	2	
57	内閣侍讀	崇廉	52			
			50	妻	2	
58	養育兵	奎林	24			
	無米養育兵	奎春	22	弟		
			27	姐	3	
59	雲騎尉	連祥	58			
			54	妻		
			15	女		

戸数	職名	人名	年齢	関係	合計	備考
59			14	女	4	
60	已故技勇兵富敏之妻		76		1	孀婦
61	已故鳥槍護軍恩福之妻		69		1	孀婦
62	護軍	徳亮	66			
			64	妻		
	馬甲	盛湘	19	子	3	
63	馬甲	盛祥	26			
			26	妻		
	閑散	忠寿	8	子		
	閑散	忠禄	5	子	4	
64	四品典儀	盛銘	36			
			35	妻		
	閑散	忠厚	10	子		
	閑散	忠増	5	子		
			7	女	5	
65	無米養育兵	忠福	12			
			46	母	2	孀母
66	閑散	徳成額	52			
			49			
	養育兵	春秀	18			
	閑散	春福	16			
	閑散	春寿	14		5	
67	養育兵	徳淩額	58		1	隻身
68	閑散	慶保	22			
	閑散	双全	18	弟		
	閑散	双立	13	弟		
	閑散	双海	9	弟		
	閑散	双山	8	弟		
	已故護軍林安之妻		40		6	孀婦
69	馬甲	慶禄	35			
			30	妻		
	護軍		28	弟		
	閑散		26	弟		
			24	妹		
			56	母	6	孀母
70	護軍	広俊	46			

戸数	職名	人名	年齢	関係	合計	備考
70			45	妻		
	閑散	勝祥	16	子		
	閑散	勝春	14	子	4	
71	雲騎尉	平瑞	50			
			50	妻		
	閑散	永勝	19	子		
	閑散	永立	10	子		
			13	女	5	
72	養育兵	徳勝	54			
			45	妻		
	無米養育兵	来福	21	子		
	閑散	順福	18	子		
	監生	志福	15	子		
			13	女	6	
73	弓匠	盛興	19		1	隻身
74	已故護軍徳盛之妻		56		1	孀婦
75	已故護軍徳楞之妻		57		1	孀婦
76	已故馬甲舒興阿之孫女		27	孫女	1	
77	已故鳥槍護軍哈達布之妻		81		1	孀婦
78	已故鳥槍護軍栄華之妻		31		1	孀婦
79	已故鎗甲達薩布之妻		44		1	孀婦
80	已故護軍徳鳳之妻		51		1	孀婦
81	已故護軍平安之妻		49		1	孀婦
82	已故護軍林寿之孤女		22		1	孤女
83	已故馬甲塔思哈之妻		56		1	孀婦
84	馬甲	恒安	38			族長
	技勇兵	定保	35	弟		
			39	弟婦		
	技勇兵	胡東阿	18	姪		
	閑散	胡通阿	7	姪		
	閑散	胡英阿	3	姪		
			16	姪女		
			13	姪女	8	

352　第II部　帝国を支えた人々

戸数	職名	人名	年齢	関係	合計	備考
85	養育兵	明安	62			
			56	妻	2	
86	領催	慶厚	28			
			26	妻		
	閑散	成章	10	子		
	閑散	吉章	7	子		
			5	女		
			71	母	6	孀母
87	養育兵	恒山	35			
	技勇兵	興保	29	弟		
			52	姐	3	
88	馬甲	和升額	54			
			50	妻		
	閑散	緒禄	18	子		
	閑散	緒海	10	子	4	
89	無米養育兵	桂斌	54			
			54	妻	2	
90	養育兵	達三	59			
	養育兵	達啓	46	弟		
			36	弟妻	3	
91	養育兵	興保	68			
			65	妻	2	
92	養育兵	隆昌	48			
			46	妻		
	領催	金志	36	姪		
			32	姪妻		
	閑散	文煥	11	姪孫		
	閑散	文照	3	姪孫		
	監生	英瑞	25	姪	7	
93	二等護衛	徳寿	47			
			39	妻		
	閑散	英綿	3	子	3	
94	已故技勇兵恒順之妻		56		1	孀婦
95	内鳥槍藍翎	長世成	72			
			66	妻		
			36	子		
			26	子	4	
96	内火槍護軍	連海	39			
			25	妻		
			5	女	3	
97	内火槍護軍	啓鳳	46			
			36	妻		
	閑散	文喜	12	子		
	閑散	文和	7	子		
			16	女		
			9	女	6	
98	内火槍護軍	文元	27			
			25	妻		
	無米養育兵	文鈞	19	弟		
	閑散	文全	16	弟		
			9	妹		
	閑散	敦厚	5	子		
			48		7	孀婦
99	内火槍護軍	長年	49			
			48	妻		
	閑散	双俊	24	子		
	閑散	双奎	12	子		
	閑散	双全	7	子		
			22	女		
	無米養育兵	長連	52	兄	7	
100	内火槍護軍	双印	27		1	隻身
101	内火槍護軍	巴彦	34		1	隻身
102	内火槍護軍	海彦	33			
			34	妻		
	閑散	松山	3	子	3	
103	内火槍護軍	玉瑞	63			
			64	妻		
			28	女	3	
104	外火槍護軍	常昆	31			
			29	妻		
	閑散	散普	3	子		
			7	女	4	
105	外火槍護軍	文吉	63			

第8章　掌握される戸口　353

戸数	職名	人名	年齢	関係	合計	備考
105			58	妻		
			36	女		
			26	女	4	
106	外火槍護軍	栄敏	29			
			29	妻	2	
107	外火槍護軍	栄山	23			
			23	妻		
			5	女		
			3	女	4	
108	外火槍護軍	栄康	35			
			36	妻		
	養育兵	双喜	14	子		
	閑散	双寿	4	子		
			8	女		
			6	女	6	
109	外火槍護軍	文秀	58			
			58	妻		
	閑散	永立	10	子		
			27	女	4	
110	外火槍護軍	広文	34			
			3	女	2	
111	外火槍護軍	隆福	29			
			33	妻		
	無米養育兵	来福	28	弟	3	
112	円明園馬甲	常亮	47			
			48	妻		
			15	子		
			19	女	4	
113	円明園閑散	慶昌	71			
			68	妻		
	護軍	常禄	48	子		
	護軍	常志	40	子		
			29	児媳		
	護軍	常忠	31	子		
			27	児媳		
	養育兵	桂松	15	孫		

戸数	職名	人名	年齢	関係	合計	備考
113	閑散	桂林	13	孫		
			16	孫女	10	
114	円明園護軍	常連	42			
			30	妻		
	無米養育兵	桂普	13	子		
	閑散	桂凌	8	子		
	閑散	桂茂	3	子		
	養育兵	恩瑞	16	姪		
	無米養育兵	恩陞	12	姪		
			10	女	8	
115	円明園閑散	常敏	23		1	隻身
116	円明園護軍	常珅	39			
			34	妻		
	副護軍校	常格	34	弟		
			34	弟妻		
	護軍	常廉	25	弟		
			21	弟妻	6	
117	閑散	崇金	6	子		
			3	女		
			62	母	3	孀母
118	円明園護軍	慶和	55			
			52	妻		
	護軍	常潤	19	子		
	養育兵	常普	15	子		
			21			
			17	女	6	
119	円明園護軍	阿林布	22			
	養育兵	恩福	16	弟		
	閑散	恩貴	9	弟		
			12	妹		
			45	母	5	孀母
120	已故額外主事慶宝之妻		40		1	孀婦
			平均31.5		425	

此佐領宜珍，鳥槍桂慶，領催増倫等全保
戸数：120
人口数：425

附表 2 『隆鋭佐領下戸口冊』（正紅旗満洲三甲喇十佐領，光緒三十年）

戸数	職名	人名	年齢	関係	合計	備考
1	領催	剛安	33			
	閑散	徳禄	14	子		
			64	母	3	孀母
2	馬甲	吉陸	46			
			41	妻		
	閑散	恒山	6	子	3	
3	領催	文奎	53			
			46	妻		
	閑散	世俊	14	子		
	閑散	吉勤信	7	子		
	養育兵	玉寿	43	弟	5	
4	馬甲	慶瑞	53			
			55	妻	2	
5	已故護軍	吉祥	80		1	
6	已故護軍	西凌阿之妻	65	妻	1	
7	馬甲	常祥	90			
	前鋒	奎恒	63	子		
	前鋒	平安	36	孫		
			33	孫媳		
	閑散	双喜	7	曾孫		
	閑散	双寿	4	曾孫		
	養育兵	奎福	60	子	7	
8	護軍	平福	33			
			30	妻		
	閑散	双全	10	子		
	閑散	双禄	4	子	4	
9	已故護軍	明志	63		1	
10	已故参領	勒爾精阿之妻	73		1	
11	馬甲	祥林	37			
			35	妻	2	
12	護軍	恩海	30			
			38	妻	2	
13	已故護軍	徳克京額之妻	70		1	孀婦
14	已故護軍	文碩之妻	73		1	孀婦
15	護軍	奎元	56			
	閑散	増寿	9	子		
	閑散	増厚	8	子		
	閑散	奎昌	48	弟	4	
16	閑散	連海	61		1	隻身
17	已故護軍	那思宏阿之妻	68		1	孀婦
18	已故護軍	連山之妻	47		1	孀婦
19	已故護軍	卓奇訥之妻	42		1	孀婦
20	恩騎尉	恩福	41			
	閑散	文祥	14	子	2	
21	雲騎尉	海亮	34			
			34	妻		
	閑散	永祥	15			
	閑散	潤祥	13			
	閑散	海明	27			
	護軍	海陸	25			
	護軍	海興	22			
			68	母	8	孀母
22	已故前鋒	海凌阿之妻	68		1	孀婦
23	已故馬甲	祥鳳之妻	74		1	孀婦
24	護軍	承俊	54			
			34	妻	2	
25	前鋒	祥奎	23			
			22	妻		
			45	母	3	孀母
26	已故閑散	海興阿之妻	58		1	孀婦
27	已故馬甲	巴楊阿之妻	56		1	孀婦
28	護軍	成喜	53			
	閑散	連福	19			

第8章 掌握される戸口

戸数	職名	人名	年齢	関係	合計	備考
28	閑散	連陸	18			
	閑散	連山	17			
	閑散	成恵	43		5	
29	順王府門上護軍	玉福	27			
			24	妻	2	
30	已故技勇兵	常志之妻	53		1	孀婦
31	已故護軍	凱英阿之妻	56		1	孀婦
32	前鋒	祥普	24			
			26	妻	2	
33	養育兵	恵齢	48			
	前鋒		38	弟		
			38	弟妻		
	技勇兵	華凌	34	弟	4	
34		祥林	29		1	孤子
35	馬甲	玉齢	50			
			49	妻		
	馬甲	煕齢	38	弟		
			37	弟妻		
	閑散	慶瑞	13	姪		
	閑散	慶福	11	姪		
	閑散	慶禄	9	姪		
			75	母	8	孀母
36	護軍	准慶	85			族長
			79	妻		
	養育兵	奎芳	61	子		
	驍騎校	春林	45	子		
			43	児媳		
	閑散	国珍	19	孫		
	閑散	国祥	8	孫		
	閑散	国瑞	6	孫		
			42	女	9	
37	已故馬甲	和昆之妻	73		1	孀婦
38	已故馬甲	色普章阿之孤女	45		1	孤女
39	無米養育兵	穆陞阿	10			
			45	母	2	孀母
40	護軍	福秀	41			
			38	妻		
	閑散	徳光	18	子		
			17	児媳		
	閑散	徳奎	17	子		
	閑散	徳山	15	子		
	閑散	徳安	13	子		
			9	女	8	
41	馬甲	徳隆	67			族長
	前鋒	玉禄	27	子		
	養育兵	准喜	56	弟		
	養育兵	徳安	55	弟	4	
42	護軍	承明	47			
			41	妻		
	閑散	徳海	4	子	3	
43	養育兵	成慶	59			
			50		2	
44	馬甲	准明	75			
			45	妻		
	馬甲	吉祥	44	子		
	閑散	啓順	28	孫	4	
45	閑散	英志	41			
			38	妻		
	養育兵	徳寛	19	子		
			18	女	4	
46	親軍	英秀	36	弟		
	領催	英志	34			
			30	妻		
			61	母	4	孀母
47	養育兵		31			
	無米養育兵		20	弟		
			66	母	3	孀婦
48	馬甲	花連泰	68			族長
	領催	吉勝	39	子		
			35	児媳		

戸数	職名	人名	年齢	関係	合計	備考
48	閑散	恩栄	16	孫		
	閑散	恩寿	14	孫		
	技勇兵	吉陞	34	子		
			31	児媳		
	閑散	恩全	7	孫		
	閑散	恩禄	4	孫		
			22	女	10	
49	養育兵	隆祥	39		1	隻身
50	養育兵	隆福	40			
	弓匠長	松溥	23	弟	2	
51	馬甲	伊成阿	51			
	馬甲	伊凌阿	29	弟	2	
52	領催	吉福	68			族長
	馬甲	烏綾阿	34	子	2	
53	護軍	奎斌	42			
			36	妻		
	閑散	増垚	9	子		
	閑散	増鐔	4	子		
			65	母	5	嬬母
54	馬甲	伊興阿	49			
			40	妻		
	護軍	恩喜	23	子		
			21	児媳		
	閑散	恩寿	21	子		
	閑散	恩福	19	子		
	閑散	恩昌	16	子		
	養育兵	伊隆阿	40	弟	8	
55	驍騎校	伊通阿	38			
			33	妻		
	閑散	奎寿	10	子		
	閑散	奎玉	9	子		
	閑散	奎珍	8	子		
	閑散	奎璋	4	子	6	
56	養育兵	奎寿	44		1	隻身
57	護軍	阿昌阿	44			
			39	妻		
	閑散	恒緒	11	子	3	

戸数	職名	人名	年齢	関係	合計	備考
58	已故護軍奎忠之妻		53			嬬婦
			31	女	2	
59	已故馬甲徳奎之妻		65		1	嬬婦
60	已故領催徳山之妻		44		1	
61	已故前鋒常禄之妻		57		1	嬬婦
62	已故馬甲常海之妻		66		1	嬬婦
63	閑散	桂鳳	46			
			46	妻	2	
64	円明園養育兵	平安	17			
		平山	13	弟		
		平禄	10	弟		
			5	妹	4	
65	円明園護軍	平福	36			
			32	妻		
			64	母	3	嬬母
66	円明園護軍	常通	58			
			45	妻		
			17	女	3	
67	円明園護軍	志恵	40			
	養育兵	富耀	31	弟		
	槍甲	富厚	29	弟		
	護軍	志海	25	弟		
	閑散	増普	16	子		
			20	女		
			18	女	7	
68	円明園護軍	奎立	54			
	副護軍校	志栄	30	子		
			29	児媳		
	護軍	志和	24	子		
	護軍	志耀	22	子		
			8	孫女		
			5	素女	7	
69	円明園護軍	奎昌	63			
			56	妻		
	護軍	志衡	35	子		
			36	児媳		
	護軍	志興	28	子		

第8章　掌握される戸口

戸数	職名	人名	年齢	関係	合計	備考
69	護軍	志禄	22	子		
			25	女		
	閑散	増寿	16	孫		
	閑散	増恵	8	孫		
			13	孫女		
			3	孫女	11	
70	円明園護軍	奎謙	53			
			53	妻		
	閑散	志増	11	子		
			15	女		
			12	女	5	
71	円明園護軍	奎勝	51		1	隻身
72	円明園養育兵	志華	16			
	養育兵	志佑	12	弟		
			38	母	3	孀母
73	円明園護軍	桂亮	53			
	無米養育兵	林東	18	子		
			21	女		
			16	女		
			12	女	5	
74	円明園護軍	志安	35			
			33	妻		
	閑散	増林	8	子		
			13	女		
			10	女		
			4	女	6	
75	円明園無米養育兵	東元	14			
			18	姐		
			4	妹		
			36	母	4	孀母
76	円明園護軍	桂慶	40			
			33	妻	2	
77	閑散	林保	9	子		
			7	女		
77			5	女	3	
78	円明園護軍	桂英	45			
			32	妻	2	
79	円明園護軍	徳昌	35			
			26	妻	2	
80	円明園護軍	胡納	65			
	護軍	徳祥	43	子		
			35	児媳		
	護軍	徳芳	34	子		
			33	児媳		
	閑散	普禄	16	孫		
	閑散	普全	14	孫		
			4	孫女		
	閑散	普清	10	孫		
			14	孫女		
			12	孫女	11	
81	円明園護軍	達哈納	62			
			57	妻	2	
82	円明園閑散	博勒霍納	56			
			53	妻		
	護軍	徳凌	31	子		
			27	児媳		
			18	女		
			16	女		
			14	女		
	閑散	普栄	5	孫	8	
83	円明園副護軍校	世忠	62			
	護軍	全林	27	子		
			30	児媳		
	養育兵	全海	21	子		
			6	孫女	5	
			平均 33.5		272	

戸数：83
人口数：272

附表 3 『仲倫佐領下戸口冊』（鑲白旗満洲，光緒三十二年）

戸数	職名	人名	年齢	関係	合計	備考
1	世管佐領兼恩騎尉	仲倫	44			
			44	妻		
	印務筆貼式，領催	吉拉敏	25	子		
			26	子媳		
	閑散	扎克丹	18	次子		
			22	女		
	閑散	世清	3	孫		
			5	孫女		
			75	母	9	孀母
2	親軍	咸熙	64			族長
			61	妻		
	養育兵	尚阿本	22	子	3	
3	馬甲	忠恒	58			
			57	妻	2	
4	馬甲	錫恩	30			
			33	妻		
	閑散	舒敏	6	子	3	
5	故養育兵清昆		46	妻	1	孀婦
6	親軍	吉成	61			
			53	妻		
	養育兵	連順	55	弟	3	
7	親軍	俊祥	31			
			27	妻	2	
8	已故護軍志恒		49	妻	1	孀婦
9	湖北縣丞	錫凱	40			
			41	妻		
			12	女		
			10	次女		
			46		5	孀嫂
10	監生	錫奎	44			
			46	妻		
	閑散	広権	19	子	3	
11	閑散	嵩溥	50			
			45	妻		
			11	子	3	

戸数	職名	人名	年齢	関係	合計	備考
12	馬甲	連寿	39			
			33	妻		
	閑散	永吉	11	子		
			66	母	4	
13	親軍	碩昌	64			
			64	妻		
	閑散		24	子	3	
14	已故雲騎尉端成		64	妻	1	孀婦
15	養育兵	秀芳	27			
			23	妻		
	閑散		32	子	3	
16	養育兵	桂祥	32			
			26	妻	2	
17	馬甲	志和	69			
			63	妻	2	
18	養育兵	文清	38			
			33	妻	2	
19	養育兵	萬春	54			
			49	妻		
	閑散	全安	22	子		
			23	子媳		
	閑散	全福	20	次子	5	
20	技勇兵	松秀	34			
			31	妻		
	閑散	富有	7	子	3	
21	技勇兵	松山	48			
			39	妻	2	
22	領催	錫綸	31			
			33	妻		
	閑散	鉄林	3	子		
			6	女	4	
23	護軍	玉奎	74			
			71	妻	2	
24	馬甲	双立	30			
			25	妻	2	

第8章　掌握される戸口

戸数	職名	人名	年齢	関係	合計	備考
25	已故馬甲常海		37	妻	1	孀婦
26	已故護軍廷吉		46	妻	1	孀婦
27	驍騎校	玉山	63			
			46	妻		
			19	女		
			7	次女	4	
28	馬甲	廷恵	51			
			49	妻	2	
29	馬甲	廷煜	34			
			29	妻	2	
30	雲騎尉	廷貴	59			
			59	妻	2	
31	已故馬甲烏雲泰		47	妻	1	孀婦
32	護軍	連禄	56			
			56	妻		
	閑散	松寿	22	子		
	閑散	松恵	20	次子		
	養育兵	松椿	18	三子		
			14	女	6	
33	養育兵	富順	56			
			55	妻		
	閑散	徳海	15	子		
	閑散	徳鳳	13	次子		
			11	女	5	
34	領催	錫寿	61			
			61	妻		
	閑散	松山	33	子		
			32	子媳		
	閑散	継賢	5	孫		
			8	孫女		
	閑散	松祺	27	次子		
			27	次嫂		
	閑散	継忠	5	次孫		
			34	女		
			21	次女	11	
35	護軍	連貴	58			
			54	妻		
35	閑散	永福	32	子		
			27	子媳		
	閑散	栓格	6	孫		
	閑散	永徳	26	次子		
	閑散	永存	22	三子		
	閑散	永年	20	四子		
			24	女		
			17	次女		
			14	三女	11	
36	已故領催連陞		32	妻	1	孀婦
37	養育兵	桂斌	22			
			23	妻	2	
38	馬甲	連忠	50			
			46	妻		
	閑散	松普	17	子		
	閑散	松俊	13	次子		
			20	女		
			15	次女	6	
39	護軍	萬福	51			
			33	妻	2	
40	已故親軍徳順		36	妻	1	孀婦
41	護軍	萬清	44			
			43	妻		
	閑散		9	子		
			14	女	4	
42	已故親軍興全		39	妻	1	孀婦
43	馬甲	文斌	66			
	閑散	福山	23	子		
	閑散	寿山	17	次子		
	養育兵	全山	13	三子		
			29	女		
			27	次女		
			20	三女	7	
44	領催	春禄	55			
			53	妻		
	閑散	吉陞	21	子		

戸数	職名	人名	年齢	関係	合計	備考
44	閑散	吉祥	20	次子		
			26	女	5	
45	馬甲	吉順	18			
			16	妻	2	
46	弓匠	松普	38			
			33	妻		
	閑散	松寿	27	弟		
	閑散	盛泉	22	次弟	4	
47	已故馬甲百順		32	妻		孀婦
	南塢鳥槍護軍徳順	徳順	44		2	
48			44	妻		
	馬甲	双存	62			族長
	養育兵	桂福	34	子		
	養育兵	常連	31	次子		
			35	次媳		
	閑散	福恒	15	孫		
	閑散	福印	13	次孫		
			11	孫女		
	閑散	常林	21	三子	9	
49	馬甲	常存	44			
			38	妻		
			18	子		
			13	次子		
			8	女	5	
50	已故護軍廷瑞		36	妻	1	孀婦
51	護軍	常奎	43			
			43	妻		
	閑散	存普	10	子		
			19	女	4	
52	護軍	錫斌	43			
			39	妻		
	閑散		19	子		
	閑散		10	次子		
			14	女	5	
53	領催	錫綿	29			
			30	妻		
	閑散	鉄山	11	子	3	

戸数	職名	人名	年齢	関係	合計	備考
54	已故馬甲恩全		32	妻	1	孀婦
55	護軍	玉光	66			
			66	妻		
			28	女	3	
56	東陵賛礼郎	錫順	41			
			41	妻		
	閑散	鉄檪	15	子		
			19	女	4	
57	護軍	錫存	36			
			34	妻		
			14	女	3	
58	護軍	錫齢	32			
			33	妻	2	
59	護軍	玉華	56			
			41	妻		
	閑散	錫瑞	14	子		
			12	女	4	
60	空銜花翎前鋒	玉貴	55			
			50	妻		
	養育兵	錫拴	18	子		
	養育兵	錫俊	10	次子		
			16	女	5	
61	前鋒	錫恵	24			
			21	妻		
	閑散	鉄鑑	3	子	3	
62	護軍	玉懷	47			
			47	妻		
	養育兵	全順	17	子		
	閑散	錫明	10	次子		
	閑散	錫長	6	三子	5	
63	護軍	錫寿	26			
			21	妻	2	
64	已故護軍玉林		35	妻	1	孀婦
65	養育兵	文泰	19			
			38	母	2	
66	護軍	常喜	36			
			36	妻		

戸数	職名	人名	年齢	関係	合計	備考
66	閑散	増禄	7	子	3	
67	馬甲	祥恩	70			族長
			68	妻		
	閑散	常泰	40	子		
			31	子媳		
	閑散	存安	12	孫		
	閑散	常福	34	次子		
			26	次媳		
	閑散	常禄	30	三子		
	閑散	常奎	28	四子		
			22	四媳	10	
68	已故馬甲栄恩		31	妻	1	孀婦
69	技勇兵	常明	35			
			34	妻		
			16	女		
	閑散	常海	26	弟		
	閑散	常寿	24	次弟	5	
70	馬甲	保林	52			
			41	妻		
	閑散	徳勝	18	子		
	閑散	徳瑞	15	次子		
	閑散	徳喜	12	三子	5	
71	已故親軍常山		33	妻	1	孀婦
72	養育兵	保祥	37			
			31	妻		
	閑散	徳禄	12	子		
			15	女	4	
73	門甲	双禄	29			
	閑散	増福	10	弟		
			18	妹		
			49	母	4	
74	馬甲	常明	43			
			33	妻		
	閑散	存祝	18	子		

戸数	職名	人名	年齢	関係	合計	備考
74	閑散	存喜	15	次子		
			9	女	5	
75	已故馬甲錫存		43	妻	1	孀婦
76	養育兵	凌岳	31			
			25	妻		
	閑散	博羅哩	5	子	3	
77	養育兵	興安	24			
			23	妻	2	
78	已故貴州黎平府同治善恒		52	妻	1	孀婦
79	養育兵	常山	38			
			32	妻	2	
80	已故山西侯補知州常福		64	妻	1	孀婦
81	馬甲	蒙桂	69			
			58	妻		
	閑散	常海	15	子	3	
82	已故馬甲常存		33	妻	1	孀婦
83	已故前鋒常泰		34	妻	1	孀婦
84	已故養育兵伊成		45	妻	1	孀婦
85	已故護軍恵凌		37	妻	1	孀婦
86	已故弓匠志則		46	妻	1	孀婦
87	已故領催紹成		45	妻	1	孀婦
88	已故領催觀喜		35	妻	1	孀婦
89	已故前鋒双全		37	妻	1	孀婦
90	已故護軍松寿		35	妻	1	孀婦
91	已故養育兵拴成		31	妻	1	孀婦
92	陣亡前鋒経文泰		69	妻	1	孀婦
93	技勇兵	双瑞	49			
			40	妻		
	閑散	鈺璋	19	子		
			10	女	4	
94	已故領催文清		40	妻	1	孀婦
			平均32.4		282	

戸数：94
総人口：282人

附表4　『隆順佐領下戸口冊』（正紅旗満洲，光緒三十年）

戸数	職名	名前	年齢	関係	合計	備考
1	参領兼世管佐領	隆順	59			
	翻訳官馬甲	栄？	33	子		
			37	児媳		
	閑散		11	孫		
			14	孫女	5	
2	馬甲	増緒	17			
			18	妻	2	
3	軽車都尉	吉成	41			
			31	妻		
			14	女		
	閑散	吉和	36	弟	4	
4	護軍	吉林	32			
			21	妻	2	
5	無米養育兵	存升	16			
			19	姐		
			48	母	3	孀母
6	養育兵	英桂	49			
			32	妻	2	
7	馬甲	明通	59			
			54	妻		
	閑散	啓興	24	子		
			15	女	4	
8	養育兵	英昌	52			
			25	妻	2	
9	馬甲	文禄	80			
			73	妻		
			42	女	3	
10	馬甲	常陸	51			
			43			
	閑散		24	子		
	閑散		23	子		
	閑散		15	子		
	閑散		8	子		
			26	女	7	
11	護軍	常徳	26			
			20	妻	2	

戸数	職名	名前	年齢	関係	合計	備考
12	弓匠	常海	30			
			23	妻	2	
13	監生	忠全	55			
			54	妻		
	閑散	松鶴	32	子		
			40	妹		
	監生	忠興	49	弟		
			43	弟妻		
			79	孀母	7	
14	即選同知	清埼	23			
			21	妻		
			21	妹		
			41	母		孀母
			77	祖母	5	孀祖母
15	閑散	忠達	41			
	挙人馬甲	忠文	38	弟		
			35	弟妻		
	閑散	廣勤	3	姪		
	閑散	忠常	35	弟		
	挙人州同	忠林	32	弟		
			28	弟妻		
			28	妹		
			25	妹		
	翻訳官馬甲	廣成	28	姪		
			23	姪媳		
			68	母	12	孀母
16	領催	松瑞	82			
			60	妻		
	閑散	志成	15	子		
			23	女		
			17	女	5	
17	参将	鍾啓	55			
			45	妻		
			14	子		
			9	子	4	
18	領催	鍾英	49			

戸数	職名	名前	年齢	関係	合計	備考
18			40	妻		
			9	子		
			10	女	4	
19	吏部侯補員外郎	栄全	31			
			26	妻		
	閑散	和鏞	8	子		
			9	女		
			52	母	5	孀母
20	已革三等侍衛	瑞璋	65			
			67	妻		
			42	子		
			40	児媳		
	閑散		16	孫		
	閑散		12	孫		
	閑散		3	孫		
			9	孫女		
			16	女	9	
21	養育兵	文續	16			
	閑散	文印	12			
			52	母	3	孀母
22	騎都尉兼山西巡撫衙門筆貼式	景?	43			
		郡君	42	妻		
			9	女		
			38	姪女		
			53	姐	5	
23	閑散	盛茂	51			
			50			
			45		3	
24	閑散	文潤	47			
			94	母	2	孀母
25	礼部主事	増喜	47			
			47	妻		
	護軍	毓鑫	25	子	3	
26	刑部主事	増慶	45			
			37	妻		
	閑散	毓樸	8	子		

戸数	職名	名前	年齢	関係	合計	備考
26			7	女	4	
27	閑散	和喜	25			
			32	姐		
			53	母	3	孀母
28	閑散	毓吉＋吉	29			
			51	母	2	孀母
29	候選筆貼式	増寿	25			
			24	妻		
			33	姐		
			51	母	4	孀母
30	刑部八品筆貼式	清寿	35			
			35	妻		
			16	女		
			7	子		
			4	子		
			43	姐	6	
31	閑散	玉鈞	9			
			38	姐		
			57	母		孀婦
			78	祖母	4	孀祖母
32	馬甲	玉林	55			
			45	妻		
	閑散	文煥	18	子	3	
33	護軍	桂恩	45			
			35	妻	2	
34	護軍	謙恒	35			
			25	妻		
			37	姐		
	已故三等侍衛桂栄之妻		58	母	4	孀母
35	護軍	謙平	32			
			22	妻	2	
36	養育兵	永祥	66	、		
			57	妻		
	閑散	全升	9	子	3	
37	養育兵	徳升	54			

戸数	職名	名前	年齢	関係	合計	備考
37			47	妻	2	
38	馬甲	伯瑞	61			
			58	妻		
	閑散	文志	34	子		
			32	児媳		
	閑散	常福	14	孫		
	閑散	文秀	26	子		
	閑散	文英	22	子		
			13	女	8	
39	養育兵	隆瑞	54			
			52	妻		
	閑散	春升	14	子		
	閑散	齡祥	13	子		
	無米養育兵	祥升	10	子	5	
40	養育兵	明陸	30			
			24	妻		
	閑散	全海	5	子	3	
41	技勇兵	胡松額	49			
			45	妻		
	閑散	英深	8	子		
	閑散	英奎	4	子	4	
42	護軍	胡僧額	45			
			33	妻	2	
43	無米養育兵	福志	48			
			34	妻	2	
44	養育兵	富惠	45			
			32		2	
45	護軍	保林	43			
			43	妻		
	閑散	文岐	16	子		
	閑散	文華	9	子	4	
46	養育兵	慶陞	48			
			32	妻	2	
47	護軍	常升	49			
			47	妻		
	閑散	慶山	23	子		
	閑散	常禄	30	子	4	

戸数	職名	名前	年齢	関係	合計	備考
48	護軍	常林	40			
			39			
			15		3	
49	馬甲	常安	46			
			45	妻		
	閑散	全連	6	子	3	
50	印務章京兼驍騎校	阿克達春	47			
			46	妻		
	閑散	双寿	26	子		
	閑散	双喜	24	子		
	閑散	双福	22	子		
	馬甲	双禄	19	子		
	閑散	双海	8	子	7	
51	無米養育兵	徳春	15			
			60	母	2	嬬母
52	馬甲	恭訥春	43			
			41	妻	2	
53	馬甲	鳳山	60			
			61			
			37		3	
54	護軍	鳳恒	47			
			39	妻		
	閑散	奎俊	25	子		
	閑散	常奎	17	子		
	閑散	隆奎	16	子		
	閑散	春奎	13	子		
			25	女		
			5	女	8	
55	領催	文奎	23			
			21	妻		
	閑散	連福	1	子	3	
56	馬甲	善慶	42			
			40	妻		
	閑散	全山	15	子	3	
57	馬甲	廣亮	33			
			28	妻		

戸数	職名	名前	年齢	関係	合計	備考
57	閑散	全興	7	子		
			62	母	4	嬭母
58	養育兵	廣明	48			
			41	妻		
	閑散	全溥	7	子	3	
59	養育兵	隆恵	63			
			49	妻		
	養育兵	文興	25	子	3	
60	馬甲	林印	53			
			51	妻		
	閑散	桂芬	24	子		
			70	嬭母	4	
61	養育兵	恩栄	48			
	閑散	恩恵	30			
			26	弟妻		
	閑散	文普	2	姪		
			27	妹		
			71	母	6	嬭母
62	馬甲	恩連	38			
			31	妻	2	
63	馬甲	崇福	53			
			53	妻		
	閑散	桂明	21	子		
	閑散	桂亮	19	子		
	閑散	桂敬	17	子		
			11	女	6	
64	領催	桂叢	70			族長
			66	妻		

戸数	職名	名前	年齢	関係	合計	備考
64	已故護軍	常福	28	子		
	閑散	忠海	8	孫	4	
65	養育兵	吉喜	23			
			21	妻	2	
66	馬甲	秀山	69			
			69	妻	2	
67	領催	秀全	59			
			50	妻		
	閑散	徳陸	8	子	3	
68	無米養育兵	文格	16			
			40		2	
69	無米養育兵	唐武色	38			
			31	妻		
	閑散	全山	6	子	3	
70	馬甲	常山	81			
			78	妻		
		徳玉	57	子		
		?	48	子		
	養育兵	徳山	52	子	5	
71	養育兵	蘊秀	34			
			23	妻		
	閑散	文林	4	子	3	
72	已故鳥槍護軍	金奇賢	76		1	
73	已故鳥槍護軍潤申之妻		30	母		周年嬭婦
	閑散	文升	19	子	2	
			平均 34.7		269	

戸口数：73
総人口：269

附表5 『那丹珠佐領下戸口冊』（正紅旗満洲，光緒二十九年）

戸数	職名	人名	関係	年齢	合計	備考
1	佐領	那丹珠		47		
	閑散	楽斌	子	17		
	閑散	双斌	子	10		
	閑散	全斌	子	7	4	
2	族長	徳礼額		52		
			妻	52		
	閑散	福寿	子	20		
			女	20		
	無米養育兵	徳鳳額		48	5	
3	無米養育兵	玉福		42		
			妻	30	2	
4	護軍	玉陸		41		
			妻	25	2	
5	護軍	玉林		29		
			妻	29		
	閑散	富貴	子	7		
	嬭母		母	62	4	嬭婦
6	弓匠	科科		35		
	護軍	烏忠阿	子	32		
	護軍	和鳳	弟	27	3	
7	三等侍衛	和泰		49		
			妻	47		
	閑散	吉綱	子	23		
	閑散	吉雲	子	15		
	閑散	陰寿	子	11		
	閑散	陰禄	子	8	6	
8	無米養育兵	徳康		36	1	隻身
9	領催	延齢		32		
			妻	32		
	閑散	常陞	子	15		
	嬭母		母	62	4	嬭婦
10	養育兵	玉成		57	1	隻身
11	技勇兵	福清		56		
			妻	36	2	
12	無米養育兵	延続		33		
	庫使	延生	弟	32		

戸数	職名	人名	関係	年齢	合計	備考
12			弟婦	30		
			姪女	7	4	
13	養育兵	富恩		62		
			妻	51	2	
14	養育兵	徳林		40	1	隻身
15	驍騎校	延樹		28		
	閑散		妻	28		
	閑散	亨通	子	11		
	閑散	亨達	子	9		
	閑散	亨連	子	7		
	嬭母		母	62	6	嬭婦
16	領催	延忠		27		
			妻	24		
	閑散	鉄保	子	6		
	閑散	鉄権	子	4	4	
17	馬甲	徳印		40		
			妻	41	2	
18	無米養育兵	百升		34		
			妻	26		
	閑散	百連		30		
	閑散	文起	子	10		
			女	2	5	
19	養育兵	額拉恒額		63		
	養育兵	額拉洪額	弟	59		
	無米養育兵	額拉崇額	弟	57	3	
20	無米養育兵	陸額		57		
	養育兵	叔双全	叔	50	2	
21	養育兵	徳忠		41	1	隻身
22	馬甲	莫克		57		清河
			妻	53		
	閑散	文秀	子	25		
	閑散	文鑰	子	10		
	閑散	文順	子	4	5	
23	養育兵	豁隆阿		56		
			妻	46		
	閑散	崇恩	子	7	3	

戸数	職名	人名	関係	年齢	合計	備考
24	大理寺八品筆貼式	栄慶		39		族長
			妻	32	2	
25	侯補	餘慶		57		河南
			妻	54		
	分部行走筆貼式	延普	子	21		
			妾	28		
	閑散	延偉	子	13		
	閑散	延儒	子	9		
	閑散	延倬	子	7		
			女	11	8	
26	筆貼式	如慶		51		陝西内院
			妻	54		
	監生	延勛	子	29		
			児媳	28		
	閑散	延勤	子	24		
			女	19	6	
27	閑散	□籌		4		
			嬭母 母	27	2	嬭婦
28	已革黒龍江呼蘭理事同知	鐘秀		49		
			妻	50		
	閑散	魁祜	子	24		
	閑散	魁無	子	17		
	閑散	魁齡	子	12		
			女	17		
			女	7	7	
29	礼部八品筆貼式	魁禄		30		
			妻	29		
	閑散	扎拉芬	子	10	3	
30	無米養育兵	文秀		50		
			嬭母 母	71	2	嬭婦
31	起居注八品筆貼式	魁福		26		
			妻	22	2	
32	技勇兵	玉春		48		

戸数	職名	人名	関係	年齢	合計	備考
32			妻	48		
	閑散	広全	子	18	3	
33	護軍	玉存		45		
			妻	28		
	閑散	来喜	子	8		
	閑散	来祥	子	5	4	
34	馬甲	玉明		54		
			女	18	2	
35	護軍	玉珍		60		
			妻	49		
	閑散	海禄	子	24	3	
36	已革勇兵	玉陞		65		
			妻	53		
	養育兵	海隆	子	23		
			児媳	21		
	閑散	阿林保	孫	4		
	閑散	阿林阿	孫	7		
	閑散	海果	子	21		
			児媳	21	8	
37	護軍	玉昌		50		
			妻	37		
	閑散	桂恒	子	7		
			女	10	4	
38	技勇兵	玉山		63		
	馬甲	全福	子	41	2	
39	養育兵	玉申		51	1	隻身
40	無米養育兵	忠山		28	1	隻身
41	馬甲	玉厚		60		
	無米養育兵	岳広泰	子	37	2	
42	養育兵	富安		62		
			妻	51		
	閑散	徳山	子	24		
	無米養育兵	福寿	弟	60	4	
43	無米養育兵	□□慶		56		族長
			妻	52		
	親軍校	栄寛	子	35		
			児媳	23		

戸数	職名	人名	関係	年齢	合計	備考
43	閑散	孫永良	孫	4		
	閑散	栄春	子	23		
	閑散	英志	子	28		
			女	20		
	親軍	福海	弟	50	9	
44	前鋒柏順之妻周年孀婦			62		
	閑散	成祥	子	14		
	閑散	成普	子	12	3	
45	養育兵	保山		52		
	委歩軍校	玉山	弟	47		
	閑散		弟婦	34		
	閑散	秀淩	姪	17		
	閑散	秀雲		15		
	閑散	秀林		13		
	閑散	徳山	弟	45		
			弟婦	34	8	
46	護軍	桂山		43		
			妻	33	2	
47	陣亡護軍勝凱之妻		妻	68	1	永遠孀婦
48	技勇兵	棋臣		34		
			妻	26	2	
49	護軍校	松福		40		
			妻	36		
	閑散	常海	子	19		
	閑散	常山	子	14		
	閑散	常禄	子	12		
	閑散	常寿	子	7		
	閑散	閑散		1		
			女	18	8	
50	無米養育兵	隆和		21		
			妹	20		
	閑散	隆保	弟	19		
	孀母		母	41	4	孀婦
51	養育兵	瑞礼		64	1	隻身
52	養育兵	那清阿		74		
	養育兵	広清	弟	62	2	

戸数	職名	人名	関係	年齢	合計	備考
53	無米養育兵	広玉		47	1	隻身
54	養育兵	全春		25		
	閑散	英志	弟	22		
	閑散	英福	弟	20		
	閑散	英春	弟	18		
	閑散	英啓	弟	13		
		孀母	母	51	6	孀婦
55	護軍	文奎		71		
	歩軍校	扎郎阿		42	2	
56	前鋒	文泰		51		
			妻	39		
	親軍	桂隆	子	19		
	閑散	桂杲	子	16	4	
57	護軍	文秀		48		
			妻	31		
	閑散	桂恒	子	14		
		孀母	母	75	4	孀婦
58	馬甲	文□		42		
			妻	35		
	閑散	慶振	子	14		
	閑散	慶福	子	18		
	閑散	慶鈺	子	17		
	閑散	慶栄	子	12		
	閑散	慶寿	子	7		
	閑散	慶春	子	2		
			女	15	9	
59	馬甲	玉忠		72	1	隻身・族長
60	護軍	文俊		53		
			妻	42		
	閑散	福順	子	18		
	閑散	福賚	子	14		
	閑散	福興	子	13		
	閑散	桂啓	子	7	6	
61	護軍	文鳳		39		
			妻	32		
	閑散	福和	子	13	3	

第8章 掌握される戸口

戸数	職名	人名	関係	年齢	合計	備考
62	護軍	□□		37		
			妻	30		
	閑散	桂泉	子	11		
	閑散	桂凌	子	7		
	閑散	桂鳳	子	2	5	
63	技勇兵	玉桂		38		
			妻	36	2	
64	護軍参領	玉陞		61		
			妻	42		
	閑散	桂森	子	22		
	技勇兵	桂普	子	40		
			児媳	37		
	前鋒	桂俊	子	37		
			児媳	34		
	閑散	烏爾根額	孫	20		
	閑散	烏爾根泰	孫	17	9	
65	馬甲	隆順		66		
			妻	62	2	
66	技勇兵	徳勝		54		
			妻	46		
	閑散	文啓	子	22		
	閑散	文印	子	3		
			女	20		
			女	17		
			女	14	7	
67	親軍	文保		63		
	前鋒	玉慶	子	33		
			児媳	36		
	閑散	春明	子	16		
	閑散	春桂	子	8		
	閑散	隆海	子	31		
			児媳	23	7	
68	馬甲	徳璘		64		
			妻	64	2	
69	護軍	文桂		46		
			妻	27		
			女	3	3	

戸数	職名	人名	関係	年齢	合計	備考
70	馬甲	善□		76		
	養育兵	文斌	子	42	2	
71	餉	善福之子媳		26	1	
72	六品頂戴馬甲	崇安		75		
			妻	72		
	理藩院郎中	富成額	子	43		
			児媳	44		
	内閣中書	景祺	孫	29		
			孫媳	25		
	閑散	二世栄煦	二世	4		
	護軍	景格	孫	27		
	閑散	景方	孫	17		
	閑散	景寛	孫	13		
	閑散	景裕	孫	11		
	親軍	瑞陞	子	34		
	監生翻訳官馬甲	富隆安	子	27	13	
73	無米養育兵	富明泰		47		
			母	61		孀母
	無米養育兵	富徳保	弟	47		
	通州甲	富爾梶泰	弟	45		
	護軍	瑞昌	弟	41		
	護軍	国瑞	弟	37		
			弟妻	27		
	閑散	文景	姪	11		
	閑散	文林	姪	8		
	閑散	国亮	弟	28		
	閑散	国安	弟	29		
	監生	国緒	弟	27		
			弟妻	28		
	閑散	文監	姪	7		
	閑散	文捷	姪	3		
			妹	28	16	
74	馬甲	郭祥		43	1	隻身
75	欽天監五官	正国全		45		
			妻	42		
	護軍	景存	子	17		

戸数	職名	人名	関係	年齢	合計	備考
75	閑散	景溇	子	16		
	閑散	景雲	子	8		
			女	18		
			女	15		
			女	13		
			女	12	9	
76	都察院八品筆貼式	国□		48		
			妻	48		
	侯補筆貼式監生	景奎	子	17		
			女	23		
			母	55	5	孀母
77	驍騎校	富昌		52		
	謄録官候選筆貼式馬甲	景元		28		
			児媳	26		
	監生	景厚		16	4	
78	養育兵	富林泰		55		
	翻訳官馬甲候選主事	景文	姪	27		
	文生員翻訳官馬甲候選筆貼式	景賢	姪	22		
			姪媳	22		
			姪孫女	3		
	兵部七品筆貼式	景□	姪	19		
	工部繕本筆貼式	景均	姪	18		
	監生	景聯	姪	17		
	□□	□□		12		
	已故給事中富通阿之妻			70	10	
79	親軍	瑞升		44	1	隻身
80	親軍	全齢		52		
			妻	50		
	護軍	景森	子	20		
	閑散	景椿	子	12		

戸数	職名	人名	関係	年齢	合計	備考
80			女	18	5	
81	養育兵	全敏		49	1	隻身
82	無米養育兵	徳順		52	1	隻身
83	無米養育兵	景澍		17		
	閑散	景松	弟	4		
			妹	15		
			妹	12		
			妹	10		
			母	42	6	孀母
84	歩軍校	全斌		42		
			妻	37	2	
85	無米養育兵	玉興		56		
	閑散	興順	子	23		
			児媳	19	3	
86	馬甲	玉保		74		
	馬甲	文英	子	49		
			子媳	32		
	閑散	桂喜	孫	21		
	閑散	桂寿	孫	17	5	
87	已故護軍文禄之妻 未食餉	玉保之子媳		33	1	
88	已故馬甲玉申之妻孀婦		妻	71	1	孀婦
89	恩騎尉	隆安		55		
			妻	53		
	前鋒	文順	子	31		
			児媳	31		
			孫女	2		
	閑散	文秀	子	23		
	閑散	文林	子	19		
	閑散	文寿	子	12		
			女	15	9	
90	養育兵	双福		57		
	無米養育兵	双喜	弟	53	2	
91	歩軍校	松慶興		56		
			妻	55		
	閑散	志順	子	12		
	閑散	志有	子	17		

第8章 掌握される戸口

戸数	職名	人名	関係	年齢	合計	備考
91	閑散	志和	子	19		
			女	10		
			女	6	7	
92	護軍	慶□		40		
			妻	35		
	閑散	志永	子	18		
			女	15		
			女	12		
			女	6		
			女	2	7	
93	護軍	海寿		77		
			妻	74		
	無米養育兵	綽林布	子	44		
	前鋒	徳瑞	子	32		
			児媳	31		
	閑散	文山	孫	5		
	閑散	文立	孫	8	7	
94	馬甲	徳恒		40		
			妻	39		
	閑散	桂林	子	20		
	閑散	桂祥	子	15		
			女	9	5	
95	閑散	綽林泰		31		
			妻	31		
	閑散	文連	子	14		
	閑散	文通	子	11	4	
96	無米養育兵	貴連		17	1	隻身
97	馬甲	扎拉芬		45	1	隻身
98	護軍	扎隆阿		35		
			妻	30		
			女	3	3	
99	養育兵	塔思哈		64	1	隻身
100	護軍	文秀		30	1	隻身
101	馬甲	文奎		58		
			妻	39		
	護軍	文禄	弟	50		
			弟婦	44		
101	閑散	托林布	姪	16		
	閑散	托罕布	姪	14		
	閑散	托銀布	姪	8		
	閑散	托欽布	姪	7		
			姪女	11		
	護軍	文喜	弟	41		
			弟婦	41		
			姪女	3		
			母	80	13	孀母
102	護軍	文立		54		
			妻	43		
	閑散	托雲布	子	18		
	閑散	托金布	子	16		
	閑散	托仁布	子	13		
	閑散	托森布	子	11		
			女	8	7	
103	馬甲	文寿		54	1	隻身
104	技勇兵	全立		41		
			妻	34		
	閑散	明志	子	3		
			母	72	4	孀母
105	護軍	全祥		60		
			妻	54		
	技勇兵	明禄	子	28		
	閑散	明寿	子	13		
	養育兵	全升	弟	57		
	馬兵	全瑞	弟	48		
			弟婦	47	7	
106	雲騎尉	明安		25		
	閑散	明海	弟	21	2	
107	護軍	桂林		46		
	閑散	額勒金喜	子	14		
			女	16		
			女	8		
	閑散	桂連	弟	38	5	
108	無米養育兵	桂陞		30		
			妻	29		

戸数	職名	人名	関係	年齢	合計	備考
108	閑散	額勒登布	子	13		
	閑散	凌沢	子	3		
			女	10		
	閑散	桂恩	弟	25		
			弟婦	23		
	閑散	凌濟	姪	3		
	閑散	凌寛	姪	2	9	
109	養育兵	徳福		74	1	隻身
110	無米養育兵	慶恵		42	1	隻身
111	無米養育兵	桂林		31		
			妻	19		
			女	3	3	
112	養育兵	金泰		59		
			妻	49		
	馬甲	祥連	姪	41	3	
113	養育兵	富勝保		44		
			妻	28		
	閑散	純喜	子	16		
	閑散	常喜	子	11		
	閑散	桂喜	子	2		
			女	8		
			女	6		
			女	3	8	
114	無米養育兵	富通泰		51	1	隻身
115	領催	永昌		59		
			妻	33	2	
116	無米養育兵	福通		32	1	隻身
117	領催	志斌		58		族長
	護軍	文福	子	29		
			児媳	22	3	
118	護軍	志仁		50		
			妻	37		
		文元	子	23		
			児媳	21		
		文喜	子	5		
			女	19	6	
119	無米養育兵	文瑞		34	1	隻身
120	陣亡護軍文禄之妻			34		永遠孀婦
	閑散	恩統	子	3	2	
121	護軍	志祥		57		
			妻	51		
	領催	文瑞	子	23		
			児媳	23		
	閑散	孫増寿	孫	6		
	閑散	孫増福	孫	3	6	
122	護軍	志祥		54		
			妻	44		
	閑散	文寿	子	22		
			児媳	21	4	
123	養育兵	玉俊		8		
			姐	18	2	
124	馬甲	凌秀		55	1	隻身
125	養育兵	志連		63	1	隻身
126	養育兵	倭賀哩		40	1	隻身
127	養育兵	吉興		51		
		徳鎔	姪	25		
			姪婦	27		
	閑散	徳勝	姪	21		
	閑散	徳安	姪	19		
	閑散	徳成	姪	7		
			姪女	17		
			姪女	10		
			姪女	5		
	已故護俊錫林之妻		妻	43	10	孀婦
128	頭等侍衛	倭和		56		
			妻	55		
	三等侍衛	小俊	子	30		
			児媳	32		
	太常寺贊礼郎	祥俊	子	27		
			児媳	30		
	閑散	永清	孫	4		
	閑散	興俊	子	23		
			子媳	20		

戸数	職名	人名	関係	年齢	合計	備考
128	西陵贊礼郎	明俊	子	24		
	閑散	増俊	子	20		
			女	20	12	
129	領催	扎克丹		36		
	領催	喜勝	姪	41	2	
130	已故健鋭営前鋒英俊之妻		妻	33	1	周年孀婦
				平均30.8	506	

佐領那丹珠，驍騎校富昌泰，領催志斌（仝保）
戸数：130
総人口：506
＊『清代譜牒檔案』内閣，満文八旗世襲譜檔，八旗都統衙門，
　Reel No. 62（八旗各佐領下戸口清冊之一）

附表 6　『駐防青州正紅旗晋祥栄芳佐領下点験得別戸男丁数目冊』（光緒三十二年）

編号	人名	別戸・職名	祖父	原職	父	原職	備考
一　伊薩布佐領下							
1	有容	領催	珠爾杭阿	勒休守備	科布托	領催	満洲
2	保福，原名瑞文	閑散	徳貴	馬甲	珠爾杭阿	勒休守備	満洲
3	録和	閑散	莫聆阿	馬甲	毓善	副領催	満洲
4	積拉春	世襲雲騎尉	喜興	閑散	哲克敦	藍翎六品軍功馬甲陣亡	満洲
5	栄明	閑散	尚納布	馬甲	額勒金図	馬甲	満洲
6	栄陞	歩甲	恭納布	馬甲	哈布齊先	解退馬甲	満洲
7	栄勲	馬甲	林祥	馬甲	忠善	馬甲	満洲
8	文通	文生前鋒	貴齢	閑散	盛奎	驍騎校	満洲
9	立身	副領催	来往	前鋒	栄慶	馬甲	満洲
10	豊紳	歩甲	慶録	馬甲	忠厚	前鋒	満洲
11	柏源	翻訳生馬甲	珠爾杭阿	勒休守備	保福	現係閑散	満洲
12	栄啓	餘兵	林祥	馬甲	忠善	馬甲	満洲
13	柏凌	世襲雲騎尉	喜興	閑散	克克色布	六品軍功馬甲陣亡	満洲
14	景泉	食傷亡馬甲終身糧	林祥	馬甲	積爾哈春	馬甲傷亡	満洲
15	柏秀	馬甲	珠爾杭阿	勒休守備	祥安	前鋒	満洲
16	栄寿	馬甲	毓善	副領催	録和	現係閑散	満洲
17	烏珍	馬甲	額勒金図	馬甲	栄明	現係閑散	満洲
18	雲森	餘兵	哲克敦	藍翎六品軍功馬甲陣亡	積拉春	現係世襲雲騎尉	満洲
19	実樸	馬甲	福原	防禦馬甲陣亡	柏瑞	防禦	満洲
二　忠文佐領下							
1	松恒	翻訳挙人補授鑲藍旗驍騎校	萬福	閑散	多紳	馬甲	満洲
2	献栄	前鋒	多喜	委署驍騎校	松齢	馬甲陣亡	満洲
3	松貴	馬甲	萬福	閑散	多紳	馬甲	満洲
4	延年	文生補授正黄旗佐領	多俊	原品休致驍騎校	松如	筆貼式	満洲
5	延祺	馬甲	多紳	馬甲	松恒	現係翻訳挙人驍騎校	満洲
6	泰来	餘兵	松齢	馬甲陣亡	献栄	現係前鋒	満洲

第8章 掌握される戸口　375

編号	人名	另戸・職名	祖父	原職	父	原職	備考
7	泰祥	新入丁壯丁	松齢	馬甲陣亡	献栄	現係前鋒	満洲
三	同智佐領下						
1	吉鳳	解退馬甲	哈達布	馬甲	順全	馬甲	満洲
2	景玉	馬甲	順全	馬甲	吉鳳	現係解退馬甲	満洲
3	景元	馬甲	順全	馬甲	吉鳳	現係解退馬甲	満洲
4	景雲	馬甲	順全	馬甲	吉鳳	現係解退馬甲	満洲
5	恭厚	馬甲	順全	馬甲	吉鳳	現係解退馬甲	満洲
四	同智佐領下						
1	成祥	閑散	都俞布	歩甲	存連	馬甲	満洲
2	和祥	馬甲	都俞布	歩甲	存連	馬甲	満洲
3	智祥	馬甲	都俞布	歩甲	存連	馬甲	満洲
4	雙和	馬甲	存連	馬甲	成祥	現係閑散	満洲
5	銀和	馬甲	存連	馬甲	成祥	現係閑散	満洲
6	景和	馬甲	存明	馬甲	音哲賀	閑散	満洲
7	群和	壯丁	存連	馬甲	和祥	現係馬甲	満洲
8	慶和	餘兵	存明	馬甲	音哲賀	閑散	満洲
9	定和	壯丁	存連	馬甲	成祥	閑散	満洲
10	臣和	新入壯丁	存連	馬甲	和祥	現係馬甲	満洲
11	丁善	新入壯丁	存連	馬甲	智祥	現係馬甲	満洲
五	録全佐領下						
1	寿録	武生鳥槍長	巴明阿	鳥槍長	図克坦保	馬甲	満洲
2	善録	馬甲	巴克桑阿	馬甲	鳳翎	馬甲	満洲
3	元録	前鋒	栄敬	歩甲	英林	武挙委署前鋒校	満洲
4	元秀	馬甲	巴克桑阿	馬甲	鳳翎	馬甲	満洲
5	春康	馬甲	阿勒進保	鳥槍長	進録	馬甲	満洲
6	歓録	歩甲	栄敬	歩甲	英林	武挙委署前鋒校	満洲
7	寿山	歩甲	巴克桑阿	馬甲	瑞凌	馬甲	満洲
8	有斌	歩甲	栄敬	歩甲	英林	武挙委署前鋒校	満洲
9	書怡	歩甲	栄敬	歩甲	英林	武挙委署前鋒校	満洲
10	春在	餘兵	図克坦保	馬甲	寿録	現係武生鳥槍長	満洲

編号	人名	另戸・職名	祖父	原職	父	原職	備考
11	書敏	壯丁	栄敬	歩甲	英林	武挙委署前鋒校	満洲
六　録全佐領下							
1	孤立雅呑	武生餘兵	慶通	馬甲	崇興	馬甲	満洲
2	会成	武生委署前鋒校	蘇慶	歩甲	恭喜	文生馬甲	満洲
3	魁元	武生解退馬甲	慶通	馬甲	崇興	馬甲	満洲
4	景賢	武生領催	重喜	領催	会慶	領催	満洲
5	恩厚	文生前鋒	順通	副領催	迎徳	餘兵	満洲
6	扎拉芬	文生馬甲	盛喜	馬甲	額図琿	領催	満洲
7	匯浦	文生馬甲	順通	副領催	迎徳	餘兵	満洲
8	文方	文生副領催	佟徳	歩甲	麟善	解退馬甲	満洲
9	華良	馬甲	会慶	領催	景賢	現係武生領催	満洲
10	嵩岑	馬甲	鳳喜	馬甲	会和	閑散	満洲
11	嵩崑	馬甲	鳳喜	馬甲	会平	武生委署前鋒校	満洲
12	華啓	前鋒	会広	馬甲	松録	解退馬甲	満洲
13	華珍	文生馬甲	会敬	藍翎武挙署前鋒校陣亡	吉福	世襲雲騎尉	満洲
14	景培	馬甲	佟徳	歩甲	麟善	解退馬甲	満洲
15	松如	文生馬甲	鳳喜	馬甲	会和	閑散	満洲
16	秉忠	前鋒	孤珊呑	前鋒	曾寿	武生馬甲	満洲
17	華瑋	馬甲	会陸	武生領催	吉録	閑散	満洲
18	松芳	馬甲	崇興	馬甲	魁元	現係武生解退馬甲	満洲
19	春楊	餘兵	会敬	藍翎武挙委署前鋒校陣亡	吉福	世襲雲騎尉	満洲
20	景臣	馬甲	平喜	馬甲	会善	解退馬甲	満洲
21	華在	壯丁	会広	馬甲	松録	解退馬甲	満洲
22	松貴	馬甲	崇興	馬甲	魁元	現係武生解退馬甲	満洲
23	華珏	餘兵	会常	前鋒	景倫	副領催	満洲
24	景泰	馬甲	恭喜	文生馬甲	会成	現係武生委署前鋒校	満洲

編号	人名	另戸・職名	祖父	原職	父	原職	備考
25	景秀	壮丁	鳳喜	馬甲	会平	武生委署前鋒校	満洲
26	華治	馬甲	会常	前鋒	景明	閑散	満洲
27	華栄	壮丁	会平	武生委署前鋒校	嵩崑	現係馬甲	満洲
七　常泰佐領下							
1	普寿	武生鳥槍長	達春布	馬甲	安貴	馬甲陣亡	満洲
2	文崑	武生前鋒	色稜額	領催陣亡	俸禄	副領催	満洲
3	玉華	前鋒	色稜額	領催陣亡	俸禄	副領催	満洲
4	穆克	餘兵	鳳連	馬甲陣亡	文秀	馬甲	満洲
5	玉学	歩甲	安貴	馬甲陣亡	普寿	現係武生馬甲陣亡	満洲
6	玉琛	歩甲	安貴	馬甲陣亡	彭寿	馬甲	満洲
7	春山	壮丁	鳳禄	副領催	文崑	現係武生前鋒	満洲
8	穆特	餘兵	俸禄	副領催	文治	馬甲	満洲
9	春培	壮丁	俸禄	副領催	文崑	現係武生前鋒	満洲
10	広学	壮丁	安貴	馬甲陣亡	普寿	現係武生馬甲陣亡	満洲
八　恒庄佐領下							
	多雍武	馬甲	海亮	匠役	貴喜	歩甲	満洲
九　忠福佐領下							
1	恒昌	武生馬甲	依清阿	馬甲	達春	鳥槍長	満洲
2	金齊先	武生前鋒	巴克塘阿	馬甲陣亡	依勒哈春	馬甲	満洲
3	湍齊先	馬甲	巴克塘阿	馬甲陣亡	依勒哈春	馬甲	満洲
4	図瓦齊克先	歩甲	巴克塘阿	馬甲陣亡	貴春	解退馬甲	満洲
5	喜陞	馬甲	達春	鳥槍長	国昌	鳥槍長	満洲
6	和清	壮丁	達春	鳥槍長	恒昌	現係武生馬甲	満洲
7	迎志	壮丁	依勒哈春	馬甲	金齊先	現係武生前鋒	満洲
8	和栄	新入幼丁	達春	鳥槍長	恒昌	現係武生馬甲	満洲
十　文興佐領下							
1	存寿	閑散	色布政額	馬甲	順慶	閑散	満洲
2	郭勒敏	馬甲	順慶	閑散	存寿	現係閑散	満洲
3	扎蘭泰	馬甲	色恒額	閑散	吉慶	解退馬甲	満洲
4	会敏	新入丁壮丁	順慶	閑散	存寿	現係閑散	満洲

編号	人名	另戸・職名	祖父	原職	父	原職	備考
十一	和常佐領下						
	鴻俊	歩甲	多命布	閑散	栄祥	副領催	満洲
十二	和常佐領下						
1	鶴年	馬甲	同慶	閑散	広順	馬甲	満洲
2	春厚	馬甲	祥兆	佐領	図僕	解退馬甲	満洲
3	崑祺	領催	祥兆	佐領	国僕	解退馬甲	満洲
4	忠和	武生馬甲	同慶	閑散	吉順	前鋒	満洲
5	栄昌	文生副領催	祥兆	佐領	国治	閑散	満洲
6	欽佩	馬甲	祥兆	佐領	松齢	解退馬甲	満洲
7	春沢	壯丁	祥兆	佐領	松齢	解退馬甲	満洲
8	英泰	壯丁	広順	馬甲	鶴年	現係馬甲	満洲
9	英賢	馬甲	祥兆	佐領	国治	閑散	満洲
10	英琦	壯丁	広順	馬甲	鶴年	現係馬甲	満洲
11	煥章	歩甲	国僕	解退馬甲	春厚	現係馬甲	満洲
十三	景祥佐領下						
1	録合	武生前鋒	塔斯哈	閑散	来有	馬甲	満洲
十四	覚羅永慶佐領下						
1	倭什布	翻訳生侯補筆貼式前鋒	岳克清阿	領催	嵩瑞	前鋒	満洲
2	恩秀	文生副領催	岳克清安	領催	嵩瑞	前鋒	満洲
3	恩広	翻訳生馬甲	岳克清阿	領催	嵩瑞	前鋒	満洲
4	寿岑	餘兵	嵩瑞	前鋒	倭什布	現係翻訳生侯補筆貼式前鋒	満洲
5	寿春	翻訳生歩甲	嵩瑞	前鋒	倭什布	現係翻訳生侯補筆貼式前鋒	満洲
6	寿禎	壯丁	嵩瑞	前鋒	恩秀	現係文生副領催	満洲
7	寿喜	新入丁幼丁	嵩瑞	前鋒	恩広	現係翻訳生馬甲	満洲
十五	恒俊佐領下						
1	烏勒斯琿	閑散	喜陞	歩甲	七克坦	藍翎六品軍功馬甲	満洲
2	金塔	閑散	喜徳	歩甲	瑞連	馬甲	満洲
3	徳元	武生鳥槍長	広慶	解任守備	鎮安	馬甲	満洲
4	班積斯琿	馬甲	喜陞	歩甲	七克坦	藍翎六品軍功馬甲	満洲

編号	人名	別戸・職名	祖父	原職	父	原職	備考
5	金秀	世襲雲騎尉	連陞	歩甲	会林	七品軍功馬甲陣亡	満洲
6	景録	馬甲	会連	馬甲陣亡	徳齡	副領催	満洲
7	景斌	閑散	和色備	領催	嵩山	閑散	満洲
8	斌元	武生鳥槍長	広慶	解任守備	鎮安	馬甲	満洲
9	敦厚	馬甲	喜連	歩甲	興順	解退馬甲	満洲
10	同祐	養育兵	嵩山	閑散	景斌	閑散	満洲
11	毓和	歩甲	七克坦	藍翎六品軍功馬甲	班積斯琿	馬甲	満洲
12	善志	餘兵	会林	七品軍功馬甲陣亡	金秀	現係世襲雲騎尉	満洲
13	善臣	馬甲	順興	解退馬甲	寛厚	閑散	満洲
14	景志	壮丁	会連	馬甲陣亡	徳齡	副領催	満洲
15	成志	馬甲	瑞連	馬甲	金塔	現係閑散	満洲
16	成善	壮丁	瑞連	馬甲	金塔	現係閑散	満洲
17	春多	歩甲	嵩山	閑散	景斌	閑散	満洲
18	恩深	餘兵	瑞連	馬甲	金塔	現係閑散	満洲
19	成玉	壮丁	瑞連	馬甲	金塔	現係閑散	満洲
20	清治	歩甲	瑞連	馬甲	錦祥	武生馬甲	満洲
21	富昇	壮丁	鎮安	馬甲	徳元	現係武生鳥槍長	満洲
22	富培	壮丁	鎮安	馬甲	徳元	現係武生鳥槍長	満洲
23	善和	壮丁	会林	七品軍功馬甲陣亡	金秀	現係世襲雲騎尉	満洲
24	春寛	壮丁	嵩山	閑散	景斌	閑散	満洲
25	迎春	壮丁	瑞連	馬甲	金塔	現係閑散	満洲
26	清善	壮丁	瑞連	馬甲	錦祥	武生馬甲	満洲
27	玉深	餘兵	七克坦	藍翎六品軍功馬甲	班積斯琿	現係馬甲	満洲
28	雙在	壮丁	徳齡	副領催	景録	現係馬甲	満洲
29	春傅	新入丁壮丁	嵩山	閑散	景斌	現係閑散	満洲
30	喜山	新入丁壮丁	鎮安	馬甲	斌元	現係武生鳥槍長	満洲
十六	貴成佐領下						
1	靜安	馬甲	倭和布	歩甲	慶祥	副領催	満洲
2	恩録	文生副領催	雙連	鳥槍長	慶雲	馬甲	満洲

編号	人名	另戸・職名	祖父	原職	父	原職	備考
十七	保恒佐領下						
1	富安	閑散	順保	閑散	貴慶	馬甲	満洲
2	塔爾翰	閑散	順保	閑散	貴慶	馬甲	満洲
3	国秀	前鋒	慶喜	副領催	雙安	解退馬甲	満洲
4	色布珍	壯丁	齢安	解退馬甲	国祥	現係武生前鋒	満洲
5	斌昌	新入丁餘兵	貴慶	馬甲	塔林翰	現係閑散	満洲
十八	栄斌佐領下						
1	晋秀	馬甲	巴寧阿	馬甲	雙有	武生前鋒	満洲
2	崇喜	閑散	納斯琿	馬甲	吉連	馬甲	満洲
3	増昌	武生前鋒	納斯琿	馬甲	吉連	馬甲	満洲
4	英泰	閑散	雙住	馬甲	図伽図	馬甲	満洲
5	英広	前鋒	薩哈琿	馬甲陣亡	吉瑞	閑散	満洲
6	栄森	文生馬甲	吉連	馬甲	崇喜	現係閑散	満洲
7	華森	馬甲	吉連	馬甲	崇喜	現係閑散	満洲
8	景智, 原名文瑞	前鋒	雙住	馬甲	該哈図	武生前鋒	満洲
9	景崑	馬甲	雙在	餘兵	薩哈図	解退馬甲	満洲
10	英智, 原名英瑞	馬甲	雙住	馬甲	図伽図	馬甲	満洲
11	景剛, 原名文剛	馬甲	雙住	馬甲	該哈図	武生前鋒	満洲
12	英和	鳥槍長	薩哈琿	馬甲陣亡	吉瑞	閑散	満洲
13	定剛	翻訳挙人副領催	平興	領催	薩音蘇	馬甲	満洲
14	斌海	馬甲	吉連	馬甲	増魁	武生馬甲	満洲
15	寛厚	馬甲	吉連	馬甲	増昌	現係武生前鋒	満洲
16	斌玉	壯丁	吉連	馬甲	崇喜	現係閑散	満洲
17	斌厚	餘兵	吉連	馬甲	増魁	武生馬甲	満洲
18	鴻斌	新入丁餘兵	邁拉図	閑散	阿林布	鳥槍昌	満洲
19	斌敏	新入丁壯丁	吉連	馬甲	増魁	武生馬甲	満洲
20	啓寛	新入丁幼丁	吉連	馬甲	増昌	現係武生前鋒	満洲
十九	栄斌佐領下						
1	慶安	閑散	貴雲	解退馬甲	倭哩賀	武挙前鋒	満洲
2	敬安	閑散	貴雲	解退馬甲	尼楚賀	歩甲	満洲

第 8 章　掌握される戸口　381

編号	人名	另戸・職名	祖父	原職	父	原職	備考
3	斌敬	文生馬甲	倭哩賀	武挙前鋒	文和	八品監生（父，文善，解退馬甲，原文如何，似誤？）	満洲
4	斌賢	馬甲	倭哩和	武挙前鋒	慶安	現係閑散	満洲
5	志通	歩甲	尼楚安	現係歩甲	敬安	現係閑散	満洲
6	秀忠	餘兵	慶安	現係閑散	斌奎	馬甲	満洲
7	斌通	壯丁	倭哩和	武挙前鋒	慶安	現係閑散	満洲
8	斌志	壯丁	倭哩和	武挙前鋒	慶安	現係閑散	満洲
9	智賢	新入丁幼丁	尼楚安	現係歩甲	敬安	現係閑散	満洲
10	秀章	新入丁幼丁	文和	八品監生	斌敬	現係文生馬甲	満洲
11	鴻智	新入丁幼丁	恩成	佐領	増華	現係武挙領催	満洲
12	秀貞	新入丁幼丁	文和	八品監生	斌元	馬甲	満洲
二〇	鍾濬佐領下						
1	懷塘阿	解退領催	和林布	馬甲	安徳	馬甲	満洲
2	崇陞	武生閑散	豐慶	閑散	多成	馬甲陣亡	満洲
3	景祺	閑散	花連布	領催	安齡	馬甲	満洲
4	努翰	鳥槍長	安常	前鋒	莫徳哩	馬甲陣亡	満洲
5	舒怡	閑散	色布紳布	驍騎校	安清	文生歩甲	満洲
6	崇祜	副領催	栄喜	武挙馬甲	徳勒哩	文生領催	満洲
7	穆都哩	文挙人侯補縣	色紳布	驍騎校	安清	文生歩甲	満洲
8	崇文	文生領催	安清	文生歩甲	蘇都哩	歩甲	満洲
9	文華	領催	豐慶	閑散	多陛阿	馬甲	満洲
10	崇兆	馬甲	安徳	馬甲	懷塘阿	現係解退領催	満洲
11	崇寬,原名崇瑞	文生馬甲	安清	文生歩甲	多托哩	前鋒	満洲
12	栄傑	文生馬甲	栄喜	武挙馬甲	徳勒哩	文生領催	満洲
13	崇沢	文生閑散	栄喜	武挙馬甲	徳勒哩	文生領催	満洲
14	崇武	馬甲	安徳	馬甲	懷塘阿	現係解退領催	満洲
15	崇錫	鳥槍長	安齡	馬甲	景祺	現係閑散	満洲
16	良凱	匠役	塔爾杭阿	解退馬甲	依翰	馬甲	満洲
17	良玉	餘兵	莫徳哩	馬甲陣亡	努翰	現係鳥槍長	満洲
18	良棟	壯丁	多托哩	前鋒	崇寬	現係馬甲	満洲
19	良臣	馬甲	多成	馬甲陣亡	崇陞	現係武生閑散	満洲

編号	人名	另戸・職名	祖父	原職	父	原職	備考
20	崇森	閑散	安清	文生歩甲	穆都哩	現係文挙人侯補縣	満洲
21	崇勲	馬甲	安清	文生歩甲	舒怡	現係閑散	満洲
22	良書	餘兵	蘇都哩	歩甲	崇康	文生馬甲	満洲
23	崇雲	歩甲	安齢	馬甲	景祺	現係閑散	満洲
24	崇茂	歩甲	安清	文生歩甲	舒怡	現係閑散	満洲
25	崇敬	壮丁	安清	文生歩甲	穆都哩	現係文挙人侯補縣	満洲
26	良忠	壮丁	莫徳哩	馬甲陣亡	努翰	現係鳥槍長	満洲
27	良秦	壮丁	懷塘阿	現係解退領催	崇兆	現係領催	満洲
28	良啓	壮丁	塔爾杭阿	解退馬甲	依翰	馬甲	満洲
29	良普	新入丁壮丁	蘇都哩	歩甲	崇文	現係文生副領催	満洲
二一	清泰佐領下						
1	潤泉	解退馬甲	伯順	九品頂戴	那清阿	閑散	満洲
2	倭什図	武生鳥槍長	依凌阿	解退馬甲	阿勒進保	前鋒	満洲
3	嵩華	委署驍騎校	依凌阿	解退馬甲	鳳瑞	副領催	満洲
4	文安	武生馬甲	那清阿	閑散	潤泉	現係解退馬甲	満洲
5	国華	馬甲	那清阿	閑散	潤泉	現係解退馬甲	満洲
6	嵩恩	武生歩甲	依凌阿	解退馬甲	鳳瑞	副領催	満洲
7	文明	文生餘兵	那清阿	閑散	潤泉	現係解退馬甲	満洲
8	治斌	養育兵	愛紳保	歩甲	元和	解退馬甲	満洲
9	善康	馬甲	多侖	佐領	嵩山+由	文生馬甲	満洲
10	善栄	養育兵	多侖	佐領	嵩山+由	文生馬甲	満洲
11	治臣	馬甲	愛紳保	歩甲	元和	解退馬甲	満洲
12	治剛	壮丁	愛紳保	歩甲	元和	解退馬甲	満洲
13	治方	壮丁	愛紳保	歩甲	元和	解退馬甲	満洲
14	書勲	新入丁壮丁	額勒進保	前鋒	倭什図	現係武生鳥槍長	満洲
二二	普薩保佐領下						
1	和慶	武生鳥槍長	阿克敦布	歩甲	喜林	歩甲	満洲
2	智昆	壮丁	喜林	歩甲	和慶	現係武生鳥槍長	満洲
二三	伯齊図佐領下						
	明通	馬甲	六十	歩甲	額騰依	現係解退馬甲	満洲

第8章 掌握される戸口　383

編号	人名	另戸・職名	祖父	原職	父	原職	備考
二四	恪恭佐領下						
1	嵩寿	翻訳挙人五品銜補用知縣侯補筆貼式	多龍阿	領催	廣音図	領催	満洲
2	鼎勳	新入丁餘兵	廣音図	領催	嵩寿	現係翻訳挙人五品銜補用知縣侯補筆貼式	満洲
二五	文璵佐領下						
1	萬徳	閑散	色克図肯	歩甲	托雲	歩甲	満洲
2	玉成	閑散	托雲	歩甲	瑞徳	馬甲	満洲
3	治山	歩甲	戴雲	馬甲	吉陞	馬甲	満洲
4	治明	養育兵	戴雲	馬甲	吉陞	馬甲	満洲
5	春祺	馬甲	蘇呼	歩甲	崇齢	翻訳挙人驍騎校	満洲
6	春祜	食陣亡馬甲終身錢糧	蘇呼	歩甲	崇齢	馬甲陣亡	満洲
7	樂昌	馬甲	托雲	歩甲	萬徳	現係閑散	満洲
8	春祜	養育兵	蘇呼	歩甲	崇齢	翻訳挙人驍騎校	満洲
二六	穆龍阿佐領下						
1	緻翰	閑散	哲臣	前鋒	什蒙額	馬甲	満洲
2	崇恩	前鋒	納蒙額	解退馬甲	全有	匠役	満洲
3	親図	歩甲	什蒙額	馬甲	経温	馬甲立功後病故	満洲
4	崇柏	食陣亡前鋒終身錢糧	多龍阿	解退馬甲	全陞	六品軍功前鋒陣亡	満洲
5	扎拉春	馬甲	什蒙額	馬甲	恒林	馬甲陣亡	満洲
6	崇揚	馬甲	多龍阿	解退馬甲	全海	馬甲	満洲
7	明勳	壯丁	全有	匠役	崇恩	現係前鋒	満洲
8	文秀	歩甲	緻翰	現係閑散	扎拉蘇	馬甲	満洲
9	文厚	壯丁	緻翰	現係閑散	扎拉蘇	馬甲	満洲
10	景勛	新入丁壯丁	全有	匠役	崇恩	現係前鋒	満洲
二七	穆龍阿佐領下						
1	宗安	閑散	特通阿	前鋒	魁祥	魁祥，閑散	満洲
2	增臣	世襲雲騎尉	恒善	協領用花翎佐領陣亡	達林	世襲雲騎尉	満洲
3	增恩	文亾馬甲	魁祥	閑散	宗安	現係閑散	満洲

編号	人名	另戸・職名	祖父	原職	父	原職	備考
4	増綸	世襲雲騎尉	阿克敦	藍翎儘先驍騎校前鋒陣亡	春林	世襲雲騎尉	満洲
5	平和	馬甲	魁祥	閑散	忠安	領催	満洲
6	増玉	文生馬甲	魁祥	閑散	愛紳	前鋒	満洲
7	増沢	文生前鋒	魁祥	閑散	宗安	現係閑散	満洲
8	嘉会	歩甲	魁祥	閑散	愛紳	前鋒	満洲
9	広祜	鳥槍長	魁祥	閑散	宗安	現係閑散	満洲
10	広賢	歩甲	魁祥	閑散	宗安	現係閑散	満洲
11	広心	餘兵	魁祥	閑散	愛紳	前鋒	満洲
12	広珍	翻訳生壯丁	魁祥	閑散	愛紳	前鋒	満洲
13	良平	壯丁	達林	世襲雲騎尉	増臣	現係世襲雲騎尉	満洲
14	広俊	新入丁壯丁	魁祥	閑散	宗安	現係閑散	満洲
15	潤身	新入丁壯丁	宗安	現係閑散	増恩	現係文生馬甲	満洲
二八	樂斌佐領下						
1	達哈斯琿	歩甲	喜昌	前鋒	鳳貴	馬甲陣亡	満洲
2	占楚琿	馬甲	喜昌	前鋒	鳳貴	馬甲陣亡	満洲
3	緒広	翻訳生世襲雲騎尉	鳳寿	六品軍功前鋒陣亡	倭什琿	革職世襲雲騎尉	満洲
4	信方	壯丁	鳳貴	馬甲陣亡	達哈斯琿	現係歩甲	満洲
二九	樂斌佐領下						
1	鉄塔	馬甲	栄格	馬甲	阿爾遜	馬甲	満洲
2	剛塔	馬甲	栄格	馬甲	阿爾遜	馬甲	満洲
3	金塔	壯丁	栄格	馬甲	阿爾遜	馬甲	満洲
4	代塔	壯丁	栄格	馬甲	阿爾遜	馬甲	満洲
三〇	樂斌佐領下						
1	金広	武生馬甲	喜来	解退馬甲	瑞喜	解退馬甲	満洲
2	敦秀	馬甲	喜来	解退馬甲	伊立琿	解退馬甲	満洲
3	斌広	馬甲	喜来	解退馬甲	瑞喜	解退馬甲	満洲
4	春陞	世襲雲騎尉	鳳雲	儘先驍騎校領催陣亡	富色琿	世襲雲騎尉	満洲
5	春秀	壯丁	喜来	解退馬甲	伊立琿	解退馬甲	満洲
6	景春	餘兵	瑞善	解退馬甲	金広	現係武生馬甲	満洲

第8章 掌握される戸口　385

編号	人名	另戸・職名	祖父	原職	父	原職	備考
三一	海濱佐領下						
1	麟鳳	解退馬甲	保慶	歩甲	連徳	副領催陣亡	満洲
2	吉志	歩甲	保明	馬甲	鳳徳	馬甲	満洲
3	吉和	領催	保恒	閑散	年徳	解退馬甲	満洲
4	和平	餘兵	雙英	防禦	恭徳	鳥槍長	満洲
5	吉忠	歩甲	保盛	閑散	会徳	武挙領催	満洲
6	吉松	武生馬甲	保祥	馬甲	順寿	武生馬甲	満洲
7	寿通	委署前鋒校	連徳	副領催陣亡	麟鳳	現係解退馬甲	満洲
8	吉森	武生匠役	保祥	馬甲	順寿	武生馬甲	満洲
9	寿同	歩甲	貴連	馬甲	瑞林	馬甲	満洲
10	吉秀	馬甲	保恒	閑散	年徳	解退馬甲	満洲
11	斌華	馬甲	保清	歩甲	平寿	解退馬甲	満洲
12	吉珍	武生馬甲	保盛	閑散	会徳	武挙領催	満洲
13	吉来	馬甲	保恒	閑散	年徳	解退馬甲	満洲
14	斌善	馬甲	保清	歩甲	平寿	解退馬甲	満洲
15	吉元	馬甲	保祥	馬甲	順寿	武生馬甲	満洲
16	増広	馬甲	保清	歩甲	存寿	馬甲	満洲
17	吉広	武生餘兵	保恒	閑散	年徳	解退馬甲	満洲
18	斌良	馬甲	保清	歩甲	忠寿	閑散	満洲
19	春普	馬甲	鳳徳	馬甲	斌魁	馬甲	満洲
20	斌格	馬甲	保清	歩甲	平寿	解退馬甲	満洲
21	寿栄	馬甲	会徳	武挙領催	吉忠	現係歩甲	満洲
22	寿元	馬甲	貴徳	閑散	文広	閑散	満洲
23	寿昌	馬甲	立徳	副領催	吉文	閑散	満洲
24	寿彭	馬甲	貴徳	閑散	文凌	馬甲	満洲
25	安康	馬甲	貴徳	閑散	文広	閑散	満洲
26	斌和	歩甲	保清	歩甲	平寿	解退馬甲	満洲
27	寿剛	壮丁	順寿	武生馬甲	吉松	現係武生馬甲	満洲
28	春秀	壮丁	保清	歩甲	存寿	馬甲	満洲
29	其昌	歩甲	崇寿	馬甲	景和	馬甲	満洲
30	春培	歩甲	鳳徳	馬甲	斌魁	馬甲	満洲
31	玉良	壮丁	保清	歩甲	忠寿	閑散	満洲
32	春瑞	壮丁	保清	歩甲	存寿	馬甲	満洲
三二	徳泰佐領下						
1	松森	馬甲	貴通	歩甲	瑚克慎	前鋒	満洲

編号	人名	另戸・職名	祖父	原職	父	原職	備考
2	春芳	歩甲	瑚克慎	前鋒	松森	現係馬甲	満洲
3	松茂	馬甲	貴通	歩甲	景昌	馬甲	満洲
4	春栄	壯丁	瑚克慎	前鋒	松森	現係馬甲	満洲
5	春有	壯丁	瑚克慎	前鋒	松森	現係馬甲	満洲
6	尼音珠	壯丁	貴通	歩甲	薩逼呑	解退馬甲	満洲
7	春如	壯丁	瑚克慎	前鋒	松森	現係馬甲	満洲
三三 訥蘇肯佐領下							
1	英貴	馬甲	伊郎阿	九品頂戴	慶雲	馬甲	満洲
2	金塔	馬甲	毓成	馬甲	鳳春	武生前鋒	満洲
3	貴昌	馬甲	伊郎阿	九品頂戴	慶雲	馬甲	満洲
4	広元	馬甲	慶雲	馬甲	林瑞	馬甲	満洲
5	銀塔	前鋒	毓成	馬甲	鳳春	武生前鋒	満洲
6	広有	馬甲	萬陞	六品軍功馬甲陣亡	鞍哈備	世襲雲騎尉	満洲
7	広秀	馬甲	慶雲	慶雲,馬甲	林瑞	馬甲	満洲
8	広和	馬甲	慶雲	馬甲	林瑞	馬甲	満洲
9	英塔	歩甲	蘇崇阿	閑散	萬恒	歩甲	満洲
10	広凱	歩甲	慶雲	馬甲	英貴	現係馬甲	満洲
11	広克	翻訳生歩甲	慶善	六品軍功藍翎前鋒小旗陣亡	鞍翰布	革職世襲雲騎尉	満洲
12	広志	馬甲	萬陞	六品軍功馬甲陣亡	鞍哈備	世襲雲騎尉	満洲
13	広海	歩甲	慶雲	馬甲	林徳	馬甲	満洲
14	広明	馬甲	鳳春	武生前鋒	金塔	現係馬甲	満洲
15	広箴	壯丁	慶雲	馬甲	英貴	現係馬甲	満洲
16	広群	壯丁	萬陞	六品軍功馬甲陣亡	鞍哈備	世襲雲騎尉	満洲
17	広格	壯丁	慶雲	馬甲	英貴	現係馬甲	満洲
18	広聚	新入丁壯丁	慶雲	馬甲	林徳	馬甲	満洲
三四[1]							
1	普寛,原名恩瑞	閑散	阿克東阿	餘兵	公回	閑散	厄魯特回子
2	春如,原名恩如	歩甲	納爾洪阿	餘兵	公明	歩甲	厄魯特回子

編号	人名	別戸・職名	祖父	原職	父	原職	備考
3	恩祥	馬甲	阿克東阿	餘兵	公会	閑散	厄魯特回子
4	春森,原名恩森	壯丁	納爾洪阿	餘兵	公明	歩甲	厄魯特回子
5	鳳兆	馬甲	公徳	閑散	普和	現係歩甲	厄魯特回子
三五	録金佐領下						
	吉副	世襲雲騎尉					病故,開除
	景名	閑散					病故,開除
三六	常泰佐領下						
	文治	馬甲					病故,開除
	文秀	馬甲					病故,開除
三七	文興佐領下						
	吉慶	解退馬甲					病故,開除
三八	貴成佐領下						
	康安	馬甲					病故,開除
三九	保恒佐領下						
	凌安	解退馬甲					病故,開除
	其昌	馬甲					病故,開除
四〇	栄斌佐領下						
	阿林布	鳥槍長					病故,開除
四一	栄斌佐領下						
	恩興	解退馬甲					病故,開除
	斌元	馬甲					病故,開除
四二	伯齊図佐領下						
	額騰依	解退馬甲					病故,開除

第II部　帝国を支えた人々

編号	人名	另戸・職名	祖父	原職	父	原職	備考
四三	海濱佐領下						
	金喜	馬甲					病故,開除
	普和	厄魯特回子歩甲					病故,開除
	以上除病故十四名外，再冊内新添入丁満洲二十七名						

現有満洲合計 344，現有厄魯特回子合計 5，現有新入丁満洲合計 27
並無隠匿遺漏是実。為此正紅協領増林（畫押）兼佐領事務協領晋祥（畫押）佐領全山（畫押）防禦林増（畫押）署佐領防禦栄芳（畫押）驍騎校栄康（畫押）経温布（畫押）部委驍騎校嵩華，領催吉和，景賢，崑祺，有栄，崇兆，文華，増華等全保
光緒三十二年八月　(印＝漢文：青州正黄正紅佐領図記，満文：cing jeo i gulu suwayan gulu fulgiyan gūsai temgetu)
1) 雍正十三年十一月間由理藩院撥来食額外馬甲厄魯特回子豁準伯爾低之参従孫

第9章　編成されるニル
——ブトハ八囲オロンチョンの場合——

はじめに

　ダイチン・グルンは，その征服と統治の過程を通観してみると，異なる旗，異なる部族からなる連合体である。その権力の基盤をなすのが八旗だが，ニル[1]は八旗制度のもっとも基本的な組織であり，その編制の実態の把握が，研究上きわめて重要なことはいうまでもない。実際，すでに数多くの優れた研究がつみかさねられてきた[2]。しかし，従来は八旗の起源，ニルを統轄する八旗の旗王の支配構造，姻戚関係などの研究が中心で，ニルそのものに焦点を当てて，そこに見られるさまざまな社会問題を取り上げるような研究はほとんどなかった。その意味で，社会史的な面からニルの実態を探るならば，ニルを，ひいては八旗制度そのものを，より具体的かつ実質的に理解するのに，大きな助けとなろう。こうした意識のもとに，本章ではオロンチョン・ニル（Oroncon niru）[3]を選んで取り上げる。とりわけ部族集団が八旗に編入される契機としてどのような要因が働いたのか，ほかの部族と比べてどのような特色があったのかに焦点を当てて考察してみたい。まずは，オロンチョンについての主要な研究を概観しておこう。

　これまでさまざまな著作が出版されてきているが，民族学あるいは人類学の分野から論じたものが主であった[4]。また，中国での研究は，もっぱら漢文資料に依拠した研究で，マンジュ語の檔案資料にもとづいた実証的な研究といえるようなものは存在せず，しかも概説に終始するものがほとんどである。漢文資料としてよく引用される『大清実録』・『大清会典』・『理藩院則例』・『清朝三通』など基本的な編纂物には，きわめて断片的な記事しか収録されていない。また，オロンチョン社会が原始的だという前提のもとに叙述されており，オロ

ンチョン・ニルがいかなる過程を経て編制されたのかという基本的な問題には、ほとんど触れてこなかった。同時代のダイチン・グルン支配下でなされた黒龍江方面の部族についての研究としては、何秋濤（1858）・曹廷傑（1885）などの著作が挙げられるが、いずれも簡略に過ぎ、しかも『大清実録』・『清朝文献通考』等からオロンチョンに関連する部分を引き写したものに過ぎなかった。宣統年間に、趙春芳が『鄂倫春調査記』を書いたという記録もあるが、詳しいことは分かっていない[5]。ようするに、ダイチン・グルン時代のマンジュ語資料を使って、オロンチョンのニル編制を解明しようとした先行研究は皆無であった。

ごく最近になってようやくマンジュ語檔案資料にもとづいた具体的な研究がいくつか——劉小萌（1991）・柳澤明（1994）（1995）・加藤直人（1997）など——発表された。これらの研究は黒龍江方面の部族社会を「徒民編旗」あるいは「辺民」などの視点から捉え、興味深い問題を提起している。とりわけ本章で扱う問題にも関連する郭美蘭（1994）は、光緒年間成立のオロンチョンを管轄する興安城副都統衙門について、初めて概説した論文である。ただ、初期のオロンチョンに関する具体的なニルおよび八旗の形成とその編制によって生じた社会構造の問題にはほとんど触れていない。

じつは、中国第一歴史檔案館・黒龍江省檔案館および遼寧省檔案館には、オロンチョン、ソロン（Solon）、ダグル（Dagūr）など、中国東北で活躍していた各部族の詳細な記事をふくむ幾つかの檔案群が蔵されている。たとえば『黒龍江檔』[6]・『録副』[7]・『月摺檔』[8]・『呼倫貝爾副都統衙門』・『光緒朝硃批奏摺』などがそれである。このほか、ニル根源冊として、『清代譜牒檔案』（内閣）のなかにオロンチョン世管ニルの根源冊がふくまれていることがすでに分かっている[9]。現段階において筆者が確認している限りでは、オロンチョン・ニルの根源を調べることができる資料として、もう一つ、東洋文庫所蔵の『黒龍江鑲藍旗ダグル・ニル・ゴルムボ承襲世管ニル執照』（満文）がある[10]。これらの檔案資料は、未だ不明な点が多いとされる大小興安嶺オロンチョン、ソロン、ダグルなどの部族の社会制度を解明し、ダイチン・グルンの支配システムの根幹に迫ることを可能にする、第一級の価値をもつきわめて貴重な資料である。

このような先行研究および資料状況をふまえ，本章では，八旗ニル社会研究の一環として，あえて狩猟を本業とするブトハ[11]の八アバ（Buthai jakūn aba）あるいはブトハの八ジャラン（Buthai jakūn jalan，以下「八圍」と略称）中のオロンチョン・ニルだけを取り上げる。理由は二つある。まず，満洲八旗の中核組織となる部族の詳細な記述に比し，少し遅れて編制された黒龍江流域のブトハの諸部族については叙述が簡略に過ぎる感があり，より詳細な研究の余地があること，第二に，オロンチョンのニル編制の過程と実態，そしてロシア東進による国際情勢との連動性が，『黒龍江檔』などのマンジュ語資料の分析により克明に描き出せること，以上にもとづく。

1　黒龍江遠征とブトハ八圍の設立

1）黒龍江遠征とソロン部のニルへの編制

　太祖ヌルハチの天命元年（1616）より黒龍江への遠征が開始された。その後，天聡八年（1634），崇徳五年（1640），崇徳八年，順治十一年（1654），順治十七年の五回にわたって，上流から下流まで広範囲におよぶ大規模な征服活動がおこなわれた。当初，その最大の目的は，黒龍江周辺部族のニル編成と膨大な量にのぼる毛皮貿易の独占にあったが，のちにはロシアの東進を防ぐこともねらいの一つとなった。これについては，ふるくは何秋涛にはじまり現在にいたるまで，数多くの研究がおこなわれてきた[12]。最近では，日本の阿南惟敬（1979）・吉田金一（1984）・松浦茂の一連の論考など，優れた研究が現れ，当時の黒龍江地域の社会情勢がより克明なものになってきた。とりわけ阿南は，太宗時代，黒龍江上流地方に居住していた部族には，虎爾哈（Hūrha）・薩哈爾察（Sahalca）・索倫[13]の三つの代表的な集団があった，ということを正確に指摘した。さらに，その居住地域は，フルハ部がもっともダイチン・グルンに近く，黒龍江城の東南部，ついでその北側，すなわち黒龍江城付近ゼーヤ川の沿岸にかけてがサハルチャ部，そしてソロン部はもっとも北方の黒龍江沿岸を占めていたのではないか，と推測している。吉田もロシア語・満文・漢文の多

言語資料を駆使して，阿南と同じ結論を導き出し，松浦はより精緻に黒龍江地域の部族および地名の確定につとめた。ただし，これらはいずれも部族の生活地域を指摘したにとどまっている。

なお，ここで本題のオロンチョンを取り上げる前に，当初，この集団の一部をふくんでいたと考えられるソロンなどの部族についてダイチン・グルン側はどのような視点で捉えていたかを少し見ておくことにしたい。

ダイチン・グルンは，貂皮を貢物として納める黒龍江の各部族を，当初からデルギ・ゴロ（dergi golo，以下「東藩」と称す）あるいは「蒙古官員」として捉えていた。たとえば『内国檔』崇徳三年（1638）十二月五日に次のようにいう。

> 五日は叩頭する日。聖なるハンが出て崇政殿に座った後，デルギ・ゴロの貂皮を朝貢に来た黒龍江のバルダチ（Baldaci）[14]・エフ（efu 駙馬）の弟サハリヤン（Sahaliyan），フロブル村（Hulobur gašan）のフィヤング（Fiyanggū），ウェレ村（Were gašan）のウディカ（Udika），ウルス村（Ulus gašan）のマングジュ（Manggūju），彼らの仲間（hoki）[15]五十一人，ソロンのボムボゴル（Bombogor）・テオテイ（Teotei）など仲間九人を会見礼で叩頭させた。賛礼官の呼びかけに従って三回跪いて九回叩頭した。

皇帝が接見している崇政殿とは，ムクデン（盛京）の宮廷の大清門のなかにある正殿のことで，太宗が外国の使者および蒙古王公大臣などのトゥレルギ・ゴロ（tulergi golo，以下「外藩」[16]と称す）を接見する場所でもあった[17]。したがって，この時点で，黒龍江駙馬の弟サハリヤンら五十一人とソロンのボムボゴル[18]ら九人を「ゴロ（golo 藩・路・省）」[19]として接見していること，明らかである。さらに，翌崇徳四年（1639）正月九日，「賞来朝蒙古官員」[20]でも，同じ面々すなわちソロンのボムボゴル，および黒龍江駙馬であるバルダチの弟サハリヤン以下四人を取り上げて賞している。この時点では彼らを「蒙古官員」として認識しているのである。つまり，黒龍江各地の部族を一つの「ゴロ」として，「外藩」であるモンゴルなどの部族と同様に扱っていることが分かる。こうした例はほかにも見られ，のちの順治時代でも，ソロン部のニル

イ・ジャンギンらが貢貂に来たときに，礼部が何日も続けて宴席を設けてもてなしており，やはりソロン部を「東藩」と見なしていた[21]。ソロン，オロンチョンをダイチン・グルン初期の時点で「東藩」という概念で捉え，しかも「外藩」と同じ扱いをしていたということは注目すべき事実である。

オロンチョンと関連がある，と思われる集団名が初めて資料に現れるのは，崇徳五年（1640）三月にサムシカ（Samsika 薩穆什喀），ソオハイ（Soohai 索海）らが黒龍江上流のソロン地方へ征服に赴いたときである[22]。『大清太宗実録』巻三十二，崇徳五年三月己丑の条に以下のようにある。

>……ウルス村（Ulusu gašan）にボムボゴル，ソロン，オロトン（Orton），キレリ（Kileri），ジンキリ江（Jingkiri ula）のブディン村（Bu ding gašan）より東，ウムネケ（Umneke）・バハナ（Bahana）より西，サハリヤン江（Sahaliyan ula 黒龍江）のエルト村（Eltu gašan）より東，アリチャン（Alican）より西，両川の六千人の兵士が来て，正藍旗の後ろに来襲した[23]。

ここにソロンやキレリとならんで「オロトン（Orton）」が現れる。これがおそらくオロンチョンの最初の記載だろう。

当時叛乱を起こしたソロン部頭目ボムボゴルらの連合軍は，オロンチョン，キレリをふくめてじつに六千人に至った。この戦いは，彼ら叛乱軍の側の敗退に終わり，同年四月，サムシカとソオハイはソロン地方より凱旋した。『大清太宗実録』（満文版）巻五十一，崇徳五年（1640）五月十八日の諭によれば，皇帝は理藩院の官員に命じ，ソロンの来降を奨励し，外藩であるモンゴルのゴルロス部とともに，ウクマル，ゲレンエレス，アンガチャといった地方に居住させた。そして首領に当たる有能な者に官職のニルイ・ジャンギンを与え，全部で八ニルに編制したのである。理藩院が関与していることから，「東藩」であるソロンが「外藩」モンゴルと同格の扱いで統轄されたことが再び証明される。この時期に編制されたソロンなどの部族は，のちにブトハ八囲の母胎になっていく。それを証明するため，次節では，康熙年間の黒龍江における軍事拠点の建設とブトハ八囲の編制，そしてオロンチョンとの関係について考察す

る。

2) オロンチョン・ニルの編制

　順治年間に入ると黒龍江地方のソロン部にかかわる諸々の満文資料中に，ブフ・タクララ・ソロン（buhū takūrara Solon＝鹿をつかうソロン），ブフ・タクララ・アイマン（buhū takūrara aiman＝鹿をつかう部），あるいはブフ・タクララ・オロンチョン（buhū takūrara Oroncon＝鹿をつかうオロンチョン）という名称が頻出するようになる。

　順治十一年（1654）には，ダイチン・グルンは，黒龍江上流地域のソロンなどの部族をノン江流域へ移住させた[24]（現在のソロンの伝承では，もとは黒龍江の北側にいたのだが，ロシア人と戦って敗れ，泳げる人が黒龍江の南に逃げてきたということになっている[25]）。康熙時代に入ると，漁猟を意味するブトハという呼称がよく現れるようになる。これは，当時おもに黒龍江周辺地域において狩猟・漁労・遊牧によって生活していたソロン，ダグル，オロンチョンという三つの部族を指し，同時に彼らが狩猟生活をする場所に対してもしばしば用いられた。

　本書第Ⅰ部でも見たように，康熙時代の黒龍江辺境地帯では，ダイチン・グルンとロシアが衝突，ヤクサ城の争奪戦がくりひろげられ，のちにネルチンスク条約が結ばれる。この間，ソロン，ダグル，オロンチョン等の部族が，自然，対ロシアの最前線に位置したことはいうまでもない。彼らはダイチン・グルンとロシアの間でどのような立場にあったのだろうか。隣接するロシアとの間にいかなる問題が生じていたのか。これに対してダイチン・グルンはどのような政策で対応したのか。『康熙起居注』に次のような記述がある。

> （康熙二十四年六月四日）……再び諭を伝えて言うことに，「朕がおよそものごとを見るところ，必ずあまねく詳細にじっくり審議して，はじめて実際的な効果をえるのであり，かりそめにも軽率な行動をとってはならない。以前，尚書の明安達礼（Minggandari）が軽率に進軍して，食糧の輸送が間に合わず，将軍沙爾呼達（Šarhūda）・巴海（Bahai）らははかりご

とを失し，途中で戻って来た。その結果，とうとうロチャ（ロシア）をおごりたかぶらせるにいたり，ソロン，キレリ，オロンチョンらが心に疑い，二心を抱くこととなったのは，みなこのせいなのだ」[26]。

ダイチン・グルンが派遣した軍隊が道半ばで帰還したのち，ソロン，キレリ，オロンチョン等諸部族は，ダイチン・グルンに対し「心懐疑弐」なのであった。また，鎮守黒龍江将軍傅察公サブス伝は，以下のように述べる。

……鄂羅斯（Oros ロシア）は，北方の大国である。その地は延々数千里に拡がり，モンゴルの四十九部を内含するほか，東は黒龍江に界を接し，ソロン，オロンチョン部落を侵逼している。雅克薩（Yaksa）城はそこの要害である。……主上はサブスが重要な任務にあたっていることをお知りになり，鎮守黒龍江等処将軍に抜擢し，兵を統べて阿蘇里（Esuri）に駐在させ，オロスの経略にかかわることを，ことごとく彼に委ねられたのである。……エスリという地は，ヤクサ城を進取するための要路だが，オロンチョン部が間にまたがる要害の地である。彼らは我らに服従しているとはいうもののオロスの圧迫を畏れ，いまだなおひそかにオロスと通じている。サブスは兵を進めようとしたが，オロンチョンが妨げとなるのを恐れ，そこでその族長の朱爾空額（Jurkungge）らに諭させて，朝廷の威徳を布告し，禍福を示して，オロスと断絶させた。オロンチョンの部衆はみな悟って，遂にオロス人四十人あまりを殺し，その首を送ってきてダイチン・グルンへの忠誠の証しとしたのである。サブスがこれを大いに賞したところ，（オロンチョンは）さらに二十あまりの人を殺してきた。かくて，オロンチョンとオロスは敵対することになったのである。……二十八年，皇帝が内大臣の索額図（Songgotu），国舅の佟国綱（Tung guwe g'ang）に命じて禁軍を率いさせ，将軍薩布素（Sabsu）には黒龍江の水軍を率いさせ，尼布楚（Nibcoo）城にて合流せしめ，オロスを平定させた。察罕汗（Cagan han ロシア皇帝）は懼れて，使者として費約多爾（ピョートル）らを遣わして関係の修復を求め，ゲルビチ河を境界として，東南はトゥグル河に至るまで，六千里あまりの土地を開いた。そうしてソロン，オロンチョンの諸部は初

めて落ち着いた[27]。

　当時エスリ一帯に居住していたオロンチョン人がロシアと敵対するにいたった経緯を伝えている。こうしてオロンチョンの人々を懐柔し，ダイチン・グルンの対ロシア戦略の尖兵とすることに成功したのである。

　また，このサブス伝に登場するオロンチョン族長ジュルクンゲは，『大清聖祖実録』巻一一三，康熙二十二年（1683）十一月癸未の条の，

> 黒龍江将軍サブスらが奏報してきたところによると，……オロンチョンのジュルクンゲ（朱爾鏗格）らがジンキリ江（浄渓里烏喇）で五人のロチャ人を殺し，ともにその鳥槍を獲て知らせてきた。

に見えるのと同一人物である。この時点では族長の呼称を使用しており，ジュルクンゲにニルイ・ジャンギンが与えられていないことが分かる。

　このほか，「ロチャ人を殺したオロンチョンのカサキの仲間，ハンガト，セビヨオの仲間，タンタンの仲間，そしてギルムンガの仲間に対する褒美を，員外郎イダオらが黒龍江将軍のところに持っていって蓄え，ブトハ総管らに交付して持っていかせた」[28]という記事も見える。また，「康熙二十三年四月に，シリムディ（西里木迪）河に住んだオロンチョン・ギルムンガの仲間ギリディオらは，二名のロチャ人が彼らの遊牧地帯に来たことを知り，捕らえたいと思ったが捕まらず，イネム，ジュルウェンチェの三人で一緒に追いかけ，射て殺した。そこで黒龍江将軍は，ギリディオに衣服などを賞賜したいと上奏している」[29]。ここからも，ロシア人とオロンチョン人の関係が悪化していたことが分かる。

　このような事例は，ほかにも『黒龍江檔』康熙朝檔案に記載があり，ロシア人を殺したオロンチョン人への褒美のリストを黒龍江将軍が戸部に送って報告している[30]。

　ダイチン・グルンがオロンチョン人を利用してロシア人殺害を奨励する事例は多く，対ロシア政策の一環としておこなわれていたことは間違いないだろう。また上述の資料によって康熙二十二年（1683）頃，オロンチョン人がエス

リ，シリムディ河，ジンキリ江などの地域に居住していたことが判明する[31]。ロシアとダイチン・グルンの戦争終結ののちは，ダイチン・グルンと密接な関係をもつソロン，オロンチョン人は，黒龍江を渡り，南のノン江流域へ移動する。ついで康熙三十七年には，将軍サブスの奏により，ブトハ総管らをチチハル城の北二百六十里，ノン江東岸のナルキという地に移住させることとなった[32]。

康熙時代の黒龍江上中流域では，ロシアの侵入に対して，ソロン，オロンチョンが抗戦していた。いっぽう，ダイチン・グルンは三藩の乱の終焉もあって，ロシアの黒龍江流域への進出を防ぐため，東北の辺境地帯において，新たな軍事政策を開始した。

この黒龍江における大規模な軍事拠点の建設と，各部族がニルに編成され「ブトハ八圍」の設立へとつながる経緯について，『黒龍江檔』にもとづき簡単に述べておこう[33]。

まず，康熙二十三年（1684）に鎮守黒龍江等処将軍を設置し，サブスを将軍に任命，同時にロシアが占領しているヤクサ（雅克薩）城への攻撃がおこなわれた。そして一連の軍事行動にともなって黒龍江各遠境地の部族の編制・駅站の設置，大規模な都市建設事業が順次完備されていく。駅站が康熙二十五年以降，黒龍江各地に急増し，その範囲は黒龍江城からアイグン（愛琿），メルゲン（墨爾根），ニングタ（寧古塔），ムクデン（盛京）など東北全域にわたるようになる。さらに駅站の創設とともに，ソロン，ダグルなどの部族のなかから壮丁百五十人を選び，駅站ごとに三十人を配置し，馬二十匹，牛三十頭を与えて駐屯させた[34]。

康熙二十三年の黒龍江城への将軍サブス・副都統オンダイ・ナチンおよび兵士の配備と同時に，初めてマンジュにニルイ・ジャンギン十六人，ソロンにニルイ・ジャンギン一人・驍騎校一人，ダグルにニルイ・ジャンギン七人・驍騎校七人，漢軍にニルイ・ジャンギン二人・驍騎校二人・協領四人，合計ニルイ・ジャンギン二十六人を設けた。ロシアの脅威が去った後の康熙二十九年（1690）には，黒龍江城に副都統二人を設けて，将軍ら二人をメルゲンに移している。またブトハのソロンとダグルに八つのジャランを設けた。その内訳

は，ダグル・ジャラン三，ソロン・アバ（またソロン・ジャランとも称す）五[35]。これがいわゆる「ブトハ八囲」である[36]。ここにおそらくオロンチョンがふくまれていた。康熙三十年以降になって，オロンチョン・ニルイ・ジャンギンの名前が『黒龍江檔』のなかにしばしば現れるようになるので[37]，そのニル編成が少しおくれたことは疑いない。かくて黒龍江城などの地に駐防したダグル，ソロンなどの駐防八旗[38]，そしてブトハ地域に残された八囲という二つに分けられたのである。

この八囲の設立後，それまで理藩院がおこなってきたソロン，ダグル，オロンチョンの管理は，康熙三十年（1691）から黒龍江将軍に移管された。これに関しては，『黒龍江檔』の康熙三十年三月十三日に理藩院の員外郎ティイェトゥ（Tiyetu）が持ってきた，理藩院から黒龍江将軍サブスに送った文書に，次のように記されている。

> 我らの部（理藩院）より上奏したことには，「ソロン総管マブダイたちが送ってきた書に，『総管であるベイレル（Beiler）が今年の正月七日に病死した』とあった。したがってベイレルの鈌員に，ソロン，ダグルの言葉ができる者を調査し名を列して書いて引見させて任命するのか，あるいは副管たちを連れてきて引見させるか，上奏して任命するかについて，旨を請う」と康熙三十年二月十七日に上奏した。当月二十日に，旨が「ソロン，ダグルの諸事を将軍サブスが統轄するように。この総管を任命するとき，人を併せて送った後，引見させて上奏せよ」とあった。ゆえに聖旨による内務であるので，おこなうようにと送った。三月一日[39]

元来，分散して居住していた黒龍江沿岸の部族は，黒龍江将軍によって直接集中的に統轄されるようになっていった。これは，ネルチンスク条約によりロシアとの国境を画定したことで，ダイチン・グルンが国境地帯を整備する過程でおこなった措置であろう。

そして，この移管の目的は「貢貂」を効果的に管理するためでもあった。将軍・副都統は貂皮を選ぶ任務にあたり，毎年五月にブトハの人々がチチハルまで来て貂皮を納める。これがいわゆるチュルガン制度である。この制度は国が

経営する交易で，人々がその場で一年の日常用品を買い，歳貢としての貂皮を納めるというものである[40]（第10章注26も参照）。ブトハの人々は，貢物の貂皮を通じて，中央と直接つながった。「貢貂」は彼らにとって「義務」であると同時に「権利」でもあったのである（その実態については第3節で述べる）。

「東藩」たるソロン部（ソロン，ダグル，オロンチョン）を黒龍江将軍が直轄することは，つまるところ中央政府が地方将軍を通じて直接統轄する権力の集中化の現れにほかならない。

人事移動などに関して理藩院と黒龍江将軍が協議し処理した点は，すでに柳澤明（1995）によって明らかにされている。そこで次に，雍正年間にこの「ブトハ八圍」が再編制されて「旗色」が授与され，「ブトハ八旗」へと変化していく，中央集権化の具体的な動きを検討しよう。

2 「ブトハ八圍」から「ブトハ八旗」へ

「ブトハ八旗」の成立については，つとに中国の楊余練（1980）が「索倫総管が康熙八年（1669）にすでに設立され，ソロン，ダグル，オロンチョンの代表として国家へ統一的に貢賦を納めていたこと，総管の下に参領，ニルイ・ジャンギン，驍騎校，領催などの系統的な管理組織が作り上げられたことなどは，「八旗」の正式な成立を表している」とした。いっぽう，秋浦（1980）は，康熙三十年にオロンチョンが八旗制度に編入された，と述べる[41]。

かたや日本の柳澤明（1994）は，初期のブトハ統治体制を「八旗制」と呼ぶことには，じつは問題がある[42]，と指摘する。

そこで，これらに対し，より具体的な満文檔案資料と「ニル執照（nirui temgetu bithe）」を提示し，雍正年間の「八圍」に対する「旗色」の授与，そして「八旗」が再編成された実態を明らかにしたい。

康熙三十年（1691）以後，すでにブトハのダグルなどの部族が駐防八旗に編制され，ブトハ・ニルから旗ニルに編制される事例が見られる[43]。雍正六年（1728）には，ブトハの人々に「マンジュの道（Manju i doro）」を教えるため

に，初めて八人のマンジュ副総管が増設された。ブトハ八圍には，元来ソロン・ダグル副総管八人，ニルイ・ジャンギン百五人，驍騎校百五人がいたとされるが[44]，おおよそこの頃から再編制がおこなわれていると思しい。

雍正七年（1729）の段階のブトハ八圍の内わけ，状況は檔案資料によって表9-1のように整理される[45]。

そして，雍正十年（1732）年以後，ブトハの人々は二つの集団に分けられる。一つはフルン・ブイル（呼倫布歈爾・呼倫貝爾）に移された五十ニルの駐防八旗，もう一つはブトハ現地に残された五十八ニル（のちに三つのニルを増設して六十一ニルとなる）である。

前者についてはすでに柳澤明（1993）に詳しく論じられている。ただ，ブト

表9-1　ブトハ八圍

集団名	ジャラン・アバ名	ニル数	打牲丁数	居住地
ダグル三ジャラン	ダグル・ジャラン	12	823	ノン江両岸
	メルディン・ジャラン	14	1075	ノン江両岸
	ネメル・ジャラン	15	1033	ネメル河両岸
ソロン五ジャラン（また五アバとも称す）	アラル・アバ	17	1097	ヌミン河周辺で遊牧
	トゥクドゥン・アバ	11	742	アルム河周辺で遊牧
	ヤル・アバ	13	889	ヤル河の周辺で遊牧
	ジチン・アバ	6	431	ジチン河周辺で遊牧
	オン・トシン・アバ	5	409	トシン河周辺で遊牧
オロンチョン	使鹿オロンチョンのムル，スディンガ仲間，ハサキ仲間，カヤチュニル	12	791	オロン・ブフ（oron buhū）を持っている者は，みな黒龍江城の北，フマル河・タハ河周辺で遊牧・狩猟して暮らしている。ほかの者はみな，ガン河・ヌミン河・アルム河・ヤル河・ジチン河などの河源周辺で遊牧・狩猟して暮らしている。

典拠：『黒龍江檔』9-2『雍正七年正月からの盛京・兵部・理藩院よりの行文を記した檔子』二月二十二日にニルイ・ジャンギン・フォジボオ（fojiboo）に送らせた書

ハ総管のダバハがブトハ五十ニルを移駐させ，三千人の兵士を選んだ際，オロンチョンは次のように述べていた。

> オロンチョンらは，奴才たる我ら（黒龍江将軍）に叩頭して，「我らが聖主に従って年久しく，大きな恩を受けたことは際限がない。我々は昔ソロンとともに雑居して暮らしてきた。現在このような選ばれる時に一緒に選ばれなかったら，我らの人々はどこに力を尽くして奮闘しましょうや」とみな告げている。見たところ，彼らはみなソロンのように良い壮丁が多い。このゆえに，我々は聖主が天下の民を分けずに一つとされるごとく，オロンチョンらを三千の壮丁を選ぶ数に入れて，オロンチョン三百五十九人，ソロン千六百三十六，ダグル七百三十，バルフ二百七十五人を選んだ。……三千の兵士を八旗に編制して，城を築くところより，左翼四旗をロシアに続く道を跨ぎ，境界辺りで遊牧させた。右翼四旗を境界に沿って，ハルハ河に至るまで遊牧させた。この選んだ三千の兵士を五十ニルに編制して，一ニルに六十壮丁として，鑲黄旗・正黄旗に各七ニル，正白旗より下六旗に各六ニルとして，ニルごとにニルイ・ジャンギン一人，驍騎校一人，旗ごとに副総管一人を出して一時代理として移駐させたい。ニルイ・ジャンギン，驍騎校，副総管をすべてブトハ地方の在任している者により代行させた，委官らを問わずに選び出したい[46]。

これによると，雍正九年（1731）からすでにブトハ壮丁を再編成して移駐することになっていたが，ソロンとダグルが再編制されるのを聞いたオロンチョンらが，みずからもフルン・ブイルへ移駐したいと要求したのである。元来の再編制計画にオロンチョンはふくまれていなかったのであるが，みずから要求した結果，翌雍正十年に三百五十九人を再編成して当該地に移駐されることになった。これがいわゆる「フルン・ブイル八旗」の成立である。その結果，オロンチョンは六ニルに編制された。

なお，この背景には，西方のジューンガルのガルダンの侵攻を防ぐ目的とモンゴルのジャサク遊牧地に対する保護および辺境防衛という意図があったことが『黒龍江檔』に明記されている。

また、これと時を同じくして、現地に留まったブトハの五十八ニルについても「旗色」を与えて再編制がなされた。表9-2のように、ソロンが鑲黄旗二、正紅旗十、正白旗三で、壯丁九百三十六人、ダグルが鑲黄旗六、正黄旗十、正白旗七、壯丁千四百二十人、オロンチョンが鑲黄旗二、正白旗二、鑲白旗一、正紅旗一、正藍旗一で、壯丁三百七十二人である。これらのニルは地方・氏族・部族などを基準として、旗に編制されたらしい。

ブトハの現地に留まったオロンチョンのムル、スディンガの編制については、雍正十年(1732)一月に将軍ジョルハイの上奏した文に、次のように述べられている。

　　オロンチョンのムル、スディンガ仲間[47]の九十三壯丁と丁に編入させるシダン(西丹)三十一人、全部で百二十四壯丁を併せて、ニルイ・ジャンギン二、驍騎校二を設けるとき、このなかから壯丁に好かれ、管理することができる者を選んで、正位・陪位を帯領引見して奏して任命したい[48]。

これに対し雍正帝は「軍機大臣が議して奏せよ」と命をくだし、六月一日、内閣が写した黒龍江将軍の上奏文を、大学士オルタイ(鄂爾泰)らが議して上奏し、これを認めた[49]。また、同六月の檔案に次のようにある。

　　ブトハ地方に残った五十八ニルに、ホトク仲間、ムル、スディンガ仲間のなかの壯丁を併せて、今ブトハ地方にいる披甲と壯丁三十九人を一ニルに編入して五十八ニルにした。このほか新たに編制した三ニルを併せて全部で六十一ニルとなった。彼らを各々居住している地方および氏族・部族を分散せずに八旗に編制したのである[50]。

現地に残された打牲丁三千四百二十二人に対し「旗色」を設け、旗ごとに二人の副総管を任命して管轄させた。この結果、オロンチョンのムル、スディンガは二ニルに編制され、正白旗の管轄下となったのである。次にそれぞれのニルの承襲系図を掲げておこう。

表9-2 ブトハ八旗（現地に残された五十八ニルの再編成）

旗色	部族	ニル名	丁数	旗色	部族	ニル名	丁数
正黄旗	ダグル	tusangga	88	鑲黄旗	ダグル	saodaltu	61
		taonai	68			tibsinei	60
		uferta	64			gūwalagol	60
		kurkuru	53			unamai	60
		jinggardayan	53			asaltu	62
		anggiyatu	60			jokitu	39
		korkogol	69		ソロン	goroncon	52
		pancinai	64			kumtenei	40
		juweltu	56		オロンチョン	kayacu*	49
		jailatu	59			gidancu	48
正白旗	ダグル	toroksa	68	鑲白旗	ソロン	gaogadai	78
		inaltu	72			sujuktu	62
		kihina	63			juruktu	60
		tasata	67			laisa	68
		bisireltu	58		オロンチョン	sanggarca*	60
		kigina	54				
		daldargan	62				
	ソロン	baka	78				
		jaršan*	59				
		arana*	52				
	オロンチョン	mulu	51				
		sudingga	42				
正紅旗	ソロン	cimgaken	68	鑲紅旗	ソロン	bukutu	55
		kaisa	63			jara	50
		yendei	64			jalana	43
		bodi	50			duwamaca	68
		koldangga	68				
		koyono	75				
		neoden	67				
		kecutu	76				
		šajin	80				
		tosiltu	44				
	オロンチョン	bara*	65				
正藍旗	ソロン	curputi	59	鑲藍旗	ソロン	borji	64
		kecik	48			orgūnca	62
		dabtani	53			banjin*	59
	オロンチョン	horboltu*	57			nibcika*	43

＊は世管ニルを示す。
典拠：『黒龍江檔』雍正十年六月二十六日の文書および『録副』民族事務類其他項、第1513号第2号、乾隆七年十一月六日具奏、乾隆七年十一月十八日朱批。「奏請将鄂倫春喀雅楚等十二個佐領仍照伊爾所創始佐領為憑辦、将巴爾虎西林等八佐領作為承襲佐領」にもとづき作成。

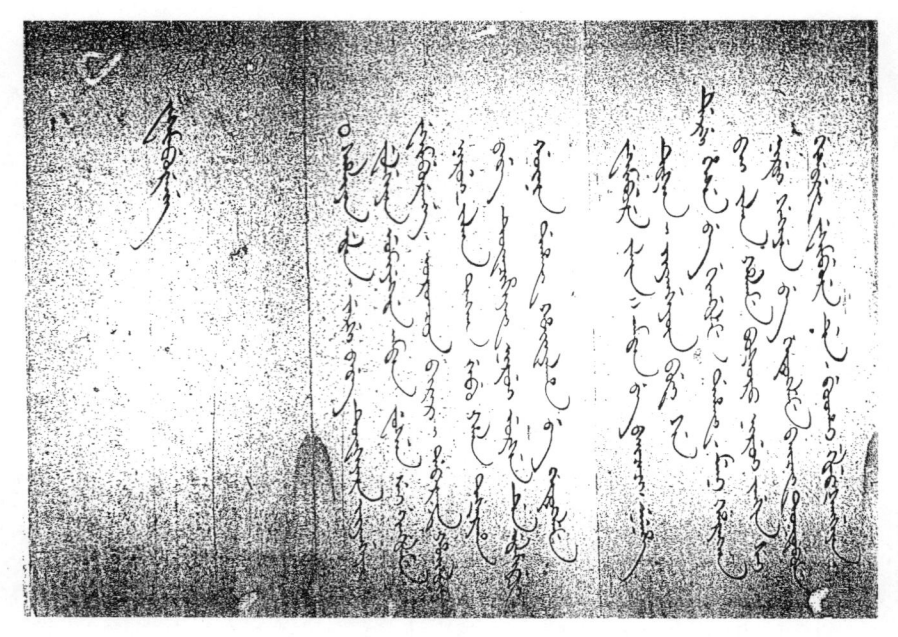

図 9-1　オロンチョン・ビラルのダバラクタ・ニルの根源に関する奏摺（中国第一歴史檔案館蔵）

①正白旗ムル（**Mulu**）・ニル（ビラル・ニルとも称す）承襲系図

　　Cekir 地方・Cekir 氏，一族の Mokuher 氏の人々とともに主を求め参入し，貂皮の貢物を納めていた。（( )内の数字はニルを承襲した順序を示す。以下同）

```
              ┌─ Jintek（長男）─ Lekenei
              ├─ Hadumai（次男）
Mulu (1) ─────┤
              ├─ Niyeremele（三男）
              └─ Mujinei（四男）(2) ─ Dabarakta (3)
```

②正白旗スディンガ（**Sudingga**）・ニル（ビラル・ニルとも称す）承襲系図

　　Cekir 地方・Cekir 氏，一族の人々とともに主を求め参入し，貂皮の貢物を納めていた。

```
              ┌─ Milbungge（長男）─ Dojungga ─ Daidunga
Sudingga (1) ─┼─ Iramca（次男）─ Hoiholtu（後 Yolkūnai の養子）
              └─ Yolkūnai（三男）(2) ─ Hoiholtu (3)
```

(『録副』軍務類人事項，第 245 号巻第 2 号，黒龍江将軍付森等，乾隆九年十二月初一日具奏，乾隆九年十二月十七日朱批，「奏査鄂倫春暉和爾図佐領根源，請将佐領暉和爾図等人交部議」にもとづき作成）

このほかオロンチョンのハサキについては，雍正十一年（1733）年七月二十七日，次のように上奏した。

　……臣たる我らが貢賦の貂皮を納めるオロンチョンのハサキの一つの仲間の人々を，ムル，スディンガ仲間（正白旗，表9-2参照）らと同じところに合併すれば，旗が異なり，住む地方が遠く離れるので，彼らの漁猟に少しも利益がない。もしフルン・ブイル地方に移住させたら，彼らはもともと徒歩で狩猟し，船で漁業することを学んで，まったく馬に乗ることを学ばなかったので，移してもソロン，ダグルのように力にならない。臣たる我らが調べるに，体例どおりニルイ・ジャンギン一人，小領催三人を任命して，彼らの同旗であるメルゲンの北に位置するフマル地方に住む，先に編制した旧オロンチョン，カヤチュ（Kayacu）等のニルの人々と合併して居住させたい[51]。

その後，同年十二月二十九日に黒龍江将軍衙門より理藩院へ送った文書によれば，次のようであった。

　……我らが査するに，旨がくだった通り，ハサキ仲間二十六壮丁を別の半ニルに編制して，例のようにニルイ・ジャンギン一人，小領催三人を任じて，彼らと同じ旗であるメルゲンの北に位置するフマル地方に住む，先に編制した旧オロンチョン，カヤチュらのニルの人々と合併して居住させた[52]。

このカヤチュ・ニルについても次に承襲系図を掲げておく。

③鑲黄旗カヤチュ（Kayacu）・ニル承襲系図

Sirukir 地方・Meyehir 氏，一族の Samahir 氏の人々とともに主を求め参入し，貂皮の貢物を納めていた。

```
Terdunce (1) ┬─ Niolingge (2) ─ Kayacu (4)
             └─ Tebciken ─ Jujece (3)
```

（『清代譜牒檔案』内閣，フィルム編号：038，檔案序号：世襲 392 冊，編号 16，『buthai bai kubuhe šanggiyan i jalan halame bošoro nirui janggin undaki nirui sekiyen i cese（ブトハ地方鑲白旗世管ニルイ・ジャンギン・ウンダキ・ニルの根源冊）』にもとづき作成）

オロンチョン・ニルは同じ氏（hala）と一族（uksun）が基本単位となっている。しかもその長たるニルイ・ジャンギンは同じ氏の兄弟の系譜上で継承されている。これぞまさしくニル分類の世管ニルの基準にもとづくものである[53]。オロンチョン・ニルの承襲は，満洲八旗の基準に即して統轄されたのである。

以前，ブトハ・ニルイ・ジャンギンらは無俸であった。雍正十年（1732）以降，旗の官員に俸禄が与えられるようになった[54]。ただし，打牲丁に銭糧が支給された事例は見られない。

雍正七年（1729）三月の調査報告によると，八ジャランの九十三ニル，オロンチョンの十二ニル，合計百五ニルにいるブトハ壮丁の総人数は七千二百九十人，総人口は三万三千二百六十八人である。またブトハの人々の性格は篤実素朴，まじめで気高さを尊び，騎射・労働・狩猟・漁労が得意である[55]，と伝えられる。

以上より，ブトハ現地に留まったオロンチョンの再編制にあたっては，一族を分散せず，生活様式が同じのものを合併して統轄したこと，明らかである。そして，康熙年間に編制されたブトハの「八囲」と呼ばれるブトハの諸部族について，雍正九年（1731）から再編制がおこなわれ，ブトハの「八旗」が成立した。こうした雍正年間におこなわれたブトハ・ニルの再編制は，当時，進められた八旗ニル改革の一環であることはもとより，中国全土で展開する一連の

身分秩序の改革と中央集権化の現れでもある。

　では，これらの部族あるいは諸集団は具体的にどのような義務を果たしたのか。八旗ニル社会としては，どのような特質と普遍性をもったのか。以下，「貢貂」と「アンダ関係」というトピックを取り上げ，オロンチョン・ニルを中心にブトハ・ニル社会のいくつかの側面について述べよう。

3　ブトハ・ニル社会の諸側面

1）貢貂の語義と実例

　八旗制度の下，ブトハ八旗の基本的な歳貢として負担されたのが貢貂であることは，すでに広く認められている。ブトハ八旗の打牲丁（注11参照）に対し，毎年一人あたり一匹の貂皮が貢賦として明確に規定されていた。しかし，この貢貂の実態となると，従来ほとんど研究されてこなかった。そこで，具体的な事例を引きながら，貢貂の実態と本質を明らかにしてみたい。

　「貢貂」は，マンジュ語では「sekei alban（貂の賦役）」という。ブトハ・ニル社会の人々に課された重要な義務の一つである[56]。従来ブトハの唯一の義務と主張する研究者が少なくなかったが[57]，実際には，ブトハ中のオロンチョン壮丁は貢貂を義務とするほか，避暑山荘のムラン（muran）狩りに際して，哨鹿（狩りをおこなう際に鹿の鳴き声をまねて鹿を誘い寄せる狩人の技）を担当しており[58]，またそれ以外にもいろいろな役割を分担している。ただ，ダイチン・グルン時代を通じ貢貂は歳貢として，一貫して中央に貢納した。そのことは，重要な特徴である。康熙時代の例を二，三取り上げてみよう。

　貢貂の規定に関しては乾隆朝の『大清会典』巻七十九，理藩院に，

　　ソロンの貂を捕る者については，丁を計って貂を貢がせ，貂を三等に分けて，賞賜に差をつける[59]。

とある。国初からソロン，ダグル，オロンチョン，ビラルらの人丁は，その年の人丁の数によって，毎丁一匹の貂皮を納めることになっていた。もし数をみ

たし，等級に符合していれば，送ってきた人に，例に照らして賞賜する。不足したり，あるいは等級に符合しない者については処罰する。以上のように定められていた[60]。たとえば，康熙四十二年（1703），送ってきた貂皮の数と質を確認したところ，前の年に送ってきた貂皮より質が良かったので，戸部より上奏して，規定通りの毛皮を贈ったソロンの総管・副総管およびニルイ・ジャンギン七人にはそれぞれ絹一，毛青布二十を賞し，驍騎校二人，筆貼式一人など九十人には絹一，毛青布十五を，それ以下の位の者には絹，毛青布十を賞している。また康熙五十九年，六十年には，送ってきた貂皮の等級が劣悪だったので，戸部が賞賜をやめたいと上奏したが，「ソロンらに以前のように賞するように」との旨がくだった。逆にその後，雍正元年（1723）に送ってきた貂皮を検査すると，康熙五十九年より少し劣り，六十年，六十一年に送ってきた貂皮の等級より良かった。戸部が報告したところ，「今年は六十年と同様に賞せよ」と朱批された[61]。

このように，戸部・理藩院・総管内務府・黒龍江将軍らが議したうえで，皇帝が事情を見て賞賜するかどうかを決めたのである。ちなみに，康熙十六年（1677）頃，ロシアが使者を使わしてビラル部のカサキらから貂税を徴収させている[62]。このカサキはキレリ部の人とも称される。これらは，のちにオロンチョンと統一して呼ばれるようになる部族である[63]。国境を跨ぐオロンチョン部が直面していた複雑な状況がうかがえよう。

また，貂皮には有償と無償の区別があり，事情によって免除されることもあった。『黒龍江檔』のなかに，次のような事例が見える。康熙二十八年（1689）五月，理藩院と黒龍江将軍の奏文にもとづき，ソロン，ダグルらのなかで，何年も兵事に苦しむ者，ボルデ駅站（ブトハ総管が駐在する場所）にて畑を耕す者，黒龍江城に移駐した者の貢貂をすべて免じ，物故者・逃亡者のリストを整理・除籍した。これに該当しない男子の数は三千六百六十三人，したがって納めるべき貂皮は全部で三千六百六十三匹である。しかし，ソロンの副総管オムブルダイらが送ってきた有償の貂皮は三百八十匹，無償の貂皮は二千百三十六匹，計二千五百十六匹であって，納めるべき数に千百四十七匹足りない。しかも，送ってきた貂皮を質ごとに分類してみると，非常に質の悪いもの

ばかりであった。そこで貂皮の不足，粗悪品の理由を訊いた。供述によれば，「去年ハルハ，バルフらが反乱を起こしたとき，ソロンが将軍とともに何回も鎮圧に向かい，そのために貂皮の狩りにいけず，貂皮の数もそろわず，質もまた悪くなった。それゆえ足りなかった貂皮を来年に補って賠償して持ってきてもよいか」と答えたという[64]。以上から，貂皮に有償と無償があったことが分かる。そして，貢貂の数と質を審査するのは戸部の担当であった。

　結局，貢賦として納められた貂皮はあわせて三千二十一匹，すべて内務府の広儲司に交付された[65]。そこで中国第一歴史檔案館の『広儲司簿冊目録』にあたってみると，確かに貂皮の詳細な資料が保存されていた。これによると，清代における貂皮のおもな用途は，皇帝の貂冠・貂帽作りであった[66]。このほか，朝鮮国王[67]，チベットのダライ・ラマ[68] およびゴルカ（廓爾喀）の正貢使・副貢使・大頭人・小頭人らへの賞賜としても用いられている[69]。打牲丁らが貢物として納めた貂皮が威信財として非常に重要な役割を果たしていたことが分かる。

　かくも貴重な貂皮は，頻繁に密売がなされていたらしい。皇帝に納める貢賦の貂皮を捕るソロン，ダグル，オロンチョンらの人々に対し（貂皮の狩猟は打牲丁のみに許されていた），貢賦を納める前に貂皮を売買することを禁止する法令が出されているからである。『黒龍江檔』康熙三十年（1691）十二月二十日付の檔案によると，

> ソロン，ダグル，オロンチョンらが毎年冬に捕った貂皮を次の年の五，六月に開かれるチュルガン（会盟・市場）以前に，個人で売買することを禁止するほか，以後毎年貢貂を納める前に貂皮を売買すれば，売った者と管轄する官員とを併せて厳しく罪を問う[70]。

という宣諭も出されていた。メルゲン（黙爾根）城に駐屯したマンジュ，漢軍，ソロン，ダグルの将兵や民にも，この禁止令が伝えられている。のちに，この禁止令は，理藩院が作成して送付しており，当該機関の関与は間違いない[71]。さらにのちになると，この禁止令に違反した場合，売った者を盗罪に問い，管轄している官員らもまた厳しく議して責めるという命令も出された[72]。

貢賦の貂皮を納める時期については，もし畑を耕す前に貂皮を納めたならば，貢賦の残りの貂皮で牛を買って畑を耕すことができ，あるいは貂皮を捕るために馬を買い，畑を耕す前に青草を食べさせて肥やし，秋の貂皮捕りに備えることができる。そのため，当初は五，六月に設定されていたが，のち三月に早まった[73]。しかし，ブトハの農耕の失敗後，ふたたび五，六月に戻った。

歳貢としての貂皮徴収は，中央の支配者がその所轄するブトハの人々に対して迅速に強制的に収取したが，常に「貂皮数」を規定通りに得られたわけではなかった。というのは，代理人たる地方将軍がみずから貂皮を売買することもありえたからである。貂皮の売買は中央から厳しく禁じられていたが，実際には貂皮の数・質などについて，地方将軍の恣意的な検査と売買がおこなわれていた[74]。貂皮の用途については，今後さらに細かく検討する必要があるが，既述のように，全体としては宮中での使用および賞賜として用いられており，ダイチン・グルンの皇帝にとって欠くことできないものであった。それゆえにこそ，ブトハの人々にとって貂皮の貢納は滞りなくおこなわねばならない義務であったといってよい。貂皮は一面では「銭糧」を得るための媒介だが，他方では租税の一種とみなしうる。なお，こうした貂皮の徴収，有償・無償，および貢納するルート，送る人数・地点等，貢貂を通じて浮かび上がる諸々のブトハ社会と地方将軍の間の問題，そして貢貂がダイチン・グルン全体を通じてどのように変化していったのか，など検討すべき問題は多々ある。今後に期したい。

2) アンダ関係

ブトハ・ニル社会における経済交流のなかで，「生活必需品を持ってきて，自由交易をするアンダ」と政府が指定するアルバン・アンダ（alban anda 官アンダ）なるものが存在した。アンダ（anda）はマンジュ語で「友達・賓友・仲間」を意味する[75]。オロンチョン人の生活では，アンダが大きな役割を果たしていた。商人であるアンダが，人口数はごく僅かであるオロンチョンとダグルの間に介在し，前者の生活援助をおこなっていたのである。このアンダの起源については，『布特哈志略』人物に次のようにある。

第9章　編成されるニル　411

土人でその地方で暮らしを営み，得られる特産物が足りず，交易すること
によって需要をまかなっている場合，両家の情誼が比較的厚ければ，アン
ダを結んで，それによって長きにわたる交流に資するのである。交易に
よって友誼をなすのは，ちょうど元代の成吉斯汗(チンギスカン)と託木合(ジャムカ)がアンダを結ん
だ遺制のようではないか[76)]。

　ここには，友人として交易をおこなうアンダが存在し，もともとモンゴルの
遺制であろう，と記録されている。アンダは，もともとユーラシア大陸に存在
していた人間の結合関係で，直接にはモンゴル時代のそれから由来するもので
ある。遊牧民の間で生活の援助のために結成されたアンダの実例は資料上には
まだ見いだせていないが，おそらくそうした互助機能はふるくから存在してい
ただろう。ここではブトハ八旗のオロンチョン・アンダについて，簡単に述べ
ておこう。
　ダイチン・グルンの黒龍江ブトハの間では，康熙時代からすでにアンダが存
在しており，貂皮と日常用品，米の交換をおもな目的としていた。『黒龍江檔』
康熙三十一年（1692）十二月二十五日付の文書には次のようにある。

　　……貂皮の貢物を納めるダグルであるスダルトゥ・ニルの驍騎校ブジルン
　　が報告したことには，「我らのニルのウンチャルが報告したことには，『私
　　のアンダがジンキリ江に住んでいる。オロンチョンであるジュジェン
　　チェ・ニルのホイルンガに，私は毎年馬と米を送って，貂皮の貢物と交換
　　していた。今年，馬と米を送って，貂皮の貢物を取りにいったとき，私の
　　アンダであるホイルンガが言うことには，〔黒龍江アイフン（瑷琿）に住
　　む正白旗のニルイ・ジャンギンのイハトゥ，領催チュワンダイが，今年私
　　に馬一匹，米一アチハ（aciha俵）を送ってきて，五匹の貂皮を持って
　　いった〕という。私が黒龍江に到着して，チュワンダイを訪ねたとき，
　　チュワンダイは，〔あなたのアンダであるホイルンガに，私が馬と米一ア
　　チハを与えたとき，私に貂皮五匹をくれた〕と言った……』」。

　ダグルとオロンチョンが互いにアンダと呼び合っている。ここでの話は，よ

うするにブトハ八囲の驍騎校と八旗に編制してアイフンに駐防させた旗人との間の問題である。当時，貂皮はすべてオロンチョンより得ていた。納めるとき馬と米を与えて交換するのである。しかし，駐防八旗の披甲であるソロン，ダグルらがひそかに馬と米を与えて貂皮を取ったから，ブトハ八囲のダグルが収集する貂皮が足りなくなったというわけである。

雍正年間には，貧困に迫られたオロンチョンに対してブトハのダグルを派遣し，アンダ関係を結んで生活援助をおこなっている。

> また，上奏したことには，「前総管らは，ヒンガンの地のオロンチョンが食べる米に困窮すると，ブトハのダグルらと（オロンチョンの間で）アルバン・アンダを結ばせ，春秋二回会合して米を送らせ，オロンチョンは貂皮や小物と交換したのである。今，オロンチョンらは捕らえた物をすべて（国に）納めているが，これを禁止しなければ，オロンチョンらが生計を立てることができない。オロンチョンらのうち望んでアンダをやめたいという人々を除き，貧しいオロンチョンらでアンダをやめない人がいれば，米を送るときに合わせてブトハの良いジャンギン一人，驍騎校一人を選出し，米の量や租額を合わせて計り与えたい。もしまた強制的に納めさせれば，派遣されたジャンギン・驍騎校を責めて奏して厳しく罪を問うほか，総管の罪も問うように」とあった。査するに，ブトハのダグルらにオロンチョンらとアルバン・アンダを結ばせるのは，特にオロンチョンらが食べる米に困窮しないよう米を送り，オロンチョンらの貂皮と少し交換して受け取ったことがあるからである。もし彼らが捕らえた物をすべて納めさせれば，かえって貧しいオロンチョンらに利益がないことになる。これについて将軍ジョルハイ（Jorhai）に書を送り，明白に調べさせて，双方ともに有益になるよう配慮し，公平に処理するように。このため謹んで上奏した。旨を請う。雍正十三年正月十三日に上奏した。旨に「述べた通りにせよ」とあった[77]。

政府が派遣したアルバン・アンダは，基本的に請け負い制のもと，オロンチョンの物を買う。アンダは食料と布を持っていって，オロンチョンの人々に

供給し，それでオロンチョン人の毛皮および鹿茸を勘定もせずに持ち帰ったのである[78]。

アルバン・アンダ以外に，個人的なアンダも存在していた。その多くはダグル人が担っていた。また，ダイチン・グルン時代末期になるとロシア人も商人として，オロンチョン人とアンダ関係を結び，互いに自由に交易した[79]。

しかし，このアンダ制度は，貂皮の強制買収の問題や，ひそかに良い貂皮を騙して安く買ったりする詐欺の弊害を生じた。のちにオロンチョン人はこれに堪えきれなくなり，自治を求め，光緒八年（1882）の興安城副都統衙門の成立にいたるのである。なお，ダイチン・グルン末期のアンダ制度については次章で詳しく述べるが，その他の諸問題については，別の機会を俟ちたい。

おわりに

これまでの八旗ニルに関する研究は，おもに軍事制度の側面に注目したものであり，さまざまな集団のニル社会において生じた諸問題を取り上げた研究はほとんどなかった。しかし，このニルに居住している人々の生活，ニルの長官であるニルイ・ジャンギンの承襲実態や，生計を支える「アンダ」との日常生活の必要品の交換をはじめ，人々の生活のなかでおこなわれた文化娯楽活動，旗人信仰，一年一回の「チュルガン」での購買活動，ニルの戦士たちの武器を造る職人，辺境地帯のニルの人々と外国との国際婚姻，生活するための農耕地の開拓，狩猟，そして民国時代における旗人の社会的地位の低下と差別など，旗人社会の大切なことがらがまったく研究されていないことこそ，我々がいまだ八旗社会に接近できない要因の一つなのである。じつは，これらニルの日常生活での光景は，ダイチン・グルンの膨大なマンジュ語文献のなかにしばしば見いだされるのだが，しかし，こうした光景は，19世紀以降ほとんど見られなくなる。その背景には一体何があったのか。一見瑣末に見えることがらの背後にも人間と人間の関係の大きな変化が隠されているはずである。こうした問題を中国の伝統的な社会のあり方と比較・検討してみることは，今後の大きな

研究課題となろう。本章では，特定のブトハ・ニル社会のオロンチョン・ニルに限って検討してきたが，むろんニル研究の全体からいえば，ほんの一端を解明したに過ぎない。より広い視野でダイチン・グルン八旗社会の実態を解明すること，それがこれからの課題である。

注

1) 既述のように，マンジュ語では八旗の基本的組織をニル（niru），それを管轄する長官をニルイ・ジャンギン（nirui janggin）というが，漢語ではいずれも「佐領」と訳されている。

2) 中国における八旗ニル研究に関係したおもな論考としては，孟森（1958）・莫東寅（1958）・周遠廉（1980）（1982）・陳佳華（1981）・郭成康等（1982）・陳文石（1991）などがあり，日本のものとしては，安部健夫（1971）・三田村泰助（1965）・細谷良夫（1968a）（1968b）（1977）（1978）（1983）・阿南惟敬（1966）（1970）（1971a）（1971b）（1974）（1975）・松浦茂（1990）（1995）・楠木賢道（1995a）・増井寛也（1986）（1989）・杉山清彦（1998）などがある。

3) オロンチョンについては，マンジュ語では「Orton」・「Ološon」・「Orocon」・「Oroncon」・「Oronco」などの異なった表記があり，漢文資料でも「俄児屯」・「俄楽呑」・「俄倫春」・「俄倫呑」・「鄂羅春」・「鄂倫椿」・「厄倫春」といったようにさまざまな音訳がなされている。日本では従来「オロチョン」と書くのが慣例だが，マンジュ語檔案は「oroncon」と書くことが多いため，「オロンチョン」と記すことにしたい。「oroncon」の語幹「oron」は，『御製清文鑑』に「oron buhū i gebu, mafuta jolo i uju de gemu weihe bi, niyamala jembi, oronco i niyalma ujifi takūrambi,（鹿の名で，雄鹿・雌鹿ともに頭に角があり，コケを食べる。オロンチョの人が養って遣わす）」という。「オロンチョの人（oronco i niyalma）」は，『官衛名目』閑散類の対訳では「打鹿人」とある。オロンチョン語では，「oron」は「鹿」の意，「-con」は名詞の接尾辞で「〜する者，〜人」という意味，したがってあわせて「鹿人」という意味になる。康熙年間の『龍沙紀略』物産に「鄂倫春無馬，多鹿，乗載与馬無異，盧帳所在皆有之。用罷任去，招之即来。有殺食之，斯不復至」とあるように，おそらくオロンチョン人が鹿を飼育して生活のなかで利用することから名付けられたのだろう。こんにちの中国の少数民族の一つである「鄂倫春族」は，ダイチン・グルンのオロンチョンを母胎として構成された集団である。しかし，当時のオロンチョンの一部はこんにち鄂温克族（すなわちダイチン・グルンのソロン）に入れられているフシがある。

4) 中国におけるオロンチョン族に関するおもな著作と論文としては，布特哈阿勒坦鋪塔（1933）・于多三（1933）・内蒙古少数民族社会歴史調査組・内蒙古歴史研究所（1963a）（1963b）・秋浦（1980）・呂光天（1981）・鄂倫春簡史編写組（1983）・唐道福（1983）・鄭東日（1985）・柴徳森・唐俊珊（1986）・趙復興（1987）（1991）・沈斌華・高建綱

(1989)・白藍（1991）・韓有峰（1991）・都永浩（1993）などが挙げられる。日本の研究では，治安部参謀司調査課（1939a）（1939b）（1939c）・佐々木享（1994）・加藤直人（1997）・柳澤明（1995）（1997）がある。

5）『愛琿県志』の参考文献にこの書が挙げられる。現時点では，その所在はつきとめられていない。なお，『黒龍江少数民族』2頁「興東道派員赴遜河調務辺務日記摘録，宣統二年十一月十九日」，64頁「漠河設治員趙春芳為声復査明漠河及珠属山里鄂倫春部落人数常住地点生活状癖配以官職各情呈，民国三年六月二十七日」から調査過程とオロンチョンの状況がうかがえる。

6）楠木賢道（1996）参照。

7）屈六生（1995）参照。

8）呉元豊（1995）参照。

9）『清代譜牒檔』については，楠木賢道（1987）参照。

10）細谷良夫（1968）（1977）・神田信夫（1978）参照。

11）『布特哈志略』自叙は「布特哈名称自清始，即満語譯漢打牲，因土人打牲生活故名」と説明する。また『八旗文経』巻五は「布特哈華言虞獵也。其人世以獵貂爲事」という。ブトハはマンジュ語で「butha」と書く。意味は「漁猟者」で，漢文では「漁猟・打牲・虞人」と訳し，「布特哈・布忒海」と音訳されることもある。これに関連して「ブトハイ・ハハ（buthai haha）」は漢文資料では「布特哈壮丁・布特哈牲丁・打牲丁」の形で頻出する。「haha」は「男・丁」の意味だからである。本書では「打牲丁」と記す。打牲丁は，ほかに「ブトハイ・ウライ・ハハ（ブトハのウラ（烏拉）丁），ジャクン・ハライ・ブトハイ・ハハ（八姓打牲丁），イラン・ハライ・ブトハイ・ハハ（三姓打牲丁）」などの呼称がある。本書では，もっぱら黒龍江将軍に所轄されたソロン・ダグル・オロンチョンを指す。

12）中国の代表的な著作として，何秋涛（1858）・曹廷傑（1885）・中国社会科学院近代史研究所（1978）・復旦大学歴史系『沙俄侵華史』編写組（1986）・劉民声・孟憲章（1989）があり，日本では，阿南惟敬（1979）・吉田金一（1984）・松浦茂（1987）（1990）（1991）（1994）（1995）（1997）がある。

13）『異域録』上巻，47頁に「solon be oros kamnihan sembi, geli tunggus sembi, oron buhū be ujihebi, buhū i boco šahūn, beye eihen, losa i gese bi, solon sa, aciha acire, sejen tohoro de baitalambi, （ソロンをオロスはカムニハンという。またトングースという。鹿を養ったのである。鹿の色はやや白く，体は驢・騾のようである。ソロンらが荷物を担い，車に繋いで用いるのである）」という。今西春秋（1964）93-94頁および柳澤明（1997）も参照。

14）『八旗氏族通譜』巻三十六「巴爾達齊」，『北京図書館蔵北京歴代石刻拓本彙編』第六一冊，65頁の満漢合璧の碑文「ujui jergi ashan i hafan baldaci i bei bithe 一等阿思哈哈番巴爾達奇碑文」（原碑は現在北京石刻芸術博物館に所蔵）参照。後者の碑の漢文は『雪展尋碑録』巻一（『遼海叢書』五，遼瀋書社，1985年）「一等阿思哈哈番巴爾達奇」にも移録がある。

15）『御製増訂清文鑑』（乾隆三十六年序）人部・朋友類では「hoki」を「黨類」と漢訳す

る。さらにマンジュ語で「gucu duwali be hoki sembi（友人関係を hoki という）」と解釈している。「hoki」の語源は、おそらく中国語の「火計・奇計」から借用したものだろう。すなわち当時の人間関係を結ぶ共同体のことで、本書では「仲間」と訳す。

16) 「外藩・藩部」については、片岡一忠（1991）第一章，第一節「清朝の発展と藩部の成立」および同節注9，片岡一忠（1998）参照。

17) 内藤虎次郎（1935）崇政殿の図に「奉天府城ノ中央ニ位置セル盛京故闕ノ正殿ニシテ清ノ太宗崇徳二年ニ創建ニカカル黄釉瓦ヲ以テ葺キ五彩燦爛タリ殿前ニ日晷及ビ嘉量アリ……」と解説される。沈陽故宮博物院編（1987）51-54頁も参照。

18) ボムボゴル（博木博果爾）については、古清尭（1994）参照。

19) 『満文内国史院檔』崇徳三年十二月初五日のマンジュ語原文「dergi golo」に対し、中国第一歴史檔案館編『内国史院檔訳』（天聡朝，崇徳朝，上，395頁）は「外藩」と訳すが、『大清太宗実録』（順治漢文版）では「東藩」、『大清会典』（康熙朝）巻之七十七，礼部三十八，下程路費では「東方」と漢訳している。したがって，「東藩・東路・東方・東省」と訳すべきである。

20) 『叢編』75-138頁「盛京吏戸礼兵四部文」礼部文，四賞賜来朝蒙古官員に「（崇徳三年十二月三十日）賞索倫部博木博果爾蟒緞面羊皮里鑲沿水獺皮裘一件……」、礼部文，一〇賞賜来朝蒙古官員にも「東路黒龍江地方額薬巴爾達齊弟薩連，費揚古，呉地堪，莽古楚等五十一人。索倫部落博木博果爾，鋪凌阿，瓦岱等六人，圖特依等三人……共九十三人，来朝貢貂皮」とある。

21) 『内国史院檔訳』順治朝（中）477頁に「（順治五年六月十五日）是日，前来貢貂之索倫牛彔章京阿済布，達巴齊穏爾，繰郎阿達爾漢一行六十三人，均于礼部殺牛羊，備席宴之」，順治朝，下，318頁にも「（順治八年八月十一日）是日，前来進貢貂皮之十六牛彔索倫索龍阿達爾漢一奇共六十四人，七月十七日，禮部宰牛一，羊三，設三十筵席，酒十壇，筵賚如例。依此宰牲，設席，于十九日，二十一日，二十四日共筵宴四次。再，二十六日以送行禮，宰羊三，酒三壇，于迎送處宴賚如例」とある。

22) 太宗の黒龍江征服については、阿南惟敬（1979）参照。

23) 漢文だけで部族名と地名を確定するのは困難なので、『大清太宗実録』（満文版）巻三十二，崇徳五年三月の条および『大清太宗実録』（順治漢文版）巻三十二，崇徳五年三月の条参照。

24) 楠木賢道（1995b）参照。

25) 全国人民代表大会民族委員会辦公室編（1957）9頁参照。

26) 『康熙起居注』第二冊，1335頁に「...arani, foron dosifi wesimbufi, dasame tucifi ulame/ *hese wasimbuhangge, bi tuwaci, yaya baita be urunakū kimcime/ akūmbume bodoho manggi, teni yargiyan tusa be bahambi, ainame ainame foihorilame yabuci ojorakū, neneme aliha amban bihe/ minggadari, weihuken i dosifi, jeku lakcara de isinahabi,/ jiyanggiyūn šarhūda, bahai se bodome ufarafi aldasi bederehebi;/ ede loca i niyalma gūnin huwekiyehe, musei <u>solon kileri, oroncon</u> se i/ mujilen derishun ohongge, cohome ere turgun; bi esei ufarame/ yabuha be kimcime fonjifi, eiten babe akūmbume bodoro jakade,/ te teni baita mutehe,」（満文本清聖祖起居注稿，登録号 167307-001），

第9章　編成されるニル　417

「……復出傳諭曰，朕觀凡事，必周詳熟審，方獲實效，不可苟且輕率。前因尚書明安達禮輕進，糧不得繼，將軍沙爾呼達・巴海等失計，半途而歸，遂致羅刹驕恣，而索倫・奇勒禮・鄂羅春等心懷疑貳，皆由此故」（漢文本清聖祖起居注稿，康熙二十四年六月，登録号167023-001）とある。なお，ほかの資料に載せられた関連記事では，オロンチョンは登場しない。

27) 『碑伝集』二，碑伝集正編，下，碑伝一百十五，1402-1405頁，鎮守黒龍江将軍傳察公薩布素伝「……鄂羅斯者，北方大國也。其地延袤数千里，包蒙古四十九部外，東接界黒龍江，侵逼索倫・鄂倫春部落，而雅克薩城其要害也。……上知公大任，乃擢授鎮守黒龍江等處將軍，統兵駐阿蘇里，經略鄂羅斯之事，悉以委焉。阿蘇里者，進取雅克薩城之要路，而鄂倫春部中遮之，爲之咽喉。雖内附我，而畏鄂羅斯之逼，尚陰与之通。公欲進兵，慮其爲梗，乃使其族長朱爾空額等諭之，布朝廷威徳，示以禍福，令与俄羅斯絶。鄂倫春部衆咸感悟，遂殺鄂羅斯四十余人，送其首爲驗。公厚賞之，則復殺二十余人。自是鄂倫春与鄂羅斯相仇。……二十八年，上命内大臣索額圖・國舅佟國綱率禁旅，將軍薩布素帥黒龍江舟師，會于厄不禁城，平鄂羅斯。察罕汗懼，遣使費約多爾求成，以極爾必斉河爲界，東南至圖古魯河，拓疆六千余里。而索倫・鄂倫春諸部始有寧宇矣……」（「厄不禁城」は「尼不楚城」あるいは「尼布楚城」の誤字である）。ここには，ほかの資料に見られないオロンチョンに関する詳細な記述がある。
28) 『黒龍江檔』1-1『康熙二十三年七月初一日からの行文を記した檔子』九月初六日に領催サクチャ（Sakca）が持っていった書の言
29) 同上
30) 『黒龍江檔』1-3『康熙二十四年正月からの行文を記した檔子』四月二十三日に鑲紅旗領催ホト（Hoto）に送らせた書の言および『黒龍江檔』1-4『康熙二十四年七月からの行文を記した檔子』七月初三日に副都統オンダイ（Ondai）・ヤチナ（Yacina）らに残した書の言。「ロシア人を殺したオロンチョンらに賞賜する羊皮裏の蟒緞，鑲緞袍二十五，狐皮端罩三，大緞二十八，靴下，たくさんの牛皮の靴二十五双，狐帽子二十五を，私は置く場所がないから，衙門に置いたのである。これを盛京の協領らに交付しまいか。このために送った。ドサンが書いた」。
31) 『黒龍江檔』1-2『康熙二十四年七月からの来文を記した檔子』十一月二十七日に駅站人ジャンジンルが送ってきた書に「……六月二十七日，シリムディ河に居住しているオロンチョンのリクディンガ，ヨルミンガ，イメレら……」とあり，同檔案，康熙二十四年八月二十日付には「査するに，康熙二十三年四月にシリムディ河に居住しているオロンチョンのギリムンガの仲間ギロディオ……」とある。
32) 『黒龍江檔』9-2『雍正七年正月からの盛京兵部・理藩院への行文を記した檔子』二月二十二日にニルイ・ジャンギン・フォジボオ（Fojiboo）に送らせた書
33) 黒龍江建設に伴う駐防ニルの編制については，楠木賢道（1995a）参照。クヤラ・新満洲ニルの編制については，松浦茂（1990）参照。
34) 『黒龍江檔』雍正七年三月（日数缺）日付
35) 『清文鑑』巻三，旗分佐領類，第一に「ニルを合わせて編制したものをジャランという。第一ジャラン，第二ジャラン，第三ジャラン，第四ジャラン，第五ジャランを五つの

ジャランといい」とあり、同書巻八に「皆を連れて禽獣を射たり、兵士を訓練することをアバという。昔から今まで大事にしてきたことである」と説明がある。

36) 『黒龍江檔』9-2『雍正七年正月からの盛京兵部・理藩院への行文を記した檔子』二月二十二日にニルイ・ジャンギン・フォジボオに送らせた書

37) たとえば『黒龍江檔』康熙三十年七月二十二日付に「副都統らに、協領ハルサらが呈したことについて、ボロデ地方の畑を監督するソロン総管が呈した書に、オロンチョンのアンタガル・ニル・ドロンチョ・ニルのボオディ・ミンガト・ニルのシミルトらが八月十九日に送ってきた書を受け取って、ボロデ駅站の筆貼式ギヤムスらに交付して馳せ送らせた」とある。

38) 柳澤明（1994）・楠木賢道（1994）参照。

39) 『黒龍江檔』2-13『康熙三十年正月からの戸・礼・工部・理藩院・盛京戸・工部よりの来文を記した檔子』三月十三日に理藩院員外郎テェトゥ（Tiyetu）が送ってきた書

40) 『黒龍江外記』巻五、7-10頁に「毎歳五月、布特哈官兵悉来斉斉哈爾納貂皮互市、号楚勒罕、譯言盟會也。初在城西北四十里、因沁屯本名克伊勒屯、乾隆六十年以事改納中、而其部人卓帳城北、故俗有北関集之称。先是在因沁屯楚勒罕、將軍副都統率属僚駐其地、凡穹競馬匹及羊酒皆布特哈按項供應……交納貂皮楚勒罕第一事也」とある。

41) ブトハ八旗の設立については、康熙八年説の代表として『鄂倫春簡史』編写組（1983）・沈斌華等（1989）・都永浩（1993）など、康熙三十年説の代表として『鄂倫春自治旗概況』編写組（1981）・畑中幸子（1991）などがある。

42) 柳澤明（1994）は「雍正朝ないし乾隆初期以前の段階においては、ブトハの統治体制を『八旗制』とは呼び難い」こと、「当時ブトハの人々は、貂皮の納付を殆ど唯一の義務として清朝と結び付いた、『辺民』に近い存在だった」ことを指摘する。

43) 『黒龍江鑲黄旗ダグル・ニル・ゴルムボ承襲世管ニル執照』（東洋文庫所蔵、満文、写本、一軸）に「……黒龍江将軍であったサブスがブトハのダグルの一千壮丁を選び、チチハル城に移して披甲とし、十六ニルに編制したのである。ブトハのエリデイを奏してチチハル城のニルイ・ジャンギンに任じてグサ（旗）にしたところを記録した……」とある。

44) 『黒龍江檔』9-2『雍正七年正月からの盛京兵部・理藩院への行文を記した檔子』二月二十二日にニルイ・ジャンギン・フォジボオに送らせた書

45) 同上檔案、雍正七年三月日付の檔案に引用された康熙時代の檔案。また、嘉慶『大清会典』巻四十九にも同様の内容が見える。

46) 『黒龍江檔』雍正九年三月二十八日付

47) 注15参照。

48) 『黒龍江檔』雍正十年一月（日数缺）

49) 『黒龍江檔』雍正十年六月二十六日付

50) 『黒龍江檔』雍正十年六月二十五日付

51) 『黒龍江檔』雍正十一年七月二十七日付

52) 『黒龍江檔』雍正十一年十二月二十九日付

53) 中国第一歴史檔案館所蔵『八旗都統衙門・職官』案巻号211、乾隆値年処奏准世管佐領

世職官員襲職条例（満文・写本）「立職人之嫡派子孫以及加官襲替之世管佐領世職官員承襲例」，東洋文庫所蔵『六條例』（満文・写本）「嫡派條」。

54)『黒龍江檔』雍正十年六月（日数欠）に「雍正十年以前はブトハ官員らに俸禄と銭糧を与えなかった。雍正十年から旗の官員らが給料を貰えるようになったのである。昔はダグルの副都統，署理事務ニルイ・ジャンギン，ニルイ・ジャンギンに給料を与えなかった」とある。

55)『黒龍江檔』9-2『雍正七年正月からの盛京兵部・理藩院への行文を記した檔子』二月二十二日にニルイ・ジャンギン・フォジボオに送らせた書。

56) 東アジア社会の貂皮の由来および貂皮貿易については，松田壽男（1987）・河内良弘（1971）参照。

57) 柳澤明（1994）（1995）参照。

58)『錄副』乾隆二十六年八月名単に「ソロンの三十メルゲン（mergen 狩猟人・賢い人）を連れてきたブフ・ムラン，ニルイ・ジャンギン・ヨロンチャ：オロンチョン，三級侍衛チョブルト：オロンチョン，藍砕テイセ：ソロン，打牲丁チェムンチェ：オロンチョン」とある。

59) 索倫捕貂者，計丁貢貂，貂分三等，賞賜有差。

60)『則例』（乾隆内務府抄本）錄勘清吏司下，貢貂「國初定索倫・達虎里及鄂倫椿・必拉爾人丁，進貢貂皮。除有事故者開除外，將見年實在人丁，每丁貢貂皮一張。此內一等貂皮五百張，二等貂皮千百張，其余均作三等收用。如足數目，符等次者，送来之人，照例賞賜。不足不符者，交院議處。副管罰牲畜二九，佐領・驍騎校罰五，各入官」。

61)『宮中檔』雍正元年九月二十七日付（第二十八輯，満文諭摺第一輯），792-797頁参照。

62)『選編』第一編，上冊，44頁「康熙十六年九月初三日，……竊查康熙十四年索倫總管布吉爾岱当咨呈，俄羅斯遣使伊格納季等，向我進貢之，畢拉爾部喀薩奇等每男丁徵收二只貂税」。

63)『選編』第一編，上冊，43頁「為此，爾伊格納季應向大博格德汗官員陳明：先向我君主納税之趕鹿人烏爾西里・奇勒爾之鄂斯題瑪尼亜・喀薩奇・温卓爾尼亜・約勞達哈亜・卓勞奇尼亜以及沙瑪櫂薩克等，原居奥寥克馬河・牛克薩河，向雅庫次克城交税」。

64)『黒龍江檔』2-13『康熙三十年正月からの戸・礼・工部・理藩院・盛京戸・工部よりの来文を記した檔子』十二月十一日に副管デレトゥ（Deretu）が送ってきた書。

65) 同上。

66) 中国第一歴史檔案館所蔵『広儲司簿冊目錄』十二，広儲司，衣褲財物，編号六六四〇，道光二十年，本色貂冠貂帽開銷。

67)『錄副』乾隆四十五年九月の奏摺に「来使自熱河回京，帯去照例應賞朝鮮國王，二等玲瓏鞍轡全備，二等馬一匹，表緞二匹，裏五匹，妝緞四匹，雲緞四匹，貂皮一百張」とある。また，『乾隆朝上諭檔』第十八冊，973頁の二一八一，乾隆六十年十二月二十四日の奏文および983頁の二二〇八，乾隆五十五年の奏文にも同様の内容が見える。

68) 中国第一歴史檔案館所蔵『題頭檔』造辦處類三九七〇。

69) 中国第一歴史檔案館編『乾隆朝上諭檔』二一八一号，973頁，乾隆六十年十二月二十四日付。

70)『黒龍江檔』康煕三十年十二月二十日付
71)『黒龍江檔』康煕三十一年十二月二十五日付
72)『黒龍江檔』康煕三十七年一月初一日付
73)『黒龍江檔』康煕三十一年十一月二十一日付
74) たとえば，乾隆六十年に起こったソロン副総管キサン（奇三・斉散）による「黒龍江将軍の貂皮の選定が過酷」とする告訴事件（『録副』フィルム号：一六〇，『黒龍江外記』，『達斡爾族社会歴史調査』33-35頁），光緒十一年ブトハ副総管ボドロ（博多羅）が黒龍江将軍を告訴した事件（『達斡爾族社会歴史調査』35頁，『光緒朱批奏摺』第一一七輯，301-311頁）参照。
75) アンダはマンジュ語で「anda」と書く，『御製増訂清文鑑』人部・朋友類では「賓友」と漢訳される。マンジュ語で「gucu obufi tuwara be anda sembi（友人として接することをアンダという）」と解釈する。現在の「友人・仲間」という意味である。『黒龍江外記』巻三には「雅発罕俄倫春有布特哈官五員分治，三歳一易，号曰諳達。諳達歳以征貂至其境，其人先期畢来，奉命唯謹，過此則深居不可踪迹矣」と，アルバン・アンダ（官アンダ）についての記載がある。『元史』本紀巻一，太祖，序言は「按答，華言交物之友也」と説明している。モンゴル帝国時代の「anda」について，村上正二（1993）は「政治的連盟を anda という」（270頁，注88）と説明し，日本語では「義兄弟・盟友・同盟」（同書158頁，176頁，289頁）と異なった訳語を用いている。参照すべき研究として，P. Pelliot（1951）232頁，G. Doerfer（1963）149-152頁，村上正二（1970）158頁，注5，本田實信（1991）245頁などもある。このほか，イスラム―社会にもアンダと同様のものが存在することについては，イブン・ファドラーン（家島彦一訳注）（1969）21-24頁・佐藤圭四郎（1981）90-91頁参照。詳細は，本書第10章にて紹介する。
76)『布特哈志略』人物に「至於土人就地営生，所獲土産不足，須両互交易，以應需用者，則両家情意較比為敦厚，結為安達，以資常久交往，豈非以市易而成友誼，猶有元成吉斯汗与託［札］木合結交安答之遺制歟」（託木合の「託」は「札」の誤字）とある。
77)『録副』民族事務類，其他項，第一五一一号巻第一号，雍正十三年正月十三日朱批（残件）「議奏布特哈達呼爾與顎倫春結盟事宜」参照。
78) 内蒙古少数民族社会歴史調査組・中国社会科学院内蒙古分院歴史研究所（1960）4頁および内蒙古少数民族社会歴史調査組・内蒙古歴史研究所（1963a）14頁参照。
79) 内蒙古少数民族社会歴史調査組・内蒙古歴史研究所（1963b）参照。

第10章　受け継がれる記憶と絆
―――「アンダ」がつないだユーラシア―――

はじめに―――記憶のなかのアンダ

　今から三十数年前になろうか，わたくしの故郷，新疆ウイグル自治区にあるイリ渓谷の南，チャブチャル・シベ自治県イラチ・ニル（第三ニル）では，子供たちがよくアンダ（義兄弟）関係を結ぶ儀式を自発的におこなっていた。気の合う友だちが，「これから互いにアンダになるよ」と言いながら，日本の「指きりげんまん」のように，互いの小指をからませ力強く引っ張る。この儀式が終われば，はれて正式にアンダとなる。ようするに同盟・友人関係を結ぶ行為である。これによって，子供たちは生活のなかで困ったことがあると，協力し合い，そして援助し合い，アンダと呼びかわして行動をともにしたものだった。

　アンダの関係は，わたくしの祖父の生活においても見られた。わたくしが五歳だったとき，祖父が亡くなった。その後，祖父のアンダと称するカザフの遊牧民がときどき我が家にやってくることがあった。彼らは流暢なシベ語で父と挨拶をし，涙を流しながら祖父との友情を語り，わたくしたち家族に対して非常に親切に接してくれた。とりわけよく訪れてくる祖父のアンダのことを，わたくしたちは「カザフ・アンダ」，「白いひげのアンダ」と呼んでいた。彼の本当の名前は，今も知らぬままである。ふりかえってみると，祖父にもじつに多くのアンダを結んだ人々がいた。

　アンダを結ぶならわしは，同族の間だけのことではなかった。言語や宗教すべてを超越しておこなわれていた。現在，このような光景は，チャブチャル・シベ族自治県の生活には，すっかり見られなくなってしまっている。しかし，わたくしからアンダの記憶を消し去ることはできない。

ところが、ダイチン・グルン時代の古文書を調べているうちに、わたくしはアンダに関する記録にしばしば出会うようになった。ときに熱いものをこみ上げさせる幼い日の想い出の背後には、じつに長い歴史が脈打っていたのである。今もなお生きた言葉であり、行為でもあるアンダ、それはかつて中国を支配したマンジュ人が建てたダイチン・グルンにおいても多く見られた習俗を継承したものであった。そして、マンジュの社会からユーラシア世界にいたるまで、広範な地域で結ばれた人間関係を理解するには、アンダというキー・ワードを見過ごすことはできない。

その「アンダ」なる言葉は、モンゴル時代の文献以来、しばしば顔をのぞかせるモンゴル語で、かの『元朝秘史』のチンギス・カンの物語にも見えることから、つとに注目されていた[1]。にもかかわらず、前章につづき本章でもあえてアンダを取り上げるのは、先行研究でじゅうぶんに論究されていない問題を解明するためにほかならない。本来ならば、ダイチン・グルン時代全体を見わたすべく諸例を取り上げ、検討を加えるべきだろうが、それは別の機会に期し、ここでは、ユーラシア東西にわたって存在していたアンダの起源とこれまでの研究を概観する。さらに、ダイチン・グルン創始者ヌルハチのアンダの実態をうかがわせる具体的なマンジュ語資料を紹介し、そのあと黒龍江周辺地域で遊牧・狩猟生活をおくるダグル、オロンチョン、ソロンとモンゴル諸集団とのアンダ関係にあらわれる諸問題を検討したい。

1　アンダの起源とその広がり

アンダという関係や行為は、いつの時代まで遡れるのか。アンダはマンジュ語で「anda」と書き、漢文では「按答」・「諳答」・「諳達」・「案塔」・「安大」などさまざまな字で音写される。いずれも「友人」・「仲間」という意味である。その起源については、はやくは王国維が著した『観堂集林』巻一六「蒙古札記　安答(アンダ)」に指摘がある。『元史』巻一「太祖本紀」のなかに出てくる「按答(アンダ)」の起源をさらに遡って調べると、『遼史』巻十「聖宗本紀」の統和元年（983）

第10章　受け継がれる記憶と絆　423

八月に，皇太后の前で聖宗皇帝が耶律斜軫という大臣と弓矢鞍馬を交換して，友人関係を結んだ，という記事がある。王国維の説によれば，この事例はのちのモンゴル時代にあらわれる「按答」と同じ意味を指す行為である，とされる。ここから読みとれるのは，アンダというのは二人が物を相互に贈答することを通じて，互いに友好関係を結び，アンダと呼び合う，ということである[2]。

アンダのような人と人の関係を表す言葉としては，西アジアの歴史からモンゴル時代の中央アジアやモンゴリアの歴史にも，異称をもって出てくることがあり，同じく友人関係を結ぶ行為として認められる。たとえば，イブン・ファドラーンの旅行記のなかに次のようにある。

> 彼らの国を通過するイスラーム教徒は何人も必ず彼ら［トルコ人］の一人と親友関係 ṣadīq を結んで，そのトルコ人の家に投宿し，イスラームの国から持ってきた衣服を彼（家の主人）に，その妻には婦人用のヴェール・いくらかの胡椒・栗・乾しぶどうやクルミを手渡さなければならない。
>
> そのイスラーム教徒が親友［関係を結んだトルコ人］のところにゆくと，当のトルコ人は，テントを張ったり，イスラーム教徒自身の手で殺すための羊を出来る限り齎らすのである……[3]

10世紀頃のアラル海西方にいたトルコ人とイスラーム教徒の間に親友関係（アラビア語で ṣadīq）が結ばれていたことがここに確認される。

さらに，12世紀末のモンゴル社会におけるアンダについては，磯野富士子（1985）が『元朝秘史』をはじめ，『元史』・ロシア語訳『集史』など基本文献や辞書類から丹念に「アンダ」の事例を抽出して，アンダは「義兄弟」ではないと論証し，アンダ関係の対等性を主張して，緊密な相互援助の同盟を結ぶことを意味した，とはっきり定義づけた[4]。

モンゴル時代のアンダについては，最近，宇野伸浩（2001）が贈与と再分配の視点から論じており，『元朝秘史』に見えるチンギス・カンとジャムカのアンダ関係を取り上げ，チンギス・カンが十一歳のときにジャムカと交換した「髀骨（シアー）」をはじめとして，関係を維持するために贈り物が互酬されたことを論じた[5]。このほか，やや時代がくだって15世紀頃の中央アジアのモグーリス

ターンにおける事象として，間野英二（2001）が，モグーリスターンのペルシア語歴史書『ターリヒ・ラシーディー』より次の二つの記事を引く。

> スルターン・マフムード・ハーンは，終世，わたしの父を「ダシュdash」と呼んでいた。モグール語で「友」の意味である。

> スルターン・マフムード・ハーンは，ムハマド・フサイン・ミールザーと非常に親しくなり，お互いに友人となった。そしてお互いを「ダシュ」と呼んだ。「友」の意である[6]。

間野は以上の記事にもとづき，チャガタイ裔でモグーリスターンのハーンであるスルターン・マフムード・ハーンとモグーリスターンの名門ドゥグラート家の当主ムハンマド・フサインとの間は，「主従関係というより，お互いに対等な【ダシュ】関係であったのである。この【ダシュ】の関係の詳細は不明であるが，おそらく，モンゴル帝国期のアンダanda（義兄弟）の関係に類するものかと，筆者は推定している」と述べる[7]。

以上の諸研究からも分かるように，アンダと同様の慣習は，古今を問わず，ユーラシアの東西にわたって超域的に存在していたことが明らかになってきた。しかし，イブン・ファドラーンの旅行記の事例を除けばそのほとんどは，ある遊牧集団，遊牧国家のリーダーたるハンもしくはハーンと他の集団の成員とがアンダを結んだ事例である。

17世紀のマンチュリアにおけるアンダ関係について，最近，モンゴル時代からマンジュ社会にいたるまでのアンダの共通性を指摘した注目すべき研究があらわれた。それは増井寛也（2005）である。この論文は，先行研究をふまえつつ，アンダ関係を分節的な部族社会において広範に見られる互酬的贈与交換と再解釈し，上記の磯野富士子（1985）による対等者たる「盟友・同盟者」関係という定義にくわえて，「自己の帰属集団とは異なる集団（＝「異族」）の成員との間に成立する，信義にもとづく個人的で対等な盟友関係（必ずしも領袖間とは限らない）がアンダである，と規定することができよう」と結論づけたのである[8]。

さらに増井は、ダグルとオロンチョンとの間に結ばれたアンダ関係が互酬的贈与交換の形態をとった対等な盟友間の交易であることを取り上げ、アルバン・アンダと私人アンダの異なる点を明らかにし、「堅い信頼で結びついた特定個人間の結合を支える互酬的な贈与関係として存在した事実」を掘り起こし、モンゴル遊牧社会のアンダと共通する点を指摘した。さらに、15世紀から17世紀に至るまでのマンジュ社会のアンダに関する七つの事例を取り上げ、マンジュ、モンゴル、遼東ニカン（漢人）、朝鮮人の間にも同じくアンダを結ぶ行為が広がっており、いずれもモンゴルやダグル社会のアンダと通底する性格があるとして、贈与交換論に補足を加え、アンダという「語彙の借用はただちに社会的関係―行為の模倣を意味しない。むしろジュシェン／マンジュ社会に本来萌芽的に存在したアンダ類似の慣行が、モンゴル遊牧社会との接触からアンダという外来の名辞を得て、その存在と輪郭が明確に認知されるに至ったというべきである」と指摘した[9]。増井の研究によって、マンジュ興起前後の東北アジアに、アンダ関係が広く存在していたことが明らかになってきたのである。

　このように、ユーラシア東西の広範な地域に暮らす言語や宗教が異なる多くの集団、彼らの間にいきわたるアンダという関係の検討を進めていけば、ユーラシアにおける人と人との関係のあり方の一面を浮き彫りにすることができるのではあるまいか。このような関係が具体的にどのような役割を果たしてきたのか、そして、どのような社会構造のもとでおこなわれていたのか。これらの疑問に答えるために、ダイチン・グルンの創始者ヌルハチが結んだアンダ関係や黒龍江周辺の諸集団におけるアンダを具体的な事例として取り上げて解説していこう。

2　ヌルハチのアンダ

　先行研究でよく取り上げられてきたモンゴル帝国の建国者たるチンギス・カンとジャムカの関係のような事例として、増井寛也（2005）は、ドルゴンとレ

ンセンギおよび順治帝と尚可信とのアンダ関係を取り上げた。しかし，アイシン・グルン開国の祖ヌルハチのアンダ関係については，これまで検討されていない。

ロシア科学アカデミー東洋学研究所サンクトペテルブルグ支部には，乾隆六年（1741）に作成された『gulu lamun i manju gūsai uksun bayambu i bošoho fujuri nirui mukūn i da jiyung ni temgetu bithe（正藍旗満洲宗室バヤムブが承管した勲旧ニルの族長ジュンの執照）』という資料がある。これは，国家から承認・発行されたニルの継承過程を記録した証明書である。それを見ると，マンチュリアの地で，ヌルハチとアンダ関係を結んだ人物が確認される。

　正藍旗満洲都統である臣フナイ（Funai）らが謹しんで奏する。聖旨を請うためである。「我らの旗のニルイ・ジャンギン（nirui janggin＝ニルの長官）である臣スンガリ（Sunggari）は以下のように申し出た。『我らが承管したニルは，もともとは太祖皇帝がチン・バトゥル・マンガ・ベイレ（Cing baturu mangga beile＝ヌルハチの弟ムルハチ）にその功績が特にすぐれているとして与えたジュシェン・ニル（enculebuhe salibuha jušen niru）である。一つは全（ニル），一つは半（ニル）であった。全ニルをベイレの四男である鎮国公ハンダイ（Handai）[10]に承管させた。罪により（ハンダイの）官職を罷免した後，ニルをジュシェンのフゲイ（Fugei）に承管させた。（フゲイが）昇進して欠員が出たので，ジュシェンのムチェンゲ（Mucengge）に承管させた。（ムチェンゲが）辞めた後，ハンダイの孫であるハルサ（Harsa）に承管させた。（ハルサが）亡くなった後，ハルサの叔祖タハイの子デレン（Delen）に承管させた。（デレンが）亡くなった後，デレンの子エルヘブ（Erhebu）に承管させた。（エルヘブが）亡くなった後，エルヘブの伯父タムブル（Tambulu）の子マンジュシリ（Manjusiri）に承管させた。（マンジュシリの）官職を罷免した後，マンジュシリの伯祖ウダハイ（Udahai）[11]の第二世代の孫スンガリ（Sunggari）が現在もともとの全ニルを承管している。半ニルをベイレの次男ウダハイに承管させた。（ウダハイが）グサイ・ベイレに封じられたので，全ニルとしてジュ

シェンのサンタイ（Santai）に承管させた。（サンタイが）年老いた後，ウダハイの兄ダルチャン（Darcan）の孫レセリ（Leseri）に承管させた。（レセリが）亡くなった後，レセリの子ダリフ（Dalihū）に承管させた。罪により（ダリフの）官職を罷免した後，ダリフの叔父デセリ（Deseri）の子チュンヤンへ（Cung yang he）に承管させた。（チュンヤンへが）亡くなった後，チュンヤンへの叔父レセリの孫バヤムブ（Bayambu）が現在もともとの半ニルを承管している』」。

ここに説かれるのは，ヌルハチの弟たるムルハチ（Murhaci）に与えられたニルが代々その子孫によって管理されてきたこと，すなわち，ニルの縁起と継承過程である。この文書が書かれた当時，全ニルはムルハチ直系の末裔スンガリに，もともとの半ニルはのちに全ニルに編制され，ジュシェンたる属下サンダイが承管したとはいえ，最終的にはムルハチ系の末裔バヤムブに管理されていた。

正藍旗と鑲黄旗は，それぞれ八旗のなかの所属である。第7章で見たように，ニルイ・ジャンギンとは，旗の基本となる編成単位のニルの長官のことを指す。ジュシェン・ニルはのちの勲旧ニルのことであり，功績がある大臣らにジュシェン（隷民）を与えて編成されたものである（ゆえに，ここにいうジュシェンはマンジュ＝女真のことを指した言葉とは異なる。本書第8章注3も参照）。ニルに編成された人口が規定より少ない場合は，半ニルと呼び，満たされた場合は全ニルと呼ぶ。

ヌルハチの時代から営々と管理されてきた上述のニルに変化が起きたのは，康熙五十七年（1718）のことであった。それは，ムルハチ家の管轄にはもともと属していなかったニルでいさかいが起きたことに端を発する。

康熙五十七年に，四つのニルの人々がジュシェン・ハランガではないと訴えたため，管理三旗事務ドロ・ボルゴ郡王がとがめて上奏し，マンピ（Manpi），ヘボオジュ（Hebooju）らの官職を辞めさせた。聖祖仁皇帝（Šengdzu gosin hūwangdi）の聖旨によって，ふたたび承管させたジュシェン・ニルとした。雍正九年に，世宗憲皇帝（Šidzung temgetulehe hūwangdi）

の聖旨によって，承管させたニルをフジュリ・ニル（勲旧ニル）とした。よって現在はフジュリ・ニルであると報告した。臣たる我らスンガリ，バヤムブらが報告したことについて，ニルの人々を集めさせて，花押を記させるとき，シヨオゲ・ニルの管庫官マンピらが報告してきて，「康熙五十七年に，我らの四つのニルの人々を別々に分けて承管させたジュシェンのことについてはっきり調べてほしいと言ったのを，管旗ドロ・ボルゴ郡王に我らがいたずらに僥倖を求め事件を起こしたとして弾劾されたとき，調査した文書や我らが提出した書を刑部から取り寄せて記録したことはまったくなかった。ただ郡王が非とした言葉だけ見て，冤罪におとしいれ，我らを罷免した。現在我らのニルイ・ジャンギンは依然としてチン・バトゥル・マンガ・ベイレに承管させたジュシェンを編成したニルであると書いた。チン・バトゥル・マンガ・ベイレは，天命五年（1620）に亡くなった[12]。わたくしマンピの祖先はアジュゴ・バヤンで，もともと白山のギヤン（Giyang）の地に住んだグワルギヤ（Gūwalgiya）姓の者で，太祖皇帝のアンダ（anda）であった。ネズミの年に一族の者とともに善良な者といっしょになって，（太祖皇帝に）帰附したので，鑲黄旗にいる。わたくしの二番目の叔祖チンギヌの名前をギンジュと変えて，太祖皇帝の側近にした。最初は三百の成年男子を一つのニルに編制するとき，半備禦とした[13]。亡くなった後，わたくしの曾祖父チムブロに管理させた。天聡八年（1634）に二百の成年男子を一つのニルに編制するとき，太宗皇帝がわたくしの曾祖父チムブロに対して，『おまえのニルを鑲黄旗に所属させるように，おまえは善良な者どもと話し合ってハンダイのニルにいけ』と言ったため，三つの族がいっしょにハンダイのニルに入った。現在，成年男子がその数を統計して文書に記録されたことは明らかである。これはまったくチン・バトゥル・マンガ・ベイレに与えたジュシェンではない」と言ったのである。

　ここに引いたのは，長大な文章のうち，ムルハチ家とアジュゴ・バヤン家のニルにかかわるごく一部分である。これまで，アジュゴ・バヤンについては，

長白山地方のグワルギヤ (Guwargiya) 氏,「正藍旗の人で, フジャン (Hujan) と同族であり, 代々長白山の地に住んでいた。最初にドロ (doro) を開いたときに求めて従ってきた」[14] という簡単な素性しか分かっていなかった。しかし, この事例のマンピがニルの継承過程を報告する部分から, ①かつて建国者のヌルハチとアンダ関係を結んだアジュゴ・バヤンが最初, ハンが率いる鑲黄旗に編制されたニルを承管していたこと, ②ホンタイジ時代に入ってから正藍旗ハンダイのニルに編入されることになり, ムルハチの末裔が承管するニルに編制されることになったこと, が判明した[15]。マンピの主張では, その後ムルハチの末裔たるハンダイのニルに編制されたとはいえ, ムルハチに与えられたジュシェン・ハランガ (隷民・属下) ではなかった。ここで注目すべきなのは, 彼がみずからのルーツの由緒正しさを証明すべく, 自分の祖先であるアジュゴ・バヤンがヌルハチとアンダ関係を結んでいた事実をつよく主張していることである。先にも述べたように, ヌルハチがアンダを結んだ事例はこれまでまったく知られていなかった。ヌルハチの建国当初から, アンダという人と人との結合関係を利用して, マンジュ集団の拡大をはかっていたことを明確に示すこの文書の出現がもつ意味は大きい。

3 ブトハ集団とモンゴルとのアンダ関係

次に, 交易にかかわる場面で活用されたアンダ関係に話を移そう。舞台は黒龍江地域である。

17世紀後半, 黒龍江周辺の地理とそこに生活する諸集団に関するダイチン・グルンとロシア双方の知識は, 我々の想像をはるかにこえて進んでいた。それは, ロシアとダイチン・グルンとの間に大きな衝突をもたらすほどに熾烈であった。むろんその理由の一つは, 当該地域における利益争奪戦の結果, ともいえた。1689年にネルチンスク条約が締結された後, ダイチン・グルンは黒龍江以北の地域において, 国境地帯を哨戒する制度を設け, 定期的に警備隊を派遣していた。その際にはいくつかのルートから国境地帯を視察することが

義務として定められていた。国境視察をおこなった最大の目的は、ロシア人がダイチン・グルンの領内に移住しているかどうかを調査することであったが、巡回の過程において、黒龍江周辺にいた各集団の具体的な生活地域、移動範囲、暮らしぶりがきわめて詳細な調査記録として残されることとなった。そして、それらの記録は、本書でもたびたび取り上げてきた魅力的なマンジュ語檔案資料『黒龍江檔』のなかに収められている。ここでも、この『黒龍江檔』を材料に、かの地に暮らした人々を中心として、ダイチン・グルンにおけるアンダの実例を見ていきたい。

1）ブトハ集団のアンダたち
①シリムディ河での交易

　黒龍江周辺ではオロンチョン、ダグル、ソロンという集団も狩猟・漁労生活を送っていた。前章で見たように、ダグルとソロンは早い時期からダイチン・グルンによって八旗に編入され、康熙時代にはブトハ八圍（アバ）、すなわち狩猟生活にもとづいて八つの狩猟集団が編制された。彼らはチチハル周辺に移住させられ、貂皮の貢納や真珠を採集する義務が課されていた[16]。

　ここでは、まず康熙時代のシリムディ河の周辺に生活していたオロンチョンの集団について述べていこう。ダイチン・グルンは、オロンチョン人を通じてこの一帯の地理的情報や各集団の関係を調査している。当時、シリムディ河周辺で遊牧・漁労生活を送っていたオロンチョン人は、定住する場所がないため、つねに長い距離を移動しながら暮らしていた。康熙二十三年（1684）の鎮守黒龍江等処将軍の上奏には、シリムディ河に住んでいるオロンチョン人に関する報告として以下のように述べられている。

　まず、三月十二日に鎮守黒龍江等処将軍サブスが密奏した文書中に、シリムディ河に住むオロンチョンのリクディンガ（リクディンゲとも称す）による次のような報告が引かれている。

　　二月中に、我らが遊牧するところに、五人のロチャ（ロシア人、第5章注1も参照）が来て、「我らは北の海のウディル河に町をつくって住んでいる。

第 10 章　受け継がれる記憶と絆　431

おまえたちが我らのロチャを殺したので，我ら八十人が来て，おまえたちの子供らを人質として捕まえる」と言った。彼らは我々より人数が多く，抵抗できなかったため，我らの子供を人質として与えて送った[17]。

　この報告を受けた将軍サブスは，康熙帝に向けてロシア人に対する処置の原案を上奏した。

ロチャは北海を越えてきて，リクディンガなどのオロンチョンの子供を人質として捕らえ，シリムディに留まるかもしれない。そのため，営長二人，兵三百人を派遣して，神威将軍が四器を持って船で送る。ロチャがシリムディ河にいれば彼らに降伏するよう言うように。降伏しなければ，情況を見て攻撃するように。もし，ロチャが人質を返還し，彼らの町に帰れば，派遣した兵士たちは戻って来るように[18]。

　この上奏を受け取った康熙帝は，四月二日，議政王・ベイレ・大臣らにこの案件について議論することを命じた。すぐさま協議をおこなった大臣たちは，四月四日に上奏し，次のような原案を提示した。

（サブスらの）上奏の通りにするように。派遣される将兵らにきびしく訓示して，シリムディ地方にロチャがいれば，たくみに話をして降伏させるように。降伏しなければ，殺して始末させるように。もし，ロチャがシリムディにおらず，帰ったのであれば，現在どこに留まっているか，どのように行ったのか，本当の情報をくわしく調査したうえで，将兵らは戻ってくるように。得た情報を奏聞させるように[19]。

　これを受けて，七日，康熙帝の聖旨には次のようにあった。

将兵が行ってロチャがいれば，適切に行動するように。書のなかに，「ロチャが北海を越えてきて」というのは，どの北海を越えてきたのか。戻るときはどの海を渡っていくのか。これらを将軍サブスらが詳しく調査して上奏するように。ほかは将軍サブスの述べてきた通りにせよ[20]。

この旨を受けた黒龍江将軍サブスは，あらためてリクディンガにロシア人がどの北海を渡ってきたのかを直接尋ねたところ，次のような報告を得た。

> ロチャは海を渡ってきたのではない。我らが現在遊牧するところであるシリムディ河の源流の北に，アムバ・ヒンガン・ダバガン（Amba Hinggan dabagan 大興安嶺）がある。ヒンガンの外に海がある。海のこちら側のウディル河に，ロチャはもともと町をつくって住んでいた。ロチャはヒンガン・ダバガンを越えて，我らの遊牧する場所に来て，戻るときも彼らが来た道を通って，ウディル河の町にいる[21]。

これに対しサブスは，ロシア人が住んでいるウディル河の町，海のある大体の方向を指して示すように，リクディンガに求めたところ，東北の一角を指したという。以上の内容を将軍サブス，副都統ウダイ，副都統ヤチナの三名連名で康熙帝に密奏したのであった[22]。

この後，黒龍江将軍サブスは再び密奏をおこなう（上と同年月日に持っていった一連のやりとりを抄録した文書のなかに収録）。そのなかには，リクディンガが再度彼らの生活ぶりとロシア人の動向について，ロシアに連行されたオロンチョン人ディヤファンガの言葉を引きながら，黒龍江将軍サブスに対して詳しく報告した内容が引用されている。

> 以前ロチャが来て，我らの仲間であるギルムンガらを捕まえて，ロチャが住んでいる地に連行していった。ギルムンガを途中で殺したということについて，イェルメレを派遣して大軍に告げさせた。ギルムンガと一緒に連行していったディヤファンガが戻ってきて，「ロチャが私を派遣して告知させた。彼らは『我々の仲間オロンチョンはみな妻子を残らず連れて，我らの町へ集まってこい。来たら人質として連れてきたギルムンガらをおまえたちに返す。そうでなければ返さない』と言っている」と伝えた。ディヤファンガはまた「ギルムンガは殺されていない。現在も生きている」と言った[23]。

これに対して，将軍サブスがリクディンガに，「おまえらはもともとどこに

第 10 章　受け継がれる記憶と絆　433

住んで生活していたのか。ロチャがおまえらを侵害したら，我らの軍隊の近くにきて暮らせばよい」と言ったところ，リクディンガはこれに答えて，次のように述べた。第 4 章でも引いた部分だが，もう一度引用しておこう。

「我らはもともと居留して住むところはない。我らは毎年一度ダグルらと穀物の交易をするとき，シリムディの地で約束して穀物の交易をする。穀物を得た後，トナカイに載せて（自分たちも）乗って，我らの思うがままに適宜，ロチャが住むウディル河の城を越えて，海に至るまで牧畜・漁労をおこなう。兵士が住むところに来たら，我らのトナカイが食べる青苔がない。我らはただトナカイに頼って生活するので，こちらに来ることができない」という。ロチャが城をつくって住んでいる場所の距離を聞いたところ，答えたことには，「アイフンの地から我らが現在遊牧するシリムディの地まで，ダグル人らは穀物の交易をおこない，馬で二十日間かかって到達していた。シリムディの地から北方の海の間にあるヒンガン・ダバガンまで，我らはトナカイで行けば，八日間で到達する。この間は三日間の路程は馬が食べる草がない。ダバガンのあちらへ海に行くとき，セオリ河まで七日間で到達できる。行くところはみな湿地でぬかるんでいる。セオリ河からあちらへは岩山が多い。山峰の険しい山肌を縫う道を探して，悪いところを避けて行くとき，ロチャが住んでいるウディル河の城に六日間で到達する」という。以前，降伏したロチャのフィリプに聞いたところ，答えたことには，「私はシリムディ河からあちらへセオリ河までいった。すべて密林で，夏になれば泥地になって馬で行くことができない。冬になれば雪が深い。どこにも馬が食べる草がない」という。これについて我々が議したことは，ロチャが住んだウディル河の城のところに水路を通っていき，紅衣砲を載せていく馬で行くことができる道があれば，我らはしたがって大軍を派遣すべきである。オロンチョンらは昔から定住する地はない。ダグル人とともに穀物の商売をするときに，シリムディの地を約束として，一年に一度会って貿易し終えたら北方の海に至るまで，ロチャを越えて遊牧・漁労をおこなう輩である。ロチャが住むウディル河の

城まで水路を通っていき，紅衣砲を運ぶ道がないので，兵を派遣することができない。このゆえに，リクディンゲが報告しに来た言葉を併せて謹んで詳しく奏聞した[24]。

　もともとやはりモンゴルの領民で黒龍江上中流域からノン江周辺にかけて分布していたダグルと[25]，トナカイ遊牧民であるオロンチョンとの間で，年に一度シリムディ河の周辺に集まって交易することが慣例としておこなわれていた。ここに紹介した文書にはアンダという言葉は見られないが，交易をおこなうダグルとオロンチョンとの間に，じつはアンダ関係が結ばれていた。そのことを示すのが，本書第9章で簡単に言及した次の文書に見える事例である。ここではもうすこし詳しく紹介しておこう。

　康熙三十一年（1696）に黒龍江将軍サブスが黒龍江副都統らに送った文書に，次のように記されている。

　　鎮守黒龍江等処将軍サブスの書。黒龍江副都統らに送った。貂皮の貢物を納めるダグルであるスダルトゥ（Sudaltu）・ニルの驍騎校ブジルンが報告したことには，「我らのニルのウンチャル（Uncar）が報告したことには，『私のアンダ（anda）がジンキリ江に住んでいる。オロンチョンであるジュジェンチェ（Jujence）・ニルのホイルンガ（Hoilungga）に，私は毎年馬と米を送って，貂皮の貢物と交換していた。今年，馬と米を送って，貂皮の貢物を取りにいったとき，私のアンダであるホイルンガが言うことには，〔黒龍江アイフンに住む正白旗のニルイ・ジャンギンのイハトゥ（Ihatu），領催チュワンダイ（Cuwandai）が，今年私に馬一匹，米一アチハ（aciha 俵）を送ってきて，五匹の貂皮を持っていった〕という。私が黒龍江に到着して，チュワンダイを訪ねたとき，チュワンダイは，〔あなたのアンダであるホイルンガに，私が馬と米一アチハを与えたとき，私に貂皮五匹をくれた〕と言った。その後，この事情を彼（チュワンダイ）のニル驍騎校ホソチに告げて戻ってきた』。皇帝に貢納する貂皮はみなオロンチョンたちから得ていた。オロンチョンたちにはもともと馬と米を与え，貂皮を持ってくることをみな部（理藩院）で定めていた。披甲であっ

たソロンとダグルたちがこのように馬と米を密かに与えて貂皮を中から密かに争って購入すれば，我らは貢賦の貂皮を得られなくなる」と告げてきたのである。査するに，ソロン，ダグル，オロンチョンらはみなお上に貢賦の貂皮を納める者たちで，もともと貢賦の貂皮を納める前に，貂皮の売買を禁止していた法令がある。この法令について康熙三十年十一月二十日に副都統らに私が送ったことは，「貢賦の貂皮を納めるソロン，ダグル，オロンチョンたちは毎年冬に貂皮を採り，翌年の五月，六月にチュルガン[26]集会で貢賦の貂皮を選んで納めていた。貢賦の貂皮を納めるまでに，みずから貂皮を売買することについてはもともと禁止した法令があった……」[27]。

　この檔案史料の記述により，ダグルとオロンチョンが互いにアンダと呼び合っていたことが明らかである。この文書に現れるダグルは，ノン江周辺にいるスルタルトゥ・ニルに編制された集団であり，貂皮の貢納を義務づけられていた。彼らは貢納する貂皮を，アンダ関係を結んだオロンチョン人との交易を通じて入手していた。ところが，黒龍江の駐防八旗に所属する別のソロンやダグルの集団が抜け駆けしてオロンチョンと交易したため，本来貢納を義務づけられているスルタルトゥ・ニルのダグルが，貂皮調達の困難に直面したことを訴え出たのである。これに対して黒龍江将軍は，八旗に属するソロン，ダグル，オロンチョンの自由な貂皮交易を禁じることによって，貢納に必要な貂皮の数を確保しようとしていたのであった。

②訴えられたアンダ
　さて，アンダは必ずしも個人間のみで結ばれる一世代限りの関係というわけではなかった。康熙四十九年（1710）四月に鎮守黒龍江等処将軍と副都統からウラ・ブトハ総管（内務府所轄で，吉林の狩猟採集民を管理する役所）らに送った文書に，二世代にわたってアンダとして贈与関係が継続している家族の物語が残っている。非常に興味深い内容なので，長大な文書だが，あえて全文を翻訳して紹介する。

鎮守黒龍江等処将軍・副都統の書。ウラ・ブトハ総管らに送った。査するに，汝らが送ってきた書には，「このことのためである。将軍・副都統が送ってきた書に，『ジャムヤ（Jamuya）に，〔汝がシルナ（Sirna）の丸木船，網を買って銀を与えないのはいかがなものか〕と聞いたところ，答えたことには，〔シルナが私とともにアンダ（anda）を結びたい（anda jafaki）として結んで，私に小さい丸木船一つ，朝鮮紙（Solho hoošan）三十枚まで与えた。これに対して私は狼の毛皮七枚，獺児皮の皮端罩一つ，カンダハン（鹿の一種）の毛皮一枚半，靴一足，獺児皮の短い上着一着，ドゥシトゥ一枚，貂皮の帽子一つを与えて送った。二回目に来たとき，また，私に丸木船，網二十庹（da）[28] を与えた。シルナが真珠を採りにいくとき，私は豚一頭を送って見送った。シルナが帰るとき，（シルナが）我らの地は凶作で，食べる米がないと言ったとき，私は米を一倉石，灰鼠皮の長衣一つ，貂皮の帽子一つを与えて見送った。私は丸木船，網を買ったことがない〕という。（シルナ所属の）ニルイ・ジャンギンであるジャンギナ（Janggina）を連れてきて聞いたところ，答えたのには，〔（康熙）四十五年にシルナが私に，〈鑲藍旗のジャトハタイ（Jathatai）・ニルのジャムヤに丸木船，網を十三両の銀で売った。この銀を取り立てて送ってほしい〉と伝言した後，私は人を派遣して銀を取り立てに送ったとき，ジャムヤは，〈シルナと私の二人はアンダを結んで互いに贈与したことはある。私は丸木船，網を買ったことはない〉と私に告げてきた。彼らがもともと丸木船を売ったことについて自分は知らない〕という。ジャムヤの答えのなかに，〔シルナが私とともにアンダを結んで，私は灰鼠皮の長衣，貂皮の帽子，獺児皮の皮端罩，米などのものを与えた〕とあった。このために送った』とあった。

シルナがまた言うことには，『ジャムヤがこの与えたというものはすべてまったくの嘘で，私に六枚の狼の毛皮をくれた後，私は彼に大きな丸木船一つを与えた。（ジャムヤがシルナに）灰鼠皮の長衣，貂皮の帽子一つをくれた後，私は彼に新たに大きな丸木船一つ，お酒を造る甕，焼酎を造る器具，いたちを獲る罠を併せてみな与えた。また，私に豚・米をくれたの

は事実である。私が彼に与えたのは毛青布五枚，布五枚，朝鮮紙四十枚，女性の靴三足，靴下三足，細かい網一つで，彼のボオイ・アハのクレンテイ（Kurentei）に靴一足を与えた。私のこの一つの丸木船，四つダンダ（dangda）網[29]について，十三両の銀で買い取り，私が帰るときに二両の銀をくれて，残りはまだである。十一両をのちに送ると言ったので，私は（帰って）来た。まったくアンダとして贈与したものではない。買い取られたものなので，私の銀を私に与えてほしい」と呈していた。

　将軍衙門から調べて聞いたところ，シルナが訴えた銀をジャムヤから督促して取って送ってほしいと送ってきた後，ジャムヤに総管らが送った書に，「シルナが丸木船，網をジャムヤに売ったことは事実である。アンダを結んで贈与したことはまったくない。私の十一両の銀をまだ送ってきていない」とあった。「汝は誠にアンダを結んで互いに贈与したり，売買したりするとき，近くに知り合いの仲介人（siden niyalma）がいるか」と聞いたところ，（ジャムヤが）答えたのには，「シルナはもともと私の父の方とアンダを結んで，私の父に小さい丸木船一つ，朝鮮紙三十あまり与えた後，私の父がこれに対して狼の毛皮七枚，獺兒皮の皮端罩一着，カンダハンの皮一枚半，靴一足，獺兒皮の短い上着一着，ドゥシトゥ（dusitu）[30]一枚，貂皮の帽子一つを与えて送った。のちに，私の父が亡くなったので，シルナが二回目に来たとき，また私に丸木船一つ，網二十七をくれた。シルナが真珠を採りにいくとき，豚一頭で見送った。シルナが戻って彼の家に帰るとき，（シルナが）自分たちの地が凶作で，食べる米がないと言ったとき，私はまた米を一倉石，灰鼠皮の長衣一着，貂皮の帽子一つを与えて送った。丸木船と網を買って二両をすぐに与えて送ったり，また十一両をまだ与えていないというのは，みなまったくの嘘である。そのうえ，四つの網，一つの丸木船について，どこに売っても十三両の銀で換金できようか。我らがアンダとして互いに贈与したことは事実であり，丸木船・網を買ったことはない。我らが互いに売買したことを知る仲介（siden）者もいない」という。このために知るようにと送った[31]。

この案件は，今まで見てきた事例と異なる。ようは，アンダ関係にあったという民どうしの交易をめぐるトラブルに関するものなのだが，結果的に，黒龍江将軍管下の民と吉林ウラ・ブトハ総管管下の民というスンガリ江をはさんで南北にあい離れた地に住む狩猟採集民たちの間で，必要な物資を交換していた実態をうかがわせる貴重な資料となっている。なかでも注目されるのは，このとき焦点となったのが，当事者二人の間の交易がアンダ関係にもとづくものなのか否かということであった。すなわち，訴え出たシルナの側が，丸木船と網をアンダとして贈ったのではなく売ったのだから，自分が代価の銀を受け取るべきである，と主張しているのに対し，訴えられたジャムヤの側は，丸木船と網はアンダとしての互酬の一環として受け取ったものであって，それらを買った事実はない，と主張しているのである。アンダ関係のもとでおこなわれる交易は，あくまでも相互信頼にもとづき，互いに必要な物品を物々交換するものだったわけである。つまり，銀という通貨を媒介にした物品の売買とははっきりと区別された交易形態であった。

③ブトハ戦士への熱望

　また，前述のオロンチョンとダグルのアンダ関係にもとづく貂皮の交易をめぐって，康熙六十一年（1722）六月に黒龍江将軍衙門からソロン総管サインチクに送った文書が，次のような問題の発生を指摘している。

> オロンチョン，ビラルのニルイ・ジャンギンたるミンガトゥ（Minggatu），ネルガチェ（Nergace），ボンコタ（Bongkota）たちが，「我ら三つのニルの者たちに鎧を被せてほしい」と訴えた後，何年も経っていた。貢賦の貂皮を納めて，いま鎧を被せてほしいと言うのはどういうことであるのかと尋ねたところ，ミンガトゥが答えたことには，「我々はもともと我らのブトハのダグルたちとアンダを結んで，我らが貂皮を捕りにいくときにもっていく食糧を，毎年おのおののアンダたちが，我らが貂皮を捕りにいくとき，帰ってくる道中の食糧を充分に見はからって与えてくれたので，貂皮を捕りにいくときは遅れたことがなかった。貢賦の貂皮が多く捕

れたので,我らの生活には有益だった。この三年(の間),我らの<u>ダグル・アンダ</u>たちは,我らの食糧を以前のように尽くして供給しなくなった。送ってくる食糧が不充分になったので,この何年間は食糧が不足してきた。時間が経っても貂皮が捕れなくなったので,貂皮を前年の通り多く捕れなかった。規定の貂皮は満額通りに捕れず,食糧が途絶え飢饉にまで達して,我らが使う家畜を殺して食べ終え,負債が生じ,我らの暮らしが苦しくなってきた。そのため我らに鎧を被せてほしい,と訴えたのである」という。

　これを見れば,ブトハのダグルたちが彼らのアンダたちに,食糧を前年どおりに供給せず,みな減額して与えたので,オロンチョン,ビラルたちは貂皮をたくさん採ることができなくなり,生活が苦しくなってきた。書が届いたらブトハのダグルたちに伝えて,今年から彼らの<u>オロンチョン・アンダ</u>たちに,前年どおり食糧を供給するようにと伝えよ。もし伝えたことに違反し,彼らのアンダたちに与える食糧が依然として減額して配給され,オロンチョンたちに食糧が無くなって飢饉に落ち,貂皮が捕れなくなるということが生じたら,どのジャラン,誰のニルの<u>アンダ</u>についてであるか調査して打ち懲らしめる。そのニルイ・ジャンギン,驍騎校について調べて議するのである。このために送った[32]。

　オロンチョンの狩猟生活は,アンダ関係を結んだダグルの食糧支援に依存して成り立っていた。ここには明記されていないが,他資料が伝える事実より考えれば,ダグルは一方的に食糧支援をおこなっていたわけではなく,見返りとして貂皮を受け取ることができたはずである。この案件に見られるダグルとオロンチョンの間のアンダ関係は,官によってなかば公認されたものであった。であればこそ,黒龍江将軍衙門は,アンダを結んでいるにもかかわらず通例どおりに食糧をオロンチョンに供給しないダグルの人々を処罰する措置を採ったのである。そして,この官のお墨付きを得たアンダという互酬関係のもと食糧と貂皮とが交換されることによって,貢納のための貂皮の安定的な供給が可能となっていたという図式も垣間見える。本書第9章で紹介した雍正年間の「ア

ルバン・アンダ（官アンダ）」は，官から請け負ったダグルがオロンチョンとアンダ関係を結び，食糧や日用品を供給して貂皮を確保するという制度であった。ここに見える康熙六十一年（1722）の事例も明記はされていないものの，同様の制度が事実上はすでにおこなわれていたことを示している。

　上記のオロンチョンたちは，もともと戦闘を義務としない狩猟集団として，貢納する貂皮に応じて国家から生活が保障された。その保障となるものが，ダグルとのアンダ関係なのであった。ここで見た事例では，このアンダ関係に依存した貂皮採集による生活が困難に直面し，戦士となることを意味する「鎧を被せてほしい」という言葉で職業軍人への転身を要求したわけである。なぜなら，八旗社会において「披甲」になることは，国家から最低限の生活保障を手に入れる重要な身分を得ることでもあったからである。このように，ダグルのアンダの不当な圧迫によってオロンチョンの生活が日々苦しくなっていくという現象は，康熙時代からすでに見られるようになっていた問題であった。そして，その改善と克服は，以後もダイチン・グルンの時代を通じて困難なものでありつづけた。

　以上のように，ダグル，オロンチョンをふくむブトハ社会には交易の媒介としてのアンダが存在した。彼らは特定の個人とアンダ関係を結び，友人としての情誼と信用を担保に交易をおこなった。典型的な交換品は，オロンチョンの貂皮とダグルがもたらす米であった。彼らアンダ関係にある者の間で，一方が商人的な性格を強めて利益を追求するようになると，権益の不均衡がもたらされ，他方に不満が鬱積することになる。オロンチョンの自治のために，興安城副都統衙門がダイチン・グルン末期の光緒八年（1882）になって設置されたのも，こうした問題が背景にあった[33]。なお，ダイチン・グルン末期になると，ロシア人もオロンチョンとの間でアンダ関係を結び，交易に活用している。特筆に値しよう。

2）ソロンとモンゴル各集団のアンダ関係

　オロンチョンとダグルのようなアンダ関係は，ほかの集団の間にも見られた。その顕著な例は，ソロンとモンゴルである。黒龍江周辺に住んでいたソロ

ン人らは，康熙時代に入ると次第に南下し，一部分は軍人としてニルに編制され，貂皮の貢賦を納めていた。また，一部はモンゴルの諸集団と行動をともにして，その配下となって遊牧生活を送っていた。自然の流れとして，ソロンとモンゴルは各集団のなかでアンダ関係を結んで，同じ地域で生活するようになった。

　康熙三十二年（1693）九月二十一日，ダイチン・グルンの周縁にいた諸集団を管轄する理藩院の文書が黒龍江将軍サブスに送られた。ことの発端は，貂皮の貢賦を納めるソロンのニルイ・ジャンギンであるチョノブが，サブスに次のように報告したことである。

>　私の曾祖父はノホといい，もともと黒龍江にいた。ノホの息子が私の祖父ラブキ，ラブキの息子が私の父サンガルトゥである。曾祖父ノホの妾妻から生まれた子ホボルを，モンゴルのゴルロスのドムドン・タイジとアンダを結びたいと偽って連れていって，貢賦を納める者として残してきた。ホボルから増えた子孫八十七名の成年男子はみんなゴルロスにいる。我らの血縁者に会わせてほしい[34]。

　チョノブなる人物が属するソロン集団の居住地域が二つに分かれたのは，ノン江とスンガリ江合流地の西岸を牧地として生活するゴルロスのドムドン・タイジと曾祖父がアンダ関係を結んだ（と偽った）ためだった。おなじくソロンのニルイ・ジャンギンだったトシナも同じころ，次のように要望している。

>　私の祖先ホモとジョトゥ兄弟の二人は，ともにもともと黒龍江にいた。私の二番目の叔祖ホモは，のちにいろんなところへ遊牧しにいって，モンゴルのゴルロスのアンチル公属下セルグレン・タイジとアンダを結びにいった。この祖先から増えた成年男子は七十名あまりいる。祖先ジョトゥは貂皮の貢賦を納めるために残った。祖先ホモから増えたトロウルなど七十名あまりの成年男子に会わせてほしい[35]。

　ここでも，もともと兄弟だった者の一人が，ゴルロスのセルグレン・タイジとアンダ関係を結びにいって，そのまま帰ってこなかったことが証言されてい

る。

　このほか，正式に八旗に編入された正白旗の貧乏なソロンのニルイ・ジャンギンであるセレブ，披甲エルクルテイも，以下の要望を黒龍江将軍に対して述べている。

> 我らの祖先はグワンヴェイで，もともと黒龍江の地にいたとき，二人の妻を娶った。もともとの妻から生まれた子はスルディ，オルジョタイ，トコ，トトフ，アシガン，サルガル（である）。（彼らから）生まれた子はバブフ，ノノホ，ホノイ（など）七人であった。モンゴルのグムブ・タイジらが，遊牧する地に来て，「アンダ・サドゥンになりたい。乗馬・衣服などのものを与えたい。私に従っていかないか」と言ったとき，トコ，バブフ，ノノホ，ホノイらが多くの兄弟を率いて，彼に従った。私セレブの父はオルジョタイであり，エルクルテイの父はトトフである。（彼らは）ジチン河の地に残った。ソルタイの子ボムビ，トコの子ドゥレン，バブフの子ロトなどの成年男子は，（おのおの分かれて）百二十人の成年男子がグムブ・タイジの子マイセ公とともに，二十人の成年男子がコチン・タイジとともに，三十四人の成年男子がソルジ・タイジとともに，二十人の成年男子がアンチル公とともに，三十名の成年男子がサイヒ・タイジとともに，九十人の成年男子がエルデマ・タイジとともにいる。我らの実の親戚ボムビ，ドゥレン，ロトらに会わせてほしい[36]。

　セレブらの請願は，分散して生活している血を分けた親戚（彼らは兄弟と呼ぶ），合計十六人と会わせてほしいというものであった。この要望について，黒龍江将軍衙門は正式な調査を進め，モンゴルの集団と一緒に生活している者もみなソロン語で話していることや，容貌もソロンと同じことから，みなニルイ・ジャンギンのセレブの親戚なのは事実だ，と最終判断をくだした[37]。

　また，上述したアンダ・サドゥンは，サドゥン・アンダとも呼ばれていた。貂皮の貢賦を納めていたソロンのインデイ（Indei）・ニルの驍騎校カイタの報告は，次のように述べる。

第 10 章　受け継がれる記憶と絆　　443

　私の曾祖父カンダイ（Kandai）はもともと黒龍江で（生活して）いた。カンダイから生まれたのはエルグルデイ（Erguldei），ギメイ（Gimei），デイシブ（Deisibu），タチブ（Tacibu）という四人の男子であった。黒龍江からノン江まで来た後，デイシブ，タチブに対してドゥルベトのタイジ・エリンチェ（Erince）が，「我々は<u>サドゥン・アンダ</u>（Sadun anda）になりたい」と言って偽って連れていった。デイシブたちから生まれたのはバルフン（Barhūn）など十一人の男子である。（ドルベトは彼らを）グワルチャ（Gūwalca）の地に居住させて貢賦の貂皮を納めさせていた。現在，ドゥルベトのシャジン・ベイセ（Šajin beise）のハランガたるウシン・タイジのところにいる。グワルチャたちにはみな鎧を被せたので，私の兄弟バルフンたちについては，私のもとに併せて（住ませて）ほしいと報告していた[38]。

　ソロンが最初に生活していた黒龍江から次第にノン江周辺まで移動してきて，しかもドゥルベト上位集団のタイジたちの「サドゥン・アンダ（連姻締盟）」としてともに生活していたこと，明らかである。「サドゥン・アンダ」という言葉は，『大清太宗実録』では「姻戚関係を結び，盟約関係となる（連姻締盟）」という意味に漢訳されている[39]。ちなみに「サドゥン」は，モンゴル語からの借用である。ソロンがモンゴル集団の一員だったからに相違ない（詳細は第 11 章参照）。ソロンには，兄弟がそれぞれの集団を率い，ほかの集団の者とアンダ関係を結んで遊牧や狩猟をともにするケースが多い。そうした行動は，遊牧・狩猟をおこなうソロン集団に限らず，じつは八旗に編制されて定住したソロン集団のなかにも見出される。

　ひるがえって，ソロンとゴルロスのタイジたちがアンダ関係を結んだことは，両者の関係が非常に密接であることを物語っている。同じ文書の最後に収められている黒龍江将軍から理藩院に送った文書には，ソロンとモンゴル集団との関係を，次のように記している。

　「……ソロンのカヤルダイ（Kayaldai），クルディンガ（Kūldingga），バヤナイ（Bayanai），トゥプチェ（Tupuce），サインチク（Saincik），カルピニ

(Karpini)，ナミダイ (Namidai)，ヤキダイ (Yakidai)，チョノブ (Conobu)，インデイ (Indei)，エセブリ (Esebuli)，セレブ (Serebu)，エルクルテイ (Erkultei)，カイタ (Kaita)，ホロダイ (Horodai)，ボロルジン (Boroljin)，ネメダイ (Nemedai)，メイェルトゥ (Meyeltu)，マンダイ (Mandai)，オチル (Ocir)，エルデニ (Erdeni) たちが報告した書に，『我らの祖先はもともとみな黒龍江の地にいた。聖なるエジェンの洋々たる慈恩（のこと）を聞いて，帰附して貢賦を納めたい，尽力したいといって，黒龍江からノン江などの地に移って遊牧していた。我らの祖先の半分は狩猟をおこない貂皮の貢賦を納めていた。半分は祖先たちがモンゴルたちとサドゥン・アンダを結びたいとモンゴルに入っていた者たちで，いま増えた（その）子弟は，ドルベトの旗のベイセたるシャジンの旗には百十一名，ジャイラトの旗のベイセたるナスンの旗には四十八名，ゴルロスの征国公アンダシリ (Andasiri) 旗に千三十三名，ジャサクのタイジであるウルトゥナストゥ・オチル (Urtunastu ocir) の旗に五百二十五名が，現在もなおモンゴルでジュシェン (jušen) として（生活して）いる。ダグルの副都統だったグル (guru) の男丁をモンゴルの王たちがエジェンに献上して鎧を被せたので，我らの兄弟を我らのもとに併せてほしい』とあった。査するに，以前，シベ，グワルチャ，ダグルたちを，ホルチンの王・タイジたちがみな，聖なるエジェンが代々養ってきた恩恵に感謝してみずから献上したが，彼らの兄弟に併せるためにとった方策ではまったくない。したがって，内外すべての地にいる者はみな聖なるエジェンの民で，このゆえに，副管カヤルダイたちがモンゴルと一緒に住んでいる兄弟たちに併せてほしいと言うことについては，議する余地がないと返答した」と康熙三十二年八月七日に上奏した。当月九日に，旨が「議した通りにせよ」とあった[40]。

ノン江流域のソロンでは，狩猟をおこないダイチン・グルンに貂皮を納める人々がいるいっぽうで，モンゴルのドルベト，ジャイラト，ゴルロス，ジャサクのタイジにジュシェン (jušen 隷民) として隷属している人々もいた――シ

べ，グワルチャ，ダグルも，ホルチン・モンゴルの隷民であった。さらには，狩猟民として知られるブトハの人々も，やはりモンゴルの一員だった。しかし，それについては，第11章であらためて取り上げることとしよう。

おわりに

　マンジュ社会に多く見られるアンダという関係は，東北の狩猟民であるオロンチョン，ダグル，ソロン，モンゴルの諸集団の間でも結ばれていた。アンダとなった者たちは，行動をともにして，生活環境を共有し，共同で一大勢力をまとめ上げて生活していた。二世代にわたってアンダ関係を結んで，生活に必要な物品を贈与し合い，凶作の時期には生計を支え合う事例も多く確認される。

　アンダという関係は，政治的な同盟関係を結ぶ際に用いられることもあったし，交易や商業にたずさわる集団の間に見られるものでもあった。言葉が異なる集団の間では，通訳や仲介人が介在して活躍することも多かった。アンダ関係が数世代にわたって維持される場合もあった。マンジュ社会とその周辺の各集団の人々は，このようなアンダ関係を結ぶことによって，さらに大きな集団を作り上げ，それがのちに巨大な連合政権であるアイシン・グルン，さらにはダイチン・グルンを築き上げる際に，重要な役割を果たしたのである。

　こうした人間関係は，ユーラシア世界の東西に通底するものであり，アジアの東方から視線をさらに西へ西へとのばして世界史を描くとき，欠くことのできない要素となる。

　歴史の世界からもう一度，現在の自分に戻る。最近，小指をからませたアンダたちの姿が目の前を，心の内を通り過ぎていく。日本に来てすでに十三年，遠く離れた地で，彼らは今，何をしているのだろう。たまさかに故郷に帰ったおりには，日々，なつかしきアンダたちと語り合い，時を忘れる。たとえ会えなくても，元気にやっているという，風のうわさを耳にする。アンダは今も，

心の支えである。

注
1) つとに G. Doerfer (1963) pp.148-152 において，モンゴル時代以後の東西の文献中にあらわれる数多くの事例が取り上げられ，語義が検討されている。また，アンダは，日本で非常に注目されてきたテーマであり，岡崎精郎 (1956)・磯野富士子 (1985)・畑中幸子 (1991)・宇野伸浩 (2005) などの専論がある。いっぽう，ダイチン・グルン時代のアンダについては，オロンチョン，ダグルに見られるアンダの事例に関する畑中幸子 (1991)・加藤直人 (1997) がある。ここに挙げたアンダに関する論考の多くは，小長谷有紀氏よりご教示いただいた。特記して感謝の意を表する。
2) 王国維説については，すでに磯野富士子 (1985) が「王国維のようにアンダの一語を直接契丹に由来すると見るのは，どうも納得できかねるのである」と疑問視し，「アンダのような特別な関係であったとする根拠は見あたらない」とした (70-71 頁)。
3) 家島彦一訳注 (1969) 21 頁参照。同じ事例を用いて佐藤圭四郎 (1981) が「かつて十世紀の前半に，アッバース朝のカリフ，ムクタディルの使節として，ヴォルガ河畔のブルガール Bulgar の王のもとに派遣されたイブン・ファドラーンの旅行記のなかに，アラル海の西方にあった遊牧トルコ人，グズ族 al-Ghuzzīya に関する記載があって，ムスリム商人の隊商とかれらとの関係について「親友 ṣadīq」関係の存在」したことを指摘していた。これは，まさしく東北の黒龍江周辺にいる各集団の間に確認される「アンダ」関係に相当するものであった。
4) 磯野富士子 (1985) 70-71 頁
5) 宇野伸浩 (2001) 140-147 頁参照。
6) 間野英二 (2001) 116 頁
7) 同上
8) 増井寛也 (2005) 4-5 頁
9) 増井寛也 (2005) 26 頁
10) 『清史稿』巻二百十五，漢岱伝「漢岱，穆爾哈齊第五子。事太宗，與務達海同授牛彔章京。崇德六年，從上圍松山，擊破明總兵吳三桂・王樸。七年，從貝勒阿巴泰伐明，攻薊州・河間・景州，進克兗州，即軍前授兵部承政。順治元年，從入關擊李自成，又從多鐸西征，破自成潼關。二年，與梅勒額真伊爾德率兵自南陽趨歸德，克州一，縣四。渡淮克揚州。賜金二十五兩，銀千三百兩。三年，授鑲白旗滿洲固山額真，與貝勒博洛徇杭州，進攻台州，擊明魯王以海。分兵略福建，攻分水關，破明唐王將師福，入崇安，斬所置巡撫楊文英等，下興化・漳州・泉州。五年，從貝子屯齊將兵討陝西亂回。亂定，與英親王阿濟格合軍討叛將姜瓖。六年，從巽親王滿達海克朔州・寧武。移師攻遼州，下長留・襄垣・榆社・武鄉諸縣。七年，授吏部尚書，正藍旗滿洲固山額真。八年，調刑部。累進爵，自一等奉國將軍至鎮國公。九年，復調吏部。從定遠大將軍尼堪下湖南，尼堪戰沒，坐奪爵。十二年，復授吏部尚書，加太子太保，授鎮國將軍品級。十三年四月，坐依阿蒙

第10章　受け継がれる記憶と絆　447

蔽，奪官爵。卒」。
11)『清史稿』巻一百六十一，表一ではウダハイを四男とするが，ここではベイレの次男と記している。
12)『満文原檔』昃字檔，天命五年九月八日（『老檔』太祖I，250頁）に「……いったあと，ハンの弟チン・バトル・ベイレが亡くなった……」とある。ムルハチの事跡に関する資料としては，『欽定宗室王公功績表伝』巻九，多羅誠毅貝勒穆爾哈齊伝。姜守鵬・劉奉文（1996）90-96頁も参照。
13) 備禦は世職と呼ばれる位階の一つである。世職として備禦に任じられるために規定の条件を満たしていない者を半備禦と呼び，満たした場合に備禦と称された（第7章注26も参照）。ハランガは属下の者という意味だが，日本語でジュシェンと明確に定義分けすることはむずかしい。
14)『八旗満洲氏族通譜』巻二，長白山地方瓜爾佳氏，阿珠果巴顔「正藍旗人，胡瞻同族，世居長白山地方，國初来歸。其曽孫瑪玳，由委署章京従征雲南，入緬勐至凡窪城，獲偽桂王有功，授雲騎尉任佐領。年老告退，其子滿丕襲職，任二等護衛。又阿珠果巴顔之四世孫葛通額，現任郎中。阿珠果巴顔親伯商古之元孫伍什巴，原任太常寺少卿，親叔綏屯之四孫丹拜，原任郎中」（満文：26a-26b頁，漢文：20b-21a頁）。
胡瞻伝については，『八旗満洲氏族通譜』巻二，長白山地方瓜爾佳氏，胡瞻に「鑲黄旗人，世居長白山地方，國初来歸。其元孫馬庫禮原任半個佐領，尚吉顔原任防禦，四世孫哈湯阿原任上駟院大臣。唐古納原任防禦，汪吉努原任驍騎校，五世孫安冲阿由護軍校従征福建汀州府，首先登城克之，賜巴圖魯號，授騎都尉，三遇恩詔，加至二等輕車都尉，卒，其孫圖爾泰襲職，任城守尉，卒，其子和濟襲職，時削去恩詔所加之職，現襲騎都尉又胡瞻之五世孫愛哈納，由護軍校従征廣西・雲南等處，著有勞績，後征厄魯特噶爾丹，在烏藍布通地方奮勇破賊，有功授雲騎尉，歴任歩軍總尉，卒，其子巴海襲職，原任佐領……」とある。
15) 初期の八旗分封については，杜家驥（1997）（1998）27-50頁。初期における正藍旗については，杉山清彦（1998）参照。
16) これらの集団がニルに編制された経緯については，柳澤明（1993）（1994）（1995）（1997）・加藤直人（1997）・楠木賢道（1994）参照。
17)『露蔵黒龍江檔』258，康煕二十三年三月十二日に筆貼式ホト（Hoto）が持っていった書の言および同檔，六月初九日に閑散ジャンギン委参領ニカタ（Nikata）が持っていった書の言
18)『露蔵黒龍江檔』258，康煕二十三年三月十二日に筆貼式ホトが持っていった書の言
19) 同上
20) 同上
21) 同上
22) 同上
23) 同上
24) 同上
25) ニルに編制される経緯については，楠木賢道（1994）（1995）参照。楠木（1995）はゴ

ルロスとソロンの問題について言及するものの、ゴルロスの領民というより崇徳五年にゴルロスの地に移住させられたと見なしている。

26) 「チュルガン（culgan）」はもともとモンゴル語の「ciγulγan（チュールガン）」からマンジュ語に借用された用語で、漢文では「会盟・閲兵」と訳することが多い。実際には藩部（tulergi aiman）の各集団を集合させて、牧地の紛争や罪人の審理などの事件を協議して処理する、遊牧集団内部の一種の集会である。ダイチン・グルンのハンとモンゴルの各領主の間に大きな意見の相違が現れ、書簡の往復や使者の往来によって解決できない場合には、ダイチン・グルン側の要請により場所や参加人員などが決まり次第、チュルガン集会が国家行事としておこなわれた。つまり、モンゴルと関わりがある集団に対しては、チュルガンによって相互の利益を図ったのである。ダイチン・グルン側の申し出を拒否して、みずから参加しなかった場合は、往々にして戦闘状態に突入する仕儀となった。ひるがえって、ダイチン・グルンにおける軍事演習や訓練を指す用語も「チュルガン」といった。黒龍江地域の場合、チチハルで各地のモンゴル集団と貢納民が貂皮を納めるために集まり、市場が設けられて生活用品を交換する交易がおこなわれたことを「チュルガン」と呼んだ。

27) 『黒龍江檔』3-5『康熙三十一年正月からの黒龍江副都統・駅站官への行文を記した檔子』十二月二十五日にメルゲン駅站の男丁イオイシヤンシャンに送らせた書

28) 長さの単位。両腕を広げた長さで、五尺に相当する。

29) 河川用の地曳網。

30) 意味は不明。

31) 『黒龍江檔』17-2『康熙四十九年正月からの刑部・理藩院・盛京刑部・奉天・寧古塔将軍・ベドゥネ副都統への行文を記して写した檔子』四月二十二日にチラムボオに送らせた書

32) 『黒龍江檔』26-17『康熙六十一年正月からの黒龍江副都統・ソロン総管・駅站官への行文を記した檔子』六月初二日に副苑シャジンに送った書

33) 『愛琿県志』巻十三、庫瑪爾路鄂倫春源流紀、673-674頁に「窃維庫瑪爾路、鄂倫春人、自古在於黒龍江沿岸山谷之中、並嫩江西北多布庫爾河一帯、遊獵為生、行止以時到處搭蓋窩堡為居、原無管轄。自前清康熙二十二年間征服羅沙、黒龍江設治以後、作歸布特哈管理。査庫瑪爾河附近居者、為庫瑪爾三佐、阿力河為阿力路、多布庫爾河為多布庫爾路、此二路一佐、托河為托路一佐、畢拉爾河為畢拉爾路兩佐、此為五路之始也。其前四路屬西布特哈、後一路屬東布特哈、各歸各處官兵経理、多為諳達供口糧。而貂狐貴物必即勒交、視獵戸如奴隷、因受壓制苦累難堪、原雖有七佐、並無俸饗、亦屬有名無實。當有庫路驍騎校列欽泰、頗具才幹、聯属各路諸人、披瀝陳懇。本省將軍文緒、據情奏請、拯鄂民出水火而登天堂、請設興安城、専設總管一員、左右兩翼滿副管二員、鄂倫春副管八員、佐領各十六員、其筆貼式等官分隷各司、並領催甲兵一千名。每年各以貂皮一張交官。於光緒八年六月間奉旨照准、選以穆克徳布為總管、於十年踏勘嶺右喀爾塔爾溪站、迤東十八里太平灣為興安城地点、即便料興工、當在四站附居経理、於是年冬間衙署工竣、擇吉日遷入」とある。

34) 『黒龍江檔』4-2『康熙三十二年正月からの戸・礼部・理藩院・盛京戸・工部よりの来文

を記した檔子』九月二十一日にイラカ駅站の男丁ジュゴイオイに送らせた書
35) 同上
36) 同上
37) 同上
38) 同上
39) 『大清太宗実録』巻十一，天聡六年正月癸未の条。「聯姻締盟」が「anda sadun」の漢訳であることについては，増井寛也（2005）21頁参照。
40) 『黒龍江檔』4-2『康熙三十二年正月からの戸・礼部・理藩院・盛京戸・工部よりの来文を記した檔子』九月二十一日にイラカ駅站の男丁ジュゴイオイに送らせた書

第 11 章　尚武のモンゴル
―― 狩猟に生きるブトハ・ニル ――

はじめに

　黒龍江南北の河川や渓谷に拠点をおくソロン，ダグル，オロンチョンといった集団は，狩猟・漁労によって日々暮らしていた。そのため，ダイチン・グルンからは，ブトハイ・ニヤルマ（Buthai niyalma），すなわち「漁猟の人」と呼ばれた[1]。彼らは朝廷と切っても切れない密接な関係にあった。なぜなら，このブトハイ・ニヤルマこそ宮廷の毛皮の需要を支える重要な供給源であり，彼らが定期的に皇帝に貢納する毛皮は，直接の着用目的以外に，遠方から来る使者や国王に対する儀礼用の賜品となっていたからである。チベットのダライ・ラマから朝鮮の国王にいたるまで，みなダイチン・グルンから数々の毛皮用品，特に貂皮の衣服・飾りを拝受していた。

　さらに，ブトハイ・ニヤルマは狩猟民であると同時に職業軍人でもあった。平時は定められた自分たちの狩場にて，ときには皇帝の狩場である「木蘭囲場（Muran aba）」に呼び出され，ともに巻き狩りを楽しみ，つねにその熟練した技や，彼らの十八番である鹿の鳴き真似を見せた。騎射に優れているので，歴代皇帝のヒヤ（侍衛）に選ばれることも多く，紫禁城で皇帝の身辺警護という重要な任務を担いつづけた。国内の動乱や外国との戦争の際には，たびたび動員され，最前線の部隊として戦ったことでも知られる。

　ところで，この時代の「狩猟（aba）」というと，まっさきに脳裏に浮かぶのは十中八九，有名な「木蘭図」[2]（図11-1）だろう。ここに描かれるさまざまな場面は，いにしえよりユーラシアのいたるところで繰り広げられていた巻狩りをしのぶよすがとなっている。

　ダイチン・グルンでは，毎年，農閑期の決まった時季になると――康熙二十

第11章　尚武のモンゴル　451

図 11-1　木蘭図（部分，鹿頭帽）（台北国立故宮博物院蔵）

一年（1682）の規定[3]によれば春三月・秋九月・冬十二月の三回――，所定の場所において，「狩猟」が制度としておこなわれた。むろん軍事演習の一環にほかならず，国家行事の一つとして重要な役割を果たしていた。ジュシェン時代からの伝統的習慣であり，生活そのものともいえた。そしてその場面場面にブトハの人々の姿も見られた。

　「ブトハ」という用語の意味については，亦隣真（1981）をはじめ，多くの先学によって解説されてきた。なかでも柳澤明（1993）は，詳細な注釈をほどこし，「ブトハにたいする統治システムは辺民制度に近い」と述べ，さらに柳澤明（1994）において，①旗色の割当，②所轄官庁，③ブトハ牲丁の義務，の三点を取り上げ，「ブトハ八旗」なる呼称は適当でない，との指摘をした。

　黒龍江流域のブトハ諸集団に関しても，何秋涛にはじまり，和田清（1942）・島田好（1937）・阿南惟敬（1980）・吉田金一（1973）・増井寛也（1983）・松浦茂（1987）（1990）・劉小萌（1991）・柳澤明（1993）（1994）・

佐々木史郎（1996）など，多くの先行研究がある。また，本書第9章でもすでに，オロンチョン・ニルの編制過程を叙述する際に，相当量，頁を割いた。しかし，ブトハ・ニルの実態へ少しでも近づくためには，いくつかの問題について，より深く掘り下げる必要がある。したがって，本章では，次の視点から分析・解説することにしたい。

まず，ブトハ集団の起源について取り上げ，①ブトハを形成するソロンやダグルなどの集団の住地と分布地域が，モンゴル帝国時代におけるチンギス・カンの次弟カサルの領地と重なり，彼らが当初からモンゴル集団の一員として扱われていたこと，②したがって，天聡八年（1634），ホルチンのガルジュ・セテル（Galju seter）が叛いてソロン征服へ走った事件は，従来とは異なるまなざしをもって眺めねばならないこと，③ソロン・ダグル集団のなかに「ダルハン（ダルガン）」という突厥以来の称号をもつ者が頻見されるが，直接にはモンゴル時代の踏襲であったこと，以上について述べる。次に，そのモンゴル集団であるところのブトハ・ニルの構成を詳細に分析し，新たに入植した被虜民がニルに編制されていく過程を見る。

1　モンゴルの一員たるソロン──ソロン・サハルチャ集団

15世紀から16世紀の初め，ダヤン・カンがモンゴリアを統一，チャハル，ハルハ，ウリャンカの左翼三万戸，オルドス，トゥメト，ユンシイェブの右翼三万戸の体制を敷いた。そして，この六つの万戸，あるいはその下の有力集団のもとに，おのが諸子を送り込んだ。分封は，よほどのことがない限り，基本的には，祖宗チンギス・カン以来の定めを尊重し，それに即しておこなわれた。したがって，フルン・ブイル高原から大興安嶺北部・ノン江平原一帯にかけては，依然として，チンギス・カンの次弟カサルの子孫が統率するホルチンの所領であった[4]。当然，これらの地域を生活の拠点とするソロンないしサハルチャも，その所属下にあったと考えられる。

それから約百年後の天命十年（1625）十月二十八日，ホルチン・グルンのオ

オバ・タイジ (Ooba taiji) は，リグダン・カン率いるチャハル王家の侵攻を恐れてヌルハチに救援を要請した。そして，そこまで追い込まれた直接の原因は，同じホルチンのダルハン・タイジ (Darhan taiji) が，ジャライト (Jalait)，シベ (Sibe)，サハルチャ (Saharca) を棄てて東へ去ったため，と説明したのである[5]。この三つの集団がダルハン・タイジの領民であったこと，間違いない。

黒龍江上・中流地域におけるブトハ集団のなかで，もっとも早くからジュシェン人たちと接触していたのが，このうちのサハルチャないしソロンという集団であった。天聡八年 (1634) 五月頃，黒龍江の支流ジンキリ江のバルダチ (Baldaci) というアムバン (amban) が，四十四人を率いてムクデンまで貢賦の貂皮を納めにきたという記録がある[6]。この男，ソロン・バルダチ，またはサハルチャ・バルダチなど，その時々に異なった呼称で登場するが，すべて同一人物を指す。

そして，時まさに同じころ，すなわち五月十一日，太宗ホンタイジは，明の大同と宣府を攻撃するにあたり，兵の調達のため，アシダルハン・ナクチュ (Asidarhan nakcu)[7]，イバイ (Ibai) そしてノムトゥ (Nomtu) を，ホルチンへ派遣した。十二日後，ホンタイジ率いる大軍が遼河を渡り，ヤンシム河 (Yangsimu bira) の岸辺で二十営に分かれて，駐営していると，イバイが帰ってきて次のように上奏した。

> ガルジュ・セテル (Galju seter)，ハイライ (Hairai)，ブヤンダイ (Buyandai)，ベグレイ (Begulei)，セブレイ (Sebulei) たちが属民 (harangga irgen) を率いて北方のソロン・グルンの方にいって，ソロン・グルンを取って貢賦をとって暮らしたいと叛いていった。ホルチンのトゥシェトゥ・ジノン (Tusiyetu jinong)，ジャサクトゥ・ドゥレン (Jasaktu dureng)，コンゴル［+・マファ］(Konggoru ［+mafa］)，ウクシャン・［#ホン］タイジ (Uksan ［#hong］taiji) たちが兵を率いてガルジュ・セテルたちを追跡しにいった[8]。

ホンタイジはこの報告を聞いて，急遽，戸部承政 (aliha amban) イングルダ

イ (Ingguldai) と挙人 (Tukiyehe niyalma) ドンドホイ (Dondohoi) をムクデンに戻らせ，城を守っているホショイ・ジルガラン・ベイレに伝言を託した。すなわち，

> ソロンの叩頭しに来たアムバンたるバルダチを，彼のソロンの地に迅速に赴くように派遣せよ。ソロンのグルンについて，もしかするとガルジュ・セテルたちに取られてしまうかもしれないとよく教えて派遣せよ。

と。とにもかくにも，バルダチを現住地に戻らせることを最優先したのである。同時に，ヒフェ・バクシ (Hife baksi)[9] とイバイをホルチンのトゥシェトゥ・ジノンたちのもとに派遣した。彼らが持っていった聖旨[10]には，次のような指令が記されていた。

> 法例 (šajin i bithe) には，叛いた人は必ず殺されるとあった。ホルチンのベイセたるガルジュ・セテルを捕獲して，殺したいなら殺すように。殺さなければ，ジュシェン・イルゲン (jušen irgen 領民・属民) をみな連れてきて，（彼）自身をアハ[11]としたいならアハとするように。

六月五日，ホルチンに兵の調達にいっていた，かのノムトゥが戻ってきて，下記のごとく報告した。

> ホルチンのベイセたるガルジュ・セテルたちを追跡してみな捕えた[12]。

さらに，二十一日，大軍がボショクトゥ (Bošoktu) という地に到達して駐営していると，ヒフェ・バクシが戻ってきて，こう報告した。

> ホルチンのトゥシェトゥ・ジノン，ジャサクトゥ・ドゥレン，コンゴル・マファ，ウクシャン・ホンタイジが軍を率いてガルジュ・セテルたちを捕獲した後，ガルジュ・セテル，ブヤンダイ，ベグレイたちをみな殺した。属民をみな連れてきた[13]。

ソロンを攻撃したホルチンのベイセたちをことごとく捕えて処刑したこと，明らかである[14]。ここで問題となるのは，なぜモンゴルのホルチン部がソロン

を征服しようとしたかという点だろう。上述のガルジュ・セテルは，ホルチンのエルジゲ・ベイレ（Eljige beile）の子であった[15]。その彼が，バルダチ不在の間隙を衝いて，ソロンを攻撃した。これは，何を意味するのか。

杉山正明（1993）は，モンゴル時代のカサル王家の本領，アルグン（エルグネ）河畔について述べた際，次のような指摘をしている。

> なお，明清時代において，カサルを名祖とするホルチン（Qorčin）諸部が，三河地方からさらに興安嶺東麓一帯をひろく盤踞することになるが，もしカサルの血脈ということになんらかの歴史上の由来や背景がたしかにもとめられるとすれば，その牧地展開の起源は，チンギス時代の初封時から少なくとも元代中期までは保持されたことが確実となったカサル王家本領に遡ることになる[16]。

当時，チンギス・カンの次弟カサルの末裔として認識されていたのは，ホルチン十旗，アル・ホルチン一旗，ウラト三旗，モオミンガン一旗，四子部（Dorben Keuked）集団一旗の六大集団である[17]。そして，アルグン河流域から北ジンキリ江まで広汎にわたって遊牧するソロンが，ホルチンと密接な関係にあったことは疑いない。それを補強する二つの事例を挙げておこう。

崇徳六年（1641），ホルチン・グルンのトゥシェトゥ親王バダリの配下デルブが，ソロンの反乱者たるボムボゴルの子トマルを捕縛・護送してきた[18]。ところが，そのわずか二年前の「来朝のモンゴル官員」リストに，このソロン部のリーダーの名がしっかり連なっていた[19]。

いま一つは，崇徳元年（1636）の出来事である。この年の五月，モオミンガン集団が離叛し，北方へ逃走した。この集団は，もともとオノン河からニブチュ周辺を中心として生活し，つい二年前にダイチン・グルン側に参入したばかりであった[20]。その追跡をまかされたのがハルハ・モンゴルのアライ。彼は途中，カムニガン・グルンを征服し[21]，この功績により，一等ジャランのジャンギンとして，以後，六度にわたって継承することが許されている。

そのカムニガン・グルンは，エジェンたるイェレイおよびその属下の百人で構成される集団で，モンゴルとは異なる言葉を話したらしいが，この集団も同

じ崇徳元年六月にダイチン・グルンに参入したその半年後には，はやくも逃走してしまった。十二月二日の文書は当時の状況を，こう記している。

 同じ二日，「ドボク（Dobokū）[22]［＋に駐させた］［#駐した］カムニンガ（Kamningga）のイェレイ（Yelei），シェルデク（Šerdeku），バグナイ（Bagūnai），［#トゥグナイ（Tugūnai）］トゥグナイら［#を］が子女すべて八十二人と馬や家畜を連れて逃げ去った」と，興京城に駐する大臣フシタ（Hūsita）が人を派遣して来報したので，聖なる皇帝の旨により，鑲白旗のシテク（Siteku）に牌を持たせて，「境（jecen）のニングタ城に駐するウバハイ・バトゥル（Ubahai baturu）とともに，ニングタの兵を率いて彼らを追跡せよ」と，また正黄旗のガルギオ（Gargio）に牌を持たせて，「グワルチャ（Gūwalca）の兵を率いてウラに沿って偵察せよ」と送った。モンゴル部の事務領催のボオロ（Booro）に牌を持たせて，コルチン（Korcin ホルチン）のトゥシェトゥ（Tusiyetu）親王，ジョリクトゥ（Joriktu）親王のもとに，「捜索せよ。家畜を連れ去られては困る」と派遣した[23]。

 じつは，このときイェレイたちはロシアへと逃亡した疑いが濃厚であった。その追跡の際にガジャルチ（案内人）として活躍したのが，ソロン人である。康熙五十六年（1717）十一月九日付の理藩院から黒龍江将軍に送られてきた文書に，次のような記述がある。

 理藩院の書。鎮守黒龍江等処将軍らに送った。知らせるためである。ソロン総管サインチク（Saincik）が口頭で奏するには，「私の祖先デレブ・ダルハン（Derebu darhan）に，主が慈しんで黄色い勅書を賜って与えた。亡くなった後，私の実の叔父クルゲウル（Kurgeul）にダルハンを承襲させた。クルゲウルが亡くなった後，ダルハンの勅書を部に渡した。請うらくは，私の祖先，叔父に賜った黄色い勅書をまたアハである私に賜って，代々承襲させてほしい」という。（理藩院が）査するに，総管サインチクの祖父デレブは，イェレイ（Yelei）を追跡しにいったとき，道を案内していった。ソオハイ（Soohai），サムシカ（Samsika）とともに黒龍江に進

第 11 章　尚武のモンゴル　457

軍した際に，カヤン（Kayan）村からジョボトイ（Jobtoi）・ホトとともに外へ逃げる人を二回追跡して，百人の男丁を従わせた。オノブ（Onobu）がいきたいという道について「遠い」とやめさせて，近くて真っ直ぐの道を案内してよく連れていったとして，ダルハンという名を与えた。病死した後，彼の子供クルゲウルに承襲させた。クルゲウルが病死した後，承襲する世代が終わったとして，勅書を該当する部に交付して辞めさせたのを档子に記した。現在，「私サインチクは奮闘したことについて提出するので，自分に代々絶えずダルハンを承襲させてほしい」と言ってきた。（理藩院たる）我らの部から（こういうことは）やらないとして，議して上奏したところ，聖なる主が慈しんで「再び議して上奏せよ」とくだされたので，（理藩院は）サインチク自身にまた一世代ダルハンを承襲させたい。聖旨がくだされた後，勅書を作って与えるために，吏部に交付したいと言って，康熙五十六年十月三十日に会見して上奏したところ，聖旨が「議した通りにせよ」とくだされたのに謹んで従い，知るようにと送った。五十六年十一月九日[24]。

　康熙時代のソロン総管サインチクの先祖が，イェレイ逃走事件の案内人デレブだったのである。
　ひるがえって，カムニガン・イェレイは，のちにソ・ロ・ン・・カ・ム・ニ・ガ・ン・・イ・ェ・レ・イ・と称されるようになる。つまり，実際のところ，ソロン人デレブが同じソロンの集団を追いかけたわけである。
　そして，このカムニガン・ソロンなる集団は，ハルハ・モンゴルともつながっていたのであった。
　このようにソロンとモンゴルの間に深い関わりがあることは，デレブをはじめとして，ソロン・ダグル集団のリーダーたちがマンジュ語でダルガン（dar-ugan）あるいはダルハン（darhan）と表記される称号をもっていたことからも証明される[25]。ダルハンという名称は，古く八世紀頃の「オルホン碑文」にも認められ，カアンの側近や特権階級を指す場合が多い。漢語の「達官」に由来するという説もある。ユーラシア史上共通の称号で，モンゴル時代には，もろ

もろの特権を享受し，世襲がみとめられていた。そして，ダイチン・グルンもまた，この称号と子孫の継承を承認した。

　ブトハ・ニルの根源冊によれば，ソロン集団とダグル集団がニルに編制される際，従来から，ダルガンという称号をもっていた者がそのままニルの長官たるジャンギンに任命され，代々世襲している。

　一つの事例として，ブトハ正黄旗のダグル・ニルを取り上げてみよう。乾隆六年 (1741) 六月十九日になされた鎮守黒龍江等処将軍ボディらの上奏文には，ブトハの正黄旗ダグルのニルイ・ジャンギンたるミジル (Mijir) が執照を用いて，みずからのニルの根源について報告したくだりが，以下のごとく引用されている。

> 私ミジルの曾祖父はヘト・ダルガン (Heto darugan) で，もともとゴヒン (Gohin) 地方の人で，姓はアオラ (Aola)，一族の人々オノン (Onon) 姓の者たちと一緒にエジェンを求め参入してきて貂皮の貢賦を納めていた。初めてニルに編制されるとき，ヘトの子であるセムブ (Sembu) をニルイ・ジャンギンとした……[26]。

　このブトハ正黄旗のダグル・ニルは，康熙六年 (1667) に理藩院侍郎チョクト (Cokto) たちが聖旨にしたがって編制した十一のニルのうちの一つで，ガン河口の村のケベデイ・ダルガン (Kebedei darugan)，メルゲン村のヘト・ダルガン (Heto darugan)，サルヒ村 (Sarhi gašan) のソルゴトゥ・ダルガン (Solgotu darugan) の三つの仲間，合計七十名の男丁を一つのニルに編制したものであった。同年十二月十五日に，ヘト・ダルガンの子セムブを正位としてニルイ・ジャンギンに任命し，ソルゴトゥ・ダルガンを陪位としたいと上奏した。同月十七日，「正位として出したダリフ (Dalihū) などの者らを議した通りに任用せよ」という聖旨がくだされ，それが檔子に記された。

　ちなみに，このダリフなる正位のニルイ・ジャンギンは，ホンコ村 (Hongko gašan) のベルゴル・ダルガン (Bergol darugan)，クレクン・ダルガン (Kurekun darugan)，ハムバヤダイ村 (Hambayadai gašan) のダリフ・ダルガン (Dalihū darugan)，アルビンチャ村 (Arbinca gašan) のイルク・ダルガン

第11章　尚武のモンゴル　459

(Irukū darugan)，ガンガ村（Gangga gašan）のアブタイ・ダルガン（Abtai darugan）の五つの仲間，合計百二十四名の男丁からなるニルについて，提出された人選であった。

それは，乾隆五年（1740）十一月十一日に鎮守黒龍江等処副都統ボディ（Bodi）らが提出したダグルのグルムボオ（Gulumboo）・ニルの根源についての調査報告によって，明らかとなる。まず，チチハル城の鑲藍旗ダグルのニルイ・ジャンギンであるグルムボオの叔祖ブヤントゥ（Buyantu）が次のように訴えた。

　　鎮守黒龍江等処副都統たる臣ボディが謹んで上奏する。ダグルのグルムボオ・ニルの根源を調査して議して上奏するためである。チチハル城の鑲藍旗ダグルのニルイ・ジャンギンたるグルムボオの叔祖ブヤントゥ（Buyantu）が呈したところでは，「私の兄の孫，ニルイ・ジャンギンのグルムボオが出征した。私の祖父ダリフ・ダルガン（Dalihū darugan）は，もともと黒龍江地方の人で，サンゴル（Sanggol）姓の一族の者，村の人々と一緒にエジェンに参入してきて，貂皮の貢賦を納めていた。ブトハの地で初めてニルに編制されるとき，私の祖父ダリフをダルガンよりニルイ・ジャンギンに任命した。病死した後，実の子エリデイ（Eridei）に承管させた。康熙三十年にニルイ・ジャンギンたるエリデイが，これらのニルの人々を併せてチチハルに移させニルに編制して旗（gūsa）に入れた。病気になって辞めた後，実子のフラカイ（Hūlakai）に承管させた。病死した後，実子アセトゥ（Asetu）に承管させた。病死した後，実子のグルムボオに承管させた。現在，グルムボオがニルを承管している……」[27]。

この訴えを受けて，ボディがグルムボオの現在承管しているニルの根源の調査をおこなった。その結果，黒龍江将軍が統轄するより前の康熙六年（1667），チョクトらがダグルのニル編制を命じられた際に，ダリフを正位のニルイ・ジャンギンとして任用する聖旨がくだされていたことが判明したのである。

ひるがえって，最初はブトハ・ニルで，のちに駐防八旗へ編制されたダグ

ル・ニルのなかにも、ダルガンの称号をもった人物がたくさんいた。チチハル城正紅旗ダグルのニルイ・ジャンギンたるフェイセの根源は、その一例である。彼のニルの編制の経緯は、こうである。

> 曾祖父はチェリチンで、もともとは黒龍江地方の人で、姓はジンキリである。一族の人々とともにエジェンを求めてきて貂皮の貢賦を納めていた。ブトハの地で初めてニルに編制されたとき、私の父であるブルハダイをダルガンよりニルイ・ジャンギンに任命した。康熙三十年にニルイ・ジャンギンであるブルハダイがニルの人々を合せてチチハルに移住させニルに編制して旗に入れた。年老いて離任した後、実の子フェイセが現在承管している。これまで二代にわたって承管した[28]。

このダルガンという称号は、ダイチン・グルン皇帝から与えられた事例もあるが、ブトハの小集団のリーダーたちの多くは、八旗体制に組み込まれるより前、すでにその称号をもっていた。このこと自体、なによりもブトハ集団がモンゴル集団の一員だった証拠だといえるだろう。

2 ブトハ・ニルの集団構成とその拡大

1) ブトハ・ニルの集団構成

さて、ブトハ・ニルは、大きく分けてダグル、ソロン、オロンチョンという三つの部族から成り、それぞれの小集団がニルに編制され、複数のニルが集まってジャランを構成していた。ここでは、第9章でもふれたブトハ・ニルのうち、ダグル三ジャラン、ソロン五ジャランからなる八ジャランを紹介しておこう。

康熙三十七年（1698）、黒龍江将軍サブスが上奏して、ブトハ総管らを、チチハル城の北方二百六十里に位置するノン江東岸の地に、分かれて居住させ、筆貼式二人を設けた。当時マンジュ総管をつとめたキンダオ（Kindao）は、現地の正黄旗の人で、副管が十六人いた。そのマンジュ副都統兼総管の一人で

あるタルダイ（Taldai），すなわち現地の鑲藍旗の人がブトハ総管となった。ソロン副都統兼総管ブジュ（Buju），ダグル副都統兼総管ドゥルドゥ（Durdu）もともに，それぞれ現地のソロンとダグルであった。

　雍正六年（1728）の聖旨に，「ブトハの者らにマンジュの道統（doro cikten）を教えて，初めて八人のマンジュ副管を加えて設けた」とある通り，八ジャランには，もともとソロンとダグルの副管が八人いた。そして，ニルイ・ジャンギンは百五人，驍騎校は百五人であった。なお，檔案資料より判明するブトハ・ニルの構成は，以下のごとくである（表9-1も参照）。

　まず，ダグルの三つのジャランを通覧すると，①ダグル・ジャランは十二のニルから成り，ホトク（Hotok）の仲間（hoki）を加えて，打牲丁（buthai haha）が合計八百二十三名，みなメルゲン城の南のノン江の両岸に沿って住んでいた。②メルディン・ジャランは十四のニルから成り，打牲丁が合計千七十五名，同じくノン江の両岸に沿って住んでいた。③ネメル・ジャランは十五のニルから成り，打牲丁が合計千三十三名，みなネメル河両岸に暮らしていた。

　いっぽう，ソロンの五つのジャランの内訳は，①アラル・アバの一ジャランの十七のニルには，千九十七名の打牲丁がおり，ヌミン河の周辺で遊牧している。②トゥクドゥン・アバの一ジャランの十一のニルは，七百四十二名の打牲丁がおり，アルム河の周辺で遊牧している。③ヤル・アバの一ジャランの十三のニルは，八百八十九名の打牲丁がおり，ヤル河周辺で遊牧している。④ジチン・アバの一ジャランの六つのニルは，四百三十一名の打牲丁がおり，ジチン河の周辺で遊牧している。⑤オン・トシン・アバの一ジャランの五つのニルは，四百九名の打牲丁がおり，トシン河の周辺で遊牧している。

　以上，八ジャラン（一部はアバとも呼ばれる）は，ソロンとダグルから構成される合計九十三のニルを有していた。

　さらに，ブフ・タクララ・オロンチョンは，十二のニルで，七百九十一の打牲丁がおり，鹿を持っている者は，黒龍江城の北方，フマル河，タハ河周辺で遊牧・漁労を営み，家畜を持っていない者は，ガン河，ヌミン河，アルム河，ヤル河，ジチン河などの河源周辺において遊牧・漁労していた。

　この八ジャランに勘定されない別枠のオロンチョンをもふくめると，実際に

は，全部で百五ニルということになる。そして，毎年一枚の貂皮を貢賦として朝廷へ納める義務を負うブトハの打牲丁は，雍正七年（1729）の時点において，合計七千二百九十名であった。

　以上，ブトハ・ニルは，外見上，すべてこのソロン，ダグル，オロンチョンの三集団に収斂される。ただし，一皮めくってみると，じつはこうした土着集団のほかに，国家の手によって他所から移住させられてきたモンゴル集団も一部ふくまれていた。たとえば，ネメル・ジャランの十五のニルのうち一つは，じつはダグル集団ではなく，康熙六十年（1721）に移住させられてきたモンゴルのテレングト集団である[29]。また，ソロンのヤル・アバのジャランは，康熙六十一年に移住させられたタブン・バクタというモンゴルの集団五十八名の一ニルをふくんでいたし[30]，トゥクドゥン・アバのジャランのうち一ニルは，ウリャンハイ集団四十八名を編制・合併したものであった。

　それは，康熙年代後半，西北におけるジューンガルとの戦いにあたって，ダイチン・グルンとの抗戦を選んだモンゴル集団に，大きな改編が加えられたことと関係がある。

　古くは突厥時代から，さらにはモンゴル時代に活躍したさまざまな部族集団が，ダイチン・グルンの帝国拡大の過程のなかで，再び姿を露わにし，やがては，ニルに編制されて，軍事体制の一翼を担うようになっていく。その意味するところは何か。この時代の歴史を考えるうえで，きわめて重要なことがらである。

　ここでは，膨大な資料群から拾ってくることのできるさまざまなモンゴル集団のなかでも，従来ほとんど光をあてられていない西方の各集団を取り上げ，彼らが黒龍江流域へと移住させられ，新たにブトハ・ニルに合併されていく過程を眺めてみよう。

2) オンコトとホンゴル集団

　康熙年間，文献に，マンジュ語でオンコト（Ongkot）という集団が登場しはじめる。これはもともとモンゴル語でオングト（Önggüd）といい，12〜14世紀にユーラシアで活躍したトルコ系の集団である。モンゴル時代には，漢文で

「王孤」・「汪古」・「永古」・「雍古歹」と記され，ネストリウス派のキリスト教を信仰していたことで有名である[31]。

『黒龍江檔』に収められる康熙三十年（1691）に中央の理藩院から黒龍江将軍衙門に送られた文書には，ハルハのハランガであったオンコト（Ongkot）集団がブトハ・ニルに編制される詳しい経緯が見えている。

　理藩院の書。鎮守黒龍江等処将軍サブスらに送った。我らの部から上奏したことには，「鎮守黒龍江等処将軍サブスらが送ってきた書に，『ハルハのアハイ・ダイチン（Ahai daicing）のハランガたるシラブ（Sirab）が報告したことには，〔トゥシェトゥ親王，侍郎ウンダ（Unda），エフたるアラブタン（Arabtan）がチュルガン（culgan）に出たところで，オ・ン・コ・ト・（Ongkot）を統轄するようにと引き渡した。シラブは現在，エジェンを求め強く帰附したいとやってきた。ミンチェ（Mince）が引き渡したオンコトの者らがここにいるので，私に引き渡したまま（私に）統轄させ，私のここに住まわせてほしい〕と報告した』。（理藩院が）査するに，オ・ン・コ・ト・というものはもともとハ・ル・ハ・のダライ・ジノン（Dalai jinong）のハランガ・ジュシェン（harangga jušen）で，オロス（Oros）に従って内大臣たるソンゴトゥ（Songgotu）たちがニブチュで境（jecen）を定めにいったとき，オ・ン・コ・ト・たちはエジェン（ejen）に帰附するといって，オロスの側と（関係が）悪化してやってきた人々である。彼らを現在ニルに編制してシラブを参領に任命し，しばらく統轄させたので，オ・ン・コ・ト・たちをブトハ男丁としてシラブに統轄させ，黒龍江将軍サブスに引き渡して再びニルに編制し，ソロンの地に居住させるように。また，ホンゴル・ダイチン（Honggor daicing）自身がいたら，反逆の法例（fafun i bithe）の通りただちに処罰すべきだったが，死亡したので議するところがない。彼の子供・妻・戸口と領民（harangga junšen）についてみな黒龍江将軍サブスに委ねて，はっきり調査してニルに編制して統轄するように」と康熙三十年五月一日に上奏したところ，当日に「議した通りにせよ」とあったのに謹んで従い，知るようにと送った[32]。

この文書は五月二十一日に黒龍江将軍サブスのところに届いた[33]。サブスは聖旨にしたがって，チチハルの地に急行し，ハルハ，バルフの集団をきっちり調査するほか，オンコトとホンゴル集団について詳細な実地調査をおこなった。黒龍江将軍から理藩院に送った文書に，次のような調査経緯が記されている。

 （黒龍江将軍サブスが）査するに，オ･ン･コ･ト･の男丁が九百名，このなかで百五十丁を一つのニルに編制し，全部で六つのニルに編制した。この六つのニルに，ベチェル（Becel），シロ（Siro），ハイラトゥ（Hairatu），ホンコダイ（Hongkodai），アムフ（Amhū），マチャイ（Macai）をニルイ・ジャンギンとして任命したい。ナガチュ（Nagacu），オルジョトゥ（Oljotu），エルゲン（Ergen），クラダイ（Kūladai），ヤンゴ（Yanggo），ボルドシ（Bordosi）を驍騎校として任命したい。ホンゴル・ダイチンに所属するジュシェンの男丁は二千百名で，これを，百五十丁を一つのニルにして，十四のニルに編制した。この十四のニルに，アビダ（Abida），ブヤントゥ（Buyantu），マニ（Mani），バルライ（Barlai），クルメ（Kurme），フライジ（Hūlaiji），ウンジャル（Unjar），ゲゲン（Gegen），ロブサン（Lobsang），ドオレン（Dooren），デイシ（Deisi），ウバシ（Ubasi），ヤハイ（Yahai），ブヤン（Buyan）をニルイ・ジャンギンとして任命したい。ドムブ（Dombu），ダライ（Dalai），オキン（Okin），エデケン（Edeken），ボベイ（Bobei），オントイ（Ontoi），アバント（Abanto），アルシ（Arsi），ウルカン（Ulkan），チョイジョイ（Coijoi），オチル（Ocir），ボクダイ（Bokdai），ジョルトカン（Joltokan），チョドイ（Codoi）を驍騎校として任命したい。これら合計二十のニルを四つのジャランに編制し，シロ，ビバイ，ゲンドゥ，セレンを参領として統轄させたい。彼らはいくらニル，ジャランに編制されたとはいえ，みなハルハ，バルフらの戦争で離散し，家畜がなくなって非常な貧困に直面している。貧困な者たちがたくさん出現したので，盗賊も多くなった。検査し統轄することが困難になったので，彼らのなかから一人を選出して副都統に任命して統轄させてほし

第11章　尚武のモンゴル　465

い。また，彼らをノン江の西岸に配置することは，ヒンガンを越えるところに近く，ニブチョオ（Nibcoo ニブチュ）へ通じる道になるので，逃走する恐れがあり，しかもメルゲン城から遠く離れており，夏の水が溢れ出すときに，河川に遮蔽されて追って検査して統轄することが困難になる。見たところ，ノン江の東岸のフユル河（Huyur bira）などの地は牧場として非常に良い場所で，フユル河には魚が多く生息している。彼らをフユル河に居住させたら，新モンゴルたち（Ice Monggoso）の暮らしに有益であり，ノン江の東岸は，メルゲン城と同じ方向に位置しているので，監督し統轄することが容易になる。査するに，ホルチンの十旗（juwan gūsa）のうち八旗はみなノン江の西岸に住んでいる。ただゴルロス，ドゥルベトの二旗だけが，順治十四年にノン江の西岸から東岸に渡って住んでいる。東岸はソロン，ドルベトが界（acan）を分けて境（hešen）を建てた境界からこちらは，地が狭いので，この二十のニルについてみなノン江を渡って居住させて収めることができない。ドルベトとゴルロスの両旗が住んでいる地は非常に広いので，ドルベトの地を見計らって南へ百里，順次に取って，ドルベトに，ゴルロスの地を分けて与えたら，ハルハ，バルフの二十のニルを居住させることができる。請うらくは，部が議して伝えて上奏してほしい。このために輿図（ba na i nirugan）を，部が知るようにと併せて送った[34]。

　ようするに，もともとハルハのダライ・ジノンの領民であったオンコトは，一度はロシアに従属した。ところが，ネルチンスク条約締結後，再びダイチン・グルン側に来到してきた。オンコト集団およびホンゴル・ダイチンに隷属していたさまざまな属民たちは，三千丁にも及ぶ大集団であった。彼らは，二十のニルに編制されて，ソロンの地に居住することとなった。ただし，そのうち四百あまりの男丁は，ジャイレト（Jailet），ドルベトの二旗の地に配置された[35]。かくて，黒龍江将軍は，康熙帝の聖旨のもとに，ソロン，ダグル，オンコト，ホンゴル集団をすべて統轄することになったのである。

　しかし，彼はある難問すなわち「言語」の問題に直面した。ハルハ，バルフ

などの人々とソロン，ダグルが同じ地に雑居するうえ，ドルベト，ジャイレト二旗と境を接しており，家畜をめぐるトラブルが続出していた。これらの案件を審理する際，共有されるべき法例（fafun i bithe）がなければ，処罰は難しい。ソロン総管のところには，モンゴル文字の法例があったが，サブスはモンゴル語ができなかった。そこで，彼は，なんと理藩院へマンジュ語に翻訳した法律書を送って欲しいと要求したのである[36]。

3）オイラト，テレングトとウリャンハイ

　西北方面の強敵ジューンガルと一触即発の緊迫した情勢下にあった康煕五十年代，ダイチン・グルンによる軍隊の配置・整備は，雲南にはじまり，四川，青海，ハミ，アルタイへと徐々に拡張されていった。東方の黒龍江からも，ブトハの人々が，精鋭軍としてそれらの地に向けて送り込まれた。

　康煕五十九年（1720）三月，皇帝は，ジューンガルを攻撃すべく，チベット遠征と連動するかたちで，西路軍として将軍フルダン（Furdan）に八千人の精鋭部隊を授けた。フルダンはブラハンのルートからツェワン・ラプタンの領域を攻撃してジューンガル軍を撃破し[37]，その結果，アルタイの地からオイラト四百四十人あまりを捕虜として連行してきた。将軍ヤンシェオは，彼らを引き連れ，駐屯地のブラガのチャガン・トルゴイから，ジェブスンダムバ・フトクトやトクシェトゥ・ハンの家を経由して，ケルレン河に沿って下り遊牧しながら，最終的にフルン・ブイルの地に集合させて，ハルハ王プクスン（Puksun）の地で魚を食べさせて養えばよい，と上奏した[38]。

　そして，康煕六十年（1721），康煕帝より指示がくだった。これらの捕虜のなかからオイラトとテレングト（Telenggut）の数をそれぞれ数え上げて分別し，彼らをチチハル将軍チェンタイ（Centai）に引き渡すこと，彼らの兄弟を分散させずに黒龍江，チチハル，メルゲンの三ヶ所に分けて配置して，ニルに併合して軍人とするように，と[39]。

　テレングトは，かつてモンゴル時代，モンゴリア西北部の森林地帯に居住する「森の民（ホイ・イン・イルゲン）」として知られ，帝国の連合体の一部を構成していた。彼らはこの時代になっても，依然としてアルタイ周辺の森林地帯

第 11 章　尚武のモンゴル　467

に居住して，部族集団としてのまとまりを保持し，ジューンガルの配下に入っていたのであった[40]。

　将軍チェンタイは，まず捕虜となったテレングトをチチハルの西方十五里先に位置するオクト湖（Okto omo）の地にしばらく置いた。

　合計六十八戸，三百一名の人口からなるテレングトに対し，家畜やテントを造る布・衣服・家財道具などを支給して，翌年（1722）七月三十日までの食料も配給した。

　そして，その年のうちに，ヌミン河（Numin bira）に流れ入るゲニ河（Geni bira）の合流地点が森に近く，農地を耕したり家畜を養って遊牧したりするのによい場所だったので，彼らをソロンのアラ・アバの副管ニルチュダイ（Nil-cudai）のジャランに併合したうえで，ここに住まわせることとした。来投してまもないこともあり，総管サインチク（Saincik）らに命じて軍隊を率いて，その遊牧を監視させるいっぽうで，農耕も教えて生業を営むことができるように取り計らったのであった[41]。

　また，同じ年，兵部から黒龍江将軍へ文書が送られ，次のような措置が採られた。すなわち，連行されてきたテレングトのアルバの仲間（hoki）四十二人の男丁を一つのニルに編制し，ネメルに住んでいたダグル・ジャランのもとに編入した。翌康熙六十一年（1722），再び兵部から黒龍江将軍へ文書が送られ，連行されてきた者のうち，①タブンのバクタ（Tabun bakta）[42]の仲間五十八人の男丁を一つのニルに編制してヤル・アバに編入，②バカナクの仲間の四十八人とウリャンハイ（Uriyanghai）の仲間五人を一つのニルに編制してトックドゥン・アバに編入，③ケル・サガル（Ker sagal）のダライの仲間四十六人を一つのニルに編制して，ノン江の岸に住まわせ，ダグル・ジャランに編入，④シャク（Šak）の仲間四十六人を一つのニルに編制して，同じくノン江の岸に住まわせ，ダグル・ジャランに編入した[43]。

　さらに雍正元年（1723）十一月二十日に兵部から黒龍江将軍へ送った文書によれば，①アラル・アバのなかでテレングト・アイマンのエルケの仲間四十人の男丁を一ニルに編制し，アラル・アバのニルチュダイ・ジャランに編入，②ダシ（Dasi）の仲間四十二人の男丁を一つのニルに編制して，ダグルのフワル

タイ・ジャランに編入，③タブンのバクタの仲間五十八人の男丁を一つのニルに編制して，ヤル・アバのハムビラ・ジャランに編入，④バカナクの仲間四十八人の男丁とウリャンハイの男丁五人がみずからこの仲間と合流して暮らしたいと言ったので，一つのニルに編制して，トゥクドゥン・アバのヴァイサン・ジャランに編入，⑤ケル・サハのダライの仲間四十六人の男丁を一つのニルに編制して，ダグル・アルトゥ・ジャランに編入，⑥シャクの仲間四十六人の男丁を一つのニルに編制して，ダグル・ホトク・ジャランに編入した。

　彼らは畑を耕しかつ漁労をおこなっているが，道理・倫理（doro）を知らないので，応急処置として，この編制された六つのニルに，ブトハの驍騎校のなかから管理能力のある者を選出，それぞれジャンギンに任命し，テレングトたちのなかからは頭目六名を出して驍騎校に任命することにした（さらに，その下には，一般のニルがそうであるように，ブトハ男丁のなかから三人ずつの小領催を選出・任命して統轄させ，その任期を三年と定めた）。毎年五月の貂皮を選ぶチュルガン集会の席で，ニルイ・ジャンギン，驍騎校を選出した後，黒龍江将軍が皇帝に引見させて上奏する。将来，これらの新たにニルに編制された集団の生活が安定したあかつきには，ニルイ・ジャンギン，驍騎校の欠員が出れば，彼らのなかから選出して任用する[44]。

　新たな集団をどのようにブトハ・ニルのなかに編制し，処置するか。ダイチン・グルンは，細心の注意をもって綿密に方策を講じたのであった。その結果，移住当初のテレングトやケル・サガルあるいはタブン，ウリャンハイなどの男丁は合計二百三十九人（ブトハ・ニルの規定に従って，男丁ごとに毎年一枚の貂皮を納めさせた）に過ぎなかったが，雍正七年（1729）の時点で，ブトハ全体の戸数は五千五百八十九，口数は三万三千二百六十八人にまで膨れ上がっていた[45]。

　このように，康熙年間のジューンガル遠征の結果，捕虜となった多くの遊牧民が，東北の新たな土地に徙民させられて，農業技術を教わり，生産に従事したのである。ジューンガルの連合体を形成するオイラト集団およびテレングト集団が，はるか遠くジューンガリアの地から黒龍江周辺へと移住させられる——それは，敵性勢力であるオイラト集団の弱体化を狙った一手ともいえた。

第11章　尚武のモンゴル　　469

そして，ダイチン・グルンがモンゴル集団の領民をニルに編制していく過程は，まさにモンゴル帝国以来の領民の再編を意味していたのである。

おわりに

「固有の言語，習慣をもって社会を統制してきた」とされるマンジュ社会は，中華民国の樹立によって，その伝統をしだいに忘れ，失っていった。

ヌルハチとホルチンの結びつきはもとより，帝国の中核をなした京城八旗や駐防八旗，中央政府高官の相当な割合をモンゴル貴族が占めていたことは，従来からよく説かれるところである。しかし，彼らに比して，「文化的にも社会生活も遠く漢字文化圏から離れ，狩猟を生業とする，未開で特殊な社会」として捉えられがちであったブトハ社会も，やはりモンゴル部族を中心に形成されており，しかも，じつはしばしば皇帝と行動をともにした重要な軍事集団だった。そして，逆にそこでは，マンジュの象徴たるマンジュ語，あるいは習慣——いわゆる「マンジュの道(ドロ) (Manjui doro, Manjui cikten)」が忘れ去られることは，ついぞなかったのである。21世紀を迎えた今日もなお，それは彼らのなかに息づき，脈打っている。かつてホルチンのもとにあったシベの末裔たるわたくし自身も，その生き証人の一人である。

ならば，「マンジュの道」とは，はたして何なのか。それ自体をあらためて省み，考えなおさねばならない時期にきている。その行為は，決して「ダイチン・グルン」というアイデンティティの否定ではない。ゆるがないものとして，再構築するための第一歩なのだ。そして，それはこのグローバル化した世界に生きるための手がかりともなるはずである。

注

1) 代表的な先行研究として，王鍾翰 (1957)・楊余練 (1980)・柳澤明 (1994)・楠木賢道 (1994)・加藤直人 (1997)・阿南惟敬 (1979) がある。
2) ムラン図については，畢梅雪 (Michele Pirazzoli)・侯錦郎 (Hou Ching-lang)

(1982)・羅運治 (1989) 参照。
3) 『八旗通志初集』巻三十二, 兵制志七 (満文：19b-29a 頁, 漢文：597-601 頁)。最近の研究については, 戴逸主編 (2005) 参照。
4) 杉山正明 (1978) (1993)・亦隣真 (1993)・宮脇淳子 (2002) 参照。
5) 『満文原檔』収字檔天命十年十月二十八日 (『老檔』太祖III, 994-995 頁)
6) 『満文内国史院檔』天聡八年五月一日
7) 「nakcu」は, 母方の兄弟を意味する。
8) 『満文内国史院檔』天聡八年五月二十三日
9) 『満文内国史院檔』天聡八年五月二十三日の原文では [# baksi] は黒く塗り潰されている。
10) 原文の [# tesede hendufi unggihe gisun (彼らに語って送ったことば)] が, 塗り潰されて, 横に [+unggihe hese (送った聖旨)] と書き加えられている。
11) 『御製清文鑑』(康熙四十七年刊) 巻五, 7a 頁では「家で使う人をアハという」と解釈されている。
12) 『満文内国史院檔』天聡八年六月五日
13) 『満文内国史院檔』天聡八年六月二十一日
14) 『大清太宗実録』巻十八, 天聡八年三月戊申, また『大清太宗実録』巻十九, 天聡八年六月戊寅も参照。
15) 『満文内国史院檔』天聡八年六月二十四日
16) 杉山正明 (1993) 215 頁。チンギス・カンの一族分封については, 杉山正明 (1978) (のち杉山正明 (2004) 28-61 頁) 参照。
17) 朱風・賈敬顔訳『漢訳蒙古黄金史綱』附録三, 蒙古家譜, 240 頁
18) 『大清太宗実録』巻五十八, 崇徳六年十一月甲寅条「賜科爾沁國土謝圖親王巴達禮下得爾布・貂帽・緞朝衣・玲瓏・帯・銀器・緞・布等物, 以其送索倫部落博穆博果爾子圖麻爾至也」。
『大清太宗実録』巻五十四, 崇徳六年春正月乙丑条「賜郭爾羅斯部落哈尚・納爾噶泰・卓礼克図親王下叟塞達古里下慶凱等豹裘・緞・布等物, 以其送索倫部落額古訥等至也」。
19) 『盛京吏戸礼兵四部文』「(3) 礼部文, 賞來朝蒙古官員, 崇徳四年正月初九日, 賞演劇人及來朝中外官員, 崇徳四年正月十六日, 賞賜來朝蒙古官員, 崇徳正月二十日」(『清代檔案史料叢編』第十四編, 75-139 頁) 参照。
20) 『大清聖祖実録』巻一百四十三, 康熙二十八年十二月丙子「先是, 領侍衛内大臣索額圖等奏：臣等抵尼布潮城, 與鄂羅斯國来使費要多羅・額礼克謝計會議。彼初猶以尼布潮・雅克薩為所拓之地, 固執争辨。臣等以鄂嫩・尼布潮係我國所屬, 毛明安諸部落舊址・雅克薩係我國虜人阿爾巴西等故居」。
21) 『満文原檔』第十冊, 日字檔, 天聡十年二月二十日, 64 頁および『満文原檔』第十冊, 字字檔, 崇徳元年十二月一日, 699 頁 (『老檔』太宗 IV, 1479 頁) 参照。
このときの「Kamjigan jegelei」は, すぐ後で登場する「Kamnigan」の「Yelei」と同一人物である。カムニガンについては, 今西春秋 (1964) がトリシェンの『異域録』に記載があることを指摘し, 同書 93 頁の注釈 83 において, 『満洲源流考』巻八, 疆域お

よび『黒龍江通志』巻十一の記載から「エニセイあたりにいるソロン」のことだと結論づけた。
22) 『老檔』太宗 IV, 1479 頁では「ドブク (dobukū)」と記される。
23) 『満文原檔』第十冊, 宇字檔, 崇徳元年十二月二日, 699 頁 (『老檔』太宗 IV, 1479 頁)。また, のちの編纂資料『八旗通志初集』巻一百五十, 名臣列傳十, 呉巴海巴図魯 (満文：20a-24b 頁, 漢文：3826-2827 頁) には「Monggo Yelei sarganjui 蒙古葉雷率妻子」と記される。
24) 『黒龍江檔』23-8『康熙五十七年正月の吏・兵部・理藩院・盛京兵部よりの来文を記した檔子』(五十七年兵司到案, 部院衙門) 正月初三日にブケイ駅站の男丁スリヤンビが送ってきた書, 『黒龍江檔』23-24『康熙五十七年正月の黒龍江副都統・メルゲン城副都統・ソロン総管・駅伝役人への行文を記した檔子』正月初四日にブケイ駅站の男丁スリヤンビに送らせた書
25) ユーラシア東西で重要な称号として用いられた「ダルハン」については, 多くの研究があるが, ここでは韓儒林 (1940) (1941)・恵谷俊之 (1963) を挙げておく。
26) 『ブトハ・ダグル・イナルニル根源執照』(東洋文庫蔵)
27) 『黒龍江鑲黄旗ダグル・ニル・ゴルムボ承襲世管佐領執照』(満文, 写本, 一軸, 東洋文庫蔵)
28) 『月摺檔』軍務類, 人事項, 第二四四号第五号, 乾隆九年七月初三日
29) 『黒龍江檔』9-2『雍正七年正月からの盛京・兵部・理藩院への行文を記した檔子』二月二十二日にニルイ・ジャンギン・フォジボオ (Fojiboo) に送らせた書
30) 同上
31) オングトについての研究は, 中国では王国維にはじまり周清樹 (2001) に至るまで, 日本でも白鳥庫吉から箭内亘・櫻井益雄・小野川秀美など膨大に蓄積されてきており, ごく最近では杉山正明 (2008) 240-269 頁がある。
32) 『黒龍江檔』3-1『康熙三十年のチチハルの地への来文を記した檔子』五月二十二日に御前領催ハイセ (haise) が送ってきた書
33) 『黒龍江檔』3-2『康熙三十年のチチハルよりの行文を記した檔子』五月二十六日に鑲藍旗満洲ニルの領催マンダイ (Mandai) に送った書
34) 『黒龍江檔』3-2『康熙三十年のチチハルよりの行文を記した檔子』六月初八日に正白旗ニルイ・ジャンギン・ブルギオ (Burgio) に送った書
35) 同上
36) 同上
37) 『大清聖祖実録』巻二百八十七, 康熙五十九年三月丙申条
38) 『黒龍江檔抄本』(ロシア科学アカデミー東洋学研究所サンクトペテルブルグ支部所蔵, 編号 203) 康熙五十九年二月初五日
39) 『黒龍江檔抄本』(ロシア科学アカデミー東洋学研究所サンクトペテルブルグ支部所蔵, 編号 203) 康熙六十年三月二十一日
40) テレングトが「貼良古惕 (Telengūt)」であることは, 従来より知られていた。烏蘭 (2000) 322 頁, 注 51 参照。森林の民については, 伊藤幸一 (1962)・宇野伸浩

(1986) 参照。
41) 『黒龍江檔抄本』(ロシア科学アカデミー東洋学研究所サンクトペテルブルグ支部所蔵, 編号 203) 康熙六十年三月二十一日
42) 「tabun」はモンゴル語で「五つ」の意味。
43) 『黒龍江檔』9-2『雍正七年正月からの盛京・兵部・理藩院への行文を記した檔子』二月二十二日にニルイ・ジャンギン・フォジボオに送らせた書
44) 『黒龍江檔』3-10『雍正二年正月からの吏・兵部・理藩院・盛京兵部よりの来文を記した檔子』雍正二年正月二十五日にブケイ駅站の男丁チラムボオが送ってきた書
45) 『黒龍江檔』9-2『雍正七年正月からの盛京・兵部・理藩院への行文を記した檔子』二月二十二日にニルイ・ジャンギン・フォジボオに送らせた書

第 12 章　文雅のモンゴル
——『閑窓録夢』に見る北京の旗人生活——

はじめに

　17世紀から19世紀までの，ダイチン・グルンの旗人たちを語るとき，誰しもが彼らの実際の暮らしはどのようなものであったのか，と想いをめぐらせることが一度はあるだろう。それを知る手がかりとして，まず旗人官僚が政府に報告した文書類「檔子（dangse）」が大量に残っている。しかし，これらは旗人官僚の「公的」な一面を伝えるに過ぎない。旗人みずからが「私的」な一面とその日常生活を記録した日記類は非常に少なく，これまで，マンジュ語で書かれたそうした日記はほとんど存在しないと考えられていた。だが，ここに，最近の調査によって，一つ発見された。『閑窓録夢』（全五冊，写本）である。

　この日記について，初めて紹介したのは中見立夫（2000）である。中見は「大阪外国語大学附属図書館所蔵旧渡部収集本のなかには，《閑窓録夢》と題する，松筠の道光八年（1828）より十五年（1835）に至る時期の日記鈔本が存在する。これは，内容はともかく，ほかに所在を知らない超珍本といえる」と解説している[1]。ただ，書誌条項の報告や文献学的な考証はなされておらず，『閑窓録夢』のなかに描かれる19世紀中期の北京旗人の生活についても，いまだ紹介されていない。

　したがって，本章では，まず書誌情報や，文献としての側面からこの日記を検討し，多岐にわたる内容のうち，ごく基本的なことがらを述べたうえで，当時の旗人社会に横たわるさまざまな問題を提示したいと思う。以下，第1節では，まず作者の松筠について紹介し，かつこの日記の資料的価値を論じる。第2節では，松筠の日常生活を中心に，『閑窓録夢』のなかに現れる北京の旗人同士の間での年中行事・交友関係・食生活など，身辺雑事を分析し，松筠が何

を感じて，どのような行動をとっていたのかを探る。第3節では，新疆のジハン・ギールの反乱が北京に伝わり，やがて統治者としての立場にいる旗人らの間で，「受俘」儀式を中心に，その「叛乱」が物語として語り続けられていくことを明らかにする。第4節では，書道家と篆刻家としての松筠が残した作品を紹介し，さまざまな角度から彼の実像に迫りたい。

1 松筠と『閑窓録夢』について

　松筠（1751-1835[2]，図12-1[3]）は，マンジュ語でSungyūnと書き，乾隆十六年（1751）生まれ，姓はマラト（瑪拉特），字は湘浦[4]。祖先はモンゴル・カラチン部の人で，モンゴル正藍旗に属する旗人である。その家系については，沈垚の『落帆楼文集』巻五，後集二の「都統衔工部右侍郎前太子太保武英殿大学士諡文清松筠公事略」によれば，

> 先世は喀爾沁部(カラチン)の人で，喀爾沁は元の時の大臣である済勒瑪(ジェルメ)の後裔である。始遷祖の達爾彌岱(ダルミダイ)は太宗文皇帝（ホンタイジ）に従い，察哈爾(チャハル)の布拉(ブル)尼汗(ニハン)を平定し，遂に正藍旗のモンゴル人となった。曾祖は五十九(ウシジュ)，祖は舒(シュ)勒赫(レヘ)で，父は班達爾什(バンダルシ)であり，皆な光禄大夫を誥贈された。曾祖母は蒙古(モンゴ)勒(ル)氏，祖母も蒙古勒氏で，母は布勒噶齊(ブルハチ)氏であり，みな一品夫人を誥贈された[5]。

とあるように，なんと元の大臣ジェルメにまで遡る。ジェルメについては，『蒙古源流』にその事績が見えるが，松筠との詳しい関係は不明である[6]。「誥贈」（死後に皇帝の命令により官位・称号をおくること）というのは五品以上の大臣に対する用語で，この漢文資料では，松筠がモンゴル貴族の末裔だと強調されている。母の姓である布勒噶齊は，ブルハチ（Burhaci 布爾哈齊）のことだろう。そして，このブルハチ氏は，満洲八旗に隷属している蒙古一族の姓である[7]。

　松筠は，二十一歳で翻訳生員理藩院筆貼式になり，二十五歳で軍機章京に充

第 12 章 文雅のモンゴル 475

```
元の大臣ジェルメの末裔（カラチン・モンゴル）
                │
        達爾彌岱（正藍旗蒙古人）
                │
        五十九（曾祖）─（曾祖母＝蒙古勒氏）
                │
        舒勒赫（祖）─（祖母＝蒙古勒氏）
                │
        班達爾什（父）─（母＝布勒噶齊氏）
                │
        松筠─（夫人＝察哈爾氏，皆先公卒）
         ┌──────┴──────┐
   熙昌（長子，至吏部侍郎，皆先公卒）  熙慶（次子）
```

系図 12-1　松筠の家系略図
典拠：沈垚『落帆楼文集』巻五，後集二

図 12-1　松筠像（稲葉岩吉（1935））

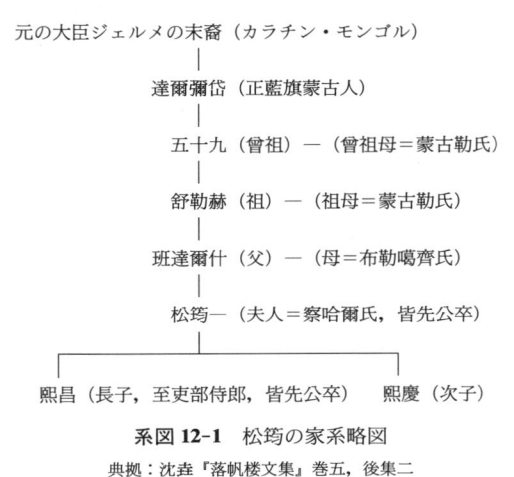

てられ，戸部銀庫員外郎を歴て，三十二歳のとき，すなわち乾隆四十八年（1783）に内閣学士となり，並びに花翎を賞せられ鑲黄旗蒙古副都統に補された。四十九年に正紅旗満洲都統として吉林に赴くことになり，乾隆五十年，庫倫に赴いてロシアとの貿易事務を処理，以後，庫倫辦事大臣として八年間勤務した。この間，乾隆五十一年に戸部右侍郎に抜擢されている。松筠三十五歳のときのことである。若くしてすでに要職に携わり，さまざまな事件の処理を担当していたのである。彼の友人である蒙古正黄旗の富俊[8]は，

> 松湘圃なる者は，学を嗜む士なり。群書を博覧し，実行を崇尚して，（八旗）子弟の業を習い，尤も清文に長ず[9]。

と評価している。村上信明（2002）は，翻訳科挙出身の蒙古旗人について分析し，マンジュ語に精通する蒙古旗人が軍機章京として活躍したことを取り上げているが，松筠もそのうちの一人である[10]。

さて，松筠は乾隆五十九年（1794）九月からチベットに派遣され，駐蔵辦事大臣として民情を詳しく調査し，賦税を減額することを上奏した。積極的にチベット問題に取り組み，嘉慶四年（1799）まで五年間勤務した。赴任先までの行程を「巡辺記」[11]という短文にまとめ，駐在期間に『西招紀行詩』（乾隆六十

年序)、『丁巳秋閲吟』(嘉慶二年序)、『西招図略』(嘉慶三年序)という地理書を仕上げる。その後、新疆に十三年間伊犁将軍として滞在した際、「伊犁駐兵書始」・「伊犁興屯原始」・「南北両路卡倫総叙」・「南北両路山水総叙伊犁総統事略」[12]などの現地事情を詳細に研究した文章も書き残している。また、出生から道光年間までのみずからの見聞を『綏服紀略』(道光三年（1823）序)という書物に、細かい注解をものしながら、それぞれの土地の人々に関する情報をまとめて書いている。これらはすべて漢文で書かれた書物である。

このほかにも、松筠が上奏した奏摺が漢文・満文ともに大量に残っている[13]。マンジュ語の著作としては、今のところ『百二老人語録』[14]と『閑窓録夢』のみが発見されており、後者は唯一の日記資料である。これらはいずれも写本で残されており、出版には至らなかった。

このうち、『閑窓録夢』の写本は、すでに述べたように、現在大阪大学附属図書館箕面分館（旧大阪外国語大学附属図書館）に所蔵されており、縦17cm×横13.1cm、全五冊。各冊の枚数は二百十二枚から三百三十八枚までとさまざまである。それぞれの表題と書誌情報は表 12-1 の通りである[15]。

原物を調査したところ、第一冊目の封面の右側に「閑窓録夢五冊、松筠記述（述？）」、そして左側に「閑窓録夢五巻、松筠記述（述？）五巻」[16]という文字が書かれているが、これらは明らかに異なった筆蹟で記されている。扉頁には紅いインクを用いて漢文で「道光八年正月大」、「七月小」、「道光九年正月小」、「道光拾年正月小」、「道光十五年正月小」などとそれぞれ書かれ、日記のそれとはどう見ても異なる筆蹟であることから、これもまた後世の人が付け加えた

表 12-1 『閑窓録夢』の写本

表　題	扉頁文字	記　述　年　月　日	頁　数
閑窓録夢五冊 松筠記述	道光八年正月大（朱字）	道光八年正月初一日〜七月二十九日	1-338
なし	道光九年正月小（朱字）	道光九年正月初一日〜六月三十日	1-244
なし	七月小（朱字）	道光九年七月初一日〜十二月三十日	1-246
閑窓録夢　丙	道光拾年正月小	道光十年正月初一日〜五月三十日	1-212
閑窓録夢　壬	道光十五年正月	道光十五年正月一日〜六月二十七日	1-218

ものと思われる。
　序文の最後には，「doro eldengge i jakūci aniya suwayan singgeri aniya biyai 道光八年歳在戊子正月松筠識」と記される。道光八年（1828）正月一日にはじまり，道光十五年六月二十七日をもって擱筆される。
　道光十一年（1831）から十四年までの四年間の記録はまったくないが，現存する『閑窓録夢』の一部の表題の右下に「丙」・「壬」[17]という文字が書かれ，「十干」にもとづいて冊数を記してあることからすると，もとの日記は少なくとも八冊あったと推測される。道光十一年から十四年の部分が「丁・戊・己・庚・辛」にあたると考えられる。
　日記の最後の記事は道光十五年（1835）六月二十七日だから，松筠はこの後没したと考えられる。松筠の亡くなった年齢については八十四歳と八十二歳という二つの異なった記述が残されている[18]。『松筠列伝』に，

　　（道光）十一年二月に奏して言く，喀什噶爾（カシュガル）の防衛任務を交替する官兵は宜しく裁撤すべし。……是月は松筠の八十生辰にして，耆齢錫祜の扁額，御書の福寿字各一を賜り，並びに文綺・服物に差あり[19]。

とあるように，高齢にもかかわらず，国家事業に積極的に進言し，皇帝から賜物としてさまざまな物が賞与されている。道光十一年二月は八十歳の誕生日と記されているから，亡くなった道光十五年は八十四歳と確定できる。
　じじつ，松筠が亡くなった具体的な年月について，前掲の松筠公事略は，

　　（道光）十五年の夏，公の疾篤し。時に久しく旱たれば，上（皇帝）の歩して黒龍潭に禱り，雨を得。公，甚だ喜びて，左右をして扶せしめ庭中に至りて雨を観るも，室に入りて坐せば，両足は忽として麻木（しびれ），三日を越して卒す。五月二十二日なり，年八十四[20]。

という。しかし『閑窓録夢』の記事は道光十五年（1835）六月二十七日まで書かれており，上述の記事に比べて一ヶ月は長い。『落帆楼文集』の記述は誤りということになろう。
　いずれにせよ，享年八十四歳ということは動かないと見られるので，それに

したがって「松筠の事績年表」を作成し，本章末尾に附した。

序文は満漢合璧で書かれている。いっぽう本文のうち，人名・地名・店名・劇名・茶館名などは中国語の行書・草書体で書かれ，ところどころに松筠自身の漢詩も書き残されている。それ以外はほとんどマンジュ語で記されている。

この日記が松筠の直筆かどうかは，今のところ確認できない。日記全体は筆蹟からすると，同一人物の手だと思われる。しかし，日記のサイズ，文字ともに非常に小さく，高齢の松筠が書いたとは考えにくい。別人が日記の現物を書き写した可能性もある。

実際に日記を見ると，重要な内容だと思われる箇所には，マンジュ語の横に朱圏が付されている。年月の記載は，すべての日付においてマンジュ語で書かれており，当時，朝廷がつくった『時憲書』[21]の満文版を参考にしていると思われる。たとえば，日記最初の日付を以下のように記録する。

> 道光八年戊子正月大甲寅初一日辛丑土婁閉（原文：〇〇 doro eldengge i jakūci aniya suwayan singgeri aniya biyai amban niowanggiyan tasha alihabi,/ ice de šahūn ihan boihon i feten ludahūn usiha yaksitu enduri/ inenggi）

『閑窓録夢』という題名の由来とその意図については，序文に次のように述べられる。

> 夢をなぜ書いたかといえば，夢にはわけがあり，わけには情があり，情を止めてはいけないからだ。夢から醒めることができないので，静かな窓の下でもっぱら書いた。天地の生霊や，我らがあくせく生きることを見れば，（これらは）夢が由来すべき理由でないことがあろうか。また，聞いたところでは，天地というのは夢の居所であり，古今というのは夢の影で，人物は夢の魂である。行動・交際するのは夢のことで，生死も夢に入り夢から醒める境なのである。これを見れば夢はいくら同じ夢とはいっても，善悪の区別がある。仁義忠信，孝友廉潔となること，これは善夢である。媚びを売るつまらない人，ごまをする人，奸賊，邪道な節度のない者になること，これは悪夢である。我ら自身はきわめて賢くもなく，極端に

愚かな者でもないので，善悪をことごとくおこなう間において，もしも時ごとに戒めて慎まなければ，誠に悪夢を見るごとく終わりがないのではないか。ゆえに，およそ私の公私のことを処理し，さらに飲食起居などささやかなことに至るまで常に点検し，ささいなことも悉く書いたので，その書名を『閑窓録夢 (Siyan cuwang lu meng)』と付けたのである。これにいくらか，わずかでも書くべきよいことがなかったとしても，衣服の表に刻み，ベルトに書いたように戒めの辞とすればよい。また，暗闇に厳しく独り慎み，あえて悪を犯さないようにという心である。およそ我らの家の子孫は理として私の慈しむ心を手本にし，断じてこの夢を軽んじてはならぬ。そのために序として書いた。

なぜ日記の表題を『閑窓録夢』としたのか，この序文を見れば一目瞭然だろう。すなわち，この日記は，松筠自身が人生を夢に託して，後世の子孫に残した誡めの書なのである。

松筠は，毎日見聞したことをそのまま詳しく記述する。彼自身の家庭の事情，日常生活，宦官との交友関係などさまざまな身辺雑事から，自身の経験でなくとも，その耳に入ったあれこれまで，じつにさまざまなことがらが記録されている。高齢にもかかわらず精力旺盛で，芝居の観賞・酒食・寺巡り・書道・篆刻，そして書物の購買を愛好する。また非常な情報通で，筆録する地域は北京を中心として山東省に及び，さらに新疆ジハン・ギール[22]の反乱にまでいたる。交友関係や芝居の事情にはじまり宮廷内の行事や，上諭の内容，町中に貼った告示にもその筆は及ぶ。道光八年（1828）五月にジハン・ギールを捕らえ，皇帝がみずから紫禁城の午門に座した「受俘」儀式に関する記事を筆頭に，旗人の葬式，屋根の上で凍死した泥棒の事件，友人と頻繁に催される茶食，酒食の会合での記事，布団を盗んだ旗人が羞恥のあまり殺鼠薬を飲んで自殺した事件など，歴史の大事件から一般の些細な出来事に至るまで筆を惜しまないという姿勢が，この日記の大きな魅力である。このような魅力をいささかでも伝えるために，できるだけ多方面の記事を提示して，松筠が生きた時代とその日々の暮らしを活写したい。

2　松筠の生活

　松筠がどこに住み，どのような食事をし，何を感じていたのか。そうしたことは，実録・檔案といった公的な資料からはほとんど知りえない。第1節で述べた松筠の履歴は，あくまでも檔案資料あるいは彼が書いた報告書に残されたイメージである。あまり飾ることのない私的な性格をもつ日記から，実寸に近い松筠の像を浮かび上がらせること，すなわち多様なダイチン・グルンの資料群のなかでも前章までに用いてきた文献とは一味ちがうものを紹介し，どのように利用できるか見本を示すことが，本章の重要な目的の一つである。

　『閑窓録夢』の道光十五年（1835）二月二十四日の記事では，彼が幼少のころの引越しが回想される。

> 思えば，私が十三歳のときに父が亡くなり，十四歳のとき兄も身罷った。家を質入れして，二道柵欄口外路北胡同内路西第一門から出て，小城隍廟に移り住んだ。その後，小院児胡同に転居した。また引越しして磚塔胡同に居を得た。嘉慶二十三年（1818），私が十八歳のときから，磚塔胡同南門より下った板牆胡同に移り住んでいたが，その後，道光元年（1821），私の姉の夫が病死し，姉と甥たち一家を養う者がいないので，母のことばをきいて，姉と甥たち全員を迎え入れて一緒に住むことにし，私を大黒柱として生活してきたのである。今では甥たちはみな成人して少しずつゆとりが出てきた。いっぽう私のほうはしだいに生活が苦しくなってきた。板牆胡同に居を構えて以来，今にいたるまで十八年になった。現在，そこから離れ姉と別居するのは，非常につらい。

　北京城内を転々としていた様子がうかがえる。嘉慶二十三年（1818）から住まった板牆胡同の家については，道光八年（1828）六月八日の日記に，

> （連日大雨が降って）雨水が奥の間のオンドルまで浸水してきたので，私たち母子三人はみな外の間のオンドルで暮らした。おもえば，この家は嘉慶

第 12 章　文雅のモンゴル　481

二十三年に磚塔胡同から越してきて以来，十一年になった。雨の季節はただ雨漏りするだけで，こんなふうに浸水することはなかった。おそらく家の壁に鼠が穴を掘ったことに原因があるのだろう。明日，また土で補修しよう。補修できなかったら，秋に入ってから修理したい。

という。だいぶん老朽化した住宅であったようだ。そこへ，寡婦となった姉が逼迫した状況になって，一家で身を寄せてきた。松筠は，けっきょく甥たちが成人するまで十五年間，面倒を見たのである。

そのいっぽうで，道光二年（1822）六月一日には，

　　旨に円明園の娘娘廟の住宅一所を松筠に賞給して居住させよ[23]

というように，円明園に居を得ていた。当時，彼は上書房[24]の総諳達（アンダ）[25]という要職に転任，皇太子の教育を担任していた。その際に，皇帝から住居を賜ったのである。

板牆胡同からの引越し，新たな転居先については，やはり道光十五年（1835）二月二十四日の記事に，詳しく述べられている。

　　三千二百文で，羅老四に告げて四人雇い上げ，また六百文で車を雇って道具を載せて引かせ，我が家を，西四牌楼缸瓦市板牆胡同路北第九門から阜成門のなかの馬市橋北溝沿路西蘇羅伯胡同西頭路南，（そこを）西から東へ第二門まで移して住んだ……。
　　この家にはむかし全五臻が住んでいた。彼は今，正紅旗の役所の庭にある家に移り住んでいる。この家を私に融通した。臻の家は三間あり，毎月の家賃は二千二百文で住むことができる。中庭には二人の隣人がいる。一人は全五臻の相嫁[26]の護軍校の富という者，もう一人は漢人で歩甲兵として勤務している。家の主人は，その胡同に住んでおり，苗字はジュという漢人である。
　　昨日，雪が降った。昼は晴れたけれども，道はドロドロで，私は朝，暗いうちに，神仏棚を全部母と一緒に新居へ持って来た。夜には，嫁と孫がみな来た。姉が思い切れないので，妞児をつれて楽しませにきた。彭年，廷

貴が来て手伝ってくれ家財道具を移した。

　面白いのは，隣人同士はいずれも旗人なのだが，同じ地区に住んでいる大家は漢人という点である。道光年間の段階で，すでに城内には漢人が移り住み，しかも不動産経営をしていた。編纂資料では，ほとんどうかがい知れない状況が，ここにほの見えている。

　さて，今度は松筠の日常生活をのぞいてみよう。特に①年始・元宵節とそこから見える暮らし，②交友関係，③彼の副業，この三つに絞って紹介する。

1）年始

　道光八年（1828），松筠七十七歳の年，彼は熱河都統の代理をつとめながら，蒙古翻訳考試官の仕事にも従事していた。正月一日，この日は暖かかった。彼の家には年始の挨拶にたくさんの来客が訪れた。親戚もいれば，友人・知人もいた。

　　忠魁が叩頭しに来た。
　　忠賢が叩頭しに来た。
　　金蘭斎の王老二が来た。
　　景声五が来たが門に入らなかった。
　　同じ敷地に住む崔五爺父子が叩頭しに来た。……
　　聞いたところ，この日，永倫哥・永華哥・生哥・鶴年・廷珍・廷桂・廷連・興孫・承善，合計九人が来た。
　　聞いたところ，徳惟一阿哥（皇子・太子あるいは尊称）が来た。
　　聞いたところ，慶熙臣が来たが門に入らなかった。
　　ファフリ（Fafuri）法大爺が来て職名[27]をくれた。
　　聞いたところ，ジュチャンガ（Jucangga）珠老大が来て職名をくれた。
　　タゲオ（Tageo）胡同の宗室慶者賢が来て職名をくれた。
　　聞いたところ，朴二爺父子がみな来た。
　　渠克八が来た。
　　劉三爺が来た。

タゲオ（Tageo）胡同の小猪店張が年賀に来たが，入らなかった。
聞いたところ，義父が来た。
聞いたところ，瑞図が来た。
郝大爺が来た。

　この日だけで少なくとも二十八人。名刺を出した客人はある程度高い階級の人物と思われ，宗室の一員もふくまれている。松筠の幅広い交友関係がうかがえる。来客の名前が，二字の漢字を用いていること，マンジュ語の「ファフリ」などの名前が見えていることから，挨拶に来ている人の多くは旗人と推定される。同日の日記には以下のような記述もある。

私は水餃子を食べて出かけ，崔二爺の家に到着して，彼らの老太太に叩頭した。
醤房胡同の義父の家で叩頭した。老人は家にいなかった。
蜈蚣街胡同に位置する瑞図の家に到着した。彼は家にいた。
捨作寺胡同に位置する満九爺の家に到着した。
察院胡同に位置する済爺の家の門に到着して職名を渡した。
老来街宗室恵大爺の家に到着した。
城隍廟街徳至斎の家に到着した。
学院胡同阿斐軒の家に到着した。彼は家にいなかった。
高又拉地方の風五爺・朱老大の家の門に到着して職名を渡した。
南寛街楊八営長の家の門に到着して職名を渡した。
中寛街雅爺の家に到着した。
武定候胡同寧五爺の家に到着した。
頭條胡同の嫁の母の家に到着した。
遵古堂薬局に到着した。
花火店に到着した……。

とあり，この後にも，松筠が訪問した家が羅列されている。大勢の人々が挨拶に来たように，松筠もまたみずから四十軒にも及ぶ家を訪問したのであった。

とても七十七歳の老人とは思えない元気さである。たいてい家の門のところで名刺を渡している。これが慣習だったのだろう。このように何軒も訪問する際に利用する乗り物は，十五文で雇える橇である。橇は乗り物として日記のなかにしばしば登場しており，当時の人々の間で，広く使われたことが窺える。

　この記録だけでは訪問者との関係はよく分からないが，いろいろつきあわせて調べてみると，どうやら友人だったり懇意の本屋だったり，あるいは薬局・花火店だった模様である。このような年始の挨拶は十日まで続く。六日には，

> 朝，水餃子を食べて出かけ，渠四兄の妻の家に到着した。この日は彼女の誕生日なので，母は彼女に千文を渡した。元泰が家にいた。私は何も食べずに帰った。晩ご飯を食べて，六十文で驢馬の車を雇って，醤房胡同の義父の家に到着して，新年の礼で叩頭した。老人らはみな家にいた。末娘に会わせてくれなかった。暫く休憩して歩いて家に帰った。

という。松筠は水餃子を好んで食していたと見え，朝，水餃子を食べて出かけるのが，彼の一日のはじまりであったらしい[28]。旗人とはいっても，まったく庶民と同様の生活を送っているように見える。

　また，正月はもちろんのこと，春夏秋冬にかかわらずしばしば寺参りをしていたようである。たとえば道光八年（1828）一月三日に，

> 夜の時，チャンヒン（Canghing）常大爺が来た。入って暫く座った。彼が約束したことには，七日に，鍾山英を求めて会って一緒に西直門のなかのミルク茶の店に集合して，覚生寺[29]で遊びたいと決めて帰った。

と取り決め，そして，約束の七日には，

> 朝，水餃子を作ってから出かけ，鍾山英の家に到着すると，山英は先に出かけていた。私が急いでミルク茶の店にいくと，山英，常声はみなそこで待っていた。そこからともに西直門を出て歩いて，覚生寺に到着した。昨日，雪が降ったので道はきわめて滑りやすい。寺から出て沙鍋居でお茶を飲んだ。のちに四合館で餛飩を食べた。合計六百文を費やして，常大爺が

払った。私は焼餅二十個を買って，母にあげたいと思った。また焼餅十個を買って，山英に委ねて伝えて，先生アジャ（Aja）にあげたいと言った。西直門を入って，常大爺，山英はみな各自の家に帰った。私も家に帰った。

また，二月二十九日に，

> 私はそれから隆福寺にいって遊覧した。寺院のなかでシュガン（Šugan）兄弟と遭遇した。……私はお寺のなかで酒を一杯飲んだ。肉と一碗の餛飩を食べた……。

このほかにもさまざまな寺院を訪れている。ただ，友人と訪れたり寺院内で食事や飲酒をしていることから考えると，寺参りには娯楽としての一面もあったようである。松筠は仏教徒であったらしく，自宅に仏堂を設置しており，毎日念仏を唱えたり，夫人とともにお茶を飲んだりしていた[30]。これについては，また道光八年（1828）五月十六日に，

> 楷子房から金剛経一冊，蔵経目録一冊，避瘟経一冊，金剛経図説一冊，玉歴鈔伝一冊，全五冊を私にくれた。皇帝が私に賞し与えたものであるという。郁蓮荘に与えたものも同じである。

とある。仏教関係の書籍を皇帝から賞されていることから，皇帝と何らかの関係を持ち続けていることが分かる。先に紹介したように転居の際も仏壇を運んでいるから仏教への信仰は疑いないが，いっぽうで肉や酒など飲食に執着しており，厳格な仏教徒ではなかったようだ。

2）元宵節

陰暦正月十五日は中国で伝統的な「元宵節」（上元）である。道光八年（1828）の元宵節の前日，瑞図が来て，飾り灯籠のとき，天豊軒で集合すると約束している。当日，

> 朝，金蘭斎の王老二が来た。彼が来たとき，私はまだ起きていなかった。

おおよそ聞いたところ，彼は今月の十九日に赴いて山東省に帰りたいという。暫く座って帰った。母の具合が悪くて，朝食も食べていない。夜に克俊を遣わして，瑞図の家にいって，彼に灯籠を見にいくことができなくなったということを告げさせた。この夜，灯籠を見にいかなかった。身体の調子がはなはだ悪いので，二更の時にすぐ休憩した。

けっきょく，松筠も，彼の母も体調不良で——今でいう流感だったのだろうか——約束はキャンセルせざるをえなかった。翌年の道光九年（1829）の元宵節は，

夕食を食べて出かけ，……庫子胡同で「火判官」を見た。そこに花火灯があり，人々が非常に多い。そして慶爺と会って友達四人で茶を飲みにいった。三更になって帰宅した。和順居の前で花火の打ち上げを見た。

元宵節のもう一つの楽しみは「灯謎」を解いて，賞品をもらうことである。たとえば，道光十年（1830）正月十五日，

灯りをつけた後，私は出かけて，薬局の遵古堂の前で「灯虎児」[31]の謎を解いた。ある細長い紙に「士曰既且」という四文字が書いてある。『論語』にある「言遊過矣」という言葉で解いたところ，正しかった。私は筆一本，香一つ，西瓜の種一包みを貰った。そこでしばらく座って帰宅した。酒を飲んだ……[32]。

この「士曰既且」は『詩経』に出てくる言葉で，これに対して松筠は『論語』の「言遊過矣」という言葉で解いたと言っている。おそらく答えは「由」であり，「士曰既且」の言葉の字形と「遊」の音から，答えを導き出したと思われる。松筠がこの遊びを楽しんでいる様子がうかがわれる。道光十五年（1835）の元宵節には，

灯りをつけたとき，車一台を雇って，私の母・姉，それから圍児・套児・黒子を連れて一緒に臥佛寺庫子胡同・呂祖廟・都城隍廟・錦什坊街宮門口などの場所に遊び，灯籠を観賞した。年市辺りの土地廟の南で，盒子灯を

見た[33]。それから家に帰った。

家族全員で遊びに出かけ，友人らと会合し，灯籠を楽しんだことが分かる[34]。

3）交友関係

次に，松筠が公私にわたってどのような交友関係を結んでいたのか，見ていくことにしたい。大きく親類関係・旗人との関係・宦官との交友・その他の私的な関係に分けて考えてみよう。

①親類関係

松筠が同居している家族としては，母・姉とその子供たち・いとこ二人・妻，そして後に生まれる囲児がいる。

姉の一家と同居することになったいきさつはすでに紹介したが，ほかにも松筠を頼ってきた親類が何人かいる。

まず義兄弟の高三爺。道光八年（1828）六月二日の日記に，「高三爺の妻が私の母と喧嘩して逃走した」とあるが，その詳細は六日後を見れば明らかになる。

> 私の兄，義兄弟である高三爺が道光六年十月十日に，我らの院に移り来て住んでから二年あまりとなった。彼の妻女らが理を知らず，常に私の母に対して非が見られる。彼の妻の親族の姉も来て彼女と同じく勝手なので，高三爺が後泥湾胡同の炭廠子の門のあたりで家を探し，朝，引越した。

四月二十九日には，

> 聞いたところ，旧い親戚である張明張老大が来た。姉が箱を取って彼を留めて食事をさせた。彼は五月十二日に到着して，克儉が彼の店舗にいって商売を習うと言った，という。

松筠のように高級官僚ともなると頼られることが多かったようである。

ところで，松筠の養父の兄の子に渠大哥なる人物がいたが，彼が身罷った際に執りおこなわれた葬儀を中心に，親類の葬式への参列の記事をとおして，旗人の葬式とはいかなるものであったか，参考までに見ておきたい。

道光八年四月十三日
　朝起きた後，阿斐軒の家から人が来て，阿斐軒の妻が昨日病没した。今日はその三日の祭日をするという。斐軒の妻は今年二十六歳で，とても善い人だった。
　晩ご飯後出かけて，阿斐軒の家に到着した。見たところ，七人の和尚がそこでお経を読んでいる。私は斐軒兄嫁の棺桶の前で声をあげて泣き悲しんだ。家に入って斐軒の母に会った。聞いたところ，なんと斐軒の妻は三日病んでただちに亡くなった。夜回りをし始めた後，和尚を見送って，私はやっと帰宅した。

七月九日
　渠老八が来て入らずに門のところで会った。彼の父が昨日の申の刻に病死したと言って帰った。

七月十二日
　渠老八が来た。今月の十五日にご飯を祭る。十六日に彼の父の出棺の予定と言った。私が焼き羊肉などを買って酒を飲ませ食べさせた後，彼は帰った。

七月十五日
　今日は渠大哥が亡くなった。ご飯を祭る。私は車を雇って母・姉・私自身と甥克勤・套児を連れてみな一緒に西長安門渠四哥の家にいった。彼に四千の「分資」銭を与えた。そこで飯を食べた。のちに私は克勤，套児を連れて正陽門から出て，天全館で茶を飲んだ。天珍堂で酒を飲んだ。城内に入って渠四哥の家に戻って夕食を食べ，私と克勤が母に従って帰宅した。姉はそこに泊まった。渠大哥は今年六十八歳で，私の養父の兄の子供である。今日亡くなったとき，私は喪服を備えて着た。四哥のように喪服を結んだ。

第 12 章　文雅のモンゴル　489

　　七月十六日
　　　朝，早く起きて，劉柱児の車を雇って，母とともに渠四哥の家にいった。水餃子を食べて，辰刻に死体を運び出して，宣武門・広寧門の外の三桶碑石道の横の墓地に埋蔵し安置した。ことが終わった後，母・姉は自分たちで車に乗って城内に入り，先に帰った。私は渠四哥の家に戻った。

　旗人が亡くなると，まず，先にその子供らがみずから知らせにいくのが普通であった。それから葬式の参列者が大体四千文「分資」という費用を渡す慣習があり，上で掲げた事例では松筠が喪服を着て，家族全員が参加している。旗人にはそれぞれの墓場があって，渠家の葬式は北京の南でおこなわれ，葬列は宣武門から城外に出て，南西部に位置する広寧門の西の三桶碑石道というあたりに葬られたことが分かる。また旗人の葬式の際には，僧侶を呼び読経させるという慣習も見られる。ちなみにここで登場する渠四哥という人物は，理藩院で勤務していた[35]。おそらくモンゴル人であろう。
　上述のいくつかの例からも分かるように，松筠は親族たちとの結びつきをきわめて大切にしていたが，また，「(母方の)八番目の叔父タラ (Tara) が妹画児を連れて来た。我々は叔父に新年の礼で叩頭した。八番目の叔父が套児に百文をくれた。羊肉を煮込んで餅を買って，八番目の叔父に食べさせた。母が画児に二百文，私は百文を与えた。夜に帰った」[36]とあるように，母方の親族とも非常に密接な関係にあった。

②旗人関係
　北京は旗人が集中的に居住しているところである。当時の旗人にとっては都であり，自分たちの「故郷」でもあった。旗人である松筠は生活上，さまざまな旗人と結びつきをもっており，暮らしの相互扶助から借金・葬式の手伝いなど日常生活全般を日記のなかに記録している。

　　道光八年元月十八日
　　　涵徳園にいるとき，閑散チェンケン (Cenken) に二百文を与えた。

二月二十五日

　一,晚ご飯の後,档子房官員アイルンガ（Ailungga）が私を招いて酒を飲ませた。餛飩を作って私を招待した。私の煙草がなくなったので,彼が私の袋にいっぱい煙草を入れてくれた。

二月二十一日

　一,私は朝,母とともに餛飩を食べた。私は阜成門を出て,川沿いをいって覚生寺の前で少し休憩した。白塔庵のところで,尚書であったジシハ（Jisiha）[37]の碑文を観た。横にいた人は茶を飲んで座っていた。彼が私を追いかけてきて声をかけた。昔はこの墓園は即ち彼自身の祖先のものであった。今日は寅時の第一刻十四分に清明節なので紙焼きをしに来たという。聞いたところ,正黄旗満洲の前鋒インヴェン（Ingwen）である。見た限りでは,この人は身体が小さく貧相な人であって,酔っぱらって悲惨で嫌なものである。よく（碑を）読んでみると,彼の祖先ジシハは,太宗皇帝のとき,さまざまな功名を建てたという。……なぜこのような見込みがない子孫がいるのだろうか。私は大変惜しいと嘆いた。それから私は涵徳園に入って当番をした。

三月十七日

　朝,水餃子を食べて阜成門を出て歩き,覚生寺の南で茶を飲んで休憩した。未刻に,涵徳園にいって当番をした。郁蓮荘が十五日に城内に入った。一通の手紙があった。見たところ,中に書いてあったことには,「今月二日,驍騎校デタイ（Detai）が来て永泰・双成が今みな何の本を読んでいるかと聞いたところ,永泰らが現在依然として『中庸』の書を練習していると答えた。六日にまた禁止令が届いた。ミチヒヤン（Micihiyan）・イオイキヨ（Ioikiyo）が知るように。永泰・双成に各自毎日十文字を勉強させよ。書いた文字の冊の空白にみな小さい文字をつけて書かせよ」というのに謹んで従った。このほか,蓮荘の友人である杏村・玉枢が蓮荘に書かせていた詩二十首を残して私に見せたいという。

墓場で大昔の有名な大臣ジシハの末裔と偶然会って，そのあまりの貧相さを残念がり，ため息をついている。碑文を見るため，松筠は墓場をよく訪れていたようで，ときには一日中碑文を写したという記述も見られる。

このほか旗人の子供たちが松筠の塾に入学した事例も見える。

道光九年八月二十八日
　朝，常祥圃が学校に来て，鑲藍旗モンゴルのグサカラチン・ジャランのウェヘネ（Wehene）・ニルの官学生キチャン（Kicang）が今年十八歳となったので，この人を連れてきて私に叩頭させた。私から学びたいという。祥圃が暫く座って帰った。

九月十二日
　朝，学校に一人の民人である韓遇春という子が入学して読書した。

九月十四日
　朝，学校にいるとき，養父が来て二人の学生を送りに来た。一人は鑲藍旗ヘンデ（Hengde）・ニルの養育兵レンチュンゲ（Lencungge），一人は正紅旗満洲ニルのイオイルン（Ioilung），この二人は私に叩頭した。暫く座って帰った。

十月六日
　朝，私が学校に到着したとき，正紅旗満洲二甲喇ニルの甲士であって，鑲藍旗満洲五甲喇のシヤクシュイ（Siyakšui）・ニルの伝事人となった人が，自分の子を送ってきて読書するようにと言った。
　佐領ヤチンガ（Yacingga）雅大爺の子錫瑛が入学して勉強した。彼はヤミンガ（Yamingga）の甥で，今年十九歳である。

十月九日
　ヤミンガ（Yamingga）の甥正黄旗満洲旗グワンフ（Guwangfu）を入学させて勉強させた。

道光十年二月三日
　エレチュンゲ（Elecungge）が民人の虞学広を連れて私に叩頭させて入学させた。

三月十一日

　鑲藍旗満洲旗頭ジャランのヘジュ（Heju）・ニルの養育兵ヨンフイ（Yonghui）は，今年十四歳で，入学して読書した。

三月二十六日

　正紅旗のボオイ祥麟は今年十六歳で，彼の隣人であるボオイの李姓の者が，彼を入学させて勉強させた。

四月四日

　朝，学校にいった。グワンヒン（Guwanghing）官爺が正紅旗の満洲四甲喇アタイ（Atai）・ニルの閑散ルンキ（Lungki）を連れてきて，ヤミンガ（Yamingga）が正紅旗満洲四甲喇テクシンガ（Teksingga）ニルのルクシャン（Lukšan）を連れてきて，なお民人の王景明を私に叩頭させて勉強させた。

五月十日

　正紅旗満洲旗より漢軍旗に編入させた第一等ブク（Buku）第二級侍衛ウシバ（Ušiba）五八爺が学校に来て，彼の子経編を私に叩頭させて勉強させた。

五月十一日

　朝，正紅旗満洲百爺が自分の子恒山を入学させて勉強させた。

　このように，旗人が子供を連れてきて松筠を師とする事例がこのほかにも多数見られる。弟子たちの年は十四歳から十九歳まで，旗人以外に，民人の子供が師事してくることもしばしばあった。また，近隣の家の援助を受けて，ボオイ身分の子供が入学して勉強していたことや，旗人が紹介して来た民人の子供の教育にも携わっていたことが分かる。

　旗人の間で起こった事件など関するさまざまな情報も記録される。たとえば道光八年（1828）二月十六日には，

　　大きい街で見たが，宣諭が貼られている。この事件は李閣志胡同に住んでいた正黄旗満洲旗養育兵マイラスン（Mailasun）が民人のリイチ（Lii ci）の布団を密かに盗もうとして，リイチに見つかり，恥ずかしくて耗子薬（ねずみ）を

飲んで自殺した。ゆえにすべて鼠（singgeri）を殺す薬を売るのを悉く厳しく禁じて，売るのをやめさせた。

　旗人が布団を窃盗するというこの事件は，当時の旗人が貧困に直面していたことを示す例にほかならない。道光十年（1830）二月十四日には，こんな事件も載る。

　雅蔚章が来た。私が彼から聞いたところによると，正月に，涵徳園の協恭堂に保存しておいた六千両のうち，誰かに千両を盗まれた。当該の園の閑散であるチャンガン（Canggan）がただちに協恭堂で自殺した。現在フジュ（Fuju）・グイリヤン（Guiliyang）などのものがみな刑部に入れられた，という。彼は暫く座って帰った。

　松筠自身も最晩年には，非常に貧困な生活を余儀なくされていたらしい。たとえば，次のような記事が見られる。

　道光十五年六月十八日
　　臭皮胡同に位置する正紅旗満洲護軍営にいって全五臻と会って会談した。
　六月十九日
　　佐領ヤチンガ雅大爺の妻の兄に今日，食べ物を祭るために，私は布団を質屋に入れて，千文を渡した。私はそこで食事をして帰った。
　　一，バハタイが紗の服を貸してくれて送ってきた。

　旗人同士の葬式に参加するための資金やよそいきの衣服にも事欠き，布団を質屋に持っていくありさまだったのである。それでも旗人同士の相互援助には，心暖まるものがある。松筠はこれらのことを恥ずることなく堂々と記している。

③宦官との交友
　道光七年（1827）三月，松筠は円明園の総諳達に任命された。その関連で翌

道光八年の記事では，円明園の「涵徳園」[38]という場所を頻繁に訪れている。日記の内容からすると，ここは学校や書房のようなところで，旗人の子弟らに漢文・マンジュ語を教えている場所であったらしい。そこにはどうやら宦官たちも一緒にいた。たとえば，

> 道光八年正月十七日
> 朝，粥を作って食べ，阜成門を出て橇に乗った。倚虹堂のところで，二百五十文で驢馬の車を雇って乗った。涵徳園に到着した。聞いたところ，七品首領宦官リオダ（Lio da）が一日に，涵徳園のなかで病死した。海甸の倒座観音寺のあたりに葬ったという。とても残念だ。真面目で好い人であったのに。
>
> 正月二十日
> 朝食後，阜成門を出て，倚虹堂まで百文で驢馬を雇った。涵徳園に到達した。涵徳園に到着してみたところ，布三爺・陳先生がみなそこにいた。
>
> 正月二十四日
> 朝食後，出かけて，頭條胡同に到着した。それから西直門を出て歩き，涵徳園に到着した。この日はきわめて寒かったので，檜子房で休憩した。
>
> 二月二十五日
> 涵徳園にいるとき，朝食後，湖で一度船に乗り，後に船から降りて，宦官のメンイェ（Meng ye），ランリオ（Lan lio），キンリオイェ（King lio ye），みなで富六爺の家で論議した。私自身も彼らとともに一緒に同席した。
>
> 三月二十二日
> 大風が吹き始めた。涵徳園で理髪師劉姓の者に十大文（juwan amba jiha）を与えて弁髪した。
>
> 三月二十六日
> 朱九禄が涵徳園に来て私と会った。話題として言い出したのは，彼の長

男が去年十二月一日に病死した。彼の妻は現在,自分で後家を通してほかの意志がないという。この朱九禄はいくら国の俳優 (juculesi) とはいっても,いい人であるぞ。なぜ彼の子が亡くなったのだろうか。また,この寡婦は今年で二十三歳になったばかりだが,しっかりと心変わりをしないでいることは,旗人 (gūsai niyalma) に求めることさえ難しいのに,俳優の女性にはたしてできるのだろうか。誠にこれから死ぬまで変心せず好きな後家を通すならば,宗室の妻・官僚の妻らが,再び夫を求めることを聞いたならば,どうして恥ずかしくないことがあろうか。私は以上について大いに感動したので,ここに特記した。

三月二十八日

八品首領である宦官リオチンフ (Lio cing fu) が驢馬にけられた。私は入って彼を見た。彼の顎が腫れていた。

三月二十九日

涵徳園にいるとき,午刻に,イェ (Ye) ○○○が皇太后の請安に来た際,涵徳園に入った。更夫である崔姓の者が突然イェが私を呼んでいるという。私が詳しく調べたところ,宦官の王安の伝言であるという。私は徐三爺の上着・帽子・男裙・蒋爺の上掛け,シシェンボオ (Sišeng-boo) の靴を借りて着た。いって自分で王安に会って詳しく聞いたところ,そのようなことはなかった。もともと崔姓の者が誤って聞いて偽りを言ったのであるぞ。ゆえにまた衣服などのものをみなそれぞれ返させた。イェが諸学生デルン (Delung) らの今住んでいる家を訪ねたとき,私はみなの名前をすべて現在住んでいる家とともに紙に書いてリイチンピン (Lii cing ping) に委ねて渡させた。イェが申刻に城内に入っていった。ふりかえれば,私は道光四年閏七月二十五日に首領宦官王善の事件のため,イェと顔を会わせないと言って以来,今に至るまで指折り数えれば四年となった。崔姓の者の誤った伝言を聞いて,私は実際に再び尊顔を拝見することができると思った。もともとが誤りであったぞ。悲しいぞ。

三月三十日

今日の朝食後，涵徳園から出て歩いて覚生寺の前で少し休憩した。宦官李三爺が馬に乗って城内に入ろうというところで，私と会って下馬した。それからまた馬に乗っていった。私は阜成門に入って帰宅した。
四月十六日
　私は阜成門を出て歩いて覚生寺に至って，樹の影で休憩した。涵徳園の門の兵士であるメンチェン（Mengceng）もまた城内から来て遭遇し，一緒に休憩して座った。彼が一壺のお茶を沸かして買って，私に飲ませた。暫く休憩した後，別れて一緒に出かけ，彼が大便をしにいったので，私は先に涵徳園にいって勤務を交替した。
四月十七日
　宦官リオジンアン（Lio jin an）に頼まれて一通の呈文を編集して書いた。
四月二十五日
　宦官である永泰・双成が書いた文字を見た。
五月二十日
　涵徳園にいるとき，宦官陳永泰・魏双成に本を暗唱させた。文字を見て批した。

　以上からすれば，明らかに松筠は涵徳園で教師として働いている。またここで宦官らと時おりいろいろな議論をたたかわせたり，酒を飲んだり，食事をしたりしている。その場所は，松筠の家から少し離れたところにあるようで，しばしば家から二百文で驢馬の車を雇って出勤したようである。

七月二十一日
　朝，起きて，羊の腎二つ，鶏の卵二つを食べた。その後，家から出て阜成門から出て河沿いを歩き，正陽門の外の橋から二百文で驢馬の車を雇って乗り，石道より涵徳園にいって出勤した。
七月二十一日
　涵徳園にいって見たところ，郁蓮荘が残した書に，「諸学生デルンら十二人をみな六月一日から家に帰しに送っていった。ただ永泰・双成が

第 12 章　文雅のモンゴル　497

残っていた。教師が魏双成とともに書房の陳の家の上の間に住んだ。蓮荘が十二日に城内に入った」という。
　また聞いたところでは，「首領となる宦官呂爺・劉爺をみな家に帰して住まわせた。涵徳園のなかのことをメンシェンデ（Meng šen de）という孟五爺に管理させた」という。
　宦官ジャンアンタイ（Jang an tai）・魏双成・陳永泰らがみな私に会いに来た。入って首領たる孟五爺・リン・劉爺を見た。孟六爺・李三爺と会った。劉爺は家にいなかった。
七月二十六日，曇り。寒い。
　私は涵徳園のユワリ（Yuwali）門の外で兵士たるクイティン（Kuiting），七十四らが花蛇をふるまうのを見た。のちに宦官李三爺とともに三旗営房のかぎなりのところで茶を飲んで，相撲を見た。档子房にいったとき，フジュが私に一枚の禁止令を見せた。見たところ，そこには，「鼎が出勤したり，退勤したりするとき，档子房から驢馬の車を雇って乗せよ。すなわち書房から屏風門の前で車に乗れ。大門で乗ってはいけない。（これに）従っておこなえ」と書いてある。思えば，私は道光三年秋季に涵徳園の档子房に出勤しに入って以来，道光七年冬季に書房に入るに至るまで，すべて車の代金を貰っていた。去年の冬十一月に，旨がイェ（Ye）を郡王として降格して以降，貰えなくなった。八月に至ると，今また旨がくだされて与えられるようになった。

　なお，ここで登場するイェは，道光帝の弟綿愷（1795-1838）である。嘉慶二十五年（1820）に惇郡王，つづいて惇親王に封じられた。宦官の張明得と密接な関係をもち，また宦官の苑長青を隠したので，道光七年に郡王に降じられ，再び惇親王に封じられたのは道光八年のことである[39]。
　綿愷に対してはイェという呼称を用いて，また実名に当たるところに「○」を使っている。このイェは，おそらく中国語の「爺」であると思われる。道光八年（1828）に綿愷は三十三歳で，松筠がこのように「爺」と呼んだことは非常に興味深い。

松筠は，宦官との交流関係を通じて宮廷内のさまざまな情報を入手した。涵徳園は彼にとって重要な場所であったが，円明園のどこにあったのかは不明である。

④その他の関係

北京の茶館には，だいたい芝居をする人々が集まっているが，松筠はよくその芝居を見にいっていた。俳優たちから芝居の本を借りることもしばしばあった。

道光八年正月二十一日
　明かりがついたとき，成児が来た。彼は郁蓮荘の家にいた。明日またいって蓮荘が彼を連れて劇を聞くという。私は一通の手紙を書いて，以前蓮荘から借りて写した劇を，作詩した三十首の詩を同封してチェンエル（Cengel 成児）に委ねて蓮荘に届けてほしいと言った。

正月二十八日
　朝食後，鶴年が来て，店の主人は鄒従彦が私と会って劇を聞こうと阜盛軒で待っていたという。私は鶴年とともに茶館で合流し，阜成門を出て，阜成園で双和という劇団の劇を聞いた。館子のなかで阿斐軒・恒貴と会った。のちに劇が終わって，城内に入って，魁昌居で餃子[40]を食べた。全部を鄒従彦が払った。四牌楼[41]の地で別れた。

四月十三日
　朝食後，甥克勤が私を招いて阜成門外の阜成園館子のなかで和春という劇を見た。夜に入城して家に帰った。

六月四日
　朝食後，阜成門を出て順河居でお茶を沸かして飲んだ。時間が早いので，戻って歩いてみると，福禄居で人形芝居がある。ゆえに順河居に到着して六文を渡し，それから福禄居で人形芝居を見た。夜城内に入って家に帰り，水餃子を作って食べた。

六月八日

朝食後，甥娘を連れて阜成門を出て福禄居で人形芝居を見にいきたいと，順河居に歩いて到着した後，西北のほうの空で雷が鳴り始めたので，またニオエル（Nio el）を連れて急いで城内に入って家に帰った。暫くして雹が混じった大雨が大いに降った。午刻一刻から降り始め，申刻一刻にいたってやっとやんだ。我らが住む家のなかの間の壁の北から水が入ってほとんどオンドルを超えるほどで，姉の甥克勤の妻はみな水を盥に入れて庭にすてた。とても疲れた。夜みなで餛飩を作って食べた。

六月十日
　ニオエルを連れて阜成門を出て，福禄居に人形芝居を聞きにいってみたところ，今日はなかった。「十不閑」があるが，我々は聞いていない。ただでお茶を飲んだ。六文を与えてきた。順河居で石玉崑の「龍図案」・任廣順の「水滸伝」を聞いた。そこで佐領定六爺・インフワ（Inghūwa）英二爺・リヤンヒ（Liyanhi）連老大と遭遇した。講談を聞いて終わる前に，天気が急変し急いで城内に入って帰宅した。まもなくにわか雨が降った。

六月十二日
　朝食後，克勤・ニオエル・套児を連れて阜成門から出て福禄居で二百文を費やして人形芝居を見た。そこで城門ジャンギン（dukai janggin）である夙五爺と遭遇した。彼が末子を連れてきてまた人形芝居を見た。私は彼らに木戸銭を払おうとしたが，どうしても拒んだのでやめた。その後，城内に入り，羊市の衣服の店で徳惟一阿哥，また善扑営翼長である春二爺と出会った。お辞儀をして別れ，帰宅した。

六月二十六日
　朝食後，阜成門から出て順河居で石玉崑の「包公案」劇（julen）を聞いた。そこで徳大爺・忠徳爺と遭遇した。夜帰宅してご飯を食べた。

道光十五年正月十日
　地安門外の楽春坊で郭棟児の講談を聞いて，夜家に帰った。

正月十一日

朝食の後，私は圍児を連れて阜成門を出て，阜成園で慶誠という劇団の芝居（hūfan i jucun）を聞いた。そこで長祥圃長老二と遭遇した。老二が圍児に餅をくれた。城内に入って阿七老戸と遭遇した。

正月十二日

圍児を連れて阜成園で慶城という劇団の芝居を聞いた。

正月十三日

長祥圃・徳惟一二人の阿哥が来た。一緒に出かけて車に乗り，朝陽門から出て晋元館で食事をした。芳草圃で「慶誠」という劇団の劇を聞いた。夜入城して四牌下の典盛軒で食事をした。それから歩いて灯を見にいき，それぞれ帰宅した。

芝居や人形芝居・講談にいくのが松筠の日課となっている。そこで友人らと会い，ともに食事をし，茶を飲んだりして，楽しい時間を過ごしていた。

3　ジハン・ギールの叛乱に関する記事

松筠は，嘉慶五年（1800）から嘉慶二十年（1815）まで十五年間伊犁将軍として新疆で滞在する間，さまざまな事件を解決し，積極的に駐防八旗の改革をおこなった。嘉慶二十年に北京に帰り，その後も北京にくるムスリムや中央アジアの商人の接待に積極的に関わった。それぞれについてすべてを紹介することはできないが，彼が晩年北京にいる間，新疆に関する情報を集めていることを取り上げて，その情報の伝達過程や旗人の間での「歴史物語」の生成について明らかにしたい。

日記のなかでは新疆に関する記事が何ヶ所か見られる。なかでも嘉慶二十五年（1820）から道光八年（1828）まで，九年間の長きにわたったジハン・ギール（Jangger 張格爾）の叛乱に関して，特にジハン・ギールが逮捕されて北京へ連行されて以降の動きが克明に記録されている（口絵16）。

ジハン・ギールを北京に連れてきて，「受俘儀」がおこなわれたことについ

第 12 章　文雅のモンゴル　501

ては、『大清宣宗実録』巻一百三十六、
道光八年（1828）五月戊申に、

　　鑲紅旗蒙古都統哈豊阿らの、俘囚張
　　格爾を解送して京に至る……俘囚
　　張格爾を以って、天安門より入
　　　ジハン・ギール
　　り、太廟街の門外に至りて……俘囚
　　張格爾、北に向いて跪伏す。……上
　　は午門の樓に御して俘を受く。都統
　　哈豊阿ら、俘囚を解する將校を率
　　い、俘囚張格爾を以って、予め午門
　　外の西に於いて俟つ。大楽・鼓吹・
　　金鼓すべて作し、上の座に升り、俘
　　囚を解する將校の行禮畢り、俘囚張
　　格爾をして北に向いて跪伏せしむ。
　　兵部尚書の跪して奏するに、回疆を
　　平定し、俘囚の張格爾を生獲し、謹
　　んで闕下に獻じて、旨を請う。王大

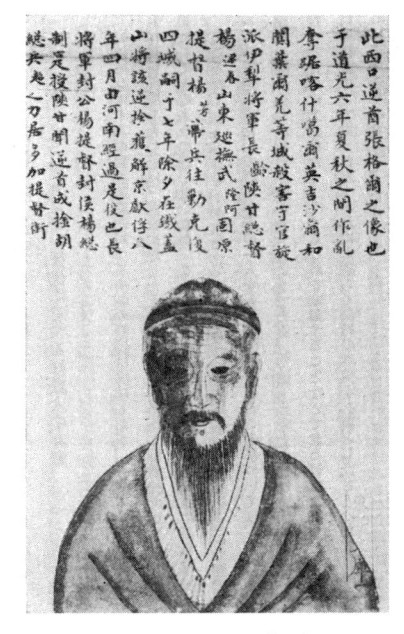

図 12-2　ジハン・ギール像（東洋文庫蔵、『榎一雄著作集』第二巻）

臣に命じて刑部を會同して、厳訊せしむ。刑部尚書、跪きて旨を領し、兵
部司官は俘囚張格爾を以って刑部司官に交し、天安門より出で、王公百
官、慶賀の禮をおこなう[42]。

とあるように、盛大な「受俘儀」が紫禁城の午門でおこなわれた（口絵17）。
この一件について、松筠は道光八年正月二十四日に、

　　聞いたところ、カシュガルの反乱を始めて逆らったホイセ（Hoise 回子）
　　ジハン・ギールをいま逮捕した。大きな喜びである。揚威将軍長齢を威勇
　　公に封じた。参賛大臣楊芳を果勇侯に封じた。みな二眼孔雀の羽を賞付さ
　　れた。

と記す。その後、道光八年五月十二日には、

聞いたところ，朝，皇帝が午門に座して捕虜を受け取ったという。道光八年五月十二日は一渠の四哥の誕生日なので，四百文で餅を買って，車を雇って我ら二人が到着した後，祝いをした。大哥・四哥・元泰みな家にいた。我らがやっと到着して茶を飲むとき，大雨が降り，未刻でやんだ。餛飩を食べて私は出かけ，刑部にいって見たところ，門外にテントを張って護衛官が非常に多い。今日はジハン・ギールを兵部から刑部に送って引き渡した。見たところ，大学士托がたった今，部から戻った。私は正陽門から出て橋に至り，戻って城に入り，四哥の家に戻って三杯の紹興酒を飲んだ。焼き鴨を食べた。夕食を食べて，夜は家に帰った。見たところ，丁字街に六枚のテントが張ってあり，明日ジハン・ギールが通るときの備えをしている。

という。この日はジハン・ギールが兵部から刑部に渡された日であったが，松筠はその後を追うように駆け回り，北京城のあちこちにテントが張られ，厳重な警戒態勢にあることを目のあたりにした。そして翌日ジハン・ギールが通ることを知った。そして，次の十三日には，

朝早く起きて大街にいってみたところ，ジハン・ギールがすでに一度通っていた。聞いたところ，阜成門を出たという。

ジハン・ギールを引きまわして町中の人々に見せつけていることがわかる。そしてまもなく処刑されることになる。翌十四日，

九阿哥が見舞いに来た。暫く休憩した。阿哥を引き留めて朝食を食べさせたいと言うと決して同意しなかった。出て食べたいと言う。それで一緒に出かけて永福館で餃子を食べた。のちに克倹が言ってきて，逆賊ジハン・ギールが宣武門の外で並べて処刑されるという。克倹が私の服の涼帽を送って（きて）被り，九阿哥と一緒に阜成門を出て見にいきたいと言ったところ，人が「すでに終わった」と言う。ゆえに九阿哥は出勤しにいった。私もまた帰宅した。

朝食後，忠魁・克勤・克倹・ニオエル・套児を連れて，宣武門大街で瑞図

第12章　文雅のモンゴル　503

と会った。我々は城から出て，新たに開いた茶館「葫蘆館」で茶を飲んだ。餃子を食べ，砂糖団子（koforo efen）を食べた。茶を飲んで出た。聞いたところ，逆賊ホイセであるジハン・ギールを先ほど処刑した。彼の首を箱に入れて掛けて，みなに見せた，という。それで我々はみな菜市のところまでいって見た。実際に木の箱に入れたジハン・ギールの首が今しがた掛けられたのであるぞ。我々はそれから歩いて虎坊橋から入り，大柵欄から出て「天珍堂薬酒斎」という楼に一緒に登って休憩し，酒を飲んだ。合計四百文余の銭を費やした。その後，出て廊房頭條胡同・二條胡同でみなで絵を見て遊覧した。正陽門月城内の関マファ廟に到着した。正陽門から入って，歩いて家に帰った[43]。

ジハン・ギールが処刑された八日後，北京でジハン・ギールの似顔絵入り扇子がはやり始めたが，五月二十二日に，

イェの扇子にジハン・ギールの図柄が描かれている。イェが永泰を使わしてこの扇子を出して私に見せた。私が見たところ，実に容貌が似ており，よく描けている。見てから永泰がまた持って帰った。イェは午刻に城内に入った。

二ヶ月後の道光八年（1828）七月十七日には，

護国寺のなかで，土で作ったジハン・ギールの塑像を出して，一つを二百五十文で売っている。見たところ，なお少し容貌の似た跪いたかたちであった。

寺院のなかで土産物として，粘土で作られたジハン・ギールの土下座像が売られるようになった。非常に興味深い記述である。

さらに，ジハン・ギールの事件は八旗子弟の間で創作され，旗人たちの間で広く愛読された子弟書のなかにも登場するようになる。たとえば，「拿張格爾」のなかに，

大清(ダイチン)の洪(おお)いなる福は盛んにして，軍民は太平を享(う)く。ここ幾年来刀兵を減

ずるに、真に乃ち是れ一統の華夷に錦江洪れ、またも是れ新疆の塗炭⁴⁴）は、哈什哈兒に遭逢す。張格爾の衆を聚めて、回賊は朝廷に反き、黎庶を殺し縦横に乱す。憐れむ可し各卡の駐防兵、喀倫に守禦せる官兵は賊手に遭うこと最も苦し。鎮台と緑営将軍慶公爺は報信を聞くに、各処の官兵を調動して相同す。烏・穆二参は……幹員を派して張格爾を解護して京に到らしめ、兵部のなかに解入す。次日、太廟に俘を献じ、他を将て脖項の上に絹を搭け、以って祖先の霊に活きながら祭す。午門にて俘を受け国礼を尊び、他を領して城下に駕を見せしむ。音楽を奏して群臣が喜を道う。事畢りて他を将て上鎖して刑部に解入せしめ、三堂にて口供を会審す⁴⁵）。円明園にて欽審し、他を三十打ち了頭板に対す。主は他の面上の善きを見て、又た痛く哭哀し、此に因りて寛恩の各様の刑を動かさざるも、罪の凌遅に定まれば市口に上す。見れば剮子の手の人を剮りて三声喊び、心を摘し肉を割して血を接け、監斬は験べて那の陣亡の忠魂に与え享して霊を祭る。首級は号令して木籠に在らしめ、屍骨は拋仍る。万歳は格外に恩恵を施し、阿哩雅を将て貴州に遠配して把軍に充て、逆悝は永遠に雲南の地に圏禁し、賊奴は発して広東城に往かしむ。垂恩大いに放たれ天赦を醺し、又た賞して半月兵窮を済う。喜詔を頒ちて文を行して天下に伝え、万国来朝して斉く昇平を賀す⁴⁶）。

とあるように、処刑の詳しい過程まで詳細に記されている。このほかに「張格爾造反」という題名の子弟書も残っている⁴⁷）。

ジハン・ギールは尋問を受けた後、すぐに処刑されたわけだが、実際にその処刑の現場には、ジハン・ギールに殺害された当時のカシュガル参賛大臣慶祥の子文輝と領隊大臣副都統烏凌阿の子忠泰がみずからの目で見とどけようと赴き、処刑人が心臓を摘出して、文輝に手渡し、父慶祥の墓の前に祭った、という記述も残っている⁴⁸）。

このような血生臭い、残酷な死刑の実行は、単に犯人を裁くにとどまらず、国家祭祀の一環としておこなわれた儀式であって、宗教的な意味がふくまれていることが分かる。

はるかかなたの新疆で起こったジハン・ギールの戦乱の情報が北京においてさまざまな形で伝えられ，人形や扇面の肖像画などの形で残された。さらに直接事件に関与した旗人の間で，子弟書や歌によって生々しく「物語」として記憶され，文学作品として今にいたるまで語り継がれているのである。

4 書家・篆刻家としての松筠

書家としての松筠が書いた作品で，原物を見ることができるのは，今のところ台北中央研究院傅斯年図書館が蔵する「虎」という拓本だけである。それ以外の作品はほとんど不明である[49]。松筠の書について，『嘯亭続録』巻五，松湘圃之清に，

> 松相国の清直は，前に已に詳載せり。近く其の臥室に入る者有りて言えらく，惟だ青縑の被二あり，已に黶敝して，羊袂を用いて之を覆う。旁の一黒髹几に，筆硯を置く。頗だ精良なり。乃ち公の日に揮毫する所にして，下酒は数筐のみ。四壁は蕭條として，寒士も堪えざる所の者なり。信清なること揚臍・盧懐慎[50]の如く，而して其の忠貞謀略は，乃ち二公の及ぶ所には非ざるなり[51]。

とある。貧困に直面しているにもかかわらず，筆硯ははなはだ精良なものを置いていることから，書道に対する愛着がうかがえる。稲葉岩吉（1935）はつとに，

> 彼が平素好みて，擘窠の虎字を書いたことは著聞し，あちらで経眼し得たものも一二ではないが，今，ゆくりなく，彼れの遺著を手にし，卒，七絶一首を作し，以て書背に記念した，曰く，「曾向瀋陽客裏看。擘窠大虎鬣毛寒。秋風杭愛斗星落。想見濡毫摧肺肝。」と。往年先師湖南博士に伴ひ，奉天城内の一飯店の懸額に彼れの書を目撃したことがあった。それは多分彼れが吉林に往来した際のものであろう[52]。

と注目している。また、松筠が書いた「虎」という字の迫力についても語っている。三十年代の奉天(現在の瀋陽)でも、その額を見ることができたという。松筠の字は、北京だけではなく、広く伝わっていたのである。

図 12-3 [53] の「虎」の字は当時「世争宝之」といわれた。また、「撫軍言書中誠有人、留此鎮海上蛟蝕遠逡巡」というように、航海の安全を守るものとしても使われた。このように人気がある松筠の字は「駆邪鎮鬼」のものとしても人々に愛されていた。『皇清書史』巻一も、

> 擘窠の書を為すを喜び、尤も大虎字を作るを喜び、大幅の紙を覓る毎に、幅を尽して之れを為す。みずから謂く邪を駆して鬼を鎮す可し[54]。

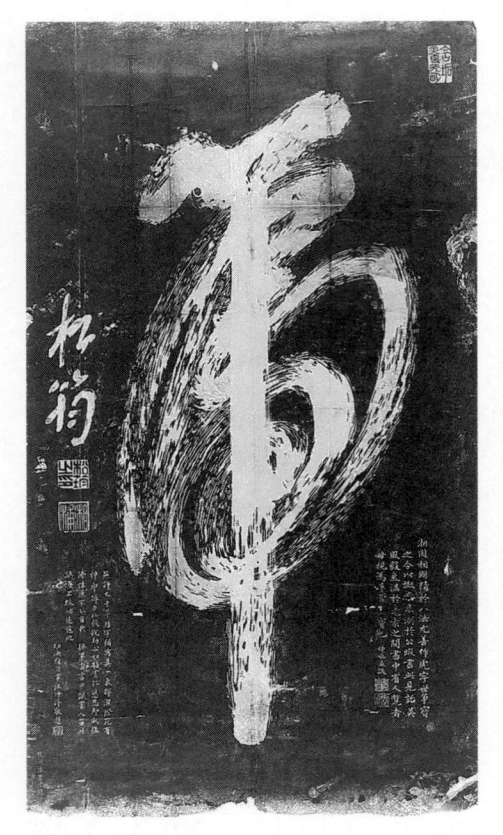

図 12-3 松筠が書いた「虎」の字(台北中央研究院歴史語言研究所傅斯年図書館蔵)

と評価している。日記のなかで、この「虎」という字に関する記事がいくつか出てくる。

道光八年正月十七日
宮中に入って宦官メンシェンデに一つ「虎」という文字の條幅を与えた。リオチャンフ(Lio cang fu)に一つ「鷺」という文字の條幅を与えると言ってメンシェンデに渡した。リオジンアンに一つの横幅を与え

た。リオヒヨオチェンに一つ小さい横幅を与えた。
道光九年六月二十一日
　ルイリンの叔父富大爺が見舞いに来た。しばらく休憩して私が書いた大きな「虎」という文字の條幅を求めて持っていった。
道光十年五月二十二日
　安二大爺の家から湘浦松筠が書いた「虎」という文字が書かれた三枚を持ってきた。

まるで他人事のように記している。このように書道に精通した松筠は條幅も書いた。

道光八年正月十九日
　朝，鶴年が来て母を見舞った。暫く座って帰った。家にいて，鶴年が持ってきた條幅を書いた。終日ほかのところにいかなかった。
正月二十日
　私が書いた大きい対聯を宦官メンシェンデに与えた。私が書いた対聯を宦官リオフヒン（Lio fu hing）に与えた。この日辰刻に開印した。
正月二十三日
　朝，鶴年が来た。私が書いた條幅・対聯を全部持っていった。夜，彼を招いて餃子を食べさせると言った。彼は「はい」と言って帰った。
二月二十五日
　宦官である孟爺が私に條幅絵を委ねて，この絵の広さ・狭さにあわせて，右のように一つの條幅を書いてほしいと頼んだ。一つの籠に一つの墨を入れて，私にくれた。
二月二十九日
　朝食後，私は東城の十二條胡同郁蓮荘の家に到着した。彼は家にいて，私は入って暫く話をした。私が宦官メンシェンデのために書いた條幅，宦官リオチャンフのために書いた対聯などをみな蓮荘に委ねて，彼が涵徳園に仕事しにいった際，私の代わりに彼らに渡して与えてほしいと言った。彼は口頭で承諾して引き受けた。私はそこから出て豊昌号の店

舗に到着した。徳惟一阿哥に頼まれた二姑爺の俸禄の米を取る，印を押した紙を蕭掌櫃に与えた。彼の店舗に売りたいと言ったところ，彼は「よろしい」と言った。私の今月の俸禄の米十四石二斗五升を彼の店舗に与えて二万六千四百文で売った。私はそれから隆福寺にいって遊覧した。寺院のなかで，シュガン（Šugan）兄弟と遭遇した。昔彼らは算盤結びを造って売っていた。私はお寺のなかで酒を一杯飲んだ。肉，一碗の餛飩を食べた。お寺から出て凝氤館という表装する店舗に到着した。思いがけないことにキンジョイ（Kingjoi）という張老四と遭遇した。私は一枚の蘭花の絵を彼の店舗に頼んで表装させた。五百文かかるというので決めた。私が以前表装した，博熙斎が書いた「山静江横新水暁」という文字の條と小さい対聯二対をみな返した。また，瑞図がくれた蘭花絵を未だ表装していない，それで持ってきてほしいと言った。私はそれから別れて内城に沿っていき，天順斎から二の糕乾を待って得た後，やっと手にさげて帰宅した。

　そこには，人に頼まれて書をものする松筠がいた。また，彼の書は宦官たちにも人気があったようで，宦官陳永泰・魏双成に各々一つの文字を書いて与えている[55]。

　　道光八年二月十一日
　　　朝，鶴年が来た。私と会って出かけ，西安門で車を雇って乗った。正陽門の外の正陽橋に到着して降りた。糧食店胡同のなかで東に位置する鶴年の甥の店舗に到着した。私は彼らのために一つ『百護館』という看板を書いた。また対聯を書いた。朝，彼らの北の方の大酒缸というところで酒を飲んだ。餛飩を食べた。字を書き終わった後，太陽が傾いた。私は鶴年とともにそこから別れて琉璃廠を経て，宣武門の月城[56]のなかで紙人形芝居[57]を演じているのを一度見た。城内に入って独牌坊天豊軒でお茶を飲んだ。餅を食べた。餛飩を食べた。茶館から出て，彼（鶴年）は店舗へ帰った。私は家に帰った。
　　　一，聞いたところ，雅蔚章が来た。私に頼んで四つの対聯を作ってほし

いと言った。暫く座って帰ったという。

書道に造詣の深い松筠はたびたび対聯に自分の名と印章を押して，商人の要求に応じていた。それは，すでに別人が書いた文字の横に自分の名前を書くという，ニセモノづくりに協力することである。

> 信順号の李二掌櫃がすでに表装した赤色の二枚の対聯を，すでに文字を書いたといっても名を書いていないので，私に頼んで私の名前を書いてほしいと言った。私はこの対聯を家に持ち帰って，彼のために書いて，印鑑を押した[58]。

日記には，印鑑や図書印・看板にさまざまな文字を篆刻する事例がしばしば見える（表12-2）[59]。

学校の図書印や宦官の條幅絵・看板・扇子などさまざまであり，ときどき友人の注文も記している。篆刻はいずれも漢文で，マンジュ語で書いたという記録は残っていない。篆刻に刻まれた文字は，松筠の性格を象徴し物語るものにほかならない。

道光十年（1830）四月十八日に書き残した漢詩は，彼の心情と理想を裏付けるものである。

> 性成愚魯慣癡情，
> 三十年来業六経。
> 綱紀五常安用偽，
> 丹心一片總存誠。
> 敝袍不恥賢人勇，

表12-2 日記に見る篆刻の例

場所・人物	篆刻対象	篆刻文字
涵德園	扇子	一味率真
德惟一	看板	福・混・墨荘
	書印	誠・就文
	書印	知足不辱・理心
	書印	不愧此須眉
	書印	勉耘方寸地
	書印	克己復礼
恒岳亭	書印	有酒盈樽・護封・謹封・愧不如人・淡然・體嘸已具　詩酒自豪　岳亭亮
恒岳亭	書印	学於古訓乃有獲
学校	扁額	温故
涵德園	書印	友蓮・平安家信
涵德園	書印	磊々落々
涵德園	書印	友蓮氏・心正筆正
涵德園	書印	放情山水，得心寓酒
涵德園	書印	辛酉人
涵德園	書印	無能為
祥圃	書印	豊老五・餘斎
祥圃	書印	勤耕心地
博照斎	書印	閱尽交情好閉門

完璧無瑕君子行。
除卻率真何所事，
瀟瀟灑灑過平生。

できるだけ世間の慣習に染まらず，変わらないままいることは大変困難であって，これゆえに，詩を詠んで私自身を永遠に戒めたい[60]。

身を清く保って悪に染まらないこと——それが彼の理想であった。

おわりに

　以上，一旗人松筠の日記を用いて，その日常生活と趣味をながめてきた。晩年の松筠がどのような生活を送っていたか，そして彼の人間関係などを追うことによって，これまでほとんど検討されてこなかった旗人像が浮かび上がってきた。高官であったにもかかわらず，教育に熱心で，特にマンジュ語の教育，マンジュ語の資料の編纂事業に携わっていた。

　今や「乾隆以降は，マンジュ語が使われなくなった」という通説は，考えなおさねばならないだろう。正史や編纂資料のなかにほとんど見られない風景が，日記という生活記録のなかには現れる。道光年間に生きた人々の姿に光を当てることによって，その姿が今までのイメージと全然異なった肖像として鮮明に見えてきた。それは時代の雰囲気・実情を知るために，必ずなさねばならない作業である。多言語にわたる大きな資料群をともに扱うことが，これからはますます求められよう。

注

1 ）『閑窓録夢』の所蔵経緯については，2002 年十二月十九日，大阪外国語大学附属図書館（当時）の岸本晴彦氏にご教示いただいたところによれば，昭和七年（1932）九月二十六日に，八円で書店から購入した，という。同館に『西招図略』・『百二老人語』（漢文）など松筠の著作が一括して所蔵されていることは，非常に興味深い。館内でのマンジュ

語の調査にあたり，多岐にわたってご教示くださった同氏に感謝の意を表したい。なお，序文の最後に，
　　banjiha niyalmai jobome suilarangge yala akacuka ni,
　　人生辛苦實堪傷，
　　banjire were jalan facihiyašahai inenggidari ekšembi [+faššambi];
　　衣食經營日日忙。
　　bayan wesihun tanggū aniya oho manggi [+ofi] eyere mukei [+ici ojoro] dabala,
　　富貴百年隨逝水，
　　banjishūn wenjeshun emgeri [+emu šeburafi šušu] amušaburafi buda urehe [+de wajihabi] sidende bi;
　　榮華一枕熟黄粱。
　　baturu šanggiyan i baita faššan damu gebu tutaha,
　　英雄事業唯名在，
　　baba i nimalan usin hūwai sere mederi ombi;
　　大塊桑田作海茫。
　　baime kimcici jalan i baita i tolgin i adali,
　　細玩世情真是夢，
　　baitakū fa i fejile [+baisin i ofi] nikebufi fiyelen banjibume arahabi;
　　閑窓命筆漫成章。
とある（満漢合璧）。
2) 松筠については，以下の記事を参照。
　　沈垚『落帆楼文集』巻五，後集二，都統銜工部右侍郎前太子太保武英殿大学士諡文清松筠公事略，繆荃孫 纂録『續碑伝集』巻一，道光朝宰輔（『落帆楼文集』巻五にも再録），『清史稿』列伝，巻三百四十二，列伝一百二十九，松筠，『国朝献類徴初編』巻三十六，宰輔三十六，松筠，『八旗文経』巻五十九，作者考丙
　　松筠の著作について，現段階で調査し得たものは，以下の通りである（年代順）。
　　『百二老人語録』（乾隆五十四年序）
　　『松筠叢著五種』六巻：『西招紀行詩』（乾隆六十年），『丁巳秋閲吟』（嘉慶二年序），『西招図略』（嘉慶三年序），『西蔵図説』，『成都府至後蔵路程』，『綏服紀略』（道光三年）（北京図書館古籍出版社編輯組『北京図書館古籍珍本叢刊』七十九）
　　『古品節録』六巻（嘉慶四年）
　　『欽定新疆識略』十二巻，首一巻，清松筠等纂修（道光元年）
　　『楞厳経集箋』（年代不詳・未見，目録は恩華『八旗芸文編目』（上冊）子，釈道，38頁所収）
3) これは道光三年に描かれた松筠の肖像画である。『郎潜紀聞』初筆，巻十四，十五老臣に「……道光癸未八月七日，宣宗幸萬壽山玉瀾堂，錫宴十五老臣，踵乾隆五十年正月六日千叟宴故事，賡歌圖繪。其時與宴諸臣，以和碩儀親王為首，若御前大臣賽沖阿・大学士託津・大学士軍機大臣曹振鏞・大学士戴均元・大学士兩江總督孫玉庭・戸部尚書軍機大臣黄鉞・禮部尚書穆克登額・工部尚書初彭齡・理藩院尚書富俊・<u>左都御史松筠</u>・郡王

衛都統哈迪爾・都統阿那保・致仕大学士伯麟・致仕都統穆克登布，皆先朝耆碩，德爵兼尊，黃髪番番，躬逢嘉会」とある。
4) 『百二老人語』(漢文版，大阪大学附属図書館箕面分館所蔵) 全一冊，鈔本，富俊の序 (嘉慶十四年八月) に「松湘圃者，嗜学者也。博覧群書，崇尚實行習弟子業，尤長清文……」とある。大阪大学附属図書館箕面分館所蔵の『百二老人語』については，橋本勝 (1997) 参照。
5)「先世喀爾沁部人，喀爾沁為元時大臣済勒瑪之後。始遷祖達爾彌岱從太宗文皇帝，平察哈爾布拉尼汗，遂為正藍旗蒙古人。曾祖五十九，祖舒勒赫，父班達爾什，皆詰贈光祿大夫。曾祖母蒙古勒氏，祖母蒙古勒氏，母布勒蔦齊氏，皆詰贈一品夫人」。のちに『続碑伝集』巻一に収録されているが，脱字などが見られる。元の大臣であるジェルメ（済勒瑪）については，烏蘭（2000）163 頁参照。
なお，「始遷祖達爾彌岱從太宗文皇帝，平察哈爾布拉尼汗」というのは，おそらく康熙十四年三月のチャハル・ブルニ親王の独立のための挙兵を指すだろう。「太宗文皇帝」というのは誤りである。ブルニの乱については，森川哲雄（1983a）(1983b)(1997) 参照。
6) 村上信明（2002）は沈垚の「都統衛工部右侍郎前太子太保武英殿大学士諡文清松筠公事略」（『落帆楼文集』巻五，後集二）を引用して，松筠は「無名氏族の出身で，父祖にも目立った軍功がある人物はいない」と説明する。
7) 『八旗満洲氏族通譜』巻六十八［附載満洲旗分内之蒙古姓氏］，布爾哈齊氏，布爾哈齊係隷満洲旗分之蒙古一姓，其氏族世居兀魯特地方
8) 富俊は卓特氏で，蒙古正黄旗に属す。その伝記については，『清朝碑伝全集』第三冊，1980 頁参照。
9) 『百二老人語』（抄本，全一冊，漢訳文）嘉慶十四年八月卓特氏富俊の序「松湘圃者，嗜学士也。博覧群書，崇尚實行，習弟子業，尤長清文」。
10) 旗人の科挙については，張傑（2003）第二章「経済基礎」第三節「軍功起家的将領」および徐宏（2002）参照。
11) 『八旗文経』（光緒二十八年序）巻四十参照。
12) それぞれ『皇朝経世文続編』巻六十二，巻六十五，巻七十二，巻九十三に所収。
13) 現在，北京中国第一歴史檔案館・台北中央研究院・台北故宮博物院などの機関に所蔵されている。
14) 内容からすれば，本来の題名は『百二十老人語録』とすべきである。
15) 原書には頁数が付いていない。筆者が便宜のために付けた。
16) この「松筠記述」の「述」は「述」の誤りであろう。
17)「甲，乙」という文字が第一，二，三冊には見られない。
18) 生没年については，『清代名人伝略』は「1752-1835」，『東洋歴史大辞典』第 4 冊（平凡社，1937 年），309 頁は「1754-1835 年」，『アジア歴史事典』第 4 冊，359a 頁は「1752-1835 年」，商承祚・黄華（1960）1219 頁は「湘浦，松筠，蒙古，清，書，姓瑪拉特，乾隆 19 年（1754）生，道光 15 年（1835）卒，年八十二」とする。「1752-1835」説のうち，紀大椿（1988）は八十三歳死去といい，『吉林通志』は八十二歳死去という。ごく

第 12 章　文雅のモンゴル　513

最近になって，馮明珠（2006）がようやく八十四歳と正しく推算した。
19)『松筠列伝』3405-1，稿本「(道光)十一年二月，奏言喀什噶爾換防官兵宜裁撤……是月，松筠八十生辰，賜耆齡錫祜扁額，御書福寿字各一，並文綺服物有差」。
このほか，『国史大臣列伝』伝稿 5679-1，次編巻九十にも同様の記事が見られる。
20)『落帆楼文集』巻五，後集二，都統衛工部右侍郎前太子太保武英殿大学士諡文清松筠公事略「(道光)十五年夏，公疾篤，時久旱，上歩祷黒龍潭得雨，公甚喜，令左右扶至庭中観雨，入室坐，両足忽麻木，越三日卒，五月二十二日也。年八十四」。
21)『時憲書』については，小林春樹（2001）参照。
22) マンジュ語では「Jangger」と書くが，『実録』のなかでは漢文で「張格爾」と書くのが普通である。ここでは便宜上「ジハン・ギール」という通常の表記に従う。ジハン・ギールについての研究は，佐口透（1963）・潘志平（1991）・堀直（1992）・濱田正美（1998）参照。
23)『枢垣記略』巻九，恩叙四「六月初一日旨，圓明園娘娘廟住房一所，著賞給松筠居住」。
24) 上書房は，紫禁城内の乾清宮の西に位置する。皇太子らが学習する場所である。『唐土名勝図会初集』巻之一に「御薬房の南にあり，北へ向ふ」とある。また，『国朝宮史』巻十二，宮殿二，内廷一に「上書房，皇子皇孫肄業處也」とある。
25) 総諳達は皇太子の教育などを管理する職である。
26) マンジュ語では「keli」とあり，兄弟の嫁の総称であるが，護軍校の富は男であることから婿のことを指していると思われる。
27) マンジュ語では「jyming」で，漢字の職名の音写である。職名を書き入れた名刺。職名および具体的な形式については，『清俗紀聞』巻一，年中行事，全名帖，単名帖を参照。
28) たとえば『閑窓録夢』道光八年四月初五日には「朝，水餃子を食べて出かけ，東城の豊昌城に到着した。そこで李九爺，楽師などの人々と会った。二姑爺の俸禄の米三十七石を石ごとに四千五十文の値段にした。合計十四万六千二百五十文で売った。当該の店舗の銭幣を書いて私にくれた。蕭掌櫃が私に漬け物の豆腐皮を二缶，紙ひとやま，目薬三瓶をくれた。私はそこから出て地安門で騾馬の車を雇って乗った。天順号で糕乾餅を買った。西安門（右安門？）に着いて下車した。家に帰った」とある。
29) 覚生寺については，『水曹清暇録』巻十三，覚生寺に「覚生寺在西直門外，雍正十年，取萬寿寺沈度所書全部『蓮華経』大鐘懸此，而建寺焉」とある。『閑窓録夢』を見ると，彼は帰宅途中しばしば覚生寺を訪れている。自宅の近辺にあったのではないだろうか。
30)『国朝耆献類徴初編』巻三十六，宰輔三十六「院内正屋三楹，中為堂夫人居堂，東西為佛堂，公毎日五更入佛堂，頂礼畢坐，於夫人啜茶閑語，半時而出」。
31) 灯謎のこと。
32)『論語』第十巻，第十九篇，子張「子游曰：「子夏之門人小子，當洒掃・應對・進退，則可矣。抑末也，本之則無，如之何。」子夏聞之曰：「噫，言游過矣，君子之道，孰先傳焉，孰後倦焉。譬諸草木，區以別矣。君子之道，焉可誣也。有始有卒者，其惟聖人乎」。
33) マンジュ語では「hoseri dengjan」という。仕掛け花火の一種。帽子箱大のものに仕掛けをして灯火台に吊し，道火に火をつけて底を抜くと，さまざまな花火が次々と開いて

出る。『満和辞典』213 頁参照。
34) とうじの北京の正月の習慣を知るうえで参考になる資料集としては、『北平風俗類徴』、金寄水等（1988）第二章、四時節令および金受申（1989）参照。
35) 『閑窓録夢』道光九年正月初六日
36) 『閑窓録夢』道光八年正月十日
37) ジシハ（Jisiha 季什哈）は満洲正黄旗の人で、姓はフチャ（Fuca）である。詳細は『八旗通志初集』巻一百四十八、季什哈伝（満文：45b-50 頁、漢文：3804-3805 頁）参照。
38) 具体的な場所は不明である。
39) 『清史稿』巻二百二十一、惇恪親王綿愷伝「惇恪親王綿愷、仁宗第三子。嘉慶十八年、林清變起、綿愷隨宣宗捕賊蒼震門、得旨襃嘉。二十四年、封惇郡王。宣宗即位、進親王。道光三年正月、命綿愷內廷行走。旋以福晉乘轎徑入神武門、坐罷、罰王俸五年。上奉太后幸綿愷第、仍命內廷行走、減罰王俸三年。七年、坐太監張明得私相往來、復匿太監苑長青、降郡王」。
40) マンジュ語では「tahūra efen」と表記する。餃子の一種である。『満和辞典』では「潮吹貝に似た形の肉饅頭」と解釈している。
41) マンジュ語で「duin camhan」と書き、具体的な場所は不明である。
42) 「鑲紅旗蒙古都統哈戮阿等解送俘囚張格爾至京……都統哈戮阿等率解俘將校、以俘囚張格爾、自天安門入、至太廟街門外、俟承祭王至。俘囚張格爾北向跪伏、承祭王入、行禮畢、都統哈戮阿等率諸將校、以俘囚張格爾……上御午門樓受俘。都統哈戮阿等率解俘囚將校、以俘囚張格爾、豫俟於午門外之西。大樂鼓吹金鼓全作、上升座、解俘囚將校行禮畢、令俘囚張格爾北向跪伏。兵部尚書跪奏、平定回疆、生獲俘囚張格爾、謹獻闕下請旨。命王大臣会同刑部嚴訊、刑部尚書跪領旨、兵部司官、以俘囚張格爾交刑部司官、自天安門出、王公百官行慶賀礼」。
43) ジハン・ギールに関する報告書は、
『明清史料』庚 10-1000、移会稽察房爲奉上諭回疆各城自我朝戡定得各安生計乃張格爾屢擾邊圍今業經檻車解京獻俘廟社本日廷訊盡法懲治寸磔梟示實足以申國憲、道光八年五月二十七日。
『明清史料』庚 10-0999、張格爾供係薩木薩克之子與阿哈呼里等糾衆搶圖舒克塔什卡倫大兵追及就逃回被浩罕伯克圈禁以向參贊大人討便宜又逃走幾經打仗被拏住、道光八年（月日不詳）
などに具体的な供述の内容が記されている。併せて参照されたい。
44) 「荼炭」が正しい。
45) ジハン・ギールの供述については、「張格爾供詞」と題した資料が『明清史料』庚編第十本、999-1000 頁に収録されている。併せて参照されたい。
46) 台北中央研究院傅斯年図書館所蔵。異なった写本が三冊所蔵されているが、現物を見ることはできない。CD の番号と題名は以下の通りである。「拿張格爾」CD440、C14-142, Ma19-114, Ma23-138 に「大清洪福盛、軍民享太平。這些年来減刀兵、真乃是一統華夷錦江洪、也是新疆途〔塗〕炭、哈什哈兒遭逢。張格爾聚衆回賊反朝廷、殺黎庶亂縱横。可憐各卡駐防兵、喀倫守禦的官兵遭賊手最苦。鎮台合〔和〕緑營將軍慶公爺聞報

第 12 章　文雅のモンゴル　515

信，調動各處官兵相仝。烏穆二參……派幹員解護張格爾到京，解入兵部中。次日太廟獻俘，將他脖項上搭絹，以爲活祭祖先靈。午門受俘尊國礼，領他城下見駕。奏音樂群臣道喜，事畢將他上鎖解入刑部，三堂会審口供。圓明園欽審，打了他三十對頭板。主見他面上善，又痛哭哀，因此寬恩未動各樣刑。罪定淩遲上市口，見劊子手剮人喊三聲。摘心割肉接血，監斬驗與那陣亡的忠魂享祭靈。首級號令在木籠，屍骨抛彴。萬歲格外施恩惠，將阿哩雅貴州遠配把軍充。逆侄永遠圈禁雲南地，賊奴發往廣東城。垂恩大放醮天赦，又賞半月濟兵窮。頒喜詔行文傳天下，萬國來朝齊賀昇平」（〔　〕は正しい字を示す）とある。このほかに，新疆シベ族の間では，ジハン・ギールに関するさまざまな写本が存在するが，出版されたうち一点が蘇德善（1984）として公開されている。このような写本が『daicing gurun i kasigar ucuni bithe（ダイチン・グルンのカシュガル歌の書）』という名でロシアにも所蔵されている。これに関しては，T. A. Pang (1995) 参照。

47) 「張格爾造反」『清蒙古車王府蔵子弟書』上，287-289 頁参照。
48) 『大清宣宗実録』巻一百三十六，道光八年五月「御廓然大公殿廷訊逆俘張格爾罪狀，畢。諭内閣逆裔張格爾，著即寸磔梟示。派協辦大学士尚書富俊，尚書明山，侍郎鍾昌，奕經，前往監視行刑。慶祥以喀什噶爾參贊大臣，遭変被困，力竭捐軀。領隊大臣副都統烏凌阿，因帶兵圍捕，臨陣陷歿，皆由該逆倡亂，以致傷我大臣，殊堪髮指。著慶祥之子侍衛文輝，烏凌阿之子侍衛忠泰，同往市曹看視，俾抒積憤。並將該逆摘心，交文輝於伊父慶祥墓前致祭，用慰忠魂」。
49) 旗人の書に関する作品は『泛槎図』に収録されている。
50) 揚綰は楊綰の誤りである。楊綰と盧懷愼については，『旧唐書』巻一一九，列伝六十九，楊綰，巻九十八，列伝四十八，盧懷愼を参照されたい。二人とも古来の「清嚴」として著名な人物である。
51) 『嘯亭続録』巻五，松湘圃之清，531 頁「松相国之清直，前已詳載之矣。近有入其臥室者，言惟青縑被二，已黶敝，用羊袂覆之，旁一黑髤几，置筆硯，頗精良，乃公日揮毫所，下酒數甖而已。四壁蕭條，寒士所不堪者。信清如揚騰，盧懷愼，而其忠貞謀略，乃非二公所及也」。
52) 稲葉岩吉（1935）参照。
53) 台北中央研究院傅斯年図書館所蔵目録には「杭州陳楚玲趣」と書いてあるが，これは誤りであり，「杭州陳楚玲鑄」とすべきである。この拓本の原石碑が現在どこにあるかは不明である。
　　台北中央研究院傅斯年図書館所蔵拓本，書名：松筠書虎字，版本：拓本，標題：拓本，年代：無年代，附注：草書，附汪仲洋，帥承瀛題跋正書，杭州陳楚玲趣，数量：一幅，索書号：T100, 4888，収蔵：本件蔵入第 1750 筒
　　碑文の右下には「湘圃相國精於八法，尤善作虎字，世爭寶之。今以讞案來潮，於公暇書此見詒。英風毅氣溢於毫素之間，書中有人覽者，毋視爲尋常墨蹟也。帥承瀛跋」とあり，左下には「燕許大手草結字，猶寫真。一氣揮灑際，宛有神虎蹲力，比象怕勁心，如證虞仁慈悲，即威猛佛性原不分有哉。撫軍言，書中誠有人，留此鎮海上蛟蝕遠逡巡。知海鹽縣事汪仲洋敬題　杭州陳楚玲鑄」とある。
54) 『皇清書史』（遼海叢書，第三冊）巻一「喜為擘窠書，尤好作大虎字。每覓大幅紙，尽幅

爲之，自謂可駆邪鎮鬼」。また、『清史臣工伝』十編（7647-9，台北国立故宮博物院蔵）の松筠伝に「喜爲擥竊書，尤喜作大虎字。在西域手刃叛回数百人，蓋其疾悪爲最嚴云」とあり、梁章鉅『帰田瑣記』（遼海叢書，第三冊）にも同文が記載されている。
55) 道光八年四月二十日
56) 城門外に半月形に突き出した小城。
57) マンジュ語では「tatašara urgetu」と書いてあるが、直訳すれば「引っ張る人形」という意味になる。操り人形の一種であろう。
58) 道光八年六月二十三日
59) 以下の年月日に記されている。
　　道光八年四月二十一日，道光十年四月二十九日，道光十年五月一日，道光八年七月五日，道光八年七月十七日，道光八年七月十九日，道光九年十一月一日，道光十年四月二日，道光十年四月二十二日，道光九年六月二十四日，道光八年三月二十四日，道光八年三月二十七日，道光八年四月二十二日，道光八年四月二十四日，道光八年四月二十六日，道光八年四月二十八日，道光十年四月一日
60) 道光十年四月十八日

第 12 章　文雅のモンゴル　517

附表　松筠の事績年表（乾隆 16 年～道光 15 年）

年　代	年　齢	履　歴
乾隆 37 年	21 歳	由翻訳生員考補理藩院筆貼式
乾隆 41 年	25 歳	充軍機章京
乾隆 42 年	26 歳	陞主事
乾隆 43 年	27 歳	陞員外郎
乾隆 44 年	28 歳	充三座塔理事司員
乾隆 45 年	29 歳	准其一等加一級，調戸部銀庫員外郎
乾隆 45 年	29 歳	由翻訳生員筆貼式補軍機章京，歴戸銀庫員外郎
乾隆 48 年 3 月	32 歳	戸部銀庫員外郎松筠俱准其一等加一級内閣学士兼礼部侍郎
乾隆 48 年 8 月	32 歳	昇内閣学士並賞花翎補鑲黄旗蒙古副都統，兼礼部侍郎
乾隆 49 年 9 月	33 歳	調鑲黄旗蒙古副都統松筠，為正紅旗満洲副都統，松筠著軍功加一級
乾隆 50 年 10 月	34 歳	自庫倫回京。仍在軍機章京行走
乾隆 51 年 7 月	35 歳	補授戸部右侍郎員缺
乾隆 52 年 1 月	36 歳	在庫倫辦事
乾隆 54 年	38 歳	著『百二老人語』
乾隆 55 年 3 月	39 歳	著革去侍郎，副都統，並花翎。賞給四品職銜。仍留庫倫辦事
乾隆 56 年 10 月	40 歳	原任庫倫辦事大臣松筠，為工部侍郎
乾隆 56 年 10 月	40 歳	調工部侍郎松筠，為戸部左侍郎
乾隆 56 年 1 月	40 歳	工部左侍郎松筠，為正白旗満洲副都統
乾隆 57 年 4 月	41 歳	調工部右侍郎松筠，為戸部右侍郎
乾隆 57 年 10 月	41 歳	兼署刑部右侍郎事務
乾隆 57 年	41 歳	改戸部右侍郎転左侍郎留庫倫
乾隆 58 年 3 月	42 歳	派令松筠，前往喀爾喀
乾隆 58 年 4 月	42 歳	授為内務府大臣。在御前侍衛行走
乾隆 58 年 4 月	42 歳	命戸部侍郎松筠，在軍機処行走
乾隆 58 年 7 月	42 歳	命戸部左侍郎松筠，充国史館纂辦蒙古王公表伝副総裁
乾隆 58 年 9 月	42 歳	護送英吉利使臣等至浙江定海
乾隆 59 年 1 月	43 歳	調宝琳為吉林将軍，松筠署之
乾隆 59 年 7 月	43 歳	駐蔵辦事松筠為工部尚書
乾隆 59 年 7 月	43 歳	其駐蔵事務。令松筠前往辦理
乾隆 59 年 8 月	43 歳	補授為鑲白旗漢軍都統員缺
乾隆 60 年 4 月	44 歳	巡辺西蔵，著『西招紀行詩』
乾隆 60 年 6 月	44 歳	駐蔵辦事大臣松筠奏聶拉木，宗喀済嚨及沿辺一帯，番民貧苦
嘉慶 2 年	46 歳	著『丁巳秋閱吟』
嘉慶 3 年	47 歳	著『西招図略』
嘉慶 4 年 1 月	48 歳	為戸部尚書，伊犁将軍
嘉慶 4 年 1 月	48 歳	命戸部尚書駐蔵大臣松筠，来京供職
嘉慶 4 年 2 月	48 歳	為陝甘総督
嘉慶 4 年 2 月	48 歳	加陝甘総督松筠，太子少保
嘉慶 4 年	48 歳	理藩院員外郎
嘉慶 4 年 7 月	48 歳	陝甘総督兼甘粛巡撫
嘉慶 4 年 1 月	48 歳	将太子少保及御前侍衛革退，拔去花翎，用示薄懲，仍留頂帯
嘉慶 5 年 1 月	49 歳	以陝甘総督松筠，為伊犁将軍，仍留陝省。幫辦勦賊事宜

年　代	年　齢	履　歴
嘉慶 5 年 3 月	49 歳	松筠現因患病，不能帶兵截勦，奏請来京，業已准行
嘉慶 7 年 1 月	51 歳	以伊犂領隊大臣松筠為将軍
嘉慶 9 年 12 月	53 歳	陳請酌定分給八旗満洲田畝，自行耕種，永為世産章程一摺
嘉慶 11 年 7 月	55 歳	奏請設立商頭，官給驗票，並定抽分數目，即藉以管束民人，稽査逃犯，所議自属可行。著照所請辦理
嘉慶 12 年 12 月	56 歳	伊犂将軍松筠仍加恩賞給太子少保銜
嘉慶 14 年 3 月	58 歳	松筠奏遣戍叛兵蒲大芳，馬友元等一百餘人在戍不法，均分起誅訖，上責其濫殺，奪職
嘉慶 14 年 6 月	58 歳	陝甘総督
嘉慶 14 年 9 月	58 歳	賞還松筠一品頂帯
嘉慶 14 年 1 月	58 歳	両江総督
嘉慶 14 年 12 月	58 歳	調陝甘総督松筠，為両江総督
嘉慶 16 年 1 月	60 歳	調両江総督松筠，為両広総督
嘉慶 16 年 6 月	60 歳	以協辦大学士尚書松筠，兼内大臣
嘉慶 16 年 6 月	60 歳	為協辦大学士
嘉慶 16 年 8 月	60 歳	加両広総督松筠，太子少保
嘉慶 16 年 9 月	60 歳	協辦大学士両広総督松筠，為吏部尚書，兼鑲紅旗満洲都統
嘉慶 16 年 10 月	60 歳	命協辦大学士吏部尚書松筠，礼部尚書福慶，在紫禁城内騎馬
嘉慶 17 年 1 月	61 歳	国史館総裁官
嘉慶 17 年 9 月	61 歳	協辦大学士吏部尚書松筠，仍在軍機大臣行走，為国史館総裁官
嘉慶 17 年 10 月	61 歳	命協辦大学士吏部尚書松筠，戸部左侍郎初彭齢，馳赴江南査辦事件
嘉慶 17 年	61 歳	国史館正総裁・專看蒙古表伝・軍機大臣上行走，刑部郎中
嘉慶 17 年 7 月	61 歳	協辦大学士吏部尚書
嘉慶 17 年 9 月	61 歳	軍機大臣
嘉慶 18 年 1 月	62 歳	協辦大学士吏部尚書松筠，兼正黄旗領侍衛内大臣
嘉慶 18 年 1 月	62 歳	軍機大臣松筠罷為御前大臣
嘉慶 18 年	62 歳	授御前大臣領侍衛内大臣，復出為伊犂将軍，授東閣大学士，協辦大学士吏部尚書
嘉慶 18 年 4 月	62 歳	協辦大学士吏部尚書管理理藩院事務
嘉慶 18 年 6 月	62 歳	協辦大学士吏部尚書松筠，兼伊犂将軍，為総管内務府大臣
嘉慶 18 年 9 月	62 歳	松筠，曹振鏞為大学士
嘉慶 18 年 12 月	62 歳	命松筠，長齡籌議新疆経費
嘉慶 19 年	63 歳	内閣学士兼礼部侍郎銜
嘉慶 19 年	63 歳	鑲白旗漢軍副都統
嘉慶 19 年	63 歳	繙訳会試副考官
嘉慶 19 年	63 歳	理藩院右侍郎
嘉慶 19 年	63 歳	鑲黄旗満洲副都統
嘉慶 19 年	63 歳	工部右侍郎兼管銭法堂事務
嘉慶 19 年	63 歳	崇文門副監督
嘉慶 19 年	63 歳	刑部右侍郎
嘉慶 19 年 8 月	63 歳	武英殿大学士
嘉慶 20 年 10 月	64 歳	大学士御前大臣伊犂将軍松筠，回京。以長齡為伊犂将軍
嘉慶 21 年 5 月	65 歳	命大学士御前大臣前任伊犂将軍松筠，即行回京
嘉慶 21 年 7 月	65 歳	命大学士松筠，管理吏部理藩院事，兼鑲藍旗満洲都統
嘉慶 21 年 7 月	65 歳	満洲都統

第12章　文雅のモンゴル　519

年　代	年　齢	履　　歴
嘉慶21年10月	65歳	署両江総督
嘉慶21年10月	65歳	大学士管理吏部理藩院事務鑲藍旗満洲都統
嘉慶21年9月	65歳	賞還大学士松筠，太子太保
嘉慶21年	65歳	刑部左侍郎
嘉慶21年	65歳	吏部左侍郎
嘉慶21年10月	65歳	署両江総督
嘉慶22年4月	66歳	殿試読卷官
嘉慶22年6月	66歳	疏請停止明年奉謁祖陵，奉旨厳斥，罷大学士，黜為察哈爾都統
嘉慶22年	66歳	刑部右侍郎吏部左侍郎兼署
嘉慶22年	66歳	熱河都統吏部左侍郎署
嘉慶22年10月	66歳	命察哈爾都統松筠馳往帰化城審案
嘉慶23年	67歳	鑲白旗護軍統領
嘉慶23年	67歳	右翼総兵，加贈都統
嘉慶23年10月	67歳	長子煕昌歿。正白旗漢軍都統松筠，仍在紫禁城内騎馬
嘉慶23年1月	67歳	著松筠由察哈爾馳往綏遠城署理将軍事務
嘉慶23年12月	67歳	松筠仍署理綏遠城将軍印務
嘉慶23年12月	67歳	正白旗漢軍都統松筠，為礼部尚書
嘉慶24年1月	68歳	兼署理藩院尚書
嘉慶24年3月	68歳	著加恩改為降三級留任。
嘉慶24年4月	68歳	礼部尚書松筠，為満洲繙訳会試正考官
嘉慶24年5月	68歳	充総理工程値年大臣
嘉慶24年6月	68歳	調礼部尚書松筠，為兵部尚書，兵部尚書松筠，為御前大臣，兼鑲黄旗領侍衛内大臣
嘉慶24年6月	68歳	調為工部尚書
嘉慶24年7月	68歳	調正白旗漢軍都統松筠，為正紅旗満洲都統
嘉慶24年9月	68歳	兵部尚書松筠，均退出御前大臣。以松筠為盛京将軍
嘉慶25年4月	69歳	革去盛京将軍，降山海関副都統，復降本旗公中佐領
嘉慶25年6月	69歳	奏阻朕巡幸盛京，恭謁祖陵，松筠著以本旗驍騎校降補
嘉慶25年6月	69歳	禁王公私設諳達及買民女為妾，松筠黜為驍騎校
嘉慶25年9月	69歳	降補驍騎校前任盛京将軍松筠，為都察院左副都御史
嘉慶25年10月	69歳	授左都御史
嘉慶25年1月	69歳	請設八旗満洲蒙古義学一摺
嘉慶25年1月	69歳	都察院左都御史松筠，為熱河都統
嘉慶25年12月	69歳	進呈所纂新疆識略十二卷
道光元年5月	70歳	熱河都統松筠，為兵部尚書
道光元年4月	70歳	兵部尚書
道光元年7月	70歳	吏部尚書，充会典館副総裁，授正黄旗漢軍都統
道光元年8月	70歳	復充崇文門正監督，調鑲黄旗蒙古都統，署鑲藍旗満洲都統，充実録館正総裁
道光元年8月	70歳	在軍機大臣行走
道光元年8月	70歳	命吏部尚書松筠在紫禁城内騎馬
道光元年8月	70歳	賞吏部尚書松筠花翎
道光2年1月	71歳	授閲兵大臣，管総理行営大臣事務，署直隷総督
道光2年3月	71歳	回京充翻訳会試正考官，署正黄旗領侍衛内大臣
道光2年6月	71歳	刪改理藩院奏稿，降旨交大学士軍機大臣会同九卿議罪

年　代	年　齢	履　歴
道光2年6月	71歳	褫吏部尚書，軍機大臣，命以六部員外郎候補，在上書房翻訳諳達上行走
道光2年1月	71歳	已革吏部尚書候補員外郎松筠，為光祿寺少卿
道光2年12月	71歳	賞光祿寺少卿松筠，二品頂帶。為都察院左都御史
道光3年8月	72歳	賞還都察院左都御史松筠頭品頂帶
道光3年8月	72歳	都察院左都御史松筠，署正紅旗蒙古都統
道光3年9月	72歳	都察院左都御史松筠，為吉林将軍
道光4年2月	73歳	授都察院左都御史
道光4年4月	73歳	充考試翻訳正考官
道光4年7月	73歳	授左都御史正黄旗漢軍都統内大臣，署鑲紅旗蒙古都統
道光4年6月	73歳	充実録館蒙古総裁
道光4年1月	73歳	復賜紫禁城騎馬
道光4年12月	73歳	充八旗値年大臣
道光5年1月	74歳	稽査右翼幼官学
道光5年6月	74歳	充蒙古翻訳考試官
道光5年8月	74歳	署兵部尚書，管理正黄旗漢軍新旧営房事務
道光5年9月	74歳	都察院左都御史松筠，為蒙古考官
道光5年9月	74歳	都察院左都御史正黄旗漢軍都統松筠，署烏里雅蘇台将軍
道光5年10月	74歳	召松筠来京
道光5年1月	74歳	署鑲紅旗蒙古都統
道光6年2月	75歳	署兵部尚書，正藍旗満洲都統
道光6年2月	75歳	正黄旗漢軍都統松筠，為鑲白旗満洲都統
道光6年2月	75歳	直講官松筠，王宗誠，進講書経罔以側言改厥度
道光6年3月	75歳	鑲白旗満洲都統松筠，署鑲黄旗漢軍都統
道光6年3月	75歳	署鑲黄旗漢軍都統
道光6年5月	75歳	礼部尚書穆克登額免，以松筠代之
道光6年5月	75歳	授礼部尚書，署左都御史兼管太常寺鴻臚寺事務
道光6年6月	75歳	赴山西査辦事件
道光6年8月	75歳	命校勘清文聖訓
道光6年9月	75歳	充武会試監射大臣
道光6年12月	75歳	礼部尚書松筠充経筵講官
道光7年2月	76歳	充総諳達
道光7年4月	76歳	命礼部尚書松筠為正使，持節齎冊印晋封
道光7年7月	76歳	充玉牒副総裁，署鑲白旗漢軍都統
道光7年7月	76歳	礼部尚書松筠，署都察院左都御史
道光8年正月	77歳	署熱河都統
道光8年6月	77歳	充蒙古翻訳考試官
道光8年8月	77歳	仍署熱河都統，授閲兵大臣
道光8年8月	77歳	松筠奏請添設蒙古官学一摺
道光9年1月	78歳	署吏部尚書
道光9年2月	78歳	直講官松筠，王鼎，進講孟子人有不為也而後可以有為
道光9年3月	78歳	署兵部尚書
道光9年4月	78歳	復署直隸総督
道光9年6月	78歳	調為兵部尚書
道光9年6月	78歳	命礼部尚書松筠，馳往科布多査辦事件

年　代	年　齢	履　歴
道光10年1月	79歳	松筠，富僧德，著充総諳達，輪流隨従大阿哥等住宿
道光10年4月	79歳	兵部尚書松筠署正黄旗満洲都統
道光10年7月	79歳	命兵部尚書松筠，馳往綏遠城，会同将軍昇寅審案
道光10年1月	79歳	赴陝西査辦事件
道光11年2月	80歳	松筠八十生辰，賞給耆齢錫祜扁額，御書福寿字各一
道光11年3月	80歳	署鑲白旗蒙古都統
道光11年7月	80歳	署理理藩院尚書管理三庫事務
道光11年8月	80歳	松筠病免
道光11年8月	80歳	病痊尚書松筠署正藍旗満洲都統
道光11年9月	80歳	充蒙古翻訳正考官。補授鑲白旗漢軍都統
道光11年10月	80歳	授内大臣
道光11年1月	80歳	松筠罷内大臣降三品頂戴休致
道光12年6月	81歳	賞還頭品頂戴署正黄旗漢軍副都統
道光12年9月	81歳	署鑲紅旗漢軍副都統
道光12年9月	81歳	奏勘定土默特茂明安等四旗地界章程十條
道光12年1月	81歳	署鑲紅旗漢軍副都統松筠，為正紅旗蒙古都統
道光12年12月	81歳	授理藩院左侍郎
道光13年2月	82歳	署左都御史
道光13年4月	82歳	理藩院左侍郎松筠為工部侍郎
道光13年4月	82歳	調工部左侍郎，署正黄旗蒙古都統
道光13年5月	82歳	調正黄旗蒙古都統松筠，為鑲藍旗満洲都統
道光13年6月	82歳	授閲兵大臣
道光13年8月	82歳	派考試満蒙中書
道光13年9月	82歳	署戸部右侍郎兼管銭法堂事務
道光13年10月	82歳	充左翼監督
道光14年1月	83歳	依疾請暇，上命以都統衛休致
道光15年5月22日	84歳	卒，贈太子太保，予祭葬，諡文清
道光15年10月	84歳	予故伊犁将軍松筠，入祀恵遠城祠

典拠：『大清高宗実録』，『大清仁宗実録』，『大清宣宗実録』，『松筠列伝』（台北国立故宮博物院蔵，所蔵番号3405-1），『清史臣工伝』十篇（台北国立故宮博物院蔵，伝稿6747-1-9），『国史大臣列伝』次篇巻九十（台北国立故宮博物院蔵，伝稿5679-1），『松筠事蹟』下（台北国立故宮博物院蔵），『吉林通志』，『清史列伝』巻三十二，『続碑伝集』巻一，『清代経世文編』巻八十一，『清国史館伝稿』5679号（台北国立故宮博物院蔵）など

附録　ブトハ・ニルの根源冊

　根源冊の記述内容には，「所轄する将軍あるいは八旗都統による上奏内容→ニルイ・ジャンギンの陳述（編成経緯）→上奏年代→認定基準→他の事例との比較→最終認定」という定型パターンがあった。根源冊は，短いものでも何十頁にも及び，長大なものは往々にして複雑な事例や上奏文の引用が含まれるため，文書分析の材料としても，非常に貴重である。本書第9・11章で取り上げたオロンチョン・ニルについても，管見の限りでは根源冊が一種，こんにちにいたるまで遺されているが，やはり異様なまでの長大さを誇り，根源認定にかかわる多くの文書を引用する。しかも，オロンチョンのみならず，ほかの多くのブトハ・ニルに関する事例にも言及している。ニル根源の認定における行政処理の詳細な過程を明らかにしうる格好の資料といってよい。

　それは，もともと内閣に蔵されてきた『buthai bai kubuhe šanyan i jalan halame bo šoro/ nirui janggin fundesi i nirui sekiyen i cese（ブトハ地方鑲白旗世管ニルイ・ジャンギンたるフンデシ・ニルの根源冊）』（『清代譜牒檔案』世襲三九二冊，項目編号一六）というニルイ・ジャンギン（佐領）の根源冊である。現在は北京の第一歴史檔案館に所蔵されている。筆者は，調査時，マイクロフィルムを利用せざるをえず，印が捺されている部分のマンジュ語原文はほとんど判読できなかった。そこで，ほかのブトハ地方のニルの根源冊と照らし合わせ，できる限り復元を試みた。その意味では完全なものではないが，この根源冊が学界未知の檔案資料であることに鑑み，あえてマンジュ語原文全文のローマ字転写と現代日本語逐語訳の素案をここに付録として提示し，今後の研究の参考に供する。

　このオロンチョン世管ニルイ・ジャンギン根源冊の本文は，まず，黒龍江将軍ボディがオロンチョン・ニルの調査のために，上奏したことから始まる。複雑きわまりない構成を理解するための一助として，最初に箇条書きにして，分析を加えておく。

[A]　乾隆五年（1740）十一月十一日，黒龍江将軍ボディがブトハ鑲白旗オロンチョン・ニルのニルイ・ジャンギンであるサンガルチャの根源について調査したことを報告する上奏。

　　a) サンガルチャが提出した文書：自身に至るまでのみずからのニルの由来を申

告。すなわち，ケルテヘル地方の人であった曾祖父イェルムンチェは，ダイチン・グルンに帰属して貂皮の貢物を納めるようになり，初めてニルが編制される際にニルイ・ジャンギンに任じられた。その後，ニルイ・ジャンギンの地位は，子のネムゲンチェ，子のイェゲチェ，弟のジャンジサ，子のサンガルチャと五代にわたって承襲されてきたことを述べる。この文書とともに，ニルイ・ジャンギン任用有資格者たちがそれぞれ花押を記して，サンガルチャの申告内容を保証する。

b) ニルイ・ジャンギンの資格がない一族である驍騎校ホロダイらが提出した文書：サンガルチャの申告内容を事実と認め，自分たちにはニルイ・ジャンギンを継承する資格がないことを保証して花押を記す。

c) 一族以外のアチキチャ姓の驍騎校ホロダイらが黒龍江将軍に提出した文書：サンガルチャの家が代々ニルイ・ジャンギンを継承したことを事実と認め，自分たちにニルイ・ジャンギンを継承する資格がないことを言明する。この文書を提出する際に，当該の管轄の大臣・官員（ブトハ総管およびその属官）の面前で，各自の名前の下に花押を記して記述内容を保証した。

d) 黒龍江将軍衙門における調査内容とそれにもとづいて判断した原案を上奏：黒龍江将軍衙門において，サンガルチャのニルの根源の調査が行われ，衙門創設以前については，理藩院の檔案を調査したが，サンガルチャの申告では最初にニルイ・ジャンギンに任じられたとされるイェルムンチェの名前は見つからず，二代目のネムゲンチェの名前のみが確認された。つづいて，黒龍江将軍衙門が創設された康熙三十年（1691）以後については，衙門所蔵の檔案を調査したところ，ネムゲンチェ以下サンガルチャに至るまでのニルイ・ジャンギン継承の記録が確認された。以上のa)〜c)の申告と檔案の調査をふまえ，黒龍江将軍は，ソロン，ダグル，オロンチョンを含むブトハを将軍が管轄するようになって以来，サンガルチャ一族がニルイ・ジャンギンを継承してきたことは事実であると判断し，サンガルチャの請願にしたがって彼のニルを世管ニルに認定すべきだという原案を中央へ上奏した。この上奏には，ニルイ・ジャンギンに任じられる資格のある人の名前を列挙した家譜も添付された。

[B] 乾隆十年（1745）七月十六日に満洲鑲黄旗より写して送った文書（おそらく内閣に宛てた文書）。

a) 乾隆九年（1744）九月十日，和碩荘親王允禄らの上奏

(1) 兵部から黒龍江将軍に宛てて送られた文書：まず黒龍江将軍からダグル

などブトハの四十九のニルの根源について報告する上奏が提出された。檔案には明記されていないが、おそらく各ニルのニルイ・ジャンギンなどによる自己申告を報告した上奏であったと考えられる。これらのニルの根源について、八旗衙門が回覧し、これも明記されていないが、おそらくそれぞれの旗に属するニルの根源について、衙門に保存される檔子を参照して確認したものと思われる。こうして文書の回覧を終え、兵部による再調査がおこなわれた結果（つづく黒龍江将軍の上奏部分の記述によって、理藩院の檔子を調査したものと考えられる）、四十九のニルのうち、鑲黄旗オロンチョンのカヤチュ以下の十二のニルについて、ニルが編制されたときに最初にニルイ・ジャンギンとなった人物の記録、あるいは二番目にニルイ・ジャンギンとなった人物の記録が見つからなかった。つまり、現任ニルイ・ジャンギンらがみずからのニルの根源を自己申告した内容が、中央での文書調査では確認できなかったわけである。この食い違いを問題視した兵部は、これらのニルについて再度担当の将軍（すなわち黒龍江将軍）に調査をおこなわせるよう提案する上奏をおこなった。そして、原案に従えとの乾隆帝の硃批を得たうえで、これを黒龍江将軍に送付した。

(2) 乾隆七年（1742）十一月十八日（正しくは六日）、黒龍江将軍ボディらの上奏：(1)の兵部からの文書による指令を受けて提出された。上記十二のニルの根源が理藩院の檔子を調べても分からなかったが、現地ニルのニルイ・ジャンギン一族の人々や他の姓の人々などが、現在のニルイ・ジャンギンの一族がニルイ・ジャンギンを代々受け継いできたことを事実として認めたことをふまえ、これらのニルを代々の世襲が許される世管ニルとして認定すべきであるという乾隆五年（1740）の上奏に言及し（上述［A］d）の上奏）、そのうえで、檔子に明確に記録が残る二代目あるいは三代目を根源として認定すべきだとする原案については、初代ニルイ・ジャンギンの子孫が納得しないとの理由から、理藩院の檔子に見えない初代ニルイ・ジャンギンを根源とすべきとする意見を提出した。この上奏は、十八日に乾隆帝の硃批が加えられ、最初に議論した大臣たちに再度議論したうえで報告させることとなった。

(3) 和碩荘親王允禄らの調査内容とそれにもとづく原案を上奏：(2)の末尾に見える十八日の乾隆帝の旨を奉じて、和碩荘親王允禄らがこの案件について検討した。この文書にはこれまでの経緯を明示する文書を引用する。

附録　ブトハ・ニルの根源冊　525

まず，以前に黒龍江将軍ボディらによって提出された上奏を引用する。そこには，問題の十一人のニルイ・ジャンギン（鑲黄旗オロンチョンのニルイ・ジャンギンであるカヤチュ，正白旗ソロンのニルイ・ジャンギンであるカクトルダイ，正白旗ソロンのニルイ・ジャンギンであるジャルシャン，正紅旗ソロンのニルイ・ジャンギンであるトブチルトゥ，正紅旗オロンチョンのニルイ・ジャンギンであるビジェルトゥ，鑲白旗ソロンのニルイ・ジャンギンであるサリカ，鑲白旗ソロンのニルイ・ジャンギンであるジュレケイ，鑲白旗オロンチョンのニルイ・ジャンギンであるサンガルチャ，正藍旗ソロンのニルイ・ジャンギンであるシレンチェ，鑲藍旗ソロンのニルイ・ジャンギンであるニブチカ，鑲藍旗ソロンのニルイ・ジャンギンであるバンジ。先の十二ニルに見えていた正藍旗オロンチョンのニルイ・ジャンギンであるホルボトゥが除外されているのは，ニルイ・ジャンギンの継承をめぐって，叔祖父の孫であるエンゲディに訴えられたためである）の由来と系譜をみずから申告した文書がすべて詳細に列挙され，以上の十一ニルが代々現在のニルイ・ジャンギンの一族によって継承されてきたことが事実であるとそれぞれのニルの人々が保証した文書が引かれる。さらにこの後の部分は，この根源冊の［A］d）に見える黒龍江将軍の上奏とほぼ同じ内容を持ち，乾隆五年（1740）に十一のニルを世管ニルとして認定すべきであると黒龍江将軍が提案したものであると考えられる（上述(2)の黒龍江将軍ボディらの上奏にもこれを節略した内容が見える）。この上奏をふまえて，中央兵部が，最初にニルを承管した人を根源とするか，理藩院の档子より発見された二番目・三番目にニルイ・ジャンギンに任じられた人を根源とするか判断がつかないことから，再度当該将軍に調査させるように上奏した。これを受けて，再度黒龍江将軍から上奏が提出され，兵部はこれにもとづき，もし二代目・三代目のみを根源とした場合には，初代ニルイ・ジャンギンの子孫が承服せず，争いの種になるとして，初代のニルイ・ジャンギンを根源とすべきことを提案した（上述(2)の上奏の内容を再度引用）。和碩荘親王允禄らもまた基本的にはこの黒龍江将軍の意見に従って上奏をおこない，乾隆帝の旨がくだされて，初めてニルを承管した人，すなわち初代のニルイ・ジャンギンが根源として認められることになった。

b) 欽派辨理八旗世職佐領得分事務王大臣らの上奏：満洲鑲黄旗黒龍江地方当該チチハル城のアチンジュらを世管ニルに指定したが，ニルイ・ジャンギンの承襲をどのようにするかについて議論，京城八旗ニルに準じて，世管ニル承

襲の規定を定めた。

[C]　ニルイ・ジャンギンのサンガルチャら（ニルイ・ジャンギン一族のニルイ・ジャンギン承襲有資格者）が黒龍江将軍に提出した文書：サンガルチャ以下六名のイェルムンチェの孫が連名で提出した文書であり，自分たちが最初にニルが編制されたときにニルイ・ジャンギンとなったイェルムンチェの孫で，ニルイ・ジャンギン継承の資格があることを言明するもの。乾隆五年（1740）十一月の［A］文書に引用されるので，それ以前に提出されたということになる。［A］文書によれば，原文書ではそれぞれの列挙されている名前の下に花押が記されていたはずである。

[D]　領催ボハルトゥら（ニルイ・ジャンギン一族のニルイ・ジャンギン継承無資格者）が黒龍江将軍に提出した文書：ボハルトゥ以下四十六名が連名で提出した文書で，イェルムンチェの家の者がニルイ・ジャンギンを承襲する資格を持ち，自分たちには資格がないことを言明する。［C］と同様，［A］文書に引用されている。

[E]　他の一族アチキチャ姓の驍騎校ホロダイらが黒龍江将軍に提出した文書：驍騎校ホロダイ以下二十五名の，ニルイ・ジャンギン一族以外のニルのオロンチョンが連名で提出した文書で，イェルムンチェが最初にニルイ・ジャンギンとなり，代々子孫がニルイ・ジャンギンの職を受け継いできたことを述べ，自分たちにはニルイ・ジャンギン承襲の資格がないことを言明する。この文書も，［C］と同様，［A］文書に引用されている。この文書引用の後には，乾隆十二年（1747）という年記がある。

[F]　乾隆十五年（1750）十一月三十日のクブクダヤンのニルイ・ジャンギン継承：ニルイ・ジャンギンのサンガルチャの缺員に，クブクダヤンを正位にして，ガンダルトゥを陪位にして，シニルトゥを列して引見し，乾隆帝の聖旨によってクブクダヤンをニルイ・ジャンギンに任じた。

[G]　乾隆二十四年（1759）十一月九日のアムルタのニルイ・ジャンギン継承：アムルタを正位にし，ガンダルトゥを陪位にして，シニルトゥを列して引見し，乾隆帝の旨によってアムルタをニルイ・ジャンギンに任じた。この後に乾隆二十七年（1764）の年記が見える。

[H]　嘉慶七年（1802）八月九日のフンデシのニルイ・ジャンギン継承：世管ニルイ・ジャンギンであるアムルタの缺員に，彼の子供フンデシを正位にして，カシンチャを陪位にして，ジャイブンガを列して引見し，嘉慶帝の聖旨によってフンデシをニルイ・ジャンギンに任じた。この後に嘉慶七年の年記。

附録　ブトハ・ニルの根源冊　527

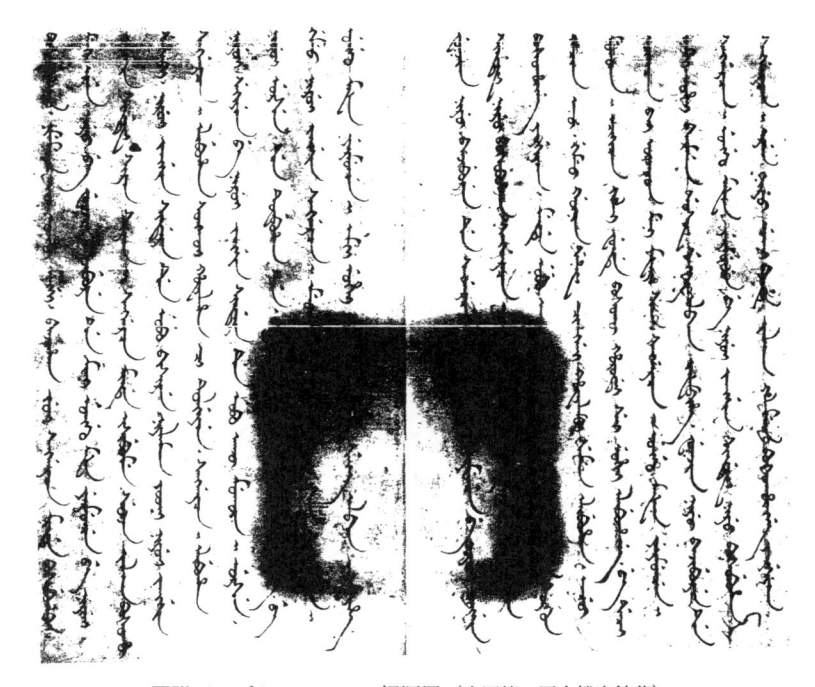

図附-1　ブトハ・ニルの根源冊（中国第一歴史檔案館蔵）

　この根源冊には，［E］の後に「乾隆十二年」の，［G］の後に「乾隆二十七年」の，いちばん最後に「嘉慶七年」の年記がある。もととなる冊自体は乾隆十二年にいったん作成され，乾隆二十七年，嘉慶七年の二度にわたって増補されたものと考えられる。ただし，現存するこの根源冊は書体からすべて同じときに写されたものと見られるので，嘉慶七年以降に書写されたものと推定される。

　なお，［B］乾隆十年（1745）七月十六日に満洲鑲紅旗より写して送った書に引用される(2)鎮守黒龍江等処将軍ボディらの上奏において，「乾隆七年十一月十八日に上奏した」という日付が見えるが，これは，乾隆帝により硃批された日付「乾隆七年十一月十八日」を誤って上奏の日付としてしまったものである。中国第一歴史檔案館所蔵の『満文録副』（第二号，民族事務類，其他項，第一五四三号，第二号，フィルム号三八，乾隆七年十一月初六日具奏，七年十一月十八日朱批，奏請将鄂倫春等十二佐領執照）に，まったく同じ上奏を見いだすことができ，それには，「乾隆七年十一月初六日具奏，七年十一月十八日硃批」という正確な日付が記載されているからである。

附録史料

凡例

1. 中国第一歴史檔案館が作成した『清代譜牒檔案』（内閣）のマイクロフィルム，世襲三九二冊，項目編号一六の『buthai bai kubuhe šanyan i jalan halame bošoro nirui janggin fundesii nirui sekiyen i cese（ブトハ地方鑲白旗世管ニルイ・ジャンギンたるフンデシ・ニルの根源冊）』を選出し，マンジュ語原文のローマ字転写と日本語の訳文を収録したものである。
2. 原文に頁番号が付いていないため，筆者がアラビア数字で頁番号を付した。全部で二十九頁である。この根源冊は，各頁九行の書式である。
3. （ ）のなかの文はすべて『清代譜牒檔案』内閣，漢文八旗世襲譜檔8, Reel No. 38の『buthai bai kubuhe šanyan i jalan halame bošoro nirui janggin serence i nirui sekiyen i cese（ブトハ地方鑲白旗世管ニルイ・ジャンギンたるセレンチェ・ニルの根源冊）』［文書の最後に乾隆三十七年の年次が記されている］および『buthai bai kubuhe šanyan i jalan halame bošoro nirui janggin urgunboo i nirui sekiyen i cese（ブトハ地方鑲白旗世管ニルイ・ジャンギンたるウルグンボオ・ニルの根源冊）』［文書の最後に乾隆四十九年の年次が記されている］に拠って補った。

【原文ローマ字転写】

表題

buthai bai kubuhe šanggiyan i jalan halame bošoro/ nirui janggin fundesi i nirui sekiyen i cese,/

印鑑文字（左満右漢）
満文：sahaliyan ulai jergi babe tuwakiyara jiyanggiyūn yamun i doron
漢文：鎮守黒龍江等処地方将軍印

本文

1: ○ sahaliyan ula i jergi babe tuwakiyara jiyanggiyūn amban bodi sei gingguleme/
2: *wesimburengge, oroncon sanggarca nirui da (sekiyen be baicafi gisurefi wesimbure)/

3: jalin, buthai kubuhe šanyan i oroncon nirui janggin sanggarca i alibuha bade,/
4: mini unggu mafa yermunce daci kelteher bai niyalma, kelteher hala, mukūn i/
5: urse acikica halai urse i emgi uhei/
6: **ejen be baime dosifi seke alban jafambihe, fukjin niru banjibure de, mini/
7: unggu mafa yermunce be nirui janggin sindaha, nimeme akū oho manggi,/
8: banjiha jui nemgence de bošobuha, se sakdafi nakaha manggi, banjiha jui/
9: yegece de bošobuha, se sakdafi nakaha manggi, banjiha deo janjisa de   1b//2a
10: bošobuha, nimeme akū oho manggi, banjiha jui sanggarca minde bošobuhabi,/
11: meni ere niru be fukjin banjibure de, mini unggu mafa yermunce be nirui/
12: janggin sindafi, siran siran i sanggarca minde isibume sunja jalan bošoho/
13: sehebi, nirui janggin sindara de ubu bisire niyalma yooni nirui janggin/
14: sanggarca i alibuha songkoi hūwayalaha ci tulgiyen, sanggarca i alibuha/
15: nirui sekiyen be nirui janggin sindara de ubu akū mukūn i urse,/
16: nirui urse de tuwabuha de, (bošokū horodai sei uhei alibuhangge) be/
17: gemu nirui janggin sanggarca i emu (mukūn i urse, sanggarca) i/
18: unggu mafa yermunce i emgi uhei (baime dosifi) seke alban jafambihe,   2a//2b
19: fukjin niru banjibure de sanggarca (i unggu mafa) yermunce be nirui janggin/
20: sindafi niru bošobuha, sanggarca i (ere niru ceni boode jalan halame)/
21: bošohūngge yargiyan, mende ubu akū (be umai temšere habšara) turgun/
22: hacin akū, gemu gūnin dahafi cihanggai hūwayalambi seme alibuha, encu/
23: mukūn i acikica halai funde bošokū horodai sei uhei alibuhangge, be daci/
24: acikica bai oroncon, meni mafari sa sanggarca i unggu mafa yermunce i/
25: emgi uhei baime dosifi, seke alban jafambihe, fukjin niru banjibure de/
26: sanggarca i unggu mafa yermunce be nirui janggin sindafi niru bošobuha,/
27: sanggarca i ere niru ceni boode jalan halame bošohūngge yargiyan,   2a//3a
28: mende ubu akū, be umai temšere habšara turgun hacin akū, gemu/
29: gūnin dahafi cihanggai hūwayalambi seme alibuha manggi, harangga kadalara ambasa/
30: hafasa beye tuwame meni meni gebui fejergide hūwayalabuhabi, amban be nirui/
31: janggin sanggarca i ne bošoro nirui sekiyen, ini unggu mafa yermunce be/
32: fukjin nirui janggin sindaha ba, esebe sahaliyan ulai jiyanggiyūn de/
33: kadalabure onggolo buthai bade siran siran i niru bošoho niyalmai gebu be/
34: tulergi golo be dasara jurgan (de baicabuha de, damu) nirui/

35: janggin sanggarca i alibuha jai (mudan niru bošoho nemgence be nirui janggin)/
36: sindaha babi, fukjin niru banjibufi (sindaha nirui janggin) yermunce i gebu be 3a//3b
37: baicame bahakū, jai elhe taifin i (gūsici aniya) solon, dagūr, oroncon/
38: sebe sahaliyan ulai jiyanggiyūn de (kadalabuha ci ebsi, meni yamun) de/
39: asaraha dangse be baicaci, nirui janggin (nemgence nimeme akū oho) manggi/
40: oronde banjiha jui werence be nirui janggin sindaha, se sakdafi nakaha/
41: manggi, oronde banjiha deo janjisa be nirui janggin sindaha, nimeme akū/
42: oho manggi, oronde banjiha jui sanggarca be nirui janggin sindaha babe/
43: gemu dangsede ejehebi, te nirui janggin sanggarca i unggu mafa yermunce be/
44: nirui janggin sindaha ba, jai fukjin niru banjibuha da sekiyen be baicame/
45: bahakū bicibe, buthai solon, dagūr, oroncon sebe sahaliyan ulai jiyanggiyūn de 3b//4a
46: kadalabuha ci ebsi, ere niru be umai encu halai niyalma de bošobuhakū/
47: bime, nirui janggin sindara de ubu bisire mukūn i urse yooni/
48: hūwayalaha ci tulgiyen, ubu akū mukūn i urse nirui urse, gemu/
49: sanggarca i ere niru be ceni boode jalan halame bošohūngge yargiyan,/
50: seme gūnin dahafi hūwayalaha be dahame, amban be bahaci, sanggarca i ne/
51: bošoro niru be inu jalan halame bošoro niru obuki sembi, uttu/
52: ofi, nirui janggin sindara de ubu (bisire niyalma i gebu be giyapu arafi)/
53: suwaliyame gingguleme/
54: **tuwabume wesimbuhe seme abkai wehiyehe (sunjaci aniya omšon) biyai juwan emu de   4a//4b
55: *wesimbuhe, abkai wehiyehe i juwaci aniya (nadan biyai juwan ninggun) de kubuhe/
56: suwayan i manju gūsaci sarkiyafi unggihe (bithede, hošoi tob cing wang) amban/
57: yūn lu sei gingguleme/
58: *wesimbuhengge/
59: **dergi hese be gingguleme dahafi gisurefi wesimbure jalin, abkai wehiyehe i[1]/
60: abkai wehiyehe i nadaci aniya omšon biyai juwan jakūn de sahaliyan ulai/
61: jergi babe tuwakiyara jiyanggiyūn bodi sei/
62: *wesimbufi benjihe bithede, gisurefi wesimbure jalin, coohai jurgan ci unggihe/
63: bithede biya aliha kubuhe suwayan i gūsaci, benjihe bithede, dorgi   4b//5a

64: yamun i piyoocan i baci sarkiyafi tucibuhe nirui sekiyen i baita be/
65: icihiyara wang ambasa, jakūn gūsai wang ambasai emgi acafi gisurefi/
66: *wesimbuhe bade sahaliyan ulai jiyanggiyūn sei/
67: *wesimbuhe dagūr gulumboo i jergi dehi uyun niru be kooli songkoi jakūn/
68: gūsade šurdeme tuwabufi gisurefi/
69: *wesimbuki seme wesimbuhe be dangsede ejehebi, te jakūn gūsaci šurdeme tuwame/
70: wajifi benjihebi, amban be dasame (kimcime baicaci, erei dorgi kubuhe) suwayan i/
71: oroncon kayacu, gulu šanyan i solon (jaršan, kaktoldai, gulu fulgiyan) i/
72: oroncon bijeltu, solon tobciltu, (kubuhe šanyan i) solon sarika, jurekei, 5a//5b
73: sanggarca gulu lamun i oroncon horboltu (solon sirgace, kubuhe) lamun i solon/
74: nibcika, banji i jergi juwan juwe (niyalma bošoho jalan halame bošoro) nirui/
75: sekiyen i dorgi, fukjin niru bošoho (jai mudan niru bošoho niyalma) jai/
76: nirui sekiyen be dangsede baicaci, gemu bahakū, damu jai ilaci mudan niru/
77: bošoho niyalma be bahafi ere jergi niru be eici nirui janggin sei alibuha/
78: songkoi fukjin niru bošoho niyalma be dabume sekiyen obure, eici ne/
79: baicame baha jai mudan ilaci mudan niru bošoho niyalma ci deribume/
80: sekiyen obure babe umai getukeleme baicafi toktobume icihiyaha ba/
81: akū, amban be gingguleme gūnici 5b//6a
82: **enduringge ejen nirui sekiyen be baicame icihiyaburengge cohūme enteheme goidatala/
83: kooli durun tutabukini sere jalin, te baicame tucibuhe turgun sekiyen/
84: getuken akū acanarakū babe dasame kimcime baicabufi toktobume icihiyaburakū/
85: oci, amaga inenggi temšen habšan banjinara jergi hacin be ainaha seme/
86: akū obume muterakū be dahame, amban be bahaci, kayacu jergi niru be/
87: harangga jiyanggiyūn sede afabufi, dasame kimcime akūmbume baicabufi,/
88: toktobume icihiyafi wesimbuhe erinde, (kemuni meiren i janggin naramboo hacilaha)/
89: songkoi icihiyabuki seme/
90: *wesimbuhede/
91: *fulgiyan fī pilehe,/
92: **hese gisurehe songkoi obu sehebe gingguleme (dahafi benjihebi, amban be

baicaci) oroncon/
93: kayacu jergi juwan juwe niru be (ne gisurefi wesimbure de fukjin) niru/
94: bošoho niyalma, niru banjibuha da sekiyen be tulergi golo be dasara/
95: jurgan i dangsede baicabufi bahakū bicibe, esei nirude bisirele mukūn i urse/
96: encu halai hafan cooha sula sidan se gemu ceni mafari sabe nirui janggin/
97: sei mafari; emgi uhei/
98: **ejen be baime dosifi seke alban jafaha, fukjin niru banjibure de ne/
99: niru bošoho nirui janggin sei mafari be nirui janggin sindafi siran siran i   6b//7a
100: ceni juse omosi de isibume bošohūngge yargiyan seme uhei gūnin dahafi/
101: hūwayalaha turgunde amban be teni kayacu i jergi juwan juwe niru be jalan/
102: halame bošoro niru obume gisurefi/
103: *wesimbuhe, te aika nirui janggin sa niru urse i alibuha jurgan i dangsede/
104: baicame bahakū fukjin niru bošoho niyalma be sekiyen oburakū, damu jurgan i/
105: dangsede gebu bisire jai ilaci mudan niru bošoho niyalma ci deribume/
106: sekiyen obufi ceni juse omosi (teile ubu bahabume gisureci) fukjin/
107: niru bošoho niyalmai juse omosi (gūnin daharakū ishunde temšendume)/
108: habšan duilen be ainaha seme (akū obume muterakū) be dahame, amban be
    7a//7b
109: bahaci, oroncon kayacu i jergi juwan (juwe niru be kemuni nirui janggin) nirui/
110: urse alibuha songkoi jurgan i (dangse de baicame bahakū fukjin niru bošoho)/
111: niyalma be sekiyen obume (arabuki sembi, erei jalin gingguleme)/
112: *wesimbuhe, abkai wehiyehe i nadaci aniya (omšon biyai)   juwan jakūn de/
113: *fulgiyan fi pilehe/
114: **hese da gisurehe ambasa gisurefi wesimbu sehebe gingguleme dahafi amban be/
115: neneme (sahaliyanula ulai jiyanggiyūn) bodi sei ceni bai buthai oroncon kayacu/
116: jergi (juwan emu nirui sekiyen be) baicafi/
117: *wesimbuhengge (buthai kubuhe suwayan) nirui janggin kayacu alibuha bade
    kayacu 7b//8a
118: mini banin (mafa teldunce, daci silkir) bai niyalma merehir hala, mukūn i urse/
119: samahir hala i urse emgi uhei/
120: **ejen be baime dosifi seke alban jafambihe, fukjin niru banjiburede, mini banin/
121: mafa teldunce be nirui janggin sindaha, nimeme akū oho manggi, banjiha jui/
122: niolingge de bošobuha, nimeme akū oho manggi, banjiha deo tebkicen i jui/

123: jujence de bošobuha, nimeme akū oho manggi, niolingge i jui kayacu minde/
124: bošobuhabi, meni ere niru be fukjin (banjiburede mini banin mafa teldunce) be/
125: nirui janggin sindafi siran siran (i kayacu minde isibume duin) jalan/
126: bošoho sehebi, buthai gulu šanggiyan i (solon nirui) janggin kaktoldai i   8a//8b
127: alibuha bade kaktoldai mini unggu (mafa utunei, daci) gerbici bai niyalma/
128: dular hala mukūn i urse (samahir hala urse i emgi uhei)/
129: **ejen be baime dosifi, seke alban jafambihe (fukjin niru banjiburede, mini)/
130: unggu mafa utunei be nirui janggin sindaha, nimeme akū oho manggi/
131: banjiha jui ekidei de bošobuha, se sakdafi nakaha manggi, banjiha jui/
132: sirkoi de bošobuha, nimeme akū oho manggi, banjiha deo kiyalbantai de/
133: bošobuha, nimeme akū oho manggi banjiha eshen haikūcan i jui arana de/
134: bošobuha, (nimeme akū oho manggi, arana i) jui kaktoldai minde bošobuha,/
135: meni ere niru be fukjin banjiburede mini unggu mafa utunei be nirui janggin   8b//
    9a
136: sindafi, siran siran i kaktoldai minde isibume ninggun jalan bošoho/
137: sehebi, (buthai gulu šanyan i solon nirui) janggin jaršan i deo bošokū/
138: jaribu i (alibuha bade, mini) ahūn jaršan cooha de genehebi, meni amji/
139: unggu mafa tibkegol daci gerbici bai niyalma dular hala, mukūn i urse/
140: gefehir yakū [+juwe] halai ursei emgi uhei/
141: **ejen be baime dosifi, seke alban jafambihe, fukjin niru banjiburede, meni/
142: amji unggu mafa tipkegol be (nirui janggin sindaha, nimeme akū oho)/
143: manggi, (enen akū ofi, banjiha eshen darba i omolo bursai de) bošobuha,/
144: weilei turgunde fafun i gamaha (manggi banjiha amji) mafa okica i omolo   9a//9b
145: cikiti de bošobuha, se sakdafi (nakaha manggi) banjiha omolo/
146: jaršan de bošobuha, (ne jaršan niru bošombi meni ere niru) be/
147: fukjin banjiburede, mini amji unggu mafa (tipkegol be nirui janggin sindafi siran)
148: siran i mini ahūn jaršan de isibume duin jalan bošoho sehebi, buthai/
149: gulu fulgiyan i solon nirui janggin tobciltu i alibuha bade, tobciltu mini eshen/
150: unggu mafa (tobonai) daci sahaliyan ula bai niyalma, gabka hala, mukūn i urse/
151: bekince halai urse i emgi uhei/
152: *ejen be baime (dosifi, seke i alban jafambihe) fukjin niru banjiburede, mini
    eshen unggu/
153: mafa tobonai be nirui janggin sindaha, nimeme akū oho manggi, enen akū ofi

9b//10a
154: banjiha ahūn toldai i jui uncadai de bošobuha, nimeme, akū ohoˇ manggi, banjiha/
155: eshen (toltunai i jui anjahar de bošobuha) nimeme akū oho manggi, uncadai i/
156: banjiha jui yendei de bošobuha, se sakdafi nakaha manggi, banjiha jui tobciltu/
157: minde bošobuhabi, meni ere niru be fukjin banjiburede, mini eshen unggu mafa tobonai be/
158: nirui janggin sindafi, siran siran i tobciltu minde isibume sunja jalan bošoho/
159: sehebi, buthai gulu fulgiyan i oroncon nirui janggin bijeltu i alibuha bade,/
160: bijeltu mini eshen unggu mafa silini, (daci deweki bai niyalma, kelteher hala)
161: mukūn i (urse nonaher) halai ursei (emgi uhei)/
162: **ejen be baime dosifi, seke alban jafambihe, (fukjin niru banjiburede) mini eshen unggu mafa 10a//10b
163: silini be nirui janggin sindaha, nimeme (akū oho manggi) banjiha deo tawence i jui/
164: ajagol de bošobuha, nimeme akū oho (manggi banjiha amji niohungge i jui) minggatu de/
165: bošobuha, nimeme akū oho manggi, banjiha (jui tosiltu de bošobuha nimeme akū) oho/
166: manggi, banjiha jui bijeltu minde bošobuhabi, meni ere niru be fukjin banjiburede, mini/
167: eshen unggu mafa silini be nirui janggin sindafi siran siran i bijeltu minde isibume/
168: sunja jalan bošoho sehebi, buthai kubuhe šanggiyan i solon nirui janggin sarika i/
169: alibuha bade sarika mini unggu mafa yukimi daci tukdun bai niyalma, tukdun/
170: hala, mukūn i urse emgi uhei/
171: **ejen be baime dosifi seke alban jafambihe, fukjin niru banjiburede, mini unggu mafa 10b//11a
172: yukimi be nirui janggin sindaha, nimeme akū oho manggi, banjiha deo yaksigol i/
173: jui cudakai de bošobuha, nimeme akū oho manggi, banjiha jui hūlatu de/
174: bošobuha, se sakdafi nakaha manggi, banjiha jui g'aogadai de bošobuha, ilhi da /
175: de wesike manggi, yukimi i jai jalan i omolo sarika minde bošobuhabi, meni ere/
176: niru be fukjin banjibure de mini unggu mafa yukimi be nirui janggin sindafi siran/
177: siran i sarika minde isibume sunja jalan bošoho sehebi, buthai kubuhe šanggiyan i/

178: solon nirui janggin jurekei i alibuha bade (mini unggu mafa endeku daci nakata)/
179: bai niyalma, nakata hala mukūn ursei (emgi uhei)/
180: **ejen be baime dosifi seke alban (jafambihe, fukjin niru banjiburede) [+mini] unggu mafa endeku be   11a//11b
181: nirui janggin sindaha, nimeme akū oho (manggi banjiha) jui jolhūnggo de bošobuha,/
182: se sakdafi nakaha manggi, banjiha jui (kuyumboo de bošobuha, se sakdafi nakaha) manggi,/
183: banjiha jui jurekei minde bošobuhabi, meni (ere niru be fukjin banjibure de mini) unggu mafa/
184: endeku be nirui janggin sindafi siran siran i jurekei minde isibume duin jalan/
185: bošoho sehebi, buthai kubuhe šanggiyan i oroncon nirui janggin sanggarca i alibuha bade,/
186: mini unggu mafa yermunce daci kelteher bai niyalma, kelteher hala, mukūn i urse acikica/
187: halai urse i emgi uhei/
188: **ejen be baime dosifi seke alban jafambihe, fukjin niru banjiburede mini unggu mafa yermunce be/
189: nirui janggin sindaha, nimeme akū oho manggi, banjiha jui nemgence de bošobuha   11b//12a
190: se sakdafi nakaha manggi, banjiha jui (werence de bošobuha, se sakdafi nakaha)/
191: manggi, banjiha deo janjisa de bošobuha, nimeme akū oho manggi, banjiha jui/
192: sanggarca minde bošobuhabi, meni ere niru be fukjin banjibure de, [+mini] unggu mafa yermunce be/
193: nirui janggin sindafi siran siran i sanggarca minde isibume sunja jalan bošoho/
194: sehebi, gulu lamun solon nirui janggin sirence i alibuha bade, sirence mini unggu/
195: mafa jordoi daci jicin bai niyalma samahir hala mukūn i urse i emgi uhei/
196: **ejen be baime dosifi seke alban jafambihe, (fukjin niru banjiburede mini unggu) mafa/
197: jordoi be nirui janggin sindaha, (ilhi da de wesike manggi, banjiha deo) badonggo de/
198: bošobuha, nimeme akū oho manggi, jordoi (i jui suwaji de) bošobuha, nimeme akū oho   12a//12b

199: manggi banjiha jui kicik de bošobuha, (nimeme akū oho manggi) banjiha jui sirence/
200: minde bošobuha, meni ere niru be fukjin (banjiburede mini unggu mafa jordoi be) nirui/
201: janggin sindafi siran siran i sirence ([+minde] isibume sunja jalan bošoho sehebi,) buthai/
202: kubuhe lamun i solon nirui janggin nibcika i alibuha bede, nibcika mini unggu/
203: mafa badohū daci tosin bai niyalma, kakar hala mukūn i ursei emgi uhei/
204: **ejen be baime dosifi seke alban jafambihe, tuktan niru banjiburede, mini unggu mafa/
205: badohū be nirui janggin sindaha, nimeme akū oho manggi, banjiha deo (semtur i)/
206: jui kitar de bošobuha, nimeme akū oho manggi, banjiha jui yurgidei de/
207: bošobuha, nimeme akū oho manggi, banjiha jui arbin de bošobuha, nimeme 12b//13a

---

akū oho manggi baduho i banjiha omolo netebei de bošobuha,/ nimeme akū oho manggi, banjiha jui nibcika minde bošobuhabi,/ meni ere niru be fukjin banjiburede, mini unggu mafa baduho be/ nirui janggin sindafi, siran siran i nibcika minde isibume/ ninggun jalan bošoho sehebi, buthai kubuhe lamun i solon/ nirui janggin banji i jui (mungkurkei) i alibuha bede, mini ama/ banji (cooha de genehebi,), mini unggu mafa oltomur daci tosin/ bai niyalma, kakar hala mukūn i ursei emgi uhei/ **ejen be baime dosifi, seke alban jafambihe, fujjin niru banjiburede,/ mini unggu mafa oltomur be nirui janggin sindaha, nimeme akū/ oho manggi, banjiha jui tikdeni (■■■) nimeme akū oho/ manggi, banjiha ahūn turuku (■■■) weilei turgunde/ nakabuha manggi, banjiha eshen orgodai (■■■) de/ bošobuha, se sakdafi nakaha manggi, tikdeni i banjiha jui sininca de/ bošobuha, nimeme akū oho manggi (■■■) banjiha jui ociltu de/ bošobuha, nimeme akū oho manggi, (■■) deo banji de bošobuha,/ ne banji niru bošombi, meni ere niru be funkjin banjiburede, mini/ unggu mafa oltomur be nirui janggin sindafi siran siran i/ mini ama banji de isibume nadan jalan bošoho sehebi,/ (kayacu i jergi juwan emu) niru nirui janggin sindara de/ ubu bisire niyalma, yooni nirui janggin kayacu sei alibuha/ songkoi hūwayalaha ci tulgiyen, kayacu sei alibuha

niru sekiyen be/ nirui janggin sindara de ubu akū, mukūn i urse nirui ursede/
tuwabuhade, funde bošokū[2)]

208: becen sei uhei alibuhangge, meni juwan emu niru mukūn i urse niru urse mafari/
209: (gemu nirui janggin kayacu i jergi) juwan emu niyalma mafari sei emgi uhei baime/
210: dosifi seke alban jafambihe, fukjin niru banjiburede, kayacu sei mafari be nirui/
211: janggin sindafi niru bošobuha, kayacu i jergi juwan emu niru ceni boode jalan
212: halame bošohūngge yargiyan, mende ubu akū be gemu gūnin dahambi, umai temšere/
213: habšara turgun hacin akū cihanggai hūwayalambi seme alibuha manggi, harangga kadalara/
214: ambasa hafasa beye [+tuwame] meni meni (gebui fejergide hūwayalahabi, ■ be nirui) janggin/
215: kayacu i jergi juwan emu niru, ne bošoro (■■ mafari sebe) fukjin nirui/
216: janggin sindaha ba, esebe sahaliyan (ulai jiyanggiyūn de kadalabure) onggolo 13a//13b
217: buthai bade siran siran i niru (bošoho niyalma i gebu) be tulergi golo be/
218: dasara jurgan de baicanabuhade (nirui janggin kayacu sei alibuha) fukjin/
219: niru banjibufi sindaha nirui janggin (sei gebu fukjin niru banjibuha da) sekiyen be/
220: gemu baicame bahakū, damu jai ilaci mudan niru bošobuha niyalma be baicame/
221: bahangge inu bi, bahakūngge inu bi, elhe taifin i gūsici aniya buthai solon
222: dagūr oroncon sebe sahaliyan ulai jiyanggiyūn de kadalabuha ci ebsi/
223: amban meni yamun de asaraha dangse be baicaci, kayacu i jergi juwan emu/
224: niru be (■■■) nirui janggin sindaha babe dangsede ejehebi, te/
225: nirui janggin kayacu sei mafari sa nirui janggin sindaha ba, jai fukjin   13b//14a
226: nirui banjibuha da sekiyen be baicame bahakū bicibe, buthai solon dagūr/
227: oroncon sebe sahaliyan ulai jiyanggiyūn de kadalabuha ci ebsi, ere jergi/
228: niru be umai encu halai niyalma de bošobuhakū bime, nirui janggin sindara de/
229: ubu bisire mukūn i urse yooni hūwayalahaci tulgiyen, ubu akū mukūn i urse/
230: nirui urse gemu ere juwan emu niru be, ceni boode jalan halame bošohūngge/
231: yargiyan seme gūnin dahafi hūwayalaha be dahame, amban be bahaci, kayacu sei/

232: ne bošoro juwan emu niru be gemu (jalan halame bošoro niru obuki) sembi seme/
233: *wesimbuhebi, amban meni uhei acafi (gisurehengge neneme sahaliyan ulai buthai) kubuhe/
234: suwayan i kayacu i jergi juwan juwe (niru sekiyen i dorgi fukjin bajiburede ■■■) niru bošoho niyalma   14a//14b
235: jai mudan niru bošoho niyalma jai (niru sekiyen be) tulergi golo be dasara/
236: jurgan i dangsede baicaci, gemu bahakū (damu jai ilaci mudan) niru bošoho niyalma be/
237: bahabi, ere jergi niru be eici nirui janggin (sei alibuha songkoi fukjin) niru bošoho/
238: niyalma be dabume sekiyen obure, eici ne baicame baha jai ilaci mudan/
239: niru bošoho niyalma ci deribume sekiyen obure babe harangga baci umai/
240: getukeleme baicafi, toktobume icihiyahakū ofi, amban be/
241: *wesimbufi harangga jiyanggiyūn sede afabufi toktobume icihiyafi benjihe erinde jai/
242: icihiyaki seme yabubuha bihe, ne harangga jiyanggiyūn i baci dasame gisurefi/
243: wesimbufi benjihe bade, oroncon kayacu jergi juwan juwe niru be da gisurefi   14b//15a
244: wesimbure de fukjin niru bošoho niyalma, niru banjibuha da sekiyen tulergi/
245: golo be dasara jurgan i dangsede baicabufi bahakū bicibe, esei nirude bisirele/
246: mukūn i urse encu halai hafan cooha sula sidan se gemu ceni mafari/
247: sabe nirui janggin mafari i emgi uhei/
248: **ejen be baime dosifi seke alban jafaha, fukjin niru banjiburede ne niru bošoho/
249: nirui janggin sei mafari be nirui janggin sindafi, siran siran i ceni juse omosi de/
250: isibume bošohūngge yargiyan seme (uhei gūnin i dahame hūwayalaha) turgunde,/
251: teni kayacu i jergi juwan juwe niru (be jalan halame bošoro) niru obume/
252: gisurefi   15a//15b
253: *wesimbuhe, te aika nirui janggin se (nirui urse i alibuha jurgan i dangsede) baicame/
254: bahakū, fukjin niru bošoho niyalma (be sekiyen oburakū, damu jurgan i) dangsede/

255: gebu bisire, jai ilaci mudan niru bošoho (niyalma ci deribume sekiyen) obufi/
256: ceni juse omosi de teile ubu bahabume gisureci, fukjin niru bošoho niyalma i/
257: juse omosi gūnin daharakū, ishunde temšendume habšan duilen be ainaha/
258: seme akū obume muterakū be dahame, bahaci, oroncon kayacu i jergi juwan/
259: juwe niru be kemuni nirui janggin nirui urse alibuha songkoi jurgan i/
260: dangsede baicame bahakū, fukjin niru bošoho niyalma be sekiyen obume/
261: arabuki sehebi, geli kayacu i jergi juwan juwe niru be siran siran i nirui   15b//16a

---

janggin sindara de adarame/ *wesimbufi sindaha babe da wesimbuhe jedzi giyapu de umai tucibuhekū ofi/ harangga jiyanggiyūn de yabubufi siran siran i nirui janggin sindaha/ babe da wesimbuhe dangsei songkoi sarkiyafi benjibukini, jai kayacu sei/ niru be baicaha tulergi golo be dasara jurgan i dangsei songkoi sarkiyafi/ inu benjibukini seme yabubuha bihe, sirame harangga baci kayacu i jergi/ juwan juwe niru i dorgi oroncon horboltu i niru be ini eshen mafa i omolo/ enggedei habšahabi, ere emu niru (be ceni yamun ci getukeleme icihiyafi) encu/ benjibureci tulgiyen, kayacu i jergi (■■■ elhe taifin) gūsici/ aniya ci ebsi siran siran i nirui janggin (■■■■) emu // debtelin sarkiyafi benjihebi, harangga jurgan ci benjihe dangse, da/ *wesimbuhe jedzi giyapu de narhūsame (■■■■■) dorgi banji i/ jergi ninggun niru, kayacu i jergi (■■■■) be dangse de/ wesimbuhe jedzi giyapu de ishunde acanarakū tašarabure melebure hacin/ bisire be dahame getukeleme baicafi benjibubuki seme yabubuhabi, sirame/ harangga baci benjihe bade, meni yamun ci uthai harangga bade afabufi/ baicabu-hade uheri da i guwan fang be daiselaha ilhi da anabu sei/ alibume benjihe bithede baicaci meni buthai solon dagūr oroncon/ sirara nirui janggin sebe gemu alin holo de buthašame yabure // urse doro yoso be tengkime sarkū[3]

262: an i ucuri ceni dorgi uthai nambuha tuwame hūlambi, jalan be getuken i ejeme/
263: muterakū ofi, nadaci aniya giyapu aliburede teni ceni jalan tangkan be getukeleme/
264: baicame tuwancihiyafi araha, banji niru dorgi nenehe aniya inince be hanji i/
265: banjiha deo i jui, jai hanji be fukjin nirui janggin sindaha seme tašarahabi,/
266: nibcika niru i dorgi arbin, netebui be ini ahūn sehengge tašarahabi, geli kaktoldai i/
267: niru dorgi arana be nirui janggin sindara de haikūca be kiyalbentai i ilaci eshen/

268: sehengge tašarahabi, sanggarca niru dorgi neneme (■■■■) neohence/
269: seme inu tašarahabi, neohence serengge uthai (nemgence inu, sarika/niru dorgi cudakai be yukmi i) sunjaci jui/
270: neohence akū, sarika niru dorgi juwe (■■■■■) tašarahabi 16a//16b
271: neneme tosiltu be nirui janggin sindara (de, minggatu i mafa silini be fukjin) nirui janggin/
272: sindaha, sirame banjiha deo ajigūl (de bošobuha, sirame silini i banjiha) deo i/
273: jui minggatu de bošobuha sehengge, (jai hayacu i gebu kayacu, geli) tobciltu i/
274: da mafa ejedei i gebu nendei sehengge inu gemu tašarahabi, seme meni/
275: meni ilhi da nirui janggin, funde bošokū, bošokū, mukūn i da sei uhei/
276: gemu akdulaha seme alibuhabi, jai horboltu emu niru be ini eshen mafa i/
277: omolo enggidei habšaha turgun be meni yamun ci ne baicame icihiyambi/
278: getukelehe erin de jai benebuki seme benjihebi, te harangga jiyanggiyūn i baci/
279: kayacu i jergi juwan juwe nirui dorgi horboltu emu niru be ini eshen i mafa   16b// 17a
280: omolo enggedei habšahabi, ere emu nirui getukeleme icihiyafi benjihe erinde encu/
281: icihiyafi/
282: *wesimbureci tulgiyen jai kayacui jergi juwan emu niru harangga jiyanggiyūn i baci benjihe dangse de/
283: *wesimbuhe (jedzi giyapu de ishunde) acanarakū turgun be, te benjihe dangse de gemu/
284: tašarahabi seme harangga jiyanggiyūn, uheri da, ilhi da nirui janggin, funde bošokū/
285: bošokū, mukūn i da se uhei gemu teisu teisu alibuha be tuwaci harangga/
286: jiyanggiyūn i baci baicafi benjihe doron gidaha dangse i dorgide tašaraha ba/
287: bisire be dahame, ereci julesi ere (juwan emu niru be kemuni da wesimbuhe) jedzi giyapu i/
288: songkoi tuwancihiyafi icihiyaraci tulgiyen (amban be baicaci ere juwan) emu niru 17a//17b
289: dade kayacu i [+jergi] juwan emu niyalma (mafari meni meni baci mukūni) niyalma encu halai/
290: ursei emgi uhei/
291: **ejen be baime dosifi seke alban jafambihe (fukjin nirui janggin sindafi) siran/

292: siran i kayacu sei mafari be nirui janggin sindafi, siran siran i kayacu sade/
293: isibume inu ududu jalan bošohobi, te harangga baci tulergi golo be/
294: dasara jurgan (i dangsede baicabuci) esei tuktan jai mudan niru bošoho niyalmai/
295: gebu be yongkiyame bahakū bicibe damu elhe taifin i gūsici aniya buthai solon/
296: dagūr oroncon sebe sahaliyan ulai jiyanggiyūn de kadalabuha ci ebsi, kayacu i jergi/
297: juwan emu niru be umai encu halai niyalma de emu mudan bošobuhakū dade, harangga   17b//18a
298: jiyanggiyūn yamun de asaraha dangse be baicabuci, siran siran i nirui janggin/
299: sindaha babe gemu baicame tucibuhe bime, nirude bisire mukūn i ursei encu/
300: hala i hafan cooha (sula sidan sade) isitala gemu ceni mafari emgi uhei/
301: **ejen be (baime dosifi, seke alban jafambihe,) fukjin niru banjiburede, ne bošoho nirui/
302: janggin sindafi, siran siran i ceni juse omosi de isibume bošohūngge yargiyan/
303: cende ubu akū gemu gūnin dahambi, umai temšere habšara hacin akū seme uhei/
304: akdulafi alibuha turgunde harangga (jiyanggiyūn i baci ere juwan emu niru) be/
305: nirui janggin nirui ursei alibuha jurgan i (dangsede baicame bahakū, fukjin) niru/
306: bošoho niyalma be sekiyen oburakū (oci, fukjin niru bošoho niyalmai juse)/
307: omosi gūnin daharakū ishunde habšan duilen be akū obume muterakū seme/
308: *wesimbuhe be dahame, amban be bahaci (kubuhe suwayan i oroncon kayacu, gulu šanyan) i/
309: solon jaršan, kaktoldai, gulu fulgiyan (oroncon bijeltu, solon tobciltu) kubuhe šanggiyan i/
310: solon sarikan, jurekei, oroncon sanggarca, gulu lamun i solon sirence, kubuhe lamun i/
311: solon nibcika, banji jergi juwan emu niru be ne jalan halame bošoro niru/
312: obufi (kemuni harangga jiyanggiyūn i baime)/
313: *wesimbuhe songkoi ereci amasi sekiyen arara de esei ne alibuha fukjin niru bošoho/
314: niyalma be deribume sekiyen arabukini/
315: **hese wasinjiha manggi, meni meni harangga gūsade afabufi ubu bahabure babe

18b//19a

316: **hesei tucibuhe hafan, niru ubu bahabure baita be icihiyara wang ambasa i bade benebufi/
317: icihiyakini sembi, erei jalin gingguleme/
318: *wesimbuhe/
319: **hese be baimbi seme abkai wehiyehe uyuci aniya uyun biyai juwan de baita wesimbure/
320: gocika hiya ušinci sede bufi ulame/
321: *wesimbuhede/
322: **hese gisurehe songkoi obu sehe,/
323: **hesei tucibuhe jakūn gūsai hafan niru ubu bahabure baita be icihiyara wang ambasa)/
324: baci ubu toktobufi   19a//19b
325: *wesimbuhe emu hacin, kubuhe suwayan i manju (gūsai sahaliyan ula bai harangga) cicigar hoton i/
326: kūyala acinju i bošoho jalan halame (bošoro niru be baicaci dade acinju i) mafa/
327: gūningga gašan i da bihe, emu gašan (i dehi sunja boigon emu tanggū) juwe/
328: haha be gaifi uhei/
329: **ejen be baime dosifi seke alban jafambihe, ningguta bade fukjin niru banjibure de/
330: gūningga gaifi jihe hahasi be susai uksin etubufi niru banjibufi gūningga de/
331: bošobuha, siran siran i bošofi ne gūningga i omolo acinju de niru bošobuhabi,/
332: niru sekiyen icihiyara jalin, harangga jiyanggiyūn [+harangga] gūsa ere niru be jalan/
333: halame bošoro niru seme icihiyafi   19b//20a
334: *wesimbuhe be niru sekiyen be icihiyara wang ambasa jakūn gūsai wang ambasa i emgi/
335: acafi dahūme gisurefi/
336: *wesimbuhengge, acinju i bošoho niru be jalan halame bošoro niru seme icihiya-hangge/
337: kooli de acanaha be dahame, ere niru be gemu harangga jiyanggiyūn harangga/
338: gūsaci icihiyafi/
339: *wesimbuhe songkoi jalan halame bošoro niru obuki, nirui janggin sindara de

adarame/
340: ubu bahabure babe/
341: **hesei tucibuhe hafan niru ubu bahabure (baita be icihiyara wang ambasa de benebufi) icihiyabuki/
342: seme   20a//20b
343: *wesimbufi amban mende afabufi gisurebumbi, amban be neneme ging hecen i jakūn gūsade/
344: bisire niru (ilibuha niyalmai banjiha juse omosi de bošobuha jalan halame)/
345: bošoro niru (sindara) jalin, ubu bahabure baita be gisurefi/
346: *wesimbuhe bade da niru ilibuha niyalmai banjiha juse omosi niru bošoho ursei/
347: dorgi ahūngga boo niru bošofi oron tucici oron tucike niyalma i juse omosi de/
348: cohoro ubu bahabuki, sirame booi juse omosi be sonjofi adabuki, gebu faidabuki,/
349: oron tucike (niyalma) de eici enen juse akū ojoro eici weile de nakabufi/
350: nirui janggin sindara de [+juse] omosi be (dosimbuci ojorakū) oci, kemuni oron tucike/
351: ahūngga booi dorgici niyalma ojoro be tuwame barambume sonjofi, cohoro ubu 20b//21a
352: bahabuki, jacin booi juse omosi niru bošofi oron tucici oron tucike niyalmai/
353: juse omosi be sonjofi cohobuki, ahūngga booi juse omosi be sonjofi/
354: adabuki, sirame booi juse omosi be sonjofi gebu faidabuki, oron tucike niyalma de/
355: eici enen juse akū ojoro, eici weile de nakabufi nirui janggin/
356: sindara de juse omosi be dosimbuci ojorakū oci, tesu gargan de/
357: udu banjiha ahūn deo amji eshen i juse omosi bihe seme cohoro ubu/
358: bahaburakū, ahūngga booi juse omosi (i dorgici barambume sonjofi cohobuki,) ahūngga/
359: boode aika ne niru bošohūngge bici (sonjoro be nakafi niru bošohakū gargan) i/
360: juse omosi i dorgici, sonjofi cohoro obuki (oron tucike gargan i funcehe gargan) be   21a//21b
361: boo aname sonjofi adabuki, gebu faidabufi (aika) juwe ilan niru be gemu emu/
362: gargan de bošobufi, oron tucici (ceni gargan ne niru bošoho bime geli) oron/
363: tucike niyalmai juse omosi de cohoro (ubu bahabu ■■■■) be/

364: dahame niru akū gargan i juse omosi dorgi sain ningge be sonjofi cohobuki,/
365: funcehe gargan oron tucike gargan i juse omosi i dorgici, sonjofi adabuki,/
366: gebu faidabuki seme/
367: *wesimbufi ne kooli obume icihiyambi, acinju bošoho niru serengge sahaliyan ulai harangga/
368: cicigar bai niru bicibe, ging hecen niru emu adali gūningga niru ilibufi, ne/
369: banjiha omolo acinju de bošobuha be dahame, ere niru amban meni neneme 21b//22a
370: gisurefi/
371: *wesimbuhe ging hecen de bisire niru ilibuha niyalmai banjiha juse omosi de/
372: bošobuha jalan halame bošoro niru sindara kooli be dahame icihiyabuki, uttu/
373: ofi, acinju i giyapu be nirufi suwaliyame gingguleme/
374: **tuwabume wesimbuheci tulgiyen, ere adali kubuhe suwayan i manju gūsai sahaliyan ula/
375: bai demkegol, sirab kayacu, cagan, gulu suwayan i manju gūsai sahaliyan ula bai/
376: asaral, ningguta bai durhiyoo, gulu (šanggiyan i manju gūsai sahaliyan ula) bai/
377: bitma, dari kaktoldai bohūntai gulu (fulgiyan i manju gūsai sahaliyan ula) bai/
378: booni, kubuhe šanggiyan i manju gūsai sahaliyan ula bai gendun, jurekei sanggarca 22a//22b
379: kubuhe lamun i manju gūsai sahaliyan ula bai orhūmal/
380: kubuhe lamun i monggo gūsai cicigar bai (■)
381: damba, tulergi golo be dasara jurgan ci/
382: benjihe, sahaliyan ula bai gulu fulgiyan i/
383: ucaraltu, kubuhe šanyan i macihiya sei bošoho/
384: niru be inu ere songkoi icihiyabuki/
385: sehebi,/
386: nirui janggin sindara de ubu bisire urse/
387: nirui janggin sanggarca   22b//23a
388: uksin kūbukdayan,/
389: uksin kimeltu,/
390: buthai haha gandultu,/
391: sidan buseltu,/
392: bošokū siniltu,/

393: buthai haha lingsangga,/
394: sidan bingiltu,/
395: be gemu fukjin banjibuha nirui janggin yermunce i omosi/
396: nirui janggin sirara de mende gemu ubu bi, menci tulgiyen   23a//23b
397: jai encu niyalma akū seme alibuha/
398: nirui janggin sindara de (ubu akū mukūn i niyalma)/
399: bošokū bohaltu,/
400: bošokū bijiltu,/
401: bošokū genidei,/
402: buthai haha singgiltu,/
403: buthai haha fitaltu,/
404: buthai haha singgedei,/
405: buthai haha jabaltu,   23b//24a
406: buthai haha keyuke,/
407: buthai haha omotu,/
408: buthai haha yasigol,/
409: buthai haha cimcinai,/
410: buthai haha basuldai,/
411: buthai haha jorhon,/
412: buthai haha sibtemce,/
413: buthai haha hangnaltu,/
414: buthai haha lekuce,   24a//24b
415: buthai haha jabsiltu,/
416: buthai haha janggisika,/
417: buthai haha ufedur,/
418: buthai haha silkenei,/
419: buthai haha popo,/
420: buthai haha taktingga,/
421: buthai haha lenggol,/
422: sula lakinca,/
423: buthai haha urkingge,   24b//25a
424: buthai haha muyere,/
425: buthai haha gabjihar,/

426: buthai haha cikiyan,/
427: buthai haha boholokco,/
428: buthai haha bedegol,/
429: buthai haha uregol,/
430: buthai haha ukdeltu,/
431: buthai haha urunce,/
432: buthai haha geobuni,　25a//25b
433: buthai sula laida,/
434: buthai haha nodonca,/
435: buthai haha topotu,/
436: buthai haha barcihai,/
437: buthai haha sicungga,/
438: buthai haha gagūca,/
439: buthai haha sotoro,/
440: buthai haha hasidai,/
441: buthai haha efecen,　25b//26a
442: buthai haha culingge,/
443: buthai haha gumjiltu,/
444: buthai haha jasinca,/
445: be gemu nirui janggin sanggarca i emu mukūn, meni mafari sa,/
446: sanggarca i unggu mafa yermunce i emgi uhei baime dosifi seke/
447: alban jafambihe, fukjin niru banjibure de, sanggarca i unggu mafa/
448: yermunce be nirui janggin (sindafi niru be bošobuha) sanggarca i/
449: ere niru ceni boo de (jalan halame bošohongge yargiyan), mende/
450: ubu akū, be umai (temšere habšara) turgun hacin akū, gemu　26a//26b
451: gūnin dahafi cihanggai (hūwayalambi) seme alibuha,/
452: encu mukūn i acikica hala/
453: funde bošokū horodai,/
454: bošokū biciktu,/
455: bošokū dabdangga,/
456: buthai haha celgace,/
457: buthai haha gūmiltu,/
458: buthai haha elgince,/

459: buthai haha laktungga,   26b//27a
460: buthai haha dejike,/
461: buthai haha dusinai,/
462: buthai haha cireltu,/
463: buthai haha ujimei,/
464: buthai haha tetetu,/
465: buthai haha sunutu,/
466: buthai haha gunggini,/
467: buthai haha jalunca,/
468: buthai haha mamgingga,   27a//27b
469: buthai haha taijitu,/
470: buthai haha nalunca,/
471: buthai haha diyengge,/
472: buthai haha bintu,/
473: buthai haha oliltu,/
474: buthai haha burgidei,/
475: buthai haha denggol,/
476: buthai haha guniye,/
477: buthai haha gingkultu,   27//28
478: be daci acikica bai oroncon, meni mafari sa sanggarca i/
479: unggu mafa yermunce i emgi uhei baime dosifi seke alban
480: jafambihe, fukjin niru banjibure de, sanggarca i unggu/
481: mafa yermunce be nirui janggin sindafi niru bošobuha,/
482: sanggarca i ere nirui ceni boode jalan halame bošohūngge/
483: yargiyan mende ubu akū, be umai temšere habšara turgun/
484: hacin akū, gemu gūnin dahafi cihanggai hūwayalambi seme/
485: alibuha,/
486: abkai wehiyehe juwan juweci aniya   28a//28b
487: nirui janggin sanggarca; tucike oronde kūbukdayan be cohome, gandoltu be adabume/
488: siniltu be faidame abkai wehiyehe tofohoci aniya omšon biyai gūsin de gaifi beyebe/
489: **tuwabuhade/

490: **hese kūbukdayan be nirui janggin sinda sehe,/
491: nirui janggin kūbukdayan tucike oronde, amulta be cohome, gandaltu be adabume, siniltu be/
492: faidame abkai wehiyehei orin duici aniya omšon biyai ice uyun de gaifi beyebe/
493: **tuwabuhade/
494: **hese amulta be nirui janggin sinda sehe,/
495: abkai wehiyehe orin nadaci aniya　28//29
496: jalan halame bošoro nirui janggin amulta i tucike oronde ini jui fundesi be/
497: cohome kasinca be adabume jaibungga be faidame saicungga fengšen i nadaci aniya/
498: jakūn biyai ice uyun de gaifi beyebe/
499: **tuwabuhade/
500: **hese cohoho fundesi de sirabu sehe,/
501: saicungga fengšen i nadaci aniya,　29a//29b 空白

注
1)「abkai wehiyehe i（乾隆の）」原文重複。
2)「----」線の間の部分，マクロフィルムでは 207-208 行の間に抜けがあるものと思われる。そこで『清代譜牒檔案』内閣，漢文八旗世襲譜檔 8, Reel No. 38 の『buthai bai kubuhe šanyan i jalan halame bošoro nirui janggin serence i nirui sekiyen i cese（ブトハ地方鑲白旗世管ニルイ・ジャンギンたるセレンチェ・ニルの根源冊）』[最後に乾隆三十七年の年次が記されている] および『buthai bai kubuhe šanyan i jalan halame bošoro nirui janggin urgumboo i nirui sekiyen i cese（ブトハ地方鑲白旗世管ニルイ・ジャンギンたるウルグムボオ・ニルの根源冊）』[最後に乾隆四十九年の年次が記されている] に拠って補った。
3)「----」線の間の部分，マクロフィルムでは 261-262 行の間に抜けがあるものと思われる。そこで『清代譜牒檔案』内閣，漢文八旗世襲譜檔 8, Reel No. 38 の『buthai bai kubuhe šanyan i jalan halame bošoro nirui janggin urgumboo i nirui sekiyen i cese（ブトハ地方鑲白旗世管ニルイ・ジャンギンたるウルグムボオ・ニルの根源冊）』[最後に乾隆四十九年の年次が記されている] に拠って補った。

【日本語訳】

表題
ブトハ地方鑲白旗世管ニルイ・ジャンギンたるフンデシ・ニルの根源冊
印鑑文字（左満右漢）：鎮守黒龍江等処地方将軍印

本文

1: 鎮守黒龍江等処将軍たる臣ボディらが謹んで
2: 上奏することには,「オロンチョンのサンガルチャ・ニルの根(源を調べて議して上奏すること)
3: について,ブトハ鑲白旗のオロンチョンのニルイ・ジャンギンであるサンガルチャが呈したことには,
4: 『私の曾祖父イェルムンチェはもともとはケルテヘル地方の人で,姓はケルテヘルである。一族の
5: 人々,アチキチャ姓の人々とともに
6: 主を求めて入り,貂皮の貢物を納めていた。初めてニルに編制されたとき,私の
7: 曾祖父であるイェルムンチェをニルイ・ジャンギンに任じた。病死した後,
8: 実の子ネムゲンチェに管理させた。年老いて離任した後,実の子
9: イェゲチェに管理させた。年老いて離任した後,実の弟ジャンジサに　1b//2a
10: 管理させた。病死した後,実の子私サンガルチャに管理させた。
11: 我らのこのニルが初めて編成されたとき,私の曾祖父イェルムンチェをニルイ・
12: ジャンギンに任じて代々,私サンガルチャに至るまで五世にわたって管理した』
13: といった。ニルイ・ジャンギンに任命されるとき,資格がある人はすべてニルイ・ジャンギンの
14: サンガルチャが呈した通りに花押をし,それ以外の者は,サンガルチャが呈した
15: ニルの根源を,ニルイ・ジャンギンに任じられる資格がない一族の人々や
16: ニルの人々に見せたとき,(驍騎校ホロダイらがともに呈したことには,)『我らは
17: ともにニルイ・ジャンギンのサンガルチャと同じ一(族の者で,サンガルチャ)の
18: 曾祖父イェルムンチェとともに(求めて入って),貂皮の貢物を納めていた。2a//2b
19: 初めてニルに編成されたとき,サンガルチャ(の曾祖父)イェルムンチェをニルイ・ジャンギンに
20: 任じてニルを管理させた。サンガルチャの(このニルは,彼らの家で代々)
21: 管理したことは事実である。我らに資格がない(ことで争い訴える)理
22: 由はまったくなく,ともに同意して望んで花押する』といって呈した。ほかの
23: 一族のアチキチャ姓の驍騎校ホロダイらがともに呈したことには,『我らはもともと

24: アチキチャ地方のオロンチョンで，我らの祖先たちはサンガルチャの曾祖父であるイェルムンチェと
25: ともに求めて入って，貂皮の貢物を納めていた。初めてニルに編成されたとき，
26: サンガルチャの曾祖父イェルムンチェをニルイ・ジャンギンに任じてニルを管理させた。
27: サンガルチャのこのニルを，彼らの家で代々管理したのは事実である。 2b//3a
28: 我らに資格がないので，我らに争い訴える理由はまったくなく，ともに
29: 同意して望んで花押をする』といって呈した後，当該の管理する大臣ら，
30: 官員らがみずから見て，各自の名前の下に花押させたのである。臣たる我ら［黒龍江将軍ボディら］は，ニルイ・
31: ジャンギンのサンガルチャが今管理しているニルの根源は，彼の曾祖父であるイェルムンチェを
32: 初めてニルイ・ジャンギンに任じたということについて，彼らを黒龍江将軍に
33: 統轄させる以前，ブトハ地方で代々ニルを管理した人の名前を
34: 理藩院（で調べさせたところ，ただ）ニルイ・
35: ジャンギンのサンガルチャが呈したように，二（代目にニルを管理したネムゲンチェをニルイ・ジャンギンに）
36: 任じたことがあった。初めてニルに編制されて（任じられたニルイ・ジャンギン）のイェルムンチェの名前を 3a//3b
37: 調べたが見つからなかった。また，康熙（三十年に）ソロン，ダグル，オロンチョン
38: 等を黒龍江将軍に（統轄させて以来，我らの衙門［黒龍江将軍衙門］）に
39: 所蔵した檔子を調べたところ，ニルイ・ジャンギン（のネムゲンチェが病死した）後，
40: 欠員に実の子ウェレンチェをニルイ・ジャンギンに任じた。年老いて離任した
41: 後，欠員に実の弟ジャンジサをニルイ・ジャンギンに任じた。病死
42: した後，欠員に実の子サンガルチャをニルイ・ジャンギンに任じたことが
43: ともに檔子に記されていた。今，ニルイ・ジャンギンのサンガルチャの曾祖父イェルムンチェを
44: ニルイ・ジャンギンに任じたことや，また初めてニルに編制された根源は調べて
45: 見つからなかったが，ブトハのソロン，ダグル，オロンチョン等を黒龍江将軍に 3b//4a
46: 統轄させて以来，このニルをまったくほかの姓の人に管理させたことがないので

47: あって，ニルイ・ジャンギンに任じる資格がある一族の人々がともに
48: 花押したほか，資格がない一族の人々，ニルの人々がともに
49: サンガルチャのこのニルが，彼らの家で代々管理したことは事実である，
50: と同意して花押したので，臣たる我ら［黒龍江将軍］が調べたところ，サンガルチャが現在
51: 管理しているニルをまた世管ニルにしたいといっている。その通りである
52: ために，ニルイ・ジャンギンに任じるときに資格が（ある人の名前を家譜に記して）
53: 併せて謹んで
54: 奏覧した」といって乾隆（五年十一）月十一日に　4a//4b
55: 上奏した。乾隆十年（七月十六日）に，鑲
56: 黄満洲旗より写して送った（書に，和碩荘親王）たる臣
57: 允禄らが謹んで
58: 上奏したことには，
59: 「上諭に謹んで従って議して上奏するために，乾隆の
60: 乾隆七年十一月十八日に，鎮守黒龍江
61: 等処将軍ボディらが
62: 上奏して送ってきた書に，『議して上奏するために，兵部より送った
63: 書に，〔当月鑲黄旗より送ってきた書に，〈内　4b//5a
64: 閣票簽処より写して出したニル根源のことを
65: 処理する王大臣らと八旗王大臣がともに合議して
66: 上奏したことには，"黒龍江将軍らが
67: 上奏したダグル・グルムボオ等の四十九ニルを例に照らして八
68: 旗に回覧させて議して
69: 上奏したい"といって上奏したのを，檔子に記したのである。〉今，八旗より回覧して
70: 終わって送ってきた。臣たる我ら［兵部］が再び（詳しく調べたところ，このなかの鑲）黄旗
71: オロンチョンのカヤチュ，正白旗ソロンの（ジャルシャン，カクトルダイ，正紅旗）
72: オロンチョンのビジェルトゥ，ソロンのトブチルトゥ，（鑲白旗）ソロンのサリカ，ジュレケイ，　5a//5b
73: サンガルチャ，正藍旗オロンチョンのホルボルトゥ，（ソロンのシルガチェ，鑲）

藍旗ソロンの
74: ニブチカ，バンジ等，十二（人が管理した世管）ニル
75: 根源のなかに，初めてニルを管理した人，（二代目にニルを管理した人）について，再度
76: ニルの根源を檔子において調べたところ，すべて見つからなかった。ただ二，三代目にニルを
77: 管理した人のみを見つけて，これらのニルを，あるいはニルイ・ジャンギン等が呈した
78: 通りに，初めてニルを管理した人を併せて根源とするのか，あるいは今
79: 調べて得た二代目，三代目にニルを管理した人から始まりとして
80: 根源とするのかを，まったく明白に調べて定めて処理したことが
81: ない。臣たる我ら［兵部］が謹んで思うに， 5b//6a
82: 聖主がニルの根源を調べて処理させたのは，とりわけ永遠に
83: 則例に残させたいためである。今調べて出させた理由は，根源が
84: 明らかでないからである。正しくないところを再び詳しく調べて定めて処理させ
85: なければ，後日に争訴が生じるといったことをどうしても
86: なくすことができないので，臣たる我ら［兵部］が得たところ，カヤチュらのニルを
87: 当該の将軍らに委ねて，再び詳しく徹底的に調べさせて
88: 定めて処理して上奏したときに，（また，副都統ナラムボオが条陳した）
89: 通りに処理させたいと
90: 上奏したときに， 6a//6b
91: 硃筆で批した
92: 旨が〈議した通りにせよ〉といったことに謹んで（遵って送ってきた。〕臣たる我ら［黒龍江将軍］が調べたところでは，）オロンチョンの
93: カヤチュら十二ニルについて（今議して上奏するとき，初めて）ニルを
94: 管理した人，ニルに編制された根源を，理藩
95: 院の檔子において調べて見つからなかったが，彼らのニルにいる一族の人々，
96: ほかの姓の将兵，スラ，シダンらはみな，〔彼らの祖先らがニルイ・ジャンギン
97: 等の祖先らとともにすべて
98: 主を求めて入って，貂皮の貢物を納めていた。初めてニルに編制されるとき，現在
99: ニルを管理するニルイ・ジャンギン等の祖先らをニルイ・ジャンギンに任じて，

附録　ブトハ・ニルの根源冊　553

代々　6b//7a
100: 彼らの子孫に至って管理したことは事実である〕と，ともに同意して，
101: 花押したので，臣たる我ら［黒龍江将軍］がやっとカヤチュらの十二のニルを世
102: 管ニルとなすことを議して
103: 上奏した。今，もしニルイ・ジャンギン等，ニルの人々の呈したものが部院［理
藩院］の檔子において
104: 調べて見つからなかったならば，初めてニルを管理した人を根源としない。しかし部の
105: 檔子に名前がある二，三代目にニルを管理した人から始まりとして
106: 根源として，彼らの子孫（だけが資格を得られるように議したところ，）初めて
107: ニルを管理した人の子孫が（同意せず互いに争い）
108: 訴訟をどうしても（なくすことができない）ので，臣たる我らが　7a//7b
109: 得たところ，オロンチョンのカヤチュら十（二のニルを，またニルイ・ジャンギン，）ニルの
110: 人々が呈した通りに，部院［理藩院］の（檔子において調べて見つからなかった，初代目にニルを管理した）
111: 人を根源としたい」といって，このため謹んで）
112: 上奏した。乾隆七年（十一月）十八日に，
113: 朱筆で批した
114: 旨が『もともと議した大臣らが議して上奏せよ』といったのに謹んで従い，臣たる我ら［和碩荘親王允禄ら］は
115: 先に（黒龍江将軍）ボディらが彼らのところにいるブトハのオロンチョンのカヤチュ
116: ら（十一ニルの根源を）調べて
117: 上奏したことには，『（ブトハの鑲黄旗）ニルイ・ジャンギンであるカヤチュが呈したことには，〔カヤチュ　7b//8a
118: すなわち私の祖（父テルドゥンチェはもともとシルキル地方の）人で，メレヒル姓で，一族の人々，
119: サマヒル（姓の人々とともに）
120: 主を求めて入って，貂皮の貢物を納めていた。初めてニルに編制されるとき，私の祖
121: 父テルドゥンチェをニルイ・ジャンギンに任じた。病死した後，実の子
122: ニオリンゲに管理させた。病死した後，実の弟テブキチェンの子

123: ジュジェンチェに管理させた。病死した後，ニオリンゲの子私カヤチュに
124: 管理させた。我らのこのニルを初めて（編制するとき，私の祖父テルドゥンチェ）を
125: ニルイ・ジャンギンに任じて，代々（私カヤチュに至って四世）
126: 管理した〕という。ブトハの正白旗（ソロンのニルイ・）ジャンギンであるカクトルダイが　8a//8b
127: 呈したことには，〔私カクトルダイの曾（祖父ウトゥネイはもともと）ゲルビチ地方の人で，
128: ドゥラル姓で，一族の人々，（サマヒル姓の人々とともに）
129: 主を求めて入って，貂皮の貢物を納めていた。（初めてニルに編制されるとき，私の）
130: 曾祖父ウトゥネイをニルイ・ジャンギンに任じた。病死した後，
131: 実の子エキデイに管理させた。年老いて離任した後，実の子
132: シルコイ（に管理させた）。病死した後，実の弟キャルバンタイに
133: 管理させた。（病死した後，）実の叔父ハイクチャンの子アラトに
134: 管理させた。（病死した後，アラトの）子私カクトルダイに管理させた。
135: 我らのこのニルを初めてニルに編制するとき，私の曾祖父ウトゥネイをニルイ・ジャンギン　8b//9a
136: に任じて，代々私カクトルダイに至って六世管理した〕
137: という。（ブトハの正白旗ソロンのニルイ・）ジャンギンであるジャルシャンの弟領催
138: ジャリブが（呈したことには，〔私の）兄ジャルシャンが兵隊に参加した。私の叔
139: 曾祖父ティパゴルはもともとゲルビチ地方の人で，ドゥラル姓で，一族の人々
140: ゲフェヒルとヤクの［十両］姓の人とともに
141: 主を求めて入って，貂皮の貢物を納めていた。初めてニルに編制されるとき，我らの
142: 叔曾祖父ティプケゴルを（ニルイ・ジャンギンに任じた。病死した）
143: 後，（子孫が無いので実の叔父ダルバの孫ブルサイに）管理させた。
144: 罪を犯して法により処罰された（後，実の叔）祖父オキチャの孫　9a//9b
145: チキティに管理させた。年老いて（離任した後，）実の孫
146: ジャルシャンに管理させた。（現在ジャルシャンがニルを管理している。私のこのニル）を

147: 初めて編制するとき，私の叔曾祖父（ティプケゴルをニルイ・ジャンギンに任じて，）代
148: 代私の兄ジャルシャンに至って四世管理した〕という。ブトハの
149: 正紅旗ソロンのニルイ・ジャンギンであるトブチルトゥが呈したことには，〔私トブチルトゥの叔
150: 曾祖父（トボナイは）もともとは黒龍江地方の人で，ガブカ姓で，一族の人々，
151: ベキンチェ姓の人々とともに
152: 主を求めて（入って，貂皮の貢物を納めていた）。初めてニルに編制されるとき，私の叔曾
153: 祖父トボナイをニルイ・ジャンギンに任じた。病死した後，後裔がいないので 9b//10a
154: 実の兄トルダイの子ウンチャダイに管理させた。病死した後，実の
155: 叔父（トルトゥナイの子アンジャハルに管理させた）。病死した後，ウンチャダイの
156: 実の子イェンデイに管理させた。年老いて離任した後，実の子トブチルトゥ
157: すなわち私に管理させた。我らのこのニルを初めてニルに編制するとき，私の叔曾祖父トボナイを
158: ニルイ・ジャンギンに任じて，代々私トブチルトゥに至って五世管理した〕
159: という。ブトハの正紅旗オロンチョンのニルイ・ジャンギンであるビジェルトゥが呈したことには，
160: 〔私ビジェルトゥの叔曾祖父シリニは（もともとデヴェケ地方の人で，ケルテヘル姓で，）
161: 一族の（人々，ノナヘル）姓の人々（とともに）
162: 主を求めて入って，貂皮の貢物を納めていた。（初めてニルに編制されるとき）私の叔曾祖父　10a//10b
163: シリニをニルイ・ジャンギンに任じた。病（死した後），実の弟タヴェンチェの子
164: アジャゴルに管理させた。病死した（後，実の叔父ニオフンゲの子）ミンガトゥに
165: 管理させた。病死した後，実の（子トシルトゥに管理させた。病死）した
166: 後，実の子私ビジェルトゥに管理させたのである。我らのこのニルを初めて編制するとき，私の
167: 叔曾祖父シリニをニルイ・ジャンギンに任じて，代々私ビジェルトゥに至って

168: 五世管理した〕という。ブトハの鑲白旗ソロンのニルイ・ジャンギンであるサリカが
169: 呈したことには，〔私サリカの曾祖父ユキミはもともとトゥクドゥン地方の人で，トゥクドゥン
170: 姓で，一族の人々とともに
171: 主を求めて入って，貂皮の貢物を納めていた。初めてニルに編制されるとき，私の曾祖父　10b//11a
172: ユキミをニルイ・ジャンギンに任じた。病死した後，実の弟ヤクシゴルの
173: 子チュダカイに管理させた。病死した後，実の子フラトゥに
174: 管理させた。年老いて離任した後，実の子ガオガダイに管理させた。副総管
175: に昇進した後，ユキミの二世の孫私サリカに管理させたのである。我らのこの
176: ニルを初めて編制するとき，私の曾祖父ユキミをニルイ・ジャンギンに任じて，代
177: 代私サリカに至って五世管理した〕という。ブトハの鑲白旗の
178: ソロンのニルイ・ジャンギンであるジュレケイが呈したことには，〔(私の曾祖父エンデクはもともとナカタ)
179: 地方の人で，ナカタ姓で，一族の人々と（ともにすべて）
180: 主を求めて入って，貂皮の貢物を（納めていた。初めてニルに編制されるとき，）〔＋私の〕曾祖父エンデクを　11a//11b
181: ニルイ・ジャンギンに任じた。病死した（後，実の）子ジョルフンゴに管理させた。
182: 年老いて離任した後，実の子（クユムボオに管理させた。年老いて離任した）後，
183: 実の子私ジュレケイに管理させたのである。我らの（このニルを初めて編制するとき，私の）曾祖父
184: エンデクをニルイ・ジャンギンに任じて，代々私ジュレケイに至って四世
185: 管理した〕という。ブトハの鑲白旗オロンチョンのニルイ・ジャンギンであるサンガルチャが呈したことには，
186:〔私の曾祖父イェルムンチェはもともとケルテヘル地方の人で，ケルテヘル姓で，一族の人々，アチキチャ
187: 姓の人々とともにすべて
188: 主を求めて入って，貂皮の貢物を納めていた。初めてニルに編制されるとき，私の曾祖父イェルムンチェを

189: ニルイ・ジャンギンに任じた。病死した後，実の子ネムゲンチェに管理させた。11b//12a
190: 年老いて離任した後，実の子（ウェレンチェに管理させた。年老いて離任した）
191: 後，実の子ジャンジサに管理させた。病死した後，実の子
192: 私サンガルチャに管理させたのである。我らのこのニルを初めて編制するとき，〔+私の〕曾祖父イェルムンチェを
193: ニルイ・ジャンギンに任じて，代々私サンガルチャに至って五世管理した〕
194: という。正藍旗ソロンのニルイ・ジャンギンであるシレンチェが呈したことには，〔私シレンチェの曾
195: 祖父ジョルドイはもともとはジチン地方の人で，サマヒル姓で，一族の人々とともに
196: 主を求めて入って，貂皮の貢物を納めていた。（初めてニルに編制されるとき，私の曾）祖父
197: ジョルドイをニルイ・ジャンギンに任じた。（副総管に昇進した後，実の弟）バドンゴに
198: 管理させた。病死した後，ジョルドイ（の子スワジに）管理させた。病死した 12a//12b
199: 後，実の子キチクに管理させた。（病死した後），実の子シレンチェ
200: すなわち私に管理させた。我らのこのニルを初めて（編制するとき，私の曾祖父ジョルドイを）ニルイ・
201: ジャンギンに任じて，代々シレンチェ（すなわち〔+私〕に至って五世管理した〕という）。ブトハの
202: 鑲藍旗のソロンのニルイ・ジャンギンであるニブチカが呈したことには，〔私ニブチカの曾
203: 祖父バドフはもともとトシン地方の人で，カカル姓で，一族の人々とともに
204: 主を求めて入って，貂皮の貢物を納めていた。初めてニルに編制されるとき，私の曾祖父
205: バドフをニルイ・ジャンギンに任じた。病死した後，実の弟（セムトゥルの）
206: 子キタルに管理させた。病死した後，実の子ユルギデイに
207: 管理させた。病死した後，実の子アルビンに管理させた。病 12b//13a

死した後，バドホの実の孫ネテベイに管理させた。病死した後，実の子私ニブチカに管理させたのである。我らのこのニルを初めて編制するとき，私の曾祖父バ

ドホをニルイ・ジャンギンに任じた。代々私ニブチカに至って六世管理した〕という。ブトハの鑲藍旗ソロンのニルイ・ジャンギンであるバンジの子ムンクルケイが呈したことには，〔私の父バンジは従軍した。私の曾祖父オルトムルは，もともとトシン地方の人で，姓はカカルで，一族の人々とともに主を求めて入って，貂皮の貢物を納めていた。初めてニルに編制されるとき，私の曾祖父オルトムルをニルイ・ジャンギンに任じた。病死した後，実の子ティクデニ（■■■）病死した後，実の兄トゥルク（■■■罪に）より解任した後，実の叔父オルゴダイ（■■■）に管理させた。年老いて離任した後，ティクデニの実の子シニンチャに管理させた。病死した後，（■■■）実の子オチルトゥに管理させた。病死した後，（■■）弟バンジに管理させた。現在バンジがニルを管理している。我らのこのニルを初めてニルに編制するとき，私の曾祖父オルトムルをニルイ・ジャンギンに任じて，代々私の父バンジに至って七世管理した〕という。（カヤチュら十一の）ニルイ・ジャンギンを任じるとき資格のある人が，すべてニルイ・ジャンギンであるカヤチュらが呈した通りに花押したほか，カヤチュらが呈したニルの根源を，ニルイ・ジャンギンを任じるとき資格がない一族の人々，ニルの人々に見せたとき，驍騎校

208: ベチェンらがともに呈したことには，〔我らの十一ニルの一族の人々とニルの人々の祖先は
209: （みな，ニルイ・ジャンギンであるカヤチュら）十一人の祖先らとともに求めて
210: 入って，貂皮の貢物を納めていた。初めてニルに編制されるとき，カヤチュらの祖先をニルイ・
211: ジャンギンに任じてニルを管理させた。カヤチュら十一ニルが彼らの家で代々
212: 管理したことは事実である。我らには資格がないことにみな同意する。争い
213: 訴える理由はまったくない。望んで花押したのである〕という。その後，当該の管理する
214: 大臣ら，官員らが［＋検］分して，各自の（名前の下に花押させたのである。■をニルイ・）ジャンギンである
215: カヤチュら十一ニルが今管理する（■■祖先たちを）初めてニルイ・
216: ジャンギンに任じたこと，彼らを黒龍（江将軍に統轄）させる前に　13a//13b
217: ブトハ地方で代々ニルを（管理した人の名前）を理藩
218: 院で調べさせたとき，（ニルイ・ジャンギンのカヤチュらが呈した）初めて
219: ニルに編制して任じたニルイ・ジャンギン（たちの名前，初めてニルに編制した

附録　ブトハ・ニルの根源冊

根）源について
220: 調べたところ，すべて見つからなかった。ただ二，三代目にニルを管理した人を調べて
221: 見つかったものもあれば，見つからなかったものもある。康熙三十年にブトハの ソロン，
222: ダグル，オロンチョンらを黒龍江将軍に統轄させて以来，
223: 臣たる我らの衙門に所蔵した檔子を調べたところ，カヤチュら十一
224: ニルを（■■■）ニルイ・ジャンギンに任じたことを檔子に記したのである。今，
225: ニルイ・ジャンギンのカヤチュらの祖先らがニルイ・ジャンギンに任じられたこと，また初めて　13b//14a
226: ニルに編制した根源を調べて見つからなかったが，ブトハのソロン，ダグル，
227: オロンチョンらを黒龍江将軍に統轄させて以来，これらの
228: ニルをまったくほかの姓の人に管理させたことがないのであって，ニルイ・ジャンギンに任じるとき
229: 資格がある一族の人々がともにみな花押し，それ以外に，資格がない一族の人々，
230: ニルの人々がみな，この十一ニルが彼らの家で代々管理したことが
231: 事実であると同意して花押したので，臣たる我ら［黒龍江将軍］が調べたところ，カヤチュらが
232: 今管理する十一ニルをみな（世管ニルにしたい）という』といって
233: 上奏した。臣たる我ら［兵部］がともに合（議し，もともと黒龍江ブトハ）鑲
234: 黄旗のカヤチュラ十二（ニルの根源のなかに，初めて編制するとき■■■）ニルを管理した人，　14a//14b
235: 二代目にニルを管理した人と（ニルの根源を）理藩
236: 院の檔子において調べたところ，すべて見つからなかった。（ただ二，三代目）にニルを管理した人のみを
237: 見つけたのである。これらのニルを，あるいはニルイ・ジャンギン（らが呈した通りに，初めて）ニルを管理した
238: 人を併せて根源とするのか，あるいは今調べて見つけた二，三代目に
239: ニルを管理した人から始まりとして根源とするのかを，当該のところがまったく
240: 明らかに調べて定めて処理しなかったので，臣たる我ら［兵部］が
241: 上奏して，当該の将軍ら［黒龍江将軍］に委ねて定めて処理して送ってきたとき

に，また
242: 処理したいといって文書を送っていた。今，当該の将軍［黒龍江将軍］のところから再び議して
243: 上奏して送ってきたことには，『オロンチョンのカヤチュら十二ニルについて，当初議して　14b//15a
244: 上奏したときには，初めてニルを管理した人や，ニルを編制した根源を，理
245: 藩院の檔子において調べさせて見つからなかったが，彼らのニルにいる
246: 一族の人々とほかの姓の将兵，スラ，シダンらはみな，〔彼らの祖先
247: らが，ニルイ・ジャンギンの祖先らとともに
248: 主を求めて入って，貂皮の貢物を納めていた。初めてニルを編制したときに，現在ニルを管理する
249: ニルイ・ジャンギンらの祖先らをニルイ・ジャンギンに任じて，代々彼らの子孫に
250: 至るまで管理したことは事実である〕といって，（ともに同意して花押した）ので，
251: やっとカヤチュらの十二ニル（を世管ニル）となすように
252: 議して　15a//15b
253: 上奏した。今，もしニルイ・ジャンギンらについて（ニルの人々が呈した部院［理藩院］の檔子において）調べても
254: 見つからなければ，初めてニルを管理した人（を根源としない。ただ部院の）檔子に
255: 名前があった二，三代目にニルを管理した（人から始まりとして根源）となして，
256: 彼らの子孫だけに資格を得させるようにと議したところ，初めてニルを管理した人の
257: 子孫が同意せず，互いに争い，訴訟をどうしても
258: なくすことができないので，請うらくは，オロンチョンのカヤチュら十
259: 二のニルについて，やはりニルイ・ジャンギンとニルの人々が呈した通りに，部院の
260: 檔子において調べて見つからなくても，初めてニルを管理した人を根源と
261: したい』といった。そのうえ，『カヤチュらの十二ニルを代々ニルイ・　15b//16a

附録　ブトハ・ニルの根源冊　561

ジャンギンに任命するときに、どのように上奏して任命したかについては、もともと上奏した奏摺や家譜にはまったく書き出していなかったので、当該の将軍におこなわせて、〔代々ニルイ・ジャンギンを任命したことについて、もともと上奏した檔子の通りに写して送るように。またカヤチュラのニルを調べた理藩院の檔子の通りに写して再度送るように〕とおこなわせていた。この後、当該の地より、カヤチュラ十二ニルのなかのオロンチョンのホルボルトゥのニルについて、彼の叔祖父の孫であるエンゲデイが訴えた。この一ニル（については、彼らの衙門より明らかに処理して）別に送らせるほか、カヤチュラ（■■■■■康熙）三十年から今に至るまで代々ニルイ・ジャンギン（■■■■■）一冊を写して送ってきた。当該の部院より送ってきた檔子に、もともと上奏した奏摺や家譜に詳しく（■■■■■）のなかでバンジなど六ニルは、カヤチュラ（■■■■■）について檔子と上奏した奏摺や家譜とが互いに一致せず、間違いや遺漏などがあるので、はっきり調査して送らせたいといっておこなわせた。ついで、当該の地から送ってきたことには、我らの衙門よりただちに当該の地に委ねて調べさせたことには、総管の関防を代理した副総管アナブらが呈して送ってきた書に、〔査するに、我らブトハのソロン、ダグル、オロンチョンの承襲するニルイ・ジャンギンたちは、みな山や谷において漁猟して暮らす者らで、ドロ・ヨソ（道統）について深く知らない。

262: 普段彼らのなかでは、ただちにその場で［長幼の序を］判断して相手を呼ぶのである。世代を明白に覚えることが
263: できないので、七年に家譜を呈するときに、やっと彼らの長幼の序を明白にして
264: 調べて正して書いた。バンジのニルのなかで、往年イニンチェをハンジの
265: 実の弟の子であるといい、またハンジを初めてニルイ・ジャンギンに任じたというのは誤りだった。
266: ニブチカのニルのなかで、アルビンがネテブイを自分の兄であるといったことは誤りだった。またカクトルダイの
267: ニルのなかで、アラナをニルイ・ジャンギンに任じたとき、ハイクチャをキャルベンタイの三番目の叔父である
268: といったことは誤りだった。サンガルチャのニルのなかで、先に（■■■■）ネオヘンチェ
269: というのもまた誤りである。ネオヘンチェという者はすなわち（ネムゲンチェである。サリカのニルのなかで、チュダカイについては、ユクミの五番目の子であ

270: ネオヘンチェはいない。サリカのニルのなかで，二（■■■■■）誤りだった。　16a//16b
271: 先にトシルトゥをニルイ・ジャンギンに任じた（とき，私の曾祖父シリニを初めて）ニルイ・ジャンギンに
272: 任じ，ついで実の弟アジグル（に管理させ，ついでシリニの実の）弟の
273: 子ミンガトゥに管理させたといったことと，ハヤチュの名をカヤチュとし，さらにトブチルトゥの
274: 祖先エジェデイの名前をネンデイといったことはすべて誤りだったといって，おの
275: おのの副総管，ニルイ・ジャンギン，驍騎校，領催，族長らがともに
276: みな保証した〕といって呈した。ホルボルトゥの一ニルを彼の叔祖父の
277: 孫エンギデイが訴えた理由については，我らの衙門［黒龍江将軍衙門］より今調べて処理する。
278: 明白になったときまた送らせたい』といって送ってきた。今，当該の将軍［黒龍江将軍］のところより，
279: カヤチュらの十二ニルのなかで，ホルボルトゥの一ニルを彼の叔祖父　16b//17a
280: 孫エンゲデイが訴えた。この一ニルについて明白に処理して送ってきたとき，別件として
281: 処理して
282: 上奏する。その他，カヤチュらの十一ニルについては，当該の将軍［黒龍江将軍］のところより送ってきた檔子と
283: 上奏した（奏摺や家譜とが互いに）一致しないので，我ら［兵部］は，今，送られてきた檔子もすべて
284: 誤ったものであるとして，当該の将軍，総管，副総管，ニルイ・ジャンギン，驍騎校，
285: 領催，族長らがともにおのおの呈したものを見たところ，当該の
286: 将軍［黒龍江将軍］のところより調べて送ってきた押印した檔子に誤ったところが
287: あるので，これより前に，この（十一ニルについては，なおもともと上奏した）奏摺や家譜の
288: 通りに正して処理する。そのほか臣たる我ら［兵部］が調べたところ，この十一

附録　ブトハ・ニルの根源冊　563

ニルは　17a//17b
289: もともとカヤチュ［＋ら］十一人の（祖先らがおのおのの族）人，ほかの一族の
290: 人々とともに
291: 主を求めて入って，貂皮の貢物を納めていた。初めてニルイ・ジャンギンに任じ，代
292: 代カヤチュらの祖先をニルイ・ジャンギンに任じて，（代々）カヤチュらに
293: 至ってまた何（世代かにわたって管理した）。今，当該のところより理
294: 藩院の檔子において調べたところ，これらの初代，二代目にニルを管理した人の
295: 名前は完全には見つからなかったが，しかし康熙三十年にブトハのソロン，
296: ダグル，オロンチョンらを黒龍江将軍に統轄させて以来，カヤチュら
297: 十一ニルをまったくほかの姓の人に一回も管理させたことがない。もともと当該の
17b//18a
298: 将軍衙門で所蔵した檔子を調べさせたところ，代々ニルイ・ジャンギンに
299: 任じたことをみな探し出したのであって，ニルにいる一族の人々，ほかの
300: 姓の将兵，ズラ，シダンたちに至るまで，ともに彼らの祖先たちとともに
301: 主を（求めて入って，貂皮の貢物を納めていた。）初めてニルを編制するとき，今管理したニルイ・
302: ジャンギンに任じて，代々彼らの子孫に至って管理したことは事実である。
303: 彼ら［カヤチュ以外の他の姓の人々］に資格がないことにみな同意したのである。まったく争うなどの理由がないといって，ともに
304: 保証して呈したので，当該の将軍のところからこれら十一ニルについて
305: ニルイ・ジャンギン，ニルの人々が呈した部院［理藩院］の檔子において調べて，見つからず，初めてニルを
306: 管理した人を根源としない（なら，初めてニルを管理した人の子）　18a//18b
307: 孫らが同意せず互いに訴えて争うことをなくすことができないといって
308: 上奏したので，臣たる我ら［和碩荘親王允禄ら］が請うらくは，（鑲黄旗オロンチョンのカヤチュ，正白旗）
309: ソロンのジャルシャン，カクトルダイ，正紅旗オロンチョンのビジェルトゥ，ソロンのトブチルトゥ，鑲白旗
310: ソロンのサリカン，ジュレケイ，オロンチョンのサンガルチャ，正藍旗ソロンのシレンチェ，鑲藍旗
311: ソロンのニブチカ，バンジら十一ニルをきまりの通りに世管ニル
312: となして，（やはり当該の将軍が求めて）

313: 上奏した通りに，これから以後根源をつくるときには，彼らが今呈した初めてニ
ルを管理した
314: 人から始まりとして根源としたい。
315: 旨がくだってきた後，おのおの当該の旗に委ねて，資格を与えることについて，
18b//19a
316: 欽派辦理世職佐領得分事務王大臣処に送っていかせて
317: 処理するようにしたい，といった。このために謹んで
318: 上奏した。
319: 旨を請う」といって，乾隆九年九月十日に奏事
320: 御前侍衛ウシンチらに与えて取り次いで
321: 上奏したところ，
322: 旨が「議した通りにせよ」といった。
323: 欽派辦理八旗世職佐領得分事務王大臣
324: 処[1]より，資格を定めて　19a//19b
325: 上奏した一件，「鑲黄満洲（旗の黒龍江地方管下の）チチハル城の
326: クヤラのアチンジュが管理した世（管ニルを調べたところ，アチンジュの）祖父
は
327: グニンガ村の長であった。一村（の四十五戸百）二
328: 男丁をつれてともに
329: 主を求めて入って，貂皮の貢物を納めていた。寧古塔地方で初めてニルを編制す
るとき
330: グニンガが連れてきた男丁を五十人の披甲となして，ニルを編制してグニンガに
331: 管理させた。代々管理して今グニンガの孫アチンジュにニルを管理させている。
332: ニルの根源を処理するため，当該の将軍，［＋当該］の旗がこのニルを世
333: 管ニルとして処理して　19b//20a
334: 上奏したことについて，ニルの根源を処理する王大臣ら，八旗王大臣らがともに
335: 会って再び議して
336: 上奏したことには，『アチンジュが管理したニルを世管ニルとして処理したこと
は
337: きまりに符合したので，このニルをともに当該の将軍，当該の
338: 旗より処理して
339: 上奏した通りに世管ニルとしたい。ニルイ・ジャンギンに任じるとき，どうして
も

340: 資格を与えるのを
341: 欽差大臣，ニルの資格を与える（事務を処理する王大臣らに送らせて）処理したい』
342: といって　20a//20b
343: 上奏して，臣たる我ら［欽差八旗王大臣ら］に命じて議させたのである。臣たる我らが先に京城の八旗に
344: いる，ニル（を立てた人の実の子孫に管理させた世管）
345: ニル（を任命する）ために，資格を与える事務を議して
346: 上奏したことには，『もともとニルを立てた人の実の子孫はニルを管理した人々の
347: なかで，長子の家がニルを管理して，欠員が出れば，欠員の出た人の子孫に
348: 正位を与えたい。ついで家の子孫を選んで陪位としたい。名を列したい。
349: 欠員が出た（人）に，あるいは子孫がいなかったり，あるいは罪で解任されたりした場合，
350: ニルイ・ジャンギンを任じるとき，［その］［＋子］孫を入れてはいけない。また欠員が出た
351: 長子の家のなかから，人の良いのを見て選んで，正位　20b//21a
352: を与えたい。次子の家の子孫がニルを管理し，欠員が出れば，欠員が出た人の
353: 子孫を選んで正位としたい。長子の家の子孫を選んで
354: 陪位としたい。ついで家の子孫を選んで名を列したい。欠員が出た人に
355: あるいは後裔がいなくなったり，あるいは罪で解任されたりして，ニルイ・ジャンギンに
356: 任じるとき，子孫を入れてはいけないのであれば，彼らの傍系に
357: たとえ実の兄弟・曽祖父・叔父の子孫であったとしても正位を
358: 与えない。長子の家の子孫（のなかから選んで正位としたい。）長子の
359: 家にもし今ニルを管理している人があれば（選ぶのをやめて，ニルを管理しなかった傍系）の
360: 子孫のなかから選んで正位としたい。（欠員が出た傍系の残りの傍系）を　21a//21b
361: 家ごとに選んで陪位としたい。名を列して，（もし）二，三ニルをともに一つの
362: 傍系に管理させて，欠員が出れば，彼らの傍系が現在ニルを管理し，また欠員が
363: 出た人の子孫に正（位を与え■■■■）に
364: 従って，ニルがない傍系の子孫のなかから良い者を選んで正位としたい。

365: 残った傍系については，欠員の出た傍系の子孫のなかから選んで陪位としたい。
366: 名を列したい』といって
367: 上奏して，今，例となして処理するのである。アチンジュが管理したニルというのは，黒龍江の管下の
368: チチハル地方のニルであるが，京城のニルと同じようにグニンガのニルを立て，今，
369: 実の子孫アチンジュに管理させたことによって，このニルについては，臣たる我ら［欽差八旗王大臣ら］が先に　21b//22a
370: 議して
371: 上奏した京城にあるニルを立てた人の実の子孫に
372: 管理させた世管ニルに任じるきまりに従って処理したい。このように
373: アチンジュの家譜を描いて，併せて謹んで
374: 奏覧したほか，このように鑲黄の満洲旗の黒龍江
375: 地方のデムケゴル，シラブ，カヤチュ，チャガン，正黄の満洲旗の黒龍江地方の
376: アサラル，寧古塔地方のドゥルヒョオ，正（白の満洲旗の黒龍江）地方の
377: ビトマ，ダリ，カクトルダイ，ボフンタイ，正（紅の満洲旗の黒龍江）地方の
378: ボオニ，鑲白の満洲旗の黒龍江地方のゲンドゥン，ジュレケイ，サンガルチャ，22a//22b
379: 鑲藍の満洲旗の黒龍江地方のオルフマル，
380: 鑲藍の蒙古旗のチチハル地方の（■）
381: ダムバ，理藩院から
382: 送ってきた黒龍江地方の正紅旗の
383: ウチャラルトゥ，鑲白のマチヒャらが管理した
384: ニルをまたこの通りに処理したい」
385: といった。
386: ニルイ・ジャンギンに任じるとき資格がある人々
387: ニルイ・ジャンギン　サンガルチャ　22b//23a
388: 披甲　クブクダヤン
389: 披甲　ケメルトゥ
390: 打牲丁　ガンドゥルトゥ
391: シダン　ブセルトゥ
392: 領催　シニルトゥ
393: 打牲丁　リンサンガ

394: シダン　ビギルトゥ
395:「我々はともに初めて編制したニルイ・ジャンギンのイェルムンチェの孫
396: ニルイ・ジャンギンのシララ，我らすべてに資格がある。我らを除き　23a//23b
397: ほかの人にはない」といって呈したのである。
398: ニルイ・ジャンギンを任じるとき（資格がない一族の人）
399: 領催　ボハルトゥ
400: 領催　ビジルトゥ
401: 領催　ゲニデイ
402: 打牲丁　シンギルトゥ
403: 打牲丁　フィタルトゥ
404: 打牲丁　シンゲデイ
405: 打牲丁　ジャバルトゥ　23b//24a
406: 打牲丁　ケユケ
407: 打牲丁　オモトゥ
408: 打牲丁　ヤシゴル
409: 打牲丁　チムチナイ
410: 打牲丁　バスルダイ
411: 打牲丁　ジョルホン
412: 打牲丁　シブテムチェ
413: 打牲丁　ハンナルトゥ
414: 打牲丁　レクチェ　24a//24b
415: 打牲丁　ジャブシルトゥ
416: 打牲丁　ジャンギシカ
417: 打牲丁　ウフェドゥル
418: 打牲丁　シルケネイ
419: 打牲丁　ポポ
420: 打牲丁　タクティンガ
421: 打牲丁　レンゴル
422: スラ　ラキンチャ
423: 打牲丁　ウルキンゲ　24b//25a
424: 打牲丁　ムイェレ
425: 打牲丁　ガブジハル
426: 打牲丁　チキヤン

427: 打牲丁　ボホロクチョ
428: 打牲丁　ベデゴル
429: 打牲丁　ウレゴル
430: 打牲丁　ウクデルトゥ
431: 打牲丁　ウルンチェ
432: 打牲丁　ゲオブニ　25a//25b
433: 打牲スラ　ライダ
434: 打牲丁　ノドンチャ
435: 打牲丁　トポトゥ
436: 打牲丁　バルチハイ
437: 打牲丁　シチュンガ
438: 打牲丁　ガグチャ
439: 打牲丁　ソトロ
440: 打牲丁　ハシダイ
441: 打牲丁　エフェチェン　25b//26a
442: 打牲丁　チュリンゲ
443: 打牲丁　グムジルトゥ
444: 打牲丁　ジャシンチャ
445:「我々はともにニルイ・ジャンギンのサンガルチャの一族であり，我々の祖先らが
446: サンガルチャらの曾祖父イェルムンチェとともに求めて入って，貂皮
447: の貢物を納めていた。初めてニルを編制するとき，サンガルチャの曾祖父
448: イェルムンチェをニルイ・ジャンギンに（任じてニルを管理させた）。サンガルチャの
449: このニルは，彼らの家が代々管理したことは事実である。我らには
450: 資格がない。我々が（争い訴える）理由はまったくなく，みな　26a//26b
451: 同意して望んで花押した」といって呈した。
452: ほかの一族のアチキチャ姓
453: 驍騎校　ホロダイ
454: 領催　ビチクトゥ
455: 領催　ダブダンガ
456: 打牲丁　チェルガチェ
457: 打牲丁　グミルトゥ

附録　ブトハ・ニルの根源冊　569

458: 打牲丁　エルギンチェ
459: 打牲丁　ラクトゥンガ　26b//27a
460: 打牲丁　デジケ
461: 打牲丁　ドゥシナイ
462: 打牲丁　チレルトゥ
463: 打牲丁　ウジメイ
464: 打牲丁　テテトゥ
465: 打牲丁　スヌトゥ
466: 打牲丁　グンギニ
467: 打牲丁　ジャルンチャ
468: 打牲丁　マムギンガ　27a//27b
469: 打牲丁　タイジトゥ
470: 打牲丁　ナルンチャ
471: 打牲丁　デイェンゲ
472: 打牲丁　ビントゥ
473: 打牲丁　オリルトゥ
474: 打牲丁　ブルギデイ
475: 打牲丁　デンゴル
476: 打牲丁　グニェ
477: 打牲丁　ギンクルトゥ　27b//28a
478:「我々はもともとアチキチャ地方のオロンチョンで，我らの祖先らがサンガルチャの
479: 曾祖父イェルムンチェとともに求めて入って，貂皮の貢物を
480: 納めていた。初めてニルを編制するとき，サンガルチャの曾
481: 祖父イェルムンチェをニルイ・ジャンギンに任じてニルを管理させた。
482: サンガルチャのこのニルが彼らの家で代々管理したことは
483: 事実である。我々には資格がない。我々は争い訴える
484: 理由はまったくない。みな同意して望んで花押する」といって
485: 呈した。
486: 乾隆十二年　28a//28b
487: ニルイ・ジャンギンのサンガルチャの缺員にクブクダヤンを正位にして，ガンドルトゥを陪位にして，
488: シニルトゥを列して，乾隆十五年十一月三十日に帯領してみずから

489: 引見を賜ったとき，
490: 旨が「クブクダヤンをニルイ・ジャンギンに任じよ」といった。
491: ニルイ・ジャンギンのクブクダヤンの缺員にアムルタを正位にして，ガンダル
　　　トゥを陪位にして，シニルトゥを
492: 列して，乾隆二十四年十一月九日に帯領してみずから
493: 引見を賜ったとき，
494: 旨が「アムルタをニルイ・ジャンギンに任じよ」といった。
495: 乾隆二十七年　28b//29a
496: 世管ニルイ・ジャンギンであるアムルトゥの缺員に彼の子供フンデシを
497: 正位にして，カシンチャを陪位にして，ジャイブンガを列して，嘉慶七年
498: 八月九日に帯領して
499: 引見させたとき，
500: 旨が「正位をフンデシに承襲させよ」といった。
501: 嘉慶七年　29a//29b（空白）

注
1）漢文の根源冊では「欽派辦理八旗世職佐領得分事務王大臣処」と訳す。

参考文献一覧

a）資料類（資料・書名の五十音順，略語も含む）

【満文・モンゴル文・満漢合璧・満和訳】
『異域録』（満文，京都大学文学部図書館蔵）
『円明園八旗官兵等戸口数目冊』（満漢合璧，中国第一歴史檔案館蔵）
『漢軍百旺佐領下戸口冊（正黄旗）』（満漢合璧，中国第一歴史檔案館蔵）
『閑窓録夢』松筠序（写本，大阪大学附属図書館箕面分館蔵）
『宜珍佐領下戸口冊』（満漢合璧，中国第一歴史檔案館蔵）
『吉林他塔拉氏家譜』（他塔拉氏哈拉・魁升修，張暁光整理，中国社会科学出版社，1989年）
『宮中檔康熙朝奏摺』（第八輯，満文諭摺第一輯，国立故宮博物院印行，1977年）
『旧満洲檔・天聡九年檔』（1・2，神田信夫等訳注，東洋文庫清代史研究室，1972，1975年）
『御製清文鑑 Han i araha Manju gisun i buleku bithe』20巻（康熙47年刊，満文，天理図書館蔵）
『御製増訂清文鑑』全32巻，補編4巻，総綱8巻，補編総綱1巻（乾隆36年序，京都大学人文科学研究所蔵）
『軍機処満文録副奏摺』（中国第一歴史檔案館蔵）
『月摺檔』：『軍機処満文月摺檔』（満文，中国第一歴史檔案館蔵）
『乾隆西域戦図秘檔薈萃』（中国第一歴史檔案館編，北京出版社，2007年）
『乾隆三十年十一月二十日值年処奏准世管佐領世職官員襲職条例』（『八旗都統衙門』職官，案巻号211，満文，写本，中国第一歴史檔案館蔵）
『康熙起居注稿本』（満文，台北中央研究院歴史語言研究所蔵）
『康熙朝満文硃批奏摺』（満文，中国第一歴史檔案館蔵）
『黒龍江鑲黄旗ダグル・ニル・ゴルムボ承襲世管佐領執照』（満文，写本，東洋文庫蔵）
『黒龍江檔』：黒龍江将軍衙門檔案（中国第一歴史檔案館と黒龍江省檔案館に分蔵）
『黒龍江檔抄本』：題名なし（康熙・雍正・乾隆・嘉慶朝，満文，ロシア科学アカデミー東方学研究所サンクトペテルブルグ支所蔵）
『五甲世恒佐領下（正黄旗満洲）』（満漢合璧，中国第一歴史檔案館蔵）
『五体清文鑑』全3冊（民族出版社，1957年）
『五体清文鑑訳解』全2冊（田村実造等編，京都大学文学部内陸アジア研究所，1966年）
『サラハンガ・ニル根源』（道光18年11月17日，檔案編号：167508，満文，台北中央研究

院歴史語言研究所蔵）
『襲職条例』：『値年処奏准世管佐領世職官員襲職条例』満文題名『ninggun hacin kooli』（乾隆30年，「八旗都統衙門」職官，全宗号4，案巻号66，満文，写本，中国第一歴史檔案館蔵）
『鑲黄満洲盛京佐領セレトが承襲した世管ニル執照』（乾隆13年，満文，大連図書館蔵）
『承襲譜』（満文，中国遼寧省檔案館蔵）
『清代中哈関係檔案彙編』1（中国第一歴史檔案館・哈薩克斯坦東方学研究所編，中国檔案出版社，2006年）
『清代譜牒檔案』（満文・漢文・満漢合璧，中国第一歴史檔案館蔵）
『清内閣蒙古堂檔』全22冊（満文・モンゴル文，内蒙古人民出版社，2005年）
『盛京総管内務府上三旗人丁戸口冊』（満文，遼寧省檔案館蔵）
『盛京満文老檔』（満文，中国第一歴史檔案館蔵）
『正黄旗漢軍設立官兵』（乾隆19年2月，登録号：189529，満漢合璧，台北中央研究院歴史語言研究所蔵）
『正黄旗漢軍四十二縁由冊』＝『gulu suwayan i ujen coohai gūsai dehi juwe nirui turgun dangse』（雍正7年5月，登録号：185058-001-042，清漢二本，共四十二件，満漢合璧，台北中央研究院歴史語言研究所蔵）
『正紅満洲旗光緒十九年光緒二十九年分世管佐領家譜』（光緒19年・光緒29年分，満文，東洋文庫蔵）
『正白旗査送佐領冊五本』（雍正12年，満漢合璧，中国第一歴史檔案館蔵）
『正藍旗春海佐領下蒙古』（光緒29年，満漢合璧，中国第一歴史檔案館蔵）
『正藍旗満洲宗室バヤムブが承管した勲旧ニルの族長ジュンの執照 gulu lamun i manju gūsai uksun bayambu i bošoho fujuri nirui mukūni dajiyung ni temgetu bithe』（乾隆6年，満文，ロシア科学アカデミー東方学研究所サンクトペテルブルグ支所蔵）
『世管ニル ニルイ・ジャンギンであるイオシャンがニルを承襲した根源冊子 jalan halame bošoho niru nirui janggin iosiyang ni niru sirara sekiyen i cese』（道光10年11月17日，檔案編号：167503，満文，台北中央研究院歴史語言研究所蔵）
『大清全書』全14巻（沈啓亮輯，康熙22年序，満文，京都大学人文科学研究所図書館蔵）
『大清太宗実録』：『大清太宗文皇帝実録』（順治初纂漢文版40巻，康熙満文・漢文版67巻，乾隆版満文・漢文版68巻）
『駐防青州正紅旗晋祥栄芳佐領下点検的別戸男丁数目冊』（光緒32年，満漢合璧，広島大学蔵）
『仲倫佐領下戸口冊』（満漢合璧，中国第一歴史檔案館蔵）
『通譜』：『八旗満洲氏族通譜』全80巻（乾隆9年序，漢文：遼寧省図書館古籍部整理，遼沈書社，1989年，満文：京都大学文学部図書館蔵）

『内国檔』:『満文内国史院檔』（満文，中国第一歴史檔案館蔵）
『那丹珠佐領下官兵戸口冊（正紅旗満洲）』（満漢合璧，中国第一歴史檔案館蔵）
『寧古塔副都統将軍衙門檔案』（満文，中国第一歴史檔案館蔵）
『八旗揀放佐領則例 jakūn gūsai niru sindara jalin ubu bahabuha kooli hacin』（乾隆5年，満文，清抄本，二冊，中国国家図書館蔵）
『八旗通志初集』全250巻（漢文：東北師範大学出版社，1989年，満文：東洋文庫蔵）
『八旗都統衙門檔』（満文，中国第一歴史檔案館蔵）
『ブトハ・ダグル・イナル・ニル根源執照』（満文，東洋文庫所蔵）
『ブトハ地方鑲白旗世管ニルイ・ジャンギンたるフンデシ・ニルの根源冊 buthai bai kubuhe šanggiyan i jalan halame bošoro nirui janggin fundesi nirui sekiyen i cese』（『清代譜牒檔案』フィルム編号：038，檔案序号：世襲392冊，項目編号：16，満文，中国第一歴史檔案館蔵）
『呼倫貝爾副都統衙門』（満文，中国遼寧省檔案館蔵）
『兵科史書』順治十年（満漢合璧，中国第一歴史檔案館蔵）
『平定朔漠方略』（満文・漢文，京都大学文学部図書館蔵）
『北京図書館蔵中国歴代石刻拓本匯編』第61～70冊（北京図書館金石組編，中州古籍出版社，1990年）
『満漢合璧政考便覧』不分巻，鈔本，4冊（満文，東京大学東洋文化研究所蔵）
『満洲旗承襲世管勲旧佐領家譜』（道光4年12月16日，満文，東洋文庫蔵）
『満文金史』（満文，晒藍本，京都大学附属図書館蔵）
『満文元史』（満文，晒藍本，京都大学附属図書館蔵）
『満文原檔』全10冊（満文，馮明珠編著，国立故宮博物院，2005年）
『満文上諭八旗』允禄等奉敕輯（満文，武英殿刊本）
『満文檔冊―投降明将戸口清冊』（満文，残本，台北中央研究院歴史語言研究所蔵）
『満文内国史院檔』（満文，中国第一歴史檔案館蔵）
『満文本清太宗檔冊―実録残本？』（年月日不詳，登録号：167449，満文，台北中央研究院歴史語言研究所蔵）
『満文遼史』（満文，晒藍本，京都大学附属図書館蔵）
『明清檔案』（台北中央研究院歴史語言研究所蔵）
『諭行旗務奏議』13巻（允禄等奉敕輯，雍正13年，満文，東洋文庫蔵）
『隆順佐領下官兵等戸口冊（正紅旗満洲）』（光緒30年，満文，東洋文庫蔵）
『隆鋭佐領下戸口冊』（満漢合璧，中国第一歴史檔案館蔵）
『郎宗盛佐領下在京眷口冊』（満漢合璧，中国第一歴史檔案館蔵）
『老檔』太祖：満文老檔研究会訳注（1955，1956，1958）『満文老檔』太祖I～III，東洋文庫
『老檔』太宗：満文老檔研究会訳注（1959，1961，1962，1963）『満文老檔』太宗I～IV，東

洋文庫
『六項則例』：『ninggun hacin kooli』（乾隆 30 年，満文，中国第一歴史檔案館蔵）
『六條例 ninggun hacin kooli』（満文，中国第一歴史檔案館蔵）
『六條例 繕摺房』（乾隆 30 年，満文，写本，東洋文庫蔵）
『六韜』（達海訳，満漢合璧，遼寧省図書館蔵）
『露蔵黒龍江檔』：題名なし（康熙 23 年 4 月 4 日～6 月 20 日，満文，ロシア科学アカデミー東方学研究所サンクトペテルブルグ支所蔵）

【漢文・日本語】
『璦琿県志』全 2 冊（徐希廉纂，孫蓉図修，成文出版社，1974 年）
『永憲録』蕭奭撰（朱南銑點校，中華書局，1997 年）
『縁由冊』＝『鑲紅旗漢軍呈造嘉慶八年分族中襲替佐領五員家譜縁由冊』全宗号 2，襲 93，（中国第一歴史檔案館蔵）
『澳門歴史地図精選』中国第一歴史檔案館・澳門一国両制研究中心選編（華文出版社出版，2000 年）
『開原図説』馮瑗輯（玄覧堂叢書初輯，第 5 冊，国立中央図書館，1981 年）
『契丹国志』（宋）葉隆礼撰（国学文庫，第 3 編，1933 年）
『河南通志』50 巻（順治 17 年修，康熙 9 年続修，京都大学附属図書館蔵，近衛文庫）
『漢訳蒙古黄金史』朱風・賈敬顔訳（内蒙古人民出版社，1985 年）
『旗軍志』金徳純（『遼海叢書』第 5 冊）
『吉林通志』全 10 冊，長順修（文海出版社，1965 年）
『帰田瑣記』梁章鉅（遼海叢書，第 3 冊）
『宮中檔』：『宮中檔雍正朝奏摺』第 28 輯（国立故宮博物院印行，1980 年）
『清正高麗陣覚書』（『続々群書類従』第 4 冊，国書刊行会，1907 年）
『金史』（元）脱脱等撰（中華書局，1975 年）
『欽定皇輿西域図志』48 巻，首 4 巻，傅恒等纂修（欽定四庫全書第 500 冊，史部第 258）
『欽定新疆識略』12 巻，首 1 巻，松筠等纂修（道光元年）
『欽定盛京通志』130 巻，阿桂等纂修（上・下，遼海出版社，1997 年）
『欽定宗室王公功績表伝』上・下（全国図書館文献縮微複製中心，2004 年）
『欽定中枢政考』（清）明亮撰（広文書局，1972 年）
『欽定八旗則例』全 12 巻（乾隆 7 年）
『欽定八旗通志』全 11 冊（李洵・薛虹校点，吉林文史出版社，2002 年）
『欽定理藩院則例』全 63 巻（光緒 17 年）
『旧唐書』全 16 冊，（後晋）劉昫等撰（中華書局，1975 年）
『元史』全 15 冊，（明）宋濂等撰（中華書局，1976 年）

参考文献一覧

『源流考』:『欽定満洲源流考』20巻（漢文版『文淵閣四庫全書』史部，地理類，三都会郡縣之属，499冊）

『乾隆朝上諭檔』全18冊（中国第一歴史檔案館編，第18冊，檔案出版社，1991年）

『康熙起居注』全3冊（中華書局，1984年）

『康熙全訳』:『康熙朝満文朱批奏摺全訳』中国第一歴史檔案館編（中国社会科学出版社，1996年）

『康熙朝漢文硃批奏摺彙編』全8冊（中国第一歴史檔案館編，檔案出版社，1984-1985年）

『皇清書史』李放撰（遼海書社編，1934年，第5集）

『皇朝経世文編』全3冊（賀長齢編，国風出版社，1963年）

『皇朝経世文続編』上・下冊（葛士濬輯，国風出版社，1964年）

『皇朝文献通考』全2冊，（清）高宗敕撰（商務印書館，1936年）

『光緒朝硃批奏摺』全120輯，中国第一歴史檔案館編（中華書局，1995-1996年）

『広儲司簿冊目録』12，広儲司，衣褲財物，編号6640，道光20年，本色貂冠貂帽開銷（中国第一歴史檔案館蔵）

『広陽雑記』（清）劉献廷著，汪北平・夏志和標点（中華書局，1985年）

『国史大臣列伝』次篇巻90，伝稿5679-1（台北故宮博物院蔵）

『国朝宮史』（清）鄂爾泰・張廷玉等編纂，左歩青校点（上・下冊，北京古籍出版社，1987年）

『国朝宮史続編』（清）慶桂等編纂，上・下冊（北京古籍出版社，2001年）

『国朝耆献類徴初編』全294冊，李桓輯（光緒10-光緒16刊）

『国立中央図書館善本書目』全4冊（国立中央図書館編，増訂本，国立中央図書館，1967年）

『国立北平図書館館刊』第6巻第4号（国立北平図書館館刊編輯部，1932年7，8月）

『国立北平図書館輿図存箱目録』（1985年2月13日，台北国立故宮博物院蔵）

『黒龍江外記』全8巻，西清撰（文海出版社，1967年）

『黒龍江少数民族』（1903-1931，黒龍江檔案館・黒龍江省民族研究所編，黒龍江省出版総社，1985年）

『古品節録』全6巻，松筠撰（嘉慶4年）

『朔方備乗』全68巻，首12巻，何秋涛撰（咸豊10年序）

『三雲籌俎考』（万暦刻本）王士琦撰（商務印書館，1937年）

『松筠事蹟』下（台北国立故宮博物院蔵）

『松筠列伝』所蔵番号：3405-1（台北故宮博物院蔵）

『嘯亭雑録』8巻，続録2巻，昭槤撰（光緒6年刊本）

『食貨志』戸口・八旗，天聡4年至嘉慶25年（台北国立故宮博物院蔵）

『清会典事例』:欽定大清會典，100巻，図270巻，事例1220巻，托津等奉敕纂，全24冊

（中文書局，1963年）
『清宮内務府造辦処檔案総匯』全55冊（人民出版社，2005年）
『清国史館伝稿』5679号（台北国立故宮博物院蔵）
『清史稿』全48冊，趙爾巽等撰（中華書局，1976年）
『清史臣工伝』10編，7647-1-9（台北国立故宮博物院蔵）
『清史図典』全12冊，故宮博物院編（紫禁城出版社，2002年）
『清史列伝』全20冊，王鍾翰点校（中華書局，1987年）
『清初内国史院満文檔案訳編』上（天聡朝，崇徳朝）・中（順治朝）・下（順治朝），中国第一歴史檔案館編（光明日報出版，1989年）
『清俗紀聞』中川忠英著，孫伯醇・村松一弥編，全2冊（平凡社，1966-1966年）
『清代中俄関係檔案史料選編』第1編，上冊，中国第一歴史檔案館編（中華書局，1981年）
『清代檔案史料叢編』1〜14輯，故宮博物院明清檔案部編（中華書局，1978年）
『清代名人伝略』（美）A・W・恒慕義主編，中国人民大学清史研究所《清代名人伝略》翻訳組訳，上・中・下冊（青海人民出版社，1990年）
『清中前期西洋天主教在華活動檔案史料』全4冊，中国第一歴史檔案館編（中華書局，2003年）
『清朝三通』：『清朝通志』126巻，清高宗勅撰（台北新興書局，1965年），『清朝通典』100巻，清高宗勅撰（台北新興書局，1963年），『清朝文献通考』300巻，清高宗勅撰（台北新興書局，1963年）
『清朝碑伝全集』全5冊，銭儀吉等纂輯（中文出版社，1985年）
『清内閣庫貯旧檔輯刊』全6編，方甦生編輯（国立北平故宮博物院文献館，1935年）
『清内務府造辦処輿図房図目初編』（国立北平故宮博物院文献館編，1936年）
『清蒙古車王府蔵子弟書』北京市民族古籍整理出版規劃小組輯校，上・下冊（国際文化出版公司，1994年）
『瀋陽日録』（奎章閣，Seoul大学校蔵）
『瀋陽日記』1巻，附録1巻（朝鮮）宣若海撰（遼海叢書，第4冊）
『水曹清暇録』汪啓淑著，楊輝君点校（北京古籍出版社，1998年）
『枢垣記略』（清）梁章鉅・朱智撰，何英芳点校（中華書局，1984年）
『崇徳三年満文檔案訳編』季永海・劉景憲訳編（遼沈書社，1988年）
『盛京通志』32巻，伊把漢・董秉忠等輯，孫成等纂，康熙23年（京都大学附属図書館近衛文庫蔵）
『盛京吏戸礼兵四部文』（『清代檔案史料叢編』第14編）
『西招紀行詩』1巻，松筠撰（乾隆60年序）
『西招図略』1巻，松筠撰（嘉慶3年序）
『世宗憲皇帝硃批諭旨』（景印文淵閣四庫全書，第416〜420冊，台湾商務印書館，1983-1986

『西蔵図説』,『成都府至後蔵路程』,『綏服紀略』松筠撰,道光 3 年（北京図書館古籍出版社編輯組『北京図書館古籍珍本叢刊』79,2000 年）
『雪履尋碑録』巻 1,遼海書社編纂（『遼海叢書』9,1934 年）
『陝西通志』32 巻,康熙 7 年刊（京都大学附属図書館近衛文庫蔵）
『選編』:『清代中俄関係檔案史料選編』（中国第一歴史檔案館編,中華書局,1981 年）
『曹廷杰集』叢佩遠・趙鳴岐編,上・下冊（中華書局,1985 年）
『造辦処活計檔』（中国第一歴史檔案館蔵）
『増補万宝全書』32 巻,毛煥文増補（乾隆 11 年刊本,京都大学人文科学研究所図書館蔵）
『続碑伝集』繆荃孫纂録（文海出版社,1973 年）
『則例』:『理藩院則例』乾隆朝内府抄本（中国社会科学院中国辺疆史地研究中心編『清代理藩院資料輯录』全国図書館文献縮微中心出版,11168 頁所収,1988 年）
『大清一統志』356 巻（乾隆 9 年刊,京都大学文学部図書館蔵）
『大清会典』康熙朝 162 巻,雍正朝 250 巻,乾隆朝 100 巻（京都大学文学部図書館蔵）
『大清実録』全 60 冊（中国第一歴史檔案館等輯,1986-1987 年,中華書局景印本）
『大清太宗実録』（順治版）=『大清太宗応天興国弘徳彰武寛温仁聖睿孝文皇帝実録』（台北国立故宮博物院蔵）
『題頭檔』造辦処類 3970（中国第一歴史檔案館所蔵）
『大明一統志』李賢等撰,上・下冊（三秦出版社,1990 年）
『大明会典』李東陽等奉勅撰,全 5 冊（万暦十五年版,新文豊出版,1976 年）
『大明実録　坿校勘記』185 冊（1962-1968 年,中央研究院歴史語言研究所景印本）
『達斡爾族社会歴史調査』内蒙古自治区編輯組編（内蒙古人民出版社,1985 年）
『拿張格檔』CD440,C14-142,Ma19-114,Ma23-138（台北中央研究院傅斯年図書館蔵）
『丁巳秋閑吟』1 巻,松筠撰（嘉慶 2 年序）
『天下輿図総摺』（写本,中国第一歴史檔案館蔵）
『天下輿図総摺康熙朝輿図来源時間冊』（写本,中国第一歴史檔案館蔵）
『天聡朝臣工奏議』二冊,羅振玉輯（藝文印書館,1971 年）
『東北辺防輯要』2 巻,曹廷傑撰（遼海書社,遼海叢書,第 7 集,1934 年）
『陶廬雑録』法式善撰（嘉慶 22 年刊）
『内閣大庫書檔旧目』不分巻,方甦等編（国立中央研究院歴史語言研究所,1933 年）
『寧古塔紀略』呉振臣撰（『遼海叢書続編』2,興振芳主編,沈陽市古籍書店,1993 年）
『八旗芸文編目』（蒙古）恩華纂輯,関紀新整理点校（遼寧民族出版社,2006 年）
『八旗文経』全 60 巻（光緒 27 年）
『泛槎図』上・下冊,張宝［絵］（北京古籍出版社,1988 年）
『碑伝集』:銭儀吉等纂輯『清朝碑傳全集』全 5 冊（京都：中文出版社,1985 年）

『百二老人語』全1冊，松筠撰（大阪大学附属図書館箕面分館蔵，漢文鈔本）
『布特哈志略』孟定恭（王有立主編中華文史叢書第三輯，台湾華文書局所収，1968年）
『文献叢編』第1～36輯（国立北平故宮博物院文献館，1930-1937年）
『文献叢編』26年第1～7輯（国立北平故宮博物院文献館，1937年）
『北游録』談遷著（中華書局，1960年初版）
『北平風俗類徴』上・下冊，李家瑞編（商務印書館，1937年）
『明清史料』全15冊，中央研究院歴史語言研究所編（維新書局，1972年）
『明清史料』庚編，全10冊，中央研究院歴史語言研究所編輯（中央研究院歴史語言研究所，1960年）
『明清檔案』張偉仁主編，第1～300冊（中央研究院歴史語言研究所，1986-1995年）
『明清檔案存真選輯二集』李光涛・李学智主編（中央研究院歴史語言研究所専刊38之2，1973年）
『明檔蒙古満洲資料』（中国第一歴史檔案館蔵，2000年）
『養心殿造辦処史料輯覧』第1輯，雍正朝，朱家溍編（紫禁城出版社，2003年）
『雍正全訳』＝『雍正朝満文朱批奏摺全訳』上・下冊，中国第一歴史檔案館訳編（黄山書社，1998年）
『雍正朝起居注冊』全5冊，中国第一歴史檔案館編（中華書局，1993年）
『落帆楼文集』全24巻補遺1巻，沈垚撰（1918年）
『蘿図薈萃』（『国朝宮史続編』巻100，北京古籍出版社，2001年所収）
『乱中雑録』趙慶男著，本集9巻（9冊），続集7巻（7冊）（写本，奎章閣，Seoul大学校蔵）
『李朝実録』全56冊（学習院大学東洋文化研究所景印，1953-1967年）
『遼史』脱脱等撰，全5冊（中華書局，1974年）
『郎潜紀聞』初筆，二筆，三筆，上・下冊，陳康祺著（中華書局，1984年）

b) 研究文献　和文（著者名の五十音順）

青山定雄（1935）「古地誌地図等の調査」（『東方学報』北支満鮮調査旅行報告，第5冊続編）
『アジア歴史事典』（全10冊，平凡社，1959年）
阿南惟敬（1962）「清の太宗の黒龍江の征討について」（『防衛大学校紀要人文・社会科学編』6，防衛大学校）
阿南惟敬（1966）「漢軍八旗成立の研究」（阿南惟敬（1980）所収）
阿南惟敬（1970）「清の太宗のウスリー江征討について」（『防衛大学校紀要人文・社会科学編』20：阿南惟敬（1980）所収）

阿南惟敬（1971）「八旗通志旗分志〔鑲黄旗〕考」（『防衛大学校紀要』第 22 輯）
阿南惟敬（1974）「八旗通志満洲管旗大臣年表〔鑲白旗〕考」（『防衛大学校紀要』第 28 輯）
阿南惟敬（1975）「天聡九年専管ニル分定に関する新研究」上・下（『防衛大学紀要』第 30 輯・第 31 輯：阿南惟敬（1980）所収）
阿南惟敬（1979）『露清対立の源流』（甲陽書房）
阿南惟敬（1980）『清初軍事史論考』（甲陽書房）
安部健夫（1971）『清代史の研究』（創文社）
鮎澤信太郎（1936）「利瑪竇の両儀玄覧図に就いて」（『歴史教育』11-7）
鮎澤信太郎（1957）「「マテオ・リッチの両儀玄覧図」について」（『地理学史研究』Ⅰ（古地図特集），地理学史研究会，柳原書店）
井黒忍（2004）「満訳正史の基礎的検討――『満文金史（aisingurunisuduribithe）』の事例をもとに」（『満族史研究』第 3 号）
池内宏（1914）『文禄慶長の役』正編第一（南満州鉄道株式会社）
池内宏（1916）「鮮初の東北境と女真との関係」1（『満鮮地理歴史研究報告』第 2，東京帝国大学文科大学）
池内宏（1936）『文禄・慶長の役別編第一』（東洋文庫）
石橋崇雄（1992）「『六条例』をめぐって――清朝八旗制度研究の一環として」（神田信夫先生古稀記念論集『清朝と東アジア』山川出版社）
石橋崇雄（1999）「清初入関前の無圏点満洲文檔案『先ゲンギエン＝ハン賢行典例』をめぐって――清朝史を再構築するための基礎研究の一環として」（『東洋史研究』58-3）
石濱裕美子（2001）『チベット仏教世界の歴史的研究』（東方書店）
磯野富士子（1985）「アンダ考」（『東洋学報』67-1・2）
伊藤幸一（1962）「蒙古における「森林の民」について――とくに元朝の成立期前後をめぐりて」（『中京商学論叢』Vol.9，No.2・3）
稲葉岩吉（1935）「近獲蒙古人の撰述二種（上）――嗎拉忒氏松筠の百二老人語録及び喀爾喀女史那遜蘭保蓮友の芸香閣遺詩」（『青丘学叢』第 22 号）
稲葉岩吉（1937）「申忠一書啓及び図記―清初史料の解剖」（『青丘学報』第 29 号）
今西春秋訳（1938）『満和対訳満洲実録』（新京：日満文化協会）
今西春秋（1964）『校注異域録』（天理大学おやさと研究所）
今西春秋（1967）「jušen 国域考」（『東方学紀要』2，天理大学おやさと研究所）
今西春秋訳（1992）『満和蒙和対訳満洲実録』（刀水書房）
岩井茂樹（2003）「大清帝国と伝国の璽」（『アジア遊学』第 56 号）
内田直文（2001）「康熙朝政治史の一考察」（『東洋史論集』29，九州大学文学部東洋史研究会）
宇野伸浩（1986）「ホイン・イルゲン考――モンゴル帝国・元朝期の森林諸部族」（『早稲田

大学文学研究科紀要』別冊哲学・史学編別冊第 12 集）
宇野伸浩（2005）「モンゴル帝国時代の贈与と再分配」（松原正毅・小長谷有紀・楊海英編著
　　『ユーラシア草原からのメッセージ──遊牧研究の最前線』平凡社）
浦廉一（1931）「漢軍（烏真超哈）に就いて」（『桑原隲蔵博士還暦記念東洋史論叢』弘文堂）
恵谷俊之（1963）「荅剌罕考」（『東洋史研究』22-2）
榎一雄（1984-1987）「新疆の建省」（『近代中国』第 15～19 巻，嶺南堂書店；榎一雄著作集
　　編集委員会編『榎一雄著作集』第二巻，中央アジア史Ⅱ，汲古書院，1992 年所収）
岡崎精郎（1956）「折箭盟誓考」（『懐徳』27，大阪：懐徳堂堂友会）
岡田玉山編述『唐土名勝図会初集』全 6 巻 （ぺりかん社，1987 年）
岡田英弘（1979）『康熙帝の手紙』（中公新書）
岡田英弘（1994）「清初の満洲文化におけるモンゴル的要素」（松村潤先生古稀記念論文集編
　　纂委員会編『松村潤先生古稀記念清代史論叢』汲古書院）
岡田英弘・神田信夫・松村潤（2006）『紫禁城の栄光』（講談社学術文庫）
岡本良知（1973）『十六世紀における日本地図の発達』（八木書店）
小澤重男（1984）『元朝秘史全釈』全 3 冊（風間書房）
鴛淵一（1943）「達海巴克什の墓碑」（『満洲碑記考』目黒書店）
鴛淵一（1964）「清初旗地考」（『内陸アジア史論集』第一，国書刊行会）
鴛淵一（1964a・b，1965）「満文老檔による盛京興図の歴史地理的研究（1）～（3）」（『遊牧
　　社会史探究』25, 28, 29）
片岡一忠（1991）『清朝新疆統治研究』（雄山閣出版）
片岡一忠（1998）「朝賀規定からみた清朝と外藩・朝貢国の関係」（『駒沢史学』第 52 号）
加藤直人（1997）「大興安嶺地区における「民族」と「地域」──光緒十一年, ブトハ総管
　　衙門副総官ボドロの上訴をめぐって」（『歴史学研究』第 698 号）
加藤直人（2008）「八旗の記録が如何に史書となったか」（細谷良夫編（2008）所収）
紙屋敦之（1987）「日本近世の統一と韃靼」『日本前近代の国家と対外関係』（吉川弘文館）
河内良弘（1959）「李朝初期の女真人侍衛」（『朝鮮学報』14）
河内良弘（1971）「明代東北アジアの貂皮貿易」（『東洋史研究』30-1）
河内良弘（1992）『明代女真史の研究』（東洋史研究叢刊 46，同朋舎出版）
河内良弘（1994）「李満住と大金」（松村潤先生古稀記念論文集編纂委員会編『松村潤先生古
　　稀記念清代史論叢』汲古書院）
神田信夫（1955）「三藩の富強の一側面」（『駿台史学』通号 5）
神田信夫（1960）「清初の文館について」（『東洋史研究』19-3）
神田信夫（1971）「「百二十老人語録」のことども」（『岩波講座世界歴史月報』21 号；『満学
　　五十年』刀水書房，1992 年所収）
神田信夫（1978）「東洋文庫所蔵満洲文文書の二三について」（『東洋文庫書報』第 10 号；神

田信夫（2005）所収）
神田信夫（2000）「『百二老人語録』を求めて」（『満族史研究通信』第9号）
神田信夫（2005）『清朝史論考』（山川出版社）
北島万次（1990）『豊臣政権の対外認識と朝鮮侵略』（校倉書房）
北島万次（1995）『豊臣秀吉の朝鮮侵略』（吉川弘文館）
北島万次（2007）『加藤清正──朝鮮侵略の実像』（吉川弘文館）
楠木賢道（1987）「『清代譜牒檔案内閣』について」（『清史研究』3）
楠木賢道（1994）「康熙三〇年のダグール駐防佐領の編立」（松村潤先生古稀記念論文集編纂委員会編『松村潤先生古稀記念清代史論叢』汲古書院）
楠木賢道（1995a）「チチハル駐防シボ佐領の編立過程」（石橋秀雄編『清代中国の諸問題』山川出版社）
楠木賢道（1995b）「『礼科史書』中の理藩院題本」（『満族史研究通信』第5号）
楠木賢道（1996）「黒龍江将軍衙門檔案からみた康熙二十三年の露清関係」（『歴史人類』24, 筑波大学歴史人類学系発行）
楠木賢道（2006）「康熙帝の側近, シャンナン＝ドルジの奏摺」（『歴史人類』34）
楠木賢道・池尻陽子・斉光（Ulaanbars）（2006）「シャンナン＝ドルジ奏摺訳注稿I」（『清朝における満・蒙・漢の政治統合と文化変容』平成14年度〜平成17年度科学研究費補助金（基盤研究（B））研究成果報告書, 研究代表者楠木賢道）
楠木賢道（2008）「清朝檔案史料からみたサンゲ・ギャムツォ殺害」（細谷良夫編（2008）所収）
小林春樹編（2001）『東アジアの天文・暦学に関する多角的研究』（大東文化大学東洋文化研究所）
佐口透（1963）『一八−一九世紀東トルキスタン社会史研究』（吉川弘文館）
佐々木史郎（1996）『北方から来た交易民──絹と毛皮とサンタン人』（日本放送出版協会）
佐々木享（1994）「日本人によるオロンチョンに関する民族学的報告の比較研究──『鄂倫春の実相』を中心に」（『北海道立北方民族博物館研究紀要』第3号）
佐藤圭四郎（1981）『イスラム商業史の研究──耕東西交渉史』（東洋史研究叢刊33, 同朋舎）
佐藤真規子（2007）「韃靼人図の展開──国立歴史民俗博物館「韃靼人狩猟打毬図屏風」の紹介をかねて」（『国華』1343号（第113編第2冊））
参謀本部編（1924）『日本戦史』（III, 朝鮮役, 偕行社）
渋谷浩一（1997）「中国第一歴史檔案館所蔵『蒙古堂檔』及び『満文奏勅』について」（『満族史研究通信』第6号）
島田好（1937）「近代東部満州民族考」（『満洲学報』5, 大連：満洲学会）
承志（Kicengge）（2007a）「満洲語で記された「黒龍江流域図」」（藤井讓治・杉山正明・金

田章裕編『大地の肖像——絵図・地図が語る世界』京都大学学術出版会)
承志 (2007b)「満文『犬遼史』稿本考——以『dailiyoo i kooli ningguci; singdzwng』為中心」(沈衛栄主編『西域歴史語言研究集刊』第 1 輯，科学出版社)
杉山清彦 (1998)「清初正藍旗考——姻戚関係よりみた旗王権力の基礎構造」(『史学雑誌』107-7)
杉山清彦 (2001a)「八旗旗王制の成立」(『東洋学報』83-1)
杉山清彦 (2001b)「清初八旗における最有力軍団——太祖ヌルハチから摂政王ドルグンヘ」(『内陸アジア史研究』第 16 号)
杉山清彦 (2003)「ヌルハチ時代のヒヤ制——清初侍衛考序説」(『東洋史研究』62-1)
杉山清彦 (2004)「漢軍旗人李成梁一族」(岩井茂樹編『中国近世社会の秩序形成』京都大学人文科学研究所)
杉山清彦 (2007)「大清帝国の政治空間と支配秩序——八旗制下の政治社会・序論」(大阪市立大学東洋史論叢別冊特集号，文献資料学の新たな可能性③　文部科学省科学研究費特定領域研究「東アジアの海域交流と日本伝統文化の形成——寧波を焦点とする学際的創生」文献資料研究部門 2006 年度研究成果報告)
杉山清彦 (2008a)「明初のマンチュリア進出と女真人羈縻衛所制——ユーラシアからみたポスト＝モンゴル時代の北方世界」(菊池俊彦・中村和之編『中世の北東アジアとアイヌ——奴児干永寧寺碑文とアイヌの北方世界』高志書院)
杉山清彦 (2008b)「清初八旗制下のマンジュ氏族」(細谷良夫編 (2008) 所収)
杉山正明 (1978)「モンゴル帝国の原像——チンギス・カン王国の出現」(『東洋史研究』37-1；杉山正明 (2004) 所収)
杉山正明 (1993)「八不沙大王の令旨碑より」(『東洋史研究』52-3；杉山正明 (2004) 所収)
杉山正明 (2004)『モンゴル帝国と大元ウルス』(京都大学学術出版会)
杉山正明 (2008)『興亡の世界史⑨　モンゴル帝国と長いその後』(講談社)
鈴木信昭 (2006)「朝鮮伝来した利瑪竇『両儀玄覧図』」(『朝鮮学報』201 輯)
鈴木信昭 (2008)「利瑪竇『両儀玄覧図』」(『朝鮮学報』第 206 輯)
鈴木廣之 (1984)「騎射と狩——韃靼人狩猟図をめぐって」(『国華』1077 号 (第 90 編 12 冊))
鈴木真 (2001)「雍正帝による旗王統制と八期改革——鑲黄旗旗王スヌの断罪事件とその意義」(『史境』42)
周藤吉之 (1972)『清代東アジア史研究』(日本学術振興会)
園田一亀 (1948)『明代建州女真史研究』(東洋文庫論叢第 31，国立書院)
園田一亀 (1953)『明代建州女真史研究』(東洋文庫論叢第 31 之 2，東洋文庫)
谷井陽子 (1996)「清朝漢地征服考」(小野和子編『明末清初の社会と文化』京都大学人文科学研究所)

谷井陽子（2004）「清朝入関以前のハン権力と官位制」（岩井茂樹編『中国近世社会の秩序形成』京都大学人文科学研究所）
治安部参謀司調査課（1939a）『満洲に於ける鄂倫春族の研究』（第1篇，興亜印刷株式会社）
治安部参謀司調査課（1939b）『満洲に於ける鄂倫春族の研究・馴鹿鄂倫春族』（第4篇，興亜印刷株式会社）
治安部参謀司調査課（1939c）『満洲に於ける鄂倫春族の研究・鄂倫春語』（第5篇，興亜印刷株式会社）
『東洋歴史大辞典』全9巻，平凡社編，平凡社，1937年
礪波護（2007）「中国の分省地図――陝西省図を中心に」（藤井讓治・杉山正明・金田章裕編『大地の肖像――絵図・地図が語る世界』京都大学学術出版会）
内藤虎次郎編（1935）『増補満洲写真帖』（小林写真製版所出版部）
中見立夫（2000）「『百二老人語録』の諸問題――稲葉岩吉博士旧蔵本の再出現とウラーンバートル国立図書館本をめぐって」（『満族史研究通信』第9号）
中村栄孝（1935）「文禄・慶長の役」（国史研究会編纂，岩波講座『日本歴史』岩波書店）
中村淳（1997）「チベットとモンゴルの邂逅――遥かなる後世へのめばえ」（『岩波講座世界歴史』11，岩波書店）
中山喜一朗（1987）「筑前黒田家伝来韃靼人狩猟図屛風について」（『国華』1107号（第93編6冊））
楢木野宣（1952）「清代の緑旗兵――三藩の乱を中心として」（『群馬大学紀要』人文科学編2）
橋本勝（1997）「「百二十老人」について」（『Libraryinformation』大阪大学図書館，第9号）
畑中幸子（1991）「中国東北部における民族誌的複合」（畑中幸子・原山煌編『東北アジアの歴史と社会』名古屋大学出版会）
羽田亨編，今西春秋・三田村泰助・藤枝晃・山本守助編（1937）『満和辞典』（京都帝国大学満蒙調査会）
濱田正美（1998）「モグール・ウルスから新疆へ――東トルキスタンと明清王朝」（『岩波講座世界歴史』13，岩波書店）
伴真一朗（2004）「三藩の乱におけるチョネ（cone）領主の軍事活動――青海ホショトの動向と関連して」（『日本西蔵学会々報』50）
藤井讓治（2007）「一六世紀末における日本人の地理認識の転換」（紀平英作編『グローバル化時代の人文学――対話と寛容の知を求めて』上，京都大学学術出版会）
船越昭生（1963）「康煕時代のシベリア地図――羅振玉旧蔵地図について」（『東方学報』通号33）
船越昭生（1967）「ウイットセンの一地図にあらわれた長白山」（『朝鮮学報』第42輯）

船越昭生（1976）『北方図の歴史』（講談社）
船越昭生（1986）『鎖国日本にきた「康熙図」の地理学史的研究』（法政大学出版局）
古松崇志（2003）「女真開国伝説の形成――『金史』世紀の研究」（『論集古典の世界像』平成10年度～14年度文部科学省科学研究費補助金特定領域研究（A）118「古典学の最構築」研究成果報告集V，A40「古典の世界像」班研究報告）
細谷良夫（1963）「八旗審丁戸口冊の成立とその背景」（『集刊東洋学』10）
細谷良夫（1968a）「清朝に於ける八旗制度の推移」（『東洋学報』51）
細谷良夫（1968b）「八旗通志初集「旗分志」の編纂とその背景――雍正朝佐領改革の一端」（『東方学』第36輯）
細谷良夫（1971）「「鑲紅旗檔―雍正朝」について」――雍正朝の八旗史料をめぐって」（『東洋学報』55）
細谷良夫（1977a）「盛京鑲藍旗新満洲の『世管佐領執照』について」（『江上教授古稀記念論集・歴史編』山川出版社）
細谷良夫（1977b）「盛京鑲藍旗新満洲の『世管佐領執照』について――世管佐領の承襲を中心に」（『文経論叢』12-4）
細谷良夫（1978）「八旗覚羅佐領考」（星博士退官記念中国史論集編集委員会編『星博士退官記念中国史論集』）
細谷良夫（1983）「雍正におけるニルの名号呼称について」（護雅夫編『内陸アジア・西アジアの社会と文化』山川出版社）
細谷良夫（1992）「校訂『天聡朝臣工奏議』天聡六年」（細谷良夫編『中国文化とその周辺』東北学院大学中国学研究会）
細谷良夫（2001）「三藩の乱をめぐって――呉三桂の叛乱と楊起隆・朱三太子事件」（『戦争と平和の中近世史』青木書店）
細谷良夫（2003）「現地からの報告三藩の史跡――福州・広州・桂林の旅」（『満族史研究』2，東洋文庫清代史研究室満族史研究会）
細谷良夫（2005）「『平定三逆方略』の編纂と『平定三逆方略』稿本――三藩の乱をめぐる史料」（東北学院大学オープン・リサーチ・センター編『アジア流域文化論研究』1，東北学院大学オープン・リサーチ・センター）
細谷良夫編（2008）『清朝史研究のあらたなる地平――フィールドと文書を追って』（山川出版社）
堀直（1992）「中国と内陸アジア」（間野英二・中見立夫・堀直・小松久男『内陸アジア』地域からの世界史6，朝日新聞社）
本田實信（1991）『モンゴル時代史研究』（東京大学出版会）
増井寛也（1983）「清初の東海フルガ部とゴルドの形成過程」（『立命館史学』第4号）
増井寛也（1986）「新満洲ニル編成前後の東海フルガ部――特に種族問題を中心として」

（『立命館文学』巻 496 号）
増井寛也（1989）「クルカ kŭrka とクヤラ kŭyala ―― 清代琿春地方の少数民族」（『立命館文学』第 514 号）
増井寛也（1997）「明末建州女直のワンギャ部とワンギャ・ハラ」（『東方学』第 93 輯）
増井寛也（1999a）「明末建州女直の有力ムクン〈シャジのフチャ・ハラ〉について」（『立命館文学』第 559 号）
増井寛也（1999b）「明末のワルカ部女直とその集団構造について」（『立命館文学』第 562 号）
増井寛也（1999c）「ヌルハチ勃興初期の事跡補遺 ―― エイドゥ＝バトゥル自述の功業記を中心に」（『大垣女子短期大学研究紀要』第 40 号）
増井寛也（2005）「満洲＜アンダ＞anda 小考」（『立命館東洋史学』第 28 号）
増井寛也（2006）「専管権から見たアイシン国の功臣集団とその構成」（『立命館文学』第 594 号）
松浦茂（1984）「天命年間の世職制度について」（『東洋史研究』42-4）
松浦茂（1987）「清朝辺民制度の成立」（『史林』70-4）
松浦茂（1990）「康熙前半におけるクヤラ・新満洲佐領の移住」（『東洋史研究』48-4）
松浦茂（1991）「一八世紀末アムール下流地方の辺民組織」（『鹿児島大学法文学部紀要』人文学科論集，第 34 号）
松浦茂（1994）「十七世紀以後の東北アジアにおける経済交流」（松村潤先生古稀記念論文集編纂委員会編『松村潤先生古稀記念清代史論叢』汲古書院）
松浦茂（1995）「清代中期における三姓の移住と佐領編制」（石橋秀雄編『清代中国の諸問題』山川出版社）
松浦茂（1997a）「ネルチンスク条約直後清朝のアムール川左岸調査」（『史林』80-5；松浦茂（2006）所収）
松浦茂（1997b）「一八世紀のアムール川中流地方における民族交替 ―― 八姓と七姓ヘジェの移住をめぐって」（『東洋学報』79-3）
松浦茂（2006）『清朝のアムール政策と少数民族』（京都大学学術出版会）
松田寿男（1987a）「蘇子の貂裘と管子の文皮」（『松田寿男著作集』3，六興出版）
松田寿男（1987b）「戎塩と人参と貂皮」（『松田寿男著作集』3，六興出版）
松村潤（2001）『清朝太祖録の研究』（東北アジア文献研究叢刊 2，東北アジア文献研究会）
間野英二（2001）『バーブルとその時代』（松香堂）
三田村泰助（1945）「清太祖実録の纂修」（『東方学』第 19 輯；三田村泰助（1965）所収）
三田村泰助（1950）「満文太祖老檔考」（『羽田博士頌寿記念東洋史論叢』東洋史研究会）
三田村泰助（1962）「初期満洲八旗の成立過程」（『明代史論叢 ―― 清水博士追悼記念』東京：大安；三田村泰助（1965）所収）

三田村泰助（1965）『清朝前史の研究』（東洋史研究叢刊 14，同朋舎）
宮紀子（2006）『モンゴル時代の出版文化』（名古屋大学出版会）
宮紀子（2007）『モンゴル帝国が生んだ世界図』（日本経済新聞社）
宮崎市定（1950）『雍正帝——中国の独裁君主』（岩波新書；『宮崎市定全集』十四，岩波書店，1999 年所収）
宮脇淳子（1995）『最後の遊牧帝国——ジューンガル部の興亡』（講談社選書メチエ 41）
宮脇淳子（2002）『モンゴルの歴史』（刀水書房）
村上正二訳注（1970）『モンゴル秘史——チンギス・カン物語』全 3 冊（平凡社，1970 年）
村上正二（1993）『モンゴル帝国史研究』（風間書房）
村上信明（2002）「乾隆朝の翻訳科挙と蒙古旗人官僚の台頭」（『社会文化史学』43）
護雅夫（1967）『古代トルコ民族史研究』（全 3 冊，山川出版社）
森川哲雄（1983a）「チャハルのブルニ親王の乱をめぐって」（『東洋学報』64-1/2）
森川哲雄（1983b）「十七世紀前半の帰化城をめぐって」（『内陸アジア・西アジアの社会と文化』山川出版社）
森川哲雄（1997）「ポスト・モンゴル時代のモンゴル——清朝への架け橋」（『岩波講座世界歴史』11，岩波書店）
森平雅彦（2001）「元朝ケシク制度と高麗王家——高麗・元関係における禿魯花の意義に関連して」（『史学雑誌』110-2）
家島彦一訳注（1969）『イブン・ファドラーンのヴォルガ・ブルガール旅行記』（アジア・アフリカ言語文化双書 2，アジア・アフリカ言語文化研究所・東京外国語大学）
柳澤明（1993）「新バルガ八旗の設立について——清朝の民族政策と八旗制をめぐる一考察」（『史学雑誌』102-3）
柳澤明（1994）「いわゆる『ブトハ八旗』の設立について」（松村潤先生古稀記念論文集編纂委員会編『松村潤先生古稀記念清代論叢』汲古書院）
柳澤明（1995）「『ブトハとフルンブイルにおける「八旗」の性格』——特に理藩院との関係について」（石橋秀雄編『清代中国の諸問題』山川出版社）
柳澤明（1997）「清代黒龍江における八旗制の展開と民族の再編」（『歴史学研究』第 698 号）
山下裕二（1992）「式部輝忠再論——韃靼人狩猟図屛風を中心として」（『国華』1162 号（第 98 編 1 冊））
吉田金一（1973）「17 世紀中ごろの黒竜江流域の原住民について」（『史学雑誌』82-9）
吉田金一（1980）「郞談の「吉林九河図」とネルチンスク条約」（『東洋学報』62-12）
吉田金一（1983）「ネルチンスク條約で定めた清とロシアの国境について」（『東洋史研究』42-1）
吉田金一（1984）『ロシアの東方進出とネルチンスク条約』（東洋文庫・近代中国研究センター）

吉田金一（1992）『ロシアと中国の東部国境をめぐる諸問題』（環翠堂）
李孝聡（藤本猛訳）（2007）「中国古地図の再会――台北故宮博物院所蔵図の整理と考察」（藤井譲治・杉山正明・金田章裕編『大地の肖像――絵図・地図が語る世界』京都大学学術出版会）
綿貫哲朗（2002）「清初旧漢人と八旗漢軍」（『史叢』第67号）
綿貫哲朗（2003a）「「六條例」の成立――乾隆朝八旗政策の一断面」（『社会文化史学』45）
和田清（1935）「盛京吉林黒龍江等処標注戦蹟輿図について」（『複製与図附録』大連満州文化協会, 1935年；和田清（1942）所収）
和田清（1942）『東亜史論薮』（生活社）

c）研究文献　中国文（著者名の拼音順）

白藍（1991）『鄂倫春族』（民族出版社）
畢梅雪（Michele Pirazzoli）・侯錦郎（Hou Ching-lang）（1982）『木蘭図』（国立故宮博物院）
布特哈阿勒坦鋪塔（1933）『達斡爾蒙古考』（東布特哈八旗籌弁処発行, 奉天関東印書館印刷）
曹婉如（1983）「中国現存利瑪竇世界地圖的研究」（『文物』12号）
曹婉如等編（1995）『中国古代地図集』明代（文物出版社）
曹婉如等編（1997）『中国古代地図集』清代（文物出版社）
柴徳森・唐俊珊（1986）『鄂倫春風情』（内蒙古人民出版社）
陳佳華（1981）「八旗建立前満洲牛彔和人口初探」（『中央民族学院学報』第1期）
陳佳華・傅克東（1981）「八旗漢軍考略」（『民族研究』第5期；中国社会科学院民族研究所編『満族史研究集』中国社会科学出版社, 1988年所収）
陳文石（1991）『明清政治社会史論』上・下冊（台湾学生書局）
叢佩遠（1991）「試論明代東北地区管轄体制的幾個特点」（『北方文物』第4期）
戴逸主編（2005）『清史研究与避暑山庄――中国承徳清史国際学術研討会論文集（1703-2003）』（遼寧民族出版社）
鄧衍林（1958）『中国辺疆図籍録』（商務印書館）
杜家驥（1997）「天命後期八旗旗主考析」（『史学集刊』第2期）
杜家驥（1998）『清皇族与国政関係研究』（中華発展基金管理委員会・五南図書出版公司聯合出版）
都永浩（1993）『鄂倫春族・游猟・定居・発展』（中央民族学院出版社）
鄂倫春簡史編写組（1983）『鄂倫春族簡史』（内蒙古人民出版社）

『鄂倫春自治旗概況』編写組（1981）『鄂倫春自治旗概況』（内蒙古人民出版社）
馮爾康（2001）『雍正帝』（台湾商務印書館）
馮家昇（1959）『遼史証誤三種』（中華書局）
馮明珠（2006）「走過留痕——松筠駐蔵的政蹟與著述」(「中国歴代辺臣疆吏研討会」2006 年 2-4 日；『辺臣與疆吏』法国漢学，第 12 輯，中華書局，2007 年所収）
復旦大学歴史系『沙俄侵華史』編写組（1986）『沙俄侵華史』（上海人民出版社）
傅克東（1983）「八旗戸籍制度初探」(『民族研究』第 6 期）
傅克東・陳佳華（1988）「佐領述略」（中国社会科学院民族研究所編『満族史研究集』中国社会科学出版社）
傅克東（1988）「後金設立蒙古二旗及漠南牧区旗新探」(『民族研究』第 2 期）
傅楽煥（1955）「関於"薩吉爾迪汗"和"根特木耳"的資料」(『中国民族問題集刊』第 1 輯；『遼史叢考』中華書局，1984 年所収）
富麗（1983）『世界満文文献目録』（中国民族古文字研究会）
廣禄・李学智（1965）『老満文原檔與満文老檔之比較研究』（中国東亜学術研究計画委員会年報，第 4 期抽印本）
古清尭（1994）「談博穆博果爾其人与清軍対索倫部的征討」(『民族研究』第 6 期）
郭成康・劉建新・劉景憲（1982）「清入関前満洲八旗的固山額真」（中国社会科学院歴史研究所清史研究所編『清史論叢』第 4 輯）
郭成康（1985）「清初牛彔的類別」(『史学集刊』第 4 期）
郭美蘭（1994）「従地域特徴看清政府対鄂倫春統治政策的得失」（中国社会史第五届年回暨「地域社会与伝統中国」国際学術研討会論文）
郭美蘭（2005）「清宮珍蔵満文輿図」（京都大学大学院文学研究科，3 月 18 日報告）
郭守潘・王綿厚主編（2000）『遼海印信図録』（遼海出版社）
韓光輝（1994）「清代皇族戸口管理措施研究」(『民族研究』第 1 期）
韓儒林（1940）「蒙古答剌罕考」（華西大学『中国文化研究所集刊』1 巻 2 期）
韓儒林（1941）「蒙古答剌罕考増補」（華西大学『中国文化研究所集刊』1 巻 4 期）
韓有峰（1991）『鄂倫春風俗志』（中央民族学院出版社）
賀長齡・魏源等編（1992）『清代経世文編』全 3 冊（中華書局）
洪煨蓮（1936）「考利瑪竇的世界地図」(『禹貢』(半月刊)，第 5 巻第 3・4 合期）
黄潤華・屈六生主編（1991）『全国満文図書資料聯合目録』（書目文献出版社）
黄時鑒等（2004）『利瑪竇世界地図研究』（上海古籍出版社）
姜守鵬・劉奉文（1996）『愛新覚羅家族全書』2，世系源流（吉林人民出版社）
蒋秀松・王兆蘭（1990）「関于奴児干都司的問題」(『民族研究』第 6 期）
紀大椿（1988）「論松筠」(『民族研究』第 3 期）
金寄水等（1988）『王府生活実録』（中国青年出版社出版）

金受申（1989）『老北京的生活』（北京市政協文史資料研究委員会・東城区政協文史資料征集委員会編，北京出版社）

鞠徳源（1980）「従『三万衛選簿』看明朝政府対奴児干地区的経営」（『文物集刊』第 2 期）

頼恵敏（1997）「清代内務府官荘的戸口」（中央研究院歴史語言研究所出版品編輯委員会主編『中国近世家族與社会学術研討会論文集』中央研究院歴史語言研究所会議論文集之五）

梁希哲・孟昭信（1991）『明清政治制度述論』（吉林大学出版社）

李徳啓編，于道泉校（1933）『国立北平図書館故宮博物院図書館満文書籍聯合目録』（国立北平図書館及故宮博物院図書館合印）

李鳳琪・唐玉民・李葵編著（1999）『青州旗城』（山東文芸出版社）

李光涛主編（1959）『明清檔案存真選輯初集』（中央研究院歴史語言研究所専刊 38）

李光涛・李学智（1973）『明清檔案存真選輯二集』（中央研究院歴史語言研究所専刊 38）

劉翠溶（1992）『明清時期家族人口與社会経済変遷』（中央研究院経済研究所）

劉鳳雲（1994）『清代三藩研究』（中国人民大学出版社）

劉官諤（1936）「内務府輿図房蔵図紀要」（国立北平故宮博物院十一週年紀年『文献論叢』民国 25 年雙十節印行）

劉家駒（1978）「清初八期漢軍的創建」（『清初政治発展史論集』商務印書館）

劉民声・孟憲章（1989）『十七世紀沙俄侵略黒龍江流域編年史』（中華書局）

劉若芳（2000）「清宮輿図房的設立及其管理」（中国第一歴史檔案編『明清檔案与歴史研究論文集——慶祝中国第一歴史檔案館成立 70 周年』中国友誼出版公司出版）

劉小萌（1984）「関于八旗制度中的"旗下開戸"問題」（中央民族学院碩士学位論文）

劉小萌（1987a）「関于清代八旗中開戸人的身分問題」（『社会科学戦線』第 2 期）

劉小萌（1987b）「八旗戸籍中的旗下的人諸名称考釈」（『社会科学戦線』第 3 期）

劉小萌（1991a）『満族従部落到国家的発展』（吉林出版社）

劉小萌（1991b）「清前期東北辺疆"徒民編旗"考察」（呂一燃主編『中国辺疆史地論集』黒龍江教育出版社）

劉遠図（1993）『早期中俄東段辺界研究』（中国社会科学出版社）

柳澤明（1993）「関於呼倫貝爾八旗的設立」（『慶祝王鍾翰先生八十寿辰学術論文集』遼寧大学出版社）

李勤璞（2003）「天聡九年皇太極談話中的「元壇宝蔵」」（『漢学研究』台北：漢学研究中心）

李孝聡編著（1996）『欧州収蔵部分中文古地図叙録』（北京国際文化出版公司）

李孝聡編著（2004）『美国国会図書館蔵中文古地図叙録』（文物出版社）

李学通（2005）『翁文灝年譜』（山東教育出版社）

李学智（1974）「老満文原檔中所載清代八旗制度創立史料之検討」（『辺政研究所年報』第五期，国立政治大学）

李中清・郭松義主編（1994）『清代皇族人口行為和社会環境』（北京大学出版社）

羅運治（1989）『清代木蘭囲場的探討』（文史哲出版）
廬雪燕（2001）「院蔵康熙満文本「黒龍江流域図」考介」（『故宮文物月刊』第19巻第9期）
呂光天（1981）「論黒龍江流域上中遊各族与明清両朝的隷属関係」（『学習与探索』第1期；『北方民族原始社会形態研究』寧夏人民出版社所収）
孟森（1930）『中央大学清史講義清朝前紀』（商務印書館）
孟森（1958）「八旗制度考実」『明清史論著集刊』上冊（中華書局）
孟森（1981）『明清史講義』上・下冊（中華書局）
孟昭信（1984）「八旗奴僕分戸開戸問題」（『清史研究通訊』第2期；梁希哲・孟昭信『明清政治制度論述』吉林大学出版社，1991年所収）
綿貫哲朗（2003b）「関於入関後編立的八旗漢軍佐領」（朱誠如主編『清史論集──慶賀王鍾翰教授九十華誕』紫禁城出版社）
明清檔案通覧編委会編（2000）『明清檔案通覧』（中国檔案出版社）
莫東寅（1958）「八旗制度」（『満族史論叢』人民出版社）
内蒙古少数民族社会歴史調査組・中国社会科学院内蒙古分院歴史研究所（1960）『鄂倫春自治旗甘奎努図克調査報告──鄂倫春族調査材料之八』（内部発行）
内蒙古少数民族社会歴史調査組・内蒙古歴史研究所（1963a）『遜克県新興村調査報告──鄂倫春族調査材料之十二』（内部発行）
内蒙古少数民族社会歴史調査組・内蒙古歴史研究所（1963b）『鄂倫春自治旗甘奎托札敏努図克和黒龍江省呼瑪県十八站鄂倫春族社会歴史補充調査報告──鄂倫春族調査材料之十三』（内部発行）
潘志平（1991）『中亜浩罕国與清代新疆』（中国社会科学出版社）
祁美琴（1998）『清代内務府』（中国人民大学出版社）
秦国経・劉若芳（1997）「清朝輿図的絵制与管理」（曹婉如等編（1997）所収）
秦麗娜・季秋華（2001）「彌足珍貴的康熙本『大清一統志』」（『図書館建設』6）
秋浦（1980）『鄂倫春社会的発展』（上海人民出版社）
斉秀梅・楊玉良（2005）『清宮蔵書』（紫禁城出版社）
全国人民代表大会民族委員会辦公室編（1957）『内蒙古自治区呼倫貝爾盟阿栄旗査巴奇郷索倫族情況』（内部発行）
屈六生（1995）「清代軍機処満文檔案綜述」（中国第一歴史檔案館編『明清檔案与歴史研究論文選』国際文化出版社）
商承祚・黄華編（1960）『中国歴代書畫篆刻家字号索引』（人民美術出版社）
潘斌華・高建綱（1989）『鄂倫春族人口概況』（内蒙古大学出版社）
潘微・唐英凱（2002）「遼寧省檔案館蔵『世管佐領及世職承襲譜檔』」（支運亭主編『八旗制度與満族文化』遼寧民族出版社）
瀋陽故宮博物院編（1987）『盛京皇故』（紫禁城出版社）

蘇徳善（1984）『kašgar ucun』sudešan isabume teksilehe （新疆人民出版社）
孫喆（2003）『康雍乾時期輿図絵制與疆域形成研究』（中国人民大学出版社）
唐道福（1983）『鄂倫春問題』（黒河行署人口普査辦公室）
王国維（2003）『観堂集林』（外二種）（河北教育出版社）
王綿厚（1981）「利瑪竇和他的両儀玄覧図簡論」（『遼寧省博物館学術論文集』）
王綿厚（1995）「論利瑪竇坤輿万国全図和両儀玄覧図上的序跋題識」（曹婉如等編（1995）所収）
汪前進・胡啓松・劉若芳（1995）「絹本彩絵大明混一図研究」（曹婉如等『中国古代地図集』明代，文物出版社）
汪前進・劉若芳（2007）「康熙，雍正，乾隆三朝全国総図的絵制（代序）」（『清廷三大実測全図集』外文出版社）
王庸（1932）「国立北平図書館藏清内閣大庫輿図目録　附国立北平図書館藏新購輿図目録」（『国立北平図書館館刊』6-4）
王庸（1938）『中国地理学史』（商務印書館）
翁連渓編著（2004）『清代内務府刻書図録』（北京出版社）
王鍾翰（1957）「達呼爾人出於索倫部考」（『清史雑考』人民出版社）
烏蘭著（2000）『『蒙古源流』研究』（遼寧民族出版社）
呉元豊（1995）「軍機処満文月摺包及其整理編目」（中国第一歴史檔案館編『明清檔案与歴史研究論文選』国際文化出版社）
呉兆清（1991a）「清内務府活計檔」（『文物』3号）
呉兆清（1991b）「清代造辦処的機構和匠役」（『歴史檔案』4号）
謝国楨（1933）『清初史料四種附録一種』（国立北平図書館）
謝国禎（1968）　『清開国史料考』（芸文印書館）
新疆少数民族古籍辦・北京市民委古籍辦（2003）『盛京移駐伊犁錫伯営鑲紅旗官兵三代丁冊』（新疆人民出版社）
徐宏（2002）「論清代八旗科挙世家―嵩申家族」（『鞍山師範学院学報』第4巻第4期）
薛虹（1994）『薛虹学術論集』（吉林文史出版社）
楊海英（2004）「佐領源流與清代興衰」（『中国社会科学院歴史研究所学刊』第3集，商務印書館）
楊啓樵（1981）『雍正帝及其密摺制度研究』（生活・読書・新知三聯書店香港分店）
楊暘・袁閭琨・傅朗雲（1982）『明代奴児干都司及其衛所研究』（中州書画社）
楊余練（1980）「簡論清代康熙時期的新満洲与布特哈八旗」（『社会科学戦線』第4期）
姚継栄（2006）『清代方略研究』（西苑出版社）
亦隣真（1981）「Ergün-e, Barγu, Butq-a」（『Öbör mongγol-un nutuγ usu』；『亦隣真蒙古学文集』内蒙古人民出版社，2001年所収）

亦隣真（1993）「『内蒙古歴史地理』緒論」（周清澍『内蒙古歴史地理』内蒙古人民出版社；『亦隣真蒙古学文集』内蒙古人民出版社，2001年所収）
于多三（1933）『庫瑪爾路鄂倫春歴史沿革概要』（内蒙古東北少数民族調査組印，1957年）
張徳澤（2001）『清代国家機関考略』（学苑出版社）
張傑（2003）『清代科挙家族』（社会科学文献出版社）
張士尊（2003）「奴儿干都司職能分析」（『遼寧大学学報』（哲学社会科学版）第5期）
張維華・孫西（1997）『清前期中俄関係』（山東教育出版社）
趙復興（1987）『鄂倫春族研究』（内蒙古人民出版社）
趙復興（1991）『鄂倫春族遊猟文化』（内蒙古人民出版社）
趙奇娜（1973）「清代八旗漢軍研究」（『故宮文献』第4巻第2号）
鄭東日（1985）『鄂倫春社会変遷』（延辺人民出版社）
鄭天挺（1943）「清史国語」（『清史探微』北京大学出版社，1999年）
趙志強・呉元豊（1983）「吉林烏拉錫伯世管佐領源流考」（『歴史檔案』4号；中国第一歴史檔案館編『明清檔案論文選編』檔案出版社，1985年所収）
中国人民大學清史研究所・中国第一歴史檔案館訳（1985）『盛京刑部原檔・清太宗崇徳三年至崇徳四年』（群衆出版社）
中国社会科学院近代史研究所編（1978）『沙俄侵華史』第1・2巻，人民出版社
周清樹（2001）『元蒙史札』（内蒙古大学）
周遠廉（1980）「清代前期的八旗制度」（『社科輯刊』第6期）
周遠廉（1982）「関於八旗制度的問題」（中国社会科学院歴史研究所清史研究所編『清史論叢』第3輯）
荘厳（1980）『山堂清話』（国立故宮博物院）
鄒愛蓮（2001）「関于清宮輿図」（『明清論叢』第2輯；中国第一歴史檔案館編『明清檔案與歴史研究論文選』（1994.10-2004.10）新華出版社，2005年所収）
左雲鵬（1961）「論清代旗地的形成・演変・及其性質」（『歴史研究』第1期）
左雲鵬（1980）「清代旗人奴僕的地位及其変化」（『陝西師範大学学報』第1期）

d) 欧文資料・研究文献（著者名のアルファベット順）

Артемьев, А. Р. (1999) *Города и остроги забайкалья и приатурья во второй половине XVII–XVIII вв.* Владивосток.

Doerfer, G. (1963-75) *Turkische und mongolische Elemente im Neupersischen: Unter besonderer Berucksichtigung alterer neupersischer Geschichtsquellen, vor allem der Mongolen- und Timuridenzeit,* Band I–IV, Wiesbaden.

Elliott, Mark C. (2000) "The Limits of Tartary, Manchuria in Imperial and National Geographies," *The Journal of Asian Studies*, 59: 33, Association for Asian Studies.

Elliott, Mark C. (2001) *The Manchu Way: The Eight Banners and Ethnic Identity in Late Imperial China*, Stanford University Press.

Fuchs, Walter (1933) "Uber einige Landkarten mit Mandjurischer Beschriftung" (『満洲学報』第二期, 大連)

Fuchs, Walter (1943) *Der Jesuiten-Atlas Der Kanghi-Zeit*, Peking: Fu-Jen Universtat.

Fuchs, Walter (1962) "Notiz zur Pekinger Weltkarte der Ming-Zeit" (織田武雄訳「北京の明代世界図について」『地理学史研究』第二集)

Ho Ping-ti (1959) *Studies on the Population of China, 1338-1953*, Cambridge (Massachusetts): Harvard University Press.

Möllendorff, P. G. von (1892) *A Manchu Grammar, with Analysed Texts*, Shanghai.

Möllendorff, P. G. von (1890) "Essay on Manchu Literature," *Jounal of the China Branch of the Royal Asiatic Society*, XXIV, n.s.

Pang, Tatiana A./ Giovanni Stary (1998) *New Light on Manchu Historiography and Literature*, Wiesbaden: Harrassowitz Verlag in Kommission

Pang, Tatjana A. (2001) *Descriptive Catalogue of Manchu Manuscripts and Blockprints in the St. Petersburg Branch of the Institute of Oriental Studies Russian Academy of Sciences*, Wiesbaden: Harrassowitz in Kommission.

Pelliot, P./ L. Hambis (1951) *Histoire des campagnes de Gengis khan*, Leiden.

Poppe, Nicholas/ Leon Hurvitz/ Hidehiro Okada (1964) *Catalogue of the Manchu-Mongol Section of the Toyo Bunko*, The Toyo Bunko/ The University of Washington Press.

РКО (1969): *Русско-китайские отношения в XVII в. Материалы и документы*. Т. 1. 1608-1683. М. Наука.

РКО (1972): *Русско-китайские отношения в XVII в. Материалы и документы*. Т. 2. 1686-1691. М. Наука.

Simon, W./ Howard G. H. Nelson (1977) *Manchu Books in London, a Union Catalogue*, London: British Museum Publications.

あとがき

　イリ河畔の南に位置するイラチ・ニルの我が家に，幼いころ一冊の辞書があった。それは，いつも家の隅で崩れ落ちそうになっている書棚の真ん中にきちんとおさめられていた。羽田亨編『満和辞典』であった。ときどきめくってみては，漢字から内容を想像していたが，これが私と日本語との最初の出会いであった。

　私の故郷は，ユーラシアのほぼ真ん中にあるイリ渓谷の南に位置するチャブチャル・シベ自治県イラチ・ニルという小さな村である。歴史がいかに変化し，また幾度となく地名が変更されようとも，ここに生活している人々は，自分たちの生活空間をニルと呼んできた。それは今も変わらない。ニルは，そこに生きる人々のすべてである。

　ここが，現在この地球上で唯一マンジュ語が生きた言葉として生活のなかで使われている地方である。ダイチン・グルンが崩壊した後も，なぜここの人々だけがマンジュ語を母語として維持し続けてきたのか，一つの大きな歴史の謎である。

　私が生まれたところは，このように小さなニルでありながら，一つの巨大な帝国の国語＝マンジュ語，そして古き時代の伝統が生き続けている場所である。イリ渓谷の八つのニルの人々の間に綿々と受け継がれている伝統は，遠く日本で生活している者から見ると夢物語のようであり，しかしそれは確かなる現実でもある。

　ダイチン・グルン時代に書き残された多言語のダンセ（檔子・檔冊）と呼ばれる文書群に初めて接してから，すでに二十年以上もたっている。その出会いは，高校時代のことであった。その朝の出来事は，今でもはっきりと覚えている。家の裏庭のリンゴ園にいたときだった。突然北京から二人の青年が我が家を訪れてきた。聞くところによれば，二人はともに，もともと周恩来首相の指示でイリ渓谷の八つのニルから選ばれて「故宮」へ勉強をしに行った，ニルの

若き「有名人」であった。それからというもの，イリ河の畔で暮らしながら，私の心のどこかで「故宮」の響きが残った。

　私が生まれたイラチ・ニルは，ほとんどの人がマンジュ語を母語とし，古老らも多くは満漢合璧の教育を受け，漢文が得意な人も多くいた。そこで，内地のどこかの檔案館にあるマンジュ語のダンセを，分担して漢文に翻訳しないかという話がもちかけられ，一日のうちにニル中の全員に伝わった。こうして，私の家もその一部を担当することになった。そこで初めて，私は黄色い，少しほこりっぽい，あのダンセと呼ばれる「もの」に出会った。いったい，あの中にはどのような内容が記されていたのだろうか。今も，ずっとそのことが気にかかり，頭を離れない。

　後で分かったことではあるが，あのリンゴ園で会った二人の青年は，呉元豊氏と趙志強氏であった。今ではもう中国のマンジュ語の檔案研究・整理の中堅として最前線で活躍している研究者であり，マンジュ語の資料に詳しい人なら，知らない人はいないほど世界的な「有名人」である。

　このように，私はどこかで「人」と「檔案」とに縁があったと思う。呉元豊氏には，これまでさまざまなことを教わってきた。研究上の難問について，いつも快く答えていただいたことに，心から感謝している。

　ニルでの生活から遠く離れて日本に滞在し，多くの人と出会い，そして喜びのなかでマンジュ語の古文書を毎日のようにひたすら読み続けるという，この上ない環境が与えられるとは，十三年前には夢にも思わなかったことである。

　この日本で，私はさまざまなかたちで研究生活に大きな影響を与えてくれた先生方や多くの友人に恵まれた。また，檔案調査や研究会に参加することによって，直接，台北中央研究院歴史語言研究所旧内閣大庫のマンジュ語資料や台北国立故宮博物院のマンジュ語輿地図を調査・整理する事業に携わり，生の文書や絵図・輿図が語りかけてくる長い歴史に耳を傾けることができた。台北中央研究院歴史語言研究所の劉錚雲副所長および台北国立故宮博物院の馮明珠副院長に，心から感謝の意を表する。

　本書を，このように日本語で書くことができたことについて，まず，私に来日のきっかけをつくっていただいた京都大学大学院文学研究科の木田章義先生

にお礼を申し上げたい。また，先生のお計らいで，当時京都大学文学研究科の大学院生だった，大秦一浩氏（現大谷大学講師），岩井忠史氏に日本語入門の先生となっていただいた。お二人の熱心なご指導がなければ，まがりなりにも日本語を話せるようになるまでには，はるかに長い時間がかかっただろう。さらに，木田先生とのシベ語の教科書作りの日々が，私にとってはとても楽しい日本語レッスンの時間でもあった。何度も先生の研究室で夜を忘れて明け方まで作業したことが忘れられない。心から先生に感謝を申し上げたい。

修士課程そして博士課程においては，礪波護，杉山正明，夫馬進，間野英二，岩井茂樹の諸先生からさまざまなご指導をいただいた。マンジュ語の輿図に関しては，礪波先生から多くの貴重な資料をお借りした。さらに河内良弘先生からは，長年にわたって収集されたマイクロフィルムを快くお貸しいただいた。先生方に厚く御礼申し上げたい。

また日本の満洲史研究者との出会いにより，日本の満洲史の伝統と未来を自らの目で実見することができた。東洋文庫の清代史研究室の神田信夫，松村潤，東北学院大学の細谷良夫，日本大学の加藤直人，東京外国語大学の中見立夫，筑波大学の楠木賢道の諸先生には大変お世話になった。

修士論文作成中に，とつぜん筑波大学の楠木賢道先生に無理を申し上げて，先生の研究室まで押しかけ，黒龍江将軍衙門檔案を一週間拝借して徹夜で読んだことが，大変勉強になった。また東京外国語大学アジア・アフリカ研究所の中見立夫先生と荒川慎太郎先生のご協力により多くのマイクロフィルムを閲覧することができた。心から感謝申し上げたい。

本書ではマンジュ語の地図について，多くの頁を割いたが，私が地図の世界へといざなわれたのは，京都大学大学院文学研究科21世紀COEプログラム「グローバル化時代の多元的人文学の拠点形成」における「15・16・17世紀成立の絵図・地図と世界観」チームの諸先生方との出会いがあったからこそである。リーダーの藤井讓治先生をはじめ，諸先生方とさまざまな研究会で同席させていただいたことが，とても勉強になった。楽しく勉強させていただいた諸先生方に感謝申し上げたい。

ほかにも，これまでさまざまなプロジェクトに参加する機会に恵まれた。中

尾正義先生の「水資源変動負荷に対するオアシス地域の適応力評価とその歴史的変遷」、加藤雄三先生の「千年持続学の確立——社会制度の持続性に関する学融合的研究」に参加することによって、分野横断的な幅広い研究の必要性と難しさが実感できた。

さらに、国内外でマンジュ語資料の調査が可能になったのは、財団法人橋本循記念会と日本学術振興会による科学研究費補助金のおかげである（「清朝八期ニル社会史の研究」（2001-2003）および「清朝檔案資料を用いた自然環境と人間活動の相互作用に関する研究」（2005-2007））。また、現在属している窪田順平先生率いる「民族／国家の交錯と生業変化を軸とした環境史の解明——中央ユーラシア半乾燥域の変遷」チームにおいて、執筆に集中できたことは、すべて総合地球環境学研究所のすばらしい研究環境の賜物である。

イリ河畔にいるニルのすべてのアンダ、古老たち、シャーマンたち、歌手、詩人たちに、遙かなるこの地から感謝の意を捧げたい。本書で使ったマンジュ文字には遼寧省檔案館の何栄偉氏が開発したマンジュ語文字ソフトを利用させていただいた。この場を借りて御礼申し上げたい。

本書の口絵と本文中の図版について、その掲載許可をいただいた日本の東洋文庫・国立歴史民俗博物館、米国の国会図書館、台湾の中央研究院歴史語言研究所・国立故宮博物院、それから中国第一歴史檔案館・北京故宮博物院・遼寧省博物館の関係各位に深く御礼申し上げたい。

そして、なによりも本書の日本語の第一読者である杉山正明先生と宮紀子先生・古松崇志先生のご指導・ご鞭撻が、どれだけ私を導き、さまざまな資料に立ち向かわせてくださっただろうか。杉山先生には大学院進学後、数えきれないほどの教えを受けただけでなく、この本の出版のきっかけをつくっていただいた。また、宮紀子先生には、一年半以上にもわたる長い期間、大変貴重な研究時間と膨大な労力を割いていただき、終始大いに拙い私の日本語の文章と論理を直していただいた。そして出版間近になって、援助の手をさしのべていただいた古松崇志先生に、休暇をふくむ大切な時間を犠牲にしていただいたことは、とうてい忘れることができない。先生方の支えと励ましがなければ、これまでの研究の結果がこのような形で世に出ることはなかったであろう。衷心よ

り御礼申し上げたい。

　本書は，京都大学大学院文学研究科に提出した博士学位請求論文「清朝八旗社会史研究」を足がかりにして，あらたに書き下ろすかたちで筆者の研究をまとめたものである。本書の執筆を決意して以来，名古屋大学出版会の編集者の橘宗吾氏には大変お世話になった。氏が暖かいまなざしで見守ってくださったこと，そしてその大きな励ましに感謝申し上げたい。

　本書の刊行にあたっては，独立行政法人日本学術振興会より平成20年度科学研究費補助金（研究成果公開促進費）の交付をうけた。関係各位に深く御礼申し上げる。

　　2009年1月　洛北にて　　　　　　　　　　　　　　　　承　　志

初出一覧

序　章　「中国における「満族史」研究」、『東洋文化研究』10号、2008年3月、327-346頁
第1章　書き下ろし
第2章　書き下ろし
第3章　「満文三史の編訳をめぐって」、杉山正明・古松崇志・承志編『遼文化・慶陵一帯調査報告書2005』京都大学大学院文学研究科21世紀COEプログラム「グローバル化時代の多元的人文学の拠点形成」2005年3月、133-152頁
第4章　「満洲語で記された「黒龍江流域図」」、藤井讓治・杉山正明・金田章裕編『大地の肖像──絵図・地図が語る世界』京都大学学術出版会、2007年3月、193-222頁
第5章　書き下ろし
第6章　書き下ろし
第7章　「八旗ニルの根源とニル分類について」、『東洋史研究』65-1、2006年6月、1-34頁
第8章　書き下ろし
第9章　「清朝治下のオロンチョン・ニル編制とブトハ社会の側面」、『東洋史研究』60-3、2001年12月、1-38頁
第10章　「ダイチン・グルン時期のアンダ──帝国の編成から交易における活用まで」、加藤雄三・大西秀之・佐々木史郎編『東アジア内海世界の交流史──周縁地域における社会制度の形成』人文書院、2008年3月、151-170頁
第11章　書き下ろし
第12章　書き下ろし

＊既出論文は本書に収録するにあたって大幅に加筆している。

人名索引

ア 行

哀宗（金） 136
愛孫 33, 37
アイタ 124
アイタンガ 39
アイムブル（阿音布禄） 335
アイルンガ 490
アガチュ（阿哈出） 17, 25, 27, 43
アグダ（阿骨打） 129-131, 136
アシガン 442
アジゲ 53, 79
アシダルハン 59
アシダルハン・ナクチュ 321, 453
阿七老戸 500
アジュゴ・バヤン 428, 429
アス 129
アセトゥ 459
アタイ 492
アチ 233
アディムボオ 171, 180
アドゥン・アゲ 49
阿南惟敬 391, 392, 451
アハイ・ダイチン 463
阿哈塔 23
アバタイ・アゲ 50
アバタイ・ナクチュ 50
アバント 464
阿斐軒 488, 498
アビダ 464
アビリス 112
アブタイ・ダルガン 459
アブルバインムビト 109
安部健夫 47, 48
アマン 237
アミン 53
アムフ 464
アムフラン・ハン（安らぎのハン）→康熙帝
アムルサナ 109
アユキ（アユキ・ハン） 102, 105, 106
アライ 455

アラナ 99
アラブタン 463
アランタイ（阿蘭泰） 296
阿里 25
アリグン（阿里袞） 252
アルシ 464
アルタン・ハン 45
アルドゥハ 232
阿老 40
アンジュフ 182, 206
アンタイ 52
アンダシリ 444
アンチュンガ（安充阿） 39, 40
アンチル 441, 442
安二大爺 507
イェ 495, 497
イェオトゥン 170
イェチェンゲ（葉成格） 134
イェルメレ 175, 432
イェレイ（カムニガン・イェレイ） 455-457
イオイキヨ 490
イオイルン 491
イオシャン 51
郁蓮荘 490, 496, 498, 507
圍児 487, 500
イシウル 204
イジェン（宜珍） 333-335
怡親王胤祥 →胤祥
懿宗（唐） 142
磯野富士子 423, 424
イダオ 396
一渠 502
イドオ 89
稲葉岩吉 505
イネム 396
イバイ 453, 454
イハトウ 411, 434
イブン・ファドラーン 423, 424
今西春秋 21, 38
イミンガ 40, 41
亦隣真 451

イルク・ダルガン　458
イワン　175
インヴェン　490
イングルダイ　453
允済（衛王）　131
インジャナ　98
胤祥　250
胤禎　98
インデイ　442, 444
インフワ（英二爺）　499
迂乙知　32
ヴェヘ　52
ウェヘネ　491
ウキマイ　136
於虚里（阿哈里，童於虚里）　22, 28
ウクシャン・ホンタイジ　453, 454
ウゲファン　182
ウシジュ（五十九）　474
五十八　249
ウシバ（五八爺）　492
ウシン・タイジ　443
ウダイ　207, 432
ウダハイ　426
ウディカ　392
宇野伸浩　423
ウバシ（呉巴什）　127
ウバハイ・バトゥル　456
ウリャンフ　322
烏凌阿　504
ウル・ハン（世宗）　136-138
ウルカン　287
ウルカン　464
ウルドゥ　233
ウルトゥナストゥ・オチル　444
ウンジャル　464
ウンダ　463
ウンチャル　411, 434
衛王　→允済
永華哥　482
永済　130
睿親王（ドルゴン）　→ドルゴン
英宗皇帝（明）　27
永泰　249
永泰　→陳永泰
エイドゥ　43
エイフ　41
永楽帝　24, 25, 27

永倫哥　482
エキデイ　205
エクチン　51
エセプリ　444
エセン　103
エデケン　464
エブヘン（額布亨）　334, 335
エリデイ　459
エルクルテイ　442, 444
エルグルデイ　443
エルケ・コンゴル　59, 60
エルゲン　464
エルジゲ・ベイレ　455
エルデニ　444
エルデニ・エルケ・トクトナイ　101
エルデニ・バクシ　121-124, 132
エルデニ・ホショチ　84
エルデマ・タイジ　442
エルデンゲ　107
エルフテ　204
エルペチェン　204
エルヘブ　426
エルペン（額爾本）　335
エレチュンゲ　491
エレブキン　204
袁崇煥　58
オイボオ　171, 179
王安　495
王傑　254
王国維　422, 423
王国棟　323
王際華　252
王山赤下　17
王太平　250
王都乙好　18
王文奎　134
王庸　156, 257, 261
王老二　482, 485
オオバ・タイジ　452
岡田英弘　121
鴛淵一　47, 48
オチル　444, 464
オチルトゥ・チェチェン・ハン　103
オムブ　170, 178
オムブルダイ　408
オリタシ　208
オルジョタイ　442

人名索引　603

オルジョトゥ　464
オルタイ（鄂爾泰）　402
オン・カン　8
オンダイ　169, 174, 325, 397
オントイ　464

カ　行

魁升　41
カイタ　442, 444
雅蔚章　493, 508
ガガイ・ジャルグチ（ガガイ・バクシ）
　　121, 124
岳鍾琪　250
郝大爺　483
郭棟児　499
カクドリ　287
鶴年　482, 498, 507, 508
郭美蘭　390
カサキ（ハサキ）　221, 396, 405
カサル　452
画児　489
ガシトゥン　38
何秋涛　3, 390, 391, 451
河水永　30
ガダフン　81
葛多介　24
曷魯　141
加藤清正　12, 34-39, 44
加藤直人　390
カトフ　220
ガブラ　40
カムニガン・イェレイ　→イェレイ
雅爺　483
カヤチゥ　405, 406
カヤルダイ　443, 444
カリシェフ　45
ガリン（剛林）　127
ガルギオ　456
ガルジュ・セテル　452-454
ガルダン（ガルダン・ボショクトゥ・ハン）
　　82, 84-89, 103, 104, 164, 175, 183, 401
ガルダン・チェリン　106, 110
ガルビ　300
カルピニ　443
河内良弘　22, 23, 128
韓遇春　491
カングリ　287, 288

韓興宝　24
甘国標　303
カンジュ　169
カンダイ　443
神田信夫　285, 289
祁韻士　3
康親王ギェシュ　80
キオラ　204
魏源　3
義皇后　79
徽宗（宋）　129
照宗（金）　→ホラ・ハン
魏双成　490, 496, 497, 508
キタト　84
其他羅　33, 37
キチャン　491
キチュンゲ（祁充格）　139
希佛　39
ギメイ　443
九阿哥　502
裘曰修　252
堯骨　142
杏村　490
姜文潤　257
玉枢　490
玉古只　18
渠克八　482
渠四（渠四哥）　484, 488, 489
許処　33, 37
渠大哥　488
渠老八　488
ギリディオ　396
ギルムンガ　175, 396, 432
キレデ　207
ギンジュ　428
キンジョイ　508
金璇　32
ギンタイシ・ベイレ　59
キンダオ　460
金徳純　327
金納魯　20
金波乙多尚（都万金波乙多尚）　27, 28
金文乃　24
キンリオイェ　494
ギンリン　40
クイティン　497
グイヒン　40

グイリヤン　493
虞学広　491
グシ・ハン　100
楠木賢道　88
クビライ・カン　59, 130
クビライ・セチェン・ハン　→クビライ・カン
グムブ・タイジ　442
クラダイ　464
グル　444
クルゲウル　456, 457
クルチャン・バクシ（庫里纏榜式）　121, 124, 126, 127
クルディンガ　443
グルマフン（孤兒馬弘）　127
グルムボオ　459
クルメ　464
クレクン・ダルガン　458
クレンテイ　437
グワルチャ　134
グワンヴェイ　442
グワンヒン（官爺）　492
グワンフ　491
グンニ　237
璟　131
慶者賢　482
慶熙臣　482
慶公爺　504
慶祥　504
景声五　482
恵大爺　483
慶爺　486
ゲゲン　464
ケシトゥ　96, 98
ケベデイ・ダルガン　458
ゲリグリ・イヴァノヴィチ　174
ゲンギイェン・ハン　→ヌルハチ
元泰　484, 502
ケンテイ　134
権豆（管禿）　25
乾隆帝　7, 112, 137, 283, 307
寛温仁聖皇帝　→ホンタイジ
恒貴　498
康熙帝　3, 7, 52, 82, 83, 85-89, 91, 92, 96-100, 103-105, 164, 174, 183, 201, 202, 288, 296, 298, 427, 431
黄宮　303
耿景　304

光厳　44
恒山　492
高三爺　487
黄象坤　303
厚時里　33, 37
高慎思　251
耿精忠　80
興孫　482
黄霈　304
耿溥　304
洪武皇帝（洪武ハン）（明）　130, 132
哈戲阿　501
黄霖　303, 304
克勤　488, 498, 499, 502
克倹　487, 502
黒子　486
呉鎮住　332
胡世傑　251
コチェバイ　45
コチン・タイジ　442
コロコダイ　134
コンゴル　→エルケ・コンゴル
コンゴル・マファ　453, 454

サ 行

崔五爺　482
崔二爺　483
沙乙豆　28
サイヒ・タイジ　442
崔夢麟　32
済祥　483
サインチク　233, 438, 443, 456, 467
サクシン　287, 288
佐々木史郎　452
サハリヤン（エルデニ・バクシの息子）　124
サハリヤン（バルダチの弟）　392
サブス（薩布素）　164, 168, 169, 172-175, 201, 203, 205-207, 218, 222, 325, 395-398, 430-432, 434, 441, 460, 463, 464
撒満答失里　25
左夢庚　303
サムシカ（薩穆什喀）　321, 393, 456
サラル　109
サルガル　442
サルトゥ　205
サンガルトゥ　441
サンジジャブ　105

人名索引　605

サンジュ　184, 233, 238
サンタイ　427
ジェギン　204
シェルデク　456
ジェルメ（済勒瑪）　474
ジェンテイ　169
シェンヒ　40
シオチャン　182
シシェンボオ　495
ジシハ　490
シテク　456
シトゥバン　207
シナダイ　204
ジハン・ギール（張格爾）　8, 474, 479, 500-504
島田好　451
シャカヌ（釈家奴）　43
錫瑛　491
シヤクシュイ　491
ジャサカトゥ・ドゥレン　453, 454
ジャサン　230
ジャシ・バトル　89
シャジン・ベイセ　223, 443
ジャスカ（加素哈）　127
車多　20
ジャトハタイ　436
シャナハイ　182, 206
ジャムカ（託木合）　411, 423, 425
ジャムバ（詹巴）　127
ジャムヤ　436-438
シャルバ・フトクト・ラマ　59
シャルフダ（沙爾呼達）　394
ジャンアンタイ　497
ジャンギナ　436
ジャンチ　324
シャンナン・ドルジ　85, 88, 89, 91, 92
ジャンボオ　40
秋浦　399
シュガン　485, 508
朱九禄　494, 495
夙五爺　499
祝世廩　247
祝邦成　294
ジュジェンチェ　434
ジュス　169
主成可　31
ジュセンゲ　221

朱大鯤　257, 258
ジュチャンガ（珠老大）　482
ジュルウェンチェ　396
ジュルクンゲ（朱爾空額, 朱爾鏗格）　395, 396
シュルハチ　28, 47
シュレヘ（舒勒赫）　474
朱老大　483
春二爺　499
順治帝（フリン）　4, 62, 77-79, 82, 85, 426
松筠　8, 473-489, 491-493, 496-498, 500-502, 505-510
尚可信　426
将沙伊　33, 37
鍾山英　484, 485
常祥圃　491
承善　482
蒋廷錫　249, 251
蕭奉先　129, 131
蒋友仁（Michael Benoit）　251
祥麟　492
ショオゲ　428
ジョオサン　182, 206
ジョオズンコ　322
ジョオズンジェ　322
所虚乃　31
徐三爺　495
徐自明　30
徐松　3
ショセ（碩色）　134
ジョトウ　441
ジョボトイ　457
ジョリクトゥ親王　456
ショルゲ　134
ジョルトカン　464
ジョルハイ　402, 412
シラブ　463
シランタイ　40
ジルガラン（ジルガラン・アゲ, 鄭親王）　49, 77
シルダ　87
シルナ　436-438
シロ　464
沈垚　474
人皇王　142
仁廣順　499
秦国経　246

申忠一　38
瑞図　483, 486, 502
雛従彦　498
杉山清彦　47
杉山正明　5, 455
スクサハ　79
スジャンガ　221
スタイ　59
スダルトゥ　411, 434
スダン　87
スディンガ　402, 404, 405
周藤吉之　48
スナカ　174
スヌ　93
スパイ　296
スパハイ　50
スヘ　182, 206
スマン　288
スムンク　204
スルターン・マフムード・ハーン　424
スルタイ（蘇爾泰）　296
スルタルトゥ　435
スルディ　442
スレ・アムバ・ゲンギイェン・ハン　→ヌルハチ
スレ・クンドレン・ハン　→ヌルハチ
スレ・ハン　→ヌルハチ
スレ・ベイレ　→ヌルハチ
スンガリ　426-428
スンシェオ　40
スンダリ（孫達禮）　296
ズンフ　40
スンフワ（松華）　333, 335
生哥　482
世祖（順治帝）　→順治帝
聖祖（康熙帝）　→康熙帝
世祖（元）　→クビライ・カン
世宗（朝鮮）　22
成宗（ドルゴン）　→ドルゴン
世宗（金）　→ウル・ハン
世宗憲皇帝　→雍正帝
聖宗皇帝（遼）　423
聖祖皇帝（康熙帝）　→康熙帝
聖祖仁皇帝（康熙帝）　→康熙帝
石玉崑　499
世子　61
摂政王　→ドルゴン

セトゥ　52
セビヨオ　396
セフデ　287
セブレイ　453
セムブ　458
セルグレン・タイジ　441
セレブ　442, 444
全五臻　481, 493
センシェン　52
双成　→魏双成
曹廷傑　390
ソオハイ（索海）　393, 456
蘇開　127
祖大寿　323
祖沢洪　323
蘇第　296
園田一亀　22
祖秉衡　325
ソルゴトゥ・ダルガン　458
ソルジ・タイジ　442
ソルタイ　442
ソンゴトゥ（索額図）　395, 463
孫思克　87

タ　行

ダイグン　59
タイジ・エリンチェ　443
ダイシャン（礼親王）　54, 80
太祖（ヌルハチ）　→ヌルハチ
太祖（金）　→アグダ
太祖（元）　→チンギス・カン
太宗（ホンタイジ）　→ホンタイジ
太宗（金）　→ウキマイ
太宗文皇帝（ホンタイジ）　→ホンタイジ
ダイチン・ホショチ　101
太伯　142
泰和ハン　129, 130
ダシリ　87
タチブ　443
タバイ（タバイ・アゲ）　→ダハイ・バクシ
ダハイ・バクシ（大海榜式）　51, 52, 121, 124-128
ダバハ　401
タムブ　218
タムブル　426
ダヤチ・タブナン　321
ダヤン・カン　452

人名索引　607

タラ　489
ダライ　201, 203, 205
ダライ・ジノン　463
ダライ・ラマ　87, 88, 92, 100, 103, 108, 409, 450
ダリ　238
ダリフ　427
ダリフ（ダリフ・ダルガン）　458, 459
タルダイ　461
ダルチャン　427
ダルミダイ（達爾彌岱）　474
ダルハン（達罕，李達罕，完者禿＝オルジェイトゥ）　23, 28, 31
ダルハン・タイジ　453
ダルハン・ヒヤ　49-51
タングダイ（タンゴタイ・アゲ）　49-52
タンタン　396
チュワンダイ　411, 434
チェチェン・タイジ　82
チェチェン・ハン　220
チェリチン　460
チェリンドンドブ　95, 100
チェンエル（成児）　498
チェンタイ　236, 238, 466
チシオ（奇首）　140
チシギオ　40
七十四　497
チナハイ　40
チミンガ　40, 41
チムブロ　428
チャガンハン（察罕汗）　395
チャブハイ（査布海）　134
チャンガン　493
チャンヒン（常大爺）　484, 485
忠魁　482
忠賢　482
忠泰　504
忠徳爺　499
仲倫　338
チュエン　51, 54
チュズン　52
チュンケン　489
チュンシャン　40
チュンヤンヘ　427
チョイジョイ　464
チョイラク・ノムチ　101
趙伊里哈　31

張覚　129
趙歹因哈　44
趙徽宗　→徽宗
張暁光　41
趙三波（者右三波）　20, 22, 44
張三甫　18
趙春芳　390
長祥圃　500
趙多郎哈　31
張廷玉　249
張豹　303, 304
張文衡　247
張穆　3
張明　487
長齢　501
長老二　500
チョドイ　464
チョノブ　441, 444
チョポニ　204
陳永泰　490, 496, 497, 503, 508
チンギス・カン（成吉斯汗）　8, 95, 113, 129-131, 411, 422, 423, 425, 452
チンギス・ハン　→チンギス・カン
チンギヌ　428
陳先生　494
陳端　257
チン・バトゥル・マンガ・ベイレ（ヌルハチの弟）　→ムルハチ
陳文濤　249
チンボオ　40
ツェワン・ノルブ　99, 100
ツェワン・ラプタン　41, 83, 88, 89, 93-106, 108-110
ティイエトウ　398
廷貴　481
廷桂　482
鄭見龍　33
鄭鯤　32
デイシ　464
デイシブ　443
ディジュ　201
鄭親王　→ジルガラン
鄭忠信　47
廷珍　482
ディバ　91
ディヤファンガ　432
ディヤワンガ　175

廷連　482
定六爺　499
テオテイ　392
テクシンガ　492
デシュイ　41
デセリ　427
デタイ　490
テプテイ　204
テムジン　→チンギス・カン
デュ＝アルド　166
デルブ（デレブ・ダルハン）　455-457
デルン　495,496
デレン　426
天祚帝（天祚ハン）　129,130
都乙好　25
童阿亡介（阿伊忘可）　22
ドゥアンサン（都菴山）　140
唐学成　41
童観音老　18
トゥグナイ　456
董誥　254
佟鑲　306
套児　486,488,489,499,502
トゥシェトゥ・ジノン（トゥシェトゥ親王）
　　453-456,463
トゥシェト・ハン　108
童所乙好（童所吾）　18-20
童所老加茂（所奴帖木児，速魯帖木児）　22,
　　28
童清礼　23,28
童倉（童山，董山）　21,23,27
道宗ハン　143
東丹国王　142
ドゥドゥ　54
塔納哈　44
トゥバイ　234
トゥプチェ　443
佟養性　303
トゥリバイ　112
鄧琳　257
ドゥルドゥ　461
ドゥレン　442
トゥングニ　204
トゥングネイ　237
トゥンジウェン　324
トゥンボオ　181,202,203,205
トゥンヤンチ　324

ドオレン　464
杜家驥　47,49
徳惟一　482,499,500,508
徳興　333
徳大爺　499
トク・ハン　108
トコ　442
トゴン　103
トコン・テムル・ハン　130
トシナ　441
ドゥダハイ　52
ドド　53
トトフ　442
トブチン（托布戚）　127
トマル　455
ドムドン・タイジ　441
ドルジ・ラマ　→シャンナン・ドルジ
ドルゴン（睿親王，摂政王，成宗）　61,77-
　　80,425
ドルジジャブ　103
吐老（都論，土老）　23
トロウル　441
ドロ・ボルゴ郡王　427
惇郡王　→綿愷
ドンゴ・エフ　→ホホリ
トンゴガン（佟国綱）　395
ドンジュ　231
惇親王　→綿愷
ドンドホイ　454

ナ　行

ナガチュ　464
長束正家　36
中見立夫　473
ナスリ　303
ナスン　444
ナダンジュ（那丹珠）　338,339
ナチン　169,182,206,218,219,231
ナミダイ　444
ナリブ　171,178
ナリムブル・ベイレ　35
南一雄　257,258
ナンダイ　173
ナンチュ　59
ニイェゲセ　51
ニオエル　498,499,502
ニカタ　175

人名索引　609

ニコライ　3
ニシハ　237
ニシハイ　170
ニタンガ（尼湯介）　28, 32, 33, 37, 40
妞児　481
ニルジュダイ　237
ニルチュダイ　467
ヌルハチ（太祖）　7, 12, 13, 17, 21, 25, 28, 33-47, 49-51, 53, 54, 58, 60, 80, 120-125, 127-129, 131-135, 282, 287, 288, 391, 422, 425-429, 453, 469
寧完我　133
寧五爺　483
ネオリシ（蔣里思）　141
ネヘトゥ（諾赫図，訥黒図）　249, 250
ネメダイ　444
ネルガチェ　438
ネントゥ（能図）　134, 135
ノノホ　442
ノホ　441
ノミン　182, 206
ノムチャ　45
ノムトゥ　453, 454

ハ 行

ハイセ　163
波乙所（把児遜）　25
ハイライ　453
ハイラトゥ　464
ハイル　287
ハイルン　287
ハイワン（海望）　249, 250
バインダリ・ジャルグチ（拝音達理扎爾固齊）　334, 335
ハオボオ　288
バキラン　321
白世秀　251
バグナイ　456
馬光遠　322, 323
馬光輝　322, 323
ハサキ　→カサキ
馬三非　35, 36
八十　249
バシチ（八十七）　335
ハシハ　99
パクスパ・ラマ（パスパ）　59
バダリ　455

ハタンガ　287
バトマチェリン　109
バトマ・フィヤング　52
バトル・エルケ・ジノン　84
ハニンガ（哈寧阿）　39
バハ（巴哈）　249
バハイ（巴海）　163, 164, 182, 206, 207, 213, 216, 217, 394
バハタイ　493
バブフ　442
バマブルシャン　52
バヤナイ　443
バヤムブ　427, 428
ハルサ　426
ハルスンガ　59
バルダ　182, 206
バルダイ　52
バルダチ　392, 453, 454
バルフン　443
バルライ　464
ハンガト　396
ハンギ　287
蛮子　296
ハンシュ（杭受）　296
ハンダイ　426, 428, 429
バンダルシ（班達爾什）　474
パンチェン・ラマ　88, 89, 95
ハンチュカン（漢初罕）　39
ピインセ　324
ピディエイ（毗牒）　141
ヒフェ（希福，ヒフェ・バクシ）　124, 134, 135, 140, 454
ヒフェ　163
百爺　492
ビラル　221
ビリクトゥ・ナンス・ラマ　60
ビルチュンゲ　204
ファタン　38
ファフリ（法大爺）　482
ファンチャ（凡察，班車）　17, 22, 23, 26-28
フィオンドン　294
フィヤング（安北将軍）　86
フィヤング　392
フィリプ　176, 433
馮家昇　140, 141
風五爺　483
馮爾康　299

フェイセ　460
フェンシェンゲ（豊盛額）　331
フォロン　87
傅克東　315
フキオ（胡丘）　127,134
ブク　52
フゲイ　426
傅作霖（Felix da Rocha）　251
布三爺　494
藤井讓治　36
フシタ　456
フジャン　429
ブジャンタイ　44
フジュ　493,497
ブジュ　461
富俊　475
ブジルン　411,434
ブセイ　51
フセンガ　170,178
富大爺　507
フダシェオ　323
フチャンガ（福長安）　254
フデ（富徳）　110
フナイ　426
フニンガ　96,97,99
フビライ・スレ・ハン　→クビライ・カン
フビルガン　95
フボオ　288
フミセ　51
ブヤン（布顔）　335
ブヤンダイ　453,454
ブヤントゥ　459,464
フライジ　464
フラカイ　459
フラタ（富拉他）　249
フリン　→順治帝
ブルカイ　134
フルキ　170,171,178
フルダン　250,466
ブルニハン（布拉尼汗）　474
フルハダイ　460
古松崇志　122
フルンガ（福隆安）　252,328
富六爺　494
フワシャブ　328
フワシャン（花善）　183,206,249
文輝　504

フンジ　51,52
フンシェン　51
フンタイ　231
文王　142
ベイレル　205,398
ヘオデ　288
ベグレイ　453,454
ヘシェオ　109
ヘシェン（赫愼）　249
ヘジュ　492
ベチェル　464
ベテリン　46
ヘト・ダルガン　458
ペトロフ　46
ヘボオジュ　427
ヘリン（頲領）　141
ベルゴル・ダルガン　458
ベルヘ　169
ヘンデ　491
ホイルンガ　411,434
彭元瑞　254
彭年　481
鳳林大君　62
ホオゲ（虎口王）　59,62
ボオジュ　91,92
ボオロ　456
甫花土（甫下土，卜花禿，不花吐）　21,23,28
朴元山　30
朴二爺　482
朴宣　32
ボクダイ　464
ボジ　87
ホショイ・ジルガラン・ベイレ　454
ボショクトゥ・ハン　82
ホショ・ベイレ　295
細谷良夫　47,285,289,315,316
ボディ　459
ホト　457
ホトク　402
ホノイ　442
ホピンティ（Ho ping-ti）　331
ホベイ　464
ホホリ（ドンゴ・エフ）　20,49,50,295
ホボル　441
ホミダ　52
ボムビ　442

ホモ　441
ホラ・ハン（煕宗）　136
ボルジン（ボルジン・ヒヤ）　49,50
ボルドシ　464
ホロダイ　444
ホロニ　233
ボロルジン　444
ボンコタ　438
ホンゴダイ　464
ホンゴル・ダイチン　463
ホンタイジ（太宗）　1,51,54,58-62,78,80,
　　120,121,124,126-128,133,135-138,246,
　　247,307,318,341,429,453,474,490
ポンチュン　86
ボンボゴル　392,393,455

マ 行

マイセ　288,442
マイラスン　492
マイル　169
マ・エルゲ　168
マカリ　234
マクトゥ　288
増井寛也　34,38,47,424,425,451
増田長盛　36
マチャイ　464
松浦茂　166,167,170,200,209,391,392,451
マテオ・リッチ　119
マニ　464
間野英二　424
マブダイ　181,202,203,205,218,223,398
マラ　173
マランチュ　205
満九爺　483
マングジュ　392
マングルタイ　54
マンジュシリ　426
マンセ　287
マンダイ　444
マンドゥホ　52
マンピ　427-429
ミジル　458
三田村泰助　21,22,47,285
ミチヒヤン　490
ミンガトゥ　221,438
ミンガト・バヤン　287
ミンガンダリ（明安達礼）　163,394

ミンチェ　463
ミンフ（明福）　334
ムチェンゲ　426
ムトゥ　182,206
ムハマド・フサイン・ミールザー　424
ムハリヤン　49-51
ムフル（穆瑚禄）　335
村上信明　475
ムル　221,402,404,405
ムルタイ　52
ムルハチ　426-429
メイエルトゥ　444
明家奴　38
明宗　142
黙字参蛾　249
メルゲン・タイジ　84
メルゲン・ラマ　60
メンイェ　494
綿愷（惇郡王，惇親王）　497
メンケブレ　124
メンシェンデ　497,506,507
メンチェン　496
孟喬芳　81
孟五爺　497
孟昭信　315
孟森　47
孟爺　507
孟六爺　497
木哈尚　44
モルドスマチ　112
モンケ・テムル（童猛哥帖木児）　17,21,22,
　　24,25,27
モンケ・ブカ（猛哥不花，猛歌不花）　17,
　　25,43

ヤ 行

ヤキダイ　444
ヤチナ　174,325,432
ヤチンガ（雅大爺）　491,493
柳澤明　390,400,451
山口與三右衛門　36
ヤミンガ　491,492
ヤリ（雅里）　141
耶律斜軫　423
耶律淳　143
ヤンゴ　464
ヤンフ　167,233,239

ユンシェオ　288
雍正帝（世宗）　99, 102, 106, 250, 282, 283, 298-302, 307, 402, 427
楊汀　20
楊八営長　483
楊芳　501
楊方興　132
楊余練　399
吉田金一　158, 166, 167, 170, 209, 391, 451
ヨト　54
ヨンフイ　492

ラ 行

頼恵敏　331
ライセ　288
ライタ　288
ライダイ　40
ライトゥク　287, 288
羅下　23
羅吾将（羅吾章）　23
ラサリ　208
ラザン・ハン　91, 94, 95, 100, 105, 106
ラシ（拉史）　89, 102
ラタ　234, 237
ラドゥ　288
ラブキ　441
羅老四　481
羅郎哈　21
ランイスンゲ（浪伊升巨）　44
ランタン（安北将軍，昭武将軍）　85-88, 167, 170, 177, 182, 206, 208
ランブルカン　25, 42-44
ランリオ　494
リイチ　492
リイチンピン　495
李鎰　38
李以難　28
リオイオザイ　323
リオインヴェン　322
リオヴェンデ　322
リオゲ　232, 234
リオジンアン　496, 506
リオダ　494
リオチャンフ　506, 507
リオチンフ　495
リオヒヨオチェン　507
リオフヒン　507

リオボオジュ　231
李侃　38
李勤璞　121
リグダン・カン　46, 59, 60, 453
リクディンガ　→リクディンゲ
リクディンゲ（リクディンガ）　175-177, 430-434
李継遷　142
李孝聡　156
李克均　29-31
李三爺　496, 497
李嗣源　142
李自成　39, 77
李崇元　29
李成桂　24
李多之哈　23
李達罕　→ダルハン
リチンアン　96, 98
栗甫里　28, 32, 33
リテンクイ　324
李豆里（李豆伊）　20, 28
李徳啓　133
李二掌櫃　509
リボオジュ　288
李満住　18-21, 23, 27, 28, 36
リヤンヒ（連老大）　499
隆鋭　337
劉官諤　245, 246, 248
劉弘遇　134, 135
劉三爺　482
劉若芳　246
隆順　338
劉小萌　315, 316, 390, 451
劉翠溶　331
柳成龍　33
劉柱児　489
リュウフンチェン　292
劉爺　496, 497
梁士毅　32
ルイリン　507
ルクシャン　492
ルンキ　492
礼親王ダイシャン　→ダイシャン
レセリ　233, 239, 427
レルゲル　204
レンセンギ　426
レンチュンゲ　491

郎談　→ランタン
ロォトン・マファ　→ロトン
盧庫布　39
ロジャン　287
蘆雪燕　158
ロト　442
ロトン（老土，羅屯）　33, 34, 36-41
ロブサン　464
ロブザン　87
ロブザン・ダンジン　106
呂爺　497

ワ　行

ワシーリイ　175
ワダイ　86
和田清　451
ワリフ　164
ワンギヌ　38
ワンスダ　184, 237
ワンデルン　323
ワンデンジャ　323
完顔希尹　123
完顔亮　136
ワンルイ　323

地図・書名索引

ア 行

宜珍佐領下戸口冊　333
一統志　→大清一統志
一統志書　→大清一統志
烏喇等処地方図　158, 213
烏拉寧古塔口外大小図　208
烏魯木斉摺畳図　102
雲南各彝種図　253
易　138
驛站図　257
厄魯斯禿魯郭忒阿岳啓憨地方図　102
鄂倫春調査記　390

カ 行

海運島嶼図　253
開原図説　54
会典　→欽定大清会典
各項図式総目　262
各処各作各房蘇拉匠役花名数目総冊　248
噶斯哈密図　102
喀爾喀地図　261
甘粛河図　261
甘粛地図　261
甘粛鎮戦守図　261
閑窓録夢　8, 473, 476-480
関帝廟図　253
観堂集林　422
旗軍志　327
契丹国志　131
吉林九河図　156-159, 177, 209, 213
吉林他塔拉氏家譜　41
九大人図　→口外九大人図
九辺図　154
九路図　208
曲阜聖廟図　253
玉歴鈔伝　485
御製清文鑑　145
清正高麗陣覚書　36
居庸関図　261
金国の書　139
金史　122, 128, 133, 134, 137-139
欽定大清会典　289
欽定大清会典則例　290
欽定中枢政考　330
欽定八旗則例　289, 327, 328
欽定八旗通志　39
刑部会典　126
月摺檔　390
元史　128, 131, 133, 134, 139, 422, 423
建州紀程図記　38
元朝秘史　8, 422, 423
乾隆三十年十一月二十日値年処奏准世管佐領世職官員襲職条例　284
乾隆十三排図　251
口外九大人図　208, 213
光海君日記　47
口外地図　261
康熙起居注　394
孝経　138
光緒朝硃批奏摺　390
皇清書史　506
江西総図　261
広儲司簿冊目録　409
皇輿全覧図　102, 110, 158, 159, 163, 184, 251
国朝宮史続編　252
国立中央図書館善本書目増訂本　158
国立北平図書館館刊　257, 263
国立北平図書館蔵清内閣大庫輿図目録・附国立北平図書館蔵新購輿図目録　257
国立北平図書館輿図存箱目録　156, 158, 257, 263
黒龍江将軍衙門檔案　→黒龍江檔
黒龍江鑲藍旗ダグル・ニル・ゴルムボ承襲世管ニル執照　390
黒龍江檔　164, 170, 184, 198, 200, 201, 209, 213, 219, 225, 240, 390, 391, 396-398, 408, 409, 430, 463
黒龍江流域図　7, 156, 158, 159, 166, 184, 231
廓爾喀戦図　259
金剛経　485
金剛経図説　485

地図・書名索引　615

サ行

西域図　261
冊封琉球全図　253
佐領揀放則例　283, 307
三国志　126
山西辺関図　261
三岔児堡図　54
三略　126, 133
史記　138
時憲書　478
支那帝国誌　166
十五省の小総図　249
十五省の図　249
集史　8, 423
周礼　3
巡幸図　257
書　138
松筠列伝　477
貞観政要　138
嘯亭雑録　327
蒋廷錫木板　251
嘯亭続録　505
清字簽一統図　→大明混一図
清代中哈関係檔案彙編　109
清代譜牒檔案　390
清朝三通　389
清朝文献通考　390
新唐書　138
清内府一統輿地秘図　166
清内務府造辦処輿図房図目初編　255, 262, 263
綏服紀略　476
西漢書　138
盛京移駐伊犁錫伯営鑲紅旗官兵三代丁冊　341
盛京吉林黒龍江等処標注戦蹟輿図　163
盛京口外地図　261
盛京五路図　261
盛京城図　261
盛京図　261
盛京通志　158
盛京満文老檔　154
正黄旗漢軍佐領縁由冊　286
正紅旗満洲隆順佐領下官兵等戸口冊　338
正紅満洲旗光緒十九年光緒二十九年分世管佐領家譜　40, 333

西招紀行詩　475
西招図略　476
正白旗満洲査送佐領冊　286
正藍旗春海佐領下蒙古　333
正藍旗満洲宗室バヤムブが承管した勲旧ニルの族長ジュンの執照　426
世管ニルのニルイ・ジャンギンであるイオシャンがニルを承襲した根源冊　51
浙江省全図　261
全省銅版図　250
全省輿図　250
陝西四鎮図　261
陝西地図　261
戦蹟図　→盛京吉林黒龍江等処標注戦蹟輿図
蔵経総目　485
増訂清文鑑　248
造辦処活計檔　→内務府造辦処活計檔
素書　126, 133

タ行

ターリヒ・ラシーディー　424
大元国の書　139
太公　126
大乗経　126
大清一統志　8, 184, 198, 213, 217-219, 225, 235, 237, 240, 241
大清会典　247, 262, 297, 328, 389, 407
大清実録　389, 390
大清聖祖実録　396
大清宣宗実録　501
大清太宗実録　126, 128, 295, 393, 443
太祖太后実録　133
大明一統志　240
大明会典　126
大明混一図　154, 255
大遼国の書　139
チチハルの山河のみ描いて持ってきた図　231
駐防青州正紅旗晋祥栄芳佐領下点験得別戸男丁数目冊　339
中庸　490
仲倫佐領下戸口冊　338
直隷図　259
直隷総図　260
地理図　251
鎮筸紅苗図　253
ツェワン・ラプタン図（雑旺阿爾布灘図）

　　　　　102, 110
通鑑　126, 133
帝鑑図　135
丁巳秋閒吟　476
天下形勢輿図　247
天下輿図総摺　246, 252
天下輿図総摺康煕朝輿図来源時間冊　252
天聰朝臣工奏議　132
都統だったバハイらが描いて持ってきた図　213, 217

　　　　ナ 行

内閣大庫書籍表章目録　260, 261
内国檔　→満文内国史院檔
内大臣だったランタンなどが描いて持ち帰った九道の図　→内大臣だったランタンらが描いて持ってきた九路の図
内大臣だったランタンらが描いて持ってきた九路の図　208, 209, 213, 217, 226, 227, 229-232, 235, 236
内大臣だったランタンらが描いて持ってきた図　→内大臣だったランタンらが描いて持ってきた九路の図
内大臣だったランタンらが調査して持ってきた図　→内大臣だったランタンらが描いて持ってきた九路の図
内務府造辦処活計檔　246, 249, 253
内務府輿図目録　263
内府輿図　251
長崎貿易図　253
那丹珠佐領下戸口冊　338
南海普陀山寺図　253
南嶽廟図　253
寧古塔紀略　327
寧古塔地方の図　217

　　　　ハ 行

白氏策林　138
八旗通志初集　135, 170
八旗満洲氏族通譜　334
バハイ図　→都統だったバハイらが描いて持ってきた図
避瘟経　485
蹕路図　257
百二老人語録　476
布特哈志略　410
呼倫貝爾副都統衙門　390

文中子　138
兵科史書　81
兵書　126
平陽府堯帝宮図　253

　　　　マ 行

満洲実録　37, 316
満文原檔　38, 49, 50, 53, 54, 120, 122, 124, 128, 129, 137, 145, 289, 292
満文内国史院檔　145, 294, 392
満文老檔　47
万宝　126
万宝全書　126
明統志　→大明一統志
木蘭図　450
蒙古源流　474
孟子　126, 138

　　　　ヤ 行

諭行旗務奏議　325
諭習騎射熟国語碑　137
揚子　138

　　　　ラ 行

落帆楼文集　474, 477
蘿図薈萃　158, 252-255, 258, 262, 263
蘿図薈萃続編　253, 254, 262, 263
ランタン図　→内大臣だったランタンらが描いて持ってきた九路の図
ランタンらが描いて持ってきた九路の図　→内大臣だったランタンらが描いて持ってきた九路の図
ランタンらの図　→内大臣だったランタンらが描いて持ってきた九路の図
乱中雑録　37
六韜　126, 133
李朝実録　38, 41
理藩院則例　389
隆鋭佐領下戸口冊　337
劉子　138
龍沙紀略　158
隆順佐領下戸口冊　338
両儀玄覧図　119, 154, 155
遼史　128, 130, 133, 134, 139-142, 145, 422
老子　138
老満文誥命　292
六項則例　284

六條例・繕摺房　283, 307
録副　390

論語　138

地名・事項索引

ア 行

アイグン（愛琿）　→アイフン
アイシン・グルン（金国）　1, 4, 42, 45, 48, 76, 126, 130
アイシン・ハンの政事　130
アイフン（瑷琿）　164, 172-174, 176, 200, 202, 222, 397, 411, 412, 434
アイフン城　163, 174, 199, 230
アイマン　87, 102, 103, 105, 106, 112
アキム　109
アクス　93
アサルニ河　216
阿山堡　32
アジア　11, 44, 81, 114, 445
アシカ　49
アシクタン河　228
アジゲ・ブルジ河　229
阿斯　142
アセルニ河　228
斡木河　25
アンディジャン　252
アバ　224
アハシ　112
アハ・ジュシェン（領民）　103
アフガニスタン　107
アフリカ　120, 155
アマル河　216
アムール　→黒龍江
アムバ・ゲルビチ河　229
アメリカ　120, 155
アラシャン山　86
アラル・アバ　224, 237, 467
アラル海　423
アリチャン　393
アルギ河　159, 229
アルグン（エルグネ）河畔　→エルグネ河
アルタイ　84, 93, 95, 249, 303
アルタン・ノール　101
アルバトゥ　112, 113
アルバン・アンダ（官アンダ）　410, 412, 413, 439
アルビンチャ村　459
アルム河　224, 461
アロム河　227
アンガチャ　393
鞍山　53
アンダ　8, 407, 410-413, 421, 422, 439, 445, 446
アンダ・サドゥン　442
アンチュラク　37, 39, 41
アムバ・ブルジ河　229
あんへん（安辺）　36
安北将軍　86
イエズス会士　5, 119
イェヘ　35, 38, 59, 60
イェヘ・グルン　59
イェルケム　93
イェンゲ　49, 50
イェンケン河　179, 204, 206
于越　141, 142
イオワン山　228
イオワレ河　228
渭源　29
渭原郡　15
イジャガン河　229
イスラーム　423
イセリ村　223
一統志館　→内閣一統志館編纂館
一統志編纂館　→内閣一統志館編纂館
イドチャン　53
イヘ・ゴクド（衣克古克達）　→イヘ・ゴクド山
イヘ・ゴクド山　163, 228, 234, 235
イベン　183
イミ河　159
イミレ　→イミレ河
イミレ河　207, 216, 228
イム河　216, 228
イラチ・ニル（第三ニル）　421
イラン　221
イラン・ボリク　53

地名・事項索引　619

イリ（伊犂）　41, 94, 107, 249, 250, 252, 341
イリ河　6, 101, 107
イリ渓谷　421
夷離菫　141
伊犁将軍　500
イリビ（夷離畢）　144
イル　53
イルフル山　230
イングリ湖　229
ヴァイサン・ジャラン　468
ウイェケン山　228
ヴェイニンイン　53
ウェジ　18, 27
ヴェルギ河　216, 228
ウェレ村　392
ウクマル　393
ウシュン河　229
ウストゥ　87
ウズベク勢力　108
内モンゴルの地　61
ウチャルギ河　228
ウディ　208
ウディ河　179, 208, 229, 232, 234
ウディル河　175-177, 430, 432-434
ウデレン河　237, 238
ウネン河　229
兀彌府　20
ウムネケ　393
ウメラデ河　181
ウモル河　228
ウラ　35, 45, 60, 164, 207, 456
兀剌山城　21
ウラ・ブトハ総管　435
ウラル山脈　46
ウラン泉　229
ウラン・ウス　93
ウラン・ブトン　86
ウリャンハイ（ウリャンカイ，兀良哈，兀狄哈）　18, 24, 25, 94, 101, 268, 462, 467
ウルカン河　229
ウルギャン・ピラ　22
ウルス・ムダン　169
ウルス村　392, 393
ウルスン　183
ウルムチ　99
ウルング　95
ウルング・プラク　101

ウレ河　228
ウンケ河　228
雲井坪　17
ウンチル村　223
ウンデヘン　49, 53
雲頭里　29
ウンドオ河　229
雲南　93
永管ニル　→エンチュレヘ・ニル
英語　155
永昌　81
永寧監　53
永平　79
テオセ山　228
エオロバ（欧邏巴）　→ヨーロッパ
エジェン　444
エジェン・ハン（主たるハン）　3
エスリ（阿蘇里）　184, 395, 396
エヘルル山　227
エムル河　228
エユル　221
エルキレ山　228
エルグネ　182, 183, 202, 204
エルグネ河　165, 168, 170, 181, 203, 206, 220, 227, 232, 455
エルゲ河　228, 228
エルゲケン河　216
エルコン　102
エルチス　95
エルト村　393
エルフネ河　→エルグネ河
エルミン　35
エレン・ハビルガン　95
沿海州　18, 27
鹽場堡　53
遠征計画　93, 99
エンチュレヘ・ニル（専管ニル，永管ニル）　294, 295, 307
円明園　251, 337, 481, 494, 498
オイラト　82, 83, 95, 96, 107, 109, 110, 199, 200
オイラト人　101, 109
央土里　15
鴨緑江　14-18, 22, 27, 29, 33, 35, 37, 45
オクト湖　467
オズ（倭子）　→日本
オドリ（斡朶里）　24

オドリ・ウリャンカイ（吾都里兀良哈，斡朶里兀良哈） 24
オノン河 159, 455
オホ 49
オボ 110, 114, 170, 171, 178-180
オモ・トン湖 228
おらんかい 34, 36
吾郎哈指揮蔣家 27
おらんかい人 36
オランディヤ（臥藍的亜大州） 155
オル河 229
オルドコン河 229
オルドス 4
オルド・ハダ 50
オルフジョ河 229
オルモラク河 228
オロス（鄂羅斯，ロシア） 3, 108, 167, 170, 171, 230, 395
オロス・グルン 199, 220
オロス語 168
オロス人 172, 178, 179
オロンキ河 205-207, 228
オロンチョン 8, 175-177, 179-181, 203, 204, 208, 221, 233, 430, 438-440, 445, 450, 452, 462
オロンチョン・アンダ 439
オロンチョン人 175, 184
温下衛 31
オングト 462
オンコト 462-465
穏城鎮 26
オントホ 222

カ 行

会安堡 53
カイク村 223
開原 14
ガイジュ（蓋州） 53, 154
海州 53
懐州 144
蓋州 →ガイジュ
海西 13
海西衛 18
海西ジュシェン 35, 45
会叱家 25
加乙伐站 25
会典館 262

会寧 14, 22, 28, 32, 36, 40, 45
会寧鎮 26
回波江 18
外藩（トゥレルギ・ゴロ） 392, 393
カイラル河 183, 228
夏営地 101
覚生寺 484, 490, 496
カザフ 6, 93, 108-110, 112, 421
カザフスタン 6, 114
カシ 107
ガジャルチ（案内人） 179, 207, 246, 456
瓜州 83
カシュガル 82, 93, 94, 252, 501, 504
画匠 182, 183, 207, 248
ガス 94
河南 41, 166
家譜 52, 53, 284, 285, 289
臥佛寺 487
カムニガン（カムニカン） 221, 457
カムニガン・グルン 455, 456
カムニ峰 228, 232, 234
嘉峪関 83, 87, 93
カラ 183
カラ・キタト 95
カラチン部（喀爾沁部） 474
カラチン・モンゴル 320
カラ・ホトン 78
カラルトゥ山 235
ガリ 94
カルカ河 183, 227
カルティルヒ 221
カルドゥナ 232
ガルバイ 86
ガンガ村 459
ガン河 159, 169, 221, 227, 458, 461
咸吉道 24
咸鏡道 14-16, 22, 25-28, 31-40, 44
咸鏡南道 17
咸鏡北道 33
カングヴェ（康国） 145
漢語 77, 110, 145, 155, 168
咸興 36
閑散大臣 230
甘州 87
甘粛 4, 41, 81, 82, 85, 101
漢文三史 134, 145
翰林院 168

地名・事項索引　621

ギオワンファン（圏房）　79
貴州　257
義州　14
岐州衛　17
議政王　168, 202, 203
議政大臣　78, 91, 92, 201, 205
北アメリカ（北亜墨利加）　120, 155
キタイ　11, 45
吉州　36
契丹　140
吉林　34, 331
吉林ウラ・ブトハ総管　438
吉林省永吉県　41
帰服堡　53
喜峰口　221
キムニン　181, 203
ギヤフチャン　53
ギヤムチャン　53
ギヤン　428
旧アイフン城　159, 163, 172
旧管ニル（旧管佐領）　→フジュリ・ニル
境界　110, 112
虚水羅　16
ギリン　181, 207
キルギス　45, 93
キルフィ河　229
キレリ　165, 208, 393
キレリ人　165, 181
キレリ部　408
金（女真）　129
金国　122, 135, 139
錦州　39
金州　53
金塔　86
キンドゥ河　229
グシャン　53
クチャ　93
クディン河　227
クトゥレン　183
クムル　221
クムル山　227
クル　181
グル　222
クルキル河　224, 227, 230
グルン　76, 120, 126, 129, 136, 222
グワルギャ（瓜爾佳）　39, 85, 429
グワルチャ　443-445

軍機処　262
軍機処檔案　259, 260
勲旧ニル　→フジュリ・ニル
クンドゥレン　87
慶源　24, 25, 32
慶源鎮　26
慶源都護府　25
慶源府　24, 32, 37
京口　303
敬差官　22
恵山鎮　16, 17
京師　83
京師図書館　256
京城（朝鮮）　10, 23, 61
京城（北京）　→北京
鏡城　25, 27
京城八旗　325, 342, 469
刑部　144
ゲジムル河　229
ゲニ河　467
ケリルン　183
ゲリン　203, 205
ゲリン河　236
ケル・サガル　467, 468
ゲルビ河　216
ゲルビチ　171, 172, 202
ゲルビチ河　158, 166, 168, 170-172, 202, 204, 206, 208, 229, 237, 395
ケルルン　104
ケルレン河　84, 183
ケレイト　107
ゲレンエレス　393
ゲン河　228
原管ニル（原管佐領）　→フジュリ・ニル
元国　135
険山　53
建州　13
建州右衛　21, 22, 26-28
建州衛　12-14, 17, 18, 20, 21, 23, 27, 28, 31, 34, 43, 44, 46
建州左衛　7, 18, 21, 22, 24, 27, 28, 46
建州三衛　21, 27, 31
建州ジュシェン　13, 17, 23, 25, 31, 33-35, 44, 47, 58
ケンテイ・ハン山　183
儉天　17
吾乙面川（吾乙面江，吾乙面河，吾彌府，五未

河）　21
コイ山　227
黄河　86
潢河　140
江界道　19
江界府　15
皇覚寺　132
高句麗　20,29
黄骨島　53
高山里口子　15
高山里（高沙里）　18,28,29
高山里城（高沙里城）　28,29
高山里鎮　17
紅嘴　53
孔州　24
口承伝承　122
皇城平（皇帝城，皇城，皇城坪）　18-20,22,29
江西　80
好吒家站　25
黄川平　30
江蘇　41
公中ニル（公中佐領）　→シデン・ニル
高都厳　30
江南　52
江寧　325
工部　168
弘福寺　143
弘文院　136
コーカンド　108
互管ニル（互管佐領）　→テオデンジェへ・ニル
故宮博物院文献館　→国立北平故宮博物院文献館
黒溝河　22
国立北平故宮博物院文献館　245,257,262
黒龍江　8,51,86,158,159,163-169,171,173,175,177-184,198-204,207-209,217-221,224-227,229,230,232,233,236,237,239,240,321,331,390,391,393-395,397,398,411,422,425,429,430,434,435,441-444,459,468
黒龍江三路　182,206
黒龍江城　159,163,171,172,178-180,202,204-207,220-222,230,232,233,237,391,397,398,408,461
黒龍江将軍　164,168-170,173,183,184,227,228,232
黒龍江将軍衙門　102,232
黒龍江副都統　102,232
古慶源　25
戸口冊　315,322-326,329-333,340
戸口編審　315,316,319,321,324,325,330,341
護国寺　503
五国城　155
五十寨　53
古城堡　53
五台山　59,89
国境画定　172
国境碑　166,172,184
碁盤式　249
ゴビ　84,86
虎皮駅　53
ゴヒン　458
ゴルカ（廓爾喀）　409
ゴルロス　221,443,444
コロチン　→ホルチン
渾河　49,54
コン河　227
コンギス　107
根源冊　283,285,286,289,291,304,314,390
コンゴルジン村　223
混同江　130

サ　行

柴河　50,53
沙州　83
サスケク　59
サドゥン・アンダ（連姻締盟）　443,444
サハリヤン江　→黒龍江
サハルチャ（薩哈爾察）　391,453
サムニン河　216
サヤラマ河　228
サルヒ村　458
ザン（チベット）　105
山海　→山海関
山海関　39,54,322,323
サンクトペテルブルグ　145
山西　143,166
攢湊佐領　299
サンチャラ堡（三岔児堡）　53
山東　166,339
山東省　479,486

ザンの地　76
三藩設置　80
三藩の乱　83
三翼制　27
ジェルデ村　223
紫禁城　501
視察報告　172
四川　93
ジチン・アバ　224
ジチン河　224, 442, 461
執照　284, 285, 289-291
シデン・ニル（公中ニル，公中佐領）　282, 295, 299-304, 306, 308
シネケ河　159
司武庁　225, 226, 236
シベ　199, 444, 453
シベ語　421
シベ族　6
シベ族自治県　421
シベ駐防八旗　341
シベリ　49
シベリア　163
シムル河　216
ジャイ河　236
ジャイラト（ジャイレト）　220, 444, 465
ジャカ　49
シャク　467, 468
ジャクダチ山　227
ジャクダムトゥ河　228
ジャクダン　49, 53
ジャクム　35, 39, 49-51, 53
ジャサク　95
ジャサクトゥ・ハン部　84
ジャジル山　229
シャジン（法・政）　103
ジャチン河　227
車蹋嶺　38
ジャライト　453
ジャラン・ハラメ・ボショロ・ニル（世管ニル，世管佐領，世襲ニル）　51, 282, 284, 288, 290, 298, 300-302, 306, 308, 338, 390
ジャリ河　228
ジャル河　229
ジャルグチ　124
ジャンギ　49
シャンギヤン・ハダ　49, 53
ジャン・ビガン　49

シャンヤンイオイ　53
シュイ チャン イオイ　53
集安（輯安）　20, 29
岫巖　53
柔然　27
愁曹会　21
十方寺　53
ジューンガリア　4, 84, 108, 164, 468
ジューンガル　7, 41, 76, 82-84, 89, 92-94, 96, 100-103, 106-109, 112, 113, 183, 199, 200, 250, 466-468
ジューンガルの地　76, 77
粛州　82, 87, 96
ジュシェリ　35
ジュシェン（女真）　1, 3, 6, 7, 10-14, 16, 17, 21, 23, 25, 26, 28-34, 37, 38, 44, 45, 47, 50, 54, 119-122, 128, 132, 137, 139, 154, 318, 451, 453
ジュシェン（領民，隷民，属民）　104, 314, 318
ジュシェン　451, 453
ジュシェン語　25, 31, 137, 138
ジュシェン国家　58
ジュシェン社会　7, 12, 28, 47
ジュシェン人　4, 10, 12, 15-17, 20, 24-26, 28-33, 35-37, 39, 58, 119, 120
ジュシェンの地　13, 61
ジュシェン文字　123, 138
ジュルテイ・カルン　170
ジュロキチ河　229
春州　130
上京府　143
城隍堂岾　30
松山　39
昌州　29
浄州城　129, 130
昌城　18
鐘城（鍾城）　25, 27, 31, 32
鐘城鎮　26
上書房　481
小西洋　155
小東洋　155
昭武将軍　87
上楡林　53
小雍（甕）村　15
昌陵　62
荘浪　82

所温梁　15
ジョキ河　228
職方清吏司　247
女直　→ニオイジ
所土里　15
所多老（蘇多老）　24, 25
書房　124
シラ・タラ　59
シリムディ　176, 180, 181, 183, 203, 204, 206, 208, 431, 433
シリムディ河（西里木迪河）　159, 172, 176, 177, 179, 180, 228, 396, 397, 430-434
シルキル　406
シレト・フトクト廟　88
神威将軍　431
新疆　8, 41, 479, 500, 504
新疆ウイグル自治区　6, 421
ジンキリ　181, 182, 203, 204
ジンキリ江（浄渓里烏喇）　159, 164, 178, 179, 204, 206, 227, 393, 396, 397, 411, 434, 455
新慶源　25
清語　2
清文　2
新満文　122
瀋陽　53, 61, 119, 154
水源視察　183
水洞　16
スラシ峰　228, 232, 234, 235
スル河　237
スワン　49
スンガリ江（松花江）　159, 163, 181, 203, 220-222, 239, 438, 441
スン河　159, 227
西安　77
青雲堡　53
セイェルジ河　229
静遠堡　53
靖逆将軍　99
盛京　→ムクデン
青州　339, 340
青城堡　53
青苔峪　53
西寧　4, 82, 88, 91, 93, 98, 101
ゼーヤ川　391
セオリ河　176, 433
世管ニル（世管佐領、世承ニル、世承佐領、世襲ニル）　→ジャラン・ハラメ・ボショロ・ニル
石河驛　53
石匠　182
石碑　110, 166, 167, 172, 230, 237
浙江　80
析木城　53
セルギネ峰　235
セレンゲ　84
専管ニル　→エンチュレヘ・ニル
宣教師　251
陝西　41
宣略将軍　22
宋家泊　53
宋国　132
草田　15
造辦処　248, 250, 251, 259
造辦処輿図房　253, 263
湊編ニル（湊編佐領）　→テオデンジェヘ・ニル
属人　13
族中襲替ニル　304
族中世管ニル　40, 41
属領　13
蘇子河　21
属国　13
外大ヒンガン尾根（大興安嶺の尾根）　171
ソボルガン・ホショ　170
ソヨルジ山　183
ソルホ（高麗、朝鮮）　10, 125, 129
ソルホの地　13, 61, 76
ソロン（索倫）　8, 86, 107, 180, 181, 199, 203, 204, 220, 223, 224, 233, 235, 393, 430, 441, 443, 445, 450, 452, 453, 462
ソロン・アバ（ソロン・ジャラン）　398
ソロン・グルン　453
ソロン人　182
ソロン総管　181, 182

タ　行

タイェニオ河　228
大金　54, 119, 120, 133, 145
大元　54, 61, 120, 132, 133, 145
大元ウルス　5, 10
大興安嶺　175, 177, 452
タイジ　88, 89, 91, 95, 99, 103, 105, 106
大順国　77

地名・事項索引　625

大小興安嶺　390
ダイチン（大清）　61
ダイチン・グルン（大清国）　1-8, 12, 59, 61, 76-78, 80-86, 92-95, 100, 101, 104, 106-110, 112-114, 120-122, 132, 133, 137, 139, 145, 155, 156, 163-166, 172, 175, 177, 184, 197-201, 217, 240, 245-247, 251, 252, 254-256, 263, 264, 282, 293, 299, 314-316, 322, 333, 335, 342, 389, 390, 392, 393, 396-398, 407, 410, 411, 413, 414, 422, 425, 429, 430, 450, 462, 468, 473
大同　86, 247
大東洋　155
大都城　130
大ヒンガン尾根　171, 178, 179, 181, 221
大ヒンガン・ダバガン（大興安嶺）　177
太平洋　155
台北　145, 158
台北国立故宮博物院　261, 264
大明　4, 11, 12, 14, 27, 33, 36, 44, 77, 126, 132, 155
大明海　Nikan i mederi　155
大明一統　Nikan gurun　155
大遼　54, 119, 120, 129, 132, 133, 140, 145
ダイリョ・グルン（大遼国）　129
台湾　166
タガル河　227, 230
タクチク河　228
ダグル　8, 86, 173, 175, 180, 199, 204, 220, 222-224, 233, 430, 438-440, 444, 445, 450, 452, 462
ダグル・アルトゥ・ジャラン　468
ダグル・アンダ　439
ダグル人　176, 177, 182, 184
ダグル・ホトク・ジャラン　468
ダシ　467
タシガン（タシハン，タシケント）城　109, 110, 112
タタラ　34, 39, 41
韃靼　155
達田淵　30
タハ河　230, 461
タハル　221
タハル駅站　221
タハル河　221, 224
タブン・バクタ　462, 467
タラス　110

タラス河　110, 114
ダラン・ドゴン　183
タリム　94
タリン河　216
タルキ・ダバガン　101
ダルディシャ山　228
タル・ナチン　93
タルハ　222
ダルハン（ダルガン）　452
多令　15
タングトゥ国　60
チェキル　404
チェチェン・ハン部　84
チダン（契丹）　140, 141
チダン国　140
チチハル　199, 225, 230, 398, 430, 460, 464, 467
チチハル（チチガル）城　159, 163, 222-225, 227, 229, 230, 239, 303, 397, 459, 460
チチハル村　223
チチャキン河　228
地中海　120, 155
チベット　4, 76, 83-85, 88, 91, 93, 95, 100, 101, 105, 106, 108, 113, 164, 450
チベット語　77
チベットの地　76
チベット文化　121
チベット問題　106
チャガタイ・トルコ語　6, 77
チャガヤン峰　227
チャガン・ウス　101
チャキン　238
チャハル（察哈爾）　5, 45, 59, 60, 290, 453, 474
チャハル・グルン　60
チャハル・ハン　60
チャブチャル　421
チャンタン　94
中央アジア　4, 6, 11, 93, 108, 113, 114, 423, 500
中央のアイシン・グルン　130
チュー河　101, 102
中国　45, 47
駐防八旗　325, 326, 329, 340-342, 398-400, 469, 500
チュクバイシン城　96
チュルガン　99, 110, 398, 409, 413, 435, 463

チュルハル　223
チュワンチェン（船城）　154
長安堡　53
長永堡　53
長勝堡　53
朝鮮　7, 10, 11, 15, 19, 20, 28, 31-36, 39, 42, 44, 47, 61, 120, 124, 155, 247
朝鮮人　16, 27, 29, 31, 32
朝鮮の地　61, 76
長蛇川　30
長寧堡　53
長白山　14, 155, 429
チョオガル山　228
直隸　83, 166, 218, 257
チョル河　159, 228
チリン（鉄嶺）　50, 53
鎮夷　53
鎮海堡　82, 91
チンギテ山　228
鎮守アイフン等処将軍　164
鎮守黒龍江等処将軍　173-175, 199, 205, 430, 436
鎮守黒龍江等処将軍衙門　238
鎮守寧古塔昂邦章京等処将軍　163
鎮東　53
丁字泊　53
泥城歧　15
定辺右副将軍　107
テオデンジェヘ・ニル（互管ニル，互管佐領，湊編佐領，湊編ニル）　290, 298, 299, 304, 308
鉄嶺　→チリン
迭烈部　141
デトヘ　49
テムデヘイ　222
デリ・ヴェヘ　49, 53
デルギ・ゴロ　→東藩
テルブル河　228
テレングト　467, 468
伝国の璽　5, 59
天山　108, 113
天城堡　53
甜水站　53
天成軍　144
東夷　119
冬営地　101
潼関　31

潼関鎮　32
トゥクドゥン・アバ　224, 462, 468
トゥグル河　395
トゥクル山　227
東京堡　53
道士　96-98
東寧衛　22
銅納浦　30
東藩（デルギ・ゴロ）　392, 393, 399
トゥフル河　216, 217, 220, 227, 232, 234, 239
トゥヘリ　208
トゥヘリ河　208
東北アジア　425
トゥメン江（豆満江）　14, 16, 17, 24, 33, 36, 37, 45
ドゥリムバイ・グルン（中国）　3, 4
ドゥリムバイ・ブルジ河　229
東良北　27
トゥル河　228
ドゥルベト　223, 443, 444
トゥレルギ・ゴロ　→外藩
豆龍耳峴　25
ドゥンジェオ　53
都英額　134
トク河　178, 228
トシェトゥ・ハン部　84
トシン・アバ　224
トシン河　461
ドス峰　227
都城隍廟　486
ドソミ河　228
土地廟　487
突厥　27
トド文字　109, 110, 114
トナイ　222
トナカイ　175-177, 179, 221, 224
ドブコル河（多蒲哭里河）　163, 227
トベト・グルン（チベット国）　100
ドボク　456
トボルスク　45
都万　27
トムスク　45
トモチン村　223
トライ河　87
トラン　49
トリン峰　227
トル河　228

地名・事項索引　627

ドルギ・ニル　→内ニル
ドルギ・ピラ（内河）　37, 38, 41
トルグート　102, 105-107
トルコ人　423
トルファン　82, 93, 97, 99, 104
トルファン城　93
ドルベトゥ　221, 465
トロン河　229
ドンゴ部　20
ドンゴロ河　228, 234
ドンゴリ河（ドンゴロ河）　235
ドンジン（東京）　154

ナ　行

内外モンゴルの地　76
内閣一統志館　→内閣一統志編纂館
内閣一統志編纂館　225, 226, 231-234, 236, 238
内閣大庫　256, 261-263
内閣大庫檔案　259, 260
内閣典籍庁　218-220
内弘文院　139
内ニル（ドルギ・ニル）　294, 295, 307
内務府　248-250
内務府造辦処　245, 252
内務府造辦処輿図房　246, 255, 259, 262
内務府檔案　259
ナドゥル河　159, 227
ナムドル　287
ナヤン城　237, 238
ナヤン村　223
ナル河　228
ナルキ　397
南監本　141
南京　155
南山　81
南米　155
ニウフル　51
捏褐耐　142
ニオイジ（女直）　136, 155
ニオイジ・グルン　129
ニオジャン（牛荘）　154
ニオマン　169, 181, 203
ニオマン河　159, 180, 181, 205-207, 227, 237
ニオル河　228
ニオワクタ河　216
ニオワンギヤハ　53

ニカン（大明，漢人）　3, 10, 50, 54, 61, 76, 100, 120, 125, 136, 287, 318
ニカン・グルン　4, 61, 129
ニカン人　132, 133
ニカン地域　82
ニカンの書　125, 126
ニカンの地　4, 13, 62, 76, 78, 80
ニカンの内地　54, 120
西アジア　423
ニブチュ　→ネルチンスク
ニブチョオ（尼布楚）　→ネルチンスク
日本　10-12, 34, 35, 42, 44, 61, 120, 144, 155
日本海　27, 155
日本人　10
ニヤムシャン　180
ニヤムジュイ　49
娘娘廟　481
ニルギ村　223
ニングタ（寧古塔）　164, 198, 207, 217, 397
ニングタ城（寧古塔城）　159, 217, 456
寧古塔将軍　164, 181
寧古塔三路　182, 206
寧古塔副都統　164
ニンニ河　159, 228
ニンニャン　221
ヌミン河　159, 169, 224, 227, 461, 467
ネイェン　35
寧遠城　58
寧夏　86
ネストリウス派　463
熱河　257
ネディ・スス　173
ネムルヘ河　229
ネメル　467
ネメル河　221-224, 227, 235, 237, 238, 461
ネメル・ジャラン　462
ネルチンスク　166, 199, 395, 465
ネルチンスク城　175
ネルチンスク条約　7, 86, 158, 166, 175, 177, 181, 184, 199-201, 208, 209, 218, 219, 394, 398, 429, 465
ネルチンスク長官　170
ネルヘスヒ河　229
農郊　25
農所平站　25
ノヤン　95, 99
ノロガンチンスコイ　46

ノン　238
ノン江　159,163,169,221-224,227,230,234,
　　235,394,397,434,435,441,443,452,460,
　　461,465,467

ハ 行

倍　141
バイスガル　124
ハイダイカ河　227
ハイラン河　223
バカナク　467,468
伯顔愁所站　25
白山　428
白山部　35
バクシ　121-124,128,134
婆猪江（佟家江）　18-20
ハダ　35,60,124,134
ハダイカン河　220
ハダウル河　228
八アバ（八圍）　430
バチクトゥ森　228
伐引　25
ハディヤン　221
馬乳　25
バハナ　393
ハミ（哈密）　82,83,87,93,94,96,105
ハムバヤダイ村　458
ハムビラ・ジャラン　468
ハラ河　228
ハラル河　170
ハランガ（属民，領民）　84,109,113,314
ハランガ・アイマン　87
ハランガ・グルン（領国，属国）　61,103
バラン・セレン　87
ハリトゥ　221
ハル河　228
バル・クル　93,96,99,101
ハルダタイ河　229
ハルハ　59,83,84,93,94,101,103,104,131,
　　132,409,464,465
ハルハ河　401
ハルハ五部　129
ハルハ・モンゴル　107,164,170,174,199
ハルハン　109
バルフ　222,223,300,401,409,464
範河　49,53
ハンガイ山　84

ハンガイ・ハン山　180
ハンギヤ　49
パンゴ河　228
万車遷　25
藩屛　83
ハンチ河　228
ビイェン　49,53
ヒヴァ　108
東アジア　155
碑碣　178
ビジャン河　228,229,239
碑石　168
ピチクトゥ森　232
ピチャン　93
篦子　232
冰海　155
標識　112
裱匠　248
ビラル　438,439
ビラン河　238
ヒンガン（興安）　167,171,177,178,183,
　　199,202-205,208,220,221,223,224,234,
　　235,412,432,465
ヒンガン尾根　170,172,178-181,203,204,
　　206,228,236
ヒンガン・ダバガン（興安嶺）　176,177,433
ヒンガンの脈　220
ヒンガン山　181,224
撫安　25,53
回回　155
夫乙乎里（夫乙厚里）　22
フィヤカ　164,217
フィヤカ部　164
ブイル湖　228
フェアラ　49,53
フェイデリ　49
富家站　25
復州　53
ブケイ　221,223
豊山　38
フシ（撫順）　154
富爾江　22
武周　143
フジュリ・ニル（勲旧ニル）　51,52,282,
　　290,294,295,298-304,306,307
フス（虎思）　145
撫西　50,53

地名・事項索引　629

武靖営　53
福建　80, 166
ブディン村　393
ブトハ　8, 180, 224, 237, 394, 398, 401, 402, 430, 439, 440, 445, 451-453, 468
ブトハイ・ニヤルマ　450
ブトハ八園（ブトハ八アバ）　391, 393, 397-400, 406, 412
ブトハ八ジャラン　391
ブトハ・ニル　462, 463
ブトハ八旗　399, 411
富寧　38
フネヘ（呼訥赫）　124
ブハラ　82, 108
フフ・ノール　82-85, 87-89, 91, 93, 98-101, 103, 105-108, 113
フフ・ホトン（帰化城）　86, 88
フマル　164, 198, 405
フマル河　159, 227, 461
フユル河　223, 224, 227, 465
ビラル部　408
フラン　49
フランス語　155
フル　203
ブル　183
ブルガ　232
ブラガン　95
フルキレ河　230
ブルト（キルギス）　93, 94, 110, 112, 252
フルハ（虎爾哈）　391
ブルハチ氏（布爾哈齊）　474
ブルハトゥ・ハン山　183
フルフル河　229
フロブル村　392
フルン　20, 199
フルン・グルン　35
フルン湖　228
フルン・ブイル（呼倫布兪爾, 呼倫貝爾）　170, 183, 400, 401, 405, 452
フルン・ブイル八旗　401
フレ　49
ブレンギリ　87
フワンタ　49
分土　30
文禄の役　34, 35, 39
平安道　14-16, 18, 19, 25, 28, 29, 33, 37, 45
平原　143

平壌　37
ベイセ　95
兵部職方清吏司　246
平虜堡　53
ベイレ　95
碧潼　31
北京　4, 45, 62, 77, 78, 80, 87-89, 91, 98, 101, 145, 166, 199, 208, 237, 322, 323, 325, 329, 479, 480, 500, 503
北京城　78, 502
ヘシェリ（赫舎里）　124, 134
ヘチェム　49, 50
別浪浦　15
ベドゥネ　222, 239
ベルケ村　223
ヘングン　181, 203, 205, 207, 208
ヘングン河　165, 207, 216, 228
ホイセ（回子）　93, 109, 112, 501, 503
ホイト　109
ホイファ　35, 60
ボイホン　49
鳳凰　53
望海堝　53
方州（鳳州）　18
奉集堡　53
奉天　303, 505
奉命大将軍　80
方略館　251
ボオ・ヴェヘ　49, 53
蒲河　53
ホ河　228
ホキ　183
朴加遷　17
穆家堡　53
北監本　141, 142
北古城子　22
北青　36
ボクダ山　93
ボグド・セチェン・カアン　61
北米　155
ボショクトゥ　454
ホショト　107
ホショト問題　106
北海　155, 177, 431, 432
ホトムハリャン（和多穆哈連）　335
ホブド　93
ボホト村　223

ボリチ村　223
ホルチン（コルチン）　86, 220, 444, 452, 453, 456, 469
ホルチン・グルン　452
ホルチン・モンゴル　59, 445
ボルデ　221
ボルデ駅站　408
ボルデ村　222
ホルドンキ山　227
ボロ・タラ　94, 95, 101
ボロムダ河　228
ホロル　221
ホロル河　235
ホロン　239
ホロン河　227, 238, 239
ホンコ　53
ホンゴ河　228
ホンコ村　458
ホンゴル　464

マ 行

マガガラ　→マハーカーラ
マクワル・サイ　53
磨子　22
磨匠　248
マハーカーラ　59, 60
マハダン　53
マラト（瑪拉特）　474
マルドゥン　50
マンジュ（満洲）　1, 5, 33, 35, 51, 59-61, 76, 95, 96, 112, 121, 124, 422
マンジュイ・スドゥリ（満洲史）　2
満洲八旗　474
マンジュ・グルン　35, 60, 121, 126, 128
マンジュ語　6-8, 40, 77, 109, 110, 120, 126, 140, 141, 145, 155, 156, 159, 163, 166, 168
マンジュ社会　121, 126, 424, 425, 445, 469
マンジュ人　3, 4, 78, 122, 137, 139, 145, 155
マンジュ政権　49
マンジュの慣習　13
マンジュの書　125
マンジュの道　13, 399
マンジュの歴史　2, 3
蔓遮部落　18
マンジュ文字　110, 114, 120, 121, 123, 124, 126, 289
マンチュリア　13, 41, 45, 76, 154, 424, 426

満文三史　133, 134, 136, 145
満文地図　155, 156, 216, 258
満浦　16, 22, 29, 31, 45
満浦口子　15
満浦城　28
満浦鎮　17, 19, 20
ミイェミレン河　216
南亜墨利加　155
ミヨオワン山　216
ミルテゲル村　223
明（大明）　44
明朝の地　76
ムキ　50
ムクデン（盛京）　6, 52, 53, 61, 77, 83, 168, 198, 218, 325, 329-331, 341, 392, 397, 453
ムクデン城（盛京城）　60
無圏点満文　120, 154, 155, 283
ムスリム　92, 99, 500
ムナル河　235
ムニケ河　216, 228
ムフ・ギオロ　50
木蘭囲場　450
ムル・スス　172, 174
ムルン河　227
明王楼　143
明干平　15
メリラ河　228
メリルケ河　170
メリルケン　181, 182, 203, 204, 206
メルゲン（墨爾根）　168, 181, 182, 199, 200, 202, 204, 206, 207, 219-222, 225, 234, 397, 405
メルゲン河　228
メルゲン城　199, 202, 204, 206, 219-223, 225, 227, 228, 230, 232, 234, 235, 237, 238, 409, 461, 465
メルゲン三路　182, 206
メルゲン村　458
毛憐衛　17, 25, 34, 43
モオ峰　236
モ河　228
モグーリスターン　424
木城驛　53
モクトリ山　227
茂山　33, 38, 39
モヒン　222
モンゴ・グルン　61, 129, 130, 136

モンゴリア　4, 108, 200, 423, 452
モンゴル　3, 7, 8, 10, 12, 18, 46, 59-61, 76, 80-83, 86, 92, 95, 96, 100, 103, 104, 124, 129, 132, 199, 220, 423, 425, 441, 445
モンゴル・カラチン部　474
モンゴル語　7, 77, 155, 168
モンゴル氏（蒙古勒氏）　474
モンゴル人　132
モンゴル・ダイユワン（大元）・グルン　59
モンゴル帝国　5, 60, 76, 77, 83, 113, 424, 425, 452
モンゴル帝国期　424
モンゴルの地　13, 76
モンゴル文字　120

ヤ　行

ヤクサ（雅克薩）　165, 208
ヤクサ城（雅克薩城）　163, 165, 230, 394, 395, 397
ヤク山　224, 227
ヤストゥ　87
ヤル・アバ　224, 468
ヤル河　159, 224, 461
ヤルカンド　252
ヤルフ　49
ヤロ河　228
ヤン河　227
ヤンケン河　228
ヤンシブ　53
ヤンシム河　453
ヤン山　228, 234
有圏点満文　120, 122
ユーラシア　1, 7, 10-12, 27, 46, 47, 76, 77, 83, 113, 119, 411, 424, 425, 445, 450, 457
湯站　53
楡坡　15
ユルドゥス　107
ユワン・グルン（元国）　102, 103
仏法　103
陽関　83
楊官堡　53
耀州　53, 154
養心殿造辧処　248
雍村　18, 20
ヨーロッパ　120, 155
興図処　248
興図房　245, 248, 251

ヨルゴ山　110, 114
欒古堡　53

ラ　行

ラサ　82, 94, 109
ラテン語　155
ラテン国の書　168
ラハ　221
蘭州　86
利未亜　155
李源堡　87, 88
理山郡　15
立碑計画　184
琉球　10, 11
龍驤　85
龍眉宮　143
隆福寺　485, 508
領旗体制　47
遼国　135
遼西　39
両姓分管　304
領旗分封　49
領地分封　47, 52
領地分与　49
遼東　18, 22, 34, 36, 54, 133
遼東ニカン　7
遼寧　14
遼陽（東京）　154
閭延府　15
旅順口　53
臨潢府　143, 144
ルク河　216
呂宋　155
ルマカル峰　228
嶺西　37
嶺東　37
嶺南　37
櫟山　25
レナ河　86, 159
老江　18
ロオリ　50
ロシア　6, 7, 11, 46, 82, 86, 96, 102, 107, 108, 163-166, 170, 172, 174, 198, 200, 240, 465
ロシア語　155
ロシア人　6, 182, 183, 199, 207, 431
呂祖廟　487
ロチャ　175-177, 395, 430-432

ロチャ人　207, 396
ロラカン河　224, 237
ロラン河　227
ロンドン　145

ワ　行

倭子（オズ，日本）　144
ワセン山　227
ワルカ　34, 41
ワルカ部　37
ワンガ山　169
ワンルギ・ジャンギヤ　53

《著者略歴》

承　志（Kicengge）

1968年　中国新疆・伊犂チャプチャル・シベ自治県イラチ・ニルに生まれる
1990年　中国新疆・伊犂師範学院卒業
2000年　京都大学大学院文学研究科修士課程修了
2004年　京都大学より博士（文学）学位取得
現　在　総合地球環境学研究所上級研究員

ダイチン・グルンとその時代

2009年2月25日　初版第1刷発行

定価はカバーに
表示しています

著　者　承　　　　志
発行者　金　井　雄　一

発行所　財団法人　名古屋大学出版会
〒464-0814　名古屋市千種区不老町1名古屋大学構内
電話(052)781-5027/FAX(052)781-0697

Ⓒ Kicengge, 2009　　　　　　　　Printed in Japan
印刷・製本 ㈱クイックス　　　　ISBN978-4-8158-0608-8
乱丁・落丁はお取替えいたします。

Ⓡ〈日本複写権センター委託出版物〉
本書の全部または一部を無断で複写複製（コピー）することは、著作権法
上での例外を除き、禁じられています。本書からの複写を希望される場合
は、事前に日本複写権センター (03-3401-2382) の許諾を受けてください。

礪波護／岸本美緒／杉山正明編
中国歴史研究入門
A5・476頁
本体3,800円

宮　紀子著
モンゴル時代の出版文化
A5・754頁
本体9,500円

平野　聡著
清帝国とチベット問題
―多民族統合の成立と瓦解―
A5・346頁
本体6,000円

岡本隆司著
属国と自主のあいだ
―近代清韓関係と東アジアの命運―
A5・525頁
本体7,500円

山本有造編
帝国の研究
―原理・類型・関係―
A5・406頁
本体5,500円